中国社会科学院文库
经济研究系列
The Selected Works of CASS
Economics

中国社会科学院创新工程学术出版资助项目

中国社会科学院文库 · 经济研究系列
The Selected Works of CASS · Economics

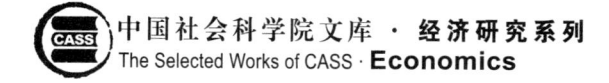

当代国外马克思主义经济学
基本理论研究

RESEARCH ON THE BASIC THEORY OF
CONTEMPORARY FOREIGN MARXIST ECONOMICS

程恩富　胡乐明　主编

中国社会科学出版社

图书在版编目(CIP)数据

当代国外马克思主义经济学基本理论研究/程恩富,胡乐明主编.—北京:中国社会科学出版社,2019.2

ISBN 978-7-5203-3575-1

Ⅰ.①当… Ⅱ.①程…②胡… Ⅲ.①马克思主义政治经济学—理论研究 Ⅳ.①F0-0

中国版本图书馆 CIP 数据核字(2018)第 254080 号

出 版 人	赵剑英
责任编辑	田 文
责任校对	张爱华
责任印制	王 超

出　　版	中国社会科学出版社
社　　址	北京鼓楼西大街甲 158 号
邮　　编	100720
网　　址	http://www.csspw.cn
发 行 部	010-84083685
门 市 部	010-84029450
经　　销	新华书店及其他书店

印　　刷	北京君升印刷有限公司
装　　订	廊坊市广阳区广增装订厂
版　　次	2019 年 2 月第 1 版
印　　次	2019 年 2 月第 1 次印刷

开　　本	710×1000 1/16
印　　张	34.25
插　　页	2
字　　数	583 千字
定　　价	139.00 元

凡购买中国社会科学出版社图书,如有质量问题请与本社营销中心联系调换
电话:010-84083683
版权所有　侵权必究

《中国社会科学院文库》出版说明

　　《中国社会科学院文库》(全称为《中国社会科学院重点研究课题成果文库》)是中国社会科学院组织出版的系列学术丛书。组织出版《中国社会科学院文库》,是我院进一步加强课题成果管理和学术成果出版的规范化、制度化建设的重要举措。

　　建院以来,我院广大科研人员坚持以马克思主义为指导,在中国特色社会主义理论和实践的双重探索中做出了重要贡献,在推进马克思主义理论创新、为建设中国特色社会主义提供智力支持和各学科基础建设方面,推出了大量的研究成果,其中每年完成的专著类成果就有三四百种之多。从现在起,我们经过一定的鉴定、结项、评审程序,逐年从中选出一批通过各类别课题研究工作而完成的具有较高学术水平和一定代表性的著作,编入《中国社会科学院文库》集中出版。我们希望这能够从一个侧面展示我院整体科研状况和学术成就,同时为优秀学术成果的面世创造更好的条件。

　　《中国社会科学院文库》分设马克思主义研究、文学语言研究、历史考古研究、哲学宗教研究、经济研究、法学社会学研究、国际问题研究七个系列,选收范围包括专著、研究报告集、学术资料、古籍整理、译著、工具书等。

中国社会科学院科研局
2006 年 11 月

目　录

导　论 ………………………………………………………………（1）
　第一节　当代国外马克思主义经济理论研究的演进 ……………（1）
　　一　第二次世界大战以后到20世纪60年代中期的国外
　　　　马克思主义经济理论研究 …………………………………（1）
　　二　20世纪60年代中期至80年代末的国外马克思主义
　　　　经济理论研究 …………………………………………………（5）
　　三　20世纪90年代以来的国外马克思主义经济理论研究 ……（8）
　第二节　当代国外马克思主义经济理论研究的取向 ……………（12）
　　一　马克思主义经济学与非马克思主义经济学的"融合" ………（12）
　　二　马克思主义经济学的后现代主义阐释 …………………（14）
　　三　马克思主义经济学的"泛经济学化" ……………………（16）
　第三节　当代国外马克思主义经济理论研究的意义 ……………（19）

第一章　国外马克思主义所有制理论研究 ………………………（24）
　第一节　所有制和所有权 …………………………………………（24）
　　一　结构马克思主义学派对所有制和所有权概念的研究 ……（24）
　　二　分析马克思主义学派对所有制和所有权概念的研究 ……（27）
　　三　结构马克思主义与分析马克思主义在所有制问题上的
　　　　异同 …………………………………………………………（33）
　第二节　关于马克思主张消灭私有制的原因 ……………………（34）
　　一　消灭私有制是基于正义原则 ……………………………（35）
　　二　消灭私有制是基于自由原则 ……………………………（36）
　　三　消灭私有制是基于理性原则 ……………………………（41）
　　四　消灭私有制是基于对资本主义发展趋势的科学预测 ……（46）

五　上述四种观点的合理之处和不足之处 ……………………（48）
　第三节　罗默对所有制和剥削关系的研究 ………………………（50）
　　一　用所有制关系定义的剥削 ……………………………………（51）
　　二　所有制关系的剥削定义与劳动价值论的剥削定义的比较 …（52）
　　三　罗默观点简评 …………………………………………………（58）
　第四节　公有制的内涵和实现形式 ………………………………（59）
　　一　公有制的内涵 …………………………………………………（59）
　　二　公有制的实现形式 ……………………………………………（65）
　　三　国外学者在公有制理论上的创见和不足 ……………………（69）

第二章　劳动价值论的当代研究 …………………………………（71）
　第一节　关于复杂劳动的还原 ……………………………………（71）
　第二节　关于价值的决定 …………………………………………（73）
　第三节　管理劳动是否为生产性劳动 ……………………………（84）
　第四节　关于转形问题的争论 ……………………………………（86）
　　一　森岛通夫的转形模型 …………………………………………（86）
　　二　迪梅尼尔的"新解释" …………………………………………（95）
　　三　WRC 模型 ……………………………………………………（97）
　　四　TSS 学派的转形理论 ………………………………………（101）

第三章　剩余价值理论与剥削问题研究 …………………………（105）
　第一节　剩余价值理论 ……………………………………………（105）
　　一　关于经济剩余概念 ……………………………………………（105）
　　二　关于基本的马克思主义定理的争论 …………………………（111）
　　三　关于剩余价值率估算的实证研究 ……………………………（114）
　　四　小结 ……………………………………………………………（122）
　第二节　剥削问题 …………………………………………………（124）
　　一　关于剥削的定义的研究 ………………………………………（124）
　　二　关于剥削产生的根源的分歧 …………………………………（133）
　　三　关于马克思是否对资本主义剥削进行道德批判的争论 ……（137）
　　四　小结 ……………………………………………………………（149）

第四章 利润率动态研究 ……………………………………… (152)
第一节 第二次世界大战前国外学者对利润率动态的研究 …… (153)
  一 对利润率下降的批评性研究 ………………………… (153)
  二 对利润率下降的支持性研究 ………………………… (157)
第二节 国外当代学者关于利润率动态的理论研究 …………… (160)
第三节 国外当代学者关于利润率动态的实证研究 …………… (168)
  一 关于美国利润率动态的实证研究 …………………… (168)
  二 关于利润率下降与金融危机关系的实证研究 ……… (173)

第五章 再生产与经济周期理论研究 …………………………… (175)
第一节 再生产理论 ……………………………………………… (175)
  一 赛恩拉的多部类再生产矩阵模型 …………………… (176)
  二 崔格的再生产模型和凯恩斯乘数 …………………… (178)
  三 萨东尼的再生产模型和对崔格的批判 ……………… (185)
第二节 经济周期理论 …………………………………………… (189)
  一 单因素论 ……………………………………………… (190)
  二 多因素论 ……………………………………………… (203)

第六章 资本主义土地制度和农民问题研究 …………………… (225)
第一节 资本主义土地制度的形成及其性质 …………………… (225)
  一 封建土地制度下的财产关系特征 …………………… (225)
  二 资本主义土地制度的形成及其性质 ………………… (228)
第二节 资本主义土地制度下地租的产生与发展 ……………… (232)
  一 土地的特殊性质与地租的产生 ……………………… (232)
  二 资本主义地租的形式 ………………………………… (233)
  三 农业资本有机构成的提高与绝对地租 ……………… (236)
  四 经济增长方式的转变与地租的发展变化 …………… (238)
第三节 资本主义土地所有制的变化与农民收入 ……………… (241)
  一 资本主义土地私有制的优缺点 ……………………… (241)
  二 土地私有制下农业经营规模与农民收入的关系 …… (243)
  三 重新分配土地改革的实践对 GKI 理论的反证 ……… (248)
第四节 土地私有制下的农民无产阶级化 ……………………… (251)

一　垄断资本通过农业技术和资本集中使农户无产阶级化……（251）
　　二　农业的全球化和商品化与发展中国家农民的无产
　　　　阶级化 …………………………………………………（254）
　　三　新自由主义政府在农民无产阶级化中的作用………（258）

第七章　阶级与阶级结构问题研究 …………………………（261）
第一节　关于阶级的形成及定义 …………………………（261）
第二节　关于阶级结构 ……………………………………（266）
　　一　阶级的划分以及基本结构 …………………………（266）
　　二　中间阶级的定位 ……………………………………（272）
第三节　关于阶级斗争 ……………………………………（276）
第四节　经济全球化与阶级理论 …………………………（282）
　　一　经济全球化的含义 …………………………………（282）
　　二　跨国阶级与阶级斗争 ………………………………（284）
第五节　国外阶级与阶层理论比较研究 …………………（287）
　　一　几种有代表性的社会分层理论 ……………………（287）
　　二　两种阶级与阶层理论的比较 ………………………（290）

第八章　国家理论研究 ………………………………………（292）
第一节　国家理论概述 ……………………………………（292）
　　一　四种国家理论 ………………………………………（293）
　　二　关于国家问题的争论 ………………………………（304）
第二节　经济全球化与民族国家 …………………………（307）
　　一　全球化中民族国家的未来 …………………………（308）
　　二　全球化中国家经济职能的变迁 ……………………（311）
　　三　全球化中资本主义国家的危机 ……………………（319）
第三节　福利国家 …………………………………………（325）
　　一　福利国家出现的背景及性质 ………………………（325）
　　二　福利国家的分类、模式及特征 ……………………（327）
　　三　福利国家的困境与改革 ……………………………（330）

第九章　生态马克思主义经济理论研究 (339)

第一节　从经济理性到生态理性 (340)
一　资本主义是经济理性主导的社会 (340)
二　如何以生态理性代替经济理性 (342)

第二节　对马克思主义的生态学修正 (343)
一　本顿对历史唯物主义的重建 (344)
二　奥康纳对马克思主义的修补 (347)

第三节　打通马克思主义与生态经济学之间的壁垒 (351)
一　福斯特对马克思主义生态经济学的发现 (352)
二　伯克特以马克思主义经济学超越生态经济学 (353)

第四节　分析与评论 (359)
一　资本主义是一个经济危机与生态危机并存的制度 (359)
二　对人的剥削与对自然界掠夺是同一历史过程 (361)
三　对当代资本主义新的表现形式——消费主义要高度警惕 (365)

第十章　全球化理论、结构与替代问题研究 (372)

第一节　全球化的含义、起始时间与主要特点 (372)
一　关于全球化的含义 (372)
二　关于全球化的起始时间 (377)
三　关于资本主义全球化的主要阶段与特点 (381)
四　国外左翼学者全球化理论评析 (384)

第二节　依附论、世界体系论述评 (386)
一　依附论概述 (386)
二　世界体系论概述 (389)
三　依附论、世界体系论简评 (394)

第三节　新自由主义全球化的兴起、危害与替代 (396)
一　关于新自由主义的内涵及其兴起的原因 (397)
二　关于新自由主义全球化的灾难性后果 (400)
三　关于新自由主义全球化的逆转、终结与替代 (404)
四　关于国外左翼学者新自由主义全球化观的简评 (407)

第十一章 资本主义发展阶段与趋势研究 (409)
第一节 资本主义发展阶段划分 (409)
一 主流划分方式的延伸 (409)
二 其他划分方法 (412)
第二节 资本主义新特征：垄断、帝国主义和全球化 (414)
一 资本主义发展的新特征 (415)
二 垄断的新变化 (420)
三 帝国主义特征 (421)
第三节 资本主义矛盾与危机理论 (424)
一 资本主义矛盾 (424)
二 资本主义危机 (427)
第四节 资本主义发展趋势 (433)
一 对资本主义调节方式的批判 (433)
二 关于资本主义的未来 (435)

第十二章 社会主义经济模式问题研究 (441)
第一节 研究的总体情况 (441)
一 冷战时国外马克思主义经济学者对社会主义经济模式的研究 (442)
二 冷战后国外马克思主义经济学者对社会主义经济模式的研究 (445)
第二节 分权的社会主义经济模式 (448)
一 布鲁斯"导入市场机制的计划经济模式" (448)
二 锡克"计划性市场经济模式" (450)
三 科尔内"在计划经济内导入市场机制的模式" (451)
四 诺夫"可行的社会主义经济模式" (452)
第三节 自治的社会主义经济模式 (454)
一 卡德尔"自治社会主义经济模式" (454)
二 范耐克"工人自治经济模式" (456)
三 安德烈阿尼"企业自治社会主义模式" (457)
第四节 强调效率、利益最大化的社会主义经济模式 (458)

一　约翰·罗默"银行中心的市场社会主义模式"…………（459）
　　二　容克"实用的市场社会主义模式"………………………（461）
第五节　注重公平的社会主义经济模式…………………………（463）
　　一　米勒"合作制的市场社会主义模式"……………………（463）
　　二　埃尔逊"市场社会化的社会主义模式"…………………（465）
第六节　崇尚民主的社会主义经济新模式………………………（468）
　　一　韦斯科夫"民主的基于企业的市场社会主义模式"……（468）
　　二　施韦卡特"经济民主的社会主义模式"…………………（471）
　　三　阿彻"以经济民主为基础的社会主义经济模式"………（473）
第七节　反对市场的社会主义经济模式…………………………（474）
　　一　多布"中央集中解决法计划经济模式"…………………（474）
　　二　曼德尔"无价格经济模式"………………………………（476）
　　三　奥尔曼"民主计划的社会主义经济模式"………………（478）

第十三章　国外马克思主义学者对西方主流经济学的批判…………（481）
第一节　对主流经济学批判的历史轨迹…………………………（481）
　　一　20世纪50年代的西方马克思主义经济学………………（482）
　　二　20世纪60年代美国激进政治经济学的兴起……………（484）
　　三　20世纪90年代以来国外马克思主义者对新自由主义的批判………………………………………………………（493）
第二节　对西方正统经济学的批判………………………………（494）
　　一　对凯恩斯《就业、利息和货币通论》的批判……………（494）
　　二　对经济周期理论和经济危机理论的批判………………（497）
　　三　对经济发展理论的批判…………………………………（501）
　　四　对经济滞胀理论的批判…………………………………（503）
第三节　对新自由主义经济学的批判……………………………（504）
　　一　新自由主义的代表人物及其主要观点…………………（504）
　　二　西方马克思主义者揭示新自由主义实质………………（506）
　　三　西方马克思主义者评析新自由主义兴起根源…………（506）
　　四　西方马克思主义者批判新自由主义实践及其后果……（507）
　　五　西方马克思主义者探讨如何超越新自由主义…………（508）

参考文献 ·· (511)
　中文部分 ·· (511)
　外文部分 ·· (521)

后　记 ·· (533)

导　　论

自 1867 年《资本论》第一卷出版以来，马克思主义经济学的传播与研究在世界范围内不断扩展，并呈现出愈益多样化的发展态势。准确把握与科学借鉴国外马克思主义经济理论研究的发展状况、理论取向，对于繁荣发展中国马克思主义经济学研究无疑具有重要的意义。

第一节　当代国外马克思主义经济理论研究的演进

第二次世界大战之后，国外马克思主义经济理论研究的演进大致可以划分为三个阶段：一是随着西方世界马克思主义研究重心向西欧和北美的转移，从第二次世界大战以后到 20 世纪 60 年代中期，英美等国许多学者力图运用比较研究和数学工具"沟通"马克思主义经济学与非马克思主义经济学，同时结合现实的变化发挥和改造马克思主义经济学的某些原理；二是 60 年代中期以后，国外马克思主义经济理论研究呈现出更加多样化的发展态势，各种各样的研究成果和分析工具被用来克服马克思主义经济分析的"缺陷"或被用于增强马克思主义的经济分析；三是进入 90 年代以后，随着冷战结束和经济全球化的不断推进，国外马克思主义经济理论研究出现了许多新的动向，对于全球资本主义尤其是新自由主义与新帝国主义的分析批判以及社会主义模式的分析解剖，构成其主要的问题框架与研究主线。

一　第二次世界大战以后到 20 世纪 60 年代中期的国外马克思主义经济理论研究

第二次世界大战结束以后，西方发达资本主义国家不仅没有出现预想的严重危机，反而进入了"长期繁荣"，这使得马克思主义者不得不面临对其整个政治经济学进行重新审视的压力。[①] 因此，如何看待劳动价值论和利润率下降规律等马克思主义经济学基本理论以及资本主义发展趋势和不发达经济等问题，成为第二次世界大战以后到 20 世纪 60 年代中期国外马克思主义经济理论研究的主要论题。

在莫里斯·多布（Maurice Dobb）看来，资本主义在第二次世界大战之后的持续繁荣不可能完全归结为战后的恢复，马克思主义经济学必须对这一情况作出解释。他在 1957 年发表的《资本主义在第二次世界大战之后发生的变化》等论著里指出，除了国家支出的扩张在支撑战后经济增长方面发挥重要作用之外，内部积累和技术进步也是两个重要因素。通过内部积累，使得企业的投资决策无需外部投资者的认可，从而有助于鼓励企业投资；快速的技术进步则提高了投资效率，降低了投资率的变化。但是，上述变化并没有带来资本主义基本矛盾的解决和危机的克服。因此，断言资本主义没有发生任何变化是错误的，认为资本主义已经变成一种全新的制度同样是错误的。

那么，"资本主义发生变化了吗？"资本主义是否"经过不断进化已经足以避免像 1929—1933 年那种类型的经济萧条"？[②] 都留重人（Shigeto Tsuru）认为，资本主义的基本特征包括四个方面：利润是经济活动的动力；利润由私人资本控制；利润在很大程度上用于积累；经济人具有通过出售商品而实现利润的持续压力。尽管经济政策的转变，例如 1946 年"美国就业法案"、银行改革、农产品价格支持以及财政内在稳定器的作用，都限制了有效需求不足的程度，对于战后资本主义的"长期繁荣"发挥了重要作用，但是，资本主义基本特征的四个方面一个也没有发生显著的变化，资本主义生产方式的基本特征仍然存在，资本主义难以避免经济危机。

都留重人的分析得到了保罗·斯威齐（Paul Marlor Sweezy）和保罗·巴兰（Paul Alexander Baran）等人的支持和补充。斯威齐强调指出，在垄断资本主义条件下，技术进步与投资之间的联系在不断减弱。战后的长期

---

① [英] M. C. 霍华德、J. E. 金：《马克思主义经济学史》，顾海良等译，中央编译出版社 2003 年版，第 75 页。

② Tsuru, Shigeto, *Has Capitalism Changed*? Iwanami Shoten, 1961.

繁荣是建立在私人债务和公共债务持续增长的基础之上的。1945年之后的"金融爆炸"打开了有利可图的不动产和建筑业的投资机会，刺激了螺旋上升的以利息支付的奢侈品消费，但是金融部门的"过度膨胀"显然是病态和寄生的，也是难以持续的。巴兰认为，自1870年以来美国工人的劳动生产率比他们实际工资的增长快了许多，但不论是资本家的消费还是投资都不能提供足以吸纳经济剩余持续增长的有效需求。为了抵制由此产生的停滞的压力，必须增加以私人部门的广告费用以及国家军事开支等形式出现的非生产性和浪费性支出。但是，资本主义由于消费不足仍会趋向于停滞。

欧内斯特·曼德尔（Ernest Mandel）尽管没有参与都留重人的讨论，但在其1962年出版的《马克思主义经济理论》和1964年出版的《马克思主义经济理论导论》里表达了他对上述论题的看法。在他看来，国家干预的增强已经导致所谓的"新资本主义"。"新资本主义"的特征是经济计划以及对有组织的工人阶级采取容忍和妥协的政策。在他看来，国家日益通过负责承办非营利的基础产业，以及通过对私人资本提供直接或间接补贴等措施来维持私人资本的垄断利润。军事支出为重工业部门的产品提供了"替代市场"，从而有助于第一部类的稳定发展，工会所争得的福利待遇和稳定的工资收入，又维持了第二部类的需求。因此，尽管现代资本主义经济仍然存在严重的停滞力量，但是资本主义的变化已经能够阻止类似于1929年大萧条那样的危机的重演。

显然，这一时期的讨论没有能够令人满意地回答都留重人提出的问题。不过，上述论题也激发了关于马克思主义经济理论的更加广泛的研究。传统马克思主义者往往认为，西方资本主义的冲击会在全球范围内刺激经济的发展。因而，战后解释"长期繁荣"的各种理论大都不曾考虑落后地区的经济结构及其与发达经济结构的关系，也许只有巴兰和斯威齐的著作是个例外。1952年，巴兰发表的《论落后问题的政治经济学》，成为不发达政治经济学研究的开拓性文献。1957年，巴兰又出版《增长的政治经济学》，构建了以"经济剩余"为核心，分析不发达经济、垄断资本主义经济和社会主义经济运行规律的理论框架，对传统马克思主义关于落后国家资本主义经济发展问题作出了明显的突破。在巴兰看来，西方资本主义国家的发展直接以落后国家的不发达为代价，世界上大多数国家的不发达是西方垄断资本主义发展的直接结果。

在巴兰去世两年之后，他与斯威齐长期合作的结晶《垄断资本》出版。《垄断资本》融合了巴兰关于经济剩余的分析和斯威齐早前关于消费不足和垄断企业的分析，以美国的经济和社会发展的事实为依据，以垄断资本主义条件下经济剩余的产生和吸收为中心展开分析，力图解释发达资本主义国家1945年以后"长期繁荣"的原因并预言它的日益迫近的消亡。他们认为，随着垄断资本主义的兴起，相互勾结的大公司成为社会经济生活的主宰，"剩余增长规律"取代了"利润率下降规律"而成为理解资本主义本质的理论表现。尽管不断增长的经济剩余可以在消费、投资以及增加广告包装支出、政府行政管理支出、社会公共福利支出乃至军事部门的巨额开支等方面找到某种出路，但是毕竟存在极限。因此，垄断资本主义是一个自我矛盾的制度。它具有形成日益增多的经济剩余的趋势，却不能提供吸收增长剩余所必需的，从而也是维持其自身平稳运行所必需的消费和投资的出路，因而垄断资本主义的正常状态只能是"停滞"。

巴兰和斯威齐的著作提供的重要概念和主要思想为其他理论家进行新的理论思考留下了广阔的空间，但也招致了广泛而激烈的批评。曼德尔等批评者指出，巴兰和斯威齐的错误在于强调了剩余价值的实现而非剩余价值的生产，否定了利润率下降规律。事实上，利润率下降规律的逻辑统一和经验检验问题也正是这一时期经济学家们争论的主题。在H. D. 迪金森（H. D. Dikison）和罗纳德·米克（Ronald L. Meek）看来，利润率的变动趋势依赖于有机构成、劳动生产力和剥削率之间的关系；利润率在开始下降之前会在相当长的时期呈上升趋势。萨缪尔森（Paul A. Samuelson）和置盐信雄（Nobuo Okishio）则认为，如果技术进步没有增加实际工资，那么它一定提高了利润率。面对迪金森—米克的非难和置盐定理的质疑，曼德尔等利润率下降规律的维护者们努力以一种非同义反复的方式系统地表述他们的观点，明确创造剩余价值的生产性劳动与吸收剩余价值的非生产性劳动之间的界限，建立利润率下降与经济危机之间的紧密联系。[①]

在任何时期，劳动价值理论都是马克思主义经济理论研究的重要论题。1942年，斯威齐在《资本主义发展理论——马克思主义政治经济学原理》一书里重新阐述了马克思的劳动价值理论和剩余价值理论，并以肯定

[①] [英] M. C. 霍华德、J. E. 金：《马克思主义经济学史》，顾海良等译，中央编译出版社2003年版，第130—144页。

的态度评价了德国经济学家鲍特凯维兹关于"转形问题"的解式,由此重新掀起了关于"转形问题"的长期争论。1957年,F. 塞顿(Francis Seton)的《转形问题》与萨缪尔森的《工资和利息:马克思主义经济模型的一个现代剖析》的问世又点燃了关于"转形问题"新一轮论争的战火。1960年,意大利经济学家皮罗·斯拉法(Piero Sraffa)的《用商品生产商品》出版之后,关于"转形问题"的论争更加广泛而深入,并出现了解决"转形问题"的新的尝试。

二 20世纪60年代中期至80年代末的国外马克思主义经济理论研究

20世纪60年代中期以后,随着以福特制生产方式为基础的组织化资本主义转向以弹性生产方式为基础的后组织化资本主义,以及"长期繁荣"终结迹象的逐步显现和1968年"五月风暴"的冲击,国外马克思主义经济理论研究呈现出再度复兴和更加多样化的发展态势。在这一时期,"转形问题"和利润率下降规律等马克思主义经济学基本理论以及资本主义发展趋势和不发达经济等前期主要论题得到了更加深入的研究,同时马克思主义经济理论研究的各种流派不断涌现,呈现出"千面马克思"的理论景观。

"长期繁荣"的终结引发了关于"都留重人问题"的更加广泛而充满分歧的讨论。1973年,詹姆斯·奥康纳(James O'Connor)在《国家的财政危机》一书里发挥了巴兰和斯威齐关于政府在吸收剩余时会遭遇到的固有限制的观点,阐明了20世纪50年代以来发达资本主义国家尤其是美国资本主义经济增长趋势和危机的特征及其根源。在他看来,国家的经济积累功能与政治合法化功能之间的内在矛盾必然形成和加剧当代资本主义经济、政治和社会危机的趋势。1974年,哈里·布雷弗曼(Harry Braverman)的《劳动与垄断资本》通过大量的历史细节详尽地考察了垄断资本对劳动过程产生的作用,阐明了工人阶级的结构及其变化,弥补了巴兰和斯威齐对于劳动和工人阶级的忽视。在他看来,垄断资本主义条件下科学技术革命和管理制度变革并未改变雇佣劳动的性质,白领工人增加这种向庞大的非无产阶级的"中产阶级"发展的表面趋势,最终转化成为一个庞大的新型的无产阶级队伍。显然,关于这一论题更为引人注目的观点来自于曼德尔1972年的《晚期资本主义》和1980年的《资本主义的长波》。在他看来,18世纪末以来的资本主义可以分为三个阶段:自由资本主义、垄断资本主义或帝国主义、晚期资本主义;西方资本主义经济发展不仅存在7—10年为一个周期的短期经济波动,而且存在着50年为一个周期的长期经济波动;60年代末70年代初,西方主要资本主义国家都已经进入第四次"长波"的衰退时期。曼德尔强调,从繁荣长波变为衰退长波是资本主义的内在规律使然,但是从衰退长波变为繁荣长波,单纯依靠资本主义内在经济规律是不够的,还必须依靠政治、军事以及战争等"外在"因素的作用。曼德尔的理论引起了热烈反响,80年代之后,"晚期资本主义"不仅成为马克思主义理论研究的一个流行用语,更成为一种重要的理论取向。

60年代中期以后,马克思主义政治经济学在第三世界找到了更为众多的知音,在巴兰和斯威齐前期研究的基础上,各种不发达经济理论不断涌现。60年代末期,安德烈·冈德·弗兰克(Andre Gunder Frank)率先在《资本主义与拉丁美洲的不发达》(1967)、《拉丁美洲:不发达或革命》(1969)以及《依附的积累和不发达》(1979)等论著里修正和发展了巴兰和斯威齐的理论,提出了关于"中心"与"外围"关系的新论点。在他看来,资本主义世界经济体系是一个剥削关系的连续统一体:"卫星"的剩余被"中心"榨取,而这些"中心"本身又是更高层次"中心"的"卫星",这种"链条"式的剥削关系在一国国内和国家之间同样发挥作用,因此,"外围"既可以存在于第三世界,也可以在发达资本主义国家内部找到。此后,西奥东尼奥·多斯-桑托斯(Theotonio Dos-Santos)在《依附的结构》(1970)、《帝国主义与依附》(1978)等论著里定义了"依附"概念,分析了历史上曾经出现的依附结构,提出了殖民地依附、金融—工业型依附和技术—工业型依附三种新的依附结构形式,扩展了巴兰和斯威齐的分析。显然,由伊曼纽尔·沃勒斯坦(Immanuel Wallerstein)创立、萨米尔·阿明(Samir Amin)等人参与发展的"世界体系理论"无疑是这一领域最有影响的成果。他们在《现代世界体系》(1974、1980、1989)、《资本主义世界经济》(1979)以及《世界范围的积累》(1974)等论著里指出,现代资本主义是一个世界体系而不是社会形态,而且是一个不平等、不平衡的"中心—半边缘—边缘"体系结构,这既为资本主义资本积累的无限扩张和不平等的国际劳动分工提供了坚实基础,也预示着作为资本主义世界体系替代物的社会主义只能在世界范围内实现。尽管阿吉里·伊曼纽尔(Arghiri Emmanuel)也把资本主义视为通过交换而产生剥削的一个世界体系，但是与巴兰和弗兰克等人的看法不同，在《不等价交换》（1969）一书里，伊曼纽尔的出发点是世界范围内存在着由竞争导致的利润率平均化的强劲趋势，而同时发达国家和落后国家之间却保持着工资和剥削率方面的巨大差异。在他看来，作为不平等交换的受益者，发达国家的工人已不再与落后国家的工人具有共同的利益，发达国家工人的高生活水平依赖于对落后地区的持续剥削。

作为马克思主义经济理论研究的经典论题，"转形问题"和利润率下降规律在这一时期自然也得到了更加深入的研究。1971 年，萨缪尔森发表了长篇论文《理解马克思的剥削概念：马克思主义的价值与竞争价格之间所谓转形问题概要》，认为马克思的劳动价值论是一个"复杂的迂回"，剩余价值论对于理解资本主义经济的利润而言毫无必要；同年，伊恩·斯蒂德曼（Ian Steedman）发表了《斯拉法之后的马克思》，认为马克思的价值分析没有意义，应用斯拉法的理论来改造甚至取代马克思的理论体系。由此，关于"转形问题"的争论又被推向高潮。1973 年，森岛通夫（Michio Morishima）出版了《马克思的经济学》，运用高等数学的迭代原理和马尔可夫过程，对商品价值到生产价格的转化进行了深入分析，证明了马克思的两个不变性命题即总价值等于总价格和总剩余价值等于总利润的有效性，论证了《资本论》三卷之间的统一性，反驳了人们对于《资本论》第一卷和第三卷之间逻辑关系的非难。此后，热拉尔·迪梅尼尔（Gerard Dumenil）又在《超越转形之谜：劳动价值论》（1984）中提出了关于转形问题的所谓"新解释"，推动了对于鲍特凯维兹和新李嘉图主义"正统"的反叛。关于利润率下降规律的研究，20 世纪 70 年代以后主要围绕以下三个方面展开：一是对于置盐定理的批评；二是对于资本有机构成发展趋势及其与利润率的关系进行的经验分析；三是运用纯粹方法论的理由捍卫马克思《资本论》第三卷的理论。[①]

在这一时期，马克思主义经济理论研究的一个更为令人关注的现象是众多具有广泛影响的理论流派的涌现。源起于 20 世纪 70 年代并在 80 年代获得迅速发展的以柯亨（G. A. Cohen）、约翰·罗默（John E. Roemer）、乔恩·埃尔斯特（Jon Elster）和赖特（Erik Olin Wright）等人为代表的

[①] [英] M. C. 霍华德、J. E. 金：《马克思主义经济学史》，顾海良等译，中央编译出版社 2003 年版，第 317 页。

"分析的马克思主义"（Analytical Marxism），试图运用分析哲学的方法以及一般均衡论等新古典经济学方法重新解读马克思文本，将马克思主义经济学重构为一种"精确和清晰"的现代科学理论，并进而以重构的马克思主义经济学分析现实的资本主义和社会主义。兴起于20世纪70年代并在90年代以后得到快速发展的以安德列·高兹（Andre Gorz）、本·阿格尔（Ben Agger）、瑞尼尔·格伦德曼（Reiner Grundamn）、詹姆斯·奥康纳（J. O'Connor）、约翰·贝拉米·福斯特（J. B. Foster）等人为代表的"生态马克思主义"（Ecological Marxism），从资本主义生产方式与生态危机的联系上对资本主义进行了系统批判，全面推出了社会主义的新构想。兴起于60年代并在70年代以后获得了较大发展的以大卫·哈维（David Harvy）和曼纽尔·卡斯特（Manuel Castells）等人为代表的马克思主义经济地理学派，将空间思想注入马克思主义经济学说之中，重视劳动、资本积累、经济危机等问题与空间结构的形成与变化之间的关联，认为资本主义的资本积累危机的解决依赖于周期性的空间结构调整过程。70年代末期兴起于法国的以米歇尔·阿格里塔（Michel Aglietta）、阿兰·利比茨（Alain Lipietz）等人为代表的"调节学派"和兴起于美国的以 M. 戈登（David Gordon）、塞缪尔·鲍尔斯（Samuel Bowles）等人为代表的"社会积累结构学派"（SSA：The Social Structure of Accumulation，又译"积累的社会结构学派"）具有"强烈的同族相似性"，他们强调"制度积累"和"积累的社会结构"，以及劳资关系对于理解资本主义经济的重要作用。

三 20世纪90年代以来的国外马克思主义经济理论研究

进入20世纪90年代以后，随着冷战的结束和经济全球化的不断推进，以及社会主义国家的市场经济实践，对于全球资本主义尤其是新自由主义与新帝国主义的分析批判以及社会主义模式的分析解剖，构成了国外马克思主义经济理论研究主要的问题框架与论争主线。

冷战结束以后，对于资本主义及其发展趋势的反思与分析依然是马克思主义经济理论研究的重要主题，人们继续着对于"都留重人问题"的探讨。正当苏东剧变后福山等人为西方资本主义大获全胜而高奏凯歌之时，沃勒斯坦却在《美国和世界：今天、昨天和明天》（1991）等一系列论著中指出，世界资本主义体系的胜利只是表面上的胜利，实际上这一体系特别是作为这一体系核心的美国正陷于空前的危机之中，自由主义作为资本主义制度的主要精神支柱已经坍塌，资本主义世界体系将进入一种"混沌"状态。作为沃勒斯坦分析的有力补充，阿明在《全球化的挑战》（1996）、《资本主义的幽灵》（1999）等论著里指出，"两极分化现象"在当今资本主义社会已经达到登峰造极的程度，为了摆脱愈益深重的危机，受到苏联解体和第三世界新自由主义政权执政的鼓舞，从20世纪90年代初帝国主义开始了它毁坏世界的第三次扩张浪潮。伊藤诚（Makato Itoh）和考斯达斯·拉帕维查斯（Costas Lapavitsas）在《货币金融政治经济学》（1999）中指出，现代资本主义是采取了金融形态的巨型股份公司发挥主导作用的股份资本主义，西方资本主义国家在第二次世界大战之后的经济繁荣推动了资本的过度积累，随着1971年8月标志着美元与黄金可兑换性的"布雷顿森林体系"的崩溃，股份资本主义内在的资本过度积累既恶化了资本主义国家剩余价值的生产条件，也推动了金融危机在这些国家的爆发。大卫·佩珀（David Pepper）在《生态社会主义——从深层生态学到社会主义》（1993）等论著里指出，资本主义制度决定了在资本主义社会存在着它自身不可解决的生态矛盾，当代资本主义国家只能通过对广大发展中国家实施生态掠夺来转嫁与缓和矛盾，从而出现"生态帝国主义"。约翰·B.福斯特在《马克思的生态学：唯物主义与自然》（2000）等论著里指出，只要资本主义利润至上原则仍起支配作用，解决生态危机问题就是一种空想；只有马克思主义才能为当代人类摆脱生态危机、建设生态文明提供理论资源。《每月评论》2002年4月号发表的编辑部文章《资本主义新面貌：增长减速、资本过剩和债务如山》指出，增长减速、资本过剩和债务如山是当代资本主义的重要特征，全球资本主义衰退在不断深化。以大卫·哈维及其《新帝国主义论》（2005）与艾伦·M.伍德（Ellen Meiksins Wood）及其《资本的帝国》（2005）为中心展开的争论和研究，把当代资本主义和新自由主义批判与帝国主义批判结合在一起，揭示了现实帝国主义在全球的扩张及其活动。

经济危机对于资本主义而言，不仅是一种理论预言，更是一种现实存在。1997年亚洲金融危机之后，罗伯特·布伦纳（Robert Brenner）于1998年发表了题为《全球动荡的经济学——1950—1998年世界经济特别报告》的长文，重新探讨了1973年开始的资本主义世界萧条性长波的产生根源、未来发展趋势等问题。在他看来，"过度竞争"（Overcompetition）是导致萧条的主要原因。国际制造业竞争的加剧致使整个西方资本主义体系生产能力过剩和生产过剩，导致 1965—1973 年在西方发达国家开始的利润率下降；此后已经过剩的制造业仍然进入太多而退出太少，导致利润率下降趋势难以改变。布伦纳的论文引发了广泛的批评和讨论。约翰·B. 福斯特在 1999 年发表的《过度竞争是问题吗？》等论著里坚持巴兰和斯威齐的理论传统，认为"过度剥削"（Overexploitation）才是资本主义停滞和危机日益加重的原因。在他看来，垄断仍是当代资本主义的根本趋势，而且垄断正超越国界向全球发展。由于"剩余增长规律"的作用，垄断资本主义的剥削所得的总值越来越大，导致有效社会需求和投资出路存在减少趋势，最终不能摆脱 1973 年开始的萧条性长波。2007 年由美国次贷危机引发的西方资本主义国家的金融危机和经济危机爆发之后，关于此次金融和经济危机的根源、发生机制、传导机制及其发展趋势成为马克思主义经济理论研究的热点话题，各种理论和解说不断涌现。其中，资本主义国家的利润率自 80 年代初以来是否仍维持下降趋势、此次经济危机是否肇源于利润率长期下降这一问题，是论争的焦点之一。克里斯·哈曼（Chris Harman）、安德鲁·克里曼（Andrew Kliman）和阿兰·弗里曼（Alan Freeman）等人认为，20 世纪 50 年代末至 80 年代初，资本主义国家利润率显著下降，而且 1982 年至 2001 年期间利润率并无持续反弹的趋势，因而利润率下降仍是当前危机的根本原因；米歇尔·于松（Michel Husson）、热拉尔·迪梅尼尔（Gerard Dumenil）和多米尼克·列维（Dominique Lévy）等人则认为，资本主义国家利润率自 80 年代初以来持续上升，并几乎完全恢复到其前一阶段下降前的水平，因而利润率与对当前危机的解读关系不大。具体而言，论争主要围绕以下三个方面展开：一是作为可观察现象的利润率下降趋势的经验检验问题；二是如何理解马克思的平均利润率下降趋势规律的理论问题；三是此次危机根源的"利润率下降规律解释"与"去利润率下降规律解释"问题。[①]

　　社会主义经济模式与历史命运问题，历来是国外马克思主义经济理论研究关注的重要课题。苏东剧变使得社会主义的模式解剖及其未来发展成为近二十年来马克思主义经济理论研究的重要主题，各种各样的社会主义模式设计和理论构想纷纷涌现。法国颇具影响的《当代马克思》

[①] 参阅周思成《欧美学者近期关于当前危机与利润率下降趋势规律问题的争论》，《国外理论动态》2010 年第 10 期。

杂志于 1993 年发起讨论"社会主义新模式"问题的活动，并在第 14 期刊载了五篇论证"社会主义新模式"的文章，重点介绍了五种社会主义经济模式构想。一是约翰·罗默的《共产主义之后是否存在社会主义》及其"生产资料公有制与市场机制相结合的"社会主义模式；二是弗瑞德·布洛克（Fred Block）的《没有阶级权力的资本主义》及其"剥夺金融资本权力的"社会主义模式；三是戴维·施韦卡特（David Schweikart）的《经济民主——真正的和可以实现的社会主义》及其"经济民主的"社会主义模式；四是迪安·艾尔逊（Diane Elson）的《市场的社会化》及其"市场社会化的"社会主义模式；五是法国学者托尼·安德烈阿尼和马克·费雷合著的《从自治到联合的社会主义》及其"企业自治的"社会主义模式。此外，冷战结束后国外马克思主义经济理论研究者提出的社会主义模式还包括戴维·米勒（David Miller）的"合作式"的社会主义模式、詹姆斯·容克（James A. Yunker）的"实用的"市场社会主义模式以及罗宾·阿彻（Robin Archer）的"以经济民主为基础的社会主义经济"模式等。由于社会主义国家的市场经济实践，市场与社会主义的关系问题也是 20 世纪 90 年代之后的理论热点：戴维·施威卡特等人致力于证明公有制和市场的有机结合能够同时达到公平与效率，可以实现真正的社会主义，甚至提出只有通过市场才能实现社会主义的主张。希勒尔·蒂克庭（Hillel Ticktin）和伯特尔·奥尔曼（Bertell Ollman）等人则认为，只有两种制度是可能的，即要么是社会主义，要么是资本主义。如果市场社会主义是可能的，那它只能是与社会主义截然对立的社会。出版于 1998 年的文集《市场社会主义：社会主义者之间的争论》充分反映了双方的分歧和不同。

  尽管第二次世界大战之后国外马克思主义经济理论研究经历了艰难而曲折的发展，但从整体而言，马克思主义经济理论研究的队伍不断壮大，研究的领域日趋拓展，研究的热度愈益升温。英国经济学史学家马克·布劳格指出："马克思作为经济学家至今仍然活在我们心中，没有谁能像他那样让我们有如此多的思考。马克思被重新评价、被修正、被驳斥、被埋葬了数千次，但仍在人类文明史上占据重要一席，他的思想已经成为今天我们思考问题的观点之一。"[1] 可以预期，随着人类进步意识和解放意识

---

[1] Mark Blaug, *Economic Theory in Retrospect*, Cambridge University Press, 1999, p.215.

的不断觉醒，国外马克思主义经济理论研究将拥有更加广阔而美好的前景。

第二节 当代国外马克思主义经济理论研究的取向

第二次世界大战之后，国外马克思主义经济理论研究存在多种理论取向和发展方向。除了曼德尔、福斯特等人坚持经典马克思主义经济学理论传统的取向之外，另有三种重要取向也值得关注和研究。

一 马克思主义经济学与非马克思主义经济学的"融合"

第二次世界大战之后，各种各样的非马克思主义经济学观点和分析工具被不断用来进行马克思主义经济理论研究，以"沟通"、"融合"马克思主义经济学与非马克思主义经济学。其中，部分学者试图"沟通"马克思主义经济学与西方主流经济学的"联系"，部分学者则试图"沟通"马克思主义经济学与西方非主流经济学的"联系"。

1942年，英国著名凯恩斯主义经济学家琼·罗宾逊在《论马克思的经济学》里第一次明确提出，"用现代分析的更为准确和细致的方法来重新考察马克思的观点"，"沟通"马克思经济学与凯恩斯经济学之间的"联系"。尽管罗宾逊提出"沟通"马克思经济学与凯恩斯经济学是基于发展凯恩斯经济学的角度，但是，作为一种回应，当时许多西方马克思主义经济理论研究者从他们认为有利于马克思主义经济学发展的角度，为了改变他们认为的马克思经济学研究的"停滞"趋势，也在很大程度上表现出对凯恩斯经济学的"宽容"，或多或少地顺应了"沟通"的呼吁。斯威齐、巴兰以及米克等人在他们的研究和著述里明显地体现了这种取向。

保罗·斯威齐于1942年出版的《资本主义发展的理论：马克思的政治经济学原理》一书，是反映当时马克思主义经济学在西方研究特点的代表作。该书对马克思逝世之后马克思主义政治经济学研究的一些重要的理论争论作了概述，并对当时一些"正统"理论观点提出了"挑战"。其中，最为突出的是他对"消费不足论"在解释资本主义经济危机方面的意义的肯定。他通过详细考证认为，"消费不足"和"生产过剩"实际上是一个钱币的两面，在理解资本主义经济危机的实质时，"用'比例失调'来否定'消费不足'的做法是不正确的"。显然，他对"消费不足论"的肯定与凯恩斯所倡导的"有效需求原理"有着某种内在的对应关系。① 此后，斯威齐与巴兰合作的《垄断资本》一书用"经济剩余"范畴替代了马克思的"剩余价值"范畴，强调了剩余价值的实现而非剩余价值的生产，实现了由"术语的更换"到"理论见解的必要的转换"，继续着"融合"马克思主义经济学与凯恩斯主义经济学的努力。

1956年，罗纳德·米克的《劳动价值学说的研究》一书详尽地考察了劳动价值学说的发展史，论证了马克思的劳动价值论是真正的科学。然而，米克撰写此书的初衷之一，却是希望通过对劳动价值学说史的研究，在马克思主义经济学和非马克思主义经济学之间建筑"某种桥梁"，希望"在这个时代里，马克思主义者和非马克思主义者将由互相攻击对方的虚伪性和不学无术，而转变为互相了解和评价对方的观点，双方进行和平的竞赛，看看谁能对经济现实给予更正确和更有用的分析"②。他的这一主张，显然是对当时西方经济学界流行的"沟通"马克思经济学与凯恩斯经济学思潮的一种回应，也在很大程度上得到了许多西方马克思主义经济理论研究者的响应。此后，在1966年该书的第二版序言中，米克还对"斯拉法—马克思命题"进行了对照分析，认为斯拉法与马克思的模式之间存在着有趣的"类似"。

随着70年代"凯恩斯革命的革命"的兴起，"沟通"马克思主义经济学与凯恩斯主义经济学的努力趋向沉寂。但是，"沟通"马克思主义经济学与新古典主义经济学的取向却悄然兴起。约翰·罗默等人的研究便是这一取向的典型代表。作为分析马克思主义学派的代表人物，罗默明确宣称，"在我看来，在过去200年里，经济学理论的主要成就是对经济中的价格决定和收入分配有了一种相对完整的系统表述，即人们所说的一般均衡理论"；"标准的社会科学的方法并不像许多马克思主义学者感觉的那样充满资产阶级的味道"，"那些方法可以富有成效地应用于马克思主义研究"③。因而，罗默认为要解决经典马克思主义的种种问题，新古典主义经济学的一般均衡理论和分析方法不仅是适当的，而且是必不可少的。在其《剥削与阶级的一般理论》（1982）一书中，罗默便试图把马克思关于阶

---

① 顾海良：《20世纪马克思主义经济学在西方的发展》，《教学与研究》1997年第7期。
② ［英］米克：《劳动价值学说的研究》，陈彪如译，商务印书馆1979年版，第4—5页。
③ ［美］约翰·罗默：《社会主义及其未来》，载《马克思主义研究论丛》（第1辑），中央编译出版社2005年版。

级和剥削的理论改造为建立在个体理性行为的基础之上，运用一般均衡模型和博弈论工具，经过严密的数学推导而得出的"一般剥削理论"。从而，提出了非劳动价值论的剥削概念：剥削归因于个人的不同禀赋以及他们的不同偏好。由此，阶级和剥削理论就独立于劳动价值理论之外，马克思的剥削和阶级理论就被解释为标准的新古典经济模型。

与上述学者不同，另有一些学者则致力于马克思主义经济学与西方非主流经济学的"沟通"与"融合"。以米歇尔·阿格里塔、阿兰·利比茨等人为代表的"调节学派"和以 M. 戈登、塞缪尔·鲍尔斯等人为代表的"社会积累结构学派"便是这一取向的典型代表。"调节学派"试图以马克思的制度经济理论为基础，并从布罗代尔等人的年鉴学派和波拉尼、熊彼特等人的理论汲取灵感，从高度抽象的概念，如生产方式，分离出若干中介概念，如积累体制和制度形式，用以解释经济行为体在相互作用时表现出来的规则性，分析西方发达资本主义国家从福特制向后福特制的转变，建立一种研究资本主义经济长期演化的理论框架。与"调节学派"一样，"社会积累结构学派"对于资本主义的经济发展和制度变迁之间的关系所作的历史的、实证的、具体的考察，也深受制度学派的影响。在他们看来，社会积累结构是资本主义积累过程赖以进行的制度环境和制度集合体，既包含经济制度，也包含政治、法律、思想文化制度；既包括国内制度，也包括国际制度。一个长时期的、相对快速和稳定的经济扩张需要一个有效的社会积累结构。一个社会积累结构在一个时期内会促进经济的增长和稳定，但跟随其后的是一个较长时期的停滞和不稳定时期，直到建立一个新的社会积累结构。资本主义经济的每一个长波都与不同的社会积累结构相联系，而且长波与社会积累结构相互独立、相互决定。

二 马克思主义经济学的后现代主义阐释

20 世纪 70 年代之后，随着后现代主义思潮的兴起，马克思主义经济学的后现代主义阐释便成为国外马克思主义经济理论研究的一种重要取向。其中，部分学者，如奥康纳等努力在马克思主义的问题框架内展开研究，尝试对马克思主义经济学进行后现代主义的建构性思考；另有一些学者，如让·鲍德里亚（Jean Baudrillard）等则试图以后现代主义"解构"马克思主义经济学。

2000 年，美国学者埃纳斯图·斯奎帕尼提在美刊《马克思主义反思》

春季号发表的《经济学的后现代危机与后现代主义革命》一文,明确界定了经济学现代主义和后现代主义的区别。在他看来,现代主义经济学具备这样四个特征:确信经济学是一门关于"理性人"的个体存在的社会科学;一种实体论的价值论;社会结构均衡论;人类主体能根据积极而普遍的既定目标塑造世界。简单说来,现代主义即是"决定论"和"实在论"。后现代主义经济学则具有这样的趋势:无人本主义本体论;对实体主义的价值论的否弃;解释社会关系结构时不诉求一般均衡理论;把历史解释成一种目标开放的过程。区分现代主义经济学与后现代主义经济学的另一种适当的方法是三重二分法:中心/非中心,有序/无序,确定/不确定。[①] 在他那里,现代主义经济学与后现代主义经济学似乎是截然对立的。

事实上,许多学者认为,马克思的经济理论非常关注无序、不确定、结构变异、历史时间的演化过程与意识形态等内容,能够向后现代主义的重构敞开大门。1997年,詹姆斯·奥康纳发表的《自然的理由——生态学马克思主义研究》一书围绕着"可持续性发展的资本主义是否可能"这一问题,对当代资本主义进行了深入的分析批判。奥康纳认为,虽然马克思和恩格斯在研究资本主义发展对社会造成的破坏方面属于一流的理论家,但他们确实没有将生态破坏置于资本积累和社会经济转型理论的中心位置。因此,必须把历史唯物主义与生态学关联起来,重新思考自然界在历史唯物主义中的地位,把"文化维度"和"自然维度"引到历史唯物主义中去,实现其内延和外扩。在他看来,劳动关系是由各种文化实践、技术和工艺水平、生产工具和生产对象的发展水平、维持劳动价格稳定的能力、阶级的力量等多元元素决定的,因此即使处于同一生产力水平之下,人们之间的生产关系也是不同的。同时,"自然"的生产关系意味着自然条件或自然过程的一定形式,对于任何一个既定的社会形态或阶级结构的发展,能够提供更为多样的可能性。总而言之,社会劳动作为生产力和生产关系,它与文化和自然界、语言和主体间性、生态学之间是一种调节与反调节的关系。[②] 通过对历史唯物主义的后现代主义"重构",奥康纳展开了关于资本主义生产力、生产关系与生产条件之间的矛盾分析,提出了资

---

① 参见陈志刚《后现代主义的马克思主义经济学》,《国外理论动态》2001年第7期。
② [美]詹姆斯·奥康纳:《自然的理由——生态学马克思主义研究》,唐正东、臧佩洪译,南京大学出版社2003年版,第63页。

本主义经济危机和生态危机并存的"双重危机"理论,指出了资本主义不平衡发展和联合发展给全球带来的灾难。

与奥康纳不同,"后现代主义的牧师"鲍德里亚强调了后现代性与现代性之间的不可调和的断裂关系,并在《生产之镜》(1973)和《符号政治经济学批判》(1981)等论著里试图"解构"马克思理论体系的"根深蒂固的核心"即"生产主义"或生产方式理论,并代之以"消费主义"与"符号政治经济学批判"。在他看来,当代资本主义社会已经不同于马克思所分析的生产时代,消费构成了当下资本主义社会的主导逻辑。随着消费社会的来临,"消费"的内涵发生了根本性的转变,已经大大溢出了人与物品的关系和个人间的关系,延伸到历史、传播和文化的所有的层面,而且所有的关系理念也都成为了消费对象。因此,必须放弃以"生产之镜"反映现实的政治经济学批判,走向"超现实"的"符号的政治经济学批判"。鲍德里亚认为,马克思旨在将使用价值从交换价值的束缚下解放出来的政治经济学批判并没有超越资本的逻辑和物质生产的思维方式。在当代社会,物质生产已经被媒介生产所取代,物体的实用功能维度已经让位于通过符号标识的"符号—物"的维度。通过"符号—物"的占有和消费,个体将自己的社会地位凸显出来从而使自己不同于他人。这样,现代资本主义社会完成了一种支配与控制,即通过消费者主动地进入到消费社会之中,并通过"符号—物"的消费无意识地认同了消费体系以及相应的社会体系。也就是说,后现代的媒介幻象才是今天资本统治的真正元凶。因此,马克思基于"生产主义"而提出的解放理论只是一个幻觉而已,当代资本主义批判必须打破马克思的生产之镜,走出马克思的生产逻辑。显然,尽管鲍德里亚认为符号政治经济学批判是对马克思政治经济学批判的发展,但是实际上他已经与马克思分道扬镳。[①]

三 马克思主义经济学的"泛经济学化"

1867年《资本论》第一卷的出版,标志着马克思主义经济学作为一门独立学科的诞生。同时,马克思的经济分析与政治、社会、文化等方面的分析相互依赖、相互支撑,共同构成了完整的马克思主义理论体系。因此,马克思之后尤其是当代国外马克思主义经济理论研究除了经济学专业

---

① 仰海峰:《西方马克思主义的逻辑》,北京大学出版社2010年版。

化的努力之外，也存在一种跨越经济学科边界、融合多学科研究的"泛经济学化"取向。

伊曼纽尔·沃勒斯坦及其"世界体系的马克思主义"无疑是这一取向的典型代表。尽管《现代世界体系》目前只出版了三卷，却已构筑起了一个庞大的理论体系。在沃勒斯坦看来，资本主义是一个侵犯地方自治、使全球相互依赖、按照商品生产的需要重组社会关系和文化内涵的历史过程。只有将资本主义看成是一个世界体系，并用以解释马克思的经济理论，才能真正读懂马克思，才能理解资本主义的演进特征和发展规律以及人类社会的发展趋势。因而，必须以"世界体系"而不是"民族国家"或"社会形态"作为分析单位。作为一个不平等、不平衡的结构体系，资本主义世界经济体系趋向于在自身发展过程当中不断扩大不同地区间的经济和社会差距，中心化和边缘化是资本主义世界体系发展的同一个历史过程的两个方面。作为一种"历史体系"，资本主义世界体系遵循着"上升—平稳—下降"的周期性变化规律，呈现出长周期和中短周期不断地交叉发生的复杂状态，并且目前已经陷入了体系危机，正处于向新的秩序转换的混乱时期。然而，由于资本主义是一个世界体系，没有一种办法能让一个单独的国家从世界资本主义体系之中解脱出来，由俄国革命和中国革命开启的世界"反体系"运动将在资本主义世界体系的其他地方继续发生，资本主义矛盾将带来世界范围内反体系力量的联合，作为资本主义世界体系替代物的社会主义世界体系必将出现。显然，尽管沃勒斯坦的理论体系较好地遵循了马克思的理论传统，坚持从经济分析出发，融合了众多学科资源和研究方法，实现了以整体性思维和复杂性思维为特征的"总体性"研究。

与沃勒斯坦不同，当代国外许多学者的马克思主义经济理论研究已经大大超出了"社会生产关系"这一马克思主义政治经济学的特定的研究范围，甚至不是从技术、所有制和交换关系等层面来研究"经济"本身，而是把它作为一种政治的和文化的关系来加以研究，从而离开了马克思的经济分析的理论传统，变成了一种"经济"的哲学批判、文化批判甚至语言批判。这种做法实际上是早期西方马克思主义学术传统的一种延续和反映。20 世纪 80 年代初，佩里·安德森（Perry Anderson）在对西方马克思主义历程进行了历史性考察之后指出，马克思本人的研究工作相继从哲学转到政治学再转到经济学，早期西方马克思主义者则颠倒了他的路线。大萧条之后，马克思主义分析框架之中对于资本主义大量的经济分析大都消失，取而代之的是日益兴起的哲学分析、文化艺术和意识形态研究。之所以如此，是因为早期西方马克思主义理论与实践产生了致命的分离，切断了它本该具有的、与争取革命社会主义的群众运动的纽带。早期西方马克思主义者，如卢卡奇、葛兰西和柯尔施等人认为，必须重新确定上层建筑与经济基础的相互关系，二者的关系不应理解为决定者与被决定者的关系，进而公开贬低甚至否定马克思主义经济学在马克思主义理论体系当中的地位。① 2010 年，加拿大学者阿兰·弗里曼于英刊《资本和阶级》第 34 卷第 1 期发表的《没有马克思的马克思主义》一文指出，资本主义当前面临 1929 年以来最为严重的经济危机，但是西方马克思主义的理论影响力却没有显著增加，其原因正是在于从 20 世纪 30 年代以来一直流行于西方马克思主义学界的一股思潮："没有马克思的马克思主义"——一种试图将马克思的结论与其经济理论相剥离的系统性尝试。作为对第二国际和第三国际的所谓的机械决定论的马克思主义的不满，当代西方马克思主义学界日益转向葛兰西、卢卡奇和柯尔施所关注的哲学、政治学、社会学或美学等研究领域，同时却忽略了像 H. 格罗斯曼（Henryk Grossman）与 R. 罗斯多尔斯基（Roman Rosdolsky）等人提出的富有挑战性的经济理论。这样，马克思主义经济理论研究的视野愈益宽阔，马克思主义的经济分析也愈益淹没于政治学、文化学甚至女性学与神学的话语之中，马克思主义理论研究也就失去了其赖以立足的根基——经济分析。

  M. C. 霍华德和 J. E. 金指出，21 世纪的马克思主义经济学应有四个方面的本质内容：（1）资本主义社会的阶级性质以及必然包括其中的阶级斗争是不可回避的现实；（2）资本主义社会再生产的一些关键问题，包括再生产的较为狭隘的科学技术问题、再生产的意识形态的冲突问题等具有重要的分析意义；（3）强调再生产过程的矛盾性，特别是强调不同阶级和阶级分化可能产生的对资本主义制度的威胁；（4）抓住世界经济体系"不平衡发展"这样一个内涵丰富的概念，说明资本主义世界体系不可能平稳而协调地发展。在霍华德和金看来，马克思主义经济理论研究的各种取向只要能够坚持上述四个"本质"，就能够既不失去马克思主义经济学的本来

---

  ① 参见［英］佩里·安德森《当代西方马克思主义》，余文烈译，东方出版社 1989 年版，第 1—35 页。

面目，又能在未来的社会研究领域成为一种充满生命力和进步的研究纲领，否则，只会导致马克思主义经济学的"消失"[①]。霍华德和金对于马克思主义经济学的"本质"的界定未必完全科学，但是对于我们正确认识当代国外马克思主义经济理论研究的各种取向，无疑具有重要的启迪意义。

第三节 当代国外马克思主义经济理论研究的意义

马克思主义经济学是一个开放的理论体系。当代国外马克思主义经济理论研究是马克思主义经济学传播和发展的重要推动力量，也是中国马克思主义经济学创新和发展的重要学术资源。合理汲取和科学借鉴国外马克思主义经济理论研究的优秀成果与发展经验，对于繁荣和发展中国的经济理论研究和政策探讨，无疑具有十分重大的意义。

第一，应借鉴其传承与创新相结合的学术原则。国外众多学者如斯威齐、巴兰、曼德尔、阿明和沃勒斯坦等人的马克思主义经济理论研究，坚持让"马克思的《资本论》继续居于最高统治地位"，又不全然固守马克思经济理论的"原旨"，而是结合现实情况的发展变化，提出了"经济剩余"、"晚期资本主义"、"中心—外围"、"世界体系"等创新概念和理论，实现了传承与创新的有机结合。

显然，发展马克思主义经济学必须坚持"从马克思出发"。马克思主义经济学是由马克思、恩格斯创立的学说，有着自己严格的研究方法、思想逻辑和理论体系。没有马克思，便没有马克思主义经济学。当然，"从马克思出发"不是"回归"马克思的某个观念，或者仅仅依据某个概念进行所谓"解释学"的阐释。"从马克思出发"也不是把马克思的理论观点作为教条来采纳，而是坚持马克思主义的立场、观点和方法，把握马克思主义理论体系作为一个整体的基本精神。恩格斯指出："马克思的整个世界观不是教义，而是方法。它提供的不是现成的教条，而是进一步研究的出发点和供这种研究使用的方法。"[②] 因此，"从马克思出发"必须首先明确应该坚持马克思主义经济学基本原理。一是生产力决定生产关系、经济

[①] ［英］M. C. 霍华德、J. E. 金：《马克思主义经济学史》，顾海良等译，中央编译出版社2003年版，第399页。

[②] 《马克思恩格斯选集》第4卷，人民出版社1995年版，第742—743页。

基础决定上层建筑，这是马克思主义经济学的基本方法论原则，放弃这一原则必然背离马克思主义经济学的分析范式；二是劳动价值论和剩余价值论，这是马克思主义经济学大厦的重要支柱，拆掉这一支柱必然使马克思主义经济学整个大厦崩溃；三是社会主义公有制和按劳分配必然取代资本主义私有制和剥削，这是马克思通过分析资本主义生产方式固有的矛盾而得出的基本结论，放弃这一结论等于否定整个马克思主义、否定中国共产党 90 多年的革命实践和我国现存的社会主义经济制度。①

毫无疑问，当今世界已经不是马克思所生活的那个时代。人类社会的知识体系得到了极大丰富，资本主义发生了深刻变化，现实的社会主义也在很大程度上不同于马克思的预想。如何以马克思主义立场、观点和方法，汲取人类文明的一切优秀成果，用发展着的马克思主义经济学回应现实世界的种种变化和问题，无疑是现代马克思主义经济学所面临的重要任务。回顾经济学发展史，我们可以发现，经济学的发展与创新往往总是以方法论的创新为先导。中国马克思主义经济学的未来发展应在坚持马克思主义经济学基本方法论原则的基础上，通过归纳和创新马克思主义经济学的假设前提、借鉴国内外各种经济分析工具和其他知识领域的最新发展，创新马克思主义经济学的分析方法。同时，丰富和发展马克思主义经济学的劳动价值理论、利润率下降规律以及危机理论等重要的基本理论。在此基础上，创新和发展马克思主义经济学关于市场经济、资本主义和社会主义的理论分析，科学阐释现代市场经济的运行规律、资本主义的发展阶段及其发展规律以及社会主义市场经济的运行规律和发展趋势。

第二，应学习其原论与应用相结合的务实精神。国外许多学者如弗兰克、福斯特、伊藤诚等人的马克思主义经济理论研究，在马克思主义经济学原理与方法的导引下，广泛研究其他理论经济学和应用经济学学科，深入探究各国和世界经济的多样化具体实践，实现了马克思主义经济学的原理与应用的有机结合。例如，把马克思主义经济学渗透到产业经济学，探讨日本的产业空洞化和产业结构不合理等问题；渗透到劳动经济学，探讨南北经济不平衡发展条件下的劳资谈判和雇佣关系以及西方国家的劳动力自由流动等问题；渗透到金融学，探讨拉美、亚洲和世界金融危机与控制等问题；渗透到财政学，探讨财政政策及如何激活长期低迷的国民经济等

---

① 参见林岗《关于理论经济学教学改革的几个问题》，《当代思潮》1996 年第 6 期。

问题；渗透到企业组织学，探讨日本、欧洲、美国等类型不一的企业形态问题；渗透到可持续发展经济学，探讨环境、资源和人口之间的良性循环，以及制度和政策怎样去促进等问题；渗透到世界经济学，探讨全球化中的非均衡发展、贫富分化等问题。在此基础上，日本等国的马克思主义经济学者通过参与政府和财团的课题研究与决策咨询，教育和管理人才的培养等多种途径，来推行其经济理论和政策主张。这不仅从根本上和在长时期内对日本和世界经济的发展具有积极的作用，而且标本兼治地推动了日本经济的近期发展。事实上，战后日本经济的快速增长，有效的产业政策，贫富差别小于美国，较少的军费开支，较大的教育和研究投入，以及独特的劳资关系和企业管理模式，均与马克思主义经济理论和政策的研究、宣传或必要的论战密切相关。日本等国外马克思主义经济学者把马克思主义经济学的批判性与建设性灵活地统一起来，以及将原理与应用相结合的务实精神，颇值得我们借鉴。①

显然，现代马克思主义政治经济学只有不断拓展自己的研究领域，超越经典文献的研究视阈，才能不被边缘化或"自我放逐"。因此，中国马克思主义经济学的未来发展必须体现在理论经济学和应用经济学的各个学科，积极运用现代政治经济学的创新理论来引领其他理论经济学尤其是应用经济学的发展。在这一方面，我们首先可以按照马克思的六册计划（资本、地产、雇佣劳动、国家、对外贸易、世界市场）来构建更加完善、更加丰富的马克思主义政治经济学理论体系。其次，我们可以借鉴国外马克思主义经济学的研究成果，在空间经济、生态经济以及女性经济学等各个方面进行拓展。此外，发展马克思主义经济学必须避免将马克思主义经济学变成"书斋之学"、"象牙塔里的学问"、"黑板经济学"，强化马克思主义经济学的应用研究和政策探讨，为中国特色社会主义的伟大实践以及人类的进步贡献应有的智慧。

第三，应规避错误的理论取向和发展方向。对于发展马克思主义经济学而言，国外马克思主义经济理论研究的各种取向或探索，既具有重要的启发意义，也具有重要的警醒作用。毫无疑问，马克思主义经济学的创新与发展必须合理借鉴非马克思主义经济学的某些科学成分。新古典主义经济学长期占据西方经济学的主流地位，这一现象本身就值得我们借鉴和思

---

① 程恩富：《西方马克思主义经济学的发展及其借鉴》，《国外理论动态》2008年第7期。

考。应该承认，新古典主义经济学的某些分析工具，是发展马克思主义经济学可以汲取和借鉴的。但是，阶级立场、核心范畴、价值取向以及哲学基础的不同，注定了马克思主义经济学不可能与新古典主义经济学融合。罗默等人的马克思主义经济学新古典经济学化的努力只能使马克思主义经济学被曲解，使马克思主义经济学本质的东西被稀释、淡化甚至被抛弃。至于凯恩斯主义经济学，尽管凯恩斯开创了宏观经济分析，否定和批判了萨伊定律，承认有效需求不足会导致资本主义经济危机，从而为马克思主义经济学与凯恩斯主义经济学的相互借鉴提供了更大的可能，但是，其宏观分析与马克思的历史唯物主义的整体主义方法，有效需求原理与马克思建立于劳动价值论和剩余价值论基础之上的无产阶级贫困化理论也是格格不入的。作为西方非主流经济学的制度学派和演化经济学，对于历史演进过程的不确定性和多样性具有一定的解释力，吸收和借鉴其合理成分，挖掘马克思经济理论体系的制度分析和"演化"思想，可以使马克思主义经济学在解释、分析纷繁复杂的现实世界方面获得更高的成就，同时也可以对马克思主义经济学研究中的僵化教条式阐释进行校正。虽然在西方国家马克思主义经济学与制度学派和演化经济学同为"异端"，但是它们不仅不具备天然的"同缘性"，反而存在本质的差异性。

　　国外马克思主义经济理论研究历来注重从哲学和其他社会科学获取理论支援与创新灵感。马克思主义经济学的后现代主义阐释推动了人们对于马克思主义经济学的微观基础以及当下人类生活现象层面的关注，有利于在论争中促进马克思主义经济学的时代化。但是，必须运用马克思的辩证法思想来解读现代性与后现代性，而不是把它们割裂开来并抽象地对立起来，因而尽管奥康纳等人的"重构"存在颇多争议，但其建构性努力还是带来了关于当代资本主义和创新马克思主义经济学的诸多思考和启迪。鲍德里亚等人则在放弃经典马克思主义面向无产阶级的价值判断前提下，抛开了由马克思所奠基和拓展出来的经济学批判理论当中的社会生产方式和生产关系的线索，直接走向了对当代资本主义的经验现象层面的批判，进而走向了通往"后马克思思潮"之途。《资本论》作为一部"百科全书"不仅为后现代主义等思潮的解读敞开了大门，也为各种社会科学知识的"注入"提供了空间。应该肯定，沃勒斯坦等人的马克思主义经济理论研究的综合化与跨学科化取向，有效地实现了在诸种复杂要素之间的集聚和整合，实现了经济学与哲学、社会学、历史学、地理学、生态学甚至女性学、建筑学等学科的交叉融合，凸显出马克思主义分析现代复杂经济社会系统内部矛盾的优势，具有较大的价值。

可见，21世纪马克思主义经济学和当代中国马克思主义经济学的未来发展，应当在唯物史观的指导下，以马克思主义经济学内核为根本，借鉴国外经济学知识的合理元素，结合当代国内外新的经济实践，力避无原则地"理论融合"，进行可持续的科学综合创新和理论超越。

第一章 国外马克思主义所有制理论研究

战后国外学者对马克思主义所有制理论的研究，主要集中在四个方面：一是结构马克思主义学派和分析马克思主义学派对所有制与所有权概念的辨析及二者关系的研究；二是一些西方学者围绕"马克思为什么主张消灭私有制"这一问题展开的争论；三是美国分析马克思主义代表人物之一的约翰·罗默（John E. Roemer）对所有制与剥削关系问题的研究；四是对公有制内涵及其实现形式的研究。本章分四节对上述四个方面的研究分别予以介绍和评论。

第一节 所有制和所有权

所有制和所有权是马克思主义理论的两个核心概念，二者的差别不易把握。但在马克思主义理论架构中，所有制和所有权分属社会结构的不同层次。所有制作为生产关系的总和，是一种经济关系，属于经济基础层次的范畴；而所有权作为法律意义上的权利关系，属于上层建筑层次的范畴。混淆二者的差别可能导致对马克思主义基本理论的误解。因此，要准确把握马克思主义的实质，就必须厘清这两个基本概念的联系与区别。本节介绍战后西方马克思主义的两大理论流派——结构马克思主义学派和分析马克思主义学派对所有制和所有权这两个概念的辨析，并对其进行比较评论。

一 结构马克思主义学派对所有制和所有权概念的研究

法国结构马克思主义学派的代表人物之一艾蒂安·巴里巴尔（Etienne Balibar）在《关于历史唯物主义的基本概念》一文中，对"生产关系本身"和它的"法的表现"作了明确区分。他把前者看作"所有权"的关系，把后者看作"所有权"的法律。① 从巴里巴尔对这二者的描述看，显然他所说的"所有权"的关系就是所有制，他所说的所有权的法律，就是法律意义上的所有权或法权。

巴里巴尔认为，在资本主义生产方式中，经济结构表现为以分工和交换为特征的普遍化的商品经济，交易的契约性质客观上要求相应的法律保障。资本主义的经济结构是以所有权和契约法为核心的法律体系的存在为前提的。在现象上，经济关系表现为法律关系，"经济结构的每个要素，特别是直接生产过程的各个要素：生产资料所有者、生产资料（'资本'）、'自由'劳动者以及在法律上被称为契约的这一过程本身在这个体系的范围内都获得了法的性质"②。因此，在资本主义条件下，所有制与所有权具有"直接的同一性"③，法权的产生和变化是由经济条件决定的，法不过是经济关系的法律表现，是生产方式的社会固定的形式。在资本主义产生和发展过程中，法律制度则是通过复活罗马法，形成财产法和契约法为主的私法体系，"罗马法是简单商品生产即资本主义前的商品生产的完善的法，但是它也包含着资本主义时期的大多数法权关系。因此，这正是我们的市民在他们兴起时期所需要，而在当地的习惯法中找不到的"④。

另外，所有权或法权作为法律制度，作为上层建筑，具有相对独立性。所有制与所有权所反映的关系并非完全一致，具体表现在以下五个方面：

第一，在一种生产方式向另一种生产方式过渡时期，法和经济关系往往出现不一致。这时的法律制度虽然反映新的生产关系，但旧的生产关系的残余还在一定程度上存在，从而造成二者的矛盾。例如，马克思在研究资本主义地租的起源时，分析过一个奇特现象：当地租采取劳动地租的形式时，尽管依照法律租地农民的剩余劳动全部属于土地所有者，但租地农民仍然会有自己的财产积累。巴里巴尔指出，这种情况表面上看好像是法与习惯和传统之间的差别和不一致，实质上是法和经济关系之间的差别和

---

① ［法］路易·阿尔都塞、艾蒂安·巴里巴尔：《读〈资本论〉》，李其庆等译，中央编译出版社 2001 年版，第 278 页。
② 同上书，第 282 页。
③ 同上书，第 279 页。
④ 《马克思恩格斯全集》第 36 卷，人民出版社 1975 年版，第 169 页。

不一致。"这正是一种生产方式形成时期的特点,即一种生产方式向另一种生产方式过渡时期的特点。"①

第二,法权作为高度抽象的法律制度,具有普遍性和一般性的特点,如财产法专指人与物的关系,契约法专指人与人的关系。在法律上,人与人是没有差别的,每个人都可以成为所有者和契约签订人;物与物在法律上也没有差别,不管它们的用途如何,都可以成为财产。巴里巴尔认为,在资本主义条件下,这种法的普遍性反映了商品交换的普遍性,而商品交换的普遍性只有在资本主义生产方式的基础上才能够实现。"只有在资本主义生产方式的基础上,经济结构的各个要素才能够全部分割为商品(包括劳动力)和交换者(包括直接生产者)。"② 但是所有制作为一种现实的占有关系却是具体的、特殊的。资本主义所有制指资本家占有生产资料,并且使这些生产资料同活劳动结合在一起进行商品生产,从而最终使资本家取得剩余价值的占有权的这样一种特殊的生产制度。在所有制当中,人与人、物与物都是有区别的。无论是人还是物,都是具体的。资本主义所有制决定了生产资料的主人只能是资本家,占有的对象首先是生产资料,然后是劳动力,最终是剩余劳动或剩余价值。巴里巴尔认为:"经济关系的基础不是'物'(从而商品)的无差别的性质,而是人们可以按照个人消费要素与生产消费要素的对立以及劳动力与生产资料的对立来分析的物的有差别的性质。"③

第三,在一定意义上,法权是消费的权利,而所有制是生产的权利。巴里巴尔指出:"法律上的所有权是某种消费的权利(一般地说就是指'使用和滥用'的权利,即个人消费、生产地消费或转让(交换),或'挥霍浪费'的权利),经济上的生产资料所有权却不是这样一种'权利',而是一种由生产资料的物质性质以及它们作为攫取剩余劳动的手段同劳动过程条件的一致性所决定的生产地消费生产资料的权利。这种权利不能归结为权利,而应该向阿尔都塞指出的那样,归结为生产资料的分配(特别是数量上和质量上的恰当的集中)。"④ 简单地说,所有权仅仅是对

---

① [法]路易·阿尔都塞、艾蒂安·巴里巴尔:《读〈资本论〉》,李其庆等译,中央编译出版社 2001 年版,第 280 页。
② 同上书,第 283 页。
③ 同上书,第 284 页。
④ 同上书,第 283—284 页。

物的处置权，而所有制是对生产过程的控制权，因而所有制是一种增殖的权利。

第四，在法权层面，财产法与契约法反映两种不同的关系，前者反映的是人与物的关系，后者反映的是人与人的关系。但在资本主义所有制中，资本家与工人之间的关系既是人与人的关系，也是人与物的关系，二者是同一的。因为在资本家看来，工人作为一种生产要素，与机器、厂房没有什么两样，它们都是取得利润的手段。劳动力不过是一种特殊的商品。巴里巴尔指出："从法（当然这里指的是资本主义生产方式所体现的法）的角度看，所有权关系即'人'与'物'的关系，同契约关系即'人'与'人'的关系是两种不同的形式（虽然它们是同一范畴体系为基础的）。但是从经济结构的角度来看，情况就完全不同了，生产资料所有权同雇佣劳动规定的是唯一的关系即唯一的生产关系。"①

第五，所有权的主体或承担者是同物相对的个体，如单个人、单个集团或法人，是普遍意义和抽象意义上的个体，而所有制的承担者是不同的社会阶级。不同的所有制产生不同的阶级和不同的阶级关系，这些阶级和阶级关系是在生产过程中具体形成的。所有制关系只有通过阶级关系才能得到规定。阶级不能像个体那样在法律上成为所有权的主体，也不能成为契约的一方或"他方"。巴里巴尔深刻地指出："生产的经济关系表现为按职能划分的所有者阶级、生产资料、被剥削的生产者阶级三者之间的关系。"②

二 分析马克思主义学派对所有制和所有权概念的研究

英国著名马克思主义学者 G. A. 科恩（G. A. Cohen）是分析马克思主义学派的代表人物之一，他的《卡尔·马克思的历史理论———种辩护》（以下简称《辩护》）是分析马克思主义学派的代表性著作，该书用分析哲学的研究方法，对历史唯物主义理论进行了逻辑梳理，试图刻画出一个明确的历史唯物主义理论结构。该书对所有权的内涵进行了详细分析，并对所有权的经济意义和法律意义以及二者的关系进行了精细的分

---

① ［法］阿尔都塞、巴里巴尔：《读〈资本论〉》，李其庆等译，中央编译出版社 2001 年版，第 285 页。

② 同上书，第 286 页。

析。在该书中，科恩把他对所有权的经济意义和法律意义的区分称为"合法性问题"（the problem of legality）。在答复别人关于该书中某些理论问题的质疑的一篇论文中，科恩把上述两者的关系问题称为"解释方向问题"（the problem of explanatory direction）。[①] 下面分别进行介绍。

（一）什么是所有权（所有制）

在《辩护》一书第三章中，科恩对马克思的所有权概念进行了详细的研究。

科恩认为，生产关系是"对人和生产力的有效的权力关系，而不是法律上的所有权关系"[②]。马克思使用所有权等法律语汇来说明生产关系，仅仅是出于方便考虑，因为在当时的语境中很难找到与所有权对应的非法律语汇。由此可见，这里分析的所有权实质上是所有制。

科恩首先从法律意义上分析了所有权的基本特征。科恩指出，从法律上看，拥有一件对象就是享有使用和处置该对象的一系列权利。这些权利的内容和程度受到对象的性质和流行的法律制度性质的制约。典型的所有权包括：使用权、收益权、排他权、损毁权以及转让权，等等。科恩进一步认为，对所有权而言，重要的是所有者在多大程度上拥有多少上述具体权利，而不是所有权本身。因为一件物品可以为一个人所有，也可以为几个人共同拥有，其中的每个人部分地拥有该物品。同样，与某物相关的某项权利既可以为某一个人所有，也可以为多个人共同所有，这时其中的每一个人拥有某项权利的一部分。这样，所有权关系就存在四种可能：（1）某人全部拥有某物的全部；（2）某人部分地拥有某物的全部；（3）某人全部拥有某物的一部分；（4）某人部分地拥有某物的一部分。

把上述逻辑运用于对各种可能的生产关系的研究，可以揭示现实生产关系的本质。在生产过程中，直接生产者由于对生产资料和劳动力的现实占有关系不同，在生产关系中的地位各不相同，从而构成了不同的阶级。根据直接的生产者与他的劳动力以及他所使用的生产资料的关系，他们可以分为奴隶、农奴、工人（无产阶级）和小生产者。具体关系如表1.1

[①] G. A. Cohen, "Review: Base and Superstructure: A Reply to Hugh Collins", *Oxford Journal of Legal Studies*, Vol. 9, No. 1, Spring 1989, pp. 95–100.

[②] ［英］G. A. 科恩：《卡尔·马克思的历史理论——一种辩护》，段忠桥译，高等教育出版社2008年版，第81页。

所示。

表 1.1

		他的劳动力	他使用的生产资料
奴隶	拥有	无	无
农奴	拥有	部分	部分
工人	拥有	全部	无
小生产者	拥有	全部	全部

从表 1.1 中可以看出，奴隶既不拥有他的劳动力，也不拥有他所使用的生产资料；农奴部分地拥有自己的劳动力，也拥有部分生产资料；工人拥有自己的全部劳动力，但不拥有生产资料；小生产者则不但拥有自己的劳动力，还拥有自己使用的全部生产资料。

上述四个劳动阶级中，除了小生产者以外，其余三个阶级的所有权都是不完整的，也就是说，他们从事生产活动的权利至少有一部分是操纵在别人手中，由此形成了他们对别人的从属关系：奴隶从属于奴隶主；农奴从属于地主；工人从属于资本家。劳动者的这种从属关系表现在三个方面：第一，他们都在为别人生产，而别人不为他们生产；第二，在生产过程中，他们一般要服从上级（生产资料所有者）的权力，而上级不服从他们的权力；第三，由于他们的生活依赖于他们与上级的关系，他们一般比他们的上级穷困。这种从属关系最终导致他们之间的统治与被统治的关系。[①]

尽管科恩使用的是法律术语，但从他上面的分析可以看出，实质上他分析的是所有制，奴隶对奴隶主的从属关系，农奴对地主的从属关系以及工人对资本家的从属关系就是奴隶主所有制、封建地主所有制和资本主义所有制的实质。

（二）"合法性问题"

前面通过从法律意义上对所有权的研究，揭示了所有制的实质。但是无论如何，作为经济关系的所有制与作为法律关系的所有权是两个不同层

[①] 参见 [英] G. A. 科恩《卡尔·马克思的历史理论——一种辩护》，段忠桥译，高等教育出版社 2008 年版，第 81—89 页。

次的概念，必须对其作出区分。在《辩护》第八章中，科恩在区分经济基础与上层建筑时，提出了所谓的"合法性问题"："如果经济基础是由财产（或所有权）关系构成的，那它如何能同假定由它解释的法律的上层建筑区别开来？"① 因为所有权关系属于法律关系，而法律属于上层建筑，如果经济基础和上层建筑是社会结构中不同的层次，经济基础就不可能是由法律意义上的所有权关系构成。也就是说，要明确划分经济基础和上层建筑，必须要对所有权的经济意义和法律意义作出区分。

科恩运用分析哲学的方法进行了分析。科恩认为，历史唯物主义承认下述四种观点：②

（1）经济基础由生产关系构成。

（2）经济基础是与上层建筑分开的（并解释上层建筑）。

（3）法律是上层建筑的一部分。

（4）生产关系是用法律术语（即用财产，或像第三章那样，用对生产力的权利这样的术语）界定的。

但上述四种观点不可能同时都成立，为了保持一致性，必须有一个观点被排除。科恩认为，观点（4）可以被排除而不改变历史唯物主义的内涵，这就需要提供一种把法律术语从对生产关系的描述中消除掉的方法。

科恩认为，马克思尽管在自己的著作中频繁使用"所有权"这一概念，但其所指并非是法律意义上的权利（rights），而是经济活动过程中形成的权力关系（power）。科恩对"权力"做了如下界定："一个人当且仅当能够做 ϕ 的时候，他才拥有对 ϕ 的权力，而'能够'是非规范意义上的。"③ 由此可见，权力其实指的是一种能力。科恩又指出，权力与权利并不是严格的一一对应的关系，"拥有权力不需要拥有它们对应的权利，拥有权利也不需要拥有对应它们的权力。只有拥有合法的权力才需要拥有它对应的权利，而只有拥有有效的权利才需要拥有它对应的权力。"④ 所谓合法的权力，是指得到法律认可和保护的权力；所谓有效的权利，是指当事人有能力行使的权利。与合法的权力相对的是非法的权力，例如，某些官

---

① ［英］G. A. 科恩：《卡尔·马克思的历史理论——一种辩护》，段忠桥译，高等教育出版社 2008 年版，第 251 页。

② 同上书，第 252 页。

③ 同上书，第 253 页。

④ 同上。

员具有贪污的权力,但这是一种非法的权力;与有效的权利相对的是无效的权利,如每个人都有购买住房的权利,但不是每个人都有买房的能力,对于那些低收入群体而言,这种权利就是一种无效的权利。

科恩运用分析哲学的研究方法,对权利和权力进行了区分。对于每一种所有权,科恩建立了一个相对应的权力(matching power)用来描述与财产关系相匹配的生产关系。如表1.2所示。

表1.2

1	使用生产资料(或劳动能力)的权利	使用生产资料(或劳动能力)的权力
2	留住生产资料(或劳动能力)的权利	留住生产资料(或劳动能力)的权力
3	阻止他人使用生产资料(或劳动能力)的权利	阻止他人使用生产资料(或劳动能力)的权力
4	让渡生产资料(或劳动能力)的权利	让渡生产资料(或劳动能力)的权力

尽管从字面上看,后一种关系只是用"权力"代替了"权利",仅有一字之差,但从其所反映的关系看,二者有着本质区别:前者是法律关系,后者是经济关系;前者是财产关系,后者是生产关系。前者是由后者来解释或说明,而前者却不能解释后者。这就涉及"解释方向问题"。

(三)"解释方向问题"

前面对经济意义上的所有权与法律意义上的所有权作了区分,那么二者之间究竟是什么样的关系呢?科恩认为,从日常经验看,在通常情况下,也就是当社会不是处于剧烈转轨或过渡时期,人们是按照法律的要求行事的。人们之所以可以从事经济活动,是因为法律赋予他们相应的权利。由此看来,人们的经济权力似乎是来源于法律上的权利。可是这与经济基础解释上层建筑这一马克思主义的基本命题发生矛盾。如何消除上述矛盾,这就是科恩所谓的"解释方向问题"。[①] 具体分析,下面两个命题似乎存在明显的不一致:(1)经济基础解释(因而区别于)上层建筑。(2)在通常情况下,人们具有从事经济活动的权力是因为他们在法律上拥有从事该活动的权利。

[①] G. A. Cohen, "Review: Base and Superstructure: A Reply to Hugh Collins", *Oxford Journal of Legal Studies*, Vol. 9, No. 1, Spring 1989, p. 96.

科恩指出，上述两个命题之间的矛盾仅仅是表面上的。在命题（1）为真的情况下，命题（2）也可以为真。因为在通常情况下，人们拥有做某事的权利是因为他们具有与此权利相匹配的权力。这才是二者关系的本质，命题（2）只是二者关系表面现象的反映。

科恩认为，既定的财产关系是由生产关系的性质决定的，生产关系是原因，财产关系是结果。财产关系的变化是由生产关系的变化来解释的，法律或财产关系的变化是为了确认或者保护生产关系的变化。这就是科恩所谓的对社会结构的功能主义解释。具体来看，二者的关系在历史上表现为以下四种情况：①

（1）在 t 时期，环境有利于被现存法律所禁止的生产关系的形成。由于如果服从现存的法律将会束缚生产力，因而现存的法律在 t 和 t+n 期间会被冲破。在 t+n 期间现存的法律将会改变，从而使财产关系与生产关系之间的一致得以恢复。例如，欧洲早期的资产阶级有一部分是由从封建领主那里逃出来到城市定居的农奴形成的。从法律上讲，他们还带有对他们的领主的义务，但事实上由于农奴的反抗，这种义务成了一纸空文，最后法律不得不取消农奴的义务。在这里，"合法性不过认可了一种非法行为"②。

（2）像在（1）一样，环境也有利于当时被禁止的生产关系的组织。但在这一情况中法律制度太强大了以至于不容许无视它的生产关系的形成。因此，法律将或迟或早地改变，从而使新的生产关系得以确立。科恩认为这种情况在历史上比较少见。我们可以举一个中国的例子：中国改革开放前的计划经济时代对自发的市场交易行为采取严厉打击措施，因而市场交易几乎被完全取消。但由于它能够促进生产力的发展，最终我们通过修改政策法律接纳了市场和市场经济。

（3）新的生产关系的形成不违背法律，因为没有法律禁止它们。然而为了使经济变化更安全，需要与新的生产关系相应的立法，最终新法律被通过了。资本主义早期资本家采取延长劳动时间和提高劳动强度的办法来获取更多的剩余价值，这遭到工人的反抗。随着工人组织的壮大和斗争的

---

① ［英］G. A. 科恩：《卡尔·马克思的历史理论———种辩护》，段忠桥译，高等教育出版社 2008 年版，第 260—264 页。
② 同上书，第 261 页。

升级，迫使政府通过法律来规范劳动时间和劳动条件。

（4）虽然法律没有变化但财产关系发生了变化。在一定阶段，相关法律适用的财产和生产关系在范围上是比较宽泛的，一些处于从属地位的生产关系也被法律包括在内。随着生产力的发展，曾经处于从属地位的生产关系无须法律上的大变化就能成为占统治地位的生产关系，即使需要整个社会形态发生改变。一个主要的例证是罗马法在资本主义社会的应用。

科恩指出，人类历史上充斥着上述情况的例子，而且通常存在复合的类型。归纳起来就是：虽然生产关系的变化通常表现为财产关系的变化，但财产关系却不解释生产关系，相反，财产关系需要通过生产关系得到解释。

三　结构马克思主义与分析马克思主义在所有制问题上的异同

作为各自学派的代表人物，巴里巴尔和科恩都把唯物史观理解为一种结构化的理论。他们都认为马克思在物质生活资料生产的基础上把人类的社会实践活动分为不同的层次，并揭示出不同层次社会活动或不同要素之间存在着内在的联系，社会由此表现为一个系统化的结构。他们都以马克思在《〈政治经济学批判〉序言》中的经典论述作为基本的理论依据，力图澄清所有制与所有权的关系。但在论证目的和论证方法上，二者存在明显的差别。

第一，从论证目的上看，巴里巴尔把马克思的经典论述作为理论基础，以此来解析资本主义的社会结构，因而他在辨析所有制和所有权的时候，经常直接针对资本主义所有制和所有权，从而获得对马克思的资本主义理论的深刻理解。也就是说，尽管巴里巴尔并不否认马克思社会结构理论的"共时"特征，但他关注的并不是这一理论的一般结构及其内在逻辑，而是运用这一理论工具理解和把握马克思关于资本主义的理论，因而巴里巴尔对所有制与所有权的区分，内容更为丰富。与此相反，科恩的研究目的则是运用分析哲学的研究方法，对马克思社会结构理论本身进行整理，理清内部的逻辑关系，消除各种矛盾和歧义，获得清晰、明确的理论结构。从这一意义上说，科恩的研究更具一般化，也更为抽象，而巴里巴尔更类似于一种应用研究。

第二，从研究方法上看，二人有明显的差别。巴里巴尔使用的是他老师阿尔都塞提倡的"症候阅读法"，即透过文本本身的各种"症候"——

空白、疏忽、短缺等，找出隐藏在其背后的理论结构，读出作者在文本之外的意图。巴里巴尔就是要找出马克思《资本论》中所隐藏的唯物史观的理论结构，并把它运用于对资本主义社会的解读。他对所有制和所有权的辨析，就生动地体现了这一方法。他通过区分所有制和所有权，使经济基础与上层建筑之间的结构和关系更加清晰，这反过来有助于他对《资本论》的解读。科恩作为分析马克思主义学派的代表人物，其研究方法是战后流行于英美哲学界的分析哲学，其特点是追求语言的清晰和命题的明确含义，消除命题结构的逻辑矛盾，它更关注理论或命题的逻辑结构，而不太关注命题所反映的丰富的现实内容。在一定程度上，巴里巴尔的方法需要更多的"联想"，科恩的方法则需要严密的逻辑思维。

当然，巴里巴尔和科恩的研究也有不足之处：他们有意无意地对辩证法这一马克思的基本研究方法采取拒斥态度。科恩甚至公开宣称："就广义的'分析'而言，分析的思维是反对所谓的'辩证的'思维的。"[①] 正是由于缺少辩证思维，他们过分强调所有制对所有权的基础和决定作用，忽视了所有权对所有制的能动作用，使得他们对所有制与所有权关系的解读具有很大的片面性。

第二节　关于马克思主张消灭私有制的原因

消灭私有制是马克思主义的基本政治主张。马克思和恩格斯在《共产党宣言》中明确提出："共产党人可以把自己的理论概括为一句话：消灭私有制。"[②] 20世纪70年代以来，西方学者围绕马克思的正义观展开激烈争论，其中一个核心问题是马克思为什么主张消灭私有制。对于这一问题，国外学者形成了四种不同的看法。第一种观点认为，马克思提出消灭私有制是出于伦理道德的诉求，认为资本主义私有制是资本家剥削工人的制度基础，因而是一种不公正的制度，只有消灭了私有制，才能消灭剥削和不公正。这一观点的代表人物是美国北卡罗来纳州立大学教授唐纳德·范德韦尔（Donald van de Veer）。第二种观点认为，马克思主张消灭私有制，既

---

① [英] G. A. 科恩：《卡尔·马克思的历史理论——一种辩护》，段忠桥译，高等教育出版社2008年版，第2页。

② 《马克思恩格斯选集》第1卷，人民出版社1995年版，第286页。

不是出于道德诉求，也不是对资本主义发展趋势的预测，而是出于自由原则，是基于对私有制抑制个性自由发展的消极后果的认识。这一观点的代表人物是美国乔治敦大学教授布莱克特（George G. Brenkert）。第三种观点认为，马克思主张消灭私有制是由于私有制不符合理性原则，持这一观点的是美国弗吉尼亚大学的艾伦·麦吉尔（Allen Megill）。第四种观点认为，马克思主张消灭私有制是出于对资本主义制度的性质和发展趋势的客观分析得出的结论，与道德诉求无关。这一观点的代表人物是美国斯坦福大学教授艾伦·伍德（Allen Wood）。下面对这四种观点进行详细介绍。

一 消灭私有制是基于正义原则

范德韦尔在《马克思的正义观》[①]一文中，对马克思主张废除私有制的原因进行了分析。他认为，马克思对资本主义私有制的批判是基于它的不公平、非正义。

第一，资本主义私有制是一种剥削制度。资本主义私有制的本质是建立在生产资料私人占有基础上的资本家对工人劳动力的支配权力，通过对工人劳动力的支配和使用，资本家无偿占有工人劳动创造的剩余价值。剩余价值是商品的交换价值超过工人劳动力价值的那部分价值，由于这部分价值是由工人劳动创造出来的，它本应该归工人所有，但却被资本家无偿占有。在马克思看来，这种对别人劳动的无偿占有就是剥削，这是资本主义的本质特征。马克思提出消灭资本主义私有制，正是因为它是一种剥削制度，因而是非正义的。

第二，资本主义私有制还造成占人口绝大多数的无产阶级的非人化。由于工人不占有生产资料，他们要生存，只能把自己的劳动力出卖给资本家。"在马克思看来，任何一个把自己的生命以这样的方式寄托在别人身上的人实际上都是奴隶。"[②] 正像马克思和恩格斯在《共产党宣言》中所描述的那样，工人阶级不仅是资产阶级的奴隶，而且成了机器的奴隶。资本家对工人剩余劳动的榨取使得工人只能维持基本的生存，而工厂劳动的单调和疲惫，使得工人丧失了作为人的创造感。马克思认为，这种状况无

[①] Donald van de Veer, "Marx's View of Justice", *Philosophy and Phenomenological Research*, Vol. 33, No. 3, Mar. 1973, pp. 366 – 386.

[②] Ibid., p. 379.

异于是对那些无力改变自己生存条件的人的有组织的和反复的蹂躏。工人阶级成为资本家无限制地追求剩余价值和通过剩余价值资本化不断扩大资本规模的牺牲品。资本主义条件下资本家阶级对工人阶级的剥削和奴役表明资本主义制度是一种不公正的社会制度，其根源在于资本主义私有制。因此，要消除资本主义的不公正，就必须消灭资本主义私有制。

第三，范德韦尔认为，马克思在《哥达纲领批判》中对德国社会民主党提出的"公平的分配"的主张进行了严厉批判，其原因不是像一些学者所认为的那样，即马克思认为公平的标准具有相对性，不同社会条件下的公平标准的内容是不同的，因而马克思反对"公平的分配"这一含义模糊的主张。实际上，马克思反对这一主张，是因为它忽视了分配关系是由生产关系决定的。在马克思看来，消费资料的任何一种分配都不过是生产条件本身分配的结果，即分配关系的具体内容是由所有制的性质决定的，如果不改变所有制关系，想单纯地改变分配关系只是一种妄想。正是在这个意义上，马克思把"公平的分配"的主张称作"陈词滥调的见解"①。马克思指出，资本主义私有制的特征是："生产的物质条件以资本和地产的形式掌握在非劳动者手中，而人民大众所有的只是生产的人身条件，即劳动力。既然生产的要素是这样分配的，那么自然就产生现在这样的消费资料的分配。"② 也就是说，在资本主义私有制条件下，不可能有更"公平"的分配。即使到共产主义第一阶段，由于它在经济、道德和精神方面还带有它脱胎出来的资本主义社会的痕迹，消费资料只能实行按劳分配，尽管它比资本主义分配方式更公平，但它仍然是一种不平等的权利，因为不同劳动者由于劳动能力和家庭成员数量的差别，造成社会成员在消费资料占有上的不平等。只有在共产主义社会高级阶段，劳动已经不仅仅是谋生的手段，而且本身成了生活的第一需要，随着个人的全面发展，社会生产力也增长起来，社会产品极大丰富，个人消费品实行按需分配。只有这时，才真正实现了公平分配。由此可见，马克思主张消灭私有制，根本上是出于公平正义原则。

二 消灭私有制是基于自由原则

布莱克特认为，马克思批判资本主义私有制既不是因为它是非正义

---

① 《马克思恩格斯选集》第 3 卷，人民出版社 1995 年版，第 306 页。
② 同上。

的，也不是基于对资本主义发展趋势的科学判断，而是建立在对自由价值的肯定的基础上。①

布莱克特指出，马克思认为，在以私有制为基础的社会中，人与人的利益关系是对抗性的，人们之间的关系逐步分裂，每个人出于个人利益的考量，把别人看作是自己的对手，而不是合作伙伴。在实现自身利益的过程中，人们把其他人看作是潜在的障碍，而不是可能的助手。通过研究马克思的自由观，可以看清私有制的利益分裂和对抗本质，从而找出马克思反对私有制的真正原因。

布莱克特认为，马克思的自由观至少包括以下三个维度：

第一，人类只有摆脱个人生活条件中偶然因素和意外情况的影响，能够参与对个人事务的控制和指导时，才能获得真正的自由。显然这方面的自由部分来自对个人生活条件的本质的合理理解：它们是如何形成的？又是如何发生作用的？马克思没有像亚当·斯密那样通过终止行动来获得自由，相反，他主张通过克服障碍和外部条件的限制，获得对生活条件的控制。当人类活动的外部条件丧失了仅仅作为自然物的特点，按照人类的要求被有目的地建立起来时，就形成人类的实践自由。其结果，是主体的自我实现和客体化，人类的活动成为真正意义上的劳动，因而获得了真正的自由。也就是说，对生活条件的控制，使其服从人类的意图和合理计划不仅仅是个人自由的发展，而且是个人特殊才能和天赋的全面的而不是片面的发展。因而只有当人类对其存在条件实现了合理控制和安排，个人按照自己的意愿发展其才能和天赋时，自由才能实现。与此相反，私有制不是"自愿地"，而是"自然地"划分了人们的社会活动，这意味着人类活动是无意识的，非自愿的，是被不合理地安排的。在马克思看来，只有在社会成员普遍赞同的条件下形成全面的、合理的计划才能造就利益的和谐一致，而在私有制社会，有产者和无产者的利益并没有用一个全面的、合理的计划使其一致起来，它们之间的关系是普遍存在于前共产主义社会的个人之间的有限关系的一个实例，这些关系不是使所有者和非所有者之间的利益分歧变得和谐，而是扩大了这种分歧，他们都把对方看作对手和敌人，结果私有制成为社会和谐和繁荣的障碍，市场的"看不见的手"和无

---

① George G. Brenkert, "Freedom and Private Property in Marx", *Philosophy and Public Affairs*, Vol. 8, No. 2, Winter 1979, pp. 122 – 147.

形的强制是对个人自由的侵犯,导致私有制产生的社会关系具有历史性,它与强制和暴力联系在一起,因而理应被改变和受到控制。

第二,自由要求人通过其活动、产品和关系使自己对象化,而这种对象化必须采取特殊形式,也就是说,只有当人与物之间的交互作用是按照他们自己的本质进行,而不是采取像交换价值和货币这样的抽象的、符号化的形式时,自由才能获得。当一个人和他的关系的真实本质被掩饰或伪装起来时,自由是无法获得的。然而,在私有制条件下,商品生产者对物品的具体品质和使用价值丝毫不关心,他关心的是物品当中凝结的人类抽象劳动的数量。商品生产者彼此都独立从事生产活动,直到在市场上交换各自的产品时,他们之间才发生联系。个人在劳动过程中形成的社会关系不是他们的个人关系,而是被他们的劳动产品之间的社会关系所分裂和掩盖。其后果是,人们逐渐把这些决定他们生存状况的条件和力量简单地看成是他们所处环境的自然结果,是命运和机遇的结果,他们发现自己被迫从事各种他们无法控制的活动,扮演无法理解的角色,而且无法从中摆脱。他们被锁定在各种活动和角色中,这些活动和角色实质上是制度化了的利益差别的表现形式。因为私有制只推进抽象的和被掩盖了的人的本质的对象化,因而它是对自由的否定。

第三,自由是某种只有在社会共同体中,并且通过社会成员相互合作的活动过程才能获得的东西。因而马克思不仅反对那些在追求自身利益时对他人利益漠不关心的行为,更反对利益的分裂和分割。在以私有制为基础的社会中,私人利益变成了至高无上的社会原则,以至于"照顾好你自己的生意"成为绝对准则。与此相反,马克思认为自由只有通过其他人才能实现,个人自由只有在社会共同体中才成为可能。功利主义者把社会共同体看作是协调分散的个人利益并使其最大化的场所,在这样的共同体中,社会活动表现为以分工为基础的个人活动,社会其实是私人领域的总和。在马克思看来,这样的社会共同体仅仅是协调个人利益的中介,它不仅无法保障个人自由,而且算不上是真正的共同体。真正的社会共同体应该是在个人意识到自身是社会共同体的一个具体组成部分的基础上,通过克服个人利益分散性实现的,只有在摆脱狭隘的个人利益的束缚,实现所有社会成员的利益和谐和一致,个人活动真正解放,成为具体的个人的时候,这样的社会共同体才能建立,也才能实现真正的个人自由。然而私有制本质上是反对这样的社会共同体的,私有制通过对他人劳动力的控制,实现产出最大化。资本主义社会是建立在私有制和劳动利益对抗的基础上的,一方处于控制地位,另一方被控制,生产资料的所有者力图提高劳动的生产效率,这样对他最有利,因为劳动产品是他的。相反,劳动者力图付出最小的劳动,因为劳动生产率的提高并不能给他带来相应的利益,他依旧无法控制自己劳动的成果。这种对抗关系的存在和发展表明不仅仅有产者和无产者之间存在冲突,而且城乡之间、体力劳动和脑力劳动之间、个人与阶级之间、特殊利益和普遍利益之间都存在着利益冲突,社会分裂成不同的阶级和阶层,每一个阶层都为了保护自己的利益而与其他阶层相对抗,这样的社会只有虚幻的自由。只有在社会成员理性和自愿的基础上建立相互合作的和谐关系的社会才能实现真正的自由,而资本主义私有制条件下这一点是无法做到的。

在马克思看来,自由的最高境界是人类对自己的生存条件和社会关系的自觉控制,其核心是每个人能够自我决定(self-determination),能够按照自己的愿望控制自己的行动和与自己有关的事务,从而摆脱生存条件和社会关系对他的束缚,个人的主体性和主动性得以充分发挥,各方面的才能得到全面自由的展示和发展。正是这一点为马克思批判资本主义私有制提供了基本依据:资本主义私有制作为私有制发展的最高阶段使得这样的自由变得不可能,因为它坚持个人本位,主张个人利益的独立性和排他性,并导致个人之间不断发生利益冲突和对抗,最终的结果是,在一切人反对一切人的战争中,每个人都成为自发形成的社会关系的奴隶。

布莱克特还反驳了认为马克思主张废除私有制是出于正义原则的观点。布莱克特认为,正义原则最核心的就是社会产品的分配原则,在马克思看来,正义原则作为一种上层建筑,是特定生产关系或经济基础的产物,一种分配制度只要与其得以产生的生产关系相适应,就是合乎正义的,否则就是非正义的。在生产方式发展的不同阶段,具有不同的正义原则,与资本主义生产方式相适应的正义原则,在社会主义和共产主义阶段就是不适用的。不存在一种具有普遍意义的、绝对的正义原则。因而正义原则具有相对性。他引用了马克思在《资本论》第三卷中的一段论述支持自己的观点。马克思在研究生息资本时,批评了吉尔巴特主张的利息合乎天然正义原则的观点。他指出:"在这里,同吉尔巴特一起说什么天然正义,这是毫无意义的。生产当事人之间进行的交易的正义性在于:这种交易是从生产关系中作为自然结果产生出来的。这种经济交易作为当事人的意志行为，作为他们的共同意志的表示，作为可以由国家强加给立约双方的契约，表现在法律形式上，这些法律形式作为单纯的形式，是不能决定这个内容本身的。这些形式只是表示这个内容。这个内容，只要与生产方式相适应，相一致，就是正义的；只要与生产方式相矛盾，就是非正义的。在资本主义生产方式的基础上，奴隶制是非正义的；在商品质量上弄虚作假也是非正义的。"①

布莱克特指出，那些认为马克思主张废除私有制是出于正义原则的观点，其主要依据有两点：一是马克思把资本主义私有制的本质概括为"剥削"，剥削当然是非正义的，因而应该被废除；二是在《哥达纲领批判》中，马克思指出按劳分配是一种资产阶级权利，因为它根据人的劳动能力，而不是人的需要分配社会消费品，这表明人与人之间依然存在利益差别，"所以就它的内容来讲，它像一切权利一样是一种不平等的权利"②。这表明马克思在本质上关注的是公平和正义问题。布莱克特认为这两个理由是不成立的，因为按照马克思关于社会结构的理论，正义原则作为一种伦理观念，属于意识形态层面的东西，它本身以特定的物质生产方式为基础的，它是这种物质生产方式在观念上的反映和表现，不同的物质生产方式有不同的意识形态，也就有不同的正义原则。从这个意义上说，马克思是一个道德相对主义者。马克思从来没有认为资本主义剥削是非正义的，相反，马克思认为剥削是资本主义生产方式的必然结果，这一结果是由当时的生产力条件决定的，只要工人获得他的劳动力的全部价值，就不能说资本主义制度是非正义的。只有当它违反了这一原则，例如资本家故意延长工人的劳动时间使之超过了道德界限，我们才可以谴责它是非正义的。马克思在《哥达纲领批判》中指出，在共产主义第一阶段，商品交换和货币将被废除，个人消费品实行按劳分配。尽管它与按需分配原则相比，仍然是一种不平等的权利，但马克思同时指出，由于它还带有刚刚从中脱胎而出的旧社会的痕迹，它还不具备实行按需分配的条件，因而在这一阶段，只能实行按劳分配的原则。这表明马克思并不认为在共产主义第一阶段实行按劳分配原则是非正义的。

布莱克特认为，自由和正义有相似之处。正义原则与各种物品、荣誉

---

① 《马克思恩格斯全集》第 46 卷，人民出版社 2003 年版，第 379 页。
② 《马克思恩格斯选集》第 3 卷，人民出版社 1995 年版，第 305 页。

和生产条件的分配相关，这些分配模式由社会的生产方式决定，随着生产方式的变化，这些分配模式也发生相应的变化。与正义原则相似，每一种社会生产方式也都有与其相一致的自由原则。资本主义有其特殊的自由观，在资本主义时代，它被认为是完美的原则。马克思指出，资本主义的自由理念本身仅仅是建立在自由竞争基础上的社会条件的产品，在现今的资本主义的生产条件下，自由意味着自由贸易。但无论如何，自由和正义是两个不同的原则。布莱克特认为，二者的主要区别在于它们与生产方式的关系不同。对于正义而言，特定的生产方式产生正义原则，正义原则被包含在生产方式之中，二者是紧密联系在一起的；对自由而言，在它与生产方式之间存在一个中介因素：生产方式对个人以及社会的影响。这与马克思的实践观相联系。具体说来，人们满足自己需要和欲望的方式（也就是生产方式）不仅决定着他们的生存资料的分配方式和手段，而且决定着他们本身。正如马克思所指出的："人们用以生产自己的生活资料的方式，首先取决于他们已有的和需要再生产的生活资料本身的特性。这种生产方式不应当只从它是个人肉体存在的再生产这方面加以考察。它在更大程度上是这些个人的一定的活动方式，是他们表现自己生活的一定方式、他们的一定的生活方式。个人怎样表现自己的生活，他们自己就是怎样。"[①] 通过日常的生产活动，人们有意识地控制周围的环境，按照自己的意图改造环境，使之服从人的需要。人类的特性正是通过他的有意识、有目的地控制和改造自己的生存环境的能力来得以体现的。相应地，不同时期的生产方式的发展本身就是人和社会改造周围环境的能力的发展。生产方式包括两个方面：生产力和生产关系。生产力是人类改造自然的能力，生产关系是人类改造自己处于其中的社会关系的能力。通过生产力和生产关系的发展，人类本身以及他们的能力得到发展，从而能够有意识地掌握和控制生产力和生产关系，正是这一切构成了自由。自由通过人类个体的能力的发展这个中介，与生产力和生产关系的发展联系起来。从这个意义上说，私有制可以是正义的，但不可能是自由的。这正是马克思反对私有制的根本原因。

三 消灭私有制是基于理性原则

艾伦·麦吉尔在《卡尔·马克思：理性的负担》[②] 一书中，从文本研

---

① 《马克思恩格斯选集》第 1 卷，人民出版社 1995 年版，第 67—68 页。
② Allen Megill, *Karl Marx: The Burden of Reason*, Rowman & Littlefield Publishers, INC. 2002.

究的角度追溯了马克思消灭私有制思想的来源。麦吉尔认为，马克思从1844年起就反复强调，未来共产主义社会将消灭私有制，这与他长期以来一直坚持的理性主义立场有关。

麦吉尔认为，马克思的理性观念受三个方面的影响：第一，黑格尔作为理性主义者，强调真正理性的知识是必要的知识，它排除任何偶然性和随意性。黑格尔的必然论立场深刻地影响了马克思。第二，当时自然科学和技术的巨大发展表明自然界并不是杂乱无章的、随机的，而是具有规律性，是可预测的，这也对马克思产生了很大影响。第三，当马克思1844年阅读经济学著作时，一定注意到李嘉图，特别是詹姆斯·穆勒的观点，即经济学的目的在于发现经济规律，就像牛顿发现自然界的规律那样。[1]

麦吉尔指出，马克思最早提出消灭私有制的主张，是在《1844年经济学哲学手稿》中（以下简称《手稿》）。马克思在《手稿》中提出了著名的"异化问题"。马克思认为，资本主义制度是一种异化制度，它使劳动者与他的生产活动相分离、相对立。这种异化表现在四个方面：第一，劳动产品的异化。马克思指出，在资本主义条件下，工人的劳动产品为资本家占有和支配，成为资本家的私有财产。第二，劳动活动的异化。资本主义制度使工人的劳动活动脱离了工人自己的意志，被迫接受资本家支配和监督，成为为别人的目的而进行的强制劳动。第三，人作为类存在物的异化。在资本主义条件下，人与发展他们全部潜力的可能性相异化，把人的类生活变成维持人的肉体生存的手段。第四，人同人相异化。当人同自身相对立时，他也同他人相对立。从顺序上看，马克思似乎把劳动产品的异化，也就是私有制作为异化的根源，而且马克思在《手稿》中还写道："如果劳动产品不属于工人，并作为一种异己的力量同工人相对立，那么，这只能是由于产品属于工人之外的另一个人。"[2] 如果这确实是马克思的观点，那么由此可以推断：要消除异化，就必须消除异化的根源——私有制。

但是麦吉尔认为，马克思并不认为劳动产品的异化导致劳动活动的异化。相反，马克思主张劳动活动的异化导致劳动产品的异化。马克思明确

---

[1] Allen Megill, *Karl Marx: The Burden of Reason*, Rowman & Littlefield Publishers, INC. 2002 pp. 162 – 163.

[2] 《马克思恩格斯全集》第42卷，人民出版社1979年版，第99页。

指出:"如果工人不是在生产行为本身中使自身异化,那么工人怎么会同自己活动的产品象同某种异己的东西那样相对立呢?产品不过是活动、生产的总结。因此,如果劳动的产品是外化,那么生产本身就必然是能动的外化,或活动的外化,外化的活动。在劳动对象的异化中不过总结了劳动活动本身的异化、外化。"① 马克思还指出:"诚然,我们从国民经济学得到作为私有财产运动之结果的外化劳动(外化的生命)这一概念。但是对这一概念的分析表明,与其说私有财产表现为外化劳动的根据和原因,还不如说它是外化劳动的结果,正象神原先不是人类理性迷误的原因,而是人类理性迷误的结果一样。后来,这种关系就变成相互作用的关系。"② 麦吉尔认为,德国哲学传统中的行动主义倾向也使得马克思把劳动活动的异化看得比劳动产品的异化更优先。

那么,马克思为什么要拒绝私有制呢? 麦吉尔提出另外一个观点。他认为,马克思发现了市场的非理性本质,市场和私有财产制度作为资本主义制度的基础,导致了资本主义制度整体上的非理性。在马克思看来,要消灭非理性的资本主义制度,就必须消灭市场和私有制。

麦吉尔认为,马克思对私有制的拒绝和他对市场的拒绝实际上是一回事。③ 在马克思看来,私有制和市场是紧密相关的。一方面,一件物品只有当它可以出卖时才能算作私有财产。例如,马克思在《德意志意识形态》中写道:"实际上,我只有在有可以出卖的东西的时候才有私有财产,而我固有的独自性却是根本不能出卖的物品。我的大礼服,只有当我还能处理、抵押或出卖它时,只有当它还是买卖的物品时,才是我的私有财产。"④ 另一方面,如果消灭了私有制,市场也就没有存在的必要了。马克思在《哥达纲领批判》中指出,"在一个集体的、以生产资料公有为基础的社会中,生产者不交换自己的产品"⑤。麦吉尔还认为,马克思对私有制与市场关系的这种理解有深刻的思想根源,马克思接受了青年黑格尔主义的观点,倾向于把各种不同的现象和事物看作是一个统一整体的不同方

---

① 《马克思恩格斯全集》第42卷,人民出版社1979年版,第93页。
② 同上书,第100页。
③ Allen Megill, *Karl Marx: The Burden of Reason*, Rowman & Littlefield Publishers, INC. 2002, pp. 134 – 139.
④ 《马克思恩格斯全集》第3卷,人民出版社1960年版,第253—254页。
⑤ 《马克思恩格斯选集》第3卷,人民出版社1995年版,第303页。

面，这些现象和事物具有共同的本质。当他从早期的哲学和政治学研究转向经济学时，他把私有制、市场、交换、货币等现象看作是同一个事物，只不过视角有所不同。麦吉尔把这种思想称为"一元主义"（unitarism）。

麦吉尔认为，马克思是在对19世纪早期政治经济学关于价值本质争论的批判性考察中发现市场的非理性本质的。具体而言，马克思在反思李嘉图和萨伊关于"自然价格"的争论时得出了市场非理性的论断。李嘉图信奉自然价格学说，他认为商品的自然价格是由商品的生产费用决定的，自然价格是商品市场价格的本质，市场价格是自然价格的表现形式。商品的市场价格虽然受到意外因素或偶然因素的影响会发生波动，但它始终由自然价格决定。萨伊则认为李嘉图的理论太抽象，严重脱离现实经验，他坚持认为现实世界中不可能发现自然价格，只有受需求和供给影响而不断变化的市场价格。李嘉图认为如果商品的生产费用增加，商品的自然价格，进而市场价格会成比例地上升。萨伊则认为，如果考虑到供求关系对价格的影响，生产费用的增加未必会导致市场价格等比例上升。马克思对二人的观点既不完全赞同，也不完全反对。对于萨伊，马克思赞同他主张的李嘉图的理论太抽象的观点，但反对他放弃自然价格，围绕市场交易展开研究的做法，因为交易活动无法为解读市场价格波动现象提供一个坚实的和确定性的基础，可见市场是非理性的。对于李嘉图，马克思一方面赞成他追求规律性、一致性和决定性的做法，另一方面又反对他把市场看作是理想的理性王国的观点。在马克思看来，李嘉图之所以把市场竞争造成市场价格的偶然性和不可预测性从经济学研究中排除出去，恰恰是因为市场的非理性。

麦吉尔指出，马克思考察这一争论的文本记录，是1844年夏秋在阅读法文版的李嘉图《政治经济学及赋税原理》和詹姆斯·穆勒的《政治经济学原理》时写下的摘要和评论。麦吉尔认为，在这些评论中，马克思第一次明确表述了市场非理性的观点。其中有一段关键性的论述："在谈到货币和金属价值的这种平衡并把生产费用作为决定价值的唯一因素来描述时，穆勒——完全和李嘉图学派一样——犯了这样的错误：在表述抽象规律的时候忽视了这种规律的变化或不断扬弃，而抽象规律正是通过变化和不断扬弃才得以实现的。如果说，例如生产费用最终——或更准确些说，在需求和供给不是经常地即偶然地相适应的情况下——决定价格（价值），是个不变的规律，那么，需求和供给的不相适应，从而价值和生产费用没有必然的相互关系，也同样是个不变的规律。的确，由于需求和供给的波动，由于生产费用和交换价值之间的不相适应，需求和供给只是暂时地相适应，而紧接着暂时的相适应又开始波动和不相适应。这种现实的运动——上面说到的规律只是它的抽象的、偶然的和片面的因素——被现代的国民经济学家歪曲成偶性、非本质的东西。为什么？因为在他们把国民经济学归结为一些严格而准确的公式的情况下，他们要抽象地表达上述运动，基本的公式就必定是：在国民经济学中，规律由它的对立面，由无规律性来决定。国民经济学的真正规律是偶然性，我们这些学者可以从这种偶然性的运动中任意地把某些因素固定在规律的形式中。"[1] 麦吉尔认为，这段文字表明，马克思开始用伽利略—牛顿式的科学概念来看待政治经济学——至少在抽象意义上，政治经济学中的世界不仅具有事后的合理性，而且具有可预测性。从这样的科学概念出发，马克思把现象区分为服从规律的现象和不服从规律的现象，前者是可预测的，而后者是不可预测的。马克思认为，在现实世界中，市场价格是不能也不可能预测的，属于不服从规律的现象，正是在这一意义上马克思说：国民经济学的真正规律是偶然性。经济学把市场作为研究的焦点和基础，然而其最本质的地方是它的不可预测性。麦吉尔认为，马克思正是从经济科学的任务与市场波动性和不可预测性之间的矛盾中确认了市场的非理性。[2]

麦吉尔认为，马克思的这一结论具有重要意义。第一，黑格尔曾经说过：存在的是合乎理性的，合乎理性的是存在的。青年黑格尔派继承了黑格尔的后半句话，即任何经过批判性考察后确认为不合理性的东西都应该被拒绝。因此，马克思主张市场的非理性意味着它应该被拒绝，因而未来的共产主义社会必须取消市场和私有制。第二，马克思虽然在1844年就确认了市场和私有制的非理性这一事实，但还没有对这一事实给出充分的解释，这为他后面的工作确定了方向，马克思在《哲学的贫困》以及《资本论》中解决了这一任务。第三，市场的非理性表明从市场出发无法找到人类社会的发展规律，要找到人类社会的发展规律，就必须改变研究对象。马克思正是通过这一改变，创立了唯物史观。

---

[1] 《马克思恩格斯全集》第42卷，人民出版社1979年版，第18页。
[2] Allen Megill, *Karl Marx: The Burden of Reason*, Rowman & Littlefield Publishers, INC. 2002, pp. 171–173.

麦吉尔对马克思的观点和主张进行了评价。他认为，马克思正确地认识到市场并不是由"看不见的手"引导的，而是充满偶然性，他也认识到市场无法自动地满足人类的需要，他得出市场不符合他的理性标准的结论是正确的，但因此而拒绝市场和私有制却是错误的。如果消灭了市场和私有财产制度，有两个问题无法解决：第一，成本核算和人类需要的估算等经济计算变得不可能，因而社会无法合理组织生产和分配；第二，无法收集有关人们的需要的信息，至少无法有效地收集。这正是以公有制和计划经济为特征的社会主义始终无法解决的问题。[①]

四 消灭私有制是基于对资本主义发展趋势的科学预测

艾伦·伍德认为，马克思主张消灭资本主义私有制，不是因为它是一种不公正的制度，不是出于道德诉求，而是通过对资本主义生产方式的内在运行机制和它在人类历史上的地位的全面分析得出的客观结论。概括地说，是因为资本主义私有制是一种非理性的野蛮制度，这种少数资本家奴役和剥削大多数劳动者的制度本身存在着内在的对抗关系。随着资本主义的发展，这种对抗关系越来越难以维持，最终导致资本主义制度走向灭亡。[②]

伍德认为，马克思把资本主义私有制看作是一种具体的、历史地产生的生产方式，这种生产方式和它以前的以私有制为基础的其他生产方式一样，建立在利益冲突的基础上，建立在一个阶级为了另一个阶级的利益而被迫劳动的基础上。在马克思看来，以私有制为基础的社会都是生产当事人之间交换其活动的过程，这些交换的本质之一是一定形式的统治和奴役关系，这种关系成为阶级冲突以及由此导致的社会变革的基础。这种奴役关系体现在人类生产活动的具体过程中。在私有制条件下，直接劳动者不仅丧失了劳动过程的控制权，而且丧失了劳动产品的所有权。生产过程疏离了劳动者而被外在于生产过程的某人或某集团所控制，成为与劳动者相对立的具有独立目标的东西。这样的劳动本质上是强制劳动。在资本主义

---

① Allen Megill, *Karl Marx: The Burden of Reason*, Rowman & Littlefield Publishers, INC. 2002, pp. 241 – 252.

② Allen W. Wood, "The Marxian Critique of Justice", *Philosophy and Public Affairs*, Vol. 1, No. 3, Spring 1972, pp. 244 – 282. and Allen W. Wood, "Marx on Right and Justice: A Reply to Husami", *Philosophy and Public Affairs*, Vol. 8, No. 3, Spring 1979, pp. 267 – 295.

社会，这种统治和奴役关系是以隐蔽的形式出现的。表面上看，资本家和工人是独立的商品所有者，他们作为自由的个体交换他们的商品。他们之间的交换是完全公平的，他们作为财产所有者的平等权利受到严格的保护。这就造成一种假象，即资本家和工人之间的关系完全是独立的、个人之间的、自愿的、契约的结果。然而实际上，由于资本家对生产资料的垄断性占有，工人阶级只能把自己的劳动力出卖给资本家阶级，资本主义生产本质上是建立在资本以剩余价值的形式占有工人的部分劳动产品的基础上的。资本在资本主义生产关系中的功能就是通过占有和不断积累工人的无酬劳动而剥削工人。正如马克思在《资本论》中所指出的那样，雇佣工人劳动的最终结果是资本的不断积累，也就是他自己的无酬劳动以异己的、自发的形式不断地积累。这既是雇佣工人存在的必要条件，又是他的劳动、他的生命活动本身的独立目标。资本对劳动的剥削不是某种形式的不公正，而是一种奴役。资本对剩余劳动的不付等价物的占有，无论其在形式上表现为多么自由的合同约定，在本质上总是一种强迫劳动。资本主义剥削并不是某种欺诈性的交换，也不是经济上的不公正，而是对雇佣工人的隐蔽性的统治。因此，资本主义制度本质上是一种奴隶制，而且是更为阴险的奴隶制，因为这种统治和奴役掩盖在自由平等的华丽外表之下，让人难以认清。马克思通过解开剩余价值之谜，揭开了资本主义所有制的神秘面纱，从而找到了工人阶级贫困和苦难的根源：资本主义私有制使得雇佣工人自己的劳动产品以资本的形式成为奴役他们自己的条件。伍德认为，资本主义私有制的这种对雇佣工人奴役和剥削的性质是资本主义生产方式的本质要求，它与"正义"或"非正义"这些伦理判断是两个不同层次的问题，因而不可能在资本主义私有制条件下通过自由立法或尊重所有成员的"人权"这样的政治或法律措施得到解决。显然，马克思谴责资本主义私有制的奴役和剥削性质并不是出于诸如正义原则之类的道德诉求。马克思并不认为资本主义的奴役制度是一种绝对的"恶"，必须不惜一切代价地消除它。相反，在马克思看来，这种奴役制度，甚至是殖民地的公开的奴隶制，是当时环境下生产力发展的必要条件。但是随着生产力的进一步发展，人类产生了新的需要，社会发展出现了新的可能性，这些需要和可能性不可能在现存生产关系范围内得到满足和实现。于是现存的生产关系成为生产力发展的障碍，并与生产力发生对抗，正是生产力与现存生产关系的这种对抗创造了社会革命的条件。马克思认为，资本主义私有制本身系统地创造了最终通过革命推翻其统治从而实现历史超越的力量。资本主义生产具有尽可能提高剩余价值率，从而以资本的形式积累尽可能多的社会财富的内在倾向，资本主义的这种历史倾向导致它具有不稳定性，这种不稳定性以不同的但相互关联的方式表现出来，其中最突出的是生产力的发展所造成的资本主义社会不断加剧的非理性和对抗性质：随着资本积累的进行，社会阶级两极分化的趋向日益明显。一方面，随着生产力的不断扩展，社会财富不断积累；另一方面是雇佣工人阶级数量的不断增多，对资本的依赖程度的不断提高，工人阶级的不满情绪不断加剧。一方面，生产力的发展为满足人类的需要提供了更多的手段；另一方面，越来越多的人却被剥夺利用这些手段的机会。资本主义生产力不断得到发展，但却是通过强制劳动的途径实现的，从而使得劳动者本身与生产活动相对立。资本主义的这种不断加剧的对抗性使得维持其奴役和剥削的负担越来越重，工人阶级得到解放的途径越来越成熟，于是资本主义私有制的灭亡就不可避免。由此看来，资本主义本身既创造了工人阶级推翻资本主义私有制的需要，也创造了推翻资本主义私有制的物质力量。因此，资本主义私有制的灭亡是社会发展的必然趋势。

五 上述四种观点的合理之处和不足之处

四位美国学者从不同角度对马克思消灭私有制的主张给出了各自的解释。这四种观点从不同的方面反映了马克思主义理论的一些特征，但它们都存在偏颇之处。

第一，关于第一种观点，马克思对资本主义剥削制度的批评无疑包含着一定的道德诉求，特别是他早期把资本主义私有制指斥为工人异化劳动的产物，确实在很大程度上出于道德伦理的原因。但是，马克思主义的诞生是从唯物史观的创立开始的，从那以后，马克思对资本主义的批判分析主要是基于对资本主义的本质特征和发展趋势的科学把握，而主要不是一种道德诉求。马克思在《共产党宣言》中明确指出，资产阶级和无产阶级的阶级斗争，必然导致资本主义制度灭亡。在《资本论》中，马克思详尽地研究了资本主义的运行机制，阐明资本主义私有制包含着内在的矛盾，即生产资料私人占有与社会化大生产客观要求之间的矛盾。生产社会化的不断发展客观上要求生产资料由社会全体成员共同占有，服从和服务于全社会的利益。因此，消灭私有制是资本主义不断发展的客观结果，是生产力发展的必然要求，是资本主义基本矛盾作用的结果，而不是出于正义原则。马克思把社会发展看作是一个自然历史过程，就是强调社会发展具有不以人的意志为转移的客观必然性，而决定其不断发展的根本因素是生产力。正是在这个意义上，马克思宣称："无论哪一个社会形态，在它所能容纳的全部生产力发挥出来以前，是决不会灭亡的；而新的更高的生产关系，在它的物质存在条件在旧社会的胎胞里成熟以前，是决不会出现的。"①

第二，自由确实是马克思主义理论的一个重要概念。马克思认为，人类社会的发展过程就是人类认识自然、改造自然从而不断由必然走向自由的过程。马克思把未来社会称为"自由人联合体"，提出在共产主义社会，"每个人的自由发展是一切人的自由发展的条件"②。在马克思主义理论中，自由是人的一种生存状态，是社会发展的必然结果。马克思的确认为私有制限制了人类的自由，马克思因此把共产主义以前的私有制社会称为"人类社会的史前时期"③，但正如前面提到的，马克思认为人类社会发展有其不以人的意志为转移的客观规律，因而不可能首先出于人类自由的要求而提出消灭私有制的主张。

第三，艾伦·麦吉尔从文本学角度追溯了马克思消灭私有制和市场的主张的来源，从学术角度而言是有价值的。他注意到理性观念对马克思思想的深刻影响，这一点是符合事实的。马克思在《莱茵报》时期确实使用理性观念来分析社会问题，恩格斯在《社会主义从空想到科学的发展》中就指出，现代社会主义思想的起源是启蒙运动以来形成的理性观念。但麦吉尔夸大了理性观念对马克思的影响，尤其是认为马克思之所以主张消灭私有制和市场，是因为它的非理性，这是错误的。马克思在《1844年经济学哲学手稿》和《德意志意识形态》，特别是在《共产党宣言》中明确阐述了消灭私有制的理由。他反复强调，私有制和市场制度造成了有产阶级对无产阶级的支配和剥削，造成了社会的阶级分化和阶级对立，这是私有制和市场制度灭亡的直接原因，根本原因则是社会生产力与生产关系矛盾运动的结果。1845年前的马克思还没有创立唯物史观，他没有从生产力的高度论证私有制和市场制度消亡的必然性，他用从黑格尔和费尔巴哈那里

---

① 《马克思恩格斯选集》第2卷，人民出版社1995年版，第33页。
② 《马克思恩格斯选集》第1卷，人民出版社1995年版，第294页。
③ 《马克思恩格斯选集》第2卷，人民出版社1995年版，第33页。

得到的异化观念来论证私有制和市场制度造成的人的全面异化和对抗，论证了资本主义制度的不合理性，从方法论角度看，这一论证还是不全面的。但无论如何，马克思没有把理性观作为评判私有制和市场的经济标准。

第四，艾伦·伍德认为马克思提出消灭私有制是出于对资本主义发展客观趋势的认识，这一点是对的。但她认为这一"客观趋势"的必然性是因为资本主义私有制是一种非理性的制度，资本主义社会中资本家与工人之间是一种奴役与被奴役的关系，这种奴役导致阶级对抗，最终导致其灭亡。这种认识是片面的。阶级奴役、阶级对抗和阶级斗争在私有制社会中始终存在，但它并不一定导致私有制灭亡。马克思强调阶级斗争在推动社会发展过程中的重要作用，但这种作用的发挥始终是以生产力的发展为基础的。只有在资本主义私有制的基础上，社会生产力的进一步发展提出了消灭私有制的要求，这时无产阶级与资产阶级之间的阶级斗争才导致私有制的灭亡。

第三节 罗默对所有制和剥削关系的研究

分析马克思主义的代表人物之一、美国耶鲁大学教授约翰·罗默（John E. Roemer）运用博弈论等现代数理分析方法对马克思的剥削理论进行了梳理。他构建了一系列模型，研究所有制与剥削之间的关系。[①]

罗默认为，马克思把剥削看作是生产资料私有制的必然结果，因而要消灭剥削，就必须消灭私有制。但是到目前为止，私有制与剥削之间的关系并没有得到清晰的说明。罗默提出，可以不使用剩余劳动概念乃至劳动价值理论，而只使用所有制关系这一概念来给马克思的资本主义剥削下定义，他进一步认为，用所有制关系给资本主义剥削下定义，要优于根据劳动价值理论给资本主义剥削下定义。罗默指出，用传统的劳动价值理论来定义资本主义剥削存在着以下几个问题：第一，为什么剩余劳动在工人和资本家之间的转移就应该被看作是剥削？在新古典经济学家看来，不占有

[①] John E. Roemer, *A General Theory of Exploitation and Class*, Harvard University Press, 1982. and John E. Roemer, "Property Relations vs. Surplus Value in Marxian Exploitation", *Philosophy and Public Affairs*, Vol. 11, No. 4, Autumn 1982, pp. 281 – 313.

生产资料的工人把自己的劳动力在市场上出卖，从而实现和资本家所占有的生产资料的结合，是双方都受益的行为。可以把它看成是工人劳动力与资本家的企业家才能之间的交换，因为资本家敢于冒险的特点使得他勇于创业。无论如何，资本家与工人之间的交换属于等价交换，而不能把它看作是剥削行为。由于资本家是风险偏好者，工人是风险厌恶者，因此，可以把剩余劳动看作是工人为避免承担经营风险而支付的保险费。对于上述观点，从劳动价值理论的角度很难给予驳斥，但从所有制关系的角度，就很容易反驳。第二，如果接受马克思的剥削理论，那么在社会主义社会，只要工人的劳动时间超过凝结在他们所得到的物品中的劳动时间，就同样存在剩余劳动，因而同样存在剥削。马克思对上述观点的反驳是从所有制关系的角度进行的。他指出，由于资本主义和社会主义的所有制关系不同，剩余劳动的归属不同，不能因为存在剩余劳动就断言存在剥削。由此可见，用所有制关系定义剥削比用劳动价值理论更为合理。第三，劳动价值理论只有在某些特殊的经济模型中才能被准确定义，如果产品集比较复杂，则很难明确具体劳动的含义。当我们承认存在着除劳动以外的其他天然的要素，如土地的存在时，就很难给具体劳动时间下一个适当的定义。而且，如果我们承认劳动的异质性，劳动价值论就难以成立。因此，用劳动价值理论来定义剥削十分困难。客观上需要一个不同于劳动价值理论的剥削理论，而用所有制关系来定义剥削更为合适。

下面我们来介绍罗默是如何用所有制关系定义剥削的。

一　用所有制关系定义的剥削

设想一个经济体，其中的当事人［可以是单个人，也可以是一群人，用博弈论的术语，叫联盟（Coalitions）］都拥有一些可以用于生产的财产和一些劳动力，也许其中某些人只拥有劳动力而不拥有可转让的财产，也许劳动力有多种类型或技巧，也许某些财产是其他的天然物品。总之，生产环境是非常普通的。在市场经济条件下，当事人从事生产，并进行交易，最后取得特定的收入。为了决定哪一个联盟是剥削别人的，哪一个联盟是被剥削的，我们需要对一个联盟目前所面对的收入和劳动的分配状况，与在可供选择的另外一种特定的财产分配条件下将会面对的收入和劳动的分配状况进行比较。一般而言，当我们说 A 剥削 B 时，就意味着我们认为在另一种可供选择的分配格局中，A 将变得比现在穷，B 将变得比现在富。这种可供选择的分配格局体现了一种从伦理上看更为可取的和没有剥削的观念。如果与这种伦理上更为可取的方案相比，A 更富些，而 B 更穷些，那么目前的这种分配格局就构成剥削。这里所说的变穷，指的是要维持与过去相同的生活水平，必须付出比过去更多的劳动，变富则正好相反。在这个关于剥削的定义中，一个人的财产和劳动力的禀赋条件对他在收入分配中的地位具有决定性的作用。

考虑一个联盟 S，我们把它之外的其他当事人看作是它的补集，称为 S′。在我们讨论的收入分配的情形中，如果满足下列三个条件，我们就说 S 遭受了资本主义剥削：

第一，如果 S 带着社会按人均分配的财产份额和他们自己的劳动力退出该社会，那么他们的状况（根据收入和闲暇）比目前更富。

第二，如果 S′ 按照相同的条件退出该社会，那么他们的状况比目前更穷。

第三，如果 S 带着他们目前实际拥有的资源（而不是按人均分配的）退出该社会，那么 S′ 的状况比目前更穷。

如果满足上述三个条件，我们就可以说 S′ 是剥削联盟，剥削联盟和被剥削联盟是一种互补关系。

上述关于剥削的定义完全是以财产占有状况为依据而给出的。罗默认为，如果马克思的剥削概念是建立在生产资料私有制基础上的，那么他给出的剥削定义完全符合马克思的要求。

接下来，罗默对所有制关系的剥削定义和劳动价值论的剥削定义进行了比较。

二 所有制关系的剥削定义与劳动价值论的剥削定义的比较

假定一个经济体只生产玉米这样一种产品，可供选择的技术有两种：农场技术和工厂技术。农场技术只使用劳动力一种投入生产玉米，工厂技术需要劳动力和玉米种子（资本）两种投入。假定每位生产者的目标都只是维持生存，即每天消费 b 蒲式耳玉米。使用农场技术生产 b 蒲式耳玉米每天需要劳动 16 个小时，使用工厂技术生产同样数量玉米，加上再生产所需要的玉米种子只需要 8 小时。也就是说，在使用农场技术的情况下，体现在 b 蒲式耳玉米中的劳动是 16 小时，在使用工厂技术时则为 8 小时。假定全社会玉米种子的数量只有当所有人都使用工厂技术进行生产时所需数量的一半，那么就全社会平均而言，每个当事人为维持生存所需要的劳动时间是 12 小时。这 12 小时就是该社会生产玉米的社会必要劳动时间。

为了简化分析，我们假定所有社会成员具有相同的劳动能力，还假定社会成员在农场生产和工厂生产两种方式间无成本地转换。我们把使用农场技术的生产者称为农民，把使用工厂技术的生产者称为工人。

罗默根据前面描述的生产条件和假定设想了一些例子，来说明以所有制关系定义的剥削所蕴含的意义，以及它和以劳动价值理论定义的剥削之间的差别。

例子 1

假定玉米种子平均分配给每个生产者，这正好是每个生产者使用工厂技术进行生产时所需种子的一半。由于工厂技术能够缩短劳动时间，因此每个人都倾向于使用工厂技术。对每个生产者而言，最简单的办法就是：先用工厂技术劳动 4 小时生产 $1/2b$ 蒲式耳玉米，然后再用农场技术劳动 8 小时生产另外 $1/2b$ 蒲式耳玉米。在这个例子中，每个人分配到的财产都相同，使用的技术都相同，劳动时间和产量也相同，因而不存在剥削。

例子 2

假定初始分配与例子 1 相同，但由于存在工厂和农场的劳动分工，生产方式发生改变，这就需要借助劳动力市场。具体安排如下：占成员总数 $1/3$ 的生产者只从事工厂生产，他们先使用自己的种子劳动 4 小时，生产 $1/2b$ 蒲式耳玉米，然后为其他拥有玉米种子但自己只从事农场劳动的人劳动，他先接受第一个农民的雇佣，使用该农民的玉米种子劳动 4 小时，生产 $1/2b$ 蒲式耳玉米，他自己分得其中的一半，即 $1/4b$ 蒲式耳玉米，剩下的 $1/4b$ 蒲式耳玉米作为利润归农民所有，再以同样的方式为第二个农民劳动。这样每个工人共劳动 12 小时，得到 b 蒲式耳玉米。农民使用自己的劳动力劳动从事农场生产，他劳动 12 小时，生产 $3/4b$ 蒲式耳玉米，加上 $1/4b$ 蒲式耳玉米的利润，农民同样劳动 12 小时，得到 b 蒲式耳玉米的产品。

如果根据劳动价值理论，显然农民剥削了工人，因为他们无偿占有了工人 2 小时的剩余劳动时间，也就是 $1/4b$ 蒲式耳玉米。但根据所有制关系的剥削定义，则不存在剥削。因为如果工人带着自己的财产份额从经济体中退出，他仍然需要每天劳动 12 小时，即并不比在经济体中更富。罗默认为在这种情况下，所有制关系定义的剥削是正确的，即例子 2 中没有剥削。因为例子 2 的初始条件和最终分配结果与例子 1 完全一样，每个人都完全相同，因而不存在剥削。从例子 2 中可以得到两个结论：第一，一般而言，无偿占有别人的剩余劳动意味着剥削，但例子 2 表明并非永远如此；第二，劳动力市场的存在并不是剥削的充分条件。

例子 2b

我们把例子 2 中的情况稍做修改，现在是农民把玉米种子租借给工人，工人支付 1/4 b 蒲式耳玉米给农民作为利息。信用市场取代了劳动力市场，但结果完全相同。它表明，对于剥削而言，劳动力市场与信用市场的作用是一样的。

例子 3

现在设想一个资本主义经济的原型。假定所有的种子被少数人（比如 1% 的当事人）所拥有，其他当事人只拥有自己的劳动力。拥有种子的人需要雇佣不拥有种子的人来从事工厂生产。由于那些不拥有种子的人通过使用自己的劳动力从事农场生产，每天必须工作 16 小时才能生产 b 蒲式耳玉米，所以拥有种子的少数人可用 b 蒲式耳玉米作为报酬雇佣工人在工厂每天劳动 16 小时。每个工人每天生产 2b 蒲式耳玉米，其中的一半就成为种子拥有者的利润。根据劳动价值理论，种子拥有者作为资本家剥削了工人，根据所有制关系来判断，结论也是如此。第一，因为如果工人和农民带着平均分配的财产份额退出该经济体，像例子 1 和例子 2 中的情况一样，他们每天只需要劳动 12 小时，会比现在更富；第二，作为补集的资本家如果带着平均分配的财产份额退出该经济体，则他们需要每天劳动 12 小时，比现状更穷；第三，如果工人和农民带着他们目前实际拥有的财产退出该经济体，资本家的情况也会变得更穷，由于没有工人可雇佣，他们不得不每天劳动 8 小时。这三点完全符合用所有制关系定义的剥削的条件。

在例子 3 中，工人遭受剥削是很明显的，问题是农民是否遭到剥削。根据所有制关系的剥削定义，农民没有遭到剥削，因为它不符合剥削的第三个条件，即如果资本家和工人带着自己的财产退出该经济体，他们的境遇不会变坏，因为资本家和工人对农民没有依赖。罗默认为，尽管农民没有被剥削，但是他们遭受了制度的不公正对待：由于资本家占有生产资料，可以不劳而获，农民和工人一样，不得不每天工作 16 小时。罗默给不公正对待下了定义：如果一个联盟 S 满足所有制关系的剥削定义的第一个条件和第二个条件，那么我们就说它遭受了马克思主义式的不公正对待

(Marxian unfairly treated)。它是否遭受剥削,还要看他是否满足剥削的第三个条件。罗默通过下面的例子说明,把不公正对待和剥削进行区分是有意义的。

例子 4

考虑作为资产的玉米种子的另一种分配方式:一半的人口拥有所有种子,并且在这一半人口中平均分配。显然最终结果是拥有资产的一半富裕人群(称之为 R)每天从事 8 小时的工厂劳动,而另一半贫困人口(称之为 P)则需要在农场每天劳动 16 小时。根据劳动价值理论,这里不存在剥削。根据所有制关系,也不存在剥削,因为它不满足剥削的第三个条件。但是,贫困人群 P 遭受了不公正对待。因为如果每个群体带着平均分配的财产份额退出经济体,则富裕群体 R 会变得更穷,而贫困群体 P 则变得更富。

例子 5

把例子 4 中的劳动方式稍作改变:每个拥有财产的富裕者雇佣一个贫困者进行工厂生产,作为工人的贫困者劳动 8 小时,生产 b 蒲式耳玉米,其中一半作为贫困者的工资,另一半成为作为资本家的富裕者的利润。然后贫困者和富裕者都从事 8 小时农场劳动,以获得另外的 1/2 b 蒲式耳玉米。尽管例子 5 的前提和结果与例子 4 完全相同,但根据劳动价值理论,作为资本家的富裕者剥削了贫困者。然而根据所有制关系的剥削定义,贫困者并没有遭受剥削,和例子 4 一样,只是遭受了不公正对待。

罗默认为,通过比较劳动价值理论的剥削定义和所有制关系的剥削定义可以看出,劳动价值理论的剥削定义更关注资本家与工人在生产过程中形成的关系,而所有制关系的剥削定义只关注由财产的初始分配所导致的最终结果。罗默认为,所有制关系的剥削定义更为一般化,因而比劳动价值论的剥削定义具有更强的解释力。

上述几个例子都假定市场是完全竞争的,下面考虑不完全竞争时的情形。

例子 6

假定一个经济体的财产分配和例子 3 一样,少数资本家拥有全部玉米种子,但由于工人形成了强大的联盟,他们可以就劳动时间和资本家讨价还价。假定他们把劳动时间减少到 11 小时,但工资仍然是 b 蒲式耳玉米。这样的条件资本家可以接受,因为他们依然每天从每个工人那里获得 3/8 b 蒲式耳玉米的利润。但工人必须设法阻止那些想得到雇佣的农民与他们争夺工作。现在的问题是,工人受到剥削了吗?根据劳动价值理论,答案是肯定的。但根据所有制关系,答案却是否定的。因为如果工人带着平均分配的财产份额退出经济体,他每天必须劳动 12 小时,状况会变差。仔细考虑马克思对剥削关系的分析,我们会发现,马克思实际上把资本家和工人作为一个独立于社会其他阶级的整体。如果从这一意义上看,根据所有制关系的剥削定义,这时的工人是遭受剥削的。因为如果财产只在工人和资本家之间平均分配,那么工人带着平均分配的财产退出该经济体时,他会更富。

例子 7

如果一个联盟遭受了剥削,它不一定比遭受不公正对待的联盟处境更差。设想一个经济体,其中资本家不参加劳动,工人每天劳动 15 小时,农民每天劳动 16 小时。在这里,工人遭受了剥削,农民遭受不公正对待,然而农民比工人更穷。这表明,遭受剥削与遭受不公正对待的区别不在于福利上的差别,而在于他们与剥削群体是否存在依赖性。资本家依赖工人,但不依赖农民。

例子 8

现在设想一种更接近现代资本主义的情形。假设只有一种生产技术——工厂生产,工人除了到工厂工作,只有失业一种选择。当工人失业时,他得到的收入(失业救济或失业保险金)少于工厂的工资。这里的失业相对于前面例子中的农民。因此,失业并不意味着被剥削,而只是遭受不公正对待。

例子 9

从上面的例子看,似乎形成剥削关系的必要条件是剥削群体和被剥削群体之间形成雇佣关系或借贷关系,事实上这不是剥削的必要条件。设想一个生产多种商品的经济体,每个当事人都拥有数量不等的资源禀赋可用于多种商品的生产,假定只有一种生产技术,该技术可用来生产不同的商品,且该技术为每一位当事人所熟知。在这个经济体中,既没有劳动力市场,也没有借贷市场,每一位当事人只能根据自己的资源禀赋和各种产品的市场价格来制定自己的生产计划,以保证付出最少的劳动时间来获得每天生存所需要的资料。在这种情况下,拥有财产较多的当事人会选择生产资本密集型产品,而拥有财产较少的当事人则会选择生产劳动密集型产品。显然,劳动密集型产品的生产者付出的劳动时间通常要高于社会必劳动时间，而资本密集型产品的生产者的劳动时间要低于社会必要劳动时间，而社会作为一个整体，其劳动时间正好等于社会必要劳动时间。根据剥削的所有制关系定义，很容易推知，劳动时间较短的生产者剥削了劳动时间较长的生产者，尽管他们之间只通过产品交换发生联系。罗默认为，这一例子可以很好地解释富国对穷国的剥削关系。

通过上面9个例子，罗默力图证明所有制关系的剥削定义不仅比劳动价值论的剥削定义更符合马克思剥削的含义，而且能够解释更为广泛的剥削现象。归纳起来，罗默得出如下几个结论，这几个结论与传统的马克思剥削理论不同，但罗默认为它们更符合马克思剥削的含义：

第一，剥削只与生产资料（财产）的初始分配相关，而与是否占有别人的剩余劳动无必然联系，因此，剥削并不一定发生在直接的生产过程中。

第二，劳动力市场的存在并不是剥削产生的必要条件，产品市场就可以导致剥削的产生。

第三，在形成剥削关系时，劳动力市场与信用市场具有相同的作用，它们之间存在替代关系。

第四，剥削者与被剥削者存在一定的依赖关系，但一个群体即使对另一个群体不存在依赖关系，也有可能受到对方在财产占有上的影响而遭受不公正对待。遭受剥削的群体不一定比遭受不公正待遇的群体更穷。

以上对剥削的分析主要针对资本主义经济制度。在《剥削和阶级的一般理论》和相关的论文中，罗默用博弈论方法还研究了封建式的剥削以及社会主义式的剥削。罗默认为，社会主义式的剥削主要是由高技术劳动者与普通劳动者之间的技术差异造成的，与财产的初始分配关系不大，因此我们在此不作介绍。下面简单介绍罗默对封建式剥削的定义。

在《剥削、选择和社会主义》一文中，罗默给封建式剥削下了一个简单的定义：

如果一个联盟按照如下规则退出经济体时其福利得到改善，该联盟就遭受了封建式剥削：该联盟可以带走所有他们实际拥有的财产。[1]

在罗默看来，封建式剥削与资本主义式剥削不同的地方在于：第一，

---

[1] John E. Roemer, "Exploitation, Alternatives and Socialism", *The Economic Journal*, Vol. 92, No. 365, Mar. 1982, pp. 87-107.

尽管财产权利没有明确划分，但我们可以把作为受剥削者的农奴拥有的小块土地看作是农奴自己的财产，而资本主义条件下的工人不拥有任何生产资料；第二，农奴对封建领主有一定的人身依附关系，他们必须为领主无偿提供劳动，而工人对资本家没有人身依附。因此，当农奴带着自己的财产离开经济体时，他们的福利会改善，而无产阶级由于不拥有生产资料，因而当他们离开经济体时，他们的福利会下降。

三 罗默观点简评

罗默运用现代数理分析技术对马克思主义的剥削理论进行研究，具有一定的学术价值和现实意义。

第一，罗默运用博弈论方法，对所有制关系与剥削之间的一般机理进行了研究，拓宽了马克思主义剥削理论的视野，得出一些值得深入讨论的结论。以剥削关系的形成不一定依赖于劳动力市场这一论断为例，它似乎可以部分解释市场经济条件下不同行业、不同部门乃至不同国家由于财产禀赋不同而通过交换形成的剥削关系，这些关系在现代市场经济中是非常普遍的。

第二，罗默提出与剥削相近的"不公正对待"概念有意义。遭受不公正对待的群体在社会生活中是广泛存在的，任何一个社会都存在着一些弱势群体。非马克思主义学者往往把弱势群体的成因主要归咎于群体自身的缺陷。罗默的研究为我们从另一个角度认识弱势群体提供了思路。弱势群体通常是由于他们在社会资源分配当中处于劣势地位而造成的，也就是说，他们遭到不公正对待，他们的出现，有着深刻的制度根源。这一观点与马克思主义是一致的。在实践层面，罗默的分析为解决弱势群体问题提供了思路，既然不公正对待的根源在制度层面，靠社会救助这些表层工作就不可能从根本上解决这一问题，而必须从制度改革入手。

第三，罗默重视数理分析也有意义。因为现代马克思主义经济学研究中引入数理分析和定量分析是一个趋势。

罗默的分析也存在一些明显的缺陷。其一，罗默的研究属于高度简化和抽象的理论研究，在抽象的过程中，把一些本质性的东西舍弃掉了。比如罗默把资本主义剥削的形成描述为交易过程中形成的博弈均衡。实际上资本主义剥削是资本家阶级对工人阶级的强制和控制过程，这一过程中当然存在着双方力量的博弈，但工人阶级作为一个整体是几乎没有什么选择余地的。如果忽视了资本主义剥削的强制性质，就无法抓住它的本质。《剥削和阶级的一般理论》出版不久，罗默的方法和观点就遭到许多西方马克思主义学者的批评，其中的一个主要批评意见就是认为罗默没有把握住剥削者与被剥削者之间的主导和依附关系。① 其二，罗默夸大了劳动价值理论的剥削定义与所有制关系的剥削定义的矛盾。马克思以劳动价值论为理论基础揭示了资本主义的剥削实质和剥削过程。马克思的分析也是一种抽象研究，他分析的是纯粹的资本主义经济，重点考察剩余价值的来源和转移过程，没有劳动价值论，这一切都无从谈起。而罗默所谓的所有制关系的剥削定义，实际上与劳动价值论有一定的内在联系，因为在罗默的定义中，一个联盟的福利变穷或变富是用劳动时间的长短衡量的。

第四节　公有制的内涵和实现形式

一　公有制的内涵

20世纪60年代以来，前东欧社会主义国家的一些经济学家为了摆脱所谓"斯大林模式"的困境，探索适合自己国情的社会主义模式，从理论上对社会主义公有制内涵进行深入挖掘，提出了一些不同于传统社会主义所有制观念的新观点。

（一）公有制的本质要求是社会所有制

波兰著名经济学家W.布鲁斯（Wlodzimierz Brus）在《社会主义的所有制与政治体制》② 一书中，分析了资本主义所有制的演变过程，在此基础上对社会主义公有制的本质进行了剖析，他认为，马克思主张的公有制应该是社会所有制。

布鲁斯指出，社会主义是资本主义发展的最终结果，这意味着社会主义既是对资本主义的否定，也是对资本主义的继承。他说："应把社会主义的问题看作历史发展的产物，这不仅要按照否定的方式（作为资本主义对立面的社会主义，能否以事实上的优越性来满足发展生产力的需要，如果能够，其满足程度如何），而且要按照一种连续的形式来认识（生产关

---

① 参见［加］罗伯特·韦尔、凯·尼尔森编《分析马克思主义新论》，鲁克俭等译，中国人民大学出版社2002年版，第204页。
② ［波］W.布鲁斯：《社会主义的所有制与政治体制》，郑秉文等译，华夏出版社1989年版。

系在资本主义范围内部演进,在这种特定的趋势中,社会主义是不是——在多大程度上是——这个趋势的结果,是不是与这个趋势有进一步的联系)。"① 布鲁斯认为,资本主义生产关系的演进首先表现为生产资料所有权的演进。早期资本主义所有制的特征是生产资料的实际支配权与私人所有权紧密地结合在一起。随着技术和经济状况的变化,私人所有制的单独形式对日益增大的生产规模,对满足筹集数额越来越大的资本的需要,变成了严重的障碍,于是它被合股公司取代。从单独的私人所有制到公司所有制的演进,是资本主义生产关系适应生产社会化发展要求的结果,公司所有制已经表现出一定的社会性。这种社会性表现在两个方面:第一,"公司所有制是对立于公有制的私人所有制,但由于联合,它同时又对立于单独私人所有制"②。第二,生产资料的实际支配权与法律上的所有权相分离,公司作为集体资本,取得了相对的自治权。

随着生产社会化的进一步发展,资本主义社会出现了由各种干预形式构成的国家干预制度,包括公营部门、对私人资本的法律规制、对市场的国家介入和干预、对教育培训和科学研究的积极干预,等等。布鲁斯认为,国家干预制度是资本主义范围内生产关系发展的一种新的、更高的阶段。国家根据宏观目标配置资源,并把国家标准部分地强加于私人企业,在一定程度上纠正了自发市场的盲目性。从马克思主义的发展模式看,国家干预制度还有一系列重大的社会经济性后果。国家干预制度开始改变经济基础与政治上层建筑之间的关系,成为"经济政治化"的根源。"在某些领域,权力从此再也不是来自所有权,倒是所有权来自权力"③,国家干预制度使生产资料的使用权表现出一定的公共性。这表明,在资本主义现存经济结构中,出现了吸收更多社会主义因素的必要,我们可以把这些现象解释为一种基础结构的变化,即向社会主义方向发展的客观规律的表现形式。

资本主义所有制的演变过程显示出生产资料使用的社会化程度不断提高的趋势,它反映了生产力发展的要求。布鲁斯认为,社会主义公有制可以看作是沿着这一趋势的进程所形成的制度,因为公有制满足了生产力发

---

① [波] W. 布鲁斯:《社会主义的所有制与政治体制》,郑秉文等译,华夏出版社1989年版,第7页。
② 同上书,第8页。
③ 同上书,第10页。

展的制度要求，即按照宏观经济标准，为资源配置创造了制度上的条件。公有制的关键是国家应确保在国民经济规模上有效配置资源的能力，以保障全体社会成员的利益，而不受私人所有制所体现的特殊利益的限制。

但是布鲁斯认为，不能把公有制简单地理解为国家所有制，因为在马克思看来，私有制的本质是劳动和所有权的对立，劳动隶属于资本，在每一种这样的隶属形式中都能找到劳动异化的根源，即劳动者对其劳动手段和目的的异化的根源，这是资本主义一切矛盾和问题的根源。国家所有制并不能保证消除劳动对所有权的从属，它有可能变成用国家雇佣劳动替代单独所有者雇佣劳动。消除异化的办法不能是用一种劳动隶属制度代替另一种劳动隶属制度，应当依靠消除所有劳动对所有权的隶属及创造"一个自由人联合体，他们用公共的生产资料进行劳动，并且自觉地把他们许多个人劳动力当作一个社会劳动力来使用"① 的手段来克服。布鲁斯认为，这个意义上的公有制不是国家所有制，而是社会所有制。

布鲁斯认为，社会所有制必须满足两条标准：（1）生产资料必须用于满足社会利益；（2）社会必须对其占有的生产资料具有有效的支配权。②这两条标准的具体要求是在全社会范围内分配收入，以及生产资料占有和使用的社会化。布鲁斯进一步认为，这两个条件并非同等重要，第二个条件是决定性的。如果不能保证社会作为所有者对生产资料的有效支配，社会利益这一概念就没有现实依据，并且仅仅为了迎合统治者的利益而经常被滥用。社会对生产资料的有效支配，包含经济管理中最广泛意义上的民主问题，因此，生产资料社会化的基本标准，乃是民主制度的标准。

布鲁斯认为，社会所有制与国家所有制的区别在于，后者是一种间接的社会所有制。这种间接性表现在：生产资料和所生产的国民收入不是直接地由这些收入的创造者支配，而是由国家代表他们支配。国家代表社会，却不能等同于社会，作为生产资料所有者的国家，必然作为与劳动者和消费者相分离的部分出现。而严格意义上的社会所有制是直接的社会所有制，它不仅废除了所有权的垄断以及与之相伴随的个人或少数私人所有者集团的政治与经济权力的垄断，而且也废除了社会主义国家的垄断。从

---

① 《马克思恩格斯选集》第 2 卷，人民出版社 1995 年版，第 141 页。
② ［波］W. 布鲁斯：《社会主义的所有制与政治体制》，郑秉文等译，华夏出版社 1989 年版，第 28 页。

这个意义上，国家所有制充其量是社会所有制的低级形式，而且只就它不断向直接的社会所有制发展而言，它才成为社会所有制。因此，卡德尔强调社会主义国家必须通过政治民主化改革，赋予广大劳动者参与生产决策和收入分配的权力，从而保障劳动者支配生产资料的权利。

（二）社会主义公有制应是自治所有制

前南斯拉夫共产主义者联盟领导人、经济学家爱德华·卡德尔（Edvard Kardelj）在《公有制在当代社会主义实践中的矛盾》一书中，结合南斯拉夫自治社会主义的实践，分析了公有制的内涵和各种实现形式，提出社会主义所有制应当是以联合劳动者直接占有生产资料为特征的自治所有制。

卡德尔提出，公有制取代私有制的必要性就在于只有公有制才能消除劳动异化，只有公有制才能实现劳动者和生产资料的直接结合，从而消除资本和劳动的对抗性质。他说："公有制的历史含义在于克服劳动同社会资本的异化，就是说，公有制必须导致劳动和社会资本的一体化。"[①] 但卡德尔同时指出，不是任何形式的公有制都可以做到这一点，"这样的一体化只有通过工人对其劳动的客观物质条件的直接监督，也即只有在物化为生产资料和整个社会资本的活劳动和过去劳动的社会经济的统一中才能实现"[②]。在卡德尔看来，这样的公有制就是自治所有制。

卡德尔认为，按照马克思的设想，社会主义公有制是在社会化生产进一步发展的基础上，作为对资本主义私有制的否定而出现的。资本主义私有制建立在生产资料和劳动力全面分离和对立的基础上，作为它的否定形式，社会主义公有制的本质要求是生产资料和劳动力的直接结合。这种结合不同于个体小生产的所有制，因为"在当代世界的条件下，劳动已高度社会化，致使各个工人的产品已根本不可能表现为个人劳动的产品，只能表现为联合劳动，也即社会劳动的产品"[③]。因此，社会主义公有制应该是所有劳动者在支配生产资料的方式方面，享有经济上和政治上同等的权利。在这样的基础上，所有劳动者通过分工、协作从事各种劳动活动，个人消费品的分配根据个人劳动在社会总劳动中所占的比

---

① ［南斯拉夫］爱德华·卡德尔：《公有制在当代社会主义实践中的矛盾》，王森译，中国社会科学出版社1980年版，第34页。
② 同上书，第35页。
③ 同上书，第2页。

例进行。这样的社会主义客观上要求由工人直接管理社会生产和个人消费品的分配,而不是通过国家这个"代理人",也就是工人在经济活动领域实现自治。卡德尔对"自治"做了进一步的解释:"自治的社会历史含义在于产生这样一种以生产资料公有制为基础的生产关系形式,在这种生产关系形式中,存在着作为唯一占有方式的以劳动为基础的占有,并且这种占有应当越来越占统治地位。在这样的生产关系中,工人在自己劳动的基础上直接地占有,摆脱了对资本所有者或者对作为资本集体所有者的'职务行使者'的国家的各种形式的雇佣关系。但是,他不能自给自足地、无政府主义地或按照所有权进行这种占有,而只能在相互依赖以及对别的工人的同等所有权充分负责的基础上进行这种占有。这就使公有制不再是工人与国家这个社会资本垄断管理者之间的关系,而成为劳动人民本身之间的关系。"[①] 卡德尔认为,社会主义公有制本质上就是马克思所说的"重建个人所有制"。

卡德尔从两个方面澄清了对社会主义所有制的误解。第一,社会主义所有制是劳动者对生产资料的直接占有,而不是间接占有。因此他反对把国家所有制看作社会主义公有制的主要形式的观点。他认为,社会主义所有制的核心是劳动者对生产资料的直接占有,这是消除劳动异化的必要条件,而国家所有制恰恰是对"直接占有"的否定。在国家所有制条件下,仍然存在着劳动者和生产资料的分离,从而存在着使工人同他们的劳动条件、劳动资料和劳动成果相异化的危险。如果由国家支配和管理全部生产资料,就为国家的官僚主义化敞开了大门,并带来一种危险,就是使管理活动的集中越来越退化为行政官僚的中央集权制,使对国有化生产资料的管理,亦即对社会资本的管理,变为某种国家所有制和国有生产资料管理者的垄断权,而使国家权力变为维护这种垄断权的工具。卡德尔认为,自治所有制就是在克服国家所有制的矛盾和弊端的过程中形成的。作为斯大林模式核心内容之一的国家所有制,其本质上不是公有制,它不过是从资本主义私有制到社会主义公有制的过渡形式。他说:"在资本主义世界中这种垄断(指对生产资料的垄断占有——引者注)可以买到占有他人剩余劳动的权利,而在社会主义社会中,这种垄断作为过渡性的残余,表现为

[①] [南斯拉夫]爱德华·卡德尔:《公有制在当代社会主义实践中的矛盾》,王森译,中国社会科学出版社1980年版,第6—7页。

国家所有制对社会资本的权利以及使劳动和工人屈从于这种权利。"①

第二，社会主义所有制是劳动者对生产资料的联合占有，因此它不同于个体私有制。卡德尔指出："在自治联合劳动中，公有制关系是不能用传统的所有制法律公式体现出来的，它只能通过实质上是崭新的经济政治关系制度来体现，亦即通过有关劳动者在联合劳动中的权利及相互义务和责任的制度来体现。公有制生产资料属于一切从事劳动的人所有，这是他作为劳动者和创造者从事劳动和获得自由的最重要的客观条件。但是，任何人对这些生产资料都不能拥有任何私有权。从这种意义上说来，公有制既是属于所有人的，又不是属于哪一个人的。公有制资料同时又是工人在社会总劳动中从事个人劳动的手段，从而也是他取得个人收入的手段。这样，这种公有制既是全体工人的共同的阶级所有制，同时又是任何从事劳动的人的个体所有制的形式。"② 在卡德尔看来，自治所有制与个体私有制的区别体现在两个方面：一方面，个体私有制具有排他性，而自治所有制具有非排他性；另一方面，个体私有制条件下，生产资料仍然是取得收入的依据，而自治所有制条件下，只有劳动才是取得收入的唯一依据。

（三）社会主义公有制要求社会主义占有的实际形成

前捷克斯洛伐克经济学家奥塔·锡克（Ota Sik）在《经济—利益—政治》一书中，从所有制的法律形式与经济内容之间的关系出发，对社会主义所有制的本质进行了剖析。他指出，不能把社会主义所有制简单地理解为生产资料的国有化，更不能把社会主义所有制理解为一种法律制度或意志关系，社会主义所有制意味着生产资料的社会主义占有。

锡克指出："所有制关系是实际的占有关系，不仅仅是这种占有的外部表现。它这样表现为人对物的关系，但绝不是说它在其本质上仅仅是这种关系。所有制关系是个人在一定社会形态内部并通过这种社会形态占有自然对象的关系"，"所有制关系表现为人对物的关系，但却是一种通过人对物的关系表现出来的人与人之间的关系"。③ 他还指出："所有制的形式或方式总是表现为一定的意志关系和法律关系，而它实际上是占有的形式

---

① ［南斯拉夫］爱德华·卡德尔：《公有制在当代社会主义实践中的矛盾》，王森译，中国社会科学出版社1980年版，第35页。
② 同上书，第40—41页。
③ ［捷克］奥塔·锡克：《经济—利益—政治》，王福民等译，中国社会科学出版社1984年版，第244页。

或方式，即通过一定意志关系和法律关系的形式表现出来的生产方式。"①因此，在锡克看来，社会主义所有制的建立，绝不是简单地从法律上宣布生产资料归国家所有就可以实现的，它要求全部生产方式的实际变化。他指出，单纯的国有化本身，决不意味着社会主义所有制的形成，而只有整个占有方式的实际变化，协作与分工、生产资料分配、活动交换、消费资料分配和相应的意志关系的变化，才意味着社会主义所有制的形成。

锡克认为，社会主义占有方式的形成，要求废除资本主义的占有，取消资本控制劳动过程和分配劳动产品的权力，这意味着社会主义所有制首先要求生产资料的国有化。但生产资料的国有化只是社会主义所有制形成的基本前提，只有由劳动者的社会机构管理和监督的社会主义劳动过程和分配过程的实际形成，才意味着社会主义占有的开始。

锡克指出，实践中社会主义所有制的建立，虽然首先表现为法律上的变革，然后才有占有关系和占有形式的实际变革，但这并不意味着法律关系是占有关系的基础，"只有社会主义占有的实际形成，才会赋予新的在法律上表现出来的意志关系以实际内容"②。在社会主义实际占有和其法律制度的关系上，实际占有是更本质的东西，是第一位的。法律制度不过是实际占有的外部保障和表现形式，不能用法律制度作为社会主义所有制建立的证明，只有在社会生产过程的各个环节真正实现了社会主义占有，才能说社会主义所有制已经建立。从这个意义上说，"生产资料的社会主义占有（社会主义所有制）无非是它的生产、分配、交换和消费（并始终也在对于生产资料的社会主义决定中表现出来）的特殊的社会主义形式"③。

二　公有制的实现形式

（一）传统的公有制形式

匈牙利经济学家亚诺什·科尔奈（Janos Kornai）借鉴了新制度学派的研究方法对传统的社会主义公有制形式进行了分析。他把公有制经济分为国有企业（中央政府管理的国有企业）、合作社和其他国有产权形式三类。最后一类包括地方组织拥有的企业，也就是地方国有企业，以及资产归国

---

① ［捷克］奥塔·锡克：《经济—利益—政治》，王福民等译，中国社会科学出版社1984年版，第244页。
② 同上书，第246页。
③ 同上书，第247页。

家所有（中央政府或地方政府组织）并受到国家控制的各类机构，也就是我们所说的事业单位。科尔奈重点分析了前两类。

1. 国有企业

科尔奈认为，国有企业名义上是"全体人民"或"全社会"的资产，由中央政府代表人民行使所有权，但从国有企业名义所有权背后的真实产权形式看，国有企业的财产权利掌握在官僚机构手中。第一，国有企业剩余收入的支配权完全属于官僚机构。科尔奈指出，在传统体制下，国有企业的剩余收入都进入国家中央预算。获得剩余收入的中央同时又决定着国有企业的产品销售价格、支付给工人的工资、生产工具的价格以及企业应该向国家预算上缴多少收入。如果把国有企业作为一个整体看，情况也是如此：官僚机构决定了在总收入预算中有多大比例应来自国有部门的净收入，也决定了从中央预算中以什么名义、支出多少给每一家国有企业。科尔奈总结道："在国有企业的产权形式下，剩余收入的规模完全由官僚机构任意决定。但一旦决定（按照财政官僚的技术标准）上缴国家中央预算，这时所谓的所有者其实就是'国库'。一定会有人接着问道：那么又是谁控制着国家预算呢？是谁设定了所有的经济参数（价格、工资、税收等）？而正是这些参数决定了剩余收入的规模。这两个问题的答案是一致的：支配权属于官僚机构。"[①] 科尔奈进一步指出，尽管国有企业的剩余支配权集中于那些对计划制定、国家收入与支出、价格和工资具有决定性影响的人手中，但这些人的个人收入与财富却和国有企业的收入与财富毫不相关。这就使得私人产权自发产生的激励在国有企业毫不适用，整个社会必须全部依赖各种人为激励。第二，国有企业的控制权由官僚机构行使。科尔奈认为，国有企业内部的科室式官僚组织控制着企业的各类活动，这类官僚组织构成了整个社会官僚科层体制中最基层的部分。在此之上还有一系列的等级组织，直到权力金字塔的顶端，即体制中的最高领导人。科尔奈指出，尽管国有企业的控制权全部是由官僚机构来行使，但行使权并不是平等分配的，而是要根据官僚体制中不同机构以及机构中个人的相对影响力大小来决定。归结起来，科尔奈认为，传统国有企业产权关系的基本特征就是官僚化。

[①] ［匈］亚诺什·科尔奈：《社会主义体制——共产主义政治经济学》，张安译，中央编译出版社 2007 年版，第 67—68 页。

2. 合作社

在大部分社会主义国家中，传统的合作社主要集中在农业领域，基本上都是生产和销售合作社。从名义上看，它是一种以合作社成员自愿联合为基础的组织形式，生产工具是合作社的集体财产，成员自己选出领导，但实际情况与此有很大区别。事实上，在传统社会主义体制下，合作社成员并没有其他选择。合作社成员既不能自由加入或退出合作社，也无权在自己的合作社里雇佣外部劳动力。合作社的领导名义上是由合作社的成员选举产生，实际上他们都由官僚组织任命，完全服从上级官僚机构。合作社收入的使用权不仅要受到各种限制，还有来自上级不定期的具体干预，合作社的领导不能独立决定其收入的使用。不仅如此，合作社的领导也无权转让合作社的生产工具，上级机关决定如何转让生产工具以及在特定情况下将某些合作社合并，合作社的领导甚至不能自由决定如何使用生产工具，而要受到官僚机构的集中控制。所以，科尔奈认为，从财产权方面看，在传统体制下，合作社与国有企业几乎没有实质性区别，"合作社或多或少也都是官僚性质的国家财产，尽管具有某种令人莫名其妙的特征。实际上，所谓合作社只是'国有化'的合作社，完全可以把它们的财产当作近似国有财产"[1]。

（二）兼具公共所有制和自我私有制的社会结构

约翰·罗默于《在自由中丧失》[2] 一书中，运用社会选择理论的研究方法分析了一种兼具外部世界公共所有制和个人才能自我所有制的社会结构。罗默从理论上构建了这样一种社会结构：包括各种生产资料在内的外部世界属于全社会所有，它们既不能被排他性地占有，也不能被转让，但个人才能或天资属于每个人自己，它们无法被社会化，个人可以凭借自己较高的才能取得较多的收益。罗默研究在这样一种社会结构中什么样的分配机制是合理的。

罗默设想了一个案例：有两个人共同拥有由种植玉米的土地构成的外部世界，这两个人由于工作能力的差别分别被称为强者和弱者。两人都从玉米中得到正效用，从劳动中得到负效用。强者在土地上的劳动效率高于

---

[1] ［匈］亚诺什·科尔奈:《社会主义体制——共产主义政治经济学》，张安译，中央编译出版社2007年版，第74页。

[2] John E. Roemer, *Free to Lose: An Introduction to Marxist Economic Philosophy*, Harvard University Press, 1988.

弱者。存在一种既定的技术（生产函数），可以把土地和劳动投入转化为玉米产出。由于土地是联合所有的，如果弱者不同意，强者不能在土地上进行耕种。现在要提出一种对二人的劳动以及产出的玉米进行分配的合理方案，方案既要尊重二人对土地的联合所有权，又要尊重个人才能的自我所有权。

罗默没有给出具体的分配方案。他指出，可能存在无穷多个分配方案，但任何一个满足上述条件的分配方案都应该符合下属五条原则。

第一，在任何一种经济环境中，选定的分配方案都应该是帕累托最优分配，这一原则保证了分配的效率一定是最优的。也就是说，在经济环境不变的条件下，不可能找到一种替代分配方案，在增加一个社会成员效用的同时，不减少另一个成员的效用。

第二，土地的单调性。即当土地等公有资源数量增加时，至少任何社会成员的效用不会因此而减少。罗默认为这是生产资料公有制的一个必要条件，它保证了公共资源使用结果符合公共利益，即任何一个或一部分社会成员都不能因为公共资源数量增加而受到损害。

第三，技术的单调性。这一原则反映了成员对技术的公共财产权。在这一社会结构中，技术和土地一样被看作是外部世界的一部分。因而它至少要求在技术进步时社会成员的效用都不会减少。和土地的单调性原则一样，技术的单调性原则保证了技术进步的结果符合所有人的利益，没有社会成员的利益因此而受损。

第四，有限的自我所有制。在上述案例中，强者的境况至少和弱者一样好。这一原则保护了才能的私有权，它要求才能较高的社会成员在福利方面至少不低于才能较低的成员，因为他们在其他方面是相同的。自我所有制的有限性表现在它不要求才能较高的社会成员获得的福利一定高于才能较低的社会成员（假定二人的偏好相同）。这一原则意味着，如果两个成员的才能相同，则二人的福利也必然相同。

第五，保护弱者。当强者的能力降低到弱者的水平时，弱者的境况不应因之变差，它保证了弱者不会因为强者的能力而受到损害。换句话说，较弱的成员不应当因为他们两者之间存在的才能差别而受到消极的外在事物的损害。这一原则并不要求强者去分享由他超过弱者的才能带来的成果，他只要求弱者不要因为强者较高的才能而受到损害。

罗默通过分析发现，满足上述五个原则的玉米和劳动的分配结构只有一种，那就是所有社会成员福利相等的分配结构，这一结论表明，外部的公共财产权在决定分配结果时起到了比个人才能的私有权更重要的作用。可以说，正是成员间平等的外部财产权决定了成员平等的福利。从另一个角度看，承认成员才能的自我私有权并不会改变生产资料公有制带来的成员在福利平等时的结果。也就是说，在一定前提下，生产资料公有制确实可以带来结果上的平等。①

三　国外学者在公有制理论上的创见和不足

东欧前社会主义国家三位经济学家对社会主义公有制内涵的研究，是在批判和反思传统社会主义所有制模式或者说"斯大林模式"的背景下进行的，他们对"公有制就是国有制"这一观点展开了批判。布鲁斯一方面从资本主义所有制演变的历史逻辑出发，证明了社会主义条件下生产资料国有化现象产生的历史必然性；另一方面，又从社会主义是消除劳动异化和劳资矛盾的结果这一马克思主义的基本逻辑出发，剖析了社会主义条件下生产资料国有化发展带来的危险，那就是由资本主义条件下劳动对资本的隶属演变为社会主义条件下劳动对国家的隶属，从而放弃了社会主义的基本目标。所以，布鲁斯主张公有制的内涵是社会所有制，其本质是生产资料社会化。卡德尔则是在总结南斯拉夫"自治社会主义"实践经验的基础上，批判了斯大林"国有化"模式造成了社会官僚主义化的严重问题，提出以劳动者和生产资料直接结合为特征的自治所有制是社会主义公有制的内涵。锡克则提出国有化仅仅是建立社会主义公有制的前提，而不是社会主义的实际占有。三位经济学家的研究，为探索公有制的新模式提供了多种思路，这一点是值得肯定的。

马克思主义认为，公有制取代资本主义私有制，既是生产社会化进一步发展的必然趋势，也是劳动者"剥夺剥夺者"的利益诉求，是合规律性和合目的性的统一，显然，公有制不应该忽视对工人阶级基本权利和利益的有效保护。正如科尔奈分析的那样，在传统的公有制模式中，资源配置的权力集中于中央或上级计划部门，生产管理的权力集中于由政府部门任命的企业领导手中，收入分配的权力集中于上级政府部门，作为劳动者的

---

① John E. Roemer, *Free to Lose: An Introduction to Marxist Economic Philosophy*, Harvard University Press, 1988, pp. 161 - 167.

普通工人缺乏参与各种决策的权利。尽管在名义上工人阶级是生产资料的主人，但由于工人阶级缺乏有效手段制约政府部门和管理者的行为，造成了生产资料与劳动者的疏离和对立，劳动者实际上处于官僚机构的控制和支配之中，他们的利益难以得到有效保护。这对于改革前后的国有企业或全民所有制企业的良性发展，都有警示作用。

另外，三位学者的观点在实践中都存在一些问题。关于社会主义条件下如何实现劳动者对生产资料的实际占有，锡克没有展开讨论。布鲁斯只提供了基本的思路，他提出社会主义国家政治体制民主化的要求，但没有在操作层面上展开讨论。卡德尔主张的自治所有制也存在很多问题，如权力下放导致的企业利益、地方利益和部门利益的不平衡，中央政府缺乏有效手段约束企业和地方的自利行为，难以进行整体上的统筹和协调，等等。

科尔奈通过对传统公有制模式的产权分析，揭示了国有化模式存在的严重问题，指出官僚化的生产资料管理体制对劳动者权力和利益的侵蚀，这是正确的。但科尔奈实际上完全否定了传统公有制模式的社会主义性质，否定国有经济与劳动者利益具有一致性的一面，这是错误的。传统国有经济尽管问题很多，但它在保障劳动者的就业权利和休息权利、改善劳动者的工作和生活条件等方面取得了很大进步。无论是政府部门，还是企业领导层，其权力都远小于资本主义条件下资本家对雇佣工人的权力。这一点是无法否认的。

罗默运用社会选择理论提出一个生产资料公有制的抽象模式，得出了一个很重要的结论，即生产资料公有制是劳动者福利平等的必要条件，这和他对财产与剥削关系问题的研究是一致的，从而证明了马克思社会主义理论的正确性。但从分析方法上看，他把生产资料（外部世界）、技术和劳动者才能相分离，假定这三者是相互独立的，这一点与现实不完全相符。

第二章　劳动价值论的当代研究

劳动价值论是马克思主义经济理论的基石。以这个理论为基础，马克思建立了剩余价值理论，深刻地揭示了资本主义社会不合理的剥削关系。正因为如此，自马克思逝世后一百多年间，有关劳动价值论的争论从未停止过。西方主流经济理论甚至包括马克思主义阵营内部的一些经济学家认为，劳动价值论只是一种古典的价值理论，今天已经失去意义。马克思主义经济学者则认为，这个理论在对生产关系质的分析方面有其独特长处，它是商品经济和资本主义经济关系的客观反映。

20世纪60年代以后，特别是90年代以来，在马克思主义经济理论的复兴中，劳动价值论的发展占有重要地位。为了全面反映这些发展，本章涉及的内容包括复杂劳动还原、不同条件下的价值决定、管理劳动是否为生产性劳动、价值向生产价格转化等问题。

第一节　关于复杂劳动的还原

复杂劳动向简单劳动还原问题，被西方学者认为是马克思劳动价值论首先要解决却未能解决好的问题。马克思在《资本论》第一卷第1章第2节中提出的观点——"比较复杂的劳动只是自乘的或不如说多倍的简单劳动，因此，少量的复杂劳动等于多量的简单劳动。经验证明，这种简化是经常进行的……各种劳动化为当作它们的计量单位的简单劳动的不同比例，是在生产者背后由社会过程决定的，因而在他们看来，似乎是由习惯确定的。"[①]——被认为是过于简单的论述。劳动价值论的批评者提出了以

[①] 《马克思恩格斯选集》第2卷，人民出版社1995年版，第121—122页。

下几个问题：①（1）如何确切计量这个还原或折算时的倍加系数？（2）即使有可行的折算办法，但这种还原或折算，也无法计算工人因天赋才能的不同而创造出来的不同的价值。（3）直接求出利润率而绕过复杂劳动向简单劳动还原问题，从而证明还原问题是一个多余的问题。

一些马克思主义者把复杂劳动按所收到的较高工资（包括超出正常的劳动力再生产成本之上的技术或技能本身所需的生产成本）来还原为较大数量的简单劳动。但这明显陷入了循环论证，这从逻辑上来说是行不通的，也是和马克思的分析传统不相容的。但是，如果不按工资率来确定倍加系数，对熟练程度不同的工人会有不同的剥削率，这显然和马克思的假设不一致。庞巴维克和希法亭进行论战时曾提出过这个问题，米克1973年为《劳动价值学说的研究》所写的第二版导言认为，马克思对复杂劳动向简单劳动还原的问题的处理是零碎的、不完整的。

针对以上批评，英国剑桥大学的罗松在1980年出版的《资本主义、冲突和通货膨胀》一书中，详细探讨了复杂劳动向简单劳动的还原问题。他认为，马克思主义者对庞巴维克及其追随者所作批评的回答，可以分成两派。一派主张采用"生产成本法"，另一派则提倡"间接劳动还原法"。前一派根据马克思"每种劳动力的再生产都有它自己的生产成本"这个观点假定各种工人创造价值的能力恰与各自劳动力再生产的成本成比例，再把这个比例作为还原时的倍加系数。罗松对此提出批评：（1）它没有恰当地对庞巴维克按工资折算的提议作出回答；（2）它没有重视教育部门在劳动力再生产中的作用。

"间接劳动还原法"最初由希法亭提出。希法亭根据马克思"每个商品的价值由生产它所必需的全部社会必要劳动时间来决定"这一观点提出自己的看法，熟练工人劳动力再生产中的这个"社会必要劳动时间"应是广义的，不仅包括生产这个工人生活必需品时所需的劳动时间，也应包括教育这个工人，使他掌握一定的文化知识和生产技能所需的全部直接的和间接的劳动时间。具体说来，熟练工人可看作是非熟练工人加上一定的生产技术。这个技术中物化有上述广义的社会必要劳动时间，当这个熟练工人运用这些技术时，它的全部价值就逐步转移到产品中去。这样，熟练工人创造的价值便可分为两个部分：非熟练工人创造的价值和转移的物化在

---

① 朱钟棣：《西方学者对马克思主义经济理论的研究》，上海人民出版社1991年版，第41页。

技术中的价值。后者也可以分解成前一时期的非熟练劳动与熟练劳动两个部分。依此类推,最终可以把熟练劳动分解为各个时期非熟练劳动的加总。熟练劳动便等于一系列非熟练劳动之和。罗松对希法亭的以上观点深为赞赏,他指出,一旦采用希法亭的方法,熟练劳动向非熟练劳动的还原,就可摆脱对工资水平的依赖和庞巴维克所批评的循环论证。罗松进一步指出,教育部门作为一个非生产性行业虽然不创造价值,但教育部门全体教职员工所进行的劳动,尤其是超出这些教职员工本身劳动力再生产所需要的剩余的劳动,会物化在知识、技术之中,在后一生产时间,甚至后几个生产时期中,通过所培养出来的熟练劳动工人而创造出更大的价值。

美国的艾尔斯特(J. Elster)认为罗松的还原方法具有摆脱工资变动影响的优点,但是还存在两个问题:第一,是布劳格和罗默等强调的所谓无法培训的技术问题,包括天赋、祖传技能等。埃尔斯托认为这是真正的异质劳动,罗松的还原方法无法解决;第二,是一种并非来自劳动者的技术而是来自工作性质的异质劳动,这指工作中各种不同性质与不同程度的不愉快所构成的各种不同的异质劳动及其所带来的不同的工资报酬,罗松的还原方法同样无法解决。

人的能力问题,或者说各人在天赋、智慧上的差别,被认为是马克思的还原理论所面临的最大困难。霍华德(Michael Howard)和金(John King)在1985年第二版的《马克思的政治经济学》一书中认为,马克思的还原理论无法解决工人的天赋才能这种垄断因素所造成的劳动力价值与工资不相符合的问题,并把这一点列为还原问题所无法解决的三个问题之一。

值得一提的是,斯蒂德曼(Ian Steedman)1977年在《斯拉法之后的马克思》一书中,受到斯拉法理论的启发,运用数学方法研究,认为在存在一种、两种及多种异质劳动的情况下,利润率都可由物质关系的投入产出、实际工资数量以及各种异质劳动在各个部门间的直接使用来求出,利润率的这种决定丝毫不依靠不同种类劳动的还原问题。他得出结论:异质劳动的存在不会给剩余劳动的分析、也不会给理论的决定带来实质性的问题。在任何场合下,"还原"过程都是一个多余的过程。

第二节 关于价值的决定

不考虑技术选用和联合生产问题被认为是马克思价值理论成立的前

提，一旦放弃这两个前提或抽象，价值量的决定就不再具有唯一性和非负性。森岛通夫（Michio Morishima）1973 年在《马克思的经济学》一书中试图对劳动价值论不适用于技术选用条件进行论证。

森岛通夫假设，某一种商品有两种生产方法，这两种生产方法各自投入产出关系如下：

方法Ⅰ：投入（商品 0.25 + 劳动 0.5）→产出（商品 1）

方法Ⅱ：投入（商品 0.5 + 劳动 0.25）→产出（商品 1）

关系式中商品和劳动都用价值单位计量。再假设商品价值为 λ，因此可得下面两个方程：

方法Ⅰ：$0.25\lambda_1 + 0.5 = \lambda_1$

方法Ⅱ：$0.5\lambda_2 + 0.25 = \lambda_2$

因此，分别解出 $\lambda_1 = 2/3$；$\lambda_2 = 1/2$。因此，商品的生产方法不同，对应的价值也不同。霍华德和金根据森岛通夫的分析，在 1985 年出版的《马克思的政治经济学》一书中对技术选用条件下的价值决定问题也提出了质疑。霍华德和金认为，在把价值转化为生产价格时及在国际经济领域中，同一商品具有多个价值的情况还会进一步被掩盖起来。

霍华德和金认为，马克思在谈到农产品的价值、国际领域的交换以及工业中蒸汽动力与水的动力同时并用时认识到，不同的生产技术在资本主义经济生活中的实际存在是一个非常普遍的现象。马克思曾指出："市场价值，一方面，应看作是一个部门所生产的商品的平均价值，另一方面，又应看作是在这个部门的平均条件下生产的、构成该部门的产品很大数量的那种商品的个别价值。只有在特殊的组合下，那些在最坏条件下或在最好条件下生产的商品才会调节市场价值，而这种市场价值又成为市场价格波动的中心，不过市场价格对同类商品来说是相同的。"[①] 霍华德和金认为马克思的这段论述是不清楚的，因为这里有两个有关价值量决定的概念："一方面"和"另一方面"分别对应的平均值和主流值，而这两个量有时候是不相吻合的。显然，这是对马克思原意的曲解。

不仅如此，金还认为，技术选用还会在价值决定问题上得出一个和马克思的逻辑分析顺序相反的结果来，即价值不是如马克思所说的那样先于利润率的决定，而是利润率和某种生产技术的选定先于价值量的决定。金

[①] 《马克思恩格斯选集》第 2 卷，人民出版社 1995 年版，第 432 页。

的这个观点实际上来自斯蒂德曼，但是他们共同的源头要到斯拉法那儿去找。

谢赫（Anwar Shaikh）在《代数学的贫困》一文中对斯蒂德曼等新李嘉图主义者认为利润率的决定先于价值决定的观点提出了两点反批评。谢赫指出：第一，市场价格和生产价格是不同的，实际的个别的利润率与理论上分析的全社会统一的利润率之间也存在差异。斯蒂德曼所说的"资本家根据生产价格和全社会统一的利润率，在多种可供选用的生产技术中，选定那些能降低成本与价格从而把个别利润率提高到全社会统一利润率之上的生产方法或生产方法组合"[①]，其前提是资本家必须事先知道生产价格和全社会统一的利润率是多少。但是，在资本主义实际生活中，资本家只知道市场价格和实际的个别利润率，根本无从得知生产价格和全社会统一的利润率是多少。因此，斯蒂德曼所认为的"资本家对生产技术的选择决定商品价值"这一逻辑分析从一开始就站不住脚。第二，资本家在选择生产方法时，自然要对各种生产技术进行评论。他们不但要预计工厂、设备、原材料和劳动力未来的价格，也要对相应于所选择技术的生产过程及这种生产过程特定的投入产出关系作出事先的估计。当然，还要对未来产品的销售状况作出预测。也就是说，资本家在计算未来的利润、考虑选用哪些生产技术或生产技术的组合时，要考虑未来的剩余价值生产的准备条件、剩余价值的生产过程以及剩余价值的实现条件。所以谢赫认为，甚至在观念中，剩余价值也在支配着利润。同时，为把未来可能得到的利润变成实际所获，实际价值和实际上的剩余价值就必须生产出来并得到实现。因此，又在实际上，剩余价值支配着利润。

谢赫的两点反批评实际上是建立在本质和现象这对范畴的分析基础上的。因此，他坚持了价值决定价格、剩余价值决定利润这个马克思分析问题时的逻辑顺序。当然本质和现象是相对的。相对于价值（剩余价值），生产价格（平均利润）是现象，而相对于市场价格（个别利润），生产价格（平均利润）又成了本质。上述谢赫的第一点反批评就说明了这个思想。第二点说明了，即使资本家先选定某种技术，也是这种技术选用的生产过程中商品价值的决定在先，利润率的决定在后。而选定技术时的利润率只是一种预期利润率，是存在于资本家头脑中的而不是现实的利润率。

[①] Shaikh A., "The Poverty of Algebra", *The Value Controversy*, London: Verso, 1981, p. 65.

谢赫在这一点上捍卫了马克思的价值决定理论。

西方的一些马克思主义者认为，在联合生产中，按照马克思加总计算商品价值量的方法，会得出负价值，这就又导致了对价值定义的重新考虑。斯蒂德曼曾提出过一个纯联合生产（不存在固定资本）的数例来说明联合生产与负价值之间的关系。如果生产过程一用 5 单位商品 1 和 1 单位劳动投入产出 6 单位商品 1 和 1 单位商品 2，生产过程二用 10 单位商品 2 和 1 单位劳动投入产出 3 单位商品 1 和 12 单位商品 2，再假设商品 1 和商品 2 的价值分别为 λ_1 和 λ_2，那么这两种生产方法的投入产出关系是：

$$5\lambda_1 + 1 = 6\lambda_1 + \lambda_2$$
$$10\lambda_2 + 1 = 3\lambda_1 + 12\lambda_2$$

解得 $\lambda_1 = -1$，$\lambda_2 = 2$，即商品 1 的价值为负 1，商品 2 的价值为 2，生产过程一的不变资本价值也为负（$5\lambda_1$）。不但如此，按照马克思的 C + V + M 来计算商品价值的方法，剩余价值也无法保证是非负的。

霍华德和金为此提出了一种"合理的解释"[①]。假设全社会总劳动有 6 单位，其中 5 单位投入生产过程一，1 单位投入生产过程二，生产的规模收益不变。上述两种生产方法的净产品从全社会来看，应是 8 单位（33—25）商品 1，7 单位（17—10）商品 2。若放弃生产过程一，而只用 3.5 单位劳动投入生产过程二，则：

35 单位商品 2 + 3.5 单位劳动→10.5 单位商品 1 + 42 单位商品 2

这时，全社会净产品是 10.5 单位商品 1 和 7 单位商品 2。可见，减少 2.5 单位劳动投入，净产品反而增加了。这就是商品 1 何以具有负价值的解释。这显然涉及对价值定义的修改，本章第四节将对此进行讨论。

斯蒂德曼所提出的纯联合生产条件下负价值的出现，是对马克思主义经济学的一种挑战。森岛通夫和凯特福斯（G. Catephores）批评了斯蒂德曼的负价值概念和马克思的价值概念毫无相同之处：实际上，一个商品的价值被定义为生产它时所耗费的全部直接的与间接的人类劳动，它应当为非负数。否则，如何能去行使或耗费一个量上为负数的劳动呢？

日本学者伊藤诚认为，李嘉图主义者斯蒂德曼如马克思所批评的古典学派一样，忽略了对价值形式的分析。价值规律在生产领域对价值量的决定是实质性的内容，流通领域价值形式特别是货币形式的变化对价值决定

---

① Howard M. C. & King J. E., *The Political Economy of Marx*, London: Longman, 1985, p. 157.

也有影响。货币形式的变化,指货币表示的购买力的增减变化,而这种购买力的变化又来自需求的变化。在联合生产条件下,价值形式的反作用表现为,在生产领域所框定的两种或两种以上产品的价值总量不变的前提下,货币对这些联合产品的购买力之比决定了它们的价值量之比。伊藤诚根据斯蒂德曼的上述数例,假定在社会现存的两种生产方法中,只有一种是占主流地位的。这种方法中劳动的投入量决定商品的价值。假定这种生产方法是生产方法一。社会1单位的劳动投入可得到净产品商品1和商品2各一个。设商品1和商品2的价值分别为λ_1和λ_2,则生产领域价值规律对价值量的决定就是$\lambda_1+\lambda_2=1$。而流通领域价值形式对价值内容的反作用表现在:由货币表现的全社会对两种商品购买力之比的变化来决定两种商品的价值之比α($\alpha=\lambda_1/\lambda_2$)。不理解价值形式的这一反作用,就无从理解联合生产条件下价值量的决定。另外,这种反作用只在一定的范围内起作用,也就是说,不管需求的变化引起某一商品内含价值量有多大变化,每个商品的价值量总是在0和1之间,因为$\lambda_1+\lambda_2=1$是生产领域的价值决定的变动范围。λ_1和λ_2不可能小于0,负价值不可能出现。显然,伊藤诚和斯蒂德曼的分析角度是不同的,但他没有从正面说明生产领域为什么不可能产生负价值。

森岛通夫和凯特福斯(G. Catephores)对固定资本问题的论述与诺伊曼提出的固定资本理论有关。在固定资本和产品价值的关系上,有两种计算方法。一是古典、新古典学派和马克思所认可的把固定资本看作是一个存量的方法,然后根据使用年限,按比例将其价值折旧到产品价值中去。另一种方法是诺伊曼在20世纪30年代提出的簿记方法。这种方法把固定资本看作是流量。具体说来,每一个生产期初,固定资本作为一种投入,把期末未转移到产品价值中去的固定资本的剩余部分看作是产出。这一期末产出的固定资本,是下一期初投入的固定资本,依此类推,直到固定资本的经济生命结束为止,这个生产过程也是一种联合生产。

森岛通夫和凯特福斯认为诺伊曼的簿记方法新意在于:(1)老方法根据固定资本使用寿命确定的固定的折旧进程,直到其物质寿命结束前,其经济寿命未到终点;诺伊曼的新方法能根据不同年限机器不同的效率,或新技术新机器出现的外界条件,加速或减缓固定资本价值向产品价值的转移。因此,经济生命和物质生命有区别,很可能经济生命完了的机器在实物上还能使用。（2）老方法不能指出资本存量的年龄构成。例如，两个企业都使用某种可用三年的机器，其中一个企业有三台用了两年的这种机器，另一个企业只有一台新的尚未使用的同类机器。老方法不能在固定资产账户上反映机器年龄的区别，新老机器都按最初的购入价格记账。但实际上，在第三年的生产期中，第一个企业的生产能力大于第二个企业；到了第三年末，第一个企业的这三台机器却都要统统被更换。而新的方法按机器剩下的价值来记账，能反映出两个企业机器的这种不同的年龄构成。（3）新方法还能反映出固定资本在时间和空间上的区别。每个生产阶段所使用的机器都被看成是和当初购入时的新机器不同的产品；空间上位置不同的机器，也被看成是不同的固定资本，因为机器的搬迁另需运输费和安装费。

实际上，马克思对诺伊曼的簿记方法非常熟悉，但最终舍弃了它，森岛通夫、斯蒂德曼和金等人认为非常遗憾。他们认为，马克思的线性折旧方法一是使得资本家只能根据物质寿命而无法根据经济寿命来提取折旧；二是会产生负价值或负的折旧。对于后者，斯蒂德曼曾进行过详细的论述。

斯蒂德曼假定一个社会的简单再生产为期三年，产品是玉米和机器两种。第一年，该社会用玉米和劳动生产出新机器；第二年，用新机器、玉米和劳动生产出旧机器、玉米（为联合生产）；第三年，使用过一年的旧机器、玉米和劳动，生产出玉米。经过两年使用后，机器即报废。但在第二年和第三年的使用中，机器的效率并不相同。表2.1表示了这三年玉米、新旧机器和劳动之间的投入产出关系。

表2.1

	玉米	新机器	旧机器	劳动		玉米	新机器	旧机器
第一年	1	0	0	5	→	0	5	0
第二年	9	5	0	10	→	10	0	5
第三年	15	0	5	25	→	25	0	0
总计	25	5	5	40	→	35	5	5

从表2.1中可看出第二年和第三年每单位劳动投入所得玉米是一样的，但第三年为得到1单位玉米所投入和使用的玉米和机器都低于第二

年，因为旧机器效率较高，或新机器在使用的第二年才进入正常运转。斯蒂德曼接着假设 l_c、l_n、l_o 分别是玉米、新机器和旧机器的价值。根据"总计"这一行，可得：

$$10l_c = 40$$

即，$l_c = 4$ 代入第一年投入产出关系式 $l_c + 5 = 5l_n$ 中，得到 $l_n = 1.8$。采用马克思的线性折旧，机器只用两年，假设旧机器的价值为新机器的一半，即 $l_o = 0.5l_n = 0.9$。按照马克思加总计算方法且根据表中第二年和第三年的数据来计算玉米的价值，就会分别得到：

$$l_c = 14.5$$

或者

$$l_c = 2.95$$

显然存在三个玉米价值。斯蒂德曼认为，马克思的价值量计算方法存在问题。

斯蒂德曼接下去坚持马克思的加总计算价值的方法，只是放弃了他的线性折旧，用联立方程求出 l_c、l_n 和 l_o 时，得到：

$$l_c + 5 = 5l_n$$
$$9l_c + 5l_n + 10 = 10l_c + 5l_o$$
$$15l_c + 5l_o + 25 = 25l_c$$

解得：

$$l_c = 4，l_n = 1.8，l_o = 3$$

$l_o > l_n$，所以在计算新机器的折旧值时会得到一个负数。斯蒂德曼得出结论：只要坚持价值加总的计算方法，固定资本无论采用还是放弃线性折旧，结果都与马克思的价值理论不相容，或者是价值失去唯一性，或者是负的折旧值出现。

斯蒂德曼还论证了在机器效率下降的条件下会出现负的旧机器价值的情况。斯蒂德曼这样就通过上述数例说明了作为一种联合形式的固定资本存在时，按马克思的加总计算方法来决定价值量会遇到麻烦。因此，马克思加总计算决定价值的概念应该放弃。

实际上在表 2.1 中所举的存在固定资本条件下的联合生产例子中，玉米具有多个价值并不奇怪，因为这些价值来自不同的年份，缘自不同效率的机器的使用，不同时期生产率的不同本身就会导致同一商品不同的价值量。所以，斯蒂德曼的数例不构成对马克思价值理论的批判依据。

斯蒂德曼在联合生产条件下用联立方程组和加总计算价值的方法所得出的负价值和负剩余价值,被森岛通夫和凯特福斯称作"假价值"。他们认为,价值应被定义为最少劳动量的耗费。这种最少劳动量的耗费不能用联立方程组去求出,而应用线性规划去解。这时所得到的价值,才是真"价值"。

森岛通夫和凯特福斯认为斯蒂德曼的负价值和马克思所说的价值完全是两回事。在联合生产条件下,特定的投入产出系数,使得各种商品的产出不一定都恰好等于社会需求的数量。为求最少的劳动量的耗费,社会就应选择效率最高的生产过程。森岛通夫和凯特福斯还用线性规划的求解过程来表示,他们假定:

A:($n \times n$) 矩阵,表示生产资料的投入

B:($n \times n$) 矩阵,表示总产出

Y:($n \times 1$) 向量,表示净产出,它是一个外生变量,表示社会既定的消费需求量

l:($1 \times n$) 向量,表示各生产过程中活劳动的投入

x:($n \times 1$) 向量,表示全社会对各生产过程(或生产方法)的运用状况

目标函数是全社会各生产过程中投入劳动的最小化,即

$$\min: L = lx$$

约束条件是

$$Bx \geq Ax + Y$$
$$x \geq 0$$

约束条件表示,全社会各商品的总产量起码应等于所用去的投入加上既定的净产出。森岛通夫和凯特福斯根据上一节中斯蒂德曼的数例,线性规划的求解过程可具体化为:

$$A = \begin{pmatrix} 5 & 0 \\ 0 & 10 \end{pmatrix}, \qquad B = \begin{pmatrix} 6 & 3 \\ 1 & 12 \end{pmatrix},$$

$$l = (1 \quad 1), \qquad Y = \begin{pmatrix} 8 \\ 7 \end{pmatrix},$$

目标函数是:

$$\min: (1)(X_1) + (1)(X_2)$$

约束条件是：

$$\begin{pmatrix} 6 & 3 \\ 1 & 12 \end{pmatrix} \begin{pmatrix} X_1 \\ X_2 \end{pmatrix} \geqslant \begin{pmatrix} 5 & 0 \\ 0 & 10 \end{pmatrix} \begin{pmatrix} X_1 \\ X_2 \end{pmatrix} + \begin{pmatrix} 8 \\ 7 \end{pmatrix}$$

解得：$X = \begin{pmatrix} X_1 \\ X_2 \end{pmatrix} = \begin{pmatrix} 0 \\ 3.5 \end{pmatrix}$。当社会既定消费从净产品 $\begin{pmatrix} 8 \\ 7 \end{pmatrix}$ 增加到 $\begin{pmatrix} 9 \\ 7 \end{pmatrix}$ 时，原来的社会总劳动投入量 3.5 单位仍不变，只不过丢弃的商品 1 从 2.5 下降到 1.5 单位。当社会既定的消费从 $\begin{pmatrix} 8 \\ 7 \end{pmatrix}$ 增加到 $\begin{pmatrix} 8 \\ 8 \end{pmatrix}$ 时，$X = \begin{pmatrix} X_1 \\ X_2 \end{pmatrix} = \begin{pmatrix} 0 \\ 4 \end{pmatrix}$。这时，4 单位劳动投入生产过程二，而丢弃的商品 1 是 4 单位。

森岛通夫和凯特福斯认为，商品 1 和商品 2 每增加一单位时，劳动投入量的增加分别是 0 和 0.5 单位，它们的价值就应分别决定为 0 和 0.5。由于每一步求出的价值都是最少劳动量耗费，所以不可能有产品数量的增加和劳动投入量的减少同时发生的现象，也就是说，不可能出现负价值。他们认为这样决定的价值和斯蒂德曼的价值极不相同，是一种"真价值"。

从表面上看，"真价值"和"假价值"只是计算方法不同。但实际上，这样做，一方面使得社会劳动可真正投入生产效率最高的部门，边际产品的价值真正反映了最少劳动量的耗费；另一方面，在产量和劳动投入量的动态变化中，决不会出现负值。不过，森岛通夫、凯特福斯和斯蒂德曼均用边际产品劳动耗费量代替了马克思所说的平均劳动耗费量，价值量的决定发生了本质意义上的变化。此外，他们对马克思加总计算价值量的方法都持否定态度。

森岛通夫和凯特福斯为了使自己的"真价值"能站得住脚，从马克思的著作中找到了三个关于价值量决定的定义。其中，第一个定义是商品价值由它所物化或内含的劳动决定，即"这些物现在只是表示，在它们的生产上耗费了人类劳动力，积累了人类劳动。这些物，作为它们共有的这个社会实体的结晶，就是价值……使用价值或财物具有价值，只是因为有抽象人类劳动对象化或物质化在里面。那么，它的价值量是怎样计量的呢？是用它所包含的'形成价值的实体'即劳动的量来计量"①。森岛通夫和凯特福斯认为这是马克思主张价值应定义为商品内包含或物化的劳动、价值量应按照 C + V + M 来加总计算的根据。第二个定义是商品价值由边际产品的劳动耗费决定。"社会必要劳动时间是在现有的社会正常的生产条件下，在社会平均的劳动熟练程度和劳动强度下制造某种使用价值所需要的劳动时间……可见，只是社会必要劳动量，或生产使用价值的社会必要劳动时间，决定该使用价值的价值量。"②"因此，在考察棉纱的价值，即生产棉纱所需要的劳动时间时，可以把各种不同的在时间和空间上分开的特殊劳动过程，即生产棉花本身和生产所消耗的纱锭量所必须完成的劳动过程，以及最后用棉花和纱锭生产棉纱所必须完成的劳动过程，看成是同一个劳动过程的前后相继的不同阶段……因此，生产资料……的价值，是……产品价值的组成部分。"③ 这两段文字被森岛通夫和凯特福斯认为商品价值是由边际产品所引起的劳动耗费量的变化决定的依据。他们认为，上述两个定义只有在边际产品中才相等。这两个定义的缺陷很明显：在技术选用或联合生产条件下，会导致同一种商品有多个价值量或产生负价值。

马克思在《哲学的贫困》中曾强调指出：决定价值的，并不是生产一个物体所用去的时间，而是生产中所能用去的最少时间，这个最少时间由竞争来促成。这段话成了森岛通夫和凯特福斯上述"真价值"及"约束条件"的依据。森岛通夫和凯特福斯把用"最少量劳动耗费"所下的真价值定义，硬说成来自马克思，有点牵强附会。不但斯蒂德曼对此提出了批评，金也指出，森岛通夫和凯特福斯把马克思说成是"真价值"概念的最初提出者是言过其实。马克思总是用平均的而不是最少的劳动需要量来决定价值。森岛通夫和凯特福斯在《价值、剥削和增长》一书中认为，平均劳动耗费只是必要劳动时间的规定之一。在特殊情况下，例如需求比之供给而言过于微弱时，必要劳动时间也可规定成最少劳动耗费。这样就在最少劳动量耗费与必要劳动时间之间建立起某种联系来。他们认为《资本论》第三卷中对第二种社会必要劳动时间的分析，是马克思在《哲学的贫困》之外再次表达最少劳动量作为社会必要劳动时间来决定价值的思想。

---

① 《马克思恩格斯选集》第 2 卷，人民出版社 1995 年版，第 117 页。
② 同上书，第 117—118 页。
③ 《马克思恩格斯全集》第 44 卷，人民出版社 2001 年版，第 219—220 页。

森岛通夫和凯特福斯对价值定义的再考虑，放弃了马克思的价值加总计算方法。金和阿姆斯特朗（P. Armstrong）对此进行了批评。

金认为，价值可以加总是马克思理论体系中的重要支柱。例如，马克思的再生产图式、资本循环和资本周期理论都是建立在价值加总计算基础上的。但是，金对价值定义再考虑的结果是，放弃马克思的平均劳动耗费对价值量的决定，改用最坏生产条件下的最多劳动耗费作为社会必要劳动时间。他的最大劳动量，恰与森岛通夫和凯特福斯的最小劳动量相反。另外，他只是在边际产品的价值中坚持了加总计算的方法，也未对整个社会超出实际劳动耗费的"虚假的社会价值"作出任何解释。阿姆斯特朗的计算也存在着漏洞。

一些劳动价值论的支持者强调了价值质的方面的含义——生产关系。莫汉（Simon Mohun）认为马克思这方面的解释的巨大功绩在于：（通过他对劳动和劳动力所作的区分）为阶级之间的剥削提供了一个社会学的基础……现在，如果要放弃劳动价值论，面临的挑战是如何在物质数量关系上去建立一个新的理论，使得围绕剥削问题所展开的阶级斗争这些社会现象仍能得到满意的解释，使得资本主义的发展趋势仍能展示在眼前。莫汉指出，新李嘉图主义者在这方面几无进展。他们无法解释人与人之间的生产关系是如何在特定的历史条件下发展成资本主义的剥削关系的。德赛认为：马克思价值理论的重要使命是去揭示为交换所掩盖的剥削。相反，在斯蒂德曼等新李嘉图主义者的数量分析的模式中，价值失去了特定历史条件下生产关系的含义。

谢赫在《代数学的贫困》一书中也详细地论证了抽象劳动不是头脑中的抽象，而是客观实际的存在。他甚至认为：在产品偶尔作为商品来交换时，抽象劳动作为价值的实体只在交换中才存在；但商品生产成为一种普遍的形式时，在交换前的生产领域，抽象劳动就存在于生产过程中的成品与半成品之中。但是，抽象劳动只在资本主义社会才为人们所认识到，这是因为这个社会特定的历史条件。德赛认为，资本主义初期资本的原始积累把过去拥有各种手艺的人都变成了一无所有，靠出卖自己劳动力来生活的工人，才是人们能有效地抽象出无差别的人类劳动耗费这个概念来的历史背景。

然而，把价值定义为一种生产关系，本身只是质的分析，难以用量的关系来表述。约翰·罗默（John Romer）在1982年出版的《剥削与阶级的一般理论》一书中作出了数量分析的尝试。他指出资本主义社会的价值不应定义为最少劳动量的耗费，而应定义为资本家在追求利润最大化时所得产品的劳动耗费。他设 B 为 n×m 商品产出矩阵，A 为 n×m 商品投入矩阵，L 为 1×m 直接劳动投入向量，社会产出 n 种商品，采用 m 种生产方法，C 为 n×1 净产品向量，X 为社会可选用的生产方法向量，p 和 w 为竞争下达到均衡的商品和劳动力价格，π 为最大利润率。因此，资本家根据最大利润率来选择某种生产方法的行为可表示成下列线性规划的求解过程：在 X 中选择一个 X'，使得 Lx 最小，以满足：

$$(B - A) x \geqslant 0$$
$$pBx = (1 + \pi) pAx + wLx$$
$$X \geqslant 0$$

商品 C 的价值，就定义为 Lx'。罗默这样下的商品价值定义，反映的只是一种资本家追求利润的生产关系，而他的主要宗旨是分析资本主义社会普遍存在的资本家对工人阶级的剥削。因此，他指出：马克思的劳动价值论扮演了一个双重角色——作为一种交换理论和作为一种剥削理论。马克思的方法是把交换理论作为一个中介，去引导出剥削理论。我们的方法是放弃作为交换理论的劳动价值论，在另外一个基础上去重建剥削理论。显然，罗默以上的论述是对劳动价值论的直接否定。

第三节　管理劳动是否为生产性劳动

关于管理劳动是否为生产性劳动，迪梅尼尔（Gerard Dumenil）、赖维（Dominique Levy，2005）认为，马克思之后的资本主义生产过程变得越来越复杂，分工不断深化，组织、协调和管理工作日趋重要，这些活动是保证利润最大化所必需的。"资本主义的实际生产过程需要一种新的要素投入：那就是协调生产过程的资本家的生产性付出。生产过程的控制需要资本家越来越多地投入到劳动过程中去，再加上对流通环节的控制，以及对工人纪律方面的约束，资本家现在实际上参与了生产。这样，资本家的一部分劳动也成了生产性劳动。"[1]

迪梅尼尔和赖维试图从马克思那里寻找依据。他们认为，马克思实

---

[1] Gerard Dumenil and Dominique Levy，"Produdction and Management：Marx's Dual Theory of Labor" 2005，http：//jourdan.ens.fr/~levy/valeur.htm，p. 8.

际上提出了一个双重的劳动价值理论：一方面，工人的生产劳动被用来说明价值的产生；另一方面，资本家的管理劳动被用来说明利润的最大化，而被马克思放到非生产性劳动中的资本家的管理劳动被忽略了。在当代资本主义的经济活动中，管理人员数量的增加表明新的阶级阵营的出现和技术进步的发展趋势。迪梅尼尔和赖维认为，根据当代社会资本家在生产和流通过程中所从事的活动的重要性提高这个事实，资本家为实现利润最大化的管理劳动是非常重要的。正是因为利润最大化所必要的管理劳动在当代资本主义社会中的作用不断提高，迪梅尼尔和赖维依据过去和当前发生的强有力的管理革命，认为资本主义已经从管理资本主义演变为管理主义。

在当代资本主义社会中，资本家及其雇佣的管理劳动的作用提高是符合现实的。马克思在考察了英国的纺织工厂后，就注意到并抽象出了资本主义企业的管理特性，"一切规模较大的直接社会劳动或共同劳动，都或多或少地需要指挥，以协调个人的活动，并执行生产总体的运动——不同于这一总体的独立器官的运动——所产生的各种一般职能。一个单独的提琴手是自己指挥自己，一个乐队就需要一个乐队指挥"[①]。马克思因此认为："……合在一起，作为一个生产集体，是生产这种产品的活机器……所有这些人不仅直接从事物质财富的生产，并且用自己的劳动直接同作为资本的货币交换，因而不仅把自己的工资再生产出来，并且还直接为资本家创造剩余价值。他们的劳动是由有酬劳动加无酬的剩余劳动组成的。"[②]因此，这部分的管理劳动是创造价值和剩余价值的，因而也就是生产性劳动。但是，马克思对管理劳动的二重性也进行了说明："凡是直接生产过程具有社会结合过程的形态，而不是表现为独立生产者的孤立劳动的地方，都必然会产生监督劳动和指挥劳动。不过它具有二重性。"[③] 这里的管理二重性指的是"管理的一般职能"和"资本的特殊职能"。显然，隶属于后者的管理活动是不创造价值的，因而也就不是生产性劳动。

迪梅尼尔和赖维认为，为实现利润最大化的管理劳动是生产性劳动。这个观点不准确。马克思生产性劳动与非生产性劳动划分的唯一依据是有

---

① 《马克思恩格斯全集》第 23 卷，人民出版社 1972 年版，第 367 页。
② 《马克思恩格斯全集》第 26 卷（第 1 册），人民出版社 1972 年版，第 444 页。
③ 《马克思恩格斯全集》第 25 卷，人民出版社 1974 年版，第 431 页。

无参与价值和剩余价值的生产。为实现利润最大化的管理劳动同样也具有二重性，简单地认为这种类型的劳动也是纯粹的生产性劳动，显然是不科学的。

第四节　关于转形问题的争论

在《资本论》第三卷中，马克思认为，在资本主义经济发展到一定阶段，生产价格规律取代价值规律成为基本经济规律。马克思的转形过程只谈到了生产过程产出的商品的价值转化成了生产价格，没有进一步把下一生产过程作为投入的商品改用生产价格而不用价值来表示。马克思也曾多次提到这个问题，但是并没有作进一步的处理，由此产生了所谓的"转形问题"。

1907年鲍特凯维茨对转形问题第一次进行了详细的逻辑论证。他的解法对后人有着重要影响。20世纪四五十年代斯威齐、温特涅茨（J. Winternitz）、多布、米克和塞顿（Francis Seton）等人的种种解法无不受到鲍特凯维茨传统的影响。[①] 到了20世纪80年代，关于转形问题基本上形成了两派意见。一派敌视马克思的劳动价值论，进而否定转形问题的存在；另一派认为劳动价值论是科学的，马克思未能把投入生产价格化，处理转形问题时存在技术性的缺陷。因此，20世纪80年代以来，批评马克思转形理论的很少，倒是对马克思转形理论持赞成或部分赞成态度的学者提出了一些新的看法。

一　森岛通夫的转形模型

森岛通夫指出，马克思的转形理论由两部分组成，一部分是关于剩余价值转化为平均利润，另一个是关于商品价值转化为生产价格。关于剩余价值转化为平均利润，马克思混同了价值和价格：利润率应当是利润与所使用的资本的价格的比例，而马克思却是用剩余价值与不变资本和可变资本额的比例。他指出，不过这不影响马克思的基本观点，就是说利润来源于剩余价值。

关于转形理论的第二部分，即价值转化为生产价格问题，森岛通夫认

---

① 参见程恩富主编，朱奎著《马克思主义经济思想史》（欧美卷），东方出版中心2006年版。

为，从马克思的计算公式无论如何也得不到他的价值转化为生产价格的结论，即使假定存在均衡增长的条件也不行，除非在以往已经指出的条件（即资本的价值构成相同）和萨缪尔森新提的条件（资本的内部构成相同）外，再满足另外一个条件，即各产业之间存在彼此"线性依赖"[①] 这样一个极其特殊的关系，所以马克思的公式不能一般地将价值正确转化为生产价格。

为详细考察马克思的转形理论，森岛通夫把这一理论的相关论点归纳为五点：(1) 所有商品的生产价格总额等于它们的价值总额；(2) 然而，一个商品的成本价格总是小于其价值；(3) 所有商品的利润总额等于总剩余价值；(4) 除了周转期间的差别外，商品的生产价格等于其价值只能出现在资本有机构成偶然相等的场合；(5) 构成较高的资本生产的商品价值低于其生产价格，构成较低的资本生产的商品的生产价格低于其价值。

森岛通夫指出，马克思知道价值规律在资本主义条件下不会以其简单的和纯粹的形式发生作用，也知道生产价格与价值的偏离，但从上述第 (1)、(2)、(3) 点可以看出马克思时常将价值与价格混同，他指出这两者是不同的，但也有相同的时候，那就是剥削率和利润率相同且均为零时，即没有剥削，没有利润，价值与价格成比例，这就是斯密所谓原始未开化状态下的价值只由劳动决定的情形。森岛通夫指出，但是在资本主义条件下利润率为正数应当是一种常态，也就是说，不具备实现上述第 (1) 和第 (3) 点的可能性，森岛通夫实际上是否定了马克思的转形原理，因为两个不变性方程是论证生产价格是价值转化形式的基本理论依据。

森岛通夫指出，马克思的很多命题是正确的，如果加以修正和附加某些条件的话。不过这些条件是相当严格的，因而会认为马克思在解决转形问题上是不成功的……但是马克思的转形理论并不是想证明个别的剥削与个别的利润不成比例，除非增加某些限制条件。显然，森岛通夫是有保留地认同马克思的转形理论。

森岛通夫对上述所说的"某些限制条件"进行了研究，提出了他自己对转形问题的解法。1978 年，森岛通夫和凯特福斯出版了《价值、剥削和经济增长》一书，森岛通夫从逻辑和数学方面对转形问题进行了详细论

[①] Morishima M., *Marx's Economics*: *A Dual Theory of Value and Growth*, Cambridge: Cambridge University Press, 1973, p. 85.

证，并提出以马尔可夫（Markov）过程的结果为依据的一种解法，即从价值开始，依照多次迭代之后而导出生产价格的一种计算。森岛通夫认为："马克思确实意识到投入和产出这两者都应该从按价值计算转化为按生产价格计算。但是马克思并没有同时转化它们，马克思是按照一种迭代公式，利用别的方法，通过连续方式来转化投入和产出。"[1]

马克思使商品价值转化为生产价格，使用的是如下公式：

$$p_i = (1+\pi)(c_i + v_i) \qquad i = 1, 2, \cdots, n$$

森岛通夫指出，成本价格必须根据新的生产价格进一步重新计算。根据森岛通夫的看法，直到最后得出精确的生产价格，这个修正和重新计算的过程不再使用。森岛通夫认为马克思的生产价格仅仅是真实生产价格的初步近似，他不关心对生产价格的更严密检查。[2]

森岛通夫指出，在马克思的经济体系中，每个生产部门已调整到了"适当生产规模"，尽管马克思在《资本论》中没有提到这一点，但这是一个隐含的前提条件。为了找到马克思在处理转形问题时计量商品数量所依据的特定单位，森岛通夫首先用一些传统的或自然的或任意的计量单位（如用磅计量茶、用夸特计量谷物、用吨计量铁等）来计量投入和产出。设 A 和 DL 分别为物质投入系数矩阵和劳动所必需的消费品投入系数矩阵（其中 D 表示每小时劳动所必需的最低生活资料，L 为劳动量），y 为产出量的列向量。为生产任何特定的商品量 y_0，就需要耗费商品量为 $(A + DL) y_0$，从而得到剩余商品量 $y_0 - M y_0$（M 为增广投入系数矩阵，A + DL）。则总剩余价值为 $\Lambda y_0 - \Lambda M y_0$（$\Lambda$ 为单位商品价值向量），不变资本和可变资本价值总额为 $\Lambda M y_0$。平均剩余价值率（即平均利润率）按 $(\Lambda y_0 - \Lambda M y_0)/\Lambda M y_0$ 计算。显然，一些部门会以较大的比率生产剩余产品，而另一些部门以较小的比率生产剩余产品。为消去这种不平衡性，产出向量就要加以调整，以便使各部门生产剩余产品的比率一致。森岛通夫的调整公式为：

$$y_1 = (\Lambda y_0 / \Lambda M y_0) M y_0$$

其中 y_1 为调整后的产出向量。该公式意味着，调整后，生产出的商品

---

[1] Morishima M. & Catephores G., *Value Exploitation and Growth*, London: McGraw-Hill, 1978, pp. 160 – 161.

[2] Ibid..

数量是按平均剩余产出率一致，扩大必要产出量 My_0 进行生产的。如果 y_1 并未按相同比率生产剩余产品，那就要继续调整下去，以便得出按下面公式通过递归方式而形成的一个产出向量序列 $\{y_t\}$。

$$y_{t+1} = (\Lambda y_t / \Lambda M y_t) M y_t \quad t = 0, 1, 2, \cdots \quad (2.1)$$

用 y 表示与 M 的具有最大绝对值的特征根 ρ 有关的特征向量，可以证明[①]：

$$\lim_{t \to \infty} y_t = y \quad (2.2)$$

此时，

$$\rho y = My \quad (2.3)$$

还可以证明[②]，平均剩余价值率与 1 之和收敛于 ρ 的倒数，即：

$$\lim_{t \to \infty} (\Lambda y_t / \Lambda M y_t) = 1/\rho \quad (2.4)$$

森岛通夫进而认为，y 便是使各生产部门剩余产品率相等的产出向量，即建立起了森岛通夫所认为的"适当的生产规模"。

在这个"适当的生产规模"基础上，森岛通夫进一步用迭代法求生产价格。[③]

用 Λ 左乘（2.3）式，并用 ρ 来除，得：

$$1/\rho = \Lambda y / \Lambda M y$$

因为 Λy 是总产品价值量 C + V + S，ΛMy 是总资本价值量 C + V，其中 C、V、S 分别代表不变资本总量、可变资本总量和剩余价值总量，因此：

$$1/\rho = 1 + S/(C + V) \quad (2.5)$$

令

$$\pi = 1/\rho - 1 = S/(C + V)$$

表示平均利润率。利用这样得到的 π，建立迭代方程：

$$p_{t+1} = (1 + \pi) p_t M \quad (2.6)$$

得到一个无限序列。在（2.6）式中，M 和 π 都是给定的，所以可把矩阵 M* = (1 + π)M 看作是给定的。这就易于理解 M* 是马尔可夫矩阵，即最大的正数特征根为 1 的非负矩阵。

[①] Morishima M. & Catephores G., *Value Exploitation and Growth*, London: McGraw-Hill, 1978, p. 163.

[②] Ibid..

[③] 白暴力：《价值与价格理论》，中国经济出版社 1999 年版，第 136—138 页。

令：
$$p = \lim_{t \to \infty} p_t \quad (*)$$

有：
$$p = (1+\pi)pM = pM* \quad (2.7)$$

由（2.7）式可知，极限向量 p 为生产价格的行向量，π 为平均剩余价值率，即平均利润率。

森岛通夫认为，如果始点 p_0 非常接近 p，则找出生产价格向量 p 的迭代方法最有效。他还指出，马克思就是用 $p_0 = \Lambda$ 来使序列 p_0，p_1，p_2，…，p_t 开始的，因为他认为在"简单商品生产"社会里，价值将表现为长期均衡价格，所以，虽然均衡价格与价值相背离是不可避免的，除非经济中的各个部门的资本有机构成都相同，但是这些价值在资本主义社会里也不会离相应的均衡价格很远。因此，对马克思来说，迭代方程（2.6）就是把初始 Λ 转化为 p 的过程。

最后，森岛通夫还证明，马克思的价值和生产价格核算之间的两个不变性方程，按照上面的算法所计算出来的生产价格是适用的。

首先，用 y 右乘（2.6）式，得：
$$p_{t+1}y = (1+\pi)p_t My \quad (2.8)$$

由于 $1/\rho = 1+\pi$，由（2.3）式可得：
$$y = (1+\pi)My \quad (2.9)$$

根据（2.8）和（2.9）式，可知：
$$p_{t+1}y = p_t y$$

因为 p_0 是任意非负向量，所以可假定：
$\Lambda = p_0$

因此，有：
$$\Lambda = p_1 y = p_2 y = \cdots\cdots = py \quad (2.10)$$

由于 Λy 为总产品价值量，py 为总产品的生产价格量，所以第一个不变性方程，即总生产价格等于总价值为真命题。

其次，从（2.8）和（2.10）式，可得：
$$\Lambda My = p_t My \quad (2.11)$$

从（2.10）式中减去（2.11）式各项，可得：
$$S = \pi_1 y = \pi_2 y = \cdots = \pi y \quad (2.12)$$

其中 $S = \Lambda y - \Lambda My$ 为总剩余价值，$\pi_t = p_t - p_t M$，$\pi y = py - pMy$ 为总平

均利润,以(2.12)式表明,第二个不变性方程,即总利润等于总剩余价值也为真命题。

所以,森岛通夫认为:"显然,以上结果验证了马克思的论断。迭代过程(2.3)式令人确信,只要序列 $\{y_t\}$ 从 $p_0 = \Lambda$ 开始,它就以特定的绝对水平收敛到长期均衡价格向量,在这个水平上,'总生产价格等于总价值'和'总利润等于总剩余价值'这两个条件都一致地得到满足。"①

森岛通夫从数学——逻辑上说明了转形问题后,认为完全没有必要从劳动价值论出发来说明转形问题,不仅如此,他还指出,转形问题不是一个历史上实际存在的事实。

森岛通夫指出,早在 1894 年,桑巴特(Werner Sombart)和施米特(Conrad Schmidt)就论证了:转形问题并不是在历史上实际发生过的过程,而只是一个逻辑分析的问题。"按照桑巴特的说法,价值是思想上、逻辑上的事实;施米特则指出,价值是单纯的虚构,尽管在理论上是必要的虚构。"②

对桑巴特和施米特的上述见解,恩格斯曾给予了批驳。温特涅茨等人对恩格斯的说法表示赞同,而阿尔都塞(Louis Althusser)却从方法论的角度提出了反驳,米克的"三阶段模式"理论则以其他形式重新提出了恩格斯的观点。

关于简单商品经济,森岛通夫指出它具有三个特征:(1)不存在全社会统一的计划生产;(2)生产资料归生产者所有;(3)劳动可以在全社会自由流动,因而每人每小时的收入在全社会范围内都是相等的。

森岛通夫认为,历史上没有出现过具有以上特征的独立的简单商品经济,并指出:"马克思把简单商品生产看成是一个与封建主义和资本主义同等的、明显的社会经济形态,他甚至强调指出古典的古代、晚期封建主义和现代殖民化早期这三个时期是简单商品生产体系出现的历史场合。……另一方面,……马克思在他的评论社会经济形态的主要理论著作《〈政治经济学批判〉序言》中,或在我们所知道的他那浩繁的著作的任何其他部分中都没有把孤立的简单商品生产方式列入他的相继更替的社会经济形态

---

① Morishima M. & Catephores G., *Value Exploitation and Growth*, London: McGraw-Hill, 1978, pp. 165 – 166.

② Ibid., p. 179.

的基本序列（亚细亚、古代、封建和现代资产阶级）中。"① "马克思认为，从简单商品生产到资本主义的过渡图式只适用于历史发展的某些方面而不适合于其他一些方面。"② 其实在马克思那里，社会经济形态和简单商品经济本来就有不同的界定标准，也可以说是源于不同的任务，因此，森岛通夫如此指责马克思是没有道理的。

森岛通夫认为，在历史的某些时期确实出现过不发达的商品生产形式的倾向，但它是与其他的社会经济形态混在一起，或者是作为其他占统治地位的社会经济形态的附属成分出现的。简单商品生产在历史上从来就没有以其完全的和纯粹的形式或甚至可以算是近似的形式实现过，因为在资本主义以前的时期缺乏足够数量的独立小生产者和行业间生产者的足够的流动性。其实马克思完全知道这一事实：只有在资本主义条件下，"全部产品或至少大部分产品采取商品的形式"③。而且马克思也再三强调，只有在资本主义条件下，抽象劳动的概念才达到"具有充分的意义"④ 和价值概念才以"纯粹的和一般的价值存在"⑤。但是价值规律是商品经济的基本规律，商品按价值交换与简单商品经济在前资本主义时期是否占统治地位是不相关的。

接着，森岛通夫通过引证马克思的论述，说明在前资本主义社会中由于商人的活动而使商品更加不能按价值交换。马克思说过："只要商业资本是对不发达的共同体的产品交换起中介作用，商业利润……是从侵占和欺诈中产生的。……那些生产方式也造成了这样的结果：商人资本占据了剩余产品的绝大部分，这部分地是因为它是各个共同体之间的媒介，这些共同体基本上还是生产使用价值，对于它们的经济组织来说，进入流通的那部分产品的出售，一般说来，也就是产品按其价值的出售，还是次要的；部分地是因为在以往那些生产方式中，商人与之做生意的剩余产品的主要占有者，即奴隶主，封建地主，国家（例如东方专制君主）代表供人享受的财富，对于这些财富，商人会设下圈套……"⑥

---

① Morishima M. & Catephores G., *Value Exploitation and Growth*, London: McGraw-Hill, 1978, p. 184.
② Ibid..
③ 《马克思恩格斯全集》第 21 卷，人民出版社 2003 年版，第 435 页。
④ 《马克思恩格斯全集》第 46 卷（上），人民出版社 1979 年版，第 43 页。
⑤ 同上书，第 205 页。
⑥ 《马克思恩格斯全集》第 25 卷，人民出版社 1974 年版，第 369—370 页。

森岛通夫对"历史上存在一个独立的按价值交换的简单商品生产阶段"的论断进行批驳和论证之后，又对米克的"三阶段论"进行了批判。

森岛通夫认为，米克的三阶段模式存在逻辑矛盾。因为，既然米克把资本主义早期阶段看作是商品按价值交换的时期，并把这一时期的价值看作是向发达资本主义阶段的生产价格转化的出发点，那么，这就在逻辑上把第一阶段（前资本主义简单商品生产阶段）的按价值交换排除到了转形过程之外。于是，"历史的转形问题"就要求对从资本主义的"价值时代"向资本主义的"价格时代"作出解释，而不需要假定有一个资本主义以前的价值时代。米克提出的公式等于是抛弃他的第一阶段，并把"历史的转形问题"局限于他所提出的第二阶段和第三阶段之间的转化。

而且，森岛通夫还指出："在恩格斯看来，早期资本主义从未按照价值进行交易，而是适应商业资本在资本主义以前的时代所造成的情况直接进入了生产价格制度。如果是这样，我们就必须得出结论说，米克的转形问题的历史逻辑图式中的第二阶段也应像第一阶段那样作为历史无效的东西而予以删除。"[①]

为了论证"'价值'只是一种抽象的逻辑工具"这一命题，森岛通夫引用了马克思的两段论述：

"虽然这是一种抽象，但它是历史的抽象，它只是在一定的社会经济发展的基础上才能产生出来。"[②]

"劳动这个例子确切地表明，哪怕是最抽象的范畴，虽然正是由于它们的抽象而适用于一切时代，但是就这个抽象的规定性本身来说，同样是历史关系的产物，而且只有对于这些关系并在这些关系之内才具有充分的意义。"[③]

森岛通夫从中得出这样的结论："我们现在可以把马克思的简单商品生产模式解释为用来说明资本主义经济中的剥削现象的假设的抽象模式。这个模式的结构很像允许劳动力自由流动，可以随便干哪一行的资本主义经济，但不像使得剥削成为可能的资本主义经济。在这种资本主义经济中，价值作为等价交换的比率而普遍盛行，可以把它和现实的资本主义经

---

① Morishima M. & Catephores G., *Value Exploitation and Growth*, London: McGraw-Hill, 1978, p. 193.
② 《马克思恩格斯全集》第29卷，人民出版社1972年版，第300页。
③ 《马克思恩格斯全集》第12卷，人民出版社1962年版，第755页。

济——假定虚拟的经济和现实的经济都使用同样的生产技术——中的平均生产价格相比较，如像马克思所做的那样。这就是价值转化为价格的转形问题。"① 森岛通夫进而认为："转形问题就是发现、选择适宜于用来分析资本主义的分析工具，并使它们之间发生关系的问题。"②

森岛通夫还指出，在逻辑与历史的关系上，恩格斯把前者当作是对后者的归纳，把抽象概念的展开当作是历史发展的充分反映。这种见解，是把理论对现实的主动的"再现"功能变成了被动的"反映"功能。这是一种不正确的见解。而正确的见解应如同韦伯在《社会科学的方法论》中所指出的："我们把观念模型仅仅当作是我们在事物的变化中感到是稳定的关系、发展借以实现的在历史上的个别复合物的关系的抽象概念……发展的顺序也可以被设想为观念的模型，而且这些设想可能会有十分重要的、启发的价值。但是也非常可能造成把观念模型同现实混淆起来的危险。"③

在马克思的体系中，从来就没有把抽象概念的展开当作历史的被动反映。例如，马克思曾强调："把经济范畴按它们在历史上起决定作用的先后次序来安排是不行的，错误的。它们的次序倒是由它们在现代资产阶级社会中的相互关系决定的，这种关系同看来是它们的合乎自然的次序或者同符合历史发展次序的东西恰好相反。"④ 这种思想在马克思的体系中贯穿始终。韦伯所说的"可能造成把观念模型同现实混淆起来的危险"，更是与马克思对转形问题的处理毫不相干。恰恰相反，马克思认为，逻辑的方法必须以历史的方法为基础，脱离了历史进程的逻辑分析方法是资产阶级政治经济学在建立其体系时采用的方法，他们"对人类生活形式的思索，从而对它的科学分析，总是采取同实际发展相反的道路。这种思索是从事后开始的，就是说，是从发展过程的完成的结果开始的"⑤。

在森岛通夫看来，前资本主义社会的经济是一幅乱七八糟的图画——例如商人既欺诈买者，又欺诈卖者，以至于在资本主义社会出现以前的数

---

① Morishima M. & Catephores G., *Value Exploitation and Growth*, London: McGraw-Hill, 1978, p. 198.
② Ibid., p. 204.
③ Ibid..
④ 《马克思恩格斯全集》第12卷，人民出版社1962年版，第758页。
⑤ 《马克思恩格斯全集》第23卷，人民出版社1972年版，第92页。

千年的历史过程中,都在一种无经济规律可循的混沌状态下胡乱地生产、分配和交换,只有在进入资本主义时代后,人类才开始沿着一条由"转形问题"所揭示的轨道在经济社会中发生商品交换关系。

二 迪梅尼尔的"新解释"

20世纪80年代初,迪梅尼尔提出了关于转形问题的所谓"新解释"。他认为总产品的总生产价格一般来说不等于总价值,这一公式应建立在纯产品的基础上。而且,可变资本和剩余价值不应以劳动时间计量,而应以在市场购买时所花费的"货币价值"来计量。一旦这样,马克思的两个不变性方程就成了同义反复。

迪梅尼尔提出对转形问题的"新解释"后,福利(Duncan K. Foley)和利佩茨(Alain Lipietz)也提出了类似的观点,只是福利和利佩茨的方法与思路和迪梅尼尔有所不同。

迪梅尼尔认为,价值概念对任何经济学家来说都是必要的理论工具,不管怎么说,价值的实体一定是劳动。因为价值只有在生产中才能得到,而生产要素归根结底是由劳动创造的,不是直接劳动,就是间接劳动。机器不创造价值,土地也不例外。[①]

迪梅尼尔指出,不能否认利用生产价格能够获得相当重要的成果,所以应当认可劳动价值论的特殊解释力。他认为,根据斯拉法的方法,完全可以通过数学描述来计算生产价格,而不必提及价值。必需的物质投入的价格加上工资,这个成本乘以一般利润率就得到了总利润。成本与利润之和便是产品的生产价格。这里只涉及物质的数量和价格,而不涉及每个商品的价值。价值规律的解释力实际上不在于由它可以推导出这样那样的数量趋势,虽然它也应当有助于说明这些现象。它的解释力就像万有引力规律一样,能够对更深层次的问题作出回答。就生产价格而言,劳动价值论决不显得多余,它使我们得以将价格体系解释为社会劳动按照资本主义社会的法则重新配置的结果。价格行为不能创造物质,只能分配它而已。能够增加价值的社会实体的只有生产,价格体系只能重组这些财富在个人和阶级之间的分配,仅以一系列投入乘以 (1 + r),什么也没有创造,什么

[①] Dumenil G., "Beyond the Transformation Riddle: A Labor Theory of Value", *Science and Society*, Vol. 47, No. 4, 1983, p. 434.

也没有增加,"这就是马克思理论的核心"①。

显然,迪梅尼尔是把马克思的劳动价值论和生产价格理论作为他的"新解释"的理论基础的,他对此作了肯定的评价之后,指出必须消除一些误解才能解开转形之谜。迪梅尼尔正是在对这些误解进行批评中展开他的"新解释"的。

一是对价值和生产价格关系的误解。迪梅尼尔指出,实际上价格的变化并没有越出由价值决定的范围,因为这里出现的只是劳动时间的再分配。人们通常把价值规律与交换规律混同了。价值规律只有一个,劳动时间是价值尺度;但在马克思体系中交换规律却有两个:一个交换是基于价值,另一个交换是基于生产价格。

二是对纯产品和总产品关系的误解。迪梅尼尔对纯产品和总产品关系的论述是其"新解释"的核心部分。迪梅尼尔指出,几十年来关于转形问题的讨论多集中在能否同时满足两个不变性方程。然而,迪梅尼尔指出,同时成立的条件显然只有在全部剩余价值都用于积累且成比例增长时才有可能。显然,迪梅尼尔的看法和谢赫是极为相似的。他接着指出,不能认为马克思会把这种特殊情况看作资本主义发展的正常轨迹。

迪梅尼尔指出,社会产品价值量和价格量的相等,必须建立在纯产品而不是总产品的基础上。就某个时期来说,国民核算只能表现在纯产品。劳动价值论的基础在于一定时期内花费的总劳动同与纯产品相关的生产之间的联系。纯产品的价格等于该时期的总收入,即工资加利润。如果像马克思那样,坚持认为这些收入的价值不过是转移到了新产品上。事实上这些收入在新的生产过程又会被重新估价。以价格表现价值不仅表现在现在的产品上,还会表现在前一时期的产品上,所以总价值和总价格中会存在重复计算。为此,应当以该时期的总收入和总劳动量相等来表现价格量与价值量的相等。

应该注意的是,迪梅尼尔在其"新解释"中,在计量可变资本和剩余价值时,采用的是所谓的"劳动时间的货币表示"(MELT)。福利曾给MELT下过一个明确的定义:一定时期内以即期价格计算的纯产品与生产中活劳动耗费的比值。迪梅尼尔认为,一旦采用 MELT,两个总量相等便

---

① Dumenil G., "Beyond the Transformation Riddle: A Labor Theory of Value", *Science and Society*, Vol. 47, No. 4, 1983, p. 437.

成了同义反复。因为按照 MELT 对可变资本和剩余价值的定义，可变资本和剩余价值完全由劳动力价格和利润决定，可变资本也不存在转化问题。

三是对剥削与交换关系的误解，这涉及"利润量等于剩余价值量"这个等式。迪梅尼尔认为：价值是在生产过程中创造的，剩余价值则既是生产过程的结果，也是决定归于工人报酬的价值份额的结果，而后面这个份额是同正常的交换规律相关的。因此价值规律、剩余价值规律和交换规律正确的顺序应是：

价值规律—交换规律（简单商品的或资本主义的）—剩余价值规律

"新解释"由迪梅尼尔、福利和利佩茨等人提出，得到了格里克（M. Glick）和埃博（H. Ehrbar, 1989）、迪万（J. Devine, 1990）、莫汉（Simon Mohun, 1993）、凯姆贝尔（A. Campbell, 1997）等人的坚持和进一步发挥，但由于存在明显的缺陷和错误，其势头很快就被 WRC 模型和 TSS 学派压了下去。

三 WRC 模型

沃尔夫（Richard D. Wolff）、凯勒利（Antonino Callari）和罗伯茨（Richard Bruce Roberts）采用一般静态均衡分析框架，从不同角度对后来被称为 WRC 模型的关于转形问题的解法进行了论述，并于 1984 年在《传统"转形问题"的一个马克思主义的解法》一文中，详细比较了李嘉图和马克思的价值理论，并正式提出了 WRC 模型。

沃尔夫、凯勒利和罗伯茨指出："李嘉图试图把价值归结为体现在商品中的劳动量，马克思也是这样，但是马克思是在资本主义社会生产条件下来研究这一问题的，而李嘉图只是研究一般生产条件下的价值决定，价值仅由技术条件决定，我们把李嘉图的价值理论称作'物理量上的劳动价值论'。"[1] 他们接着指出，对李嘉图来说，价值纯粹是一个技术决定，而没有进一步就其社会决定加以研究，这样李嘉图的生产理论和流通理论就脱节了。

由于马克思研究了价值的社会决定过程，因此他的理论出发点和核心就是剩余价值的生产，而不是"生产一般"和使用价值的生产。显然，马

---

[1] Wolff R. D., Callari A. and Roberts B., "A Marxian Alternative to the Traditional 'Transformation Problem'", *Review of Radical Political Economics*, Vol. 16 (2/3), 1984, p. 118.

克思是不同于包括李嘉图在内的所有古典经济学家的。马克思在研究价值和价值形式时认为，生产和流通环节是相互影响的，因此，马克思考虑到特殊的历史条件，就正确地实现了价值向生产价格的转化，而李嘉图的理论就此止步。

沃尔夫、凯勒利和罗伯茨正确地指出了马克思和李嘉图在价值理论、生产和流通理论上的根本区别后，便转入从逻辑—数学上来探讨转形问题。他们的探讨是从他们对不变资本的独特认识开始的。

沃尔夫、凯勒利和罗伯茨指出，《资本论》第三卷中考虑到的资本循环条件的改变，并未对商品价值中活劳动创造的部分产生任何影响，活劳动创造的价值部分仍在生产领域内部决定。而不变资本转移到新产品中去的价值部分就不同了。他们认为："问题是：在既定的生产和循环过程中，多大的价值量和被消耗掉的生产资料联系着，这么多的价值量恰好可维系社会再生产的进行？"[①] 他们认为，相关的价值量必然在量上等于被消耗掉的生产资料的生产价格。因为只有这样，社会再生产才能正常进行。也就是说，"在特定的资本主义生产条件下，价值形式不再等于价值，生产价格取代了交换价值，然而这种转化影响了价值本身，消耗掉的生产资料价值量不再等于转移到新产品中去的不变资本的价值量"[②]。"不变资本的生产价格构成了新产品价值的一部分，因为这些生产价格是生产新产品的社会必要劳动时间的一部分。"[③]

沃尔夫、凯勒利和罗伯茨在对不变资本的价值转移问题作了重新解释之后，正式提出了他们的模型。

假设存在一个有 n 部门、无"联合生产"问题，且没有固定资本的经济体系。由于在马克思那里，生产价格和货币价格的计量标准不同，不同商品的生产价格比率取决于不同部门商品的生产价格，而商品生产价格最终又由其自身包含的劳动量决定。这样，设第 k 部门产品为计量标准：

$$P_j = \rho_j / \rho_k \qquad (2.13)$$

其中，P_j 为以计量标准商品价格衡量的价格，ρ_j 为第 j 部门产品的生产价格。显然 P_j 不是用劳动时间来衡量的。定义：

[①] Wolff R. D., Callari A. and Roberts B., "A Marxian Alternative to the Traditional 'Transformation Problem'", *Review of Radical Political Economics*, Vol. 16 (2/3), 1984, p. 126.

[②] Ibid..

[③] Ibid..

A = [a_{ij}]，技术系数矩阵

L = [L_j]，单位产出所需的活劳动量投入的行向量

b = [b_j]，单位活劳动投入的报酬的列向量（以工资品物理量计量）

X = [X_j]，总产出（以物理量计量）的列向量

Y = [Y_j]，净产出（以物理量计量）的列向量，因此 Y = [I − A] X

V = [V_j]，产出价值的行向量

ρ = [$ρ_j$]，产品生产价格的行向量

P = [P_j]，按公式（2.13）定义的行向量，P_k = 1

r，平均利润率

A、L、b、X 和 Y 历史地决定，即由资本家的选择、积累和阶级斗争等因素外生地决定，P、ρ、V 和 r 是内生变量。这样，可以用下述方程来描述转形过程：

$$ρ = (ρA + ρbL)(1 + r) \quad (2.14)$$

$$V = ρA + L \quad (2.15)$$

$$r = (LX − ρbLX) / (ρAX + ρbLX) \quad (2.16)$$

（2.14）式表明了产品生产价格和预付资本（以生产价格计量）、平均利润率之间的关系。（2.15）式表明产品价值等于不变资本生产价格加上活劳动价值，这显然沿袭了前述关于不变资本在量上按生产价格转移价值的思想。（2.16）式为平均利润率的计算，其中分母为预付资本（按生产价格计量），分子为剩余价值。显然（2.16）式直接满足了总利润等于总剩余价值这个等式。在（2.16）式两边同时加上 1，可得：

$$(ρAX + ρbLX)(1 + r) = LX + ρAX \quad (2.17)$$

（2.15）式、（2.16）式代入（2.17）式，可得：

$$ρX = VX \quad (2.18)$$

（2.18）式表明了产出的总生产价格等于总价值。因此两个不变性方程同时成立。

WRC 模型从本质上来说对"价值"的定义进行了修正，而且（2.16）式对平均利润率的计算也是错误的。因此，其逻辑论证结果无论对错已失去意义。另外，由（2.16）式、（2.17）式、（2.18）式可看出，当变量 A、L、X 给定，如果 b 发生变化，显然 v 和 ρ 也随之改变，因此从 WRC 模型中可得出当工资发生变化时，产品价值也随之改变的结论，这显然是与马克思的劳动价值论相违背的。

沃尔夫、凯勒利和罗伯茨认为，即使价值是抽象的人类劳动，也应该注意到，在劳动通过市场的价格关系被组织起来的这一社会的、文化的脉络里，价值处于多重因素决定的关系之中。由此他们提出了向后现代主义的价值论靠拢的方法。

沃尔夫、凯勒利和罗伯茨指出，人们普遍认为马克思和李嘉图在理论发展上具有连续性，因为他们的理论都是和新古典理论相对立的，然而，更应该指出的是他们之间的不同。沃尔夫、凯勒利和罗伯茨认为，李嘉图没有把资本主义看作是一个特殊的社会生产制度，马克思恰恰相反，他不但提出劳动力在资本主义社会中成为商品，而且在他的理论中还认为在资本主义社会中价值发生了向生产价格的转化。

沃尔夫、凯勒利和罗伯茨也认识到，他们的观点与马克思的价值概念相去甚远，但他们还是试图到马克思那里去寻找证据。马克思曾指出："对商品本身——作为生产过程的结果的商品——的费用价格和价值之间的差额适用的东西，同样适用于以不变资本的形式，作为组成部分，作为前提进入生产过程的商品。可变资本，无论它的价值和费用价格之间有多大差额，总是由构成新商品的价值组成部分的一定劳动量补偿的，至于新商品的价值是恰好表现在新商品的价格上，还是高于或低于价格，那是无关紧要的。相反，如果说的是不依赖新商品本身的生产过程而加入该商品的价格的价值组成要素，那末费用价格和价值的这种差额将作为先决要素转入新商品的价值。"[①] 马克思的这段话无非是想说明不变资本和可变资本对新产品价值作出贡献的不同方式，以及投入生产价格化的影响，沃尔夫、凯勒利和罗伯茨却以此为其观点辩护，显然是误解了马克思的本意。沃尔夫、凯勒利和罗伯茨关于不变资本价值等于生产价格的观点是站不住脚的。

第一，沃尔夫、凯勒利和罗伯茨认为不变资本转移到新产品中去的价值在量上等于其生产价格，否则社会再生产无法进行，他们并未对此作出解释，但他们这种非实证分析的方法就是错误的。实际上，在价值向生产价格转化后，商品的价值与其生产价格不一致才是常态，这与社会再生产是否可以进行是不同层面的问题。

第二，如果不变资本转移的价值在量上等于生产价格，而一般说来商

[①] 《马克思恩格斯全集》第26卷（第3册），人民出版社1974年版，第181—182页。

品的价值和生产价格是不等的,这就意味着,不变资本自身可以创造价值或毁灭价值。这显然是对劳动价值论的否定,与他们对劳动价值论的认识也是相违背的。

显然,WRC 模型对产品价值的计算是错误的,因为不变资本在量上是按生产价格进行转移价值的。WRC 模型对平均利润率的计算也是错误的,因为 ρbLX 是劳动力的生产价格而不是劳动力价值,资本家要求工人按劳动力的价值而不是生产价格再生产出可变资本。由于 WRC 模型对不变资本转移价值和可变资本创造价值作出了上述错误的处理,显然可直接得出投入的总生产价格等于总价值,因为这种处理相当于不变资本和可变资本的价值和生产价格在量上是相等的。所以产品的总生产价格必然等于总价值。另外,WRC 模型对平均利润率的计算,在形式上是对的,只是对必要价值和剩余价值的分割有误,所以得出总利润等于总剩余价值的结论也是必然的。

沃尔夫、凯勒利和罗伯茨等人虽然正确地指出了马克思和包括李嘉图在内的古典经济学家价值理论的根本区别,同时也指出了马克思创立生产价格理论的重要意义,但是,他们对不变资本转移价值、可变资本创造价值的性质作出了错误的处理。因此,沃尔夫、凯勒利和罗伯茨利用他们的后现代主义价值论对转形问题的处理也必然是错误的。

四 TSS 学派的转形理论

20 世纪 80 年代至 21 世纪初兴起的 TSS 学派,即 Temporal Single-system,由斯克尔曼(Gil Skillman)和克里曼(A. Kliman)命名,弗里曼(A. Freeman)称之为 Sequential Non-dualism,两者表达的意思相同。该学派提出的对转形问题的解答,引起了广泛的注意。实际上 TSS 学派并没有对转形问题进行逻辑上的说明,因为 TSS 学派认为,只要正确理解价值概念,那么马克思体系中的基本结论,包括马克思转形理论的结论,就是自然的结果。因此,TSS 学派独特的地方在于它对价值概念作了新的解释。诺思尔(Ernst Knoesel, 1982)、卡奇德(G. Carchedi, 1986)、克里曼和迈克格龙(Ted McGlone; 1988, 1999)、格萨尼(Paolo Giussani; 1991, 1992)、弗里曼(1995, 1999)、菲尔(Maldonado Filho, 1997)、拉莫斯(Según A. Ramos, 1997)和弗里曼、克里曼(1998, 2001, 2002)对 TSS 学派的形成和确立作出了各自的贡献。其中弗里曼和克里曼是 TSS 学派的核心人物。

1. TSS 学派对价值概念的"修正"

TSS 学派认为,价值和价格应按下面的一阶差分方程来定义:

$$\lambda_{t+1} = P_t A + L \qquad (2.19)$$

$$P_{t+1} = P_t A + L + g_t \qquad (2.20)$$

其中 λ、P、A 和 L 分别表示价值向量、价格向量、投入技术系数矩阵和劳动投入量,下标 t 表示时期(离散),g 表示价格与价值之间的差额。

由此可以看出 TSS 学派的基本命题:

(1) 预付资本的价值依赖于投入品的价格而非价值。这就是 TSS 学派所谓的"单一机制"(Single-system)的含义。克里曼(1996)认为,在马克思看来,价值和价格是相互决定的,而非对立的。一方面,投入品的价格参与决定产出的价值;另一方面,"价值"利润率也参与决定产出的价格。

(2) 价值和价格历史地被决定着,而非同时决定,价值只能由消费来减少或毁灭。投入和产出品的价值、价格(包括生产价格)都是不同的。这就是 TSS 学派的所谓"分期机制"(Temporal)的含义。

(3)《资本论》中所有的结论都可由(1)和(2)导出,比如两个不变性方程同时成立和利润率不断下降的规律等。

TSS 学派认为,他们的见解不过是对马克思理论的重新表述,而非新的理论。显然 TSS 学派关于价值的定义与马克思的劳动价值论相去甚远,TSS 学派对价值概念的"修正"受到了莫斯利(Fred Moseley,1993)、迪梅尼尔和赖维(Dominique Levy,1998)、劳兰吉尔(Jean-Guy Loranger,1998)、凯特吉(S. Chatterjee,2001)、多恩(Philip Dunn,2003)等人的激烈批评。

2. 价值、价值决定和时间概念

TSS 学派的"单一机制"根据价值方程可表示为:

$$\lambda = PA + L \qquad (2.21)$$

这意味着把不变资本的价值定义为其价格,(2.21)式是把价值和价格置于一个方程中,显然 TSS 学派借鉴了 MELT。不过"新解释"是把 MELT 应用在可变资本上,而 TSS 学派的"单一机制"分析,和 WRC 模型一样,把 MELT 应用到了不变资本上。

然而,马克思从未认为价值和生产价格是相等的,为了不与之矛盾,只有两种可能：第一，不变资本生产部门有机构成恰好等于社会平均有机构成；第二，不变资本价值依赖于其价格。显然，前者并非是一般性的条件，而后者却是事关价值定义的问题了，这是对劳动价值论自身的否定。

TSS 学派还认为马克思的关于生产价格与价值之差源于利润和剩余价值之差的观点，可由"单一机制"得到很好的解释。TSS 学派对马克思观点的维护是建立在（2.19）式、（2.20）式成立的基础之上，但（2.19）式、（2.20）式的成立又是以对马克思价值概念和生产价格理论的修正为代价的。

TSS 学派认为"单一机制"并不足以证明马克思的所有结论，尤其是利润率下降理论，如果要做到这一点，"分期机制"是必要的，因此，他们按（2.19）式、（2.20）式来定义价值，为了使（2.19）式、（2.20）式成立，他们在历史时间范围内来定义。由于价值是由过去时间内活劳动创造的，因此（2.19）式和（2.20）式显得自相矛盾。为了更清楚地理解，假设一经济体系只生产一种产品 X，技术条件如下：

$$a \text{ 单位商品 } X + l \text{ 单位劳动} \geqslant 1 \text{ 单位商品 } X$$

这样，（2.19）式变为：

$$\lambda_{t+1} = aP_t + l = a\lambda_t + l \tag{2.19'}$$

设初始价值 $P_0 = \lambda_0$，t 期价值即为：

$$\lambda_t = [P_0 - l/(1-a)] a^t + l/(1-a)$$
$$= P_0 a^t + l/(1-a^t)/(1-a) \tag{2.22}$$

在"同期机制"中，应满足所谓的"生产率条件"：$a < 1$，否则，$\lambda < 0$，没有意义。而 TSS 学派的"分期机制"却不需要上述"生产率条件"，因为 $\lambda_t = P_{t-1}A + L$，λ_t 总是正的，只要 $P_{t-1} > 0$。这被看作是 TSS 学派的优点，尤其对于"联合生产"问题来说（克里曼、迈克格龙，1999）。但是，"分期机制"具有这种"优点"的同时，却没有能解决另一个问题，即马克思认为：当劳动投入减少时，商品价值量是下降的。而从（2.22）式中可以看出，当 $a > 1$ 时，商品价值量趋于无穷大。其错误产生的根源在于：在不同的历史时期，不同的社会生产条件下，来考察同一商品的价值量是没有意义的。

弗里曼（1999）认为，TSS 学派的时间概念依赖于对"即期成本"的正确理解，而不是对价值概念的修正，然而并非如此。

以矩阵 A 表示的不变资本投入以 t 期末价格 P_t 购入（或者说在 t + 1 期

初)。然而在 t+1 期末，不变资本不再以 P_t 购入，除非 $P_t = P_{t+1}$，也就是说，P_t 不再是一个实际价格，而是会计价格。因此，"即期成本"必须以 $(1+\rho) P_t$ 来计算，而不是 P_t，其中 ρ 表示取决于价格上涨率和劳动生产率的时间因素，所以（2.19）式应转化为：

$$\lambda_{t+1} = (1+\rho) P_t A + L \qquad (2.19)''$$

从（2.19）″式和（2.22）式可以看出，TSS 学派显然是假定 $\rho=0$ 的。

因此，TSS 学派的"分期机制"和"单一机制"存在矛盾。

TSS 学派是以对萨缪尔森、斯蒂德曼等提出的"劳动价值多余论"的批判者面目出现的，但他们并未作出有力的批判。因为，根据（2.19）式可得：

$$\lambda_{t+1} - \lambda_t = (P_t - P_{t-1}) A \qquad (2.23)$$

由（2.23）式可知，从 t 期到 t+1 期价值量的变化仅取决于物质技术条件和投入要素的价格，显然这是与 TSS 学派主张只有知道价值才能确定价格的观点是相左的。

自马克思的劳动价值论诞生一百多年以来，当代经济生活并未否定劳动价值论的科学性，但经济现象的复杂化为劳动价值论提供了更为广阔的应用空间，研究手段的精确化与多样化也为在劳动价值论研究的广度和深度上提出了更高的要求。20 世纪 90 年代以来，异质劳动、不同条件下的价值决定、管理劳动及价值转形等问题的研究成为热点，相关探讨异常激烈，形成了诸多新的观点乃至学派。正是在这种激烈交锋的过程中，劳动价值论获得了创新和发展。

第三章　剩余价值理论与剥削问题研究

在劳动价值论的基础上，马克思创立了剩余价值学说，解答了在资本主义历史条件下，工人所生产出的、超过自己生存需要的那部分剩余产品是如何被剥夺的问题。马克思的剩余价值学说第一次彻底揭开了资本主义剥削的秘密，深刻阐明了无产阶级受剥削、受压迫的经济根源。

剩余价值理论及剥削理论自诞生之日起，就遭到资产阶级学派和其他各种反马克思主义理论的诋毁和攻击，马克思主义学者与其进行了不屈不挠的斗争，成功捍卫了马克思主义学说的真理性。第二次世界大战之后，资本主义社会的发展表现出一些新的特点，针对这些新情况，西方马克思主义学者试图对马克思主义的剩余价值和剥削理论进行补充和发展，还有学者尝试加强马克思主义理论的数理证明和实证研究。在某些问题上，马克思主义学者之间也出现了激烈的争论。

第一节　剩余价值理论

一　关于经济剩余概念

剩余价值学说深刻揭示了资本主义生产关系的剥削本质。第二次世界大战后，西方一些马克思主义学者针对资本主义发展的新特点，试图修正或拓展剩余价值概念，作为分析当代资本主义制度的工具。其中美国激进派经济学家保罗·巴兰（Paul A. Baran）和保罗·斯威齐（Paul M. Sweezy）提出的"经济剩余"（Economic surplus）[①] 概念，在西方学界影响很大。

巴兰和斯威齐认为，马克思在《资本论》中讨论的资本主义经济制度

---

① 这个概念最早是由巴兰在1953年发表的《经济进步与经济剩余》一文中和在1957年出版的《增长的政治经济学》一书中提出的。

主要是自由竞争的市场经济，虽然他觉察到他所处时代的资本主义经济中存在着垄断现象，但是他没有把垄断当成资本主义的主要因素看待，也没有试图去研究以大规模企业和垄断盛行为特征的制度。进入20世纪，资本主义已发展到垄断阶段，这个阶段的特点表现为少数大型垄断公司支配着大多数行业，在市场上享有定价权。这些大公司同自由竞争制度下的公司一样追求利润最大化，由于它们掌握更多的资源，因此可以提高生产率，实现成本的大幅降低。然而成本的降低并没有导致商品价格的降低，相反这些大公司通过垄断定价权获得更高的利润。这样，利润占国民生产总值（GNP）的比重不断上升。尽管在统计数字上利润可能并未增加，因为一部分利润被转移到销售支出、军事支出（通过税收）等，然而利润与这些支出的总和占GNP的比重在增长，这个总和就是巴兰和斯威齐所说的经济剩余。巴兰和斯威齐认为，在垄断资本主义制度下越来越多的剩余被生产出来，而垄断资本主义无力吸收它所能产生的剩余，由于不愿生产出不能吸收的剩余，所以垄断资本主义经济的通常状态就是停滞。巴兰和斯威齐在《垄断资本》一书中以"经济剩余的产生和吸收"为中心论题，论述了垄断资本主义的特征和规律，揭露了这种制度的矛盾和困境。

在《垄断资本》中，巴兰和斯威齐先后为经济剩余提供了三个定义。最初他们将经济剩余定义为"一个社会所生产的产品与生产它的成本的差额"[①]，根据这个定义，经济剩余就是国民收入统计中的利润总额。后来他们从生产成本中扣除掉利息、地租、超额折旧、销售成本和非生产性工人的工资，这样他们得到剩余的第二个定义："社会总产品与生产它的社会必要成本之差。"[②] 而第三个经济剩余的概念，也是最全面的概念是由约瑟夫·菲利普斯（Joseph D. Phillips）在提供的统计附录中给出的，他写道："把这三大类经济剩余——财产收入、商业过程中的浪费、政府支出——各自的合计数加在一起，得出我们的总数。可是，应当注意，这些合计数仍然不包括剩余的一切因素。……其中之一是销售努力对生产过程的渗透；……另一个可以合理地包括在剩余中但在此处予以略去的因素是，由于失业的存在以致丧失的产值。"[③]

[①] ［美］保罗·巴兰、保罗·斯威齐：《垄断资本》，南开大学政治经济系译，商务印书馆1977年版，第14—15页。
[②] 同上书，第110页。
[③] 同上书，第348页。

经济剩余概念与马克思的剩余价值概念并不是完全相同的。巴兰和斯威齐认为，在一个高度发达的垄断资本主义社会，剩余采取多种形式和伪装。因此，他们采用"经济剩余"这个概念，而不采用传统的马克思主义的"剩余价值"概念，因为在马克思主义的经济理论中，剩余价值大概等于利润、利息和地租的总和。虽然马克思在《资本论》和《剩余价值理论》中表明了剩余价值也包含其他的项目，例如国家和教会的收入、商品转变为货币时的支出、非生产性工人的工资，但斯威齐认为，马克思把这些项目作为次要因素来处理，并把它们排除在他的基本理论图式之外。在斯威齐等人看来，在垄断资本主义制度下，这种处理就不再是恰当的了，进行术语更换将有助于实现理论见解的必要转变。

巴兰和斯威齐宣称，他们的经济剩余概念决不是对马克思主义范畴的修正，只不过是术语的改变，也就是说他们并未否认马克思的劳动价值和剩余价值理论。的确，巴兰和斯威齐没有完全否认竞争条件下的价值规律的适用性，但他们认识到在垄断资本主义制度下，大公司所产生的越来越多的经济剩余以浪费的方式被挥霍，如销售成本和军事开支在经济剩余中的比例不断上升，因而他们认为有必要探究经济剩余问题。

波兰经济学家亨利克·斯撒费尔（Henryk Szlajfer）对经济剩余和剩余价值这两个概念进行了比较，认为经济剩余概念在垄断资本主义条件下是对传统的剩余价值计算的一个完全必要的补充。他认为，理解经济剩余与剩余价值之间的关系不仅仅是语义学的问题，因为对这两个概念的比较能够澄清与马克思的劳动价值论有关的某些理论上的问题，包括：（1）生产劳动与非生产劳动的区分；（2）在资本积累的机制中，非生产劳动的作用；（3）对资本主义生产方式进行经济评论的适当方法论。

斯撒费尔将上述第三个经济剩余概念与剩余价值的范畴进行比较，指出这两个概念决不是同义的。斯撒费尔随后对这个经济剩余概念的组成部分分别进行了分析。财产收入包括扣除超额折旧、地租和利息之后的净利润。商业过程中的浪费与销售费用有关。根据企业的类型和广告以及财务组织情况，这些费用要么出现在企业本身中，要么出现在一个特殊的服务部门。从整体资本的角度看，使用"浪费"这个词就表明了这些支出的非生产特性。政府支出源于向企业和消费者（包括生产工人）的收入征税，而对生产工人征税是国家将一部分可变资本进行再分配的一种形式。同时，这种再分配就像对利润征税一样具有非生产性的特征。这三个组成部分的总额相当于已生产和已实现的剩余价值概念，且等于他们给出的第二个经济剩余的概念。

斯撒费尔接着分析了菲利普斯提供的概念中的第二个部分。根据标准的国民收入核算程序，"由于失业的存在以致丧失的产值"是浪费的一种"隐藏的"形式，将丧失的产值（由于生产性资源的利用不足而导致的产值的丧失）包括到经济剩余中只会引起实际上已生产的和已实现的剩余价值的数量上的变化，而巴兰和斯威齐谈论的是潜在的剩余而不是实际剩余。另一个"隐藏的"因素是"销售努力对生产过程的渗透"。经济剩余的这个要素是由与生产的"计划报废"及其导致的设备型号改变相关的成本来表现的。

斯撒费尔认为经济剩余的第三个定义并未积极运用第二个定义，而是以一种转型方式将它具体化。这是因为第一个定义实际上阐述了微观经济的立场，即个体资本的立场，它是"大公司"的可操作的、量化的目标。而第二个定义和第三个定义指的是作为一个整体的经济过程，这两个定义中的经济剩余表现了整体资本的观点。

斯撒费尔没有讨论在垄断资本主义条件下如何定义"社会必要成本"，也没有探讨是否应该将所有的政府支出包含在经济剩余中，而是分析了构成"商业过程中的浪费"的两个不同要素。第一个要素以广告活动来代表，它的成本的计算是作为企业运行必须要承担的总成本的一部分。这个销售努力的要素或多或少与马克思主义的流通和商业资本的成本概念相对应。从整体资本的角度看，在广告和销售服务上的支出当然是非生产性的。第二个要素以最终为生产工人和非生产工人所消费的商品的生产来限定，也就是说，从功能的角度看商品的生产在很大程度上构成了可变资本再生产的物质基础。无论是从个体资本还是从整体资本的角度看，花费在生产这些商品上的劳动是生产性的。

斯撒费尔指出，根据马克思的资本再生产的观点，销售努力中所包括的商品只有在它们被当作收入而被消费时，或者当自然形态使它们不可能被包括到再生产过程（价值再生产和使用价值再生产）时，才被描述为劳动时间的非生产性消耗。反之，当这些商品成为可变资本和/或不变资本再生产的要素时，花费在生产这些商品上的时间被认为是生产性的。因此，如果巴兰和斯威齐在销售努力范畴中所包括的商品的多余方面也被包括在生产工人的消费内（由此成为可变资本的一个要素），那么从剩余价值计算的观点看来，就没有理由不认为消耗在计划的报废、设备型号的改变、复杂的包装等方面的劳动是创造价值的生产性劳动。生产"过时"商品所必要的时间投入（C+V）将成为社会必要成本的一个组成部分，而在这些商品中所包含的剩余价值（M）将成为总剩余价值的一个组成部分。对于传统计算来说，将那些商品的价值（C+V+M）既作为剩余价值又作为非生产性成本的一种要素的做法是难以接受的。据此，斯撒费尔断定，"销售努力对生产过程的渗透"一方面试图开辟对非生产劳动的新形式的分析方法，另一方面它规定剩余价值概念与经济剩余概念之间的根本差别。

维克托·利皮特（Victor D. Lippit）认为巴兰和斯威齐在《垄断资本》中对经济剩余作出的"社会总产品与生产它的社会必要成本之差"这个定义是有问题的，他主要讨论了这个概念在社会必要成本的组成部分方面存在的问题。利皮特指出，巴兰和斯威齐将所有的私人部门中的非管理性质的劳动成本作为"必要"成本，并将某些支出的全部类别，如营销和广告支出，包括在"非必要"成本而由此构成剩余的部分。利皮特认为这种方法会遇到很多困难。

首先，如果存在规模经济，那么较高的营销支出有可能对于降低生产成本是必要的，因为营销支出能够导致一个更加集中的市场结构，这样即使降低的生产成本加上营销支出的数额仍可能低于不进行营销时的生产成本。此外，巴兰和斯威齐在经济剩余的定义中在"生产的必要成本"上加入了"社会"一词。加入"社会"一词就表明必须要考虑外部性，即不对交易各方产生影响的社会收益或社会成本，当与环境成本有关时，将外部性加入到这个定义中就尤其重要。从概念角度看，将这种成本考虑进来是完全恰当的，但是巴兰和斯威齐没有考察这个问题。巴兰和斯威齐所认可的社会必要成本只是非管理性质的劳动成本，这样他们对待剩余的方法内在上是不一致的。利皮特还指出巴兰和斯威齐将所有的政府支出划归为剩余，这等于说他们认为政府支出的任何部分都不是生产的社会必要成本。政府支出中的某些部分确实可以归为此类，如军事支出等，但是如果没有各种公共服务（如教育、交通等），一般的生产活动是不能维持的。这些政府支出当然是社会必要的，尽管它们是非直接的生产成本。

此外，利皮特认为巴兰和斯威齐的经济剩余概念的另一个问题是，没有明确区分剩余是作为一个"收入"的概念还是作为一个"产出"的概念，这就导致在《垄断资本》的附录里对剩余进行估算中出现混乱。利皮特认为最恰当的处理剩余概念的方法是使其与国民收入核算中的收入—支出恒等式相似。根据定义，国民收入一定与国民支出相等，类似地，可以将剩余作为收入概念，也可以将它作为产出—支出概念，而不是将两者混在一起。而在《垄断资本》中，正文和附录都将收入和产出—支出两个范畴混在一起，从而附录中大部分剩余的条目是基于收入，而"政府吸收的剩余"是基于支出的范畴。

鉴于巴兰和斯威齐所提出的经济剩余概念存在上述缺陷，利皮特认为可以将剩余视为一个社会的可自由支配的收入，即国家产出中不是提供人们基本消费需要所必需的那部分，这样剩余就可以反映一个社会在面对危机时采取行动的灵活性或者潜在的机会。

从产出—支出角度看，剩余可以被看作是国民收入与整个人口基本消费需要的差额，即 $Surplus = Y - C_{ess} - G_{ess}$。

鉴于 $Y = C_{noness} + C_{ess} + I_p + I_g + G_{noness} + G_{ess} + (X - IM)$，

则 $Surplus = C_{noness} + I_p + I_g + G_{noness} + (X - IM)$。这里 $Surplus$ 表示剩余，Y 表示国民收入，C_{ess} 表示私人的基本消费，C_{noness} 表示私人的非基本（奢侈）消费，G_{ess} 表示公共的基本消费，G_{noness} 表示公共的非基本消费（如军事支出），I_p 表示私人投资，I_g 表示政府投资，$(X - IM)$ 表示净出口。利皮特认为将净出口包括在剩余中可以表明一部分剩余反映在拥有国外资产的增加。

从收入角度看，可以将国民收入的财产份额（利润 + 地租 + 利息）看作是表示剩余，但是要做一些调整。首先，财产收入所有者与其他社会成员一样也有基本的消费需要，应将这部分基本消费需要从剩余中扣减掉。其次，并非所有的劳动收入都被用来满足基本消费需要，因此超过基本消费需要的劳动收入在计算剩余时应被加入到国民收入的财产份额。最后，一些人没有提供自身基本消费需要所需的收入，因此被用来使这些人达到基本消费水平的收入应从国民收入的财产份额中扣减掉，利皮特将这部分收入称为"劳动收入赤字"。此外，政府收入中未被用于基本公共服务的部分也构成剩余。因此，从收入角度得到的剩余应为，剩余 = 利润 + 地租 + 利息 − 不劳而获收入所得者的基本消费 + 劳动收入中未用于基本消费的部分 − 劳动收入赤字 + 政府收入中未用于基本公共服务的部分。

二 关于基本的马克思主义定理的争论

在资本主义制度下，利润是资本家开展经营活动的最终目标，而资本家的利润来自哪里，历来是经济学界争论的一个重要问题。马克思认为对剩余价值的榨取是资本家利润的来源。为了证明马克思的观点，马克思主义者提出了所谓基本的马克思主义定理（Fundamental Marxian Theorem，简写为 FMT），即正的剩余价值（率）是正利润（率）的必要和充分条件。1963 年置盐信雄（Nobuo Okishio）在《一些马克思主义定理的数学注解》中论证了正的剩余价值率是正利润存在的必要条件。后来森岛通夫（Michio Morishima）在他于 1973 年出版的《马克思的经济学》一书的第五章"剩余价值和剥削"中论证了正的剥削率是正利润的必要和充分条件。然而森岛通夫等人对 FMT 的论证被认为过于简单，至少没有考虑到联合生产这种情况。20 世纪 70 年代，英国曼彻斯特大学的伊恩·斯蒂德曼（Ian Steedman）举了两个例子表明在联合生产条件下，负的剩余价值和正利润同时存在，以及正的剩余价值和负利润同时发生，以此说明正的剩余价值既非正利润之必要条件，也非其充分条件。针对斯蒂德曼得到的 FMT 在联合生产条件下不能成立的观点，森岛通夫和乔治·凯特福斯（George Catephores）批判了斯蒂德曼的两个例子中的负价值概念以及由此计算出的负剩余价值。置盐信雄在 1976 年发表的文章《马克思的基本定理——在联合生产条件下》中对联合生产条件下的剥削给出了一个新的定义，认为在联合生产条件下即使没有剩余价值的剥削，但只要工人的生产有剩余产品，FMT 就是成立的。

20 世纪 80 年代以来，在马克思劳动价值论的分析中出现了批判传统的马克思主义经济理论解释方法的"新解释"学派，[①] 他们也为论证 FMT 的成立提出了自己的方法。与传统的马克思主义价值理论中将工资定义为工人得到的工资品的价格或价值不同，新解释学派将工资定义为支付给工人的货币总额。为了判断剩余劳动是否被榨取，他们将货币工资换算为与劳动时间等价的数额（或者将活劳动换算为等价的货币），这就是新解释学派提出的一个重要概念，即劳动时间的货币表示（The Monetary Expres-

---

[①] "新解释"起初作为解决转形问题的新方法而著名，它反对斯拉法学派从生产技术系数和实际工资直接推导出价格进而否定马克思价值理论的观点。

sion of Labor Time，简写为 MELT），它等于某一时期以期末市场价格度量的总净产品 $(I-A)x$①与活劳动的比值，即：

$$MELT = \frac{p(I-A)x}{lx} = \sigma \tag{3.1}$$

这里沿用了传统的解释方法中的投入产出表示法，即 A 表示整个社会生产中物质投入系数的 $n \times n$ 矩阵，l 表示各生产部门劳动投入情况的列向量，x 为社会总产出的向量，p 是单位市场价格的行向量。

通过 MELT，新解释学派重新定义了货币的价值，在数值上它等于 MELT 的倒数，即等于一单位货币所代表的某一抽象劳动量。新解释学派指出，劳动力的价值应被计量为货币工资同货币表示的劳动时间的比率，而不是在工人所消费的商品中物化的劳动。由此在新解释中，利润被定义为以期末价格度量的净产品向量与工资总额之差，即 $\pi = p(I-A)x - wlx$。其中 w 是每单位被榨取的活劳动的货币工资，剩余劳动 s 被定义为活劳动减去与货币工资相当的劳动时间，即 $s = lx - \frac{wlx}{\sigma}$，将这个式子两边乘以 σ 就得到 $\sigma s = \sigma lx - wlx = p(I-A)x - wlx$，或者 $\pi = \sigma s$。

这个结果使新解释学派的学者认为他们得到了剩余价值和利润之间的一个精确的对应关系。根据这个公式，不仅剩余劳动是正的利润的充分和必要条件，而且剩余劳动与利润的量值也是严格成比例的。

20 世纪 90 年代盛行起来的分期单一体系（Temporal Single-system）学派的代表人物安德鲁·克利曼（Andrew J. Kliman）于 2001 年在《资本与阶级》杂志发表论文指出，不论是传统的解释方法还是新近出现的新解释学派的解释方法，都认为投入品的价格和价值与产出品的价值和价格是同时决定的，② 这些解释方法未能证明剩余劳动是利润的唯一来源。克利曼认为，传统的解释方法对 FMT 的成立提出了一个非常严格的要求，即在每个时期每种商品都能生产出正的实物剩余（positive physical surplus），而现实生活中的情况并不是这样的，当某些产品的实物剩余为负值时，就会出现用价值来度量的实物剩余产品为正（或者为负），但是用价格来度量的

---

① 有关价值转形问题的研究在传统上一直把总产出作为转形的对象，新解释学派提出，正是这一点不可避免地造成重复计算，并使总价值等于总价格这一不变性条件在转形后不能成立，新解释通过采用净产出避免了这一困境。

② 克利曼由此将这些解释方法称为同期论的解释方法。

该产品为负（或者为正）的情况，即剩余价值和利润发生一正一负的情况，也就是说 FMT 在这些情况下并不成立。而新解释学派的解释方法所得到的 $\pi = \sigma s$ 的结论所表示的剩余劳动与利润在数量上的比例关系也不能用来说明剩余劳动是正利润的充分条件。(3.1) 式表明，如果以期末市场价格度量的净产品是负的，那么 σ 也是负的。因此尽管剩余劳动是正的，但是利润是负的。即使在生产力水平非常高的经济体中，除非所有商品的净产品都是非负的，净产品的总价格从而 σ 可能是负的。总而言之，在克利曼看来，所有这些认为价格和价值同期决定的解释方法提出了在每个时期所有实物剩余为正或净产品为正的这个要求与现实不符，都没能证明剩余劳动是利润的唯一来源。

克里曼认为应该以分期方式定义剩余劳动和利润，并将利润定义为实际利润，并据此对 FMT 的论证提出非同期的解释方法。克里曼没有使用同期解释中所使用的投入产出法的表示符号，而使用以下符号来描述。在时期 t 到时期 $t+1$，$C(t)$ 表示固定资本的耗费（材料和固定资本的折旧），$V(t)$ 是可变资本（工资总额），$P(t+1)$ 是产出的总价格。活劳动表示为 $L(t)$，t 期的劳动时间的货币用 $\tau(t)$ 来表示，而 $t+1$ 期用 $\tau(t+1)$ 来表示。

与同期的解释相同，分期单一体系解释将剩余劳动解释为活劳动时间与货币工资相当的劳动时间之差

$$s = L - \frac{1}{\tau(t)} V \tag{3.2}$$

正如使用劳动时间进行的计量，生产中的价值增殖被认为是总价格的劳动时间当量 $\frac{1}{\tau(t+1)} P$ 与不变资本支出 $\frac{1}{\tau(t)} C$ 之间的差额，这个差额等于被榨取的活劳动，由于是活劳动生产出所有的新价值。因此，

$$\frac{1}{\tau(t+1)} P - \frac{1}{\tau(t)} C = L \tag{3.3}$$

名义利润是 $\pi^N = P - C - V$，然而，必须对 P 进行平减以调整时期 t 与 $t+1$ 之间表示单位价值的货币数量的变化。这样，实际利润为

$$\pi^R = (\frac{1}{1+i}) P - C - V \tag{3.4}$$

根据分期单一体系解释，通货膨胀率为 $i = \frac{\tau(t+1) - \tau(t)}{\tau(t)}$，也就是

劳动时间的货币表示的变化率。这意味着如果以劳动时间计量的相同数量的价值被表示为更大数量的货币，通货膨胀就出现了。

将（3.3）式两边同乘 $\tau(t)$，就可以得到：

$$(\frac{\tau(t)}{\tau(t+1)})P = (\frac{1}{1+i})P = C + \tau(t) \cdot L$$

这样（3.4）式就成为：

$$\pi^R = C + \tau(t) \cdot L - C - V = \tau(t) \cdot L - V \text{ 或者 } \pi^R = \tau(t)s$$

克利曼指出，这个公式看起来与同期解释推导出的剩余劳动与利润之间的比例关系相似。但是，同期解释中的劳动时间的货币表示 σ 不一定为正，而（3.3）式表明如果 C、L、P 和初始条件 $\tau(0)$ 是正的而且是有限的，那么 τ 序列的所有之后的项一定也是正的、有限的。剩余劳动与实际利润之间的比例关系以及关于 τ 的这个结论意味着剩余劳动是实际利润为正的充要条件。

克利曼进而指出，在现有的对马克思价值理论的解释中，只有分期单一体系解释表明在完全一般的条件下剩余劳动是实际利润存在的充分和必要条件，这种解释完全不需要任何限制性的假设，例如负的净产品可以存在，利润率可以不相同，等等。它也不需要提出任何投入产出方法通常要采用的不现实的假设，如规模报酬不变、无固定资本、无联合生产等。

三 关于剩余价值率估算的实证研究

马克思主义经济理论的一个重要预测是剩余价值率在长期中是增加的，为了验证这个预测是否成立，一些学者对现实经济中的剩余价值率进行了估算。但是计算剩余价值率所需要的剩余价值和可变资本是马克思主义经济学中独有的概念，具有相当的抽象性，如何在现实经济运行中找到与这两个概念相对应的经济数据，对于经验研究的结果将产生重大影响。弗雷德·莫斯里（Fred Moseley）认为众多学者对于马克思的剩余价值和可变资本的精确定义存在很大的争议，这些争议主要涉及以下三个问题，莫斯里分别提出了自己的观点。

第一，马克思的剩余价值和可变资本的概念是指可观察到的劳动的数量还是可观察到的货币的数量（或者价格）。许多马克思理论研究者（如置盐信雄、森岛通夫、斯蒂德曼等）认为马克思概念所指的可观察到的现象是商品束中包含的劳动数量。尤其是，他们认为剩余价值和可变资本的概念指剩余商品和工资商品中包含的劳动数量。

对此，莫斯里提出不同的观点，他认为马克思概念中所指的可观察到的现象是指发挥资本功能的货币的数量。他指出，马克思理论的关键概念是资本的概念，马克思将资本定义为通过商品的购买和出售增加了其数量的货币。用符号表示，资本被定义为 M，它后来成为 $M + \Delta M$。不变资本、可变资本和剩余价值的概念依次被定义为作为资本进行循环的货币总量的重要组成部分。莫斯里认为，马克思所定义的剩余价值是货币的增量，即 ΔM，它在资本循环的最后阶段被资本家占有。可变资本被定义为最初的货币总量的一个组成部分，它被用来投资于资本循环的初始阶段，尤其是它被用来购买劳动力。不变资本是作为资本投资的最初货币总量的另一个组成部分，它被用来购买生产资料。在此基础上，剩余价值率被定义为剩余价值和可变资本的比值，也就是被资本家占用的货币增量与被资本家投资于购买劳动力的最初货币总量之间的比值。

第二，马克思的可变资本概念是指资本主义企业所有雇员的工资还是仅指生产工人的工资。一些学者没有考虑到马克思关于生产性劳动和非生产性劳动作出的区分，认为可变资本的概念等同于资本主义企业的工资总额。相应地，这些学者将剩余价值定义为与资本家的财产收入（包括利润、利息和地租）相等的概念。

与这种看法相反，莫斯里认为，马克思的可变资本概念仅指生产工人的工资，而不是资本主义企业的工资总额。根据马克思的价值理论，只有生产性劳动或者从事生产活动的劳动才会增加所生产商品的价值。因此，只有生产性劳动生产剩余价值。换言之，用来购买生产性劳动的资本通过使用生产性劳动使这个资本在数量上得到增加。出于这个原因，马克思将用来购买生产性劳动的资本称为"可变"资本。因此，在马克思可变资本概念和他的生产性劳动概念之间有直接的理论联系。此外，根据马克思的价值理论，进行流通或监督活动的劳动，尽管在资本主义生产方式中是完全必要的，但是这种劳动并不增加所生产商品的价值，因此，这些非生产性劳动不会导致剩余价值的生产。而且，用来购买非生产性劳动的资本在数量上也不会增加，也就是，不是"可变"资本。相反，用来购买非生产性劳动的资本必须从生产性劳动所生产的剩余价值中得到补偿。

第三，马克思的可变资本概念是否包括工人上缴的税收和政府提供给工人的收入。这个问题涉及哪些具体的货币总量应该被视为可变资本，马克思没有分析这个问题。马克思在整个《资本论》三卷的分析中抽象掉政府的税收和支出。对于可变资本是否包括生产性工人被政府以税收形式征收的那部分工资，大部分学者给出的答案是否定的，其中有的学者认为这部分税款应该被视作生产性工人生产的剩余价值的一部分，其他学者则认为生产性工人作为税收缴纳的那部分工资既不应被看作可变资本的一部分，也不应被看作剩余价值的一部分。至于政府向生产性工人提供的收入是否包括在可变资本中，学者们也存在两种意见。

莫斯里认为以上这些学者提出的对政府税收和支出进行处理的理论依据是从工人的可支配收入的角度出发确定可变资本。根据这个观点，一定数量的货币只有在这笔钱向生产性工人提供了可支配收入时才应该被视作可变资本。与这些学者的观点不同，莫斯里认为应该从资本循环（$M-C\cdots P\cdots C'-M'$）这个马克思理论的总体分析框架的角度来确定可变资本。根据这个观点，用来购买生产性劳动所支出的总货币量发挥了资本的功能，也就是作为赚取更多货币的手段被支出并在后来通过出售商品得到补偿，同时获取了剩余价值。这个投资于购买生产性劳动的货币总量必须在剩余价值被占有之前从生产性工人生产的价值中得到补偿。作为资本用于购买生产性劳动所支出的那部分货币实际上没有向工人提供收入这样一个事实，与货币总量作为资本并由此作为可变资本所发挥的功能无关。从生产性工人的工资中收取税收是一个次级的操作（secondary operation），它不在资本循环之内。无论资本家作为可变资本支出的总货币量如何在工人的收入与政府的收入之间分配，整个货币的总量是作为资本支出的，必须在任何剩余价值被占有之前得到补偿。因此，用于购买生产性劳动所支出的整个货币总额是可变资本。另外，政府用来向生产性工人提供收入的支出很明显没有发挥资本的功能，因此不是可变资本。

在对于剩余价值率在长期发展趋势的实证研究中，一些学者对二战后美国经济的剩余价值率进行了估算，由于对上面所讨论的三个理论问题持有不同的观点，他们得到的研究结论也存在差异。在爱德华·沃尔夫（Edward Wolff）进行的剩余价值率的估算中，剩余价值是剩余商品中所包含的劳动的数量，可变资本是生产性工人所消费的工资商品中所包含的劳动的数量。沃尔夫估算这两个商品束中所包含的劳动数量的过程包括两个主要的步骤：第一步，估算剩余价值率的"价格模拟量"（price analog）。第二步，通过一个表明生产1美元商品所需要的实际劳动量的劳动系数向量,将剩余价值率的"价格模拟量"转换为以劳动量表示的剩余价值率。①沃尔夫只对四年(1947年、1958年、1963年和1967年)的估算值进行了推导,因为只能得到这几个年份的用来推导劳动系数向量所必需的美国经济的投入产出表。沃尔夫对剩余价值率及其"价格模拟量"的估算值列在表3.1中。表中的数据表明,沃尔夫的两套估算值都表现出向上的趋势:剩余价值率从1947年的2.25增加到1967年的3.02,增幅为34%;剩余价值率的"价格模拟量"从1947年的2.43增加到1967年的3.14,增幅为29%。

安华·谢克(Anwar Shaikh)认为可变资本的概念不包括生产性工人工资中缴纳的税款那部分,包括政府向生产性工人提供的收入。然而,这两个政府数值非常难以估算,谢克提供了两套剩余价值率的估计值。第一套估计值没有考虑政府税收和支出,计算了1947年到1972年每年的数值。第二套估计值包括缴纳的税收和生产性工人从政府那里得到的收入,计算1952年、1961年和1970年三年的数值。每一年"净税收"的估计值(生产性工人缴纳的税收减去政府提供给生产性工人的收入)被从原始的可变资本的估计值中减去并加到了原始的剩余价值的估计值中。这样"经调整的"剩余价值率就是这两个经调整的剩余价值和可变资本的估计值的比率。谢克的两套估计值都表现出上升的趋势。谢克作出的"未经调整的"剩余价值率的估计值从1947—1951年的平均1.28增加到1968—1972年的平均1.40,增加了10%。他作出的"经调整的"剩余价值率的估计值从1952年的1.42增加到1972年的1.51,增加了5%。

托马斯·韦斯科夫(Thomas Weisskopf)使用传统的利润份额(profit share)②作为剩余价值率的代理量(proxy)。传统的工资概念与马克思的可变资本概念并不相同,前者既包括非生产性工人的工资,也包括生产性工人的工资。而传统的利润概念与马克思的剩余价值概念的区别在于前者不包括非生产性工人的工资。韦斯科夫的估计值表现出与前几位学者截然相反的趋势,他的估计值从1947—1951年的平均0.23下降到1971—1975年的平均0.16,下降了28%。

---

① 如果剩余商品行业的平均资本构成与工资商品行业的平均资本构成不相等,那么以劳动数量表示的剩余价值率和以其"价格模拟量"表示的剩余价值率在数量上将不同。沃尔夫将这种情况描述为每1美元的剩余商品的平均劳动含量与每1美元的工资商品的平均劳动含量不等。

② 利润份额=利润/(利润+工资)。

莫斯里根据自己提出的可变资本和剩余价值的定义对美国经济在1947—1977年的可变资本、剩余价值及剩余价值率进行估算。他的估算结果表明这个时期剩余价值率有适度的增长。他利用5年平均值进行计算，这个时期剩余价值率增长了19%，从1947—1951年的平均1.40%增长到1973—1977年的平均1.66%。

表3.1 谢克、沃尔夫、韦斯科夫和莫斯里计算出的剩余价值率估算值

年份	谢克 I	谢克 II[1]	沃尔夫 I[2]	沃尔夫	韦斯科夫 II	莫斯里
1947	1.20		2.43	2.25	0.21	1.26
1948	1.26				0.23	1.35
1949	1.33				0.22	1.51
1950	1.31				0.24	1.43
1951	1.29				0.24	1.45
1952	1.23	1.42			0.21	1.42
1953	1.18				0.20	1.36
1954	1.25				0.19	1.47
1955	1.30				0.22	1.54
1956	1.27				0.20	1.45
1957	1.30				0.19	1.51
1958	1.30		2.85	2.67	0.17	1.59
1959	1.34				0.20	1.62
1960	1.35				0.19	1.63
1961	1.37				0.18	1.68
1962	1.37	1.46			0.20	1.73
1963	1.41		3.03	2.80	0.20	1.72
1964	1.44				0.22	1.74
1965	1.47				0.23	1.74
1966	1.46				0.22	1.73
1967	1.45		3.14	3.02	0.21	1.73
1968	1.45				0.20	1.70
1969	1.40				0.18	1.63

续表

年份	谢克 I	谢克 II[1]	沃尔夫 I[2]	韦斯科夫 II	莫斯里
1970	1.40			0.15	1.62
1971	1.41			0.16	1.71
1972	1.39	1.51		0.17	1.69
1973				0.17	1.63
1974				0.15	1.58
1975				0.16	1.73
1976				0.17	1.68
1977				0.17	1.68

[1] 对税收和政府支出进行了调整。
[2] 剩余价值率的"价格模拟量"。
资料来源：莫斯里1986年发表在《激进政治经济学评论》的文章。[1]

通过对这几位学者的估算值进行比较，莫斯里发现对于剩余价值率的估算值影响最大的理论问题是，是否在可变资本和剩余价值的定义中考虑马克思对生产性劳动和非生产性劳动进行的区分。如果不考虑这种区分，剩余价值率的估计值表现出明显下降的趋势；如果考虑这种区分，剩余价值率表现出明显上升的趋势。

西奥多·利亚诺斯（Theodore P. Lianos）对希腊的制造业部门的剩余价值率、资本有机构成以及利润率进行了实证研究。他将剩余价值率定义为：

$$r = \frac{Q - wL}{wL/n} = n\left(\frac{Q}{L}\frac{1}{w} - 1\right)$$

其中：Q = 价值增殖
w = 平均工资
L = 就业水平
n = 周转率

利亚诺斯所使用数据的基本来源是希腊国家统计局1960—1983年

---

[1] Fred Moseley, "Estimates of the Rate of Surplus-Value in the Postwar United States Economy", *Review of Radical Political Economics*, 1986, 18 (1-2): 168-189.

(除了 1962 年) 制造企业[①]的每年调查,这个来源提供了价值增殖、平均工资和就业的估计值。利亚诺斯还采用了其他学者研究得到的周转率的估计值。[②]

利亚诺斯指出国家统计局对数据进行分类所依据的定义与马克思的范畴并不一致,因此他对这些定义进行了简要的说明:平均工资包括缴纳的税款和工人向社会保障和其他基金上交的缴款;类似地,所估算的剩余价值包括雇主缴纳的税款和向社会保障上交的缴款等。利亚诺斯由此认为剩余价值率的分子和分母都有向上的偏离,但是不能计算出它们偏离的程度。

就业水平包括企业的所有者和没有得到报酬的家庭成员。这些人的数量很少,约占总就业人口的 3%—4%,因此就业水平的计算中没有包括他们,他们对于价值增殖的贡献也在平均工资的基础上被扣除。根据可得到的数据,利亚诺斯无法对生产性工人和非生产性工人进行有效的区分。中间投入品的周转率作为每个制造行业的三年平均值是可获得的。为了得到整个制造部门的周转率,对各个行业根据它们中间投入品价值的相对比例进行了加权。由于这些加权数会随时间变化,对整个制造业部门的周转率每年估算一次。因为缺乏其他的信息,利亚诺斯假设可变资本的周转率与中间投入品的周转率相同。所有的货币价值都是以 1970 年为基年的不变价格表示的。

利亚诺斯对剩余价值率进行的估算如表 3.2 所示。数值主要在最小值 2.98 和最大值 5.14 之间变化,但是没有明显的趋势。剩余价值率的变化反映了周转率、劳动生产率以及工资率的变化。利亚诺斯指出,由于具有高周转率的制造行业的重要性越来越大,周转率缓慢增长并随着时间的推移对剩余价值率产生正的、轻微的影响。然而,劳动生产率和工资率的变化所产生的影响要强烈得多,它们对剩余价值率具有决定性的影响,而利亚诺斯的分析表明劳动生产率比工资率表现出更大的变化性,因此它对剩余价值的影响更显著。

---

① 企业规模是 10 人或 10 人以上。
② 他采用了 Petrakis (1985) 提供的 1975—1977 年的周转率的估计值。Petrakis, P., "Financing Greek Manufacturing 1975 – 1978", *Economic Bulletin*, Commercial Bank of Greece, 1985.

表3.2　　　　　　希腊制造业 1960—1983 年相关数据

年份	剩余价值率 r	劳动生产率与工资率之差 $(\frac{Q}{L} - w)$	周转率 n
1960	2.98		2.61
1961	3.02	0.038	2.65
1962	—	—	—
1963	3.34	—	2.53
1964	3.18	0.049	2.54
1965	3.14	0.106	2.53
1966	3.17	0.063	2.60
1967	3.15	0.067	2.65
1968	3.64	0.194	2.68
1969	4.25	0.200	2.69
1970	4.60	0.102	2.69
1971	4.57	0.042	2.69
1972	4.30	0.007	2.69
1973	5.14	0.183	2.72
1974	4.50	-0.163	2.83
1975	4.09	0.002	2.86
1976	3.76	0.027	2.83
1977	3.43	-0.009	2.81
1978	4.87	0.353	2.90
1979	4.43	-0.011	2.99
1980	4.45	-0.098	3.08
1981	3.92	-0.052	3.04
1982	3.09	-0.096	3.03
1983	3.20	0.076	3.5

资料来源：利亚诺斯 1992 年发表在《激进政治经济学评论》的文章。[1]

利亚诺斯认识到他的估算结果并不能用来检验马克思的预测的有效

---

[1] Theodore P. Lianos, "The Rate of Surplus Value, the Organic Composition of Capital and the Rate of Profit in Greek Manufacturing", *Review of Radical Political Economics*, 1992, 24 (1): 136-145.

性。因为，第一，他的研究仅涵盖23年，这并不能认为是一个长时期。第二，他收集到的数据仅仅来自于一个经济体的一个部门，而这个经济体不能被视作一个成熟的资本主义经济体，而且这个经济体有一个规模较大的农业部门，它吸收了大量的劳动力（超过27%的就业人口在农业部门）。第三，资本的积累和技术进步是国内投资和大量国外投资流动共同作用的结果。

四　小结

作为马克思的最伟大的两个发现之一，剩余价值理论是马克思主义经济理论的基石和核心。通过提出剩余价值概念，马克思指出了资本主义生产的实质就是剩余价值的生产，剩余价值规律是资本主义的基本经济规律，它决定着资本主义的一切主要方面和矛盾发展的全部过程。马克思公开发表剩余价值理论之后的150年间，资本主义社会发生了一些重大的变化，一些西方学者试图对马克思的经济理论作出适当的调整和补充以更好地解释资本主义社会中的新现象。巴兰和斯威齐提出的经济剩余概念就是分析在垄断资本主义制度下经济通常表现为停滞状态原因的一个尝试。经济剩余概念在西方学者中产生了广泛的影响。有的学者将经济剩余概念的组成部分进行了详尽的剖析，并将其与剩余价值概念加以比较，对其给予了积极的评价；也有学者提出了它存在的一些问题，并给出了自己的处理建议。

从对这些学者观点的介绍中，我们不难看出，他们都试图利用西方主流经济学所常用的国民收入核算中的一些组成要素来分析垄断资本主义制度下的"剩余"问题，从中得到该制度存在的严重问题。他们的立场都是从维护马克思主义经济理论科学性的角度来批判资本主义制度的根本缺陷，这无疑有助于人们更好地理解资本主义社会经济运行的现实状况。但是我们也必须看到，经济剩余和剩余价值这两个概念是建立在完全不同的分析基础上的。马克思所提出的剩余价值概念反映了生产关系上的剥削，即工人劳动所创造的超过其自身劳动力价值的那部分价值被资本家无偿占有，因此它揭示了人与人的关系；而经济剩余概念反映的是生产力的发展，即产出超过投入的部分，它抽象掉特定历史时期的社会属性，仅仅用英美一些非马克思主义经济学者所使用的指标来反映社会剩余的数字总量。由此可见，"经济剩余"已成为超历史范畴的概念，它没有科学揭示无产阶级与资产阶级之间阶级矛盾的辩证法。因此，对这一概念的分析和使用，我们应该保持清醒的认识。

随着数学工具的迅速发展以及数学方法在经济理论和实证研究中越来越广泛的应用，西方马克思主义学者也尝试着使用数学工具来丰富和完善马克思主义经济理论的分析和研究，其中基本的马克思主义定理（FMT）是最引人关注的领域之一。我们知道，FMT是非常重要的一个问题，它是否成立对于马克思主义经济学来说至关重要，因为它关乎马克思所提出的资本主义社会是否存在剥削以及他的理论能否解释资本主义社会的剥削现象，因此马克思主义学者对这个问题的研究投入了大量的精力，从上面的介绍中我们可以看到各学派提出的主张各有特点，也都存在缺陷。20世纪80年代以来对马克思的劳动价值论研究产生重要影响的新解释学派提出了"劳动时间的货币表示"（MELT）这个概念，通过强调货币和劳动时间的关系，他们宣称证明了总利润和总剩余价值之间存在精确的数量关系。但是根据新解释学派对"劳动时间的货币表示"的定义，总剩余价值（σs）自然等于总利润（π），已经有学者批评了新解释学派的内容属同义反复。[①] 克利曼的分期方法虽然避免了传统解释方法和新解释方法对每一期的剩余产品或净产品都要为正的要求，但是在定义MELT上他采用了与新解释学派相同的办法，尽管他使用了总产品而不是净产品并且采用了分期的方法而不是同期的方法。因此，他仍然没有避免新解释学派的同义反复问题。但是，我们应该肯定的是这些学者的研究无疑开拓了马克思主义经济理论的数理研究方法，他们的研究成果有助于验证马克思剩余价值理论的科学性和正确性。

另外，西方马克思主义学者在剩余价值率的理论和实证研究上做了大量的工作。我们知道，在经济理论的实证研究中，一个严重的障碍是数据的可获得性。而对马克思的经济理论进行实证研究要克服的一个困难是，在现实经济中难以找到与其理论所使用概念相对应的量。上面的分析表明，西方学者在可变资本和剩余价值如何确定的问题上存在诸多分歧，因此，他们估算得到的剩余价值率也就各不相同。但是，就他们对美国战后30年的剩余价值率的估算结果看，马克思所预测的剩余价值率在长期中增

[①] 对于新解释学派所宣称的解决了对马克思转形问题的批判，也有许多学者提出了反对意见。

加的结论得到了验证。面对剩余价值率的经验研究主要局限在成熟的西方资本主义国家的局面，利亚诺斯对希腊制造业部门的剩余价值率进行了估算，估算结果虽然没有表现出有规律的趋势，但是他对出现这个结果的原因进行了分析，指出了其存在的不足，认为这种研究仍不失为对本来很有限的剩余价值率的经验估计的有益补充。

第二节　剥削问题

剥削是马克思主义经济学体系中最重要的概念之一，马克思在其不朽之作《资本论》中对资本主义剥削进行了系统的研究分析和深刻的揭露。马克思的剥削理论一经提出便一直受到学者的关注，对这个问题的研究似乎也成为了一个永恒的话题。有一些西方学者试图利用主流经济学的研究工具来丰富和发展马克思主义剥削理论，希望能够在马克思主义经济学和西方主流经济学这两个建立在不同方法论基础上的理论体系之间建立某种联系，也有西方学者仍专注于马克思的文本研究。

一　关于剥削的定义的研究

马克思在劳动价值论的基础上提出了系统的剥削理论，但是马克思本人并没有对剥削给出明确的定义。在经典的马克思主义的剥削理论中，剥削被认为是对被剥削者在剩余劳动时间里所创造的剩余价值（产品）的一种剥夺。借助于经济学领域中新的研究工具，一些学者对于"什么是剥削"提出了自己的观点。

1. 罗默的博弈论定义及其批判

约翰·罗默（John Roemer）是美国著名的分析马克思主义学派的重要代表人物，他在1982年出版的专著《剥削和阶级的一般理论》中运用新古典经济学的方法对剥削问题进行了研究。在这本书中，他反对劳动价值论以及以剩余劳动或价值榨取为基础的剥削定义，并在该书的第三部分提出了剥削的博弈理论定义："我认为剥削概念必须具备如下这些条件，即当且仅当下面这些条件存在时，一个群体（coalition）S在一个较大的团体（society）N中才是受剥削的：（1）假定存在着这样一种选择（an alternative），在这样的选择中，S总是比现在的状态更好；（2）在这样的选择中，群体S'作为N减去S后的剩余物，即作为S的补充物，总是比现在的状况更坏；……（3）S'在与S的关系中占据优势（dominance）。"① 显然，罗默之所以把自己关于剥削的定义称为"博弈论的定义"，因为他作出了这样的假定，即如果群体S能够作出一种更好的选择，那么，它现在总是处于受剥削的状态之下。反之，如果群体S的选择有可能使作为S补充物的S'处在比目前更坏的状态下，那么S'就处在剥削的状态下。这就对剥削群体和被剥削群体之间的关系作出了最一般的假定。

通过界定上述定义中的假定选择（alternative），罗默讨论了三种不同的剥削形式：一是"封建的剥削"（feudal exploitation），与这种剥削形式相对应的假定选择是一个群体（农奴）能够带走自己的私有财产。② 也就是说，在封建社会的经济博弈中，假定农奴们从封建的财产关系中退出，其处境比目前更好的话，那么他们就是以封建的方式受到了剥削。与此相应的是，当领主们因为农奴作出的退出选择而受到损害的话，他们也就是封建剥削关系中的剥削者。根据罗默的研究，这种"封建的剥削"等同于新古典的剥削，它出现在一个生产者被禁止行使他对生产资料的所有权时。

二是"资本主义的剥削"（capitalist exploitation），此时的假定选择是一个群体能够带走社会人均可让渡的财产或可转让的、非个人的财产。根据罗默的研究，如果一个群体能够带着他们的可分割财产的人均份额退出，而且在这种选择下他们的境况变好，那么他们就是受到了资本主义的剥削，而在这种选择下资本家由于损失一些生产性财产，他们的境况会变糟，这样他们就是资本主义关系中的剥削者。在罗默看来，资本主义的剥削在含义上是与马克思主义的剥削相一致的。罗默自己认为，他对"资本主义剥削"的解释比马克思的剥削定义更为优越。

三是"社会主义的剥削"（socialist exploitation），对应这种剥削形式的假定选择是一个群体可以带着他们的可分割和不可分割财产（他们的技能及生产资料）的人均份额退出。与封建主义和资本主义不同，在社会主义的财产关系中，财产，特别是生产者的"技能"是不可让渡的，而当不可让渡的财产以有差异的方式被赋予的时候，社会主义的剥削也就随之而产

---

① John E. Romer, *A General Theory of Exploitation and Class*, Harvard University Press, 1982, pp. 194 – 195.

② 罗默假设农奴拥有这些土地。

生了。在罗默看来，不能因为在社会主义的经济博弈中，作为财产的生产资料是不可转让的，就断言剥削是不存在的。他认为，剥削仍然会存在，因为人与人之间的不平等的关系还在相当程度上存在着。一方面的原因是自然的，即人们在"技能"上存在着重大的差异；另一方面的原因是社会的，即人们在身份上的差异决定着他们在分配上的差异，从而也决定着他们在社会主义的财产关系中的不同地位。罗默把后一种意义上的剥削称为"身份剥削"（status exploitation）。在罗默的语境中，"社会主义的剥削"专指"技能"上的差异引起的剥削现象，而他把"身份剥削"称为社会主义社会中的另一种剥削形式。他认为，身份剥削和社会主义的剥削这两种形式在当今的社会主义中都是盛行的。罗默还强调，在当今的社会主义国家中，不仅存在着社会主义的剥削，也存在着资本主义的剥削，因为为了推进生产力的发展，资本主义的生产和经营方式都得到了鼓励，所以他把这种剥削形式称为社会必要剥削。

在罗默看来，这些假定的选择方案确定了一种仅仅基于财产关系的定义剥削的方式，他认为这种由财产决定的定义更有优势，因为它减少了意思的含糊并处理了特定的问题，例如异质劳动，而剩余价值方法未能解决这个问题。他还指出，关注于财产关系而不是剩余劳动的榨取可以使反对资本主义的伦理迫切性（即生产资料的集体所有制）更加明显。

罗默的剥削理论提出后，在西方马克思主义学者中引起了很大的反响和争论。一些学者认为他的研究是马克思主义经济学的一个重要突破，而其他人则认为他误解、扭曲了马克思和现代马克思主义的分析。大卫·休斯敦（David B. Houston）认为罗默将博弈论应用于资本主义积累和剥削问题研究的这种方法具有创新性，他建立的模型也非常巧妙，但是他的方法作为对马克思主义分析的一种贡献存在很多问题，一个最根本的问题在于其非历史的特点。休斯敦指出，虽然罗默一直将他的分析归类于历史唯物主义传统，但他的模型与历史之间的一致性是有限的，而且他对于从一种生产方式到另一种生产方式的运动所给出的历史解释是一种程式化的虚构。例如，罗默提出的农奴"拥有"他们自己的土地，并通过带着土地退出最终建立了资本主义这样一个观点，简直就是对这种转型非常牵强的描述。实际上，根据马克思的观点，这种转型更可能的是相反的情况：自由的农民被剥夺了土地和生产资料，成为了无产者的一部分。

休斯敦认为如果考虑历史时间，就会暴露出一个更加理论的问题。罗默的分析即使放在一个博弈理论框架中，仍然是静态的。在罗默的描述中，当受到资本主义剥削的群体打算退出时，他们只想带走生产资料的人均份额。但是如果在这个群体中的财产规则没有变，动态的积累将自然再产生出原来的关系。无论出于俭朴、懒惰、灵巧还是机遇，原来的阶级将再次出现，剥削者和被剥削者也会再次出现。休斯敦指出，人们要做的不仅仅是带着人均份额退出，而是要废除生产关系的私有制，剥削不能简单地通过退出被终结。休斯敦还指出，在马克思的分析中，最重要的社会力量之一是阶级斗争，这种斗争不是自愿的，而是由阶级关系的矛盾剥削性质决定的。他认为，罗默的阐述建立在假设的基础上，他提出的"群体退出"的概念具有空想的特点。休斯敦最后指出，罗默的分析不是马克思主义的，他的结论的实质是仅仅关注于财富的分配，而且在罗默看来，不仅劳动价值论是错误的，而且对劳动过程、劳动和劳动力的差别、交换和生产之间的区别以及生产关系的关注都没多大用处，这些都与马克思的观点背道而驰。[1]

2. 赖特对将剥削概念与经济租概念等同的批判

哈佛大学艾吉·索伦森（Aage B. Sørensen）指出剥削对于阶级分析来说是一个非常重要的概念，但是他并不认同传统的马克思主义者将剥削概念建立在劳动价值论的基础上，提出将剥削与经济租等同的观点。

关于剥削的根本含义，索伦森赞成马克思的观点，即"剥削的意思是在两个阶级的优势和劣势之间存在因果的联系。这种因果的联系造成了潜在的对抗性的利益，当这些利益作为阶级意识发展的结果而被付诸行动时就产生阶级冲突"[2]。在索伦森的这个剥削定义中，对抗性的利益是中心点。"当一个主体或一组主体的所得阻止了其他主体从同样的优势中受益，那么利益就可以被称作是对抗性的。"[3]

关于经济租，索伦森采用了新古典经济学的定义，即租金是指各种各样的资产给予它们的所有者在将这些资产用于生产或交换时所产生的回报。当这个租金高于完全竞争条件下资产的回报时，两者的差被称为经济

---

[1] David B. Houston, "Roemer on Exploitation and Class", *Review of Radical Political Economics*, 1989, 21 (1-2): 175-187.

[2] Aage B. Sørensen, "Toward a Sounder Basis for Class Analysis", *The American Journal of Sociology*, 2000, 105 (6): 1523-1558.

[3] Ibid..

租,通过这种对租进行的标准经济定义,索伦森提出用租来定义剥削:"我建议将剥削限定在由对产生租的资产(rent-generating assets)的所有权而产生的不平等。产生租的资产或资源造成不平等,在这里所有者的优势是以非所有者(nonowners)为代价得到的。如果对产生租的资产进行重新分配或消除这些财产,这些非所有者的状况将改善。"①

索伦森认为,租对于剥削阶级的出现至关重要,因为那些从租中受益的人希望保护他们对产生租的资产的权利,而那些不能实现其资产的全部价值的人则希望消除租。因此租有可能产生对抗性的利益和冲突。处于优势地位的剥削阶级在社会结构中所处的位置使他们取得了产生租的资产控制或者说是经济产权。索伦森这里所定义的产权是指直接或间接通过交易而获得资产回报的一种能力。根据这个产权定义,个人(即使是奴隶)通常在某些情况下拥有资产的某些产权,这意味着所有的个人都有某些财产,即使这种财产只包括他们完成某项工作以换取工资的能力。

通过利用经济租对剥削所下的定义,索伦森得到了一些与传统的直觉相悖的结论。首先,资本主义财产关系本身不产生阶级。"在完全竞争的市场中,没有交易成本,不存在以其他人为代价而得到的永久的优势或高于市场的回报。因此,阶级地位与这个问题无关。"在索伦森的以租为中心的阶级和剥削概念中,一个完全竞争的资本主义市场经济是无阶级的社会,因为财产的所有回报将正好等于它们的生产成本。因此,没有租也就没有剥削或阶级。其次,索伦森认为工会发挥了创造租的作用。工会一方面为参加工会的工人提供工资溢价,较高的工资溢价的存在增加了一个社会的剥削,使获得最低工资的工人成为剥削阶级;另一方面工会降低生产性高的工人和生产性低的工人之间的工资差别,这就可能为低技能或生产力较低的工人创造大量的租。此外,国家的福利措施也增加剥削,福利的接受者是一个剥削阶级。索伦森写道:"没有任何事能保证有效率的劳动力市场能够创造好的生活。在现代社会中需要租来为最贫穷的人提供像样的生活水平。国家以收入补助或其他福利品的形式提供这些租。"②

尽管埃里克·赖特(Erik Olin Wright)赞成索伦森所提出的剥削产生

---

① Aage B. Sørensen, "Toward a Sounder Basis for Class Analysis", *The American Journal of Sociology*, 2000, 105 (6): 1523 – 1558.
② Ibid..

了对抗性的利益的观点，即剥削者的物质福利依赖于被剥削者物质利益的损失，而且赖特也认为产生这种因果上的依赖关系的根源在于各种各样的生产性资产被拥有和控制的方式。但是他不同意仅仅用产生租的过程（rent-generating processes）对剥削进行有效的定义。第一，租本身没有全面叙述剥削的解释机制，这涉及剥削以什么方式需要占有"劳动努力"而不仅仅是"优势"；第二，即使在想象中的完全竞争条件下资本主义也产生对抗性的阶级利益，这涉及即使在完全竞争市场条件下资本主义财产关系如何产生对抗性。

赖特提出了剥削的另一个定义，这种定义将剥削不仅仅看作产生租的优势，而是看作涉及剥削者占有被剥削者的劳动努力的优势。赖特认为，当满足以下三个条件时剥削存在：（1）相反的互相依赖的福利原则——剥削者的物质福利依赖于被剥削者物质福利的减少；（2）排除原则——剥削者和被剥削者的福利的相反的互相依赖取决于将被剥削者排除在某些生产性资源的获取之外；（3）占用原则——排除产生了剥削者的物质优势，因为排除使他们占有被剥削者的劳动努力。

赖特认为剥削是对一个过程的分析，通过这个过程，收入上的某种不平等是由对生产性资源的权力和势力的不平等造成的：不平等至少部分上是通过剥削者凭借他们对资源的排他性权力和势力能够占有被剥削者的劳动努力[①]而出现的。如果存在前两个原则，而没有第三个，那么可能存在非剥削性的经济压迫（nonexploitative economic oppression），但不是剥削。关键的差别在于，在非剥削性的经济压迫中，处于优势的社会类别（category）本身不需要被排除，此时尽管处于优势类别的福利确实依赖于排除原则，他们的活动与那些处于不利地位的人的活动之间没有相互依赖关系。然而在剥削的情况下，剥削者需要被剥削者：剥削者为了他们自己的福利依赖被剥削者的努力。

赖特认为，这种深刻的相互依赖使剥削成为一个社会关系的极易引起冲突的形式，原因有两个：第一，剥削构成一种社会关系，这种社会关系同时将一个群体的利益与另一个群体的利益放在对立的位置，并要求它们

[①] 赖特认为"对劳动努力的占有"可以有许多种形式。典型的方式涉及占有那种劳动努力的产品，但是它也可以涉及对劳动服务（labor services）的直接占有。这种劳动努力被占有的主张并不依赖于劳动价值论的被资本家占有的产品的价值由那些产品所体现的劳动数量决定的论点。他认为，当资本家占有了产品，他们占有了生产那些产品的人的劳动努力。

之间持续地相互发生作用；第二，它给予被剥削的群体一种势力的真实形式（real form）来反抗剥削者的利益。这是非常重要的。剥削依赖于对劳动努力的占有，而人是有意识的主体，不是机器人，他们总是能够对其努力的消耗进行相当程度的实际控制，因此在剥削关系中榨取努力总是需要有效的制度工具，这些工具可能对剥削者来说成本很高。① 施加这些成本的能力是被剥削者的一种势力。因此，赖特认为仅以租为基础的剥削概念漏掉了剥削者不仅仅是由于被剥削者的劣势而获得优势，而且剥削者要依赖被剥削者。

对于索伦森提出的在完全竞争条件下的资本主义市场经济中不存在租从而不存在剥削的论述，赖特也表示反对。他指出在劳动价值论的框架中，很容易证明在完全竞争条件下工人也是受到剥削的，但是即使放弃价值的劳动量度，仍可以证明在完全竞争条件下工人是受剥削的。他考察了在完全竞争的资本主义经济中上面提到的剥削的三个标准，与索伦森提出的当存在产生租的资产时，"如果重新分配或消除产生租的资产，非所有者的境况将变好"的观点不同，他认为，当资本财产是私人所有而且分配不平等时——尤其是当一个群体没有资本财产而另一个群体有足够的资本财产而无须工作时——即使那些财产不产生租，"如果产生收入的财产被重新分配，非所有者的境况将变好"这个论断也是成立的。② 赖特着重讨论了剥削的第三个标准——占有原则，在一个拥有完全信息和均衡价格的完全竞争体系中，即使在新古典主义经济学家所鼓吹的工人为他们的努力水平得到的报酬数量将正好反映他们付出努力所生产的产品的价格的条件下，下述内容也是正确的：（1）在该体系中唯一的劳动努力是工人作出的；（2）资本家占有产品，由此占有工人的"劳动努力的果实"；（3）对任何给定的工资水平，资本家都有兴趣使工人付出比起他们自发想要付出的努力更多的劳动努力；（4）如果工人拥有生产资料，资本家将发现，使工人在给定工资水平下一样努力工作会更加困难。因此，在一个纯粹的竞争资本主义经济中，对于劳动努力的付出和占有仍存在对抗性的利益。

赖特认为，一旦将对劳动努力的占有作为一个标准加入到剥削概念

---

① 包括监督、监视、制裁的成本，等等。
② Erik Olin Wright, "Class, Exploitation, and Economic Rents: Reflections on Sørensen's 'Sounder Basis'", *American Journal of Sociology*, 2000, 105 (6): 1559 – 1571.

中，阶级、剥削和租之间的关系会变得更加复杂。在有些情况下，租可能直接是一种剥削的形式。例如，地主向佃农收取的租构成对农民劳动努力的直接占有。在其他情况下，租的获取更应该被看作是减轻剥削的一种方式。经济租的概念可以在阶级和剥削理论中发挥作用，但是不能将剥削概念简化为财产所有者在不完全竞争和不完全信息条件下获得优势。

3. 其他学者提出的剥削概念

人们经常将剥削者比喻为"寄生虫"，这表明自然界中存在的寄生生物—宿主关系与人类社会的剥削关系存在相似性。[①] 汤米·谢尔比（Tommie Shelby）选取了寄生现象的结果模型与过程模型对这两种关系进行了类比。[②] 他认为过程模型能够为阐明满足马克思主义理论所需要的剥削概念提供更好的基础，因为根据结果模型，人们只能知道在给定的关系中谁受益谁受损以及收益和损害的相对数量，但不知道为什么要反对它以及如何能消除或改善这种情况。然而，过程模型给出的剥削描述使人们关注于剥削性社会关系的结构和内部的动态，使人们关注剥削的原因和机制，而不仅仅是剥削的效果，谢尔比认为这非常重要。据此，谢尔比提出了一个基于寄生现象过程模型的剥削概念。

谢尔比首先提出剥削的基本结构，即只有在（1）Y 被迫作出牺牲，这种牺牲导致 X 受益，以及（2）X 通过他对 Y 所拥有的势力上的优势得到这个利益时，X 剥削了 Y。[③] 关于这个剥削的基本结构，他解释说，利

[①] 谢尔比指出马克思在讨论剥削者时也使用寄生虫这样的比喻，不过他将这种比喻用于商人和货币借贷者。谢尔比将这个比喻延伸到各种各样的剥削关系。

[②] 谢尔比认为这两种模型最合理地解释了寄生与剥削这种类比关系，同时它们与理解马克思主义关于剥削的两种主要方法在大体上相对应。寄生现象的结果模型关注寄生的相互作用对寄生生物和宿主的生物功能和繁殖成功的不同影响。在这种模型中，寄生现象被看作是一种物种间的关系，寄生生物从这种关系中受益而宿主受到损害。因此，与结果模型相一致的剥削概念就关注于在既定的社会关系中收益与损害的分配。而过程模型较少关注寄生现象的生物结果而更多地关注寄生生物和宿主之间相互关系的本质。在这种模型中，宿主付出时间、精力或安全的风险来获得所需的资源，而寄生生物窃取宿主对资源的控制并通过这种行为尽量减少它付出的时间和精力来满足自己的需要。与寄生的过程模型相对应的剥削概念并不太关注在剥削者和被剥削者之间收益和损害的分配，而是关注剥削者如何从被剥削者那里得到他得到的所有收益以及为什么被剥削者最终会丧失掉他付出巨大成本才得到的物品。

[③] 谢尔比指出剥削反映的是人（或者一群人）之间的关系。他不讨论利用"一种情况"或利用一个人的某些特点，例如 Robert E. Goodin 在文章《利用一种情况和利用一个人》中所讨论的情况，见 Robert E. Goodin, "Exploiting a Situation and Exploiting a Person", in Andree Reeve (ed.), *Modern Theories of Exploitation*, 1987, pp. 166–200.

益是任何一旦得到就能够改善得到它的人的普遍福利的任何物品，既包括货币、资源，也包括社会地位、有用的信息以及对他人劳动的控制。至于这个基本结构中剥削者以被他剥削的那个人为代价获得利益的含义，谢尔比不赞同那种从分配角度作出的解释，即剥削者从剥削关系中得到比被剥削者更多的利益，或者被剥削者只会从剥削关系中遭受损失，因为剥削关系不一定在性质上是零和的，甚至可能对于双方都是帕累托改进的。对此，谢尔比提出与寄生现象的过程模型相似的解释：剥削者通过被剥削者的行为获得利益是由于被剥削者作出某种牺牲，这种牺牲通常涉及放弃某些重要事物以避免某种不想要的命运，尽管被剥削者也可能从中获得利益。谢尔比还指出，不能假设一个剥削者永远不作出任何牺牲就可以从被剥削者那里榨取利益，他们也许放弃很多或冒很大风险来成为剥削者。

在剥削的基本结构的基础上，谢尔比专门讨论了一种对于马克思主义者而言非常重要的剥削形式，即剥削作为一种自持续（self-sustaining）的社会关系。这种类型的剥削没有采取一种孤立的交易或特殊的社会相互作用的形式。相反，这种社会关系表现为两个或更多主体之间的一种持续的关系或者一个定期反复出现的相互关系。谢尔比认为应该通过上面的分析框架来理解马克思主义中物质再生产体系中的剥削，而这种剥削主要是指经济剥削。为此谢尔比提出了可以表达出马克思主义经济剥削的定义，即一个物质再生产的体系是经济剥削性的，当且仅当其经济单位包含群体 X 和 Y，且满足：(a) Y 的成员被迫从事剩余劳动，X 的成员从占有 Y 的剩余劳动的产品中受益；(b) X 的成员能够占有这个剩余产品是因为他们对现有的生产性资源拥有更大的控制；(c) 作为 (a) 和 (b) 的结果，在其他情况相同时，X 的成员所拥有的对生产性资源的控制得到维持（或趋向于增加），而 Y 的成员继续被迫从事剩余劳动，剩余劳动的产品随后被 X 的成员占有。

谢尔比强调了这个定义的一个特点是将经济剥削作为群体之间的关系来处理，这个群体是根据他们在一个物质再生产的体系中发挥的作用来确定的。有时一个群体只作为个体的集合行动，每个人关注自己的利益而没有以达到某个共同目标为目的。在其他时候，这个群体采取集体行动以有意识地促进某些共同的利益或共同目标的实现。例如，资本家们有时会为剩余产品的份额互相竞争，但是他们也会集体行动以将最低工资维持在低水平，支持那些促进他们的共同利益实现的政治候选人，并削弱劳工组织的势力或阻止劳工组织的形成。与此相类似，当工人们互相为工作机会展开竞争时，他们通常是作为个体的集合来行动，但是他们有时也会集体行动来实现共同的目标，如缩短工作时间、提高工资、要求安全的工作环境等。经济剥削将剥削描绘为群体之间的关系的特点并不是因为个体之间发生经济剥削是不可能的，而是马克思主义剥削理论关注那些以复杂的社会分工为基础的生产关系。在这样一种劳动分工中，不同的生产任务在一个生产者的群体中被划分，这些生产者的劳动活动一起创造出集合性的产品（不是集体所有而是集体生产出来的）。尽管严格地说是这些个体从事劳动，但是是这个群体生产出集合性的产品。这个产品必须分配给经济单位的成员以用于进一步生产（生产资料）和个人消费（生活资料）。同样，对剩余的占有是因为许多个体的活动，每个个体对生产中所使用的生产性资源拥有某种程度的控制，这种控制因此使他得到剩余的一定份额。

二 关于剥削产生的根源的分歧

在马克思的论述中，剥削是人与人之间的一种经济关系，它是指生产资料所有者凭借所掌握的生产资料无偿地占有劳动者剩余劳动创造的产品这样一种经济关系。在资本主义社会中，剥削表现为资本家对工人生产的剩余价值的无偿占有。很明显，马克思的资本主义剥削理论是以劳动价值理论和剩余价值理论为基础的。事实上，马克思正是通过对资本主义社会中具体劳动过程和价值转移过程的分析，揭示了剩余价值的起源。由此不难看出，在马克思剥削理论中，剥削发生在生产点（point of production）。后来的许多马克思主义学者针对这种解释从不同角度提出了新的见解，但总的来说都遵循了马克思提出的剥削产生于生产过程的观点。例如，斯蒂芬·雷斯尼克和理查德·沃尔夫（Stephen Resnick and Richard Wolff）提出剥削是那些不参加剩余生产的人对剩余劳动的占有。他们的定义与马克思"对劳动力的消费是完成于市场或流通领域之外"、"对劳动力的消费同时是商品和剩余价值的生产过程"的论述是一致的。他们指出，马克思反复强调商品交换和剩余价值的生产/占有之间的差异，前者是严格的价值交换，而不是剩余价值的场所或来源。商品交换是一个经济过程，但它不是剥削。当资本家购买劳动力这种商品时，这种商品交换不是剩余价值的来源。这个观点认为，剥削出现在生产过程中，而不是在交换中。

而自称为马克思主义者的罗默否定了剥削的剩余价值理论基础，虽然他指出马克思所解释的资本家对工人的剥削是真实存在的,但是他认为生产资料的分配才是剥削产生的原因,即在市场经济中生产资料的不平等分配导致剥削,表现为那些拥有生产性资产的人比几乎没有生产性资产的人在消费品价值给定的情况下工作的时间更少,而不是在生产中发生了剥削。在《剥削和阶级的一般理论》及一系列文章中,他反复强调了财产关系(property relations)是剥削产生的根源的观点。

为了说明自己的观点,罗默建立了三个仅能维持生存的经济模型。[①]这些模型有一些共同点:有 N 个生产者,他们的目标都是满足自身的生存,在受到本身禀赋限制的条件下都希望最小化自己的劳动。这些生产者的生产活动由他们共同掌握的里昂惕夫技术决定,他们所消费的商品是以物化劳动的单位来衡量的。

罗默构建的第一个模型用来证明即使不存在剩余劳动和劳动市场,剥削也是可能的。在这个前资本主义的仅能维持生存的经济中,所有的生产者都是独立的。他们用他们自己的禀赋和自己的劳动在"自己的工场工作"。生产者只是在生产出来的商品(produced goods)这个禀赋方面存在差异,不存在劳动市场,也不存在任何进行劳动交换的制度。他们只能从事由自己的禀赋所决定的生产活动。一些生产者的工作时间多于社会必要劳动时间,而其他人则工作时间少于社会必要劳动时间。社会作为整体的工作时间总是恰好等于社会必要劳动时间。因此,尽管不存在任何劳动交换的制度,而且不存在剩余的积累,在该经济中存在与马克思主义剥削理论相似的现象,即富有的人可以"剥削"贫穷的人,但是这种剥削完全是通过生产出来的商品的市场作为媒介的。由此,罗默得到竞争性市场和生产资料的有差异的所有权是造成马克思主义剥削理论制度上的罪魁祸首,而剥削不是发生在生产点这样一个结论。

罗默在下一个模型中添加了一个劳动市场。在这个模型中,生产者只在生产出来的资产(produced assets)的禀赋方面存在差异。随着劳动市场的开放,生产者的选择从一个扩大到三个,每个人可以选择在自己的工场工作、雇佣劳动或者出卖自己的劳动以获取工资。因此,就存在三种在性质上不同的收入来源。当一个生产者支出的劳动比其消费束中物化的劳动

[①] 罗默的方法在主流经济学当中得到支持,因为他的分析依赖于方法论的个人主义和新古典方法。

量多的时候，剥削就发生了。一个剥削者支出的劳动比其消费束中物化的劳动量要少。在具有劳动市场的模型中，均衡时生产者也被分为剥削者和被剥削者，这取决于他们的工作时间多于还是少于社会必要劳动时间。在这个模型中生产者的剥削地位和阶级地位都是个体在其面临受到的对生产性资产所有权的约束时作出最优选择而内生出现的。罗默认为，这表明马克思主义的阶级和剥削理论可以仅从关于维持生存经济模型的制度规定得到。

在下一个用信贷市场代替劳动市场的模型中，罗默表明相同的剥削和阶级会出现，因此劳动市场对于产生这些现象不是必要的。在这个模型中，生产者不允许雇佣或出卖劳动力，然而，他们可以互相以一定的利息借入或出借金融资本。这会导致三种获取收入的活动：所有的生产者在他们自己的工场工作，要么使用自己的资金（小资产阶级），要么使用借来的资金（负债人），要么借出资金收取利息（债权人）。在均衡时，这个模型会出现与劳动市场相同的结果，债务人与必须出卖劳动的无产者相对应，债权人与雇佣劳动的资本家相对应，小资产阶级在两种经济中是相同的，剥削和阶级的情况也是一样的。纯的债务人和纯的无产者都没有财富，都是最低的阶级。纯的债权人和纯的资本家都拥有足够的财富，他们根本不需要劳动，都是最高的阶级。由于信贷市场和劳动市场的同构性，罗默称他已经表明劳动市场对于资本主义社会中的剥削和阶级都不是必要的。

休斯敦研究了罗默提出的几个经济模型，指出了其中存在的一些问题。首先，在罗默的研究中，所有的生产者面临同样的技术，那么根据马克思对不平等交换问题的分析，罗默模型中的剥削就是资本有机构成不同造成的。资本有机构成高的活动在市场上将总能以资本有机构成低的活动为代价取得价值。在罗默对剥削问题的分析中，生产者拥有不同的禀赋，那些禀赋高的生产者能够专门从事对劳动要求低的活动或行业。相反，拥有很少财富的生产者不得不专门从事使用劳动的活动。根据罗默的研究，前者是剥削者，后者是被剥削者。休斯敦认为不能由此认为这是马克思主义理论中的剥削，不能说炼油行业（高资本有机构成）剥削了纺织行业（低资本有机构成）。休斯敦指出，马克思对剥削的论述是在资本作为一个整体的层次上，对马克思而言，资本剥削劳动，这是一种阶级关系。罗默的剥削产生在许多资本的层次上，是一个个体而不是一个阶级的特征。

其次，罗默在其劳动市场模型中作出的每个资本家使用尽可能少的财富来生产他能够维持生存的消费束并最小化他的劳动的假设是不现实的，其结果可能是不稳定的，因为工人们将会看到资本家手中未被使用的、被浪费的财富，而这些财富可以被用来减少他们的劳动时间并在他们失业时被用来防止他们被饿死。而且，在罗默这个具有劳动市场的模型中存在对劳动的剥削，但剥削是由财产权利实施的不相等的禀赋和交换关系造成的，与劳动市场无关，与劳动过程和生产领域也是无关的。罗默的模型中没有对劳动和劳动力进行明确的区分，他停留在交换的层面。由于生产关系仅仅是非劳动和劳动要素投入和产出之间的技术关系，交换来的劳动力自动转换成实际劳动（actual labor）。罗默所分析的剥削与这种转换无关。而对马克思而言，情况正好相反，这种转换决不是自动的，它是交换中决定的劳动力的价值和生产中决定的由劳动创造的、成为剥削来源的价值的差。因此，休斯敦认为罗默的劳动市场未能讨论马克思意义上的剥削。

针对罗默由于论证了信贷市场和劳动市场的同构性所宣称的劳动市场对于资本主义社会中的剥削和阶级都不是必要的观点，休斯敦指出虽然这些结果在模型的背景下是正确的，但是从历史来看和在分析现代资本主义社会中它们都是误导的。两个模型都不是资本主义模型，因为在这两个仅能维持生存的经济中劳动最小化是目标。在劳动市场模型中对生产性资本的直接垄断迫使生产者出卖他们自己的劳动来维持生存；而在信贷市场模型中垄断采取了货币资本这种更间接的形式，生产者必须隐含地将劳动出卖给债权人。休斯敦认为，罗默的信贷市场就像他的劳动市场一样不现实：在他的模型中，无论是确保偿还本金和利息还是确保将劳动力转换成实际劳动，强制都不是必要的。在信贷市场模型中，债权人拥有货币资本，并能够"剥削"那些需要借钱的人。这更像是一个小资产阶级生产者和放高利贷者的模型而不是一个资本家和无产者的模型。马克思将高利贷看作是资本主义作为一种生产方式确立起来之前的一种货币资本的形式。通过高利贷从生产者那里占有剩余劳动是一种前资本主义的活动，这不是资本主义剥削，而是通过交换的剥削，无论在理论上还是历史上它都不是资本主义发展的基础。

此外，休斯敦指出，罗默反对在工厂的强迫或支配是剥削的必要条件的观点，是基于双方可以签署执行无成本的劳动契约的假设。罗默将这等同于马克思的公平交换的假设，认为资本和劳动可以同意在生产中无须支配或强迫的条件下交付一定数量的实际劳动，因而断定关注生产点的关系是不必要的、是一个错误，劳动过程不是剥削的一个重要来源，生产性财产的不平等分配是剥削的原因。休斯敦指出，罗默的模型确实产生了他声称的在劳动过程中没有任何强迫的剥削，但正是因为他做的那些不现实的假设使他能够得到这些结果。

最后，休斯敦指出，剥削是一种社会现象，它由很多因素决定，任何将它简化成单一因素的尝试将注定是不充分的。资本主义剥削在历史上看是与生产资料的不平等分配、劳动市场和在生产点的强迫或支配相关的。任何不包含这些因素的模型，对马克思主义剥削理论的解释都只能是断章取义的、具有误导性的。

三 关于马克思是否对资本主义剥削进行道德批判的争论

剥削在马克思主义经济理论中是一个非常重要的概念，但是西方马克思主义学者对于该理论中剥削问题的研究存在诸多分歧，除了之前所谈到的剥削的含义问题之外，还有一个引起广泛争论的问题，即马克思本人是否批判资本主义剥削为不正义的。这个争论最早发生在20世纪70年代艾伦·伍德（Allen W. Wood）和齐亚德·胡萨米（Ziyad I. Husami）之间。

伍德指出，尽管马克思在《资本论》及其他著作中对资本主义生产方式的描述很自然地使人认为资本主义是一个不正义的社会制度，但是在他的著作中马克思没有提出任何关于资本主义是不正义或不公平的，或者它侵犯了任何人权利的论点。而且，对那些谴责资本主义不正义或为了获取正义而倡导社会主义的社会思想家，马克思作出了明确的批判。伍德认为，需要从马克思对作出这种判断所基于的正义概念的论述中来理解马克思为何对资本主义的非正义批判持有这种态度。

根据马克思的观点，"正义"一词在本质上是一个司法或者法律的概念，它与法律以及人们在法律之下所拥有的权利有关，权利和正义概念是从司法的观点对法律、社会制度以及人们的行为进行评判的最高的理性标准。但是这种司法的观点总是从属于给定的生产方式。法的关系既不能通过它们本身，也不能通过所谓的人类精神的普遍发展来理解，而是来源于生活的物质关系。人类社会是一个发展中的集体生产活动的系统，其目标是满足由历史条件限定的人类需求，人类社会的制度，包括司法和政治制度都是这种生产活动的方面。① 伍德指出，在马克思的著作中没有发现马克思提出一个清晰的、明确的权利或正义概念，这并不是因为马克思本人厌恶"道德说教"，也不是因为马克思对社会现实采取"非道德"的态度，而是因为马克思认为司法制度在社会中仅仅发挥了一种支撑性的作用。对马克思来说，司法的观点在本质上是片面的，将这种观点当作评判所有社会现实的根本观点，就是对这个现实采用一种扭曲的概念。但是马克思对正义并非只字未提。"生产当事人之间进行的交易的正义性在于，这些交易是从生产关系中作为自然结果产生出来的。这种经济交易作为当事人的意志行为，作为他们的共同意志的表示，作为可以由国家强加给立约双方的契约，表现在法的形式上，这些法的形式作为单纯的形式，是不能决定这个内容本身的。这些形式只是表示这个内容。这个内容，只要与生产方式相适应、相一致，就是正义的。只要与生产方式相矛盾，就是非正义的。在资本主义生产方式的基础上，奴隶制是非正义的；在商品质量上，弄虚作假也是非正义的。"② 尽管伍德承认这段话决不能被称为是马克思的"正义理论"的一个清楚的描述，但是他认为这段话中所谈到的"交易"的正义一般来说可以适用于行为、制度，甚至适用于法律和政治结构。

首先，马克思以在某个给定的生产方式中的功能来看待正义的概念，判定交易或制度是否正义需要考察它们在生产中的功能。伍德认为，当马克思提到正义的交易是与主流的生产方式相对应的交易，这意味着这个交易在这种生产方式中发挥一个具体的作用。正义的交易"符合"主流的生产方式，它们服务于与之相关的目的，它们推动在一个具体的历史情境中人类的集体生产活动过程并使之成为现实。判断一种社会制度是否正义取决于将生产方式作为一个整体的具体理解，以及对这个整体与所讨论的制度之间关系的考察。其次，正义不是一个抽象的用来衡量人类的行为、制度或其他社会现实的标准。相反，它是一个仅仅在特定的生产方式下存在于人们思想中的标准。因此不存在适用于所有社会形式的"自然正义"的普遍规律或规则。对马克思来说，正义不是由人类的行为和利益的协调一

---

① 伍德指出，马克思早在1844年就指出："宗教、家庭、国家、法律、道德、科学、艺术等都只是特定的生产方式，都受其普遍规律的影响。"

② Allen W. Wood, "The Marxian Critique of Justice", *Philosophy & Public Affairs*, 1972, 1 (3): 244–282.

致决定的，而是由历史条件确定的生产方式的具体要求决定的。在特定行为和制度在某一特定的生产方式中的具体作用的基础上，存在对这些行为和制度的正义性的评价。但是这种评价并不是建立在任何时间和任何地点都适用的抽象的或形式上的正义原则上。因此所有正义的司法形式和原则如果不是用于特定的生产方式，都是没有意义的。最后，行为或制度的正义性对于马克思来说并不依赖于他们的结果。正义的行为和制度不一定使人们更幸福。对于马克思来说，一个交易是正义的，是因为它在整体当中的功能，而不是因为它对整体带来的后果。

关于资本主义剥削对马克思来说是否是不正义的，伍德先是批判了那种认为资本主义涉及工人和资本家之间发生的商品不平等交换的观点。这种观点认为，工人受到资本家的雇佣所生产出来的商品的价值比资本家支付给他的工资和生产中消耗的生产资料的总和要高。而这高出来的价值，即剩余价值的出现是因为资本家支付给工人的工资比工人的劳动的价值要低。对于这种观点，伍德指出，马克思已经通过对"劳动"和"劳动力"的区别进行了批判。马克思明确指出，劳动力买卖"这种情形对于买者（即购买劳动力者）是一种幸运，但对于卖者来说，一点也不是不公平。"①

而对于批判资本主义剥削是不正义的另一种观点（即根据李嘉图的原理，劳动是价值的唯一创造者，工人的劳动使得价值产生的增值理应属于劳动者），② 伍德也提出了反对意见。伍德指出，这种观点基于两个假设，一个是剩余价值源于资本家占有劳动所创造的部分价值而工人没有为这部分劳动获得等价物；第二个假设就是每个人的财产权利建立在他自己的劳动上，因此每个人都有权占有他的劳动所创造的全部价值，任何人如果剥夺了这个价值的任何部分就要被称为不正义。马克思接受了第一个假设，但是关于第二个假设，马克思认为在一种个人拥有自己的生产资料并用他生产出的产品与其他生产者进行交换的生产方式中，财产权利将完全取决

---

① Allen W. Wood, "The Marxian Critique of Justice", *Philosophy & Public Affairs*, 1972, 1 (3): 244 – 282.

② 按照这种观点，在占有剩余价值而没有支付等价物的过程中，在严格意义上讲，资本家也许没有与工人进行"不平等交换"，但是资本家获得了工人无酬劳动的成果，因此资本家剥削了工人，从工人那里得到了本属于工人的成果，因此资本主义是不正义的。伍德认为，当人们将马克思对资本主义作为建立在"剥削"和"无酬劳动"基础上的制度所做的谴责当作他由于资本主义不正义而对其进行的谴责时，人们正是认为马克思持有这种观点。

于一个人自己的劳动。在这种制度下,劳动者将占有其产品的全部价值,任何人剥夺这个价值的一部分都是不正义的,在这样的社会中不存在剩余价值,这仅仅是因为每个人都拥有自己的生产资料,劳动力在这个社会中不作为商品进行交易。但是马克思认为资本主义生产与这种简单的小资产阶级的生产方式不同。在资本主义生产中,人们从事合作性的劳动,共同使用生产资料,而且更为重要的是,资本主义是建立在劳动与生产资料分离的基础上的,社会被划分为拥有生产资料的阶级和只拥有劳动力的阶级。在资本主义社会,劳动力越来越多地作为一种商品被出售,而劳动力就像任何其他商品一样,购买是为了使用,它如果对于购买者而言没有用处就不能作为商品发挥作用。如果雇佣工人所生产产品的全部价值被花费在工资和生产资料上,资本家将从他购买的劳动力上得不到任何用处,如果资本家不能实现剩余价值就没有动力来发展生产力。因此,伍德提出资本主义生产中交易的正义性依赖于这些交易源自资本主义生产关系,它们满足生产的资本主义方式并与其相一致。

  基于上述论述,伍德的结论是:在马克思看来,一个给定的经济交易或社会制度是否正义取决于它与主流的生产方式的关系,如果这个交易或制度与这个生产方式相一致就是正义的,如果这个交易或制度与生产方式相矛盾就是不正义的。按照马克思对正义概念的这种理解,伍德认为资本主义剥削并非是不正义的,相反,资本主义剥削与资本主义的正义概念是完全适合的。

  对于伍德提出的上述观点,胡萨米提出了反对意见。尽管胡萨米也承认马克思对资本主义是否正义这个话题很少进行直接的、明确的陈述,但是在其著作的很多段落中都使用了典型用于讨论正义这个话题的哲学用语,例如马克思在多处将资本主义剥削描述为"抢劫"、"篡夺"、"盗用"、"掠夺"、"偷窃"、"诈骗"。胡萨米认为,如果说资本家抢劫了工人,那么就意味着他占有了本不应是他的东西或者说是他占有了本应属于工人的东西。如果说资本家能够抢劫工人而同时又正义地对待工人,这种理解没有任何意义。由此,胡萨米的结论是马克思因为资本主义不正义而对其进行了谴责。

  针对伍德举出的马克思认为资本家和工人之间的劳动力买卖遵循了平等交换原则从而是正义的交易的例证,胡萨米认为伍德没有认识到这一段论述是马克思明显在讽刺资本主义的语境下作出的,没有注意到马克思在这段论述后紧接着将资本家对剩余劳动的占有刻画为一种"诡计":"我们的资本家早就预见到这种情形(剩余价值的占有),而那是他大笑的原因……诡计至少成功了;货币已经转化为资本。"① 胡萨米认为伍德没能注意到马克思说到的这个"诡计"以及它的含义,就宣称工人尽管被剥削了却没有被欺骗、遭到抢劫或受到不正义的对待。

之后,胡萨米指出伍德曲解了马克思的正义标准。根据马克思的观点,上层建筑的要素(包括司法、正义概念和道德观)不仅是由这些要素所处的生产方式决定的,而且与这些要素所代表的阶级利益有关。生产方式的改变会导致道德观的变化。但是在任何给定的生产方式下,人们的道德观是由社会的阶级结构决定的。统治阶级通过对生产资料的掌握努力使他们的道德观成为支配社会的思想,因为统治阶级将那种以牺牲被统治阶级的利益为代价而使自己受益的分配方式当作是正义的。他们采纳一种能够代表他们阶级利益并压倒其他概念的分配正义规范。通常来说,每一个统治阶级都把自己的阶级利益当成社会的或普遍的利益,并声称表达了他们利益的规范是"天然"正义的,或者说是绝对正义的。但是马克思指出这种利益和规范是社会的,不是天然的;是局部的,不是普遍的。这种利益和规范是随着历史发展的,在历史上也是可以超越的。胡萨米认为,按照马克思的表达方式,被剥削阶级如无产阶级可以发展自己的、不同于占支配地位的正义概念的观点,并用它对资本主义的分配方式进行评价和批判。马克思在《哥达纲领批判》中在讨论什么样的劳动收入分配是正义的问题时所提出的"按劳分配"和"按需分配"这两个原则正是为无产阶级及其政党提供的建议。此外,胡萨米指出,马克思从来没有说明或暗示起源于一种生产方式的道德标准不能被用来评价另一种生产方式,马克思本人就从共产主义社会的角度对之前的社会进行评价并指出了阶级社会的"荒谬"。因此,胡萨米认为,伍德只关注了规范的社会决定而没有考虑其阶级决定,这使他错误地认为,马克思的观点是:评价一种生产方式下的制度是否正义的唯一标准是看它是否符合这种生产方式的要求。

此外,胡萨米指出,马克思在《评阿·瓦格纳的〈政治经济学教科书〉》中不仅表明资本家对剩余价值的占有是对工人的掠夺,而且在资本

---

① Ziyad I. Husami, "Marx on Distributive Justice", *Philosophy & Public Affairs*, 1978, 8 (1): 27–64.

主义财产关系和表现这种财产关系的司法关系的基础上解释了这种占有，马克思认为自己不是仅仅评价资本主义，他还在资本主义制度的基础上解释了资本主义的实际，也就是对资本主义、其功能和发展给出了一个建立在科学基础上的理论。而伍德没有理解马克思的这两层含义，在处理资本主义正义这个论题上仅仅关注了马克思的解释方面而错将这个方面理解为评价方面。胡萨米认为，当马克思解释剩余价值如何与资本主义司法关系相一致而被资本家占有时，伍德误认为这是马克思本人对这种占有给出了自己的评价。这也就是为什么伍德错误地坚持认为，在马克思看来资本主义并不具有欺骗性。

胡萨米最后指出，资产阶级的代言人希望从资本主义司法关系的立场来评价资本主义实践，因为资本主义司法关系所表现出的私人财产制度符合资产阶级的利益。而马克思主张资本主义的司法关系掩盖了对工人的剥削，因此他没有将自己对资本主义的评价建立在这些司法关系上。伍德所宣称的马克思认为资本主义是正义的，是将庸俗经济学家评价资本主义所使用的标准强加给了马克思。马克思认为，资本主义制度不正义的主要原因是，作为一个剥削性的制度，它没有按照劳动贡献的比例分配报酬，因为资本主义生产在其生产可能性范围内不是为了满足人类的需要，更不是为了满足所有生产者的需要，而"按劳分配"和"按需分配"这两个标准正是马克思评价资本主义为不正义所使用的原则。因此，胡萨米认为马克思作为无产阶级的代言人，对资本主义剥削的不正义进行了严厉的批判。

面对胡萨米的质疑，伍德立刻作出了回应。他坚持在之前文章中所阐述的观点，并进一步指出，资本主义剥削是正义的这个事实并不是对资本主义的辩护，因为根据马克思的解释，资本主义交易的正义性仅仅在于它们从本质上是资本主义的，在于资本主义占有和分配符合服务于该制度的正义标准。马克思对资本主义的抨击在于对资本主义整个制度的抨击，而不仅仅是它的分配制度。鉴于马克思对资本主义的抨击的意义不在于该制度违背了自己的法律标准，因此不应该从正义的角度来看待这些抨击。

至于胡萨米批评伍德仅仅关注马克思解释资本主义的方面而没有注意马克思对其评价的方面，伍德认为胡萨米的主张具有误导性，因为胡萨米的观点意味着如果人们使用诸如"正义"这样的字眼并阐述有关其合理扩展的理论，那么就必须赞成这些字眼通常所表达的偏好和评价。伍德指出，在马克思看来，正义是当一个交易与其发生时所处的生产方式之间具有某种功能关系时，这个交易所具有的特征，因而将任何正义标准用于交易或制度的唯一合理基础，是这个标准与交易或制度所处的生产方式的一致性。在伍德看来，马克思对资本主义的正义或非正义问题谈论非常少，这是因为资本主义制度的正义或非正义对于马克思来说根本就不重要，无论是从解释方面还是从评价方面来说。不正义的制度或做法（如欺骗消费者或股票市场的欺诈）仅仅是制度的弊病，而不是制度的根本缺陷。马克思本人不但从不直接而明确地批判资本主义不正义，而且他本人也藐视那些社会主义者专注于权利和分配正义问题。

关于胡萨米批评伍德仅仅通过马克思的一段论述就得出马克思认为资本主义剥削是正义的结论，伍德认为胡萨米的评论至少在两方面是不准确的。首先，伍德引用这段话只是为了表明马克思不支持那些李嘉图社会主义者所提出的资本家与工人之间的交换是不等价交换因而是不正义的观点。马克思的剩余价值理论假设了资本家和工人之间的所有交换都是等价交换，并且马克思本人也认为自己的贡献在于在没有违反这个假设的前提下解释了剩余价值的来源。伍德认为不存在任何理由认为这个假设仅仅代表了庸俗的政治经济学家用来评价资本主义的标准。很明显，马克思认为，假设只有相等价值被交换是一个好的经济方法，因为他认为满足这个条件才能对剩余价值之谜给出令人满意的解释。其次，对于胡萨米指出的马克思谈到资本家购买工人的劳动力不涉及任何对工人的不正义时使用的是讽刺的口吻，伍德同意马克思认为资本家占有剩余价值是正义的这个观点是可笑的，因为马克思认为这个事实在辩护方面毫无价值。它表明资本主义的批判者和辩护者都被关于权利和正义的意识形态上的无价值的东西蒙蔽了。然而伍德不同意胡萨米所说的，当马克思谈到资本家对剩余价值的占有"决不是对工人的不正义"时不是马克思本人真实的意思。伍德指出马克思著作中的其他段落证明马克思非常直接且明确地表示他不认为资本家和工人之间的资本主义的分配或交易是不正义的。而后，伍德进一步援引马克思的观点来为其提供佐证，即不是司法概念支配经济关系，而是相反，司法关系（生产者之间交易的实际正义或不正义）源自经济关系。这与马克思在《资本论》中所描述的交易正义性是一致的。

对于胡萨米引用马克思将资本家对剩余价值的占有不仅称为对工人的剥削，而且甚至是"偷窃"和"抢劫"这样的段落，来证明马克思由于资本主义对工人的不正义而批判资本主义，伍德指出胡萨米是把他的论证，即"如果资本家抢劫了工人，那么他占有了本不应是他的东西或者说是他占有了本应属于工人的东西"①，强加给了马克思。伍德认为很明显马克思不同意这种论证。在马克思对瓦格纳的评论中，马克思承认他说过资本家"抢劫"工人，但是他坚持在他的理论中"资本家完全有权利获得剩余价值"②。伍德认为，显然在资本家对工人劳动的剥削中所涉及的那种"抢劫"或"偷窃"，在马克思看来并不构成对那些被抢劫的人的不正义。而马克思经常含蓄地批评资本家不仅抢劫而且欺诈工人，是因为马克思认为资本家对工人剥削的强迫性被资本家和工人之间的自愿合同所掩盖，但是不能将"所有这样的强迫都是不正义的"这种观点强加给马克思。

关于胡萨米提出的马克思在《哥达纲领批判》中提出"按劳分配"和"按需分配"作为无产阶级的正义原则并用它们来衡量资本主义的分配，从而（含蓄地）宣称其不正义的观点，伍德认为也是不正确的。马克思没有表明《哥达纲领批判》有缺陷是因为它没能包含这些或其他的分配正义的原则。相反，马克思对《哥达纲领批判》第三部分提出的最根本的批评是，以权利和正义这样的字眼提出的要求根本就不应该被包括在工人阶级的纲领中。马克思概述了后资本主义社会中可能的分配方式，只是为了额外指出《哥达纲领批判》中提出的要求非常模糊、粗略和幼稚。他还批判了将"平等权利"本身作为目标的观点，指出这个观点即使在社会主义形式下也不可避免地导致有缺陷的分配方式。为了消除这些缺陷，他指出，必须"完全超越"由所有的平等原则所体现的、"狭隘的资产阶级权利的范畴"。而马克思提到"按需分配"就是因为它从任何一个意义上来说都不是一个"平等"原则，它没有同等地对待人们而是把他们看作是具有自己的特殊要求和能力的个体。马克思还强调在后资本主义社会将有不同的（越来越高级的）分配制度，来说明基于特定分配原则的需要不能真正表达工人阶级的长期目标。此外，马克思还从整体上指责了将分配作为方针，以及"再次将那些在某个时期有意义但是现在早就变得过时的垃圾词

---

① Allen W. Wood, "Marx on Right and Justice: A Reply to Husami", *Philosophy & Public Affairs*, 1979, 8 (3): 267 - 295.

② Ibid..

汇作为信条强加给我们的党,同时再次用关于权利和其他的意识形态诡计将现实主义的观点引入歧途"的"罪行"。[①]

在此之后,马克思主义学者对这个问题进行了更加激烈的辩论,先后有二十余位学者撰文发表自己的观点,这些学者所引用的马克思的原文不尽相同,而且对这些文献的阐述角度也有所不同,但总的来说,可以将这些学者的观点分为两个阵营,即赞同马克思批判资本主义剥削不正义的学者和否认马克思批判资本主义剥削为不正义的学者。

诺曼·杰拉斯(Norman Geras)对两派的争论分别进行了概括,指出双方争论的理论背景是马克思对资本主义剥削所做的说明,也可以说是工人和资本家的工资关系的"两个方面"。一方面体现在流通领域,马克思认为在这个领域工人和资本家进行了等价交换,工人出卖自己的劳动力,并从资本家那里以工资形式交换到了他们所出卖商品的价值。马克思认为工人从资本家那里获得的工资从价值上看与工人出卖的商品是相等的,因此不存在欺诈。而另一方面则是在生产领域,在这里,工人们工作的时间要比再生产他们自己的劳动力所需要的时间要长,也就是他们从事了剩余劳动,而他们创造的剩余价值被资本家作为利润占有。

杰拉斯认为从一个角度考虑,工资关系是等价物的交换,资本的积累只是因为资本家使用了属于资本家的东西;而从另一个角度看,工资关系不是等价物的交换,资本的积累是由于工人的劳动。这两种观点只是反映了对同一个现象从不同角度所观察到的情况。这两种观点依赖于对于什么是等价物交换的不同看法。它们并不矛盾,相反它们是"劳动是源泉和所有价值的实质"这个学说(即劳动力作为商品出售交换到了其应得的价值,在使用中创造了更多的价值)的相互一致的组成部分。杰拉斯指出,问题不在于马克思对两种观点都做了肯定,而是马克思在哪个观点与道德相关的问题上含糊其辞。因为马克思确实指出,就正义问题来说,重要的是根据商品生产的规律,相等的价值得到交换,这样马克思就证实了第一种观点的合理性。但是他在《资本论》第一卷第 24 章中通过辩证的"法术"把同样的这些规律变成了它们的对立面,用他自己的话说,就是"以商品生产和流通为基础的占有或私有财产规律通过它们自己内在的、无法

[①] Allen W. Wood, "Marx on Right and Justice: A Reply to Husami", *Philosophy & Public Affairs*, 1979, 8 (3): 267 – 295.

改变的辩证法变成了它们直接的对立面"①。他还提到了"辩证的否定"的出现,这样等价物的交换成为了表面现象,实际上不是等价物的交换,而是偷窃。由此,马克思又证实了第二种观点,即不存在真正的等价或互利。

杰拉斯认为马克思所提出的这种转变只不过是一个逻辑上的技巧,一个事物不可能是它的对立面。如果工资关系是等价交换、是正义的,那么它最终是等价交换、是正义的;但是如果它真的转变成它的对立面,那么它最终就不是等价交换或正义的;是马克思自己导致了后来出现的这种混乱。杰拉斯认为要解决双方争论的这个问题,就不能仅仅依赖原文的注释,需要超越这种注释进行重建。杰拉斯认为最有说服力的重建明显证实了马克思确实认为资本主义剥削是不正义的观点。对于否认马克思认为资本主义剥削不正义的一方对马克思将剥削称为"抢劫"这个问题的解释,杰拉斯一一进行了批驳。他指出,尽管马克思从来没有明确说剥削是不正义的,但是人们应该接受对马克思将剥削描述成"抢劫"的这些段落的自然解读,即他确实认为剥削是不正义的。将剥削看作偷窃就是将对剩余价值的占有以及与之伴随的资本主义财产权看作是不道德的。而对于马克思确实明确否认了资本家和工人之间的关系存在不正义,嘲笑那些以社会主义名义来呼吁权利或正义这样的字眼,并在更一般的意义上看起来赞同正义的标准只是相对于每个生产方式的概念的这样一个事实,杰拉斯给出的解释是马克思确实认为资本主义剥削是不正义的,然而他不认为他自己持有这样的观点。这是因为如果说他的确直接考虑并阐述了任何有关正义的观点,那么他表达了对一种极端狭义的正义概念的赞同。这个概念的狭义性体现在两个方面:首先,它或多或少地以法律实证主义的方式将正义与主流的或传统的司法规范联系在一起,这些标准是内在于每种社会秩序的;其次,它将正义与消费品的分配(在资本主义情况下即收入的分配)联系在一起,由此过于片面地关注市场中的交换过程。正是这两个概念上的联系以及前面所提到的"辩证的否定"造成了马克思的混乱。杰拉斯认为这两个联系对于评价一个社会是否正义都不是必需的,他认为存在其他更加广泛的分配正义的概念,例如一组假定的道德权利而不是法律或传统

---

① Norman Geras. The Controversy About Marx and Justice. http://www.marxists.org/reference/subject/philosophy/works/us/geras.htm.

的权利,或者是一般意义上的有利条件和不利条件的分配(包括对生产性资源的控制的分配)来考虑正义问题。杰拉斯认为马克思正是这样考虑的,虽然"正义"概念没有很清楚地出现在他的脑海中,但是他明显认为在资本主义制度下利益和负担的分配在道德上是令人反感的,并就此抨击资本家的权利。他的著作中所隐含的正义概念比他实际上论述的要广泛(例如生产条件的分配正义),而他自己没有意识到这个事实。最后,杰拉斯总结道,马克思的批判就本质上来说就是对资本主义剥削不正义的批判,他使用"抢劫"这样的字眼就是在说资本家所从事的事情就是"抢劫",而对于这个词只要不存在其他更好的解释,那么马克思就是在质疑资本家占有工人劳动的权利以及这种占有的正义性。

约瑟夫·麦卡尼(Joseph McCarney)认为杰拉斯对关于马克思和正义的争论的分析为这个问题的讨论提供了很好的框架,但是他不同意杰拉斯提出的在马克思的论述中普遍存在着自相矛盾和混乱的观点,相反,他认为杰拉斯的分析正好说明了马克思对正义问题的处理实际上一点都不存在概念上的混乱。麦卡尼指出,杰拉斯是在两个不同的层面上就马克思对正义问题的思考进行描述的,而他自己却没有明确认识到这种不同。第一个层面是关于资本主义工资关系的具体问题,第二个层面是更一般的资本主义社会的分配安排。

在第一个层面上,杰拉斯让人们关注到了马克思著作中一个复杂的区分,即对交换领域和生产领域进行的区分,在交换领域劳动力被出售和购买,在生产领域剩余价值被资本家占有,而这个区分本身就足以消除任何认为马克思的论述不一致的观点。麦卡尼认为,杰拉斯之所以在认识到对交换和生产进行区分的重要性的同时,还是认为马克思在正义问题上含糊其辞并导致混乱是因为他存在着论证层面向上偏移的问题。在杰拉斯看来,马克思的问题不在于对这两个相互一致的观点都进行了肯定,而是在于他对哪一方的观点与道德问题相关的看法上含糊其辞,也就是哪个观点在道德上更加重要。麦卡尼认为杰拉斯这里所说的"道德问题"指的是资本主义工资关系的正义性。对于杰拉斯用来证明他的观点所提出的"马克思确实说过,就正义这个问题来说,所有重要的事情是按照商品生产规律,相等的价值得到交换,从而证明了争论的一方的观点"[①] 的评论,麦

---

① Joseph McCarney, "Marx and Justice Again", *New Left Review*, 1992, 195: 29–36.

卡尼认为，这完全是转变了论证的层次。按照这个思路，杰拉斯应该继续论述的是马克思有时候或说过或暗示过，"就正义这个问题来说"，重要的是在资本主义商品生产过程中不存在平等。而杰拉斯并没有做这种论述，他所引述的这个段落只是提醒人们争论中的两个观点是一个学说的互相一致的部分，根本不能说明对于哪个观点在道德上具有决定性，或马克思存在任何的含糊其辞。此外，杰拉斯对"辩证的否定"所提出的质疑也没有给出任何理由来说明，马克思指出这种"辩证的否定"是为了使人们相信在道德上重要的是资本主义生产过程中的不平等，从而杰拉斯并不能说明马克思的论述存在混乱。麦卡尼认为，辩证法所提供的是一个或多或少帮助理解过渡到第二个观点的方法，通过这个过程，等价物的交换变成了"表面的、非等价物的交换——实际上的偷窃"，这并不能证明另一方的观点在道德上是更重要的，而杰拉斯把这个结果当成是证明了争论中另一方的观点。因此，麦卡尼认为杰拉斯的论证出现了观点层面向上的移位。在较低的层面上，也就是在资本主义工资关系这个层面上，马克思的观点不存在含糊其辞。在此基础上，麦卡尼进一步讨论了马克思对资本主义工资关系是否正义的看法。他反对那些声称马克思认为资本主义工资关系是不正义的而认为生产领域更优先的学者的观点。他指出，尽管应该承认从生产领域的角度看，马克思没有将这种关系描述为正义的，但是至少同样重要的是他也没有将这种关系描述为不正义的。关于这一点，杰拉斯等学者也承认马克思没有说工资关系所体现的剥削内容在实质上是不正义的，或者侵犯了任何人的权利，但是他们认为马克思"实际上"是这样说的。麦卡尼指出，既然马克思本人没有这样说，如果假设他"实际上"这样说了需要非常谨慎，因为马克思有非常特殊的理由没有这样说。这个理由与他"极端狭义"的正义概念有关。正如杰拉斯所解释的，其狭义性的一个方面在于它将正义"以或多或少实证主义司法的方式将主流的或传统的司法规范、内在于每个社会秩序的标准联系在一起"[①]。另外，麦卡尼指出，这样一个概念就马克思而言是不能被应用于"工资关系所体现的剥削内容"的，因为这个内容从资本主义秩序的立场是完全看不见的。因此，马克思没有以那些规范所主导的概念术语来处理这些问题。麦卡尼的结论是，马克思认为按照有关的正义概念，资本主义交换是正义的，而资本家对剩余

---

① Joseph McCarney, "Marx and Justice Again", *New Left Review*, 1992, 195: 29-36.

价值的占有完全超出正义这个概念的参照范围。

麦卡尼认为杰拉斯所提到的"混乱和不一致的因素"出现在杰拉斯讨论中的第二个层次上,即马克思对资本主义是否正义的总体观点。杰拉斯对于解决马克思"明确的"和"隐含的"观点中存在的不一致的建议是"马克思确实认为资本主义是不正义的,但他不认为他这样想"[①]。杰拉斯用更广泛和更狭义的正义概念的区别来解释这种"混乱"的来源。麦卡尼指出,在杰拉斯看来,对这些问题的道德适当性的关注仅仅是对正义性的关注,用他自己的话说就是,"这种挑战在其本质上只可能是对不正义的批判"[②]。然而马克思受制于狭义的正义概念,不能看到这种情况。按照那种狭义的概念,只要典型的资本主义分配方式是主流的正义规范的来源和模型,它们就是正义的。这样,马克思就拒绝将资本主义描述成不正义的。对于杰拉斯的这个主张,麦卡尼认为也不需要对其进行反驳,而是需要根据正义概念的多样性来看待这个主张。在麦卡尼看来,按照杰拉斯的正义概念,马克思就会认为资本主义是不正义的,而按照他自己的正义概念则不认为资本主义是不正义的。杰拉斯将正义作为一个与分配方式的道德相关的普遍原则,而马克思的观点是将正义作为一个受背景限制的,尤其是司法意义上的概念。麦卡尼认为,马克思与杰拉斯一样有权利提出自己的正义概念。因此,麦卡尼指出杰拉斯没有理由认为马克思在关于"正义概念的潜在范围"上存在"混乱",这个概念的范围取决于对其核心意义以及这个概念的一般内涵是什么的看法,在这一点上,存在着合理的、尚未解决的不同意见。麦卡尼最后指出,杰拉斯的分析表明了马克思使用了不受限制的、系统的正义概念,根据这个概念,马克思认为资本主义交换和分配是正义的,而资本主义剥削既不是正义的也不是非正义的,它不在正义概念的范畴之内。

四 小结

马克思提出的剥削理论深刻揭示了资本主义社会资本家和工人之间的阶级冲突和无产阶级受压迫的经济根源。自剥削理论提出以来,争论就没有停止,以致在该理论提出一百多年之后,包括经济学、社会学、哲学等

[①] Joseph McCarney, "Marx and Justice Again", *New Left Review*, 1992, 195: 29 – 36.
[②] Ibid..

在内的社会科学领域的学者仍旧满怀热情地参加到相关问题的讨论中。从经济学领域来看，有的马克思主义学者仍旧在传统的分析路径上进行更加深入的探索；还有学者试图借助西方主流经济学的分析工具来重新诠释剥削问题。美国分析马克思主义学派的代表人物罗默利用博弈论思想对剥削概念的重新解读在西方学者中产生了广泛的影响。从上面对其主要思想的介绍中，我们可以看到，罗默的分析方法具有一定的创新性，并且他也得出了资本主义存在剥削的结论，但是罗默抽象掉了生产过程中的生产关系，抽象掉了资本占有者对生产过程的控制和强制力，仅仅按照一种假设的更加平等的生产资料分配方案下一群人的境况是否更好来判定剥削的存在，因此他只是从现象上刻画了剥削的存在，并没有揭示剥削存在的根源。而他所宣称的博弈论概念对各种形态的阶级社会中的剥削现象有更宽泛的解释力，则是对马克思剥削理论的歪曲，因为马克思的剥削理论虽然以剩余价值理论为主，但它还包括剩余劳动理论，马克思也在此基础上对奴隶制和封建主义的剥削进行了讨论。针对罗默的分析方法及其建立的模型存在的诸多缺陷，休斯敦等学者进行了详细的讨论和深刻的批判。

我们在前面说过剥削是马克思主义理论体系中最重要的范畴之一，在马克思对资本主义剥削进行了严厉批判这个命题上，相关研究者几乎不存在什么分歧。然而在马克思是否因为资本主义剥削是不正义的，因而是出于道德原因而对资本主义剥削进行了批判，学者中形成了意见截然相反的两个阵营。以伍德为代表的否认马克思本人批判资本主义剥削不正义的学者认为，在马克思的著作中，马克思从未批判过资本主义剥削不正义，因为在马克思看来，正义一词是一个司法概念，它从属于给定的生产方式，由此一个给定的交易或制度是否正义取决于它与生产方式的关系，与这个生产方式相一致的就是正义的，否则就是不正义的。他们进一步指出，根据这个标准，马克思认为资本主义剥削是正义的。而以胡萨米为代表的认为马克思对资本主义剥削进行道德批判的学者认为，马克思在他的论述中经常使用的是讽刺的口吻，而且马克思作为无产阶级的代言人为无产阶级设计了"按劳分配"和"按需分配"的原则，并根据这些无产阶级的分配原则对资本主义剥削进行了批判。杰拉斯认为双方争论的背景在于马克思对资本主义剥削的论述一方面体现在流通领域，在这个领域工人和资本家的交换是等价的，另一方面体现在生产领域，在这个领域的交换是不等价的。杰拉斯认为这两种观点并不矛盾，问题在于马克思在哪个方面与正义相关的观点上出现了混乱。而麦卡尼虽然肯定了杰拉斯在交换领域和生产领域作出的重要区分，但是认为马克思在正义问题上并不存在含糊其辞的态度。从各方争论的激烈程度我们可以看出剥削问题因其重要性而受到广泛的关注，随着时代的进步以及人类自身所处的环境和认识问题角度发生的变化，人们在追寻对资本主义剥削的批判到底是不是基于道德评判这个问题的解答过程中，也许能够挖掘到马克思剥削思想更丰富的辩证内容，或者提出更多对现实问题具有启发意义的论题。

第四章　利润率动态研究

马克思在《资本论》第三卷第3篇专门论述了资本主义社会存在的"利润率趋向下降的规律"。马克思指出："如果我们进一步假定,资本构成的这种逐渐变化,不仅发生在个别生产部门,而且或多或少地发生在一切生产部门,或者至少发生在具有决定意义的生产部门,因而这种变化就包含着某一个社会的总资本的平均有机构成的变化,那末,不变资本同可变资本相比的这种逐渐增加,就必然会有这样的结果:在剩余价值率不变或资本对劳动的剥削程度不变的情况下,一般利润率会逐渐下降。"① 马克思特别强调,一般利润率下降不是以绝对的形式,而是以不断下降的趋势表现出来,"一般利润率日益下降的趋势,只是劳动的社会生产力日益发展在资本主义生产方式下所特有的表现"②。而国外学者围绕马克思提出的资本主义利润率下降的趋势,主要从两个方面展开讨论。

第一,资本主义的利润率下降趋势在理论逻辑上是否站得住脚?或者说,从长期看,资本主义利润率下降的深刻原因是什么?理论上能否得到合理、充分的说明?

第二,现实中资本主义的利润率是趋于下降的吗?或者说,从实证的角度看,马克思对资本主义的利润率长期下降趋势的判断,在资本主义发展的较长时期内是否得到检验和证实?

当然,围绕这两个方面还展开了相关的一些问题的研究。比如,讨论利润的平均化问题,研究利润率波动与经济周期的关系问题,提出和研究利润率下降是否是导致经济危机的直接原因等问题。

---

① 《马克思恩格斯全集》第25卷,人民出版社1974年版,第236页。
② 同上书,第237页。

第一节　第二次世界大战前国外学者对利润率动态的研究[①]

在1894年《资本论》第三卷出版之前，国外学者就对利润率动态展开了研究。乔治·C. 斯蒂贝林对1870年和1880年美国的国情调查材料作了比较，证实了利润率的下降。虽然如恩格斯在《资本论》序言中指出的那样，斯蒂贝林对于利润率下降的原因的说明是错误的。[②]《资本论》第三卷出版之后，国外学者对利润率动态展开了深入研究和激烈争论，几乎涉及关于利润率动态的所有问题。正如戈洛尔（S. Groll）和奥泽池（Z. B. Orzech）指出的，在1945年之前，关于利润率下降理论的几乎所有理论都已经提出，其中不少问题得到了解决。而有人认为战后的许多讨论不过是几十年前的再现，并没有新的内容。[③] 因此，回顾这些前期的研究，有利于更好地理解当代学者对利润率动态的研究。

一　对利润率下降的批评性研究

贝内代托·克罗齐（Benedetto Croce）1899年在《对马克思利润率下降规律的批评》一文中认为，技术进步必然提高劳动生产力，由此在其他条件不变的情况下必然带来不变资本的贬值，因此，这会提高利润率，而不是降低利润率。[④]

米哈伊尔·杜冈－巴拉诺夫斯基（Myhaylo Tugan-Baranovsky）在其1901年的著作《英国商业危机的理论和历史研究》和1905年的著作《马克思主义的理论基础》中认为，技术革新可以带来不变资本各要素的价格下降和剥削率上升的双重影响。如果利润率事实上的确下降了，这也不是

[①] 参见［英］M. C. 霍华德、J. E. 金《马克思主义经济学说史：1929—1990》，顾海良等译，中央编译出版社2002年版，第130—149页。Howard, Michael Charles, and John Edward King, *A History of Marxian Economics*, Volume II: 1929 – 1990. London: Macmillan, 1992, pp. 128 - 148.

[②] 《马克思恩格斯全集》第25卷，人民出版社1974年版，第26页。

[③] Groll, Shalom and Ze'ev B. Orzech, "From Marx to the Okishio Theorem: A Genealogy", *History of Political Economy*, Vol. 21, No. 2, 1989, pp. 172 – 253.

[④] Corce, B., "A Critical of the Marxian Law of the Fall in the Rate of Profit" (written in 1899), in *Historical Materialism and the Economics of Karl Marx*, by B. Corce, London: Cass, 1966, first published in 1914, pp. 142 – 158.

由于马克思指出的原因，而是诸如实际工资的上升、工作日的减少、租金的增加或者对利润征收税负的增长等原因造成的。①

拉迪斯拉斯·冯·博特凯维兹（Ladislaus von Bortkiewicz）1907 年在《马克思体系中的价值和价格》一文中认为，只有包括用机械化取代手工劳动的技术革新提高总的利润率时，资本家才会采用它。马克思的错误在于他让资本家去计算价值而不是价格。只有能使利润率提高时，对现有生产过程的改进才能再次采用。下降的利润率要求至少一个生产部门的生产力下降，或者实际工资的上升，而这一点马克思并没有指出。马克思之所以得出利润率下降的结论，是因为马克思忽略了生产力的增长对剥削率的影响。②

乔治·冯·查洛索夫（George von Charasoff）1910 年在《马克思的体系：阐述和批判》一书中认为，均衡利润率并不等于 s／(c＋v)。资本家不会愿意采用降低利润率的革新。即使技术变化增加了第Ⅰ部类的有机构成，但却会使固定资本要素变为更便宜，从而会减少第Ⅱ部类的有机构成，结果两部类的剩余价值都会增加。只有在李嘉图的报酬递减或者实际工资上升时，利润率才会下降。查洛索夫得出，根据资本主义经济规律，马克思的利润率下降理论并不是什么规律，而是一个明显的错误，利润率从来没有下降。③

纳塔列·莫斯科斯卡（Natalie Moszkowska）1929 年在《马克思的体系：对其发展的贡献》一书中又回到杜冈－巴拉诺夫斯基的问题范式：技术革新在没有提高实际工资的情况下真能降低利润率吗？莫斯科斯卡以马克思提出的可行的技术进步标准为分析的起点。马克思提出，只有采用的新机器至少可以节约同样的有酬劳动的时候，对资本家来说才是有利可图的。莫斯科斯卡在一系列数例中以此标准来推导，认为杜冈的观点是对

---

① M. Tugan-Baranovsky, *Studien Zur Theorie und Geschichte der Handelskrisen in England*, Jena: G. Fischer, 1901, Ch. 7. M. Tugan-Baranovsky, *Theoretische Grundlagen des Marxismus*. Leipzig: Duncker & Humblot, 1905, pp. 170 – 186.

② Bortkiewicz, L. von, "Value and Price in the Marxian System" (written in 1907), in *International Economic Papers*, No. 2, Translated by J. Kahane, London: Macmillan, 1952. http://classiques.uqac.ca/classiques/Bortkiewicz_ladislaus_von/value_and_price_marxian_system/value_price_marxian_system.pdf.

③ Charasoff, G. von, *Das System des Marxismus: Darstellung und Kritik*, Berlin: Hans Bondy Verlag, 1910, pp. 45 – 50.

的，一项节约劳动的技术革新，在其他情形不变的情况下，如果保持实际工资不变，就会提高利润率。在一些有限的情形下，如果新技术对劳动价值的净节约为零，资本家就会不太关心采用旧技术还是新技术，因为这种情况利润率保持不变。而减少利润率的新技术并不能满足马克思的劳动成本节约的标准。①

柴田敬（Kei Shibata）1934年在《关于利润率下降规律》一文中认为，杜冈、博特凯维兹、莫斯科斯卡的利润率上升理论既可以通过建立劳动价值模式来阐述，同样能够通过价格模型来详细说明。柴田敬建立了只有流动资本的三部门模型，而且为了简化，三部门中单位劳动力的生产资料的数量是相同的。在分析中引入三种技术变化，当然每一种情况都是生产资料使用的增加和雇佣的活劳动的减少。第一种情况是技术创新不能节约成本，理性的资本家不会采用这种技术创新。第二种情况是与莫斯科斯卡的有限情形相似，生产成本没有减少，利润率也没有改变，资本家对于采用新技术兴趣不大。第三种情况是，有机构成、剥削率和利润率都得到了提高。这种情况下，技术创新减少了成本，对于资本家是可以接受的。而且只有实际工资上升，结果才可能不是利润率的上升。② 1939年柴田敬又发表《关于总利润率》一文，最早提出了里昂惕夫投入产出模型的一个例子，该文对于转形问题的讨论具有里程碑的意义。文中还提出了三个重要的命题：第一个命题是，给定实际工资，在不考虑第Ⅲ部门的劳动价值或者生产条件的情况下，通过第Ⅰ部门和第Ⅱ部门的投入系数和资本的周转周期的数据，可以计算出整个体系的利润率；第二个命题是，只要实际工资不变，第Ⅰ部门或者第Ⅱ部门的成本减少的技术革新，都会导致利润率的上升。这个命题因后来经过置盐信雄（Nobuo Okishio）严格的证明，因此，又被称为"置盐定理"；第三个命题是，如果假定固定资本随着时间呈线形贬值，那么这些结论不会因为固定资本的引入而受到影响。③

---

① Moszkowska, N., *Das Marxsche System: Ein Beitrag zu dessen Aufbau*, Berlin: Verlag Hans Robert Engelmann, 1929, pp. 37 – 38.

② Shibata, K., "On the Law of Decline in the Rate of Profit", *Kyoto University Economic Review*, July 1934, pp. 61 – 75.

③ Shibata, K., "On the General Profit Rate", *Kyoto University Economic Review*, January 1939, pp. 40 – 66. See also K. Shibata, *Dynamic and Dialectic Theories of World Capitalism*, Kyoto: Minerva Shoho, 1959, pp. 58 – 60.

保罗·斯威齐（Paul Marlor Sweezy）1942 年在《资本主义发展论》①一文中认为，利润率可以用剩余价值率和资本有机构成等概念来表示：
$$p = s'(1-q)$$
如果假定剩余价值率（s'）不变，那么利润率（p）和资本有机构成（q）之间呈反方向变化。资本主义发展过程中的一个确定的事实就是，资本有机构成呈上升趋势，因而利润率就会有下降的可能。不过，利润率是否为向下趋势，需要看剩余价值率是否能够弥补资本有机构成的变化。斯威齐认为，按照马克思自己的理论体系，资本有机构成提高时，剩余价值率固定不变。而在资本有机构成提高时，一定意味着劳动生产率的提高。较高的劳动生产率又必然和较高的剩余价值率相伴随。因此，资本有机构成提高和剩余价值率提高是同步进行的。当然，资本有机构成提高和剩余价值率提高同时进行，利润率向什么方向变化也是不确定的事情。只能说，如果剩余价值率的增长百分比小于可变资本对全部资本下降的百分比，利润率才会下降。就是说，资本有机构成的变化比剩余价值率的变化大得多，以至于前者支配利润率的动向。而这二者大体上都是同等重要的变量，因此，斯威齐既批评了奥托·鲍威尔（Otto Bauer）和亨里克·格罗斯曼（Henryk Grossmann）等人仅仅看重资本有机构成的变化，同时又批评了博特凯维兹和柴田敬等人试图证明资本有机构成的提高必然伴以利润率的提高的做法。必须具体分析提高利润率或降低利润率的多种因素，例如，压低利润率的因素：工会、造福工人的国家活动等。提高利润率的因素：马克思提到的不变资本各要素变得便宜、劳动剥削程度提高、工资被压低到劳动力的价值以下、相对过剩人口、对外贸易，以及雇主组织、资本输出、垄断的形成、旨在造福资本的国家活动等。②

乔安·罗宾逊（Joan Robinson）1942 年在《论马克思主义经济学》③一书中认为，在马克思时代，正统派经济学普遍接受的教义是资本利润率有下降的趋势，马克思也接受了这种见解。马克思在解释利润率下降时，

---

① Sweezy, P. M., *The Theory of Capitalist Development*, New York: Monthly Review Press (first published in 1942).

② 参见 [美] 保罗·斯威齐《资本主义发展论：马克思主义政治经济学原理》，陈观烈、秦亚男译，商务印书馆 1997 年版，第 114—126 页。

③ Robinson, Joan V., *An Essay on Marxian Economics* (first published in 1942), London: Macmillan, 1966.

并没有考虑剩余价值实现的困难,即有效需求不足的问题。马克思的利润率下降趋势的法则,是同义语的反复:如果剥削率不变,利润率必然随着人均资本的增加而下降。但是,这个命题与马克思其他论点相矛盾。因为,如果剥削率不变,实际工资就会随着生产率的提高而提高,就会与马克思提出的实际工资不变的观点相矛盾。而如果实际工资不变,当人均资本增加时,利润率是上升还是下降,或者不变,取决于产出增加额与资本增加额的比例关系。①

二 对利润率下降的支持性研究

卡尔·考茨基（Karl Kautsky）1902 年在《危机理论》一书中认为,马克思已经考虑到了生产力增长对资本有机构成的影响。米哈伊尔·杜冈－巴拉诺夫斯基所举的数字示例只有在固定资本超过可变资本价值的特殊情况下才成立。不管怎样,杜冈在资本构成上出现错误。因为技术革新或许对单个资本家是有利可图的,然而却会减少整个资本家的利润率。②

路易斯·布丁（Louis B. Boudin）1907 年在《卡尔·马克思的理论体系》一书中认为,由于形成了平均利润率,单个资本家的利润并不依赖于其工人所创造剩余价值的多少。马克思从来没有说,也不可能会说,每个资本家的利润所得是由其工人所创造的剩余价值构成的,或者说每个资本家都把其工人创造的剩余价值全部装进自己的腰包。而一些马克思的批评者并没有真正理解这一点。③

鲁道夫·希法亭（Rudolf Hilferding）1910 年在《金融资本:资本主义最新发展的研究》一书中认为,每个资本家获取最大利润的主观努力,客观上促成了所有资本都获得平均利润率的趋势。当然,资本的自由转移是形成平均利润率的因素,但是,资本的流进流出并不是畅通无阻的。由于技术进步和资本有机构成的提高,以及资本的集中,新建企业需要更大规模的固定资本和流通资本,新建企业一旦进入高于平均利润水平的行业,就会导致该行业生产规模的急剧扩大,提供的产品供给大于市场需求,结

---

① 参见［英］乔安·罗宾逊《论马克思主义经济学》,纪明译,商务印书馆1962年版,第 33—38 页。
② Kautsky, K. Krisentheorien, *Die Neue Zeit* 20, 1902.
③ Boudin, Louis B., *The Theoretical System of Karl Marx*, Chicago: Charles H. Kerr & Co., 1907, pp. 142 – 143.

果就会导致该行业的利润率水平降到平均水平以下。并且由于固定资本很大，资本一旦进入一个行业就很难流出或者退出。而且市场上规模企业之间为销售而展开的竞争，额外增加了广告和推销的成本，从而导致利润率的降低。希法亭还认为利润率下降是导致经济危机的原因，认为资本有机构成高的部门比资本有机构成低的部门更具有过度投资和过度积累的倾向。一般情况下，危机在有机构成高的部门也表现得最为严重。①

埃里克·普雷泽尔（Erich Preiser）1924年在《马克思危机理论的本质》一书中认为，下降的利润率是马克思危机理论的基础，并以此解释商品的过度生产和竞争的激烈。普雷泽尔拒绝接受以前把马克思看成消费不足论者或者比例失调论者这样的观点。②

亨里克·格罗斯曼（Henryk Grossmann）1929年在《资本主义制度的积累和崩溃》③一书中提出，在纯粹资本主义（Pure Capitalism）条件下，伴随利润率的下降，资本积累就会到达一个临界点。不充足的利润会导致资本积累的不可能，资本积累的停止就意味着资本主义的崩溃。但是在经验资本主义（Empirical Capitalism）条件下，资本主义的崩溃趋势就会由于反作用趋势而减轻或者转移。这些反作用趋势很强，结果就出现了周期性的危机。当然，随着资本积累的绝对增长，这些反作用趋势会逐渐变弱。当反作用趋势不能抵消崩溃趋势时，就会导致资本积累无法持续的资本主义的垮塌。格罗斯曼在利用奥托·鲍威尔（Otto Bauer）的再生产模型的基础上，把扩大再生产的循环从4年扩展到35年，发现在第34年形势发生恶化，第34年生产的剩余价值已经不能够满足第35年资本积累的需要，资本家的个人消费量、需要增加的可变资本和固定资本都难以维系，从而导致资本主义生产结构的解体。④

---

① 参见［德］鲁道夫·希法亭《金融资本：资本主义最新发展的研究》，福民等译，王辅民校，商务印书馆1994年版，第201—226、295—297页。Hilferding, Rudolf., *Finance Capital: A Study of the Latest Phase of Capitalist Development* (first published in 1910), Edited by Tom Bottomore, London: Routledge & Kegan Paul, 1981. http://www.marxists.org/archive/hilferding/1910/finkap/index.htm.

② Preiser, E., *Das Wesen der Marxschen Krisentheorie* (first published in 1924), in Preiser, E., *Politische Ökonomie im 20. Jahrhundert: Probleme und Gestalten*, Munich: C. H. Beck, 1970.

③ Grossmann, Henryk, *The Law of Accumulation and Breakdown of the Capitalism System*. London: Pluto Press, 1992.

④ 顾海良、张雷声：《20世纪国外马克思主义经济思想史》，经济科学出版社2006年版，第189—194页。

汉斯·雷斯尔（Hans Neisser）1931 年在《作为危机和崩溃的利润率下降规律》一文中认为，即便格罗斯曼的分析是正确的，但是他仍然没有建立起下降的利润率与危机爆发之间的联系。即便利润率下降，但只要利润率大于零，资本积累就可以持续。成功的资本家会以牺牲竞争对手为代价来赢取他们自己利润率的提高，他们当然会不断地扩大自己的生产能力。①

尤根·瓦尔加（Eugen Varga）1935 年在《1928—1934 年大危机和它的政治后果：经济学和政治学》一书中认为，利润率下降趋势只是资本有机构成提高的次要结果，资本有机构成提高的主要影响是，由于降低可变资本的使用从而减少了工人阶级的购买力。资本有机构成提高和利润率下降都是理所当然的。②

奥托·鲍威尔（Otto Bauer）1936 年在《两次世界大战之间》一书中认为，当经济处于商业周期的谷底时，会受到来自外部的刺激。既然原来处于开工不足状态的工厂和设备能够生产越来越多的产品，生产能力的利用率就会提高。因此，更多的工人被雇佣，这样会降低资本有机构成而提高利润率，促使新一轮的资本积累，这样就产生了繁荣期。随着新投资的步伐加快，资本有机构成提高。到此一切都依赖于剥削率。如果在这种上涨的浪潮中，资本家为竭力保持利润率不下降，去降低工资相对于利润的份额，就会诱发消费不足的经济危机。如果剥削率提高滞后于资本有机构成的提高，利润率就会下降。公司就会通过缩减股息作出反应。这样股票市场就会崩盘，接着投资下降，结果进入萧条。③ 迈克尔·霍华德（Michael Charles Howard）和约翰·金（John Edward King）认为，鲍威尔是真正对利润率下降与商业周期关系作出合理解释的第一人，并且把利润率下降与有效需求问题结合起来，应用到经济周期波动理论中去，很令人信服。但是，鲍威尔的分析缺乏正规的商业周期模型，对引起经济上涨的内生机制的分析也不足。④

莫里斯·多布（Maurice Herbert Dobb）1937 年在《政治经济学与资本主义：经济学传统方面的几篇论文》一书和 1943 年的《评斯威齐〈资本

---

① Neisser, H., Das Gesetz der Fallenden Profitrate als Krisen-und Zusammenbruchsgesetz. *Die Gesellschaft* 8, 1931, pp. 84 – 85.

② Varga, Eugen, *The Great Crisis and Its Political Consequences: Economics and Politics*, 1928 – 1934 (first published in 1935), New York: Howard Fertig, 1974.

③ Bauer, O., *Zwischen Zwei Weltkriegen?*, Bratislava: Eugen Prager Verlag, 1936, pp. 55 – 57.

④ Howard, Michael Charles, and John Edward King, *A history of Marxian economics*, volume II: 1929 – 1990, London: Macmillan, 1992, pp. 132 – 133.

主义发展论〉》一文中认为，利润率的实际变化依赖于技术革新、生产率增长和剥削率之间的关系，利润率最终会下降，但是，这要依据具体情况而定，也可能长期被拖延。[①]

第二节　国外当代学者关于利润率动态的理论研究

迪金森（H. D. Dickinson）1957 年在《马克思主义经济学中下降的利润率》[②] 一文中认为，马克思关于资本主义长期的动态趋势理论包含三个命题。

1. 资本主义具有内生的积累趋势，会把占有的相当比例的剩余价值用于积累，变为新的资本。

2. 资本积累必然带来不变资本对可变资本比例的上升。马克思把不变资本对可变资本的比率称为资本的有机构成。

3. 资本有机构成的提高趋向于降低利润率。而迪金森在此文中主要探讨的是资本的有机构成与利润率的关系。

迪金森把资本有机构成、剩余价值率、利润率的相互关系用公式表示为：

$$\rho = \frac{s}{c+v} = \frac{\frac{s}{v}}{\frac{c}{v}+1} = \frac{\sigma}{\kappa+1}$$

其中 ρ 表示利润率，s 表示剩余价值，c 表示不变资本，v 表示可变资本，σ 表示剩余价值率，κ 表示资本有机构成。

考虑到资本的周转速度不同，利润率的公式可以表示为：

$$\rho = \frac{s}{C} = \frac{s}{\lambda_1 c + \lambda_2 v} = \frac{\frac{s}{v}}{\lambda_1 \frac{c}{v} + \lambda_2} = \frac{\sigma}{\lambda_1 \kappa + \lambda_2} = \frac{\sigma}{K}$$

---

① Dobb, Maurice H., *Political Economy and Capitalism: Some Essays on Economic Tradition* (first published in 1937). London: Routledge & Kegan Paul, 1940, pp. 94 - 99. See also M. H. Dobb, "Review of Sweezy, *The Theory of Capitalist Development*", *Science and Society* Vol. 7, 1943, pp. 270 - 275.

② Dickinson, H. D., "The Falling Rate of Profit In Marxian Economics", *The Review of Economics Studies*, Vol. 24, No. 2, 1957, pp. 120 - 130.

其中 C 表示总资本，λ_1 为不变资本周转系数，λ_2 为可变资本周转系数，$K = \lambda_1 \kappa + \lambda_2$。① 因此，如果假定剩余价值率 σ 不变，利润率 ρ 就会随着资本有机构成 κ 和资本的周转系数 λ_1、λ_2 的增加而降低。

但是，迪金森认为，马克思的逻辑推论存在严重的缺陷，因为资本有机构成的提高，正常情况下都会提高劳动生产率，降低劳动力生产的生产资料的价值，减少生产工人工资的社会必要劳动时间，从而提高剥削率。而马克思虽然也考虑到剥削率的提高会抵消利润率的下降趋势，但只是把它作为随机或者偶然的，并没有认为剥削率上升是长期的和正常的。如果考虑到剥削率上升，那么利润率的动态就取决于剥削率即剩余价值率 σ 和 K 的函数关系。

迪金森于是总结出 5 个基本方程式：

$p = v + s$

$s = \sigma v$

$C = Kv$

$\rho = \dfrac{s}{C} = \dfrac{\sigma}{K}$

$\dfrac{d\rho}{dK} = \dfrac{1}{K^2}\left(\dfrac{Kd\sigma}{dK} - \sigma\right)$

然后，根据道格拉斯生产函数建立总产出与总劳动和总资本之间的函数关系：

$P = bL^{1-\beta}C^{\beta} \qquad\qquad 0 < \beta < 1$

方程两边同除以 L 可得到单位产出与单位资本的关系：

$\dfrac{P}{L} = b\left(\dfrac{C}{L}\right)^{\beta}$

可以得到与上面 5 个方程建立联系的方程：

$p = bC^{\beta}$

$\therefore \dfrac{p}{v} = \dfrac{bC^{\beta}}{v} = \dfrac{b}{v^{1-\beta}}\left(\dfrac{C}{v}\right)^{\beta}$

$\therefore 1 + \sigma = \dfrac{b}{v^{1-\beta}}K^{\beta}$

---

① 迪金森在文中混淆了不变资本与固定资本、可变资本与流通资本的概念，直接把不变资本等同于固定资本，可变资本等同于流通资本。

令 K_0 是 σ 为零时最低要求的 K 值,可得:

$$\sigma = \left(\frac{K}{K_0}\right)^{\beta} - 1$$

$$\frac{d\sigma}{dK} = \frac{\beta K^{\beta-1}}{K_0^{\beta}}$$

将上式代入上述第5个基本方程式可得:

$$\frac{d\rho}{dK} = \frac{1}{K^2}\left[1 - (1-\beta)\left(\frac{K}{K_0}\right)^{\beta}\right]$$

可见,如果利润率下降,即利润率 ρ 对 K 的一阶导数为负,需要的前提条件是:

$$K > \frac{K_0}{(1-\beta)^{1/\beta}}$$

一般情况下 $0 < \beta < 1$,所以 $\frac{1}{(1-\beta)^{1/\beta}} > 1$

于是,迪金森根据上式得出如下结论:K 从 K_0 开始增加时,利润率是上升的,增加到 $\frac{K_0}{(1-\beta)^{1/\beta}}$ 时,利润才开始下降。

迪金森根据具体情况,继续得出了如下结论:

第一,各个部门的劳动生产率的变化并不同步,通常的经验事实是,生产工人消费品的部门的生产力并没有生产资本品和奢侈品部门增长的那么快。那么维持工人生存的社会必要劳动时间也就没有通常设想的下降的那么快,这样剥削率 σ 的增长比通常设想的慢,那么利润率开始下降的点对应的 K 就比设想的要小。

第二,通常假设可变资本 v 是不变的,但是如果可变资本 v 随着利润率 ρ 一同增长,剥削率 σ 就会上升得更慢,同时还会降低 K 的增长速度。这样,利润率的下降趋势就会强化。

第三,即使从整个经济来看,除了进口外,所有资本都可以看作可变资本,马克思关于资本有机构成提高必然带来一般利润率下降的总体正确性仍然是可证的,虽然利润率是在某一节点后开始下降。

最后,迪金森还分析了利润率也可能不下降的情况:

1. 一般说来 $\beta < 1$,但是如果 β 接近1时,利润率可能在资本积累到不可企及的阶段才可能下降,这可能在遥远的将来才能出现。

2. 如果 K 不变,利润率 ρ 可能随着剥削率 σ 的上升而上升。比如,

（1）延长工作日。这可能不会在今天的发达资本主义国家出现，但是会在许多落后的国家出现。（2）工人的生存成本降低。由于一些技术进步独立于 K，而只导致剥削率 σ 上升，或者 K 没有 σ 上升得快，利润率 ρ 就会上升，当然这些可能性是否成立是有疑问的。另外由于国际贸易，还可能降低工人的生存成本。

最后，迪金森认为，纯粹的理论探讨可能无法得到让人信服的结论。对事实的检验可能是给出利润率下降问题的最终答案。但是，由于统计数据的不充分，以及统计数据不能很好地符合马克思的概念范畴，经验检验将很难进行。如此这样单单的检验性研究也就不可能下结论说马克思的利润率下降理论只是一个幻想。虽然马克思在《资本论》中对利润率下降规律并没有完美的数学证明，但是马克思关于资本有机构成与利润率下降关系的结论在直观上是合理的，也已经在一种更严格意义的方法上得到大体上的证明。

从上面迪金森的分析可以看出，霍华德（Michael Charles Howard）和金（John Edward King）在其合著的《马克思主义经济学说史：1929—1990》中，认为迪金森的结论是"虽然利润率下降是无法逃脱的，但是它可能被延迟到'遥远未来的某个时间'"[1]，这显然是不准确的和断章取义的。相反，迪金森通过理论证明后认为，马克思关于利润率下降的判断基本是正确的，虽然利润率只是在资本增长到一定程度后，才会下降的。当然，迪金森用道格拉斯生产函数来说明资本、劳动与产出的关系，并不被马克思主义经济学者所认可。

迪金森发表《马克思主义经济学中下降的利润率》一文的同一年，约瑟夫·吉尔曼（Joseph Gillman）出版了《下降的利润率：马克思的定律及其对21世纪资本主义的意义》[2]一书，吉尔曼在该书中认为，资本有机构成的增长并不是没有限制的，一旦资本的有机构成达到一定的数量水平，资本主义的剩余价值的生产和实现以及商业结构都将发生质的变

---

[1] 参见［英］M. C. 霍华德（Michael Charles Howard）、J. E. 金（John Edward King）《马克思主义经济学说史：1929—1990》，顾海良、张新等译，中央编译出版社2002年版，第139页。Howard, Michael Charles, and John Edward King, *A History of Marxian Economics*, Volume II：1929 - 1990, London：Macmillan, 1992, p. 139.

[2] Gillman, Joseph, *The Falling Rate of Profit：Marx's Law and Its Significance to Twentieth-Century Capitalism*, London：Dennis Dobson, 1957.

化，这时资本有机构成的进一步增长就会大大受限。从一定意义上讲利润率与资本有机构成具有函数关系，也许不仅仅会趋向下降，而且也许像期待的一样会上升，除非一直保持剩余价值率下降或者严格不变。① 吉尔曼在书中进行了统计检验，结果是美国工业 1919 年以前确实是伴随资本有机构成的提高而利润率趋向下降，但是 1919 年之后利润率不是下降而是在上升。当然，吉尔曼并没有说马克思错了，而是认为马克思的公式太严格了，以至于没有涵盖和反映新技术的作用。② 因为资本主义已经取得很大的新技术进步，不断地使不变资本要素变得便宜，工资商品（wage-goods）的价值也会下降，这会导致剩余价值率上升。重要的是节约资本的新技术日益盛行，这些革新新技术的应用会阻碍甚至会逆转资本有机构成的提高。由于新技术和新组织形式的出现，马克思定义的术语必须因此被重新定义。当然，对于吉尔曼重新定义的术语和公式来检验马克思的下降的利润率规律是否合适，罗纳德·米克（Ronald L. Meek）持保留态度。米克认为，重新定义的术语和公式是否还能证明马克思"下降的利润率"规律还是一个问题，同时，用重新定义的术语和公式为基础进行实证检验，其所得到的结果是否适合说明马克思"下降的利润率"自然也是令人怀疑的。③

同在 1957 年，保罗·萨缪尔森（Paul A. Samuelson）发表了《工资与利息：对马克思经济模型的现代剖析》一文④，运用数理模型说明，只要资本家是理性的，技术进步、实际工资不变和利润率下降三者就不可能同时存在。如果技术进步没有增加实际工资，那么就会提高利润率。弗莱德·格特菲尔（Fred M. Gottheil）在对萨缪尔森该文的评论中，认为萨缪尔森的描述和结论并没有很好地说明和描述马克思下降的利润率规律。⑤

---

① Gillman, Joseph, *The Falling Rate of Profit: Marx's Law and Its Significance to Twentieth-Century Capitalism*, London: Dennis Dobson, 1957, p. 28.

② Ibid., pp. 60 – 61.

③ Meek, Ronald L., "Book Review for The Falling Rate of Profit: Marx's Law and Its Significance to Twentieth-Century Capitalism by Joseph M. Gillman", *The Economic Journal*, Vol. 69, No. 273, 1959, pp. 132 – 134.

④ Samuelson, Paul A., "Wage and Interest: A Modern Dissection of Marxian Economic Models", *The American Economic Review*, Vol. 47, No. 6, 1957, pp. 884 – 912.

⑤ Gottheil, Fred M., "Wages and Interest: A Modern Dissection of Marxian Economics Models: Comment", *The American Economic Review*, Vol. 50, No. 4, 1960, pp. 715 – 719.

当然，萨缪尔森在回应格特菲尔的文中也承认了这一点。① 置盐信雄 1961 年在《技术变化与利润率》一文中详细论证了萨缪尔森其中的一个观点，认为如果相对于消费品而言的实际工资不变，一个部门引进一项新技术，就目前的产品价格与工资结构而言降低了单位成本，那么新的均衡建立以后，平均利润率就一定会升高。② 这被称为置盐定理（Okishio Theorem）。面对对置盐定理的批评，置盐信雄认为，如果置盐定理的前提条件满足，结论也一定是利润率上升。但是置盐信雄自己也认为，置盐定理的两个假设条件是令人怀疑的，其一是，实际工资率不变；其二是，新的产品价格能保证获得正的利润。③

此后，1959—1960 年美国左翼杂志《科学与社会》连续四期发表了多篇讨论利润率的论文。1959 年《科学与社会》季刊第 2 期发表莫里斯·多布（Maurice Dobb）的《下降的利润率》④ 和琼·罗宾逊（Joan Robinson）的《下降的利润率：一个评论》⑤ 二文。多布从经济思想史的角度讨论利润率下降问题，认为伴随资本积累的利润下降趋势在 19 世纪上半期就已经成为政治经济学的共同主题。罗宾逊在其文中对吉尔曼《下降的利润率：马克思的定律及其对 21 世纪资本主义的意义》一书进行了评述。1959 年《科学与社会》季刊第 3 期发表了安东尼奥·佩森蒂（Antonio Pesenti）的《下降的利润率》⑥ 一文，佩森蒂并不赞成吉尔曼把利润率下降规律与"资本主义的最终命运"联系起来。吉尔曼认为假设利润率下降是马克思主义者的错觉成立的话，资本主义的总危机也许同样是马克思主义者的错觉。但是佩森蒂认为即使前者成立，也不能推导出后者。1959 年《科学与社会》季刊第 4 期发表了亨瑞·丹尼斯（Henri Denis）的

---

① Samuelson, Paul A., "Wage and Interest: A Modern Dissection of Marxian Economic Models: Reply", *The American Economic Review*, Vol. 50, No. 4, 1957, pp. 719 – 721.

② Okishio, Nobuo, "Technical Changes and the Rate of Profit", *Kobe University Economic Review*, No. 7, 1961.

③ Okishio, Nobuo, "Competition and Production Prices", *Cambridge Journal of Economics*, No. 25, 2000, pp. 493 – 501.

④ Dobb, Maurice, "The Falling Rate of Profit", *Science & Society*, Vol. 23, No. 2, 1959, pp. 97 – 103.

⑤ Robinson, Joan, "The Falling Rate of Profit: A Comment", *Science & Society*, Vol. 23, No. 2, 1959, pp. 104 – 106.

⑥ Pesenti, Antonio, "The Falling Rate of Profit", *Science & Society*, Vol. 23, No. 3, 1959, pp. 233 – 252.

《利润率与国民收入》[1] 一文，丹尼斯在文中认为，即使在现实中没有观察到利润率的下降，并不表明利润率下降趋势没起作用，有时垄断就会拒绝采用某种生产方法和限制生产的发展，从而阻碍资本收益的下降。1960年《科学与社会》季刊第1期发表了嘉科布·莫瑞斯（Jacob Morris）的《利润、自动化和冷战》[2] 和罗纳德·米克（Ronald L. Meek）的《下降的利润率》[3] 二文。莫瑞斯在文中计算战后1947—1957年间，由于自动化进程，资本有机构成确实提高了。米克在其文中开头就明确指出，此文就是要澄清这些年对困扰"马克思利润率下降规律"的一些重要问题。这些论著的讨论深化了对马克思利润率下降规律的理解和认识。

克里斯蒂安森（J. Christiansen）1976年在《美国经济评论》上发表了《马克思与下降的利润率》[4] 一文，对马克思利润率趋于下降的规律研究的文献进行了述评，认为虽然现有的文献不能满意地说明利润率趋于下降规律的存在，但是马克思却给我们提供了对资本主义的积累过程及与其相伴随的经济危机极其有用的洞察力。莱博维茨（M. A. Lebowitz）在1976年《加拿大经济学杂志》上发表了《马克思的下降的利润率：辩证的观点》[5] 一文，认为如果能够从资本的生产和循环的辩证关系来审视，就会拒绝那种把马克思的下降的利润率理解为类似于古典经济学家作为长期预测的标准解释，下降的利润率实际上体现了资本的一种内生的障碍，虽然这种内生的障碍在发展的过程中也经常被克服。约翰·罗默（John E. Roemer）1977年在《经济理论杂志》发表的《技术变化和"下降的利润率趋势"》[6] 一文认为，如果实际工资不变，相互竞争的资本家采用的技术改进会提高利润率；如果要说明技术变化导致利润率下降必须要考虑技

---

[1] Denis, Henri, "Rate of Profit and National Income", *Science & Society*, Vol. 23, No. 4, 1959, pp. 298 – 316.

[2] Morris, Jacob, "Profit, Automation and the Cold War", *Science & Society*, Vol. 24, No. 1, 1960, pp. 1 – 12.

[3] Meek, Ronald L., "The Falling Rate of Profit", *Science & Society*, Vol. 24, No. 1, 1960, pp. 36 – 52.

[4] Christiansen, J., "Marx and the Falling Rate of Profit", *American Economic Review*, Vol. 66, No. 2, May 1976, pp. 20 – 26.

[5] Lebowitz, M. A., "Marx's Falling Rate of Profit: A Dialectical View", *Canadian Journal of Economics*, Vol. 9, No. 2, May 1976, pp. 232 – 254.

[6] John Roemer, "Technical Change and the 'Tendency of the Rate of Profit to Fall'", *Journal of Economic Theory*, Vol. 16, No. 2, December 1977, pp. 403 – 424.

革新与实际工资变化之间的关系。

格特·汝坦（Geert Reuten）1991年在《剑桥经济学杂志》上发表的《资本积累与利润率下降趋势的基础》[①]一文，指出利润率趋于下降的理论实际上是从亚当·斯密直到19世纪末主流经济学理论的基本组成部分，但是，随后它越来越限制在马克思主义或者受马克思主义启发的作品之中。而对于利润率下降的理论的意见一直存在争议，部分原因是人们不认同这个理论存在一定程度的理论抽象；需要注意利润率下降趋势作为一个理论抽象概念，一定不同于经验的趋势的概念。

托马斯·米希尔（Thomas R. Michl）1994年在《激进政治经济学评论》上发表的《利润率下降的三个模型》[②]一文，提出了把技术变化内生化、外生化以及联合内生化和外生化三种情况下的三个利润率下降模型，通过这三个模型说明了伴随不完全竞争的资本积累的情况下技术的变化是如何导致利润率下降的。

弗兰克·汤普森（Frank Thompson）1995年在《激进政治经济学评论》上发表的《技术变化、积累和利润率》[③]一文，提出技术变化和资本积累对利润率的影响取决于它们对实际工资率的影响；可行的资本节约的技术变化或者劳动节约的技术变化可能导致利润率下降，也可能导致利润率上升，这取决于具体的参数；但是，在资本积累不充分的条件下，劳动节约的技术变化，即使导致了资本有机构成的提高，也会导致利润率的上升。大卫·莱伯曼（David Laibman）1996年在《激进政治经济学评论》上发表《再谈技术变化、积累和利润率》[④]一文，批驳了汤普森把技术变化与下降的利润率割裂开来，指出汤普森的模型提出的可行的技术变化不会带来下降的利润率是建立在简单再生产的基础之上的。莱伯曼有针对性地提出了一个包括最优技术变化和劳动市场动态的完整的、非稳态的增长模型，该模型可供上升的利润份额和下降的利润率的资本积累路径进行实

[①] Reuten, Geert, "Accumulation of Capital and the Foundation of the Tendency of the Rate of Profit to Fall", *Cambridge Journal of Economics*, Vol. 15, 1991, 79 – 93.

[②] Michl, Thomas R., "Three Models of the Falling Rate of Profit", *Review of Radical Political Economy*, Vol. 26, No. 4, 1994, 55 – 75.

[③] Thompson, Frank, "Technical Change, Accumulation, and the Rate of Profit", *Review of Radical Economy*, Vol. 27, No. 1, 1995, pp. 97 – 126.

[④] Laibman, David, "Technical Change, Accumulation, and the Rate of Profit Revisited", *Review of Radical Political Economy*, Vol. 28, No. 2, 1996, pp. 33 – 53.

证验证。汤普森1998年又在《激进政治经济学评论》上发表了《资本构成与利润率：对莱伯曼的答复》[①] 一文，对莱伯曼的批评作出了回应，认为莱伯曼曲解了他的观点，进一步说明在资本主义经济的单部门模型中，资本有机构成的提高并不会造成均衡利润率的下降；相反，资本有机构成的提高将造成利润率更高。汤姆森区分了带来有机构成提高的技术变化和资本积累分别对利润率的不同影响。积累会提高劳动需求，相应地提高实际工资率从而降低利润率，但是可行的技术变化必定是在目前的价格水平下增加利润。

第三节　国外当代学者关于利润率动态的实证研究

一　关于美国利润率动态的实证研究

约瑟夫·吉尔曼（Joseph Gillman）1957年出版的《下降的利润率：马克思的定律及其对21世纪资本主义的意义》[②] 一书，是首次用系统的统计资料实证检验马克思的利润率下降规律的著作。吉尔曼采用美国工业1849—1952年的官方统计数据。鉴于马克思的价值难以计算，吉尔曼用实际生活中的价格代替价值，还用工资代替马克思的可变资本，用物质资本代替马克思的不变资本。剩余价值就是产品价值减去上述可变资本和不变资本，或者是生产中的价值增值减去可变资本。[③] 结果发现，1919年前后利润率变化趋势发生明显的断裂，1919年以前，资本有机构成和剥削率都明显上升，但是资本有机构成上升的幅度大大超过剥削率的上升幅度，造成预料中的利润率下降。但是1919年以后，利润率却趋向上升。吉尔曼认为之所以1919年以后美国工业的利润率会上升，是因为资本主义科技的进步，导致劳动生产率的提高，使得不变资本要素变得便宜。同时，节约资本技术的出现会阻碍或者逆转资本有机构成的提高，而且由于垄断和

---

① Thompson, Frank, "The Composition of Capital and the Rate of Profit: A Reply to Laibman", *Review of Political Economy*, Vol. 30, No. 1, 1998, pp. 90 – 107.

② Gillman, Joseph, *The Falling Rate of Profit: Marx's Law and Its Significance to Twentieth-Century Capitalism*, London: Dennis Dobson, 1957.

③ 参见程恩富主编，朱奎著《马克思主义经济思想史》（欧美卷），东方出版中心2006年版，第128页。

更多流通商业组织的出现会影响剩余价值的生产和实现。于是吉尔曼对利润率的公式进行了重新定义（redefinition）：剩余价值 $s = $ 生产增加值 $-$（生产工人工资 $+$ 折旧）。u 代表非生产性工人的薪资和所有销售、广告和管理费用以及税收之和，c 是资本存量，于是利润率就是 $(m-u)/c$。考虑非生产性支出因素后，1919 年以后的利润率也是下降的。1919 年以前推动利润率下降的是资本有机构成的提高，而 1919 年以后则主要是非生产性支出的不断增加。

汤姆斯·魏斯科普夫（Thomas E. Weisskopf）1979 年在《剑桥经济学杂志》上发表了《马克思的危机理论与战后美国的利润率》[1] 一文，主要以影响资本有机构成、劳方力量强弱、商品价值实现的因素变量为分析的基础，实证研究了美国 1949 年至 1975 年非金融领域公司的利润率变化，得出的结论是：1949 年至 1975 年的利润率呈现下降趋势；从 1949 年到 1975 年可以分为五个商业周期：商业周期Ⅰ（1949—1954）、商业周期Ⅱ（1954—1958）、商业周期Ⅲ（1958—1960）、商业周期Ⅳ（1960—1970）、商业周期Ⅴ（1970—1975）；从商业周期Ⅰ到商业周期Ⅱ、从商业周期Ⅱ到商业周期Ⅲ和从商业周期Ⅳ到商业周期Ⅴ利润率是下降的，但是从商业周期Ⅲ到商业周期Ⅳ利润率是上升的；在每个商业周期的初始扩张阶段利润率上升，扩张的后期和收缩阶段利润率下降；其中上升的劳方的力量对利润率下降有显著的影响，但是资本有机构成的提高对利润率下降影响不明显，而导致商品价值不能实现的因素对利润率下降有一定的影响。但 1985 年弗莱德·摩斯利（Fred Moseley）同在《剑桥经济学杂志》上发表的《战后美国经济的剩余价值率：对魏斯科普夫的估计的批评》[2] 一文，不认同魏斯科普夫在 1979 年发表的《马克思的危机理论与战后美国的利润率》的实证分析。摩斯利认为，战后美国利润率的下降主要是由于非生产性劳动对生产性劳动比率的上升。而魏斯科普夫在同一期《剑桥经济学杂志》上发表了《战后美国经济的剩余价值率：对摩斯利批评的回应》[3] 一文对摩斯利的批

---

[1] Weisskopf, Thomas E., "Marxian Crisis Theory and the Rate of Profit in the Postwar U. S. Economy", *Cambridge Journal of Economics*, Vol. 3, 1979, pp. 341 – 378.

[2] Moseley, Fred, "The Rate of Surplus Value in the Postwar US Economy: A Critique of Weisskopf's Estimates", *Cambridge Journal of Economics*, Vol. 9, No. 1, pp. 57 – 79.

[3] Weisskopf, Thomas E., "The Rate of Surplus Value in the Postwar US Economy: A Response to Moseley's Critique", *Cambridge Journal of Economics*, Vol. 9, No. 1, March 1985, pp. 81 – 84.

评作出了回应，认为摩斯利的结论是具有建设性的，但决不是不可质疑的，而其中他们之间实证研究结论的不同是由于他们数据的不同。

爱德华·沃尔夫（Edward N. Wolff）1979年在《美国经济评论》上发表的《剩余价值率、有机构成与1947年至1967年美国的一般利润率》[①]一文，认为一般利润率变化并不一定与资本构成的变化呈反向变化，伴随资本主义发展的并不一定是利润率的下降。马克思的利润率下降规律在理论上并不合理，通过他自己考察的这个时间段看，它也没有得到经验的支持。由于实际工资的增长超过了劳动生产率的增长，一般利润率从1947年至1958年是下降的。但反之，一般利润率在1958年至1967年是上升的。因此，资本的技术构成（资本与劳动的比率）与利润率的变化无关，原因就在于资本与劳动比率的提高被劳动生产率的提高抵消了。但1986年沃尔夫在《激进政治经济学评论》上发表的《生产率增长的减速与美国1947年至1976年利润率的下降》[②]一文，修正和改善了一些估计，得出的结论却是：1947年至1967年美国经济的一般利润率保持相对稳定，但是从1967年至1976年利润率却显著下降。这主要是由于1947年至1967年劳动生产率的增长率和实际工资增长率变化保持一致，但是1967年至1976年实际工资的增长率却超过了劳动生产率的增长，造成了利润挤压导致的利润率的下降，也导致了劳动生产率增长幅度下降，而实际工资的增长率也随之下降，但是，由于社会保障支出的大幅增加，实际工资增长率的下降幅度小于劳动生产率增长的下降幅度。

摩斯利1988年在《美国经济评论》上发表《马克思的宏观经济变量和战后的美国经济：对沃尔夫的估计的批评和改进》[③]一文，区分了非生产性劳动和生产性劳动，却得出了与沃尔夫不同的结论，即美国1947年至1967年的利润率是显著下降的。而沃尔夫在同期杂志上发表了《剩余

---

① Wolff, Edward N., "The Rate of Surplus Value, the Organic Composition, and the General Rate of Profit in the U.S. Economy, 1947–1967", *American Economic Review*, Vol. 69, No. 3, 1979, pp. 329–341.

② Wolf, Edward N., "The Productivity Slowdown and the Fall in the U.S. Rate of Profit, 1947–1976", *Review of Radical Political Economy*, Vol. 18, No. 1&2, 1986, pp. 87–109.

③ Moseley, Fred, "The Marxian Macroeconomic Variable and the Postwar U.S. Economy: A Critique and Update of Wolff's Estimates", *American Economic Review*, Vol. 78, No. 1, March 1988, pp. 298–303.

价值率、有机构成与 1947 年至 1967 年美国的一般利润率：答复》[1] 一文，认为把非生产性活动纳入利润率定义和变化之中非常有意义，但是摩斯利的纳入非生产性活动的方式存在不合理的地方，而且他与摩斯利在利用经验数据方面也有四点不同，而他自己的分析利用更合理。

摩斯利 1990 年在《激进政治经济学评论》上发表《战后美国经济的利润率下降：一个替代的马克思主义的解释》[2] 一文，再一次对魏斯科普夫和沃尔夫的"利润挤压"作出回应，认为基于剩余价值率、资本有机构成和生产性劳动对非生产性劳动的比率，战后美国经济的利润率是下降的，且主要是由于非生产性劳动占生产性劳动比率的显著增加造成的。

米希尔（Thomas R. Michl）1986 年在《激进政治经济学评论》上发表《1948 年至 1986 年美国非金融领域公司盈利能力下降的两个阶段》[3] 一文，通过理论分析和实证检验得出的结论是：非金融领域的公司税前利润率下降可以分为两个阶段：1948 年至 1972 年和 1972 年至 1986 年。前一个阶段盈利能力的下降主要是由利润份额的下降造成的；而后一个阶段利润的份额在某种程度上实际上是上升的，利润率的下降则是由于资本生产率的下降造成的。

阿基特·扎卡耐亚斯（A. Zacharias）2002 年在《激进政治经济学评论》上发表《竞争与盈利：对罗伯特·布伦纳的批评》[4] 一文，对布伦纳（Robert Brenner）1998 年在《新左翼评论》上发表的《全球动荡的经济学：1950 年至 1998 年世界经济报告》[5] 的观点给予反驳，扎卡耐亚斯对布伦纳把美国 20 世纪 60 年代中期以来制造业利润率的下降归结为外国竞争的加剧的观点提出了质疑。他通过数据分析后认为，美国制造业的贸易收支平衡表的经验数据并不支持这个观点。而布伦纳 2002 年在同一期《激进政治经济

---

[1] Wolf, Edward N., "The Rate of Surplus Value, the Organic Composition, and the General Rate of Profit in the U. S. Economy, 1947–1967: Reply", *American Economic Review*, Vol. 78, No. 1, March 1988, pp. 304–306.

[2] Moseley, Fred, "The Decline of the Rate of Profit in the Postwar U. S. Economy: An Alternative Marxian Explanation", *Review of Radical Political Economics*, Vol. 22, No. 2/3, 1990, pp. 17–37.

[3] Michl, Thomas R., "The Two-Stage Decline in U. S. Nonfinancial Corporate Profitability, 1948–1986", *Review of Radical Political Economy*, Vol. 20, No. 4, 1988, pp. 1–22.

[4] Zacharias, A., "Competition and Profitability: A Critique of Robert Brenner", *Review of Radical Political Economy* 34, 2002, pp. 19–34.

[5] Brenner, R., "The Economics of Global Turbulence: A Special Report on the World Economy, 1950–1998", *New Left Review*, May/June 1998 (Special Issue).

学评论》上发表了回应文章《竞争与盈利能力：对阿基特·扎卡耐亚斯的答复》①，进一步解释了1965年至1973年不仅仅美国，包括G7国家经济的盈利能力都趋于下降，是由于国际制造业领域的竞争加剧，导致了过度产能和过度生产引发的，而且由于制造业过度产能的调整失败，此后盈利能力没有得到恢复。

杜梅尼尔（Gerard Dumenil）和莱维（Dominique Levy）2002年在《激进政治经济学评论》上发表《美国1948年至2000年的利润率：它在什么领域下降、下降多少？它恢复了吗?》②一文，采用《资本论》第三卷对利润率的定义对美国非金融业经济部门的利润率进行了重新计算，发现一些大的资本密集型、资本与劳动比率很高的工业部门，比如铁路，完全不同于其他部门，其利润率非常低，而且并没有下降；剔除了这些资本密集型的工业部门后，其他部门的利润率从1948年至1982年下降趋势非常明显，而且1982年以后利润率只是有限恢复。2000年的利润率仅仅是1948年利润率的一半；资本生产率的下降是利润率下降的主要因素，虽然利润份额的下降也促进了利润率的下降。

安德鲁·克莱曼（Andrew Kliman）在2009年完成的长篇论文《持续下降的利润率潜含目前的危机：新的单一分期体系者的证据》中，对1929—2007年美国公司的利润率进行了重新研究，发现第二次世界大战后的十年美国公司的利润率是下降的，而且下降趋势一直持续到现在。虽然一些测量利润率的方法表明20世纪80年代初期利润率基本稳定或者略微上升，但是另一些方法却表明利润率是持续下降的，而且没有发现利润率真正持续的反弹出现。即使考虑通胀因素或者以劳动时间衡量的货币方法来重新调整利润率，持续下降的利润率态势并没有消除。资本积累率的变化趋势与利润率的变化趋势比较吻合。利润率下降时，资本积累率也跟随下降。收入分配的变化对利润率下降的解释力不强。除了20世纪60年代后期利润份额的短暂下降外，并没有持续的收入分配的变化。除了这个短暂时期外，资本的价值构成的上升比剩余价值率的下降，更能解释整个利

---

① Brenner, R., "Competition and Profitability: A Reply to Ajit Zacharias", *Review of Radical Political Economics*, 34, 2002, pp. 35 – 44.

② Dumenil, G. and D. Levy, "The Profit Rate: Where and How Much Did It Fall? Did It Recover? (USA 1948 – 2000)", *Review of Radical Political Economics*, 34, 2002, pp. 437 – 461.

润率的下降。①

迪潘卡·巴苏（Deepankar Basu）和帕拉约蒂斯·曼罗拉卡斯（Panayiotis T. Manolakos）2013 年在《激进政治经济学评论》上发表《是否存在利润率下降？——对 1948 年至 2007 年美国经济计量分析的证据》② 一文，采用时间序列的计量经济学方法，得出 1948 年至 2007 年美国经济一般利润率具有长期下降趋势的弱证据。

二 关于利润率下降与金融危机关系的实证研究

安德鲁·克莱曼（Andrew Kliman）在 2009 年完成的长篇论文《持续下降的利润率潜含目前的危机：新的单一分期体系者的证据》中认为，美国公司的利润率在 20 世纪 50 年代中期之后下降，且在 70 年代中期的萧条期之后也没有得以回升。在萧条期大量资本并没有被淘汰，去逆转资本利润率的下降，这个问题还导致了长期债务的爆炸式增长。资本收益率和债务问题正是导致最近经济危机的重要原因，虽然不是直接原因。克莱曼批评了一些马克思主义经济学者的观点，这些马克思主义经济学者认为，经济中的生产领域与金融领域可以区分开来，这次危机纯粹是金融危机，是由资本主义的金融化、宏观经济困难和更直接的金融领域问题造成的。克莱曼指出，如果危机的原因真是纯粹的金融问题，那么我们可以通过消除新自由主义和金融化资本主义来阻止危机的再次发生。以此逻辑，我们仅仅需要金融管制、凯恩斯政策和可能的金融领域的国有化。然而，如果危机是由利润率不断下降趋势引发的制度原因，这些变革至多只会延缓下一次危机的发生。当通过政府债务的巨大累积来延缓末日的到来时，也正预示着下一次到来的危机会更糟糕。③

---

① Andrew Kliman, "The Persistent Fall in Profitability Underlying the Current Crisis: New Temporalist Evidence". http://thecommune.co.uk/2009/11/06/the-persistent-fall-in-profitability-underlying-the-current-crisis/, http://akliman.squarespace.com/storage/Persistent%20Fall%20whole%20primo%202010.17.09.pdf.

② Basu, Deepankar, and Panayiotis T. Manolakos, "Is There a Tendency for the Rate of Profit to Fall? Econometric Evidence for the U. S. Economy, 1948 – 2007", *Review of Radical Political Economics*, Vol. 45, No. 1, 2013, pp. 76 – 95.

③ Andrew Kliman, "The Persistent Fall in Profitability Underlying the Current Crisis: New Temporalist Evidence". http://www.marxisthumanistinitiative.org/literature/the-persistent-fall-in-profitability-underlying-the-current-crisis-new-temporalist-evidence.

大卫·科茨 2012 年在中国《海派经济学》季刊上发表《利润率、资本循环与经济危机》[①]一文，通过理论与经验数据的分析，认为利润率下降是造成危机的主要原因，但并不是造成周期性危机或者结构性危机的唯一原因，因此，对资本主义危机的分析不应该仅仅局限于受到利润率下降影响的因素。为充分解释资本主义危机形成的各种途径，应从资本循环的框架下去分析，要区分剩余价值的创造和剩余价值的实现问题。科茨认为，美国 20 世纪六七十年代的危机和 2008 年发生的危机都是资本主义积累的社会结构（SSA）的危机，前者是由于剩余价值的创造问题造成的，而后者是由于剩余价值的实现问题造成的。从资本循环的框架下去解释经济危机，可能会解决利润率的长期趋势与短期波动在解释经济危机时遇到的难题。

---

① ［美］大卫·科茨：《利润率、资本循环与经济危机》，《海派经济学》2012 年第 4 期。

第五章 再生产与经济周期理论研究

第一节 再生产理论

当代国外马克思主义学者对于再生产理论的研究大多与经济周期或经济危机联系在一起,从再生产环节中发现可能导致危机的因素,从而发展自己的经济危机或周期理论,如弗雷德·莫塞莱(Moseley, Fred, 1997),为了研究价值问题和转形问题,发展了马克思主义价值理论。一些学者如埃尔蒂思(Elts, 1998)对马克思再生产理论进行了评价或者将其和西方经济学经济增长理论进行了比较分析,另外一些学者如菲利普·安东尼·奥哈拉(O'Hara, Phillip Anthony, 2000)则对马克思《资本论》中再生产理论的观点进行了系统的整理。当代对于再生产理论本身的发展相对较少。继杜冈-巴拉诺夫斯基(Tugan-Baranovsky)在《周期性工业危机》一书中将马克思的两部类再生产模型扩展到三部类后[1],墨西哥独立大学的阿道夫·加西亚·德拉·赛恩拉(Adolfo Garcia Dela Sienra, 1992)将其扩展到 l 个,用矩阵和向量来表述马克思生产模型中工资品和资本品的可再生产性和相互之间的联系。[2] 不过,对于如何将再生产理论和凯恩斯理论、卡莱茨基理论结合起来探讨,却在近期有一定的进展,如安德鲁·崔格(Andrew Trigg, 2006)专门著书分析如何在再生产模型中引入需求和货币因素,并从中推导出凯恩斯乘数,邓肯·弗利(Duncan K. Foley, 2008)为此写了详细的书评,克劳迪奥·萨东尼(Claudio Sardon, 2009, 2010)对崔格的完全竞争假设和凯恩斯乘数的有效性表示质疑并建立了自

---

[1] [俄]杜冈-巴拉诺夫斯基:《周期性工业危机》,商务印书馆1982年版。
[2] Adolfo Garcia DelaSienra, *The Logical Foundations of the Marxian Theory of Value*, Netherlands: Kluwer Academic Publishers, 1992, pp. 26-25.

己的再生产模型。此外,阿米特罗·克利须那·杜德(Amitava Krishna Dutt,2011)对再生产模型和新古典增长模型进行了比较分析,讨论了总需求在比较分析中的作用。① 下面分别详细介绍赛恩拉、崔格和萨东尼对再生产模型的发展。

一 赛恩拉的多部类再生产矩阵模型

马克思的简单再生产理论强调了生产工资品的第Ⅰ部类和生产资本品的第Ⅱ部类相互之间的依赖关系,而马克思的扩大再生产理论强调的是一个社会生产扩大的可行性。赛恩拉对这两个问题,即工资品和资本品的可再生产性和相互之间的联系,用自己建立的马克思劳动价值理论的原型(The Prototype of Marx's Labor Theory of Value)来说明马克思在这两个问题上的正确性。

赛恩拉先把工人阶级的一揽子消费品用列向量 b 来表示:

$$b = \begin{bmatrix} b_{k+1} \\ \vdots \\ b_l \end{bmatrix}$$

这些商品的数量 $b_{k+1}, \cdots, b_l (l \leq m)$ 是为了再生产 1 小时劳动的劳动力所必需的消费品。为了方便,现在给出矩阵

$$\begin{bmatrix} x_{11} & \cdots & x_{1k} & x_{1k+1} & \cdots & x_{1l} \\ \vdots & & \vdots & \vdots & & \vdots \\ x_{k1} & \cdots & x_{kk} & x_{kk} & \cdots & x_{kk} \\ 0_{k+11} & \cdots & 0_{k+1k} & 0_{k+1k+1} & \cdots & 0_{k+1l} \\ \vdots & & \vdots & \vdots & & \vdots \\ 0_{l1} & \cdots & 0_{lk} & 0_{lk+1} & \cdots & 0_{ll} \end{bmatrix}$$

这里 $x_{1j}, \cdots, x_{kj} (1 \leq j \leq l)$ 是生产 $\tilde{x}_j$ 的生产过程中的投入品。矩阵的其他元素为零。$\tilde{x}_1, \cdots, \tilde{x}_k$ 的生产如我们所说的那样是资本品行业的生产;$\tilde{x}_{k+1}, \cdots, \tilde{x}_l$ 的生产是工资品的生产,即构成向量 b 的那些产品的生产。现

---

① Amitava Krishna Dutt, "The Role of Aggregate Demand in Classical-Marxian Models of Economic Growth", *Cambridge Journal of Economics*, Vol. 35, 2011, pp. 357 – 382.

在来考虑 $l \times l$ 矩阵：

$$B = \begin{bmatrix} 0_1 & \cdots & 0_l \\ \vdots & & \vdots \\ 0_k & \cdots & 0_k \\ b_{k+1} & \cdots & b_{k+1} \\ \vdots & & \vdots \\ b_l & \cdots & b_l \end{bmatrix}$$

和

$$L = \begin{bmatrix} x_1 & \cdots & 0 \\ \vdots & & \vdots \\ 0 & \cdots & x_1 \end{bmatrix}$$

在矩阵 B 中，$k+1$ 行之前是零元素，各列中的最后几个元素不是别的，恰是消费品列向量中的元素。在表示劳动耗费的矩阵 L 中所有对角线之外的元素均为零，对角线上 i 行 $(i=1,\cdots,l)$ 的元素是生产 i 工资品或者资本品的劳动投入。这些矩阵在构成矩阵 BL 中是有用的。

$$BL = \begin{bmatrix} 0_1 & \cdots & 0_l \\ \vdots & & \vdots \\ 0_k & \cdots & 0_k \\ b_{k+1}x_1 & \cdots & b_{k+1}x_l \\ \vdots & & \vdots \\ b_l x_1 & \cdots & b_l x_l \end{bmatrix} \quad (1)$$

可以看出，这个矩阵的第 i 列 $(i=1,\cdots,l)$ 表示：为了再生产出在 $\tilde{X}_i$ 的生产过程中耗费的劳动力所需要的工资品 $b_{k+1}x_i,\cdots,b_l x_i$ 的数量。因此，矩阵

$$C = A + BL = \begin{bmatrix} x_{11} & \cdots & x_{1l} \\ \vdots & & \vdots \\ x_{k1} & \cdots & x_{kl} \\ b_{k+1}x_1 & \cdots & b_{k+1}x_l \\ \vdots & & \vdots \\ b_l x_1 & \cdots & b_l x_l \end{bmatrix} = \begin{bmatrix} c_{11} & \cdots & c_{1l} \\ \vdots & & \vdots \\ c_{k1} & \cdots & c_{kl} \\ c_{k+1\ 1} & \cdots & c_{k+1\ l} \\ \vdots & & \vdots \\ c_{l1} & \cdots & c_{ll} \end{bmatrix} \quad (2)$$

表示资本品和工资品的生产过程中所需要的生产资料和工资品的数量。为了描述工资品和资本品的可再生产性和它们之间的相互关系,赛恩拉开始了如下的论证。首先,如果有一个正值的列向量 y,它具有 $Cy \leqslant y$,就说明了该经济体具有简单再生产或者扩大再生产的能力。其次,赛恩拉用公式(2)来说明工资品和资本品之间具有的相互依赖关系。这种相互依赖关系的存在是因为矩阵 C 的不可分解性。也就是说,在一个非空缺元素的 $\{1, \cdots, l\}$ 子集 J 中,并不是所有的 j 都是 $c_{ij} = 0$,同时该子集中的 i 也是这样。这意味着 J 中有些元素所代表的行业并不需要不是 J 中元素所代表的行业生产出来的生产资料作为投入(反过来也就是说,J 中有些元素中所代表的行业需要 J 中别的元素所代表的行业生产出来的生产资料作为投入,J 具有不可分解性)。因此,如果矩阵 C 是不可分解的,那么任何资本品或者工资品行业最终产出的某种增加,必然要求每个其他行业的产出增加来作为投入。[①]

赛恩拉的再生产理论是建立在他自己的马克思劳动价值理论之上的,对马克思再生产理论中的两大部类各自的可再生产性和相互之间关系这两个问题,他作了非常简洁的描述,向量矩阵数学模型的使用,使其论述的逻辑也比较严密。例如,他用矩阵 C 的不可分解性,也就是子集 J 中有些元素所代表的行业需要 J 中别的元素所代表的行业生产出来的生产资料作为投入,来说明资本主义社会各生产部门之间的相互依赖性,便非常简洁清晰。[②] 大量采用数学模型简化文字分析,这也是不少国外马克思主义学者分析再生产和经济周期问题的显著特征之一。这也可以启发我们,在马克思主义经济学部分可以数学化的研究领域,可以先用数学模型分析一些简单和特殊的情况,然后不断放宽假定,分析更为复杂和一般的情况。

二 崔格的再生产模型和凯恩斯乘数

一些马克思主义和后凯恩斯主义学者试图将马克思的再生产模型与凯恩斯的总需求理论结合起来,如崔格(2002,2006)和萨东尼(2009)。

崔格试图将总需求正式引入再生产模型,将其作为扩大再生产的约束条件,发展一个分析模型,探索在何种条件下能够实现再生产模型中

---

① 朱钟棣:《当代国外马克思主义经济理论研究》,人民出版社 2004 年版,第 109—110 页。
② 同上书,第 111 页。

的利润。这一方法和迪拉德（Dillard，1984）的论述"马克思经济学必须通过被一个更为正式的需求理论处理来得到加强"①是内在一致的。此外，他还试图在再生产模型中加强货币的作用，用正式的模型来分析此问题。因为弗利（1973）评论道："马克思对货币的论述总是停留在'模型化前'（pre-model）的阶段"②，崔格试图发展出一个逻辑连贯的模型，分析货币循环如何缠绕着商品的再生产。崔格认为，要实现这两个目的，关键在于发展一个将总需求模型化的分析框架，再将凯恩斯乘数嵌筑（nest）到再生产模型中去。利亚诺斯（Lianos，T. P.，1979）展示了如何在马克思的单部类模型中将收入和投资的乘数关系模型化。③而崔格（2006）则借助里昂惕夫的投入产出分析方法将其推广到多部类模型，同时保持凯恩斯乘数的简明性。货币在再生产模型中的关键作用的模型化则可以借助于卡莱茨基原理：资本家将货币投入循环作为总投资，并将其回报作为利润，即资本家总是获得他们花费的货币。此外，货币和总需求还可以放入到扩大再生产的增长模型中，展示扩大再生产均衡增长条件的苛刻性。④

崔格认为，利用一些最近的马克思主义文献，凯恩斯乘数可以成为正式分析总需求作用的方法之一。对总需求的重视意味着存在一种乘数关系。用凯恩斯主义的语言来说，对第一部类生产出的资本品的总需求可以被定义为投资需求。既然投资需求提供了将来生产方式的扩张，当期的生产应该理性地被假定为外生的，不依赖于任何当期的参数或约束。乘数提供了一个可能的方法，来控制投资需求和总收入的结构关系。

利亚诺斯对如何将乘数嵌入到再生产模型中提供了一个可行的分析，不过他假定只存在一个生产部类，并只采用了第一部类的信息。崔格认为，向凯恩斯主义经济学范畴转化的关键调整在于将所有增加值——可变资本和剩余价值，都作为第一部类的净收入（Y_1）。和斯密教条不同的是，这一收入是不变资本的净收入。这一单部类经济中净收入是2000单位，

---

① Dillard, D. "Keynes and Marx: A Centennial Appraisal", *Journal of Post Keynesian Economics*, 1984, VI (3), pp. 421 – 432.

② Foley, D. K. "Preface", in S. de Brunhoff, *Marx on Money*, New York: Urizen Books, 1973.

③ Lianos, T. P. "Domar's Growth Model and Marx's Reproduction Scheme", *Journal of Macroeconomics*, 1979, 1 (4): pp. 405 – 412.

④ Andrew B. Trigg, *Marxian Reproduction Schema: Money and Aggregate Demand in a Capitalist Economy*, London and New York: Routledge Press, 2006, pp. 2 – 5.

其中 1000 单位不变资本，1000 单位剩余价值。①

在当期（1 期）生产和下期（2 期）生产的处理上，和斯密教条也有明显区别。当期的总投资需求 500 单位被明确地认为和下一期生产资料的扩张有关。这里的总投资需求是指净投资需求，是除了补偿当期生产资料折旧之外的投资需求。

表 5.1   在第一部类中的凯恩斯乘数

时期	不变资本 C_1	可变资本 V_1	剩余价值 S_1	净收入 Y_1	净投资 I_1
1	4000	1000	1000	2000	
2					500

现在可以做一个跳跃性分析。嵌入到这个再生产模型中的是一个凯恩斯乘数，使净投资和净收入联系起来。资本家预期他们将会在下一期增加 500 单位不变资本，因此存在一个 500 单位当期产出的净投资需求。工人被雇佣来生产这个产出，他们用获得的工资来购买更多的产出，并导致雇佣更多的工人，如此循环。500 单位投资需求的最初效应在整个经济中被数倍增加，创造了 4 倍的净收入——2000 单位的净收入。马克思扩大再生产模型中的这一乘数则为 4。②

凯恩斯乘数最初形式为：

$$y = \frac{1}{1-b} I \tag{5.1}$$

这里 y 是总的净收入，I 是总投资，b 是消费倾向。

迪·安吉利斯（De Angelis，2000）定义了这一关系：

$$y = \pi L \tag{5.2}$$

其中 $\pi = y/L$，即劳动生产率，L 为工作小时衡量的总劳动。

将（5.2）代入（5.1），可推导出雇佣乘数关系

$$L = \frac{1}{\pi - \pi b} I \tag{5.3}$$

---

① Andrew B. Trigg, *Marxian Reproduction Schema*: *Money and Aggregate Demand in a Capitalist Economy*, London and New York: Routledge Press, 2006, p. 12.

② Ibid..

安吉利斯将 $1/(\pi - \pi b)$ 称为 "社会乘数" (social multiplier), πb 被称为 "社会工资率" (social wage rate), $\pi - \pi b$ 被称为每小时的利润。此外，如果 B 是总消费的货币价值，则

$$\pi b = \frac{y}{L}\frac{B}{y} = \frac{B}{L} \tag{5.4}$$

假定资本家的消费忽略不计，工人没有储蓄，则社会工资率控制了工人的消费 B，而工人的消费是再生产劳动力所必需的。因此安吉利斯认为社会工资率是马克思的劳动力价值 (value of labour power) 的货币表现。还可以进一步将其变形为

$$b = \frac{B}{y} = \frac{L}{y}\frac{B}{L} \tag{5.5}$$

这一表达式代表了劳动力价值。

这一乘数的分解是局限在单部类再生产模型中的，而约亨·哈特维希 (Jochen Hartwig, 2004) 则将凯恩斯乘数应用到了两大部类再生产模型中。首先，两大部类的净收入被写作：

$$Y_1 = V_1 + S_1 \tag{5.6}$$

$$Y_2 = V_2 + S_2 \tag{5.7}$$

根据凯恩斯 1936 年《就业、利息和货币通论》中的方法，消费倾向 b 被应用于整体净收入，$y = V_1 + V_2 + S_1 + S_2$，因此对各个部类产出的需求量 $D(\cdot)$ 为

$$D(Y_1) = (1 - b)y \tag{5.8}$$

$$D(Y_2) = by \tag{5.9}$$

在均衡时，$Y_1 = D(Y_1)$，$Y_2 = D(Y_2)$，并且为了再生产顺利进行，这一比例

$$\frac{Y_2}{Y_1} = \frac{b}{1 - b} \tag{5.10}$$

必须在两大部类之间得以建立。

因为在凯恩斯乘数中，Y_1 可以写作净投资 I，Y_2 可以写作消费 B，因此可以得到一个如下形式的结构性乘数关系：

$$B = \frac{b}{1 - b}I \tag{5.11}$$

第二部类的资本家用这个乘数来预测需要生产多少消费品来应对第一

部类的投资需求。① 和单部类模型中的凯恩斯乘数相比，哈特维希提供的这个凯恩斯乘数的优势在于，考虑到了两大部类之间的比例。

这一凯恩斯乘数还可以被推导成传统的凯恩斯乘数，（5.11）可以写为

$$B = \left(\frac{1}{1-b} - 1\right)I \tag{5.12}$$

然后，

$$B + I = \frac{1}{1-b}I \tag{5.13}$$

由于 $y = B + I$，所以（5.13）可以写为

$$y = \frac{1}{1-b}I \tag{5.14}$$

这说明凯恩斯乘数的标量形式可以从两大部类模型中推导出来。然后，由于（5.14）用的是净收入，没有考虑到生产过程中不变资本构成的作用，在利用凯恩斯将总需求加入到模型中去的同时，还需要用马克思主义方法解决标量乘数倒向斯密教条倾向的问题，这就需要用到里昂惕夫的投入产出分析方法。

表 5.2　　　　　　　　扩大再生产的投入—产出表

	第一部类	第二部类	dC	dV	u	W_i
（a）数字表述						
第一部类	4000	1500	500			6000
第二部类	1000	750		150	1100	3000
S_i	1000	750				
W_i	6000	3000				9000
（b）里昂惕夫表述						
第一部类	$p_1 a_{11} X_1$	$p_1 a_{12} X_2$	$p_1 da$			$p_1 X_1$
第二部类	$p_2 h_2 l_1 X_1$	$p_2 h_2 l_2 X_2$		$p_2 dh$	$p_2 C_k$	$p_2 X_2$
S_i	S_1	S_2				
W_i	$p_1 X_1$	$p_2 X_2$				

---

① Jochen Hartwig, "Keynes Multiplier in a Two-Sectoral Framework", *Review of Political Economy*, 2004, 16 (3), pp. 309 – 334.

首先，马克思的扩大再生产模型的数字例子可以被改造成投入—产出表格。这一表格的优势在于，可以直观地显示出马克思如何假定资本家消费了他们的 1750 单位的剩余价值：500 单位的新固定资本 dC，150 单位的新可变资本 dV 和 1100 单位的资本家消费 u。在这个投入—产出表中，行为某一部类的产出，列为某一部类的投入。用代数来表示的话，投入系数 $a_{ij} = X_{ij}/X_j$ 表示从部类 i 投入到部类 j 的生产资料的实物投入 X_{ij} 占 j 部门实物总产出 X_j 的比例，各个部类劳动占该部类总产出的比率 $l_j = L_j/X_j$，消费系数 $h_i = B_i/L$ 为各个产品实物消费 B_i 占总劳动量 L 的比例。为了用货币表示这些实物数值，定义部类 j 的货币价格为 p_j。da 表示新生产资料的实物数量，dh 表示新消费资料的实物数量，C_k 表示资本家消费的消费资料的实物数量。

表 5.2（b）第一行可以写成下列等式

$$p_1 a_{11} X_1 + p_1 a_{12} X_2 + p_1 da = p_1 X_1 \tag{5.15}$$

第二行可写为

$$p_2 h_2 l_1 X_1 + p_2 h_2 l_2 X_2 + p_2 dh + p_2 C_k = p_2 X_2 \tag{5.16}$$

在（5.15）和（5.16）中分别消去 p_1 和 p_2，则马克思再生产模型的整体数量系统（full quantity system）可以写为

$$X_1 = a_{11} X_1 + a_{12} X_2 + da \tag{5.17}$$

$$X_2 = h_2 l_1 X_1 + h_2 l_2 X_2 + dh + C_k \tag{5.18}$$

这个数量系统可以用矩阵表示为

$$\begin{bmatrix} X_1 \\ X_2 \end{bmatrix} = \begin{bmatrix} a_{11} & a_{12} \\ 0 & 0 \end{bmatrix} \begin{bmatrix} X_1 \\ X_2 \end{bmatrix} + \begin{bmatrix} 0 \\ h_2 \end{bmatrix} \begin{bmatrix} l_1 & l_2 \end{bmatrix} \begin{bmatrix} X_1 \\ X_2 \end{bmatrix} + \begin{bmatrix} da \\ dh + C_k \end{bmatrix} \tag{5.19}$$

用 X 表示各部类总产出的列向量，A 表示产业间投入产出系数的矩阵，h 表示工人消费系数的列向量，表示劳动系数的行向量，则（5.19）可以表示为

$$X = AX + h[lX] + F \tag{5.20}$$

由于净产出定义为 $Q = (I - A)X$，上式可以改写为

$$Q = h[vQ] + F \tag{5.21}$$

其中，$v = l(I - A)^{-1}$ 是 Pasinetti（1981）的纵向一体化劳动系数（劳动价值）的行向量。

（5.21）两边同乘以行向量 v，可以得到

$$vQ = vh[vQ] + vF \tag{5.22}$$

该式中,由于 vQ 是标量,所以可以得到以下乘数形式

$$vQ = \frac{1}{1-vh}vF \quad (5.23)$$

在马克思《资本论》第二卷的假设中,价格和价值是相等的,因此一元的产出等于一小时的劳动时间,这个等式同时控制住了收入和乘数关系。由于价值和价格的相等,即 $p = v$,所以劳动总就业 vQ 等于总货币净收入 pQ。类似地,生产最终需求所需要的总劳动 vF 也等于总的最终货币需求 pF。因此,在两部类模型中,$1/(1-vh)$ 为收入/就业乘数,标量 vh 代表着消费倾向 b。

由于净产出 $y = vQ = pQ$,最终货币需求 $f = vF = pF$,令分母为 e,该乘数还可以进一步简化为

$$y = \frac{1}{e}f \quad (5.24)$$

于是,马克思范畴中的剩余价值可以用宏观标量乘数来表示,而不需要局限在单部类假定中。这一标量乘数控制了再生产模型中的部类间结构,而且不需要在假定中去掉不变资本的划分。一个正式地引入总需求的再生产模型得以建立,并保持了凯恩斯乘数的简明性质。①

由于最终需求 $f = u + dC + dV$ 由投资 $I = dC + dV$ 和资本家消费 u 组成,(5.24)可以写为

$$S = u + I \quad (5.25)$$

或者 剩余价值 = 资本家消费 + 投资

其中 $S = ey$ 代表着总的剩余价值。

于是,崔格认为,式(5.25)用马克思的再生产范式从另一个角度表述了卡莱茨基原理:资本家总是挣得他们所花费的。与卡莱茨基表述方式不同的是,这里明确体现了马克思的剩余价值理论:资本家将货币作为对资本家消费和投资的总需求投入循环体系,并最终实现为剩余价值。②

在(5.20)的基础上引入货币,崔格建立起宏观货币模型:

$$pX = pAX + ph[IX] + pF \quad (5.26)$$

假设工人没有储蓄,工资全部用于消费,则单位工人消费的货币价值

---

① Andrew B. Trigg, *Marxian Reproduction Schema: Money and Aggregate Demand in a Capitalist Economy*, London and New York: Routledge Press, 2006, pp. 13 – 20.

② Ibid., p. 28.

ph 就是标量工资率 w。而且由于 wlX 就是总的工资单，pX 为货币形式的总收入，$\bar{w} = wlX/pX$ 则为毛收入中的工资份额，

$$ph[IX] = \bar{w}pX \tag{5.27}$$

令 $\bar{c} = pAX/pX$，即货币总收入中不变资本的份额，不变资本的货币价值也可以表示为

$$pAX = \bar{c}pX \tag{5.28}$$

令 $x = pX$ 为货币形式的总产出，$f = pF$ 为货币形式的总需求，则可以写为：

$$x = \bar{c}x + \bar{w}x + f \tag{5.29}$$

因此，可以从两大部类再生产模型中推导出总体乘数关系：

$$x = \frac{1}{1 - \bar{c} - \bar{w}} f \tag{5.30}$$

这就提供了一个非常简单的货币循环模型。

在循环开始时，资本家借助信用来为不变资本、可变资本以及资本家消费的支出融资（$f = dC + dV + u$）。通过乘数 $1/(1 - \bar{c} - \bar{w})$，这些支出在消费资料和生产资料两大部类间循环，最终产生了比最初支出多很多的总国民收入 x。①

乘数 $1/(1 - \bar{c} - \bar{w})$ 还可以作为货币流通速度，这样（5.30）还可以与货币数量方程相比较。当然，将这一乘数作为货币流通速度也是有条件的，需要生产、乘数作用的发挥和给定数量货币的循环都在同一个时期内完成。②

至此，崔格基本达到了他最初的两个目的：将需求作为再生产过程中的基本约束条件，正式分析总需求在扩大再生产中的作用，并重新解释马克思的再生产范式，使货币处于中心地位。

三 萨东尼的再生产模型和对崔格的批判

克劳迪奥·萨东尼对崔格的研究目的表示赞同，但对其研究尝试并不十分满意。他认为，必须要放弃马克思的一些假设条件，才能确立一个马

---

① Andrew B. Trigg, *Marxian Reproduction Schema: Money and Aggregate Demand in a Capitalist Economy*, London and New York: Routledge Press, 2006, pp. 46 - 49.

② Moore, B. J., "The Demise of the Keynesian Multiplier", *Journal of Post Keynesian Economics*, 1984, 17 (1): pp. 121 - 133.

克思的非充分就业均衡，并使用马克思版本的凯恩斯乘数概念。崔格过于坚持马克思原来的分析和假设。尤其是，崔格保留了马克思的自由竞争假设和企业生产成本采用短期不变单位流动成本的假设，却没有意识到，这些假定使得凯恩斯乘数不能在马克思再生产模型中使用，而崔格却将其作为自己的第一个贡献。崔格从马克思再生产模型中推导出"乘数"，却没有意识到，这个"乘数"和凯恩斯的非常不同。①

崔格采用里昂惕夫的投入—产出分析模型和纵向一体化劳动系数来分析再生产过程，并保留了马克思的两个假设：工资预付并作为投资，产品根据价值交换。在萨东尼看来，这样使得崔格分析的复杂程度超出了解决主要问题（比如需求和货币的作用、从再生产模型中引出"乘数"的可能性）的需要。因此，他另建了一个更为简单的模型，避免陷入讨论价值理论之类的问题，而采用更接近现代经济学的概念和定义。②

考虑这样一个 n 部门的经济体，生产消费和资本品合二为一的最终产品。产品并不严格区分，每个产品都既可以被直接消费（工人和资本家都可以消费），又可以被当成生产资料。工资在每个生产期末支付。产品根据生产价格（正常价格）交换。

令 Y_t 为一个 $(n \times 1)$ 的正向量，其中元素 $y_{i,t}(i = 1, 2, \cdots, n)$ 为 t 时期 i_{th} 部门的产出。$(n \times n)$ 阶矩阵 X_t 为投入品 $x_{ij}(i, j = 1, 2, \cdots, n)$ 的矩阵。这里假设产出 $y_{i,t}(i = 1, 2, \cdots, n)$ 与 t 时期 n 部门的产能利用率相关。此外还假设每个部门的产品 $y_{i,t}$ 都具有正的（实物）剩余价值 $s_{i,t}$，即

$$y_{i,t} = \sum_{j=1}^{n} x_{ij} + s_{i,t} \tag{5.31}$$

其中 $s_{i,t} > 0, (i = 1, 2, \cdots, n)$

定义 $(n \times 1)$ 阶向量 CW_t，其中元素 $cw_{i,t}$ 表示工人 t 时期对 i 产品的消费。假定 CW_t 小于部门剩余价值 S_t：

$0 < CW_t < S_t$

最后，定义 $(n \times 1)$ 阶向量 CK_t，其中元素 $ck_{i,t}$ 表示资本家 t 时期对 i 产品的消费。为了保证扩大再生产，$0 \leq CK_t < (S_t - CW_t)$。

马克思的再生产问题可以如下表达：在时期 t，给定产出向量 Y_t，找

---

① Claudio Sardoni, "The Marxian Schemes of Reproduction and the Theory of Effective Demand", *Cambridge Journal of Economics*, 2009, pp. 161 – 173.

② Ibid. .

出 n 部门的这些增长率，确保没有任一部门产品存在过度供给和需求，并且所有的产品都以正常价格出售，即没有部门间失衡。令 g 为一个增长率向量。一个极端情形为 g = 0，即经济体维持简单再生产。当 g 为正时，为扩大再生产。

如果从时期 t 到时期 (t+1) 发生了扩大再生产，则 n 部门的产出必须都增长，即

$$y_{j,t+1} = (1+g_j)y_{j,t} \qquad (j=1,2,\cdots,n) \tag{5.32}$$

这里 g_j 是 j 部门的增长率。而且，如果从时期 t 到时期 (t+1) 没有技术变化，各部门的投入增长率和产出增长率相等：

$$x_{ij,t+1} = (1+g_j)x_{ij,t} \qquad (i,j=1,2,\cdots,n) \tag{5.33}$$

$x_{ij,t}$、$x_{ij,t+1}$ 分别是时期 t 和 t+1 为了生产 $y_{j,t}$、$y_{j,t+1}$ 而使用的 i 部门产品的实物数量。

为了实现各部门供求均衡，必须有

$$y_{j,t} = \sum_{j=1}^{n} x_{ij,t+1} + cw_{i,t} + ck_{i,t} \qquad (i=1,2,\cdots,n)$$

根据式（5.31）和式（5.33），上式可以写成如下矩阵形式：

$$(S_t - CW_t - CK) = X_t g \tag{5.34}$$

和

$$g = X_t^{-1}(S_t - CW_t - CK) \tag{5.35}$$

向量 g 中的元素为保证各个产品供求平衡的各个部门的增长率。这里，简单假设 g 存在并且为正。

马克思没有明确地分析过总供求均衡的条件，但是引入价格后，这些条件可以轻易地从中导出。为了达到总供求层次上的均衡，总产出的价值必须等于总需求的价值。如果 $p_j(j=1,2,\cdots,n)$ 为 n 部门产品的正常价格，必须有

$$\sum_{j=1}^{n} y_j p_j = \sum_i \sum_j x_{ij,t} p_j + \sum_i \sum_j g_j x_{ij,t} p_j + \sum_i cw_{i,t} p_i + \sum_i ck_{i,t} p_i$$

令 $\sum_{j=1}^{n} y_j p_j = Y$（经济体的国内生产总值），$\sum_i \sum_j (x_{ij,t} + g_j x_{ij,t}) p_j = I$（总投资），$\sum_i (cw_{i,t} + ck_{i,t}) p_i = C$（总消费），可以得到

$$Y = C + I \tag{5.36}$$

由于还有

$$Y = W + \prod = c(W + \prod) + s(W + \prod) \tag{5.37}$$

其中$\prod$是总利润（即包括折旧），$c(W+\prod)$是总消费，$s(W+\prod)$是总储蓄。从式（5.36）和式（5.37）可以推导出

$$Y = \frac{1}{s}I \tag{5.38}$$

这是表达总供求均衡条件的另外一种方式，并指出了储蓄和投资必须相等。它还类似于最简单的凯恩斯乘数形式，但是这两个概念显著不同。在马克思的框架里，经济体只有在产能充分利用时才能达到均衡，但不一定要充分就业，不乐观的产出表现为生产过剩危机；而凯恩斯的框架里，经济体可以在产能利用不足时达到均衡，不乐观的产出表现为非充分就业。正是这个原因，凯恩斯才能利用乘数概念来解释需求的增长如何带来产出的增长和更高的产能利用率。[1] 崔格认为的"消费部类的资本家会根据这一乘数来预测需要生产多少消费品，以应对第一部类资本家的投资决策"[2]，是不可能发生的。因为投资需求增加后，资本家只需要提高产能利用率，不一定需要增加雇佣工人，工人的工资不一定增加，也就没有进一步增加对消费品的需求，接下来的乘数效应也就无从谈起。

萨东尼认为崔格的研究过于理想化，即认为总需求等问题可以在马克思原有的分析框架内直接找到答案。从其对马克思乘数和凯恩斯乘数的对比分析中可以看出，崔格确实存在过于理想化的问题。当然，崔格对再生产模型的分析依然具有很多启发性，对于比较凯恩斯主义和马克思主义，重新唤起人们对再生产理论的重视，有着一定的意义，毕竟当代的凯恩斯主义理论在经济史上的地位有点类似于当年的古典经济学，当年马克思借鉴了古典经济学，而当代马克思主义经济学想要超越西方经济学，就要借鉴现代西方经济学中的部分合理成分如凯恩斯主义的部分元素，将其与新古典主流经济学的不合理成分区别对待。同时，凯恩斯主义宏观经济学的一些模型设定也需要重新审视，如乘数有其特定的心理学假设，而这一假设的微观基础常常是西方经济学者攻击的地方，尽管其攻击带有学派偏执

---

[1] Claudio Sardoni, "The Marxian Schemes of Reproduction and the Theory of Effective Demand", *Cambridge Journal of Economics*, 2009, pp. 161–173.

[2] Andrew B. Trigg, *Marxian Reproduction Schema: Money and Aggregate Demand in a Capitalist Economy*, London and New York: Routledge Press, 2006, p. 20.

和意识形态的原因，但其微观基础也有需要完善的地方。崔格从马克思主义再生产理论的角度出发，指出了凯恩斯乘数效应的薄弱之处，这有利于其进行针对性的完善，同时也有利于完善马克思主义再生产理论中的乘数，即矛盾的同一性。

第二节　经济周期理论

在马克思看来，资本主义是历史的、有时限的。资本主义在发展的过程中会越来越充满矛盾和危机，从而被更适于人类发展的形式所替代。因此，资本主义的危机理论是马克思主义政治经济学的核心之一。[①] 马克思主义危机理论最初表现为崩溃论，经过1880—1940年的发展和创新，基本形成了今天所有的重要流派，如杜冈和希法亭的比例失调理论、卢森堡的长期需求不足崩溃论、考茨基的长期萧条倾向、鲍威尔的人口积累理论、格罗斯曼以资本有机构成提高为基础的崩溃论等，并形成了工资挤压利润的利润率下降危机理论的雏形。1940年以后的现代马克思主义经济危机理论继承和发展了早期理论，同时拥有一些新的显著特征。与早期马克思主义危机理论强调资本主义必然崩溃的基调不同，现代国外马克思主义危机理论则更多地研究阻碍资本主义崩溃的因素，并进而分析周期和萧条，而长期萧条在一些理论看来也是更长周期的一部分，马克思主义经济周期理论得到了长足的发展。

现代马克思主义经济周期理论的第一个重要流派是美国式的消费不足理论，斯威齐的《资本主义发展论》是开篇之作，随后吉尔曼、巴兰、佩罗等人的著作也各自独立地支持了消费不足论。现代国外马克思主义经济周期理论的第二个重要流派是与20世纪70年代复兴的和利润率下降相联系的危机理论，以欧洲为中心，并逐渐成为马克思主义经济危机和周期理论的主流。时空转移论和过度竞争论也得到了一定的发展。同时，可能由于单因素解释的时效性和局限性逐渐明显，也可能由于单因素论创新的难度逐渐增大，多因素论和综合论的倾向开始兴起，吸收和采纳了各种马克思主义和非马克思主义的思想，形成了各种风格迥异的组合。

[①] ［澳］菲利普·安东尼·奥哈拉：《政治经济学百科全书》，郭庆旺等译，中国人民大学出版社2009年版，第1231页。

一　单因素论

（一）美国式的消费不足理论

保罗·斯威齐（Paul Sweezy）的《资本主义发展论》对马克思主义危机理论史进行了颇有争议的评述，将多种因素引入消费不足论中，融合了消费不足论、比例失调论和利润率下降理论的部分因素。他将消费不足论的实质表述如下："既然控制资源和资金使用方向的资本家们的行动方式，会造成消费增长率/生产资料增长率这个比值的稳步下降，又由于生产过程的性质迫使消费品增长率/生产资料增长率这个比值至少接近于稳定，所以消费的增长本来就有落后于消费品产量增长的趋势。……这个趋势的表现可以是危机，也可以是停滞，或者两者兼而有之。……正确地说，'消费不足'和'生产过剩'是一物的两面。"[①] 他不仅将危机的主要原因归结于消费不足，还详细分析了抵消消费不足趋势的各种力量。他将这些起抵消作用的力量归结为两大类：那些能够使消费增长率高于生产资料增长率的力量和那些使生产资料的不合比例增长不致在经济上造成破坏性后果的力量。属于前一类的有人口增长、非生产性消费、国家支出；属于后一类的有新产业和错误投资。[②] 他还初步分析了垄断资本的作用，认为垄断资本相对集中提高了积累率，从而增加了投资，抑制了消费。该书最大的成功之处不在于其有着比例失调论特点的消费不足论，而在于将西方马克思主义危机理论的思维范式从崩溃论转向长期萧条论和周期论，拓宽了包括消费不足论在内的整个马克思主义危机理论的视野，有利于解释战后美国的长期繁荣。

约瑟夫·吉尔曼（Joseph Gilman，1957）对垄断资本的作用进行了进一步的分析。吉尔曼对垄断资本主义剩余价值的不断增加进行了独特的说明，提出了垄断资本剩余价值创造的"转化"。他认为："一句话，第一次世界大战后不变资本（在 c/v 这个比率上的 c）的性质发生了质的变化，这种变化被它传统的数量表现所掩盖了。相对便宜的工业仪器不断取代更加昂贵的工业机器，以及原材料消耗的不断降低，降低了不变资本数量上

[①]　[美] 保罗·斯威齐：《资本主义发展论》，陈观烈、秦亚男译，商务印书馆 2006 年版，第 204 页。

[②]　同上书，第 242 页。

扩张的趋势，这不但从价值上说是这样，从物质形态上说也是这样。"欧内斯特·曼德尔（Ernest Mandel）在《晚期资本主义》中对第二次世界大战后不变资本变得便宜提出了相似的看法，不过曼德尔认为这只是第三次技术革命造成的暂时抵消技术构成提高的结果，20世纪60年代后第三次技术革命衰竭，有机构成急剧提高，经济开始进入长波的下降阶段。

在对抵消消费不足趋势的分析方面，吉尔曼提出垄断资本主义阶段剩余价值实现的"转化"。随着垄断企业规模的扩大，资本家集体取代了单个资本家，利润不再等于剩余价值，而是剩余价值扣除了管理费用之后的余额。不但如此，随着垄断的发展，销售、广告等费用不断增加，大大提高了产品实现的成本，减少了利润。也正是这"垄断竞争"成本的增加，解决了垄断资本主义阶段剩余价值不断增加的问题，克服了消费不足倾向。

为了进一步说明垄断资本积累方式导致的消费不足，巴兰和斯威齐在《垄断资本》一书中系统地发展了经济剩余（经济剩余最简短的定义就是，一个社会所生产的产品与生产它的成本之间的差额）产生和吸收的理论，认为在垄断资本主义阶段，经济剩余有不断增长的趋势，包括实际经济剩余和潜在经济剩余都在不断增加，但是，垄断资本主义对经济剩余的吸收能力却不能同步增加。"既然不能吸收的剩余就不会被生产出来，所以垄断资本主义经济的正常状态就是停滞。"[①]《垄断资本》对"剩余的吸收"进行了详细的分析，将其分为市场营销支出、政府民用支出、军国主义和帝国主义的支出等。

经济剩余概念与西方主流微观经济学里的生产者剩余、消费者剩余概念有相似之处，都有一种只谈效率不谈公平的含义。虽然巴兰提出经济剩余的本意是为了证明垄断资本的效率低下，但后来他和斯威齐认为剩余价值被资本家伪装后难以识别，经济剩余在量上包含了剩余价值，于是试图用经济剩余替代剩余价值概念，其实他犯了只重视表象不重视本质、只重视数量不重视性质的错误，并且忽视了剩余价值理论使马克思主义经济学成为阶级斗争理论工具的核心地位，因而受到马克思主义者的广泛批评。尽管如此，经济剩余理论依然是马克思主义经济学中对社会产品的质进行判断的第一个尝试，也是对单纯价值范畴的丰富，对于解释第二次世界大

[①] [美] 保罗·巴兰、保罗·斯威齐：《垄断资本》，南开大学政治经济系译，商务印书馆1977年版，第105—106页。

战后资本主义垄断资本经济的长期繁荣和后来的停滞有一定的借鉴意义。美国式的消费不足理论虽然在发展消费不足理论本身方面贡献有限，但对之后的垄断资本理论、积累的社会结构学派乃至"每月评论学派"和激进政治经济学联盟的形成和发展都有着重要的作用。

（二）基于利润率下降的危机理论

基于利润率下降的危机理论，其基本观点与消费不足理论正相反，认为剩余价值不是太多，而是太少，不足以维持积累的正常进行。虽然斯威齐1942年就认为该理论是在剩余价值率不变的不合理假定下推出来的，无法说明有机构成一定比剥削率提高更快的原因，并在分析了其在马克思著作中的理论依据后评价道："它始终假定，危机与其说是有效需求不足的结果，毋宁说是有效需求不足的原因。但是这个理论还是不完整和片面的，有些从外表看来是由它引出的结论，是不可以当做定论来看的"①，但是由于20世纪70年代滞胀危机越来越明显，该流派又开始复兴，尤其在欧洲比较活跃。虽然其中也有一些学者身在美国，但整个理论的主流在欧洲，尤其是在英国。

该理论的发展围绕利润率下降背后的原因而展开，英国的安德鲁·格林（Andrew Glyn）和罗伯特·萨克利夫（Robert B. Sutcliffe）认为利润率下降的原因是工资挤占了利润，其观点被称为"利润挤压理论"；美国的拉福特·博迪（Raford Boddy）和詹姆斯·克罗蒂（James Crotty）认为是政府为了对付工资对利润的挤占而制造了危机，其观点被称为"政治经济周期理论"；美国的霍华德·谢尔曼（Howard Sherman）则提出了相似的"夹钳理论"。三者的共同点是都认为工资挤占了利润，其中劳动力后备军的危机趋势是关键，因此这里将其统称为"劳动力后备军危机趋势理论"。与此不同的是，美国的保罗·麦蒂克（Paul Mattick）、英国的大卫·耶菲（David Yaffe）等，坚持资本有机构成提高是利润率下降的原因，其观点被称为"资本有机构成提高论"或被贬称为"基本定理派"（另译"原教旨主义者"）。

1. 劳动力后备军危机趋势理论（The Reserve Army Crisis Tendency）

劳动力后备军危机趋势理论是马克思主义危机理论中最具有周期理论特征的，因而更易为西方主流经济学接受。在劳动力后备军危机趋势理论

---

① ［美］保罗·斯威齐：《资本主义发展论》，陈观烈、秦亚男译，商务印书馆2006年版，第175页。

中，没有哪一个重要因素，是不能在过去四十多年的西方主流经济周期理论中找到的，如投资率的波动、劳动力的短缺、工资和物价之间的"失调"等因素，都是西方主流经济周期研究者所熟知的，只是所强调的重点有所不同。下面分别介绍和评述劳动力后备军危机趋势理论中三种具有代表性的理论观点。

（1）危机的利润挤压理论（Profit-Squeeze Analysis of Crises）

利润挤压理论是为了解释20世纪70年代的滞胀而产生的，它的主要分析思路是，利润是国民生产净值减去劳动力价值，劳动力价值是工人们得到的维持他们通常生活标准的那部分国内产值。如果劳动后备军很大，则劳动力价值贬值，劳动强度增加，利润开始增加。如果劳动后备军很小，工人的谈判力增强，劳动力价值增加，劳动强度减小，利润减少，到一定程度时，资本积累停滞不前并发生危机。资本家为了获得更多的利润，一方面尽可能压榨劳动力，另一方面投资节省劳动力的机器，试图维持劳动力后备军，但这个努力并不总是成功的。

菲利普·阿姆斯特朗（Philip Amstrong）等人（1991）[①] 用此解释了1945年后失业后备军对利润的影响。20世纪40年代末，借助于政府的作用，资本家增加了失业后备军，为黄金时代的到来作出了贡献。而在黄金时代，加速积累最终在发达资本主义国家极大消耗了劳动后备军。在1968—1973年，实际工资上涨，生产率下降，出现了利润挤压，资本家试图通过各种手段恢复和增加利润，而工人则依然努力保持劳动力价值。

利润挤压理论认为，如果危机期间工人的消费能够转移到资本的积累上，通过降低阶级、种族、性别等歧视以增加消费，使之和投资同时增长，那么另一个民主社会主义方式的资本主义的黄金时代还是可能的。然而20世纪70年代至90年代发达资本主义国家的变革趋势不是民主社会主义，而是背离民主，增加劳动后备军以降低劳动力价值。这一萧条就业水平和紧缩货币政策是有意设计的，目的是为了在长期中创造出另一个属于资本的黄金时代。但在短期中，紧缩货币政策由于减少了销售收入，使利润挤压雪上加霜。[②]

---

① Armstrong, Philip, Glyn, Andrew and Harrison, John, *Capitalism since* 1945, Oxford: Basil Blackwell, 1991.

② Epstein, Gerald, "Federal Reserve Behavior and the Limits of Monetary Policy in the Current Economic Crisis", in Robert Cherry et al. (eds) *The Imperiled Economy: Macroeconomics from a Left Perspective*, New York: Union for Radical Political Economics, 1987, pp. 247–255.

因此,资本家通过提高价格来应对名义工资增长带来的利润挤压危机。① 20 世纪 70 年代美国的通胀——贬值策略使劳动者的失业成本(失业工人预期损失占年收入的比例)稍有恢复(从 1969 年的 19% 增加到 70 年代的一般 21%—24%),削弱了美国劳动者增加劳动力价值的能力,却无法进一步恢复到 1948—1966 年的平均水平 (31%),于是,美国资本家在 1979 年放弃了通货膨胀政策,转而求助于紧缩货币政策,促成了就业衰退,扩充了劳动力后备军,使失业成本增加到了 32%。②

危机的利润挤压理论评价:

在危机的利润挤压理论中,失业成本成为挤压利润的关键因素。在劳动力充分就业、失业成本较低时,资本家有两种截然相反的手段来增加失业成本,一是通过通货膨胀——贬值来减少失业成本的分母;二是通过紧缩性货币政策来造成就业萧条,增加失业的平均时间,从而增加失业成本的分子。这两种手段中,实践证明后者更为有效,当然随之产生的经济代价也更大。这一理论和夹钳理论的相似之处在于,都从经济景气程度与劳动者的工资和就业率的关系出发,抓住劳动者的失业成本或工资这一关键变量,同时它与政治经济周期理论的相似之处在于,都强调了失业情况对宏观经济政策的重大影响以及宏观经济政策对经济扩张和收缩的巨大影响。该理论的一个主要弊端是,过分强调了工资和就业对利润的影响,使资本家降低工资和提高失业率似乎成了理所当然的事,容易为资本家的利益服务。

(2) 非正统政治经济周期理论

政治经济周期理论分为两种:主流分析和非正统分析。其中,主流分析是非马克思主义的,反对政府利用扩张性政策谋求连任而导致通货膨胀式繁荣,主张独立的中央银行;而非正统分析的切入点与之相反,认为大企业和食利者利用他们的市场权力损害政府,米哈尔·卡莱茨基(Michal Kalecki)的政治经济周期理论及其拓展是非正统分析的代表。卡莱茨基(1943)首次提出他的政治经济周期理论,并解释了西方民主政府为了结

---

① Bowles, Samuel, Gordon, David M. and Weisskopf, Thomas E., *Beyond the Wasteland: A Democratic Alternative to Economic Decline*, Garden City, NY: Anchor Press/Doubleday, 1983, p. 119、149.

② Schor, Juliet B., "Class Struggle and the Macroeconomy: the Cost of Job Loss", in Robert Cherry et al. (eds) *The Imperiled Economy: Macroeconomics from a Left Perspective*, New York: Union for Radical Political Economics, 1987, pp. 171 – 182.

束大萧条而采用的扩张性宏观政策是如何导致大企业和食利者一起支持法西斯主义的。[1] 博迪和克罗蒂（1975）[2] 则拓展了卡莱茨基的理论，使之类似于利润挤压理论的美国版本，以分析美国20世纪50年代末到70年代初的宏观经济史。

扩张性宏观政策给工资和价格带来上涨的压力，损害了食利者的利益，大企业从中得到好处，也受到损失。好处是，扩张性宏观政策增加了收入和销售，从而增加了大企业的利润，并且避免了长期高失业率下大批失业者失去劳动能力，大企业重新面临偏紧的劳动力市场和谈判力量较强的工人队伍。坏处是，扩张性宏观政策提高了就业率，降低了劳动者的失业成本，工人不怕失业，谈判力量增强，不同工人间收入差距缩小，更容易团结一致对抗资本家等，并且，扩张性宏观政策削弱了大企业通过调节信心和投资控制经济和失业率的能力。卡莱茨基政治经济周期理论认为，大企业为了抵消扩张性政策的成本，需要不时地求助于紧缩性政策。但是如果食利者和大企业联合起来建立法西斯制度，就可以从扩张性政策中获益，不必借助紧缩性政策弥补成本。如果法西斯主义制度未能建立，那么大企业和食利者操纵政治经济周期的活动就会受到限制。博迪和克罗蒂认为，20世纪60年代末期，美国强劲的经济形势和高就业率使工人的失业成本下降，资本想借助于紧缩政策，但由于维持越南战争的需要，大企业和食利者在越南战争结束前一直没有使用紧缩性政策。

非正统政治经济周期理论评价：

非正统政治经济周期理论虽然提出的时间早于西方主流政治经济周期理论，但在分析上不局限于政党政治和政府与中央银行的关系，而是从不同宏观经济政策对劳动者、大企业、食利者三者利益和地位的影响入手，更能深入揭示政治对经济的影响。但是，该理论的局限性也较强，夸大了政府宏观政策对经济的影响。事实上，经济衰退并不主要是由紧缩性宏观政策引起的，而扩张性宏观政策也往往不能使经济走向强健，而且紧缩性和扩张性宏观政策的效果也是不对称的，紧缩比扩张的效果更显著。这一

---

[1] Kalecki, Michal, "Political Aspects of Full Employment", in Michal Kalecki, *Selected Essays on the Dynamics of the Capitalist Economy* 1933 – 1970, Cambridge: Cambridge University Press, 1971, pp. 138 – 145.

[2] Boddy, Raford and Crotty, James, "Class Conflict and Macro-Policy: The Political Business Cycly", *Review of Radical Political Economics* Vol. 7 (1): 1 – 19. 1975.

思想也与他们所处的年代有关，20 世纪 40 年代至 70 年代初的美国正处于凯恩斯主义政策主导时期，宏观经济政策对经济的影响巨大，使人容易错误估计宏观经济政策对经济的影响。当时美国经济整体处于上升期，当时的周期主要是商业周期，宏观经济政策影响的也只是短期总需求，一旦经济真正陷入危机（如 20 世纪 70 年代的滞胀危机和 2008 年的经济危机），扩张性宏观政策的效果就有限了。

（3）夹钳理论（Nutcracker Theory of the Business Cycle）

霍华德·谢尔曼（1979）回顾了当时的经济周期理论争论，并根据收入分配数据的分析说明，利润份额在经济扩张期前半段上升，但在继续经济扩张到达周期顶峰前一直下降。在到达周期顶峰前短期生产率受到产能利用率的限制，而到达周期顶峰更多地与需求而非产出的较慢增长有关。所以利润率由于产能利用率和利润份额的共同下降而下降。[1] 在此基础上，他开始提出自己的观点。夹钳理论受到马克思劳动后备军理论和消费不足理论的启发。劳动后备军理论认为，在每次经济扩张时，产出增加，失业率降低，劳动者工资增加，劳动强度降低，从而单位产出的成本增加，利润减少，导致投资减少和经济衰退。消费不足理论认为，当经济扩张时，工资的增长速度跟不上生产率的增长速度，国民收入中的工资份额下降，由于工人的消费倾向更高，社会总消费占总收入中的比重减少，产出消费的缺口增大，导致利润率降低。

夹钳理论的正式模型见于霍华德·谢尔曼 1991 年的研究[2]，其基本假说是，每当资本主义经济扩张至接近周期顶峰时，需求的增长速度低于成本的增长速度，因而利润受到有限的需求和上升的成本两方面的挤压，就像被夹钳夹住的坚果一样。夹钳理论根据是否引入信用、政府等因素，分为初次近似和二次近似。

在夹钳理论的初次近似中，假定消费需求取决于全部工资和部分利润，投资需求取决于利润和利润率，成本主要是工资和原材料，经济高涨时期工资提升滞后而原材料价格迅速上升。这就意味着经济高涨时期劳动生产率提高和工资上升较慢首先有利于利润率上升，但工资份额的下降不

---

[1] Sherman, Howard, "A Marxist Theory of the Business Cycle", *Review of Radical Political Economics*, Vol. 11, No. 1, 1979.

[2] Sherman, Howard J., *The Business Cycle: Growth and Crisis under Capitalism*, Princeton, NJ: Princeton University Press. 1991.

利于消费需求的实现，加上原材料价格的迅速上升，使利润率达到顶峰并开始下降，而此时滞后的工资上涨到来，又会进一步挤压利润率。而在夹钳理论的二次近似中，经济高涨时期的政府税收增长快于支出增长，净出口减少，信用加杠杆带来的债务利息成本增加，也减少了社会总需求，从而降低了利润率。而衰退时期，工资份额上升、赤字支出、净出口增加、原材料成本下降等，也促进利润率的恢复。

夹钳理论评价：

夹钳理论的思想部分来源于马克思的劳动力后备军理论和消费不足理论，其分析框架主要是凯恩斯主义的。该理论认为，经济周期的主要原因在于经济高涨时期，工资滞后于利润和产出的增长，降低了消费需求，随后又增加了工资成本，从而使利润受到两方面的挤压。其他诸如原材料价格、利息成本和政府、净出口的反周期特点都是促进夹钳的因素，但都不是主要因素。似乎只要解决滞后性，同步稳定利润—工资比，就可以避免夹钳导致的经济周期。这就忽视了一个关键问题，真的只要同步稳定利润—工资比就可以避免社会消费倾向变低、总需求不足的矛盾吗？经济周期顶点时的工资真的上升到了威胁利润并使衰退不可避免的程度吗？第二个问题的答案尚存在争议性，但第一个问题的答案应该是否定的，近三十年来发达国家的利润—工资比相对比较稳定，但消费不足和制造业利润不足的问题整体上处于恶化的趋势。而经济周期顶点时的工资若真是挤压利润的主要原因，那么便无法解释20世纪80年代以来长时期的实际工资降低后，至少制造业的利润率并没有恢复的状况。

2. 有机构成提高论

资本有机构成提高论虽然同样从利润率下降出发解释经济危机，但是把资本有机构成提高作为危机的唯一原因，反对把工资提高作为利润率下降的原因。

20世纪70年代的资本有机构成提高理论源于保罗·麦蒂克，他是格罗斯曼的追随者，认为随着资本有机构成的提高，扩大再生产所需要的剩余价值量越来越大，而实际的剩余价值量却没有增加甚至减少，资本主义危机的实质就是剩余价值或资本的不足。正是剩余价值的不足导致了生产设备闲置和失业，消费不足的原因恰恰在于剩余价值不足，而不是剩余价值太多。"商品市场上实际过剩的原因在于这样一个事实：劳动生产率太低，不足以满足资本积累的利润需要。因为被生产出来的太少，资本就不能以一种使全部生产出来的产品能够实现的速率扩大。生产过程中剩余劳动的相对短缺,就表现为流通过程中的绝对充裕,表现为资本的生产过剩"①,结果便是利润率的下降。

麦蒂克的影响集中在欧洲,尤以英国的大卫·耶菲为其典型追随者。耶菲对危机的分析也是关注于生产领域的价值生产,并将资本有机构成的提高视为劳动生产率提高倒逼的结果,劳动生产率越高则有机构成被动增高,最终降低了利润率。耶菲认为:"资本主义生产是为了利润而进行的生产。一个商品不仅仅是使用价值,而且是价值。资本主义生产的趋势,是劳动生产率不断提高。随着劳动生产率的提高,同一堆商品所包含的价值量将下降。这意味着要生产出同等数量的价值,必须生产出比以前更多的商品来,也就是说,资本必须不断增加投资量,以更多的不变资本生产出与以前一样多的价值。如果资本总量不变,劳动生产率的提高将使每一单位商品所包含的价值量下降。从资本一般所推导出来的价值量减少的趋势,表现为资本有机构成的提高。这是资本一个根本矛盾的过程。为了生产与原来一样多的剩余价值,就必须投入更多的不变资本。更多不变资本投入的结果,是劳动生产率的进一步提高,需要雇佣的工人数量相对更少。由于工人的劳动是利润的唯一源泉,不变资本的更多投入意味着利润率的下降。"② 耶菲的逻辑在"随着劳动生产率的提高,同一堆商品所包含的价值量将下降。这意味着要生产出同等数量的价值,必须生产出比以前更多的商品来"一句中出现了问题:既然生产率的提高导致单位商品的价值量下降,而单位时间内的价值总量是固定的,那么通过进一步提高劳动生产率也不能够提高单位时间内创造的价值总量,唯一的可能是率先扩大投资并提高生产率的单个资本家增加了剩余价值,而资本家整体获得的剩余价值在不断减少,因为增加投资是无效的浪费。

保罗·萨缪尔森(Paul Samuelson)提出,如果不存在连带生产或者稀缺资源,而且实际工资保持不变,那么资本家采用了新技术,一定会使利润率上升,否则,资本家宁可采用旧技术。③ 日本经济学家置盐信雄1961

---

① Mattick P., *Marx and Keynes*, Boston: Porter Sargent Publisher, 1969, p. 79.
② David Yaffe, *The State and the Capitalist Crisis* [EB/OL], 1978. http://www.rcgfrfi.easynet.co.uk/marxism/articles/crisis.htm.
③ Samuelson P. A., "Wages and Interest: A Modern Dissection of Marxian Economic Models", *American Economic Review*, 1957 (47).

年对此进行了数学证明，被称为"置盐定理"（Okishio's Theorem）。置盐定理从微观基础上否定了利润率下降规律，因此引起广泛争议。

安瓦尔·谢赫（Anwar Shaikh）对置盐定理进行了批判，他的批判基于流动资本和固定资本的区分。他认为，置盐定理只证明了技术变化会提高边际利润，如果仅考虑流动资本的话，利润率与边际利润是一致的，但是在考虑固定资本的更一般的模型中，利润率仍然是下降的趋势。① 范帕里基斯·菲利普（Van Parijs, Philippe）认为，并不能证明资本有机构成的上升导致利润率的下降，也不能证明利润率下降必然导致过度生产的危机。不过当放松完全竞争的条件后，下降的利润率是可能的。置盐定理并不成立，它试图证明，在自由竞争条件下，假定实际工资不上升，利润最大化的资本家不会采用降低总体利润率的技术，实际上即使在自由竞争资本主义条件下都不可能如此。② 韦斯科普夫为了解决利润率下降的争议，还建立了利润率下降基础上的多因素模型。

（三）过剩资本的时间—空间转移理论

资本的时间—空间转移理论最初由大卫·哈维（David Harvey）1974年在《资本的极限》一书里提出。它认为，利润挤压理论、消费不足理论和利润率下降理论虽然都揭示了资本主义的一些重要的动态矛盾，但在另外一些方面总是浮于表面，资本主义危机的更深层次原因在于过度积累的趋势。当不断增长的剩余价值不能被有利可图地吸收时，危机就会产生。这里的关键词是"有利可图"（Profitably）（需要说明的是，这和利润率下降没有任何直接关系）。过剩的资本可以表现为很多形式，如充斥于市场上的商品、过剩的货币或者信贷，或者过剩的生产能力、过剩的房地产或者其他资产。过剩资本的形式并不是预先确定的，却给予每个危机特有的表现方式。然而，过剩资本从一种形式转移到另一种形式，有时候可以释放过度积累的压力。他自认为《资本的极限》的主要创新在于提供了解决资本过剩问题的时间转移和空间转移的方法。③ 资本的"时间—空间修复

---

① Shaikh, Anwar, "Political Economy and Capitalism: Notes on Dobb's Theory of Crisis", *Cambridge Journal of Economics*, 1978（2）.

② Van Parijs, Philippe, "The Falling-Rate-of-Profit Theory of Crisis: A Rational Reconstructionby Way of Obituary", *Review of Radical Political Economy*, 12: 1, Spring 1980, pp. 1 – 16.

③ David Harvey, Introduction to the 2006 Verso Edition [A]. *Limits to Capital* London and New York: Verso, 2006, p. 14.

理论"的基本观点是，特定地域系统的过度积累意味着该地域出现了劳动盈余（表现为不断上升的失业率）和资本盈余（表现为市场上大量没有卖掉而只能亏本处理掉的商品，表现为闲置的生产能力或缺少生产性和盈利性投资的货币资本的盈余）。这种盈余可能通过以下方式得到吸收：（a）通过投资长期资本项目或社会支出（如教育和科研）来进行时间转移，以推迟资本价值在未来重新进入流通领域的时间；（b）通过在别处开发新的市场，以新的生产能力和新的资源、社会和劳动可能性来进行空间转移；（c）在某种程度上将（a）与（b）结合起来。[1] 时间转移和空间转移的结合（如信贷融资的对外直接投资）提供了广泛而重要的解决剩余资本吸收问题的机制，尽管在长期来看作用是暂时的。它开启了解决局部危机的可能性，通过在另一个局部地区造成资本贬值（产业空洞化和金融危机），来解决全球性的剩余价值吸收或贬值问题。它还造成了环境压力和退化。由于时间—空间转移顺利时经济复苏和高涨，时间—空间转移受阻时，经济衰退和萧条，所以哈维的理论也可以理解成一种经济周期理论，虽然在周期各阶段的时间分节上不太好确定。

哈维通过时间—空间转移进行区域性资本贬值来恢复利润率的观点，与 20 世纪 80 年代后区域金融危机频发的事实相符。在此之前，法国共产党中央经济部编著的《国家垄断资本主义》中也提出了另一个版本的资本贬值的方法，即资本主义国家资本以"资本贬值"的方式，对资本主义经济进行干预，以提高私人垄断资本的利润率。[2] 不过，哈维的观点更进了一步，进入了全球视野，将资本贬值损失从国内转移拓展到国际转移。

理解哈维的时间—空间转移理论的关键是理解金融体系的作用。哈维的理论经常被概括成生产过剩—时间转移—空间转移。20 世纪 80 年代后发达国家国内工会的被削弱、不对称国际生产体系的建立、冷战的结束都有利于资本的空间转移。而从时间转移向空间转移，需要国际市场的开放、金融资本的解除管制和金融工具的创新，于是金融体系的扩张成为时间转移向空间转移的关键。但是随着全球生产体系和技术创新而来的更多

---

[1] ［英］大卫·哈维：《新帝国主义》，初立忠、沈晓雷译，社会科学文献出版社 2009 年版，第 89 页。

[2] 法共中央经济部：《国家垄断资本主义》上册，宇泉等译，商务印书馆 1982 年版。

的剩余价值的吸收问题,使金融投机对上层社会越发重要,于是金融衍生品投机市场飞速扩张,最终也终结了自己。

不仅如此,金融体系的扩张在时间转移中也起着重要的作用。在生产过剩的时间转移过程中,存在着多种方式:"或者进入了生产性固定资本和消费基金所构成的二级循环,或者进入了社会支出和科研与开发的三级循环。其中在资本的二级循环中,资本流通被分为生产性固定资本(如厂房、铁路网、港口)和消费基金(如住房)或者二者的结合体(如高速公路)。二级循环在区域性的产生过程中发挥了基础性作用,吸收了大量的资本和劳动。进入三级循环的资本——具体为在社会性基础设施领域的长期投资——同样也被分为两类,一是直接以生产为导向的科研与开发或技能培训,二是提高人们所处的社会条件(如教育和卫生保健)。在发达国家,三级循环经常会吸收巨额资本。"①

就原文来看,除了信贷消费可以暂时转移消费不足外,似乎金融资本在时间转移中的作用尚不明显。但是实际上,随着20世纪70年代以来金融体系的扩张和发达国家工会的被压制,二级循环和三级循环中原本由国家垄断资本进行的部分渐渐退出,以减少"国家的非生产性支出"。由私人金融信贷体系支持的部分逐渐突出,借贷给消费者解决消费不足的方法越来越被滥用,金融体系同时在时间转移和空间转移中起着至关重要的作用,经济的正常运转越来越依赖于金融体系。当时空转移受阻,资本贬值通过局部性危机进行国际转嫁的潜力暂时被掏空后,发达国家只好通过国内的资本贬值来解决过剩资本,虽然"资本家组织贬值的能力,即在贬值的同时避免整个系统崩溃的能力"有所增强,但总归不是无限的,2008年的金融危机就对欧美发达国家自身的资本造成了很大的损害,当然其他国家也随之遭受资本贬值的损失。只不过由于不对称的风险和收益分布,投机的收益由少数国家上层精英获得,风险和损失由全世界大众承担。

由于哈维十分强调金融信贷在时间—空间转移中的作用,他的转移理论有时也被归类为"金融信贷危机"理论。

(四)过度竞争理论和布伦纳论战

严格地说,过度竞争论并不是一个系统的基础理论,但由于布伦纳论

---

① [英]大卫·哈维:《新帝国主义》,初立忠、沈晓雷译,社会科学文献出版社2009年版,第91页。

战而闻名。罗伯特·布伦纳（Robert Brenner）在1998年《新左翼评论》上发表了《全球波动的经济学》，该文在马克思主义经济危机和周期理论学界引起了20世纪末最后一次大范围的激烈争论。他认为，1973—1998年资本主义世界处于经济长期下降时期的根源在于资本主义世界性的产能过剩和生产过剩，市场调节机制和政府经济政策的失败延续了该趋势。产能过剩和生产过剩的原因，在于资本家在竞争中采用新技术降低生产成本，并降低工资，甚至降价。在资本主义世界范围内，不同资本主义国家之间（美、英等老牌资本主义国家和日本、德国等战后新兴国家）企业的激烈竞争造成了长期产能过剩和生产过剩，降低了利润率，但由于沉没成本、无形资产、技术垄断的存在，转行的动力不足，利润率的下降并没有达到优胜劣汰、降低产能的作用。同时，新进入者总是以新技术和劳动力成本优势不断进入市场，期望获得更高的利润，最终竞争者越来越多，竞争越来越激烈，产能越来越过剩。[①] 在此逻辑基础上，布伦纳以主要货币之间重大的汇率变动趋势来解释20世纪70年代以来参加国际竞争主要国家经济的大幅波动。

布伦纳的理论引起了国外马克思主义经济危机理论界的轰动，引发了一场关于马克思主义危机理论空前广泛和热烈的讨论，尽管批评者居多。约翰·贝拉米·福斯特（John Bellamy Foster）批评其过度关注竞争这一资本家之间的关系，而完全无视资本家和劳动者之间的斗争。[②] 大卫·麦克纳利（David McNally）则批评其将竞争当做终极问题，完全忽视了价值范畴，将市场份额的争夺作为分析的起点和重点，落入了庸俗经济学的俗套。[③] 在布伦纳的理论中，认为产能过剩导致利润率下降和经济衰退的观点并不惊世骇俗，但他对过度竞争作用的过分强调则不免有极端之嫌。他的这一思路与西方主流产业经济学理论，尤其是产业竞争理论颇有渊源，在给马克思主义经济学注入新的活力的同时也带有很大的片面性，遭受多方批评是不出意料的。尽管如此，布伦纳的理论至少打破了马克思主义经济危机理论多年的沉寂，并开辟了一个新的视角，其过剩产能不会自动淘汰的观点，对当今世界的产能过剩问题和我国的供给侧结构性改革也有借

---

① Brenner, Robert, "The Economics of Global Turbulence", Ch. 1, *New Left Review*, No. 229, May/June 1998, pp. 10 – 38.

② Foster, John Bellamy, "Is Overcompetition the Problem?", *Monthly Review*. 51：2, June 1999.

③ McNally, David, "Turbulence in the World Economy", *Monthly Review*. 51：2, June 1999.

鉴意义。

二 多因素论

在单因素论转向多因素论的过程中，曼德尔是发展多因素论的先驱和第一个旗帜鲜明地反对单因素论的学者。他在1962年出版的《论马克思主义经济学》一书中，开始了进行多因素综合的初步尝试，提出了一个将消费不足和比例失调相结合的理论，尽管还不成熟。到了1972年，曼德尔在《晚期资本主义》中则明确地批判危机理论中的单因素论倾向。多因素论错综复杂，远比单因素论难以分类，下面按照由简入繁的顺序分别介绍上升的非生产性支出理论、赖特的历史阶段论、利润率下降基础上的综合和包含多种流派的长波理论。

（一）上升的非生产性支出理论

上升的非生产性支出，主要是指垄断资本和国家的非生产性开支。对于这部分开支到底是弥补了消费不足，还是挤占了积累的空间，导致利润率下降，一直争议不断。如斯威齐认为国家开支的增加缓和了垄断资本主义消费不足的趋势，麦蒂克则认为，本来用于积累的剩余价值就不够，国家开支的增加进一步挤占了用于积累的剩余价值，使资本主义危机更加恶化。

上升的非生产性支出理论与垄断资本和国家垄断资本主义的作用息息相关，美国激进政治经济学代表人物之一詹姆斯·奥康纳（James O'Connor）的国家财政危机理论就是其中影响较大的一个。他在1973年出版的《国家的财政危机》一书中提出自己的理论，在突出国家作用的基础上，综合分析了生产、交换、分配各领域。[1]

奥康纳认为，资本主义国家必须同时支持资本积累和合法性，在国家支出方面也必须既要进行社会资本支出，提高劳动生产率或降低劳动力再生产费用，从而促进剩余价值增长，又要进行社会支出，尤其是社会福利开支，以维持国家合法性。积累和合法性之间的矛盾在国家支出层面上转化为社会资本支出和社会支出的矛盾——垄断资本希望国家进行更多的社会资本支出，而劳动者希望更多的社会福利支出，二者互不相让的增长会导致国家财政危机。而导致这一危机的根本原因在于，资本主义的生产社

---

[1] James O'Connor., *The Fiscal Crisis of the State*, New York: ST. Martin's Press, 1973.

会化和剩余价值私人占有之间的矛盾，国家无法由分享垄断资本通过社会资本支出而增加的剩余价值来缓解财政危机。

奥康纳创造性地从资本主义的基本矛盾出发来分析国家财政危机的原因，无论是对于当时（20世纪70年代）的欧美财政危机，还是2008年后的欧美财政危机，都是一针见血，直击要害，揭露了资本主义国家财政危机的本质，也有助于预判欧美发达国家财政危机后国家支出变化的方向，对于分析2008年危机后不少资本主义国家合法性的降低、民粹主义的兴起等，也有一定的参考意义。

不过，莫斯利·休（Mosley, Hugh）对其在坚持马克思主义方面的评价并不高，认为其理论和斯威齐、巴兰的《垄断资本》一样，误认为马克思的分析只适用于竞争阶段资本主义，垄断资本和国家垄断资本主义已经超出了其分析范围，并用一个理想而典型的垄断资本概念作为分析的中心，忽视了价值分析的范畴，尽管其分析的目的还是反对资本主义，但是过于依赖资产阶级经济学的概念。[①] 这一批评其实是针对整个美国"新马克思主义"，反映出了马克思主义经济学理论概念创新的阻力，不过也一针见血地指出了奥康纳理论的内在倾向仍是美国式的消费不足理论和垄断资本理论。

不仅非生产性国家支出，非生产性劳动也成为一些学者分析中影响利润率的原因。爱德华·沃尔夫（Wolf, Edward）就认为，非生产性劳动威胁资本主义的积累率，唯一的好处只是吸收掉一部分社会产品，解决一部分现实问题。弗雷德·莫塞莱（1992，1997）坚持了这一比较"正宗"的观点，将利润率公式作如下变形，并据此认为，利润率取决于三个变量：剩余价值率（RS）、资本有机构成（CC）、非生产性劳动对生产性劳动的比率（UF 和 US）。

$$RP = \frac{P}{K} = \frac{S - U_f}{C + U_s} = \frac{\frac{S}{V} - \frac{U_f}{V}}{\frac{C}{V} + \frac{U_s}{V}} = \frac{RS - UF}{CC + US}$$

RP 表示利润率，P 表示利润，K 表示投入资本，S 表示剩余价值，C 表示固定资本，V 表示可变资本的年流量，U_f 表示非生产性支出的年流量（主

[①] Mosley, Hugh, "Monopoly Capital and the State: Some Critical Reflections on O'Connor's Fiscal Crisis of the State", RRPE 11: 1, Spring 1979.

要是给非生产性人员的工资),U_u表示用于非生产性功能的资本存量。

在这个公式中,利润率与剩余价值率呈正向变化,与资本有机构成和非生产性劳动比率呈反向变化。弗雷德·莫塞莱对美国二战后的利润率和几个相关变量进行了实证研究,认为非生产性劳动对生产性劳动的比率的上升是影响战后利润率变化的主要因素。之后利润率虽然有所上升,但至20世纪90年代末也只恢复了40%左右。该比率的上升主要有两个原因:第一,生产领域劳动生产率提高较快,流通领域劳动生产率提高较慢,这可能是由于买卖活动难以机械化,仍然停留在个人对个人服务的水平上;第二,监督管理等非生产性劳动在增加,可能是由于企业规模的扩大、工会势力的增强、经理对工人控制欲的增强。他在1997年对美国未来的利润率进行展望时认为,剩余价值率会继续增长,资本有机构成的方向不太确定,而非生产性劳动比率上升的速度会由于两项因素减慢,一是计算机技术在流通领域的广泛应用提高了效率,二是公司管理结构的扁平化减少了监督管理劳动。尽管如此,非生产性劳动比率仍是上升的,利润率仍然难以显著增加。[1]

(二) 赖特的历史阶段论

在马克思主义经济危机理论发展史上,美国威斯康星大学社会学教授埃里克·奥林·赖特(Eric Olin Wright)是将各种危机理论"历史化"的代表。

赖特在《马克思主义积累和危机理论的新视角》(1979)一文中,概括了马克思主义经济危机理论各个主要流派的理论,包括以资本有机构成提高为基础的利润率下降理论、消费不足理论、工资挤压利润理论和国家财政危机理论。赖特承认各派危机理论之间的观点相互矛盾,但是,他认为应该有一个更大的理论框架能够容纳这些相互冲突的观点。这个理论框架就是资本主义发展不同的历史阶段。在赖特看来,危机的性质随资本主义发展阶段的变化而变化,由此在资本主义发展的不同阶段上,危机的机制有所不同。推动危机性质发生历史变化的原因,应当是阶级矛盾和阶级斗争。积累在不同发展阶段上遭遇到不同的限制,资本家个体利润最大化的努力和作为资产阶级整体代表的资本主义国家维持积累的努力相结合,

---

[1] Moseley, Fred, "The Rate of Profit and the Future of Capitalism", *Review of Radical Political Economy*, 1997, p. 29.

克服了积累的障碍，积累取得了新的形式，又面临新的障碍。赖特巧妙地把各种对资本的限制组织起来，说明每一个阶段的解决办法又如何发展成为下一个阶段的限制。①

表 5.3 赖特的历史阶段论

积累的历史阶段	生产方式变化	积累的主要限制	克服限制的主要方法
原始积累阶段	简单再生产向扩大再生产过渡	剩余价值量不足	圈地、移民和设立工场
第二阶段	工场手工业发展	剩余价值量不足	相对剩余价值生产
第三阶段	向机器大工业过渡	有机构成迅速提高使利润率下降	古典经济危机
垄断阶段	劳动生产率和垄断程度提高	有机构成趋于稳定但消费不足	凯恩斯主义国家干预
高级垄断资本阶段	政府开支增长过快，管理能力削弱	积累和合法性之间矛盾，经济滞胀	简单的需求管理失效，应转向资本生产过程本身的管理
国家导向的垄断资本（预测）	积累进一步政治化，市场机制淡化	日趋激烈的积累和合法性之间的矛盾	国家集中计划

从表 5.3 来看，赖特的理论具有很强的折中性，综合了斯威齐的消费不足论和奥康纳的国家财政危机论，还给资本有机构成理论留了空间，只是没有融入利润挤压理论。赖特在不同的历史阶段分别重视剩余价值量、有机构成的变化、积累和合法性之间的矛盾，即关注剩余价值的量、剩余价值率、剩余价值的实现和掩饰，一直围绕着剩余价值，和斯威齐等关注剩余价值或经济剩余的占有、实现和掩饰有相似之处。赖特的历史阶段论看到了经济滞胀时期凯恩斯主义需求管理的失效，认为出路在于转向资本生产过程本身的管理，这是基本正确的，但其低估了资本的权力和应变能力，高估了合法性对资本积累的压力，从而错判了生产过程管理变革的方向，西方的供给学派变革不是转向更多的国家集中计划，而是更多地解除资本管制，给资本减负。但是赖特的这一预测倒是和 2008 年金融危机后西方国家的应对及之后的合法性危机更贴切一些，这说明赖特对于美欧发达国家剩余价值积累和合法性之间矛盾的重视，还

---

① 杨建生：《马克思主义经济危机理论史研究》，博士学位论文，厦门大学，2004 年，第 129—131 页。

是较具先见之明的。

(三) 利润率下降基础上的综合

1. 韦斯科普夫基于利润率公式对三个理论的综合

美国学者汤姆斯·韦斯科普夫 (Thomas Weisskopf) 于 1979 年发表《马克思主义的利润率》一文，试图对三种流派的危机理论观念进行综合。他认为，一切马克思主义经济危机理论流派，都是围绕利润率下降原因的分析来展开的，划分不同流派理论的根据就在于利润率下降原因的不同。[①] 为此他把资本有机构成提高论、消费不足论和利润挤压论糅合在一个利润率决定的公式中：

$$\text{利润率} = \frac{\text{利润量}}{\text{资本总量}} = \frac{\text{利润量}}{\text{实际收入}} \times \frac{\text{实际收入}}{\text{潜在产量}} \times \frac{\text{潜在产量}}{\text{资本总量}}$$

公式中右边的三项分别代表利润挤压论、消费不足论、资本有机构成提高论的观点，三者被放在并列的位置上，在危机决定中共同发挥作用。

2. 莱伯曼基于危机环节的理论综合

大卫·莱伯曼 (David Laibman) 认为，长期危机的一般模型需要建立在三个要素基础上：内在危机趋势、障碍和环节 (Immanent Critical Tendencies, Barriers, Sites)。危机出现在多个环节，如生产环节、消费环节、中心环节、金融环节和技术环节。在每个环节，都有一种危机趋势和相应障碍，遭遇障碍时会产生危机。一个环节中的危机有可能决定了另一个环节的障碍。障碍因此可以是基本性的，也可以是衍生性的。

为了将几个马克思主义危机和周期理论融合到一个基础上，莱伯曼引入了三个概念：内在危机趋势、目标变量 (Target Variable) 和障碍。任何资本主义积累的直接过程都可以是"内在危机趋势"，只要它导致了只有通过制度变革才能解决的不断增长的紧张关系。危机确实影响了目标变量，而且每个危机趋势常常"追逐"影响一对目标变量，迫使其中一个或两个通向某一确定方向（两个目标变量的变化方向不一定相同），并最终碰到障碍，障碍是目标变量的某一个上限或下限。[②]

在生产环节，上升的实际工资是一个危机趋势。资本家面临的一个关

---

① [美] 韦斯科普夫：《马克思主义的危机理论和战后美国经济中的利润率》，载外国经济学说研究会编《现代国外经济学论文选》第 6 辑，商务印书馆 1984 年版，第 159—160 页。

② David Laibman, *Deep History: A Study in Social Evolution and Human Potential*, State University of New York Press, Albany, 2007, p. 96.

键的战略性问题是：应下放多少权力给工人自主管理生产，在保证控制力的情况下激励工人的创造力。在既定的实际工资水平上，有一个下放可能性区间，既能够保证足够激励，又不会对主导的资本家当局造成麻烦。随着实际工资率的提高，激励底线上升，控制上限下降，下放率的空间越来越狭窄，便成了与生产环节相联系的障碍。资本主义的一个历史局限性在于：由于私人控制积累增长的无政府、无计划性，生产率和生活水平的不断增长最终会产生问题。最高的实际工资率成了中心环节的一个衍生性障碍。[1]

在消费环节，危机趋势是净产出中上升的利润份额。利润份额是资本家的消费份额和投资份额之和。二者都有一个最大值，即"障碍"。资本家及其管理人员的高消费达到某一水平后，会引起一场否认其合法性的危机。与此同时，投资份额具有一个上限，超过这一点就会发生周期性的实现危机：有限的市场消费能力限制了投资需求。上升的利润份额缩小了最大消费份额和最大投资份额之间的变动区域，两个最大值之和决定了最大利润份额，形成了中心环节的一个衍生性障碍。合法性危机可以通过提高储蓄率来避免，而提高的储蓄率还与金融环节有关。[2]

在中心环节有两个障碍：由生产环节决定的最高实际工资率和由消费环节决定的最大利润份额。危机趋势是劳动生产率的增长，随着生产率上升，利润份额和实际工资份额不管是分别上升还是同时上升，最终一定会同时遭遇两大障碍，这意味着生产（纪律）和消费（合法性与实现）的共同危机。[3]

在金融环节，除了上述最大利润份额是一个衍生性障碍外，最低利润率也是一个障碍，利润率小于等于它，将导致反复出现的金融不稳定的开始。如果资本主义偏好的节省劳动的技术变革造成了有机构成的提高，利润率和利润份额就会分别遭遇障碍。金融环节和储蓄环节的结合中有一个储蓄率提高的危机趋势，储蓄率的提高会触发典型的消费不足问题。[4]

在技术环节，危机趋势是上升的资本有机构成。利润率等于利润份额

---

[1] David Laibman, *Deep History: A Study in Social Evolution and Human Potential*, State University of New York Press, Albany, 2007, pp. 104 – 106.

[2] Ibid., pp. 106 – 108.

[3] Ibid., pp. 98 – 100.

[4] Ibid., p. 108.

除以资本有机构成。上升的资本有机构成最终导致利润份额的上升或利润率的下降，或者二者都有。①

莱伯曼的危机环节及其要素可以用表 5.4 概述。表中的危机趋势总是上升的，除了利润率是下降的。每个危机趋势使两个目标量变化，除了生产环节的两个变量是同一个：下放比例。正是这些目标变量在这个或那个方向上的变化碰到了障碍并触发了相关的危机。最终的障碍是资本有机构成、资本储蓄率、实际工资的上限和增长率的下限。需要注意的是这些要素的相互关系。中心环节和技术变化环节的目标变量利润份额（B）的上升成为消费环节的危机趋势（A）。中心环节目标变量工资率（C）的上升，是生产环节的危机趋势，技术变化环节目标变量利润率（C）的下降是金融环节的危机趋势。这个模型是临时性的，并没有试图穷尽所有的危机可能性，只是希望突出资本积累危机环节之间的一些主要联系，为进一步的危机研究提供一个议程或框架，这个框架很大，超出了单个人或者单个学派研究的范围。②

表 5.4　　　　　　　　潜在危机趋势的综合③

	环节				
	中心	技术变化	生产	消费	金融
△A 危机趋势	生产率上升	资本有机构成上升	工资率上升	利润份额上升	利润率下降
△B 目标变量	利润份额上升	利润份额上升	下放比例上升	资本家消费比例上升	增长率下降
△C 目标变量	工资率上升	利润率下降	下放比例下降	资本家储蓄比例上升	资本家储蓄比例上升

（四）长波理论

1. 长波理论简介

长波理论始于 1847 年的海德·克拉克（Hyde Clarke），随后杜冈-巴

---

① David Laibman, *Deep History: A Study in Social Evolution and Human Potential*, State University of New York Press, Albany, 2007, pp. 100 – 101.

② Ibid., pp. 112 – 115.

③ Ibid., p. 111.

拉诺夫斯基（Tugan-Baranovsky）于 1894 年、帕尔乌斯（Parvus）于 1901 年、盖尔德伦（Gelderen）于 1913 年、德沃尔夫（de Wolff）和尼古拉·康德拉季耶夫（Nikolai D. Kondratieff）于 20 世纪 20 年代、约瑟夫·熊彼特（Joseph Alois Schumpeter）于 1939 年对其作出了早期研究。在熊彼特看来，马克思和恩格斯也是长波理论的先驱。在早期长波理论中，康德拉季耶夫的经验分析是最成功的理论之一。他发展了五个主要的经验假说：（1）长期波动是一个包含了高涨和萧条阶段的运动过程；在长波运动的上升期，繁荣年份较多，下降期以萧条年份为主；（2）在长波运动的衰退期，农业通常出现特别显著的长期萧条；（3）在长波运动的衰退期，生产和交通运输中有非常多的主要发现和发明，但其大规模应用通常要等到下一次长波上升期；（4）在长波开始上升时，黄金产量会增加，世界市场会扩大；（5）在长波上升中，经济力量的扩张高度紧张，一般会发生灾难性和广泛的战争和革命。他认为长波源于主要固定资产的更新引起经济平衡的破坏和恢复，和熊彼特提出的技术创新的"创造性毁灭"有很大的相似之处。

长波理论认为，资本主义发展过程中存在若干动态长期阶段（一般40—60 年），每个阶段中先经历一个经济迅速增长、资本积累较快的时期（一般 20—40 年），随后经历一个积累率和利润率下降、经济衰退和不稳定的时期（一般 20—40 年）。一般认为，在工业资本主义的演变过程中存在四个主要的阶段：（1）18 世纪 80 年代至 19 世纪 40 年代，工业革命与竞争性资本主义；（2）19 世纪 40 年代至 19 世纪 90 年代，大规模生产；（3）19 世纪 90 年代至 20 世纪 30 年代，金融寡头资本主义；（4）20 世纪 40 年代至 20 世纪 90 年代，战后福特—凯恩斯资本主义阶段。而推动资本主义经济从一个阶段走向另一个阶段的，是经济长期结构的复杂演变。长期结构有多种资本体现形式，如固定资本、社会关系资本、技术和知识资本、制度资本和空间资本。应重点分析什么形式的资本和哪个过程以及在此基础上的周期性质、发展特点等，是不同长波理论争论的重点。长波理论大多十分重视技术和制度对演化的作用，与马克思主义理论或方法有较多交集，例如曼德尔的长波理论、调节理论、资本积累的社会结构理论、世界体系分析理论。熊彼特的长波论虽然主要关注技术，但对技术演化和制度变迁的分析也值得借鉴。这些理论都比较偏重历史分析方法（如调节理论），并常常与传统的统计方法相结合（如曼德尔的长波理论、积累的社会结构理论、调节理论）。① 长波理论的另外一种主要分析方法（模拟模型方法）与之截然不同，但其代表人物杰伊·福累斯特（Jay Forrester）采用36个变量的动态计量长波模型对长波传导机制的分析，也体现出了与马克思主义经典理论相一致的结果：资本主义生产中个别企业生产的有组织性和整个社会盲目生产的趋势，造成宏观经济严重失衡。

2. 曼德尔的长波理论

曼德尔在1964年出版的《社会主义记录》（*Socialist Register*）、1975年出版的《晚期资本主义》和1980年出版的《资本主义发展的长波理论》中，融合了康德拉季耶夫、熊彼特等人的成果，围绕着利润率的变化与投资和增长的相互影响构建并发展了自己的长波理论。在探讨长波的起因时，不同于非马克思主义学者对技术创新、货币、战争或者资源等外生因素作用的强调，曼德尔认为，任何一个有关资本主义发展的马克思主义的长波理论只能够是一个资本积累理论，或者利润率理论。②

曼德尔认为，马克思主义经济分析框架面临的真正挑战是：尽管在每个经济周期末期出现利润率的周期性下降以及表明资本主义生产方式的历史局限性的长期下降，用马克思主义经济分析的概念性工具能否有可能解释在某特定历史转折点下会出现平均利润率的长期高涨。③ 他认为，剩余价值率的急剧上升，资本有机构成增长率的急剧下降，资本周转的突然加速，大量剩余价值的增加和资本流入有机构成较低的国家和部门，或者其中几个或所有因素的某一组合，就能够解释平均利润率的急剧上升。上面五个因素对利润率下降趋势的抵消力量的强弱分别使长波处于扩张时期和萧条时期。但是，还需要解释为什么一系列因素在整个历史时期可以持续起作用和居支配地位，而不会很快地由它们自己所产生的经济结果抵消。④ 曼德尔发现，在解释1848年、1893年和1948年的重大转折点之后的平均利润率的突然高涨中，经济之外的因素起关键的作用，但它们只是启动了可被资本主义运动方式的内在逻辑来加以说明的动态过程，技术革命起了

---

① ［英］克里斯·弗里曼、弗朗西斯科·卢桑：《光阴似箭——从工业革命到信息革命》，沈洪亮主译，中国人民大学出版社2007年版，第99—100页。

② ［比］欧内斯特·曼德尔：《资本主义发展的长波——马克思主义的解释》，南开大学国际经济研究所译，商务印书馆1998年版，第9页。

③ 同上书，第11页。

④ 同上书，第12—13页。

重要作用。① 曼德尔对技术革命的动力和持续的解释不同于康德拉季耶夫和熊彼特的外生解释，而认为技术革命一方面取决于资本积累过程和技术革命的内在逻辑，如资本对节约劳动技术的研究应用和对劳动组织的变革以加强对工人的控制和降低生产成本；另一方面取决于工人阶级加强对抗和反击的能力大小。工人阶级的这种能力和阶级斗争强化的结果又取决于一系列主观因素和客观趋势的相互作用，具有相当的独立性。阶级斗争的结果一般地赋予了萧条性长波大部分特征，不仅决定间隔长度，还决定了资本重新组织的真实可能性。不是资本主义运动规律，而是整个历史时期阶级斗争的结果决定了长波从下降转向上升的转折点。② 他还认为，欧洲阶级斗争存在一个相当明显的长周期（或者更准确地说，一个工人阶级战斗性和激进化的升降的长周期），它相对独立于更迅速或更缓慢的资本积累的长波，尽管在某种程度上它们互相交织。无论工人阶级的斗争是成是败，必须强调主观因素的作用，因为历史中的主观因素虽然由社会经济因素决定，却是在一种长期意义上决定，而不是马上直接由经济发展决定，也不是直接由前一时期的那些经济发展因素来决定的。③ 为此，他反对大卫·戈登提出的"资本积累的社会条件"的概念，认为其预先决定长期高涨的可能性是对"经济主义"的突破，犯了机械决定论的错误。由此，曼德尔强调自己资本主义长波中基本不对称节律的观念：在长波中，走下坡是内生的，由资本有机构成提高导致的利润率下降趋势所驱动，而上升则不是。尽管阶级斗争长周期及其与寻求劳动组织过程的根本转换的相互关系必须进行综合分析，但必须强调其相对独立性。无论工人阶级的斗争以失败或胜利告终，必须强调主观因素的决定作用。

他的理论融入了利润率下降趋势的长期萧条性危机理论和阶级斗争等马克思主义理论，在现代第一次试图以马克思主义的观点对资本主义经济长波提出客观的看法和发展。由于曼德尔的长波理论很好地解释了战后资本主义世界的黄金时代，并成功地预测了1975年长波的下降，印证了其理论的正确性，因此获得了极高的声誉。20世纪80年代后曼德尔开始重视特殊时期的长波，从强调阶级斗争影响下的利润率和技术创新，转向强

---

① ［比］欧内斯特·曼德尔：《资本主义发展的长波——马克思主义的解释》，南开大学国际经济研究所译，商务印书馆1998年版，第16—19页。
② 同上书，第39页。
③ 同上书，第39—40页。

调与资本主义时代特征相联系的多种因素，考虑了一些重大的非经济因素尤其是战争对长波的影响，没能延续学术创新上的辉煌。

3. 调节理论（Regulation Approach）

源起于法国的调节理论主要研究技术和制度之间的辩证关系。调节学派认为，只有当技术和制度之间存在着动态和谐时，经济才会形成较长的上升期。例如20世纪40—50年代的福特主义下的半自动生产流水线，既提高了劳动生产率，也带来了对耐用消费品的旺盛需求，产生了劳资之间的和谐，因而推动了经济快速增长。

调节理论是一种试图解释工业化资本主义经济长期变化的多学科非正统理论。对资本主义生产方式与社会形态（Mode of Production and Social Formation）的调节是指为了实现整体的系统再生产而对基础性的不稳定加以控制。"Regulation"是从法语中借用而来，意思为"调整、调节"，而非英语中的"规制"。

调节学派理论产生于巴黎学派的米歇尔·阿格列塔（Michel Aglietta）的代表作《调节与资本主义危机》，并由罗伯特·博耶（Robert Boyer）等推广，影响了众多左翼学派。调节学派理论认为，资本主义历史的发展可以分解为一系列积累体制，这些体制的历史变化正是该理论的核心。积累体制是由五个方面特征内容组成的复合体［（1）生产的组织模式，（2）资本形成的决策时间，（3）总收入在工资、利润和税收三者之间的分享模式，（4）有效需求的数量及构成，（5）与非资本主义生产模式之间的关系］[1]，它们保证了资本主义积累总体上一致连贯的发展。

调节理论学者博耶区分了三个由历史决定的积累体制：1750—1914年的外延型积累体制，在劳动过程没有重大变化的情况下，依靠增加劳动力供给、劳动时间和劳动强度来榨取绝对剩余价值，劳动分工简单，生产率增长较低；1914—1945年的缺乏群众大规模消费的内涵型积累体制，通过引入泰勒制、流水线等改变了劳动过程，大幅度提高了资本品产业的生产率，从中榨取相对剩余价值；1945—1979年的具有群众大规模消费的内涵型积累体制，生产率在消费品产业中也出现了高增长，使得通过降低劳动

---

[1] Robert Boyer, "The Eighties: The Search for Alternatives to Fordism", in Bob Jessop, HansKastendiek, Klaus Nielsen and Ove K. Pedersen (eds), *The Politics of Flexibility: Restructuring State and Industry in Britain, Germany and Scandinavia*, Aldershot: Edward Elgar, 1991, p. 107.

力再生产的成本来榨取相对剩余价值成为可能。福特主义工资关系的建立，使工人能够分享生产率提高带来的收益，因此同时实现了就业稳定与实际工资增长。但到了20世纪70年代后，福特主义的发展潜力被耗尽了。20世纪80年代和90年代，弹性生产制度开始得到发展，但还未成熟。①

调节理论认为，克服经济危机需要建立一种新的积累体制和与之相适应的调节模式［调节模式是调节理论分析资本主义长期发展和经济危机的重点，指的是维持和引导积累体制的一套（单个的或综合的）程序和行为］，当资本主义建立了一种新的劳动关系和劳动组织以后，新的积累体制就有了活力，这一过程还受到阶级斗争的影响，在某种程度上是积累体制演化的结果。

根据主要制度形式的涉及程度，可以区分出两种危机。与古典经济周期和周期性收缩相似的"次要经济危机"和包含改变制度形式的制度变动的"主要经济危机"。前者在调节模式内出现，是调节模式的表现形式，在不改变制度形式的情况下，消除特定经济机制和社会关系所累积的压力和扭曲。"主要经济危机"由于机制不能够扭转不利的周期性发展而持续地破坏调节模式，由于主要的制度形式即工资关系崩溃而破坏积累体制，最终破坏生产方式本身。

调节理论认为，20世纪70年代的危机是福特主义内涵式积累体制衰竭的产物，是比20世纪30年代危机更具系统严重性的积累体制的危机，是福特主义工资关系的危机。它始于生产率增长受到的损害，无法用凯恩斯的反周期政策治愈，必须进行基本制度形式的重组，特别是工资关系和国际体制。② 同时，博耶认为，在具体的历史过程中，一种新的积累模式或调节模式的出现，决不是一种自主的过程，任何经济或社会的主体都无法清楚地预见到这一过程的走向，积累模式的发展具有盲目性、开放性，在不同的国家中具有不同的、不平衡的发展形态。③ 调节学派认为，在信息时代，只有实行密集性的信息投资，大力提高资本的生产率，实行金融

---

① Robert Boyer, *The Regulation School: A Critical Introduction*, New York: Columbia University Press, 1990.
② ［澳］菲利普·安东尼·奥哈拉：《政治经济学百科全书》，郭庆旺等译，中国人民大学出版社2009年版，第1171页。
③ 唐正东：《劳动—工资的弹性与积累模式的盲目性》，《南京大学学报》（哲学社会科学版）2009年第1期。

资产的增长方式，资本主义才能走出积累体制的危机。当然，该学派从来不认为资本主义生产方式本身需要彻底的变革，即使金融危机也只是其自我调节的手段之一，要解决问题只需要在分配领域进行调节，[①] 这也就显示出其改良主义理论的本质，当然，其对于资本主义经济发展周期中内在积累矛盾作用机制的揭示还是非常有借鉴意义的。

4. 资本积累的社会结构理论

"资本积累的社会结构"（Social Structure of Accumulation，SSA）理论由大卫·戈登（David Gordon）1978 年在《危机中的美国资本主义》（*U. S. Capitalism in Crisis*）中首次提出，其详细的理论于两年后由戈登进行了发展。随后，戈登、萨缪尔·鲍里斯（Samuel Bowles）、托马斯·韦斯科普夫（Thomas Weiskopf）、迈克尔·里埃克（Michael Reich）和理查德·爱德华（Richard Edwards）对其进行逐步完善和应用。这一理论受马克思历史唯物主义的影响很大，同时极其偏重于历史描述，是评价最高的分析资本主义社会制度（主要是体制）变迁的非正统思想之一。

戈登等认为，资本家在进行一项投资之前，必须考虑两个重要因素：具有吸引力的利润率和投资信心度，而这一信心度只能通过一套稳定而适宜的制度安排来加以保证，这套适宜投资的制度安排就是"积累的社会结构"[②]，它安排以多种方式促进积累，它的基本目的是降低不确定性，尤其是收入分配和决策权上的冲突导致的不确定性。因此稳定的制度安排有利于资本家对未来进行合理的预期，从而促进增长和积累。一些学者为了说明新自由主义是一个新的积累的社会结构，对其进行了重新定义，如马丁·沃尔夫森（Martin H. Wolfson）和大卫·科茨（David M. Kotz）等。他们认为，积累的社会结构是一个连贯的、持久的促进盈利和作为资本积累过程的框架的体制结构，但并不一定能促进经济的快速增长，因为作为一个整体来快速积累并不是单个资本家的核心利益，一般也不是资本家能够克服困难来合作重建社会结构的基础。[③]

---

① 陈叶盛：《调节学派理论研究》，中国人民大学出版社 2012 年版，第 142—143 页。
② Gordon, D., Edwards R. & M. Reich (1982), *Segmented Work*, *Divided Workers*, Cambridge University press: 23, pp. 25 – 26.
③ Wolfson, M. H. & D. M. Kotz. (2010), "A reconceptualization of social structure of accumulation theory", in McDonough, Reich &Kotz, Contemporary Capitalism and Its Crises: Social Structure of Accumulation Theory for the 21st Century, New York: Cambridge University Press: pp. 72 – 90.

资本积累的社会结构理论认为，存在着以 40—60 年为一个循环周期的资本主义长波，每次长波都包括初始阶段快速的资本积累以及随后积累和增长均受到抑制的结构危机。SSA 理论强调有利于资本积累的特定制度环境即 SSA 的形成和衰败在经济长期波动中的决定性作用，认为特定的 SSA 的形成和衰败都是内生的经济过程，与不同积累的社会结构的更替相伴随的是相继的长波，并形成资本主义发展的不同阶段。

资本积累的社会结构理论认为，随着时间的推移，积累的社会结构会交替性地刺激或抑制资本积累的速度。在积累的社会结构形成的最初阶段，由于决定利润率的一系列因素得到保证，从而对预期利润的信心得到稳定，这就促进了资本家的投资，经济得以快速扩张，同时经济形势的好转也强化和完善了当前积累的社会结构。但是，由于制度安排本身蕴含着矛盾，所以某一 SSA 促进增长和积累的作用只是暂时性的，随着时间的推移，不断恶化的阶级矛盾、日益加剧的竞争或者其他因素，使制度不再稳定，资本家对未来的预期日益悲观，从而导致投资率不断下降，最终使当前积累的社会结构遭到破坏，经济陷入长期停滞或演变为经济危机。值得注意的是，积累的社会结构是组成一个特定的积累的社会结构的各种机制间的联系，因此，当积累的社会结构崩溃的时候，也就意味着整个机制全部崩溃而不是局部瓦解。在停滞的状态下，危机期间，资本、劳动以及其他团体试图建立新的 SSA，以解决分配问题和复苏经济，最后社会的综合力量指向恢复利润率方向，一套新的积累的社会结构开始形成并不断完善。在此期间，历史性的偶然事件和政府行为可能会影响 SSA 变迁的方向，因此新的 SSA 具有不确定性。

SSA 理论认为，对积累过程起关键性作用的制度安排包括公司结构、劳资关系、金融、国家和公民关系、家庭，其中最为核心的是劳资关系。SSA 理论中的这些制度结构组成及其主要特征演化可以用表 5.5 概述。

表 5.5　　SSA 理论中的制度结构组成及其主要特征演化

制度结构组成	公司结构 SSA	金融 SSA	劳资关系 SSA	国家和公民关系 SSA	家庭 SSA
反映关系	资本—资本	产业资本—金融资本—国家	资本—劳动者	国家—劳动者	劳动者—劳动者
关注内容	公司的市场结构	金融管制和金融流向	劳动过程控制、工资份额	国家调控和社会福利等	家庭的系统性功能

续表

制度结构组成	公司结构 SSA	金融 SSA	劳资关系 SSA	国家和公民关系 SSA	家庭 SSA
二战后主要特征	美国跨国公司获取国际垄断利润,促进积累	金融投机被管制,用低息信贷支持实体经济投资	管理层控制劳动过程,工会得到集体谈判权,工资份额增加	以充分就业为首要目标,加强社会福利保障	核心家庭稳定,推动消费,培养人力资本,妇女内外双肩挑
20世纪70年代后主要特征	美国跨国公司的国际垄断利润受到更多挑战	解除金融管制,金融投机增加	工会影响下降,工资份额难以继续上升,劳动力雇佣更具弹性	以物价稳定为首要目标,增加社会福利保障的领取限制	家庭更不稳定,离婚率提高,不利于培养人力资本和社会资本

资料来源：根据以下资料整理：

① [澳]菲利普·安东尼·奥哈拉主编：《政治经济学百科全书》，郭庆旺等译，中国人民大学出版社 2009 年版，第 1273—1291 页。

② Gordon, David, Weisskopf, Thomas and Bowles Samuel, "Power, Accumulation and Crisis: The Rise and Demise of the Postwar Social Strcuture of Accumulation", in Robert Cherry et al. (eds), *The Imperiled Economy Book* 1, New York: Union for Radical Political Economics, 1987, pp. 395 – 400.

③ Bowles, Samuel, Gordon, David and Weisskopf, Thomas, *Beyond the Wasteland: A Democratic Alternative to Economic Decline*, New York: Anchor Press/Doubleday, 1983.

④ Wolfson, Martin H. *Financial Crisis: Understanding the Postwar U. S. Experience*, Amonk, NY: M. E. Sharpe, 1994.

⑤ Gough, Ian, "State Expenditures in Advanced Capitalism", *New Left Review*, 1975, 92: 53 – 92.

⑥ Bowles, Samuel and Gintis, Herbert, "The Crisis of Liberal Democratic Capitalism: The Case of the United States", *Politics and Society*, 1982, 11 (1): 51 – 93.

⑦ David M. Kotz, "The State, Globalization, and Phases of Capitalist Development", in *Phases of Capitalist Development: Booms, Crises and Globalizations*, edited by Robert Albritton, Makoto Itoh, Richard Westra, and Alan Zuege, Hampshire and New York: Palgrave Press, 2001, pp. 93 – 109.

特伦斯·麦克唐纳（Terrence McDonough）对 1994—2005 年 SSA 理论的发展进行了梳理。1994—1996 年，戈登及其长期合作者鲍里斯和韦斯科普夫扩展和深化了对于资本主义权力、利润和投资的分析。他们用了一个 SSA 激励模型（其中投资基本依赖于预期利润率，预期利润率基本依赖于隐含的资本权力指数）来解释二战后美国资本积累的轨迹，发现 20 世纪 70 年代和 80 年代投资的停滞是由于资本权力的下降和货币主义旨在重拾这种权力的"冷水浴"（Cold Bath，喻指通货紧缩）策略。戈登（1994）试图建立战后美国 SSA 的微观模型并融入上述分析。戈登（1997）还应用他的建模技巧来定位分析 20 世纪 30 年代到 40 年代劳动控制和纪律模式的转变，他长期以来一直试图通过建立一个同时解释和检验SSA动态特征的微观模型，来优化SSA对美国战后增长和衰退的分析。

尼尔森（Nelson，1996，1997）在SSA的传统上进一步发展，利用一个与戈登、鲍里斯和韦斯科普夫（1994）相关的模型来更细致地调查战后"劳资和谐关系"崩溃的直接和根本原因，认为关系破裂是由雇主攻击促成的，这些攻击伴随着利润率停滞并受到其激励。更重要的是，他的SSA理论认为，停滞的利润率是由于制度因素的反向变化，包括劳资和谐关系的有效性、美国霸权和凯恩斯主义国家调控。尼尔森发现，美国霸权的丧失是利润率停滞和劳资和谐关系破裂的最大的单个原因。尼尔森（1999）通过行业层面的数据分析，发现进口渗透率与工会取消认证、劳资和谐程度下降的迹象呈正相关，证实了上述结论。

1996年SSA理论创始人戈登去世后，其主要合作伙伴鲍里斯和韦斯科普夫开始转向演化经济学等，逐渐远离马克思主义主流方向，但在大卫·科茨、迈克尔·里奇、特伦斯·麦克唐纳等多位学者的努力下，SSA理论很快又被拉回到它的根本，并更加贴近马克思主义，应用范围也更加广泛，应用的时间跨度更富有弹性，并与社会学、人类学、犯罪学等学科交叉，空间上超出了欧美国家一国分析的范围，对全球化、金融化、跨国国家结构等全球问题进行深入分析[1]，从而有助于从更宏大的全球制度结构中理解一国的制度结构变化和经济周期。

SSA理论较为关注的问题在最近10年发生了较大变化，2008年金融危机前SSA理论争论的是，当时是危机的延伸阶段、新的SSA还是其他的什么，比如自由化的制度结构（liberal institutional structure）。而2008年金融危机后世界格局的迅速变化，尤其是欧美国家的制度结构变革一波三折，关注的问题又开始转向——2008年金融危机是否终结了新自由主义SSA，高度金融化的新自由主义SSA将走向何处？

SSA理论和调节理论有很多相似之处，都认为资本主义危机是由于积累和制度之间的关系不协调，但二者对危机原因的具体解释和对策不同[2]：

---

[1] Terrence McDonough, Michael Reich, and David M. Kotz, *Contemporary Capitalism and Its Crisis: Social Structure of Accumulation Theory for the 21st Century*, Cambridge University and China Social Sciences Press, 2014.

[2] 参见程恩富主编，朱奎著《马克思主义经济思想史》（欧美卷），东方出版中心2006年版，第196页。

前者认为，危机是由于 SSA 解体，SSA 中起关键作用的制度被削弱，不能有效运作，应对之策在于重建 SSA，尤其是能在更高的实际工资水平上恢复充分就业的 SSA；而后者认为，危机是由于积累和制度之间的矛盾产生的影响，如 20 世纪 70 年代滞胀是福特主义的发展潜力被耗尽，而不需要各种制度的解体，应对之策是建立一种新的积累体制之外，还必须建立与之相适应的调节方式。[①]

概括地说，SSA 长波理论具有较大的灵活性，使它可以直接应用到某些特定的地点或历史环境中去，而不必再制定新的或普适性的概念。这既是它的理论弱点，也是它的潜在优点。这个框架在指导各种情况和制度时，被证明具有足够的灵活性。在经济学数学化、计量化的今天，SSA 理论也因为其偏重于描述而受到诸多批评，这可能也是创始人戈登生前致力于发展其微观基础和计量分析的原因之一。SSA 长波理论在实践上的主要缺点之一在于其显示预测的不确定性，尤其是预测经济的复苏方面，会随着经济形势的改变而修正自己的预期，而其不确定的根源在于微观基础的薄弱和不成熟，而这也正是当下国内外 SSA 研究者努力完善的地方之一。

5. 熊彼特主义长波理论

熊彼特主义长波理论尤其重视基础技术及其相关制度对经济长波的影响。20 世纪 70 年代的滞胀危机后，现代熊彼特主义理论经过多年沉寂开始复兴，其中比较著名的学者有美国的格·门施（Gerhard Mensch）、英国的克里斯托夫·弗里曼（Christopher Freeman）、荷兰的雅各布·范·杜因（Jacob van Duijn）和日本的筱原三代平（Shinohara MiYohei）。

美籍德裔经济学家格·门施继承并发展了熊彼特的理论，尤其是在技术创新所需的前提和环境方面。他指出，"技术僵化"（迫使社会通过创新寻求出路的窘境）是基础创新的前提，而"不稳定的经济结构"（订单产品由于订货部门的生产能力过剩而提前贬值，进入下一个部门后进一步放大了过剩生产能力，使经济结构的不稳定性加剧，不稳定性推动经济结构加强或削弱）是基础创新的环境。不稳定的经济结构又是技术僵化产生的原因。门施的理论完善了熊彼特的理论，其"不稳定的经济结构"与宏观经济学中的"投资乘数"模型有相似之处，归根结底还是资本主义生产条

---

① Kotz, David M., "A Comparative Analysis of the Regulation Theory and the Social Structure of Accumulation Theory", *Science & Society*, Vol. 54, No. 1, Spring 1990, pp. 5–28.

件下的微观有序和宏观无序造成的。"技术僵化"说明了基础创新的必要性和迫切性，但并没有说明技术创新的可行性，所以对长波的分析仍然局限在技术层次和表面层次。但是门施提出的"断续的S形"（即长波是不连续的和突变的）对于破解人们对长波的连续性的误解，有着十分重要的意义，当然同时也降低了长波的规律性。

弗里曼在熊彼特理论的基础上提出了政府引导科技创新下的劳动就业长波论，强调创新对劳动就业的影响，从技术创新与劳动就业关系的角度研究长波。① 他认为，技术创新带来了新产业，并促进了相关产业，增加了就业，长波开始上升，就业增加到一定程度后引起了工资上涨和利润率下降，于是投资减少，长波开始下降。到目前为止，这更像一个引入技术创新后的劳动力后备军理论。不过，弗里曼接着认为，技术创新决定了经济长波的上升与下降，而技术创新的决定因素在于政府的科技政策，这就变成了政府调控下的长波理论，就业只是影响长波的近因，技术创新和政府的科技政策才是背后的主要原因。虽然实证研究并不太支持这一政府科技政策引导论的观点，但可能是由于科技创新本身的突变性、不连续性、难以预测性导致了政策传导机制的效率、时滞具有很大的不确定性，不能由此说明其理论的正确与否。弗里曼的科技政策理论的理论先导性和政策含义还是很值得借鉴的。此外，弗里曼和弗朗西斯科·卢桑（Francisco Louca）还分析了长波中的罢工和国际协调体制。他们认为，罢工主要发生在长波的繁荣顶峰和之后的长期下降阶段，多数围绕经济问题，但大多受政治事件的强烈影响，并影响国内外政治。"经济或技术发展趋势和政治事件之间不是一一对应的关系，政治子系统是一个准自主系统，它有自己的运动规律和惯性。"② 这一观点与曼德尔的长波论中阶级斗争相对独立有着异曲同工之处。弗里曼和卢桑对国际协调机制的分析结论是：第一，国家和国际调节机制的周期性重构不仅仅是对新技术扩散的一种反应；第二，世界经济的非均衡发展和新技术的非均衡扩散，给调节体制带来异乎寻常的困难，收入分配在世界范围内的越发不平等和国家内部和相互之间社会正义的缺乏，威胁着国际调节系统的稳定性。③ 显然，弗里曼对国家

---

① Freeman, C. (ed.), *Long Waves in the World Economy*, London: Butterworth, 1983.
② [英]克里斯·弗里曼、弗朗西斯科·卢桑：《光阴似箭——从工业革命到信息革命》，沈洪亮主译，中国人民大学出版社2007年版，第377页。
③ 同上书，第383页。

作用的分析已经超出了科技政策的范围,对制度性体制和全球视野的重视程度大大增加了。

荷兰经济学家范·杜因的创新生命周期理论认为,创新及由它们所引起的生命周期形成了增长过程中的产出方面的长期推动力。创新所需要的基础设施投资既是一种产出要素,也是一种投入要素,它在长波上升时期能加强增长,也是经济供给方面的决定因素。创新的生命周期包括引进、增长、成熟和衰退四个过程。在引进阶段,存在不同的技术选择,有许多产品创新,但对需求的性质知道得很少;在增长阶段,消费者接受程度增加,同时产品创新减少,销售的增长引起技术的标准化,并出现压缩成本的工艺创新;在成熟阶段,产出比率下降,产品差异化竞争增加,创新主要是(较低层次的)改进型创新,并且注重节约劳动的工艺创新;在衰退阶段,销售下降,人们试图通过技术变革来延缓市场饱和,同时继续发展节约劳动型工艺创新。衰退阶段的尽头是一个开集,即衰退可以是无止境的。标准的生命周期模型还存在着几种变体,取决于行业在面对饱和市场时作出何种反应。[①] 不能将长波的阶段同创新生命周期的阶段进行简单的匹配。长波也是由行业基础设施投资的波动所导致的,当主要创新以逐渐递减的增长率发散时,它们可能会将它们的潜力延伸到一个长波扩张阶段上。不过,每个扩张阶段都是与新采用的创新集群相一致的。基础设施的投资使创新的衰退期也可以继续繁荣,长波下降的直接原因应该到投资行为的易变性中而不是到市场的饱和中去寻找。因此,对于长波的完整解释还得依赖于创新生命周期与基础设施投资的相互影响,同时还必须包括对主要创新作用的认识。他还认为,长波是一个国际现象,随着各国经济间的联系变得越来越紧密,长波在历史上的重要性不断增加,没有一个国家会完全逃脱长波的影响。[②] 范·杜因的理论将雷蒙德·弗农(Raymond Vernon)1966年创立的原本用于解释FDI(外商直接投资)的产品生命周期理论引入长波理论中,形成了别具一格的长波理论。范·杜因理论的优点在于没有直接将创新生命周期与长波的各个阶段对应起来,而在其中加入了基础设施投资的桥梁作用,并着重分析了创新衰退期的各种可能应对

---

① Duijn, Jacob van, *The Long Wave in Economic Life*, London: Routledge Press, 1983, pp. 129 – 133.

② [荷]范·杜因:《经济创新与长波》,刘守英、罗靖译,上海译文出版社1993年版,第157—166页。

及其结果，具有较强的政策含义。不过在基础理论上，范·杜因还没有在此基础上对技术和制度的相互关系作出更深入的探讨。

日本经济学家筱原三代平采用多因素解释经济长波，认为有四个主要因素（技术革新、通货供应量、能源资源、战争）和若干次要因素。作为熊彼特主义的继承者，他当然主张技术革新是首要的，但同时将大规模战争爆发、货币宽松、初级产品价格剧升等因素引入长波的顶峰形成中，来说明长波的制动因素。这和曼德尔20世纪80年代后期的理论有着同样的缺点：淡化了主要矛盾，主题不鲜明，容易陷入历史描述和偶然论的陷阱。同时，由于他的主要因素都是前人（如罗斯托、熊彼特、康德拉季耶夫）的成果，也没有提出自己特有的分析框架，缺乏理论特色，在经济长波理论史上的评价地位方面不如前面几位。但他的多因素论有利于提高解释的全面性，符合单因素向多因素发展的大趋势，如果能在此方向上进行综合分析框架上的创新，并推动多因素分析的潮流，也可以有较大贡献。

表5.6简要展示了现代主要欧美马克思主义经济周期思想的基本特征和与劳资修复的关系。主要根据分析社会关系侧重点的不同，可以将不同理论大致分为四类。

第一类主要分析资本家和劳动者之间的关系，关注剩余价值的初次分配，有两种代表性的相互对立的理论——消费不足理论和利润率下降理论，前者主要认为消费不足的趋势被垄断等因素抵消从而维持了二战之后的长期繁荣，后者则认为工资对利润的挤占、有机构成提高和政府为抑制工资上涨，导致了滞胀的产生；前者认为劳动者待遇不足导致危机，后者认为劳动者待遇过高导致危机。

第二类主要分析资本家之间的关系，关注剩余价值的再投资，代表性的理论有资本时间—空间转移理论和布伦纳的过度竞争理论，前者认为再投资在时间—空间上的优化配置可以在一定程度上减缓危机，延长繁荣时期，后者认为由于退出壁垒等原因，再投资已经在世界范围内出现饱和，资本在空间分布上的进一步转移和优化几乎不可行，只能越来越过剩；前者认为资本的时间转移也很重要，是空间转移的重要基础之一（空间转移的另一个基础是金融的发展），后者忽视了资本的时间转移以及劳动者的补偿。

第三类主要分析资本家和政府之间的关系，关注剩余价值的再分配，比较有代表性的理论包括上升的非生产性支出理论和历史阶段理论，前者

表 5.6　　　　　　　现代欧美马克思主义经济周期理论评述简表

复杂性	关系者	剩余价值	理论	提出时间	主要针对现象	主要解释原因	经济周期变化涉及的劳资关系问题
单因素↓多因素	劳动者	初次分配	消费不足理论	1940s	二战后的繁荣	垄断等因素抵消了消费的不足	劳动者工资待遇太低，总需求不足
			基于利润率下降的危机理论	1970s	20世纪70年代的滞胀	工资挤占利润、有机构成提高、政府为了应对工资上涨制造衰退	劳动者工资待遇太高，利润率不足，影响投资需求
	资本家	时空分布	过度竞争理论	1990s	20世纪80年代欧美的低增长	行业的退出壁垒较高和新兴国家的低劳动力成本的激烈竞争导致了危机	劳动成本过高，导致资本竞争力下降
			资本的时间—空间转移理论	1970s	二战后的繁荣、20世纪70年代的滞胀和90年代的恢复	资本的时间—空间转移的顺利与否导致繁荣或停滞	资本需要转移到劳动成本低、利润空间大的空间或跨期投资
	资本家	政府再分配	上升的非生产性支出理论	1970s	20世纪70年代的财政危机	国家支出中社会资本增长越快，垄断产业部门增长越快，而其增长越快，社会资本支出也就越大	私人资本通过和国家政权相结合在国内的时间转移效率不足，劳动者的生产率未能获得预期增长
			历史阶段论	1970s	20世纪70年代的滞胀	为了维护合法性，国家吸收太多，积累不够	私人资本通过和国家政权相结合在国内的时间转移过度，危害了其利润率
		技术环境	熊彼特主义长波理论	1970s	20世纪70年代后的滞胀	原有的技术经济范式僵化，重大技术创新的不连续性	技术创新的不连续性引起劳动者就业和产业投资的长期波动
		社会环境	曼德尔的长波理论	1970s	20世纪70年代后的滞胀	长波转入下降期的特点和转入上升期的时间取决于阶级斗争的结果，而阶级斗争具有一定的独立性	劳动者政治权利要求影响经济长期波动
		制度环境	调节理论	1970s	20世纪70年代后的低增长	技术和制度协调的困难	资本在控制劳动过程方面的能力出现问题，工资关系和积累体制遭到破坏
			资本积累的社会结构理论	1970s	20世纪80年代后利润率得到恢复但是经济低增长	20世纪70年代后新的（或过渡性质的）资本积累的社会结构目的只在于增加利润率，不在促进经济增长	劳资关系的原有和谐被打破，重新建立需要时间

认为国家支出中为私人资本服务的社会资本支出越来越多，而收益主要被私人资本占有，在支出增加的同时没有给国家带来足够多的税收增长，从而导致财政危机和经济滞胀，即私人资本向国家索取得太多，贡献得太少，后者认为恰恰相反，国家为了维护合法性，用于劳动者的社会支出太多，资本家缴纳的税收太多收益太少，从而积累不够，前者认为资本时间转移效率不高，后者认为资本时间转移过度。

第四类主要分析资本家和社会环境（包括技术环境和制度环境）之间的关系，关注剩余价值积累的环境，其中熊彼特主义学派比较关注重大技术创新和技术经济范式的影响，而制度环境方面比较代表性的理论包括曼德尔的长波理论、法国调节理论和资本积累的社会结构理论。曼德尔认为，阶级斗争是制度环境中最重要的因素，20世纪70年代后的长波能否转入上升期，取决于阶级斗争的结果，调节理论认为，技术和制度协调的程度决定了积累制度环境的好坏，现在技术和制度协调困难，经济难以转入上升期，而资本积累的社会结构理论认为，20世纪70年代后新的（或过渡性质的）资本积累的社会结构——新自由主义，为了增加利润率牺牲了劳动者的利益和经济的长期增长，这必须予以改变。在这三种关注制度的长波理论中，曼德尔最强调劳动补偿中的政治权力，调节理论强调资本转移的积累模式失效，资本积累的社会结构理论强调劳动和资本转移的和谐被打破的后果。

从已有的主要欧美马克思主义经济周期理论的发展趋势来看，一方面，从单因素趋向多因素；另一方面，从劳资关系的视角来看，从单独关注劳动者补偿或资本回报转向关注二者之间的结合，从关注资本的时间转移转向关注外部的空间转移以及内部空间的劳动过程控制，这也反映了经济全球化尤其是资本全球流动性和对劳动控制力的增强对理论发展的影响。由于传统的多因素论的各因素之间难以分清主次因素，容易导致多元决定论和牺牲分析的精确性，而单因素论又难以单独解释长期经济周期，所以有必要发展一个结构相对简单的多因素论，同时兼具单因素论的简洁性和多因素论的全面性。即马克思危机理论的三大分支相互之间有矛盾性和同一性，无论采用哪一分支进行发展，都需要将其综合起来并且保持结构的简明性和主干逻辑的一致性，进行大量的细化、完善，才能在经济周期理论中更进一步。

第六章 资本主义土地制度和农民问题研究

土地作为一种基本的生产要素,一直是经济学研究的重要内容。在马克思主义经济学发展过程中,对土地问题不仅仅是从生产要素的角度来研究,更多的是从制度层面来分析土地对经济和社会变迁的作用。从封建制度到资本主义制度的发展过程中,土地制度的改变和农民向一无所有的自由劳动力的转变起到了关键作用。而在资本主义发展初期,资本主义土地所有权与经营权的分离使农业领域出现了土地所有者、农业资本家和农业雇佣工人。尽管随着资本主义的发展,土地所有权和经营权在一定范围内出现了合二为一的趋势,但资本主义基本的土地制度以及由此决定的资本主义财产关系的根本性质并未改变。而且,在经济全球化的推动下,发达资本主义国家还利用其在农业领域的优势地位,来掠夺和控制发展中国家的农业和农民,使其日益陷入贫困化的境地。

第一节 资本主义土地制度的形成及其性质

在农业的发展中,土地制度以及由此带来的财产关系的变革是农业产出获得巨大增长的重要原因。因此,国外许多马克思主义学者如罗伯特·布伦纳(Robert Brenner)、艾伦·伍德(Ellen Meiksins Wood)等人都十分重视土地制度问题,并对封建土地制度向资本主义土地制度转化的必然性、资本主义土地制度的性质等进行了分析。

一 封建土地制度下的财产关系特征

在封建制度下,地主拥有大量土地,同时,农民也拥有一部分土地,从而可以非市场化方式获得生活资料,即利用工具和劳动力,在土地上进行足够的投入，就能维持其生活。这种土地制度也决定了封建社会的财产关系。对于这种财产关系，布伦纳等学者进行了详细阐释。

布伦纳指出，在世界历史的绝大部分时间里，由封建土地制度决定的"前资本主义财产关系"主导着世界各国的经济。他所说的"财产关系"，是指"直接生产者之间、剥削阶级（如果存在剥削阶级的话）成员之间、剥削者与生产者之间的关系，这种关系具体规定并决定个体经济行为人（或家庭）得到生产资料及经济产品的权利"[①]，亦即使直接生产者和剥削者继续维持其既有的阶级地位。一旦财产关系得以建立，再生产规则也将由此而决定，生产者和剥削者将在此规则下活动并再生产自身。

布伦纳指出，由封建土地制度决定的前资本主义财产关系具有两个主要特征：（1）生产者直接占有生产资料，而不用通过市场方式来获取。生产者对生产资料的这种占有会因地区和时期的不同而有不同的方式，如有时是生产资料由个人直接占有，有时是归共同体所有但个人拥有使用权。但不论是何种方式，生产者对生产资料都有直接的占有权，而且生产者、共同体会以不同的方式保护这种占有权。（2）由于生产者能直接占有生产资料，因而剥削阶级尽管拥有土地的所有权，但这并不足以保证其利用这种土地所有权夺取生产者的劳动成果，在此情况下，他们被迫通过超经济强制方式夺取生产者的部分劳动成果，从而实现自身的再生产。剥削阶级通过超经济强制方式剥夺生产者的劳动成果有两种情况：一是直接从劳动者那里夺取，二是间接从劳动者共同体夺取。在后一种情况下，共同体负责向每个劳动成员收租。

在这种由封建土地制度决定的财产关系下，农民和地主就呈现出了与其他社会形态不同的再生产规则。

对农民而言，由于其拥有生活资料，不用通过市场交换的方式来维持生活，从而可以免于市场竞争。在这种情况下，农民的再生产规则主要包括：（1）为了安全或生存而生产。由于中世纪粮食市场存在高度的不确定性，因此农民将"安全"放在了再生产规则的首位，即生产首先要保证其生存。在此规则下，农民将从事能保证其获取生存必需品的多样化生产，并对实物剩余进行市场交易，而不是建立在市场竞争基础上的谋求交换价

[①] Daniel Chirot（ed.）, *The Origins of Backwardness in Eastern Europe: Economics and Politics from the Middle Ages until the Early Twentieth Century*, University of California Press, 1989, p. 18.

值最大化的专业化生产。(2) 多生育。为预防年老、疾病和保障家庭劳动力的增长,农民只能尽可能多地生育子女,以保证他们的某些后代能长大成人。布伦纳指出,这种做法与利润最大化的要求并不相适应,因为孩子对家庭经济的贡献要小于养育他们的花费。(3) 对土地的再分割。为满足子女组成家庭所必需的物质根基,必须对土地进行再分割,这也与利润最大化的要求不相适应。①

与农民相似,地主也有能力为自己的家庭提供生活必需品,因此同样不依赖市场,不用为了生存而在市场上参与竞争。在这种情形下,市场发育的不成熟和农民拥有生活资料决定了地主无法依靠充足的市场来出租他们的土地或雇佣工资劳动者来耕作,而只能依靠权力来剥夺农民拥有的部分产品,而这种权力来自于他们在与农民的政治—军事敌对状态中获利的能力。为了维持这种权力,他们必须要靠政治"积累",即增强军事实力以扩大自己领地内直接生产者的人数。这样,大量的资源就被用于非生产性消费,经济就不可能增长。②

布伦纳认为,在中世纪和近代早期阻碍和限制欧洲农业发展、阻碍其通过贸易和城市的发展以及人口的增长来创造更有利的需求机会的原因,正是创造出上述再生产规则的封建社会财产关系,其特征是农民可以非市场化的方式直接获得生活资料,即在土地上施加足够的投入、工具和劳动力就能维持他们的生活,不需要从市场上购买,而地主则通过超经济强制从受压迫农民手中榨取剩余。

在这种财产关系决定的再生产规则下,无论地主还是农民都可以不从市场中购买再生产所需要的东西,也不必在市场上竞争性地出售自己的产品。在这种情况下,他们不会面临市场竞争的压力,也就不会因为要提高竞争力而加强专业化、积累或创新等。因而,布伦纳认为,在前资本主义财产关系下不会有斯密所描述的受"经济人"自利驱动的现代经济发展,其增长只能是不可持续的"粗放增长"。随着拓荒的停止以及人口增长达到土地负荷量的极限,就会产生封建主义危机。这种危机有两种表现形式:一是马尔萨斯危机,即农业生产率的下降使人口增长面临限制;二是

---

① Robert P. Brenner, "The Low Countries in the Transition to Capitalism", *Journal of Agrarian Change*, Vol. 1, No. 2, April 2001.
② Ibid..

货币岁入危机，即人口增长受限使得付租金的佃户人数下降和地主租金收入下降。为维持收入，地主必须提高租金，加大对农民的剥削，从而农民的压力增大，由此导致暴动时有发生，生产能力降低，这又进一步导致了人口下降，并最终形成剥削加强和人口减少的下降螺旋。

在分析封建主义危机形成的必然性后，布伦纳指出，经济发展的必要条件是生产者同生产资料的分离及其从超经济的剩余榨取结构中脱离出来——生产者获得自由、依赖市场，并从属于生产竞争，即由封建社会的财产关系转向资本主义社会的财产关系。

二 资本主义土地制度的形成及其性质

布伦纳认为，封建土地制度下的财产关系决定了封建社会经济的不发展，要解决这一问题，必须改变土地制度和财产关系，由封建社会的土地制度走向资本主义土地制度，只有如此，才能使农民从超经济强制中脱离出来，变成一无所有的雇佣劳动者。

然而，在封建制度下，不论是地主还是农民，作为个体还是集体，出于自己利益的考虑，都不会改变当前的再生产规则和财产关系。对于地主而言，增加收入的最有效途径就是尽可能多地从生产者那里榨取更多的劳动剩余，而对于农民而言，由于拥有部分生产资料，因而也不希望通过市场来加强专业化，因为这样有可能导致被市场淘汰。那么，在这种情况下，资本主义财产关系是如何形成的呢？

对于这一问题，布伦纳认为："只有一个合乎逻辑的答案：当向现代经济增长的突破发生时，这必须被理解为不论是个体还是集体的地主或农民作为封建形式的活动者以封建方式再生产自身的行动所产生的无意识的后果。换句话说，资本主义社会财产关系的出现来自封建个体行为者进行再生产或封建集团为维持或加强封建社会财产关系在一定条件下所产生的实际上是削弱那些社会—财产关系的无意识的后果。"[①] 而英国作为人类历史上第一个实现现代经济发展的社会，正是一种无意识的或非故意的结果。

布伦纳指出，在英国，农民在中世纪后期之前并不能削弱地主阶级的

---

① Robert P. Brenner, "The Low Countries in the Transition to Capitalism", *Journal of Agrarian Change*, Vol. 1, No. 2, April 2001.

体制。当 14 世纪和 15 世纪出现剧烈的人口下降时，农民确实通过反抗和斗争成功地突破了当时的体制，使地主通过超经济强制榨取剩余的体制分散化。但从 15 世纪开始，地主虽然没能恢复农奴制，却通过加强他们已经相对统一的政府，而成功地强化了他们对大部分土地的绝对财产权。他们通过剥夺农民传统的土地（农村荒弃的土地）、取得那些缺少继承权的佃户的土地而扩大了这种权力的广度。以前的农民，现在尽管仍拥有劳动工具和劳动力这些生产资料，但大部分却已经与土地相分离，从而被迫通过商业租赁来维持生存，这样，一种资本主义的社会—财产关系的体系就在农村出现了。在这种体系下直接生产者（主要是佃户）不再受到超经济强制的剩余榨取，但却依赖于市场，受到生产竞争的压力。

在这种压力下，他们必须使其价格与成本之比最大化，因而依赖市场的佃户就不能采取农民的规则来进行再生产，因为后者与他们要提高生产率和竞争力的要求相悖。为了应付生产的竞争，佃户没有其他选择，如果他们希望生存，只能进行专业化、投资和革新，并由此使生产力得以稳定提高。在这种情况下，农业劳动生产率不断提高，而且规模更大、更有效率的生产者通过竞争逐渐排挤出规模小的、效率低的生产者，从而出现社会—经济分化趋势。这种趋势使得资本主义农场主阶级和农村无产阶级得以产生，一个现代经济增长的长期进程也随之发生。通过这种增长，英格兰经济突破了马尔萨斯限制，到 17 世纪末和 18 世纪早期，通过持续的农业劳动生产率的增长，英国经济为工业输送了大量的劳动力，为资本主义工业革命创造了条件。

布伦纳指出，英国通过上述发展道路建立了资本主义财产关系和资本主义土地制度，出现了地主—租地资本家—农业工人这一导致英国农业革命的三层阶级结构，而在西欧其他国家如法国，尽管农奴制也在 15 世纪初就已经解体，劳动者基本获得了自由，但却并未走上英国的发展道路，而是小土地所有制占优势，农民仍然与土地相结合。那么英国和法国何以出现这种差异（或分岔）呢？布伦纳把它归结为不同国家因历史条件的不同，导致阶级斗争的结果不同。法国农民由于得到日益加强的集权国家的支持，在与地主的斗争中最终获得了完全的小土地所有权；而英国农民在与地主的斗争中处于劣势，最终被赶出土地，成为佃农。

对于英国和法国的这种差异，伍德非常赞同布伦纳的解释，并作出了进一步阐发。她认为，英国作为人类历史上第一个实现现代经济发展的社会，是因为英格兰农业有两个独特之处：（1）英国的贵族缺乏其他国家贵族的那种超经济权力。1066年诺曼征服后，英国领主的超经济权力被组织完善的国家剥夺了。为维持新征服土地的领土完整，英国采取的一个主要措施就是使英国的领主"非军事化"，剥夺其独立的司法权和其他法人特权。（2）英格兰土地长期集中在大地主手里。在英格兰，"土地很早就被不寻常地集中起来，大地主拥有非常高的土地份额"[1]，这使得英国领主可以通过经济权力来弥补超经济权力的缺乏。布伦纳也提到，"到17世纪末，随着经济的巨大发展，英国的地主控制了可耕地的绝大部分，大概70%—75%，资本主义阶级关系正是在此处而不是在别的地方发展起来，并取得巨大的经济成就。就我看来，正是出现'经典的'地主—资本主义租地农场主—雇佣工人的结构，才使得农业生产在英国发生变革成为可能，反过来说，正是这一点，是英国独特、成功、全面的经济发展的关键所在。"[2]

伍德指出，英格兰农业的独特性决定了地主和农民有不同的行为选择。对英格兰领主而言，相对较弱的"超经济权力"意味着领主无法依赖于通过直接的压迫手段从佃农手中榨取剩余价值。为了确保他们的封建收入，在超经济权力缺乏的条件下，领主就会有很强的动机去激励佃农提高劳动产量，同时也更倾向于采用新的方式——改变佃农获得土地的条件——来利用他们规模巨大的不动产，越来越多的人采用经济性地价（不是依据习惯或法律，而是由市场状况决定）出租土地。在英格兰，刺激生产率提高和经济增长的是不固定的、变动的地价，而法国农民则是交纳少量的固定地租。在这种竞争中，农民出现成功和破产的分化。这就使英格兰明显出现了大土地所有者和一无所有的大众的两极分化，从而在提高农业生产率的同时，形成了大量的非农业劳动人口和广阔的国内市场。

另外，土地集中造成大量土地由佃农而不是自耕农耕种（而法国则是大部分土地掌握在农民手中），越来越多的英格兰的佃农从属于经济租，这种租金并非按照法律或习俗确定一个固定标准，而是根据市场条件不断变动。因此，为了保有借地权，佃农必须不断地提高生产竞争力。这使得

---

[1] Ellen Meiksins Wood, "The Agrarian Origins of Capitalism", *Monthly Review*, Jul/Aug 1998.
[2] 马千里：《评艾伦·伍德〈资本主义的起源〉》，《国外理论动态》2004年第5期。

佃农不仅受到日益加剧的领主压迫，而且还要面对市场竞争的压力以提高生产率。

伍德认为，在英格兰这种财产关系下，不论是地主还是农民都是依赖市场的，尤其是对农民而言，这不仅是指他们在市场上出售产品，更重要的是指他们要通过市场来获取土地和生产资料。市场压力的结果是生产率的提高。因此 16 世纪英国农业部门的生产率要高于其他部门。

生产率的提高不仅仅意味着采用新的农业技术和方法，更意味着一种新的财产形式和观念的形成。农业生产率的提高表明生产水平和规模的提高，这就需要扩大和集中的农地占有方式，而且更需要破除阻碍土地更有效利用的旧习俗和实践。因此，传统的财产观念被新的观念所取代，所有权不仅是"私有的"，而且是"排他的"，通过取消乡村对土地利用的管制和限制、排除公共使用权等减少其他个人或集体对所有权的限制。在这种情况下，资本主义财产关系逐渐形成，而资本主义土地制度也彻底取代了封建主义的土地制度。

伍德指出，在资本主义制度中，一切为市场而生产，资本和劳动也完全依赖市场。为了达到这一目的，首先必须使市场渗透到粮食的生产中，其次还必须具备强制力。在这种根本制度下的土地制度，也具有了与封建主义土地制度所不同的特征。农民不再受地主的超经济强制的压迫，而是通过劳动力市场受雇于农业资本家，通过经济契约方式为资本家创造价值和剩余价值。

布伦纳和伍德对封建主义土地制度下的财产关系性质及其向资本主义制度的转变所进行的论述，尤其是他们对封建土地制度下地主和农民的再生产规则及其所导致的封建主义危机的论述，在一定程度上丰富了对封建土地制度的认识，对资本主义土地制度和财产关系对农业生产力的影响也能够有更为直观的认识。

但从总体上看，他们反对生产力相对于生产关系（也就是他们所谓的财产关系）的首要性，在解释封建主义制度向资本主义转变的原因时，还强调英国的特殊性，并将财产关系的转变解释为封建地主采用市场契约所导致的一种并非预料的结果。这不仅不符合马克思、恩格斯等经典作家关于封建主义向资本主义演进的历史唯物主义观点，而且也无法解释欧洲特别是英国外的众多封建主义国家的演进道路，其观点反映了他们的欧洲中心主义思想，将向资本主义的转变简单地归结为欧洲或者英国所具有的与其他国家区别开来的独特特征，这是需要我们加以认真审视的。事实上，英国农业中的资本主义生产关系，是在资本原始积累的过程中，通过"圈地运动"依靠暴力对农民进行长期的土地剥夺而发展起来的。在其他资本主义国家，大致是通过列宁所描述的普鲁士式的道路和美国式的道路两种途径转变为资本主义农业经济，形成了资本主义的土地制度，这完全不同于布伦纳和伍德所描绘的无意识或非故意的结果。

第二节　资本主义土地制度下地租的产生与发展

在资本主义土地所有权与使用权相分离的情况下，土地所有权为资本主义土地所有者创造了获取剩余价值的手段。在马克思的分析中，土地所有权是作为榨取剩余价值的特殊手段而存在的，这种剩余价值就表现为地租，因此，研究地租必须与特定的历史条件尤其是资本主义生产方式联系起来分析。

一　土地的特殊性质与地租的产生

在当代资本主义经济中，土地被控制在私人手中，作为一种商品来进行交换和获利，但相对于普通商品而言，土地在使用价值和交换价值方面具有特殊的性质。

大卫·哈维（David Harvey）指出，土地的特殊性质表现在以下几个方面：（1）土地及其建筑物不能随意移动，这种位置的确定性使能决定土地用途的人具有垄断优势；（2）土地是任何人都不可或缺的商品，人们的生存、工作都需要在一定的土地上进行；（3）土地的转手并不太经常发生；（4）土地是永恒的，而土地上的建筑物或其他改良则有自己的使用寿命；（5）对土地的市场交换只需要很短的时间，但其使用却会持续一个较长的时间段；（6）土地具有不同的用途，而且各种用途并不一定会互相排斥。[①]

正因为土地是一种具有空间固定性且不可再生的生产条件，因此，土地所有权就造成了资本主义生产和交换间的一种独特关系，即：农业产品的交换价值由"最差"土地的生产条件决定，从而农业部门的超额利润产

[①] David Harvey, *Social Justice and the City*, London: Edward Arnold, 1973, pp. 157 – 159.

生的进程就与工业不同。而正是因为土地所有权控制了必要生产条件，土地所有者必然因对土地所有权的垄断而要求与其他资本的拥有者一样获取利益，从而，地租得以产生并被土地所有者控制。①

二 资本主义地租的形式

马克思指出农业地租的两种最基本的表现形式是级差地租和绝对地租，对于这两种形式，国外马克思主义学者也进一步作出了阐释。

1. 级差地租

级差地租包含级差地租Ⅰ和级差地租Ⅱ，二者的区别是，后者依靠对土地的不同资本运用。不同土地上的积累是不同的，迈克尔·鲍尔（Michael Ball）指出，级差地租Ⅰ实际上是假定没有积累，在这种地租形式中，土地肥力的差异是超额利润的源泉，它形成地租，它的产生是因为资本无法流入肥力相同的土地，而且由于土地所有权的存在，资本也无法流入更好的土地。这不仅导致地租的出现，而且使市场价值的形成出现扭曲。对级差地租Ⅰ来说，市场价值不是由平均或一般价值构成，而是由最坏生产条件决定的。

鲍尔认为，由于级差地租Ⅰ的这一特点，因而在地租理论中有重要的意义，首先，它表明在资本主义条件下，农业生产与工业部门的生产在使用价值和交换价值的关系上有所不同；其次，它表明只有通过对这种生产和交换进行特别清楚的分析才能对资本主义地租加以解释。②

但资本主义农业生产不会满足于没有积累的再生产，为追求更高的剩余价值，资本主义农场主必然会不断地增加投资以获取超额利润。然而，在土地所有权和经营权相分离的情况下，由大规模投资所获取的超额利润，只是短暂构成了资本主义农场主的特权，最终，像超额利润形成级差地租Ⅰ一样，这部分超额利润以级差地租Ⅱ的形式归属于土地所有者。

在马克思的理论中，只要资本投资大于社会正常水平，级差地租Ⅱ就会存在。这是因为额外投资会产生规模经济，从而使生产价格较低，并产

---

① Michael Ball, "On Marx's Theory of Agricultural Rent: a Reply to Ben Fine", *Economic and Society*, Vol. 9, No. 3, August 1980.

② Ibid..

生超额剩余价值,这就可以被作为地租。如此,地主就能够通过信用体系组织大规模生产而受益。但这是否意味着级差地租Ⅱ会永远存在呢?

本·法恩(Ben Fine)指出,级差地租Ⅱ只能短暂地存在,很快,所有土地都会在一个新的"较高"的"一般"投资水平上进行耕种,这是因为在存在级差地租Ⅱ的情况下,农场主增加的剩余价值会由此被减少,因此,他们就缺乏进行额外投资的动力,从而投资率放缓,土地所有权因而成为农业积累的障碍。[1]

法恩认为,对现存土地的集约耕种以及随之而产生的资本有机构成提高可能会被级差地租Ⅱ的作用所阻碍,正是这一原因决定了农业生产的剩余价值在多大程度上以绝对地租形式被保留在农业部门中,而不是进入社会剩余价值池中被平等地按预付资本来进行分配。他指出,绝对地租不能高于级差地租Ⅱ,否则集约耕作就会取代粗放耕作。

在马克思对级差地租的分析中,没有将级差地租Ⅱ以纯粹的不等量资本运用到等量同质土地上这种形式来考察,而经常是在存在级差地租Ⅰ的基础上讨论级差地租Ⅱ,即土地肥力等是不同的。法恩认为,马克思如此做的原因是要分析级差地租Ⅱ的数量决定已经为其存在的定性规定奠定了基础。但法恩也进一步指出,如果级差地租Ⅰ和级差地租Ⅱ相互独立,级差地租的分析才会完整。在这种情况下,级差地租Ⅰ会影响同等质量的土地,级差地租Ⅱ则能根据超额资本的生产率来计算。

法恩指出,对不等量的资本和不同肥沃程度的土地,需要更复杂的分析。如对级差地租Ⅰ,其问题是在运用不等量资本的情况下最坏土地如何决定,某些土地在一种投资水平是最坏土地,而在其他情况下则可能不是。对级差地租Ⅱ,问题是在不同土地基础上,一般投资水平如何决定。最坏土地和一般投资水平的相互作用决定了市场价值。在此基础上,级差地租得以确定。在工业资本中,一般资本与价值同时决定,这里并没有什么问题。而在农业中,如果级差地租Ⅰ和级差地租Ⅱ只存在一种,则也是如此,对纯粹的级差地租Ⅰ而言,最坏土地的决定和价值的决定是同时的。而对纯粹的级差地租Ⅱ而言,一般资本的决定和价值的决定也是同时的。

---

[1] Ben Fine, "On Marx's Theory of Agricultural Rent", *Economic and Society*, Vol. 8, No. 3, August 1979.

法恩认为，一般资本的形成，如同价值的形成，是一种社会过程，它根据土地所有权的作用而具有自己的特性：资本不能在部门内自由流动，而是遇到了支付租金的阻碍，从而，这些地租改变了土地上资本积累的结构以及一般资本的形成过程。级差地租并不仅仅来自于不等量资本作用于不同质量的土地上，还来自于这种资本与地租结构的关系。

2. 绝对地租

如果级差地租形成的关键是通过农业部门内的竞争使市场价值和超额利润得以确定，则绝对地租形成的基础存在于市场价值向生产价格转化中存在的超额利润。法恩指出，从这一意义上讲，绝对地租可看作是以级差地租作为其出发点。二者都关注土地所有权产生的对资本投资的阻碍以及与之相联系的超额利润转化为地租，但二者又建立在不同的分析基础上，并因此有不同的剩余源泉。级差地租取决于个别价值和市场价值的差异，绝对地租则取决于市场价值和生产价格的差异。

本·法恩指出，人们经常将绝对地租形成的基础同其存在的条件即资本向新土地的流动相混淆。如果新土地的利用是绝对地租的基础，那么，绝对地租的存在就独立于超额利润的形成，它只是对利用新土地的一种额外支付，必须被加在农产品的生产价格上以形成市场价格。这样，它就是对社会剩余价值"池"的一种占有，而不是产生于农业生产的超额利润，由此导致的市场价格提高更确切地说是一种垄断价格。如果垄断价格作为土地所有权介入的结果而存在，那么超额利润就会向地租转化，垄断地租就形成了。因此，那些以这种方式来解读马克思的地租理论的人就否认绝对地租的存在，因为土地所有者间的竞争使之成为垄断地租。对此，法恩认为这是将绝对地租混同于垄断地租。诚然，马克思在讨论绝对地租时指出，即使是新土地也要支付租金，但他明确指出，绝对地租取决于农业生产的超额剩余价值，而不是通过垄断地租的形式攫取剩余价值。马克思的绝对地租概念和垄断地租是完全不同的，后者的决定与农业资本有机构成并无关系。

一旦农业资本有机构成发展为与工业等同，级差地租Ⅱ对集约耕作所设置的障碍就被破坏了。这是绝对地租消失的充分条件，但并非必要条件，因为绝对地租消失还要求级差地租Ⅱ作为资本积累障碍的影响被破坏。

三　农业资本有机构成的提高与绝对地租

马克思指出，绝对地租产生于土地所有权的垄断，其来源是农产品的价值高于其市场价格的部分。他假定农业资本的有机构成低于工业，只有在这个前提下，农产品的价值才能高于它们的生产价格，而"在这个假定不成立的地方，和这个假定相适应的地租形式也就不会成立"①。由于马克思并未充分论证农业资本的有机构成为何较低，因而其绝对地租理论在学术界引起了很多争议，许多学者就指出，如果土地所有者可以凭借土地所有权使农产品的市场价格高于生产价格，那么，对这种市场价格的限制是什么？什么才能使其在高于价值时停止下来？

对于农业资本有机构成为何会低于工业，许多学者给出了自己的解释。学者艾伦·伊文斯（Alan W. Evans）结合现代经济分析方法指出，农业有机构成之所以低，是因为土地所有者不愿以非常低的价格出租土地，其结果是只有较少的土地被租赁。与此相应的是也会有较少的资本被投入到土壤的改良上，从而农业资本有机构成较低，从这一方面来看，土地所有权构成了对农业投资的阻碍。②

至于土地所有者为何不愿以非常低的价格出租土地，伊文斯认为，这是因为在经济系统中制定和管理土地租赁契约需要交易成本，而土地的未来收益却具有不确定性。因此，土地所有者就可能不愿意以低于某个最小值的租金出租土地。按照他的说法，交易成本和不确定性导致了最低租金的存在。

伊文斯进一步指出，绝对地租只有在土地被所有者租赁给农民时才会产生。如果所有土地都自己耕种，绝对地租就不会存在。因此，绝对地租的存在是土地保有的一种特殊方式的特征。③

尽管上述对农业资本有机构成低的解释并不一定正确，但在马克思所生活的时代，农业资本有机构成低于工业确是一个不争的事实，而马克思也通过英国的现实进行了论证。然而，随着时代的发展，随着资本主义机械化在农业的广泛应用，农业资本有机构成已大大提高，在这种情况下，

---

① 《马克思恩格斯选集》第 2 卷，人民出版社 1995 年版，第 568 页。
② Alan W. Evans, "On Minimum Rents: Part 1, Marx and Absolute Rent", *Urban Studies*, vol. 36, No. 12, 1999.
③ Ibid..

绝对地租在资本主义积累和技术发展过程中可能不再存在。然而，这是否表明绝对地租作为一个理论领域，已不具备存在的可能性？

对此，乔治·伊克诺麦克斯（George E. Economakis）认为，马克思的绝对地租理论只有与垄断定价相结合，才能具备存在的现实性。

伊克诺麦克斯指出，马克思早已在《资本论》中对垄断定价进行了论述，他指出，区分租金是来自于独立的垄断价格还是土地本身非常重要，或者产品是否因存在地租而按垄断价格出售，如果只要谷物出售，地租就会创造出高于其生产价格的垄断价格，那这是土地所有权作用的结果。在这种垄断定价的情形下，市场价格就可能会高于生产价格。伊克诺麦克斯指出，这种情况产生的地租与级差地租截然不同，是纯"政治的"地租，它不依赖于土地的肥力、位置或投资差异。

伊克诺麦克斯认为，在存在垄断定价形成的地租的情况下，市场价格不是由最坏土地的生产价格决定的，而是由最坏土地的生产价格加上"政治"租金决定，在这种情况下，市场价格是一种垄断价格。

相应地，最好的土地不仅产生级差地租，而且还是级差地租和"政治"租金的总和。换句话说，"政治"租金使基于级差地租的市场价格被重组，使之成为垄断价格。[1]

在级差地租一定的条件下，"政治"租金进一步提高了土地所有者的实物和货币租金。同样地，在给定级差地租下，"政治"租金的减少对资本主义佃户的收入（或利润）在货币形态上没有影响，但却减少了他们在实物形态上的总支出。

由于土地所有权假定"一些人垄断一定量的土地，把它作为排斥其他一切人的、只服从自己个人意志的领域"[2]，农产品因此能够按垄断价格出卖，因为这里包含了对土地的法律所有权的垄断而产生的租金。可是，土地所有权是一个历史范畴，只有在一定的社会形态和特定的阶级斗争状态下才会存在，即土地所有权垄断的存在只有在阶级力量关系容许其存在时才会存在。也就是说，农产品垄断价格的产生是因为阶级力量的平衡允许（或加强了）土地所有权对资本在不同土地间进行流动的阻碍。

---

[1] George E. Economakis, "On Absolute Rent: Theoretical Remarks on Marx's Analysis", *Science & Society*, Fall 2003.

[2] 《马克思恩格斯全集》第 25 卷，人民出版社 1974 年版，第 695 页。

因此,伊克诺麦克斯认为,在农业土地政策被印上阶级烙印的情况下,"政治"租金就成为一种潜在的经济后果。他提出,正如萨米尔·阿明(Samir Amin)所说的,没有什么经济"合理性"可被放置在阶级斗争之上,在地租问题上,马克思分析的核心不是人们所宣称的价值和生产价格的"数量差异",而是,尽管土地所有权能够使农产品的价格高于其生产价格,但它并不依赖于此,而是依赖于市场的一般状态,它决定了市场价格能够高于生产价格的程度。它不仅仅是一个经济问题,而且是一个市场被现存的阶级关系所塑造的问题。在这种情况下,对市场价格的真正限制是土地所有者对土地垄断控制权的运用,这种权力会被阶级斗争的状况所限制,特别是在农业商品生产和交换中涉及的经济和政治条件。鲍尔指出,这种运用表现在:土地所有者不会允许土地没有租金,他们可通过取消某些耕地来控制农业商品的供给以使租金能被支付(抬高市场价格),在此,垄断是核心,某些人对部分土地的垄断是土地所有权和地租的基础。[1]

四 经济增长方式的转变与地租的发展变化

地租不仅包括农业地租,还包括城市地租。在具体的地租形式上,城市地租也同样具有绝对地租和级差地租。但在其影响变量上,则不同于农业地租,而且在资本主义发展过程中,城市地租的发展与资本主义增长方式的转变有很大关系。对于城市地租的这种性质,法国调节学派进行了深入的研究。

调节学派认为,城市土地同样具有与普通商品不同的特性:(1)在资本主义生产过程中,不可能出现一个单一企业生产土地的现象,因此土地定价就与一般商品有所不同;(2)城市土地既有生产性用途,也有非生产性用途,而且,城市结构(建筑、基础设施)的空间和物质形式是一个持久的过程。[2]

他们指出,与农村土地不同的是,城市土地受经济增长方式和国家对经济管制的影响更大。从城市地租的发展来看,进入 20 世纪后,随着经

---

[1] George E. Economakis, "On Absolute Rent: Theoretical Remarks on Marx's Analysis", *Science & Society*, Fall 2003.

[2] Johannes Jäger, "Urban Land Rent Theory: A Regulationist Perspective", *International Journal of Urban and Regional Research*, June 2003.

济环境的变化，其表现形式也有明显的变动。

20世纪30年代的大危机削弱了（城市和农村）土地所有者阶级的力量，出现了生产性工业和工人阶级间的新的社会联合体，产生了一种新的管制体制和积累体制，这种体制有利于生产性的经济部门，而损害了以收取地租为主的领域。对此，哈维指出，土地已日益成为一种金融资产。土地所有者和资本的合并将废弃土地所有者阶级的租赁行为。因此，土地和租金将不会成为资本积累的障碍，它们会互相配合。对于土地租金而言，其水平不仅取决于生产方面，而且还取决于投资流量。

除此之外，20世纪70年代后资本主义增长方式由福特主义向后福特主义转变，这不仅表现为企业生产方式的改变，还表现为国家宏观调控政策的改变。从企业生产方式看，企业生产由福特制下的大规模生产向更具有灵活性的及时生产方式转化；从国家调控方式看，国家减少了对经济的干预，具体到土地政策方面，则是减少了对土地租赁、转让等的管制。同时住房政策也发生改变，城市发展中中产阶级自有住房增多，且出现郊区化的趋势。

在这种情况下，地租也受到影响，其决定因素发生了转变，尤其是对于级差地租而言，影响更大，主要表现在两个方面。

第一，在福特主义时期，决定企业竞争力的重要因素是企业的规模化所导致的低成本，因而企业在城市中所处的位置重要性较低；而到了后福特主义阶段，一方面企业生产的灵活性要求较高，另一方面服务业所占比重大大提高，与工业企业不同的是，服务业对地理位置要求较高，其行业特性决定了它必须靠近其提供服务的场所，在许多情况下，这种场所位于城市的中心地带，因而由地理位置等因素决定的级差地租Ⅰ在资本主义企业的战略选择中占据了重要地位。

第二，福特主义时期，对土地管制较严，这不仅表现为对城市用地类型的管制，还有对建筑地域、规模等的管制，从而使城市地理结构相对稳定，对级差地租的变动形成阻碍。而在后福特主义时期，在政府放开管制的情况下，同一城市内不同地段租金的变动不会有太多的障碍，其变动主要取决于资本家寻找便宜土地并通过增加投资而获取级差地租的目标。在城市发展的进程中，在原先相对偏僻和落后的地区建立新的商业中心或工作场所，就是这种为获取级差地租Ⅱ而产生的结果。

因此，约翰内斯·耶格尔（Johannes Jäger）指出："地租应该在一种包含制度的背景中进行研究，以使其成为一种有用的工具。制度变化引起不同形式地租的变化，同时，制度变化对发展的空间模式、总体经济、社会进程的影响都非常关键。"[1]

地租理论是马克思分析资本主义农业及其相应的社会关系发展变化的重要方面。正如鲍尔所指出的："地租理论的重要性并不仅仅是一种理论实践，而且是土地所有权在资本主义发展中的历史和政治作用的展现，土地所有权的影响必须在历史唯物主义的框架中被理论化。"[2] 在资本主义农业甚至整个经济、社会和阶级关系的发展过程中，地租都是其中的一个重要方面。

国外马克思主义学者在坚持马克思地租理论基本观点的基础上，从土地本身、经济增长和科技进步等各方面对地租问题进行了研究，指出随着资本主义经济的发展变化，地租也出现了一些新的特点。在学者的上述论述中，包含了许多有价值的观点，如对政治租金的研究、农业资本有机构成提高条件下的绝对地租是否存在以及在制度变化的背景中分析地租的转变、城市地租的发展变化等。地租问题并不仅仅涉及农村或城市土地使用问题，而且与整个经济社会的发展密切相关，因此，对地租问题的研究要放在资本主义经济制度背景下，从各个方面分析影响地租的因素。

当然，在国外学者的论述中，也存在一些偏颇之处。如法恩认为土地所有权对农业积累产生了障碍。我们应注意到，这种障碍只是在一定程度上存在，农业资本家不愿投资是相对的。在支付级差地租Ⅱ后，他所获得的农业剩余利润还有可能高于其他地区，缺乏投资动力只有在资本家获取的利润率低于一般利润率时才会是绝对的。

此外，随着资本主义国家农业科技水平的提高和国家土地政策的改革，农业用地所有权和经营权分离的状况已经与马克思所处的时代有了一定的差别，运用现代科技的资本主义自有大农场比比皆是，在这种情况下，地租的发展变化也是需要马克思主义学者关注的一个问题。

---

[1] Johannes Jäger, "Urban Land Rent Theory: A Regulationist Perspective", *International Journal of Urban and Regional Research*, June 2003.
[2] Michael Ball, "On Marx's Theory of Agricultural Rent: a Reply to Ben Fine", *Economic and Society*, Vol. 9, No. 3, August 1980.

第三节　资本主义土地所有制的变化与农民收入

资本主义土地所有制在提高土地所有者对农业工人的剥削、促进农业的专业化发展以及为资本主义工业输送大批雇佣工人方面作出了巨大贡献。可以说，资本主义工业和整个社会的发展与资本主义农业和土地所有制的作用是分不开的。因此，具体分析资本主义土地所有制的优缺点以及所有制的调整与农民收入变动的关系就有重要意义。

一　资本主义土地私有制的优缺点

资本主义国家大多实行的是土地私有制，即土地归私人所有，可以自由买卖。对于这种制度的利弊，俄罗斯科学院院士 B. 米谢尔多夫（B. Мисердов）和 A. 安菲诺根托娃（A. Афиногентова）进行了深入的分析。

米谢尔多夫指出，土地关系的中心问题是土地所有制问题，因为所有权是一种权利，而土地所有权更是特殊的权利。之所以说它是一种特殊的权利，是由土地的特殊性质决定的。安菲诺根托娃进一步指出，这种特殊性在于土地不同于其他的生产要素，因为，土地不是以前劳动的成果，它是大自然的产品，具有不可替代性、地域上的受限制性和不可再生性。因此，土地不能作为劳动产品被据为己有，但尽管如此，土地却有带来特殊收入——地租的能力。

对于土地私有制的优缺点，两位院士指出：土地私有制既有优点，也有消极方面。米谢尔多夫认为，土地私有制的缺点主要表现在：第一，使所有者同劳动者相分离。第二，土地很容易从贫穷占有者手里滑掉。以俄国为例，在斯托雷平的命令之后，农民土地所有者在 1907—1915 年间卖出了近 350 万俄亩土地，购买者主要是贵族、警察和小市民等非农民阶层。第三，土地私有制会导致大量的人被挤出农村。[①]

安菲诺根托娃也指出，土地私有制会对农业生产造成不利影响，主要表现为：购买土地可导致用于其他发展生产目的的资金减少；在必须将土

[①] 乔木森、陈晓旭：《俄罗斯关于土地所有制问题的争论》，《东欧中亚研究》2000 年第 5 期。

地用于农产品生产时，由于土地所有者资金有限，如果得不到国家支持，农业经营可能会有风险和困难。此外，由于土地的数量有限，因而，土地私有制也就同时意味着对土地的垄断，这不仅会对农业资本的自由流转（无论在不同地段之间，还是在工业和农业部门之间流转）造成困难和形成障碍，而且会造成农业的发展落后于工业，因为工业中的资本有机构成大大高于农业。同时，这种垄断也是土地所有者从农业生产中收取部分产品的原因。安菲诺根托娃通过对俄国的数据进行统计指出，绝对地租可使农产品价值增加1.5%—2%，为土地价值的4%—10%。所以，应当限制转为公民私有的土地数额，并将土地私有制同租赁制结合起来。除了上述生产方面的不利影响外，土地私有制还会在社会和阶级关系方面产生不利的影响，这主要表现为，在向土地私有制过渡过程中，会导致土地先脱离劳动集体，而后脱离劳动居民，最终被资本家所有者阶层占有，从而导致社会上出现三个大的阶层——大、中、小所有者，小佃农和雇佣劳动者。所以，限制自然人和法人购买作为私有的土地的数额是极为重要的。

安菲诺根托娃指出，土地私有制对生产的发展尽管产生了阻碍，但对土地所有者来说，却具有一定的优越性，主要体现在：私有地段是信贷的保证手段；可以出租并得到收入；土地可以增值，因为地价在增长，尤其通胀时期，土地增值更为明显，从而可为所有者带来巨额收益；土地所有者享有拥有土地的社会威望。

许多人宣称，只有土地私有制才能创造农民关心工作的条件，从而提高农业生产率，并指出，西方农场之所以能取得很好的成就，就是因为实行了土地私有制。对此，米谢尔多夫指出，西方的农场比俄罗斯集体农庄和国营农场更有效益的原因，完全不是因为土地私有制，而在于国家对农场主的巨大支持（美国每年拨款650亿美元）、牢固的物质技术基础、电力动力装备率的提高、合理的专业化、管理体制和生产组织。他认为，关于土地私有制是有效生产的首要条件的结论是谎言。[①] 在他主持制定的《俄联邦农业中发展土地关系的构想》中明确指出，"土地国有制比土地私有制更有效"。如果"农业用地主要属于国有制，土地关系体系将会更加合理。土地国有制的弱点，即经营主体从法律上疏远土地，可以在保障农

---

① 乔木森、陈晓旭：《俄罗斯关于土地所有制问题的争论》，《东欧中亚研究》2000年第5期。

业商品生产者对劳动成果拥有所有权、实行长期和继承性土地承包等条件下得到克服"。他强调，"关于土地私有制是农业领域进步的基本条件的说法是错误的"，"土地私有制的诱惑力，不在于按照自己意愿耕种的可能性，而在于地租，在于垄断的（非挣得的）收入"。米谢尔多夫还列举了一些具有有效农业和农业用地国有制国家的经验，说"以色列、荷兰、中国、澳大利亚这些国家在土地国有制条件下，不仅保证食品自给，而且大量出口。同时，世界上有许多实行土地私有制的国家的农业却很可悲"[1]。

安菲诺根托娃也认为，很难证实农业生产下降的原因是缺少土地私有权，按照平衡理论，生产的静止和发展变化效率可在任何制度结构条件下实现。况且，"私有制"的法律定义并没有充分说明和确定新经济结构和经济效率的机制与保障，发达国家的范例也未能使人相信存在着解决建立土地关系问题的现成方案。[2]

二　土地私有制下农业经营规模与农民收入的关系

对于土地私有制与农民收入的提高和农场业绩的改善，俄罗斯的学者已经进行了一些论述，但在土地私有制下，大土地所有制和小农经济孰优孰劣，也一直是学者争论的焦点。

20世纪初，俄国的亚历山大·恰亚诺夫（Alexander Chayanov）提出，在从传统农业向未来社会经济制度的过渡中，农民家庭农场具有长期存在的合理性；农业由纵向一体化走向横向一体化，即土地大规模的集中，需要一个较长时期的发展过程。在生产力未发生重大变革的条件下，以个体家庭农场为单位进行经营，比大规模土地集中经营更具有优越性。因此，农业发展应走以农民家庭农场为主体的合作制道路。

恰亚诺夫所提出的家庭农场的生命力是建立在"劳动—消费均衡"理论基础上的，这一理论是他农业经济微观理论的核心。该理论表明，对于家庭的每一新增收入，都可以从满足其家庭需要的消费以及获得它所花费的劳动的辛苦程度两方面去认识，也就是说，农场经济的投入量，是以生产者主观感受到的"劳动辛苦程度"与所增产品的消费满足感之间的均衡

---

[1] 乔木森、陈晓旭：《俄罗斯关于土地所有制问题的争论》，《东欧中亚研究》2000年第5期。
[2] 同上。

来决定的。恰亚诺夫认为，在人口过剩而土地不足的情况下，劳动农场的农民家庭情愿支付比资本主义农场更高的地价和地租，从而成为土地争夺中的赢家，并且会投入较多的劳动、采用许多看来无利可图的土壤改良措施，以增加收入。

20世纪70年代，美国加州大学的基斯·格里芬（Keith Griffin）继承了恰亚诺夫的理论，提出小农场的单位产出具有高于大农场的趋势。20世纪90年代后，格里芬、阿齐洛尔·雷曼·卡恩（Azizur Rahman Khan）和艾米·伊科维茨（Amy Ickowitz）进一步发展了格里芬在70年代提出的理论，提出重新分配土地以提高农业生产率、减少农村贫困的方案，这一方案被称为GKI方案（或GKI理论）。

GKI方案认为，在资本主义社会中，资本市场、土地市场和劳动力市场并未达到高度统一的程度，因而，这种分散而破碎的市场意味着：大土地所有者能比小农场主获得更为廉价的资本；大土地所有者有相对丰裕的土地，而穷人劳动的机会成本要小于大土地所有者。其后果是：大土地所有者会选择较高的资本—劳动比，更倾向于采取机械化技术；相反，小农场主则选择资本节约型，更为集约地耕作，运用劳动密集技术，从而在单位土地上能产生更多的就业。格里芬强调，这些耕作方法上的差异导致了产出和劳动生产率的差异，而且，由于缺乏规模经济，小农场主的单位土地能比大土地所有者的产出更高，这就是著名的土地单位产出和经营规模间的反向关系理论。他指出，由于土地经常是最短缺的要素，因此，具有最高单位产出的农场一般是最有效率的。在这一推理的基础上，他们提出了重新分配土地的方案。

GKI方案认为，重新分配土地的改革会使农村情况得到非常大的改善：这种改革会创造出具有更高土地生产力的占有方式；能打破土地所有者的垄断力量，从而消除剩余劳动、生产的无效率和农村的贫困；带来更为公平的土地分配以及一系列的收益。总之，"如果要素被重新分配，从而土地所有者需运用更多的劳动，农民利用更多的土地和资本集约技术，那么总产出就会增加"，同时，这种重新分配会增加农村的就业，降低收入不平等，减少农村贫困水平。[①]

---

① Keith Griffin, Azizur Rahman and Amy Ickowitz, "Poverty and Distribution of Land", *Journal of Agrarian Change*, Vol. 2, No. 3, July 2002.

然而，事实是否如此呢？面对西方发达国家大农场不仅控制了本国农业的生产，而且在国际农产品市场上也起着举足轻重的作用这一现实，GKI方案如何能加以解释呢？对此，国外马克思主义学者对GKI方案进行了严厉的批评。

第一，从GKI方案的支点来看，泰伦斯·拜瑞斯（Terence Byres）指出，该方案明确假设了在农村中不存在资本主义关系。格里芬认为，土地的不平等分配带来的重要后果是"在小而分散的劳动力市场上创造了买主垄断力量，或使当地的劳动供给曲线右移，无论在哪一种情况下，工资率都会低于竞争性市场的工资水平"。然而，只有在一个用超经济手段来控制劳动的绝对的前资本主义情境中，才会产生"小而分散的并在一定程度上相互隔绝的劳动力市场"。如果资本主义已经在农村盛行，那么，这种不具有流动性、劳动力固定于某地且不自由的"小而分散的并在一定程度上相互隔绝的劳动力市场"就会被马克思所描述的没有生产资料但具有人身自由的自由劳动力所取代。因此，相互对立的不是大土地所有者和小农业耕作者，而是资本主义农场主和工资劳动者。

第二，从适用阶段来看，GKI方案存在两个方面的问题。一方面是所谓的反向关系是否始终成立。斯科特（C. D. Scott）指出，在新技术革命之前，格里芬的理论是正确的，而随着新技术革命的到来和展开，加之政府的政策，对大土地所有者越来越有利。① 拜瑞斯也指出，农业中存在反向关系可能有两个主要的原因，首先是在小农业耕作中，大量运用劳动是因为他们为了生存必须如此，他们必须采用劳动密集型以使产出最大化来维持生存；其次，事实很可能是，在反向关系存在且小农场主大量运用劳动力的地方，大农场主无法获得足以抵消小农场主优势的技术：这种技术必须具有明显的规模经济作用。他指出，反向关系确实存在，但只在前资本主义社会关系占支配地位的地方存在。在资本主义发展的动态背景下，存在着强大的力量使这种关系瓦解，最显著的是，大的（资本主义）农场现在能获得可明确实现规模经济的"新技术"。②

因此，拜瑞斯认为，GKI方案的中心谬误在于它假定反向关系在任何

---

① C. D. Scott, "Review of Griffin", *Journal of Peasant Studies*, Vol. 4, No. 2, 2004.

② Terence J. Byres, "Neo-Classical Neo-Populism 25 Years On: Déjà Vu and Déjà Passé. Towards a Critique", *Journal of Agrarian Change*, Vol. 4, Nos. 1 and 2, January and April 2004.

时间、任何地点都成立。这很明显是静态方法。在这种关系曾经存在的地方，也存在它破产的情况。在一个动态的环境中维持这样一种静态的方法在方法论上很明显是不充分的。在"新技术"已经被广泛采用并由此已经实现机械化的地方，与此相联系的规模经济就使大农场主具有了明显的优势。原先能大量运用劳动力的小农场主的"优势"产生了反向关系，而大农场主的新技术优势则带来了土地生产力和经营规模间的直接相关性，即经营规模越大，土地生产力越高。

另一方面是 GKI 方案所提出的通过重新分配土地来解决资本主义农业问题是否具有现实合理性。亨利·伯恩斯坦（Henry Bernstein）认为，在前资本主义社会条件下资本主义土地所有权和农业资本可以在不同的历史环境下由不同的道路产生，包括：（1）前资本主义土地所有权的"内部质变"；（2）农民和小商品生产者的阶级区分；（3）这两种方式的联合。在前资本主义土地所有权不能或不愿发生质变时，重新分配土地的改革就成为向资本主义农业转变的一种必要条件。然而，一旦前资本主义土地所有权——连同以前的对租金的剥夺——都被摧毁了，基本的资本主义农业转变的条件已经满足，就不存在重新分配土地改革的合理性。[①]

第三，忽视制度、阶级和社会因素。拜瑞斯认为，GKI 框架的一个基本问题在于他们同时追求两个目标：平等（新民粹主义目标）和效率（新古典主义目标），然而，在资本主义制度中，这种追求中的内在矛盾从未得到过满意的结局：GKI 方案忽视了结构不平等是资本主义的一个基本部分，同时，他们也忽视了农村的阶级结构，将农民视为一个没有资本家的无差异的阶级，从而未能抓住农民差异的存在，这明显是新民粹主义的。进一步而言，其逻辑基础是新古典的完全竞争框架，不具备历史基础。伯恩斯坦指出，当今的资本主义农业"领域"不仅仅是土地所有者、农业资本家、劳动力之间的关系，还包括对不同类型的农场与农业的上游和下游企业的关系的组织和规制，这种组织和规制不只通过国内劳动、资本循环、商业链和技术变化的来源和形式发生作用，还通过国家在国际范围内发生作用。因此，如果新古典民粹主义仅仅从"小农场"和"大农场"的区别来分析农民和农业问题，而不分析生产和历史变化间的任何社会关

---

① Henry Bernstein, " 'Changing before Our Very Eyes': Agrarian Questions and the Politics of Land in Capitalism Today", *Journal of Agrarian Change*, Vol. 4, Nos. 1 and 2, January and April 2004.

系，那么这是远远不够的。以色列学者兹维·莱尔曼（Zvi Lerman）也指出："决不能把个体化看作成功的充分条件……最终的决定因素是各种政治的和社会的条件，正是这些条件决定了农业和其他经济部门中市场工具的出现。"① 这种政治和社会条件除了制度、阶级因素外，还包括其他行业尤其是工业的增长对农业的影响，而这在 GKI 方案中却是严重缺乏的，这也是斯科特所指出的缺少历史视角的新民粹主义理论的特性。正是在这种意义上，格雷厄姆·代尔（Graham Dyer）强调："很明显，我们必须不仅要研究拥有土地的规模，还要更进一步研究生产的社会关系。"② 在经济全球化的时代，这种社会关系不仅指国内关系，还包括国际关系。伯恩斯坦指出，当今影响资本主义农业的重要国际关系包括跨国农业综合企业获得资源的新策略、全球农业生产的商品链的组织和规制的新形式、GATT 及其后的 WTO 对农业贸易和管制的规定、跨国农业综合企业追求专利垄断、生产和销售基因物质的动力。③

布拉莫尔（Bramall）还利用中国农民收入的变化来说明制度因素的作用，他指出，中国经过 1981—1983 年的土地改革后，在 1984 年农村收入不平等被遏止了，但这并不是重新分配土地的结果，也不是因为家庭农场本身具有内在的平等主义，而是地方政府干预的结果。而且，从中国的经验中可以看出，农民耕作只有在积极主动的地方政府的支持和监督下才会很好地运作，而技术现代化——基于联合收割机、化学肥料以及灌溉的改进——在促进农业生产的持续增长上至少和制度改革同样重要。④

第四，从分析方法上看，GKI 方案是新古典经济学的观点。伯恩斯坦指出，尽管格里芬等人的理论指出了通过没收（土地充公）或其他政治手段低价获取大量土地来重新分配财富的必要性，但是，包裹在这张更加激进外表下的是熟悉的来自新古典经济学的观点，其关键点是提倡用更激进的政治手段来影响土地改革，以建立一个平等主义的家庭小农场的农民结

---

① Zvi Lerman, "Land Reform and Farm Restructuring: What Has Been Accomplished to Date?", *The American Economic Review*, May 1999.
② Graham Dyer, "Output Per Acre and Size of Holding: The Logic of Peasant Agriculture under Semi-Feudalism", *Journal of Peasant Studies*, Vol. 24, No. 1, January 1997.
③ Henry Bernstein, "'Changing Before Our Eyes': Agrarian Question and the Politics of Land in Capitalism Today", *Journal of Agrarian Change*, Vol. 4, Nos. 1 and 2, January and April 2004.
④ Terence J. Byres, "Introduction: Contextualizing and Interrogating the GKI Case for Redistributive Land Reform", *Journal of Agrarian Change*, Vol. 4, Nos. 1 and 2, January and April 2004.

构以及相适应的支持手段。小规模农场经营的未来被设计成一个无缺陷的均衡再生产，像 GKI 方案所强调的，"在那里，市场力量被给予了足够的空间去运作"，这当然是对恰亚诺夫发展道路的根本原因的共鸣（通过小农家庭农场解决农民问题的方法），也是一种典型的采用新古典民粹主义方法所造成的结果，即把农场企业的土地财产从社会存在条件中抽象掉了。他们仅仅考虑了农场规模的大小，而没有对不同社会形态下的农场进行区分。

简言之，GKI 方案关于土地改革"成功的故事"适用于完全不同于他们的典型模型的环境——垄断的土地所有权、大规模生产和农村工资雇佣条件，这使得他们的主要论断——农民问题产生于对土地这一最重要的生产要素的垄断以及这种垄断对劳动市场产生的影响；土地改革的目的是打破这种劳动控制体系，并结束垄断和大土地所有者的垄断权力——不可避免地成为一种以玄奥的土地拥有规模来解释农民收入问题的谬论。

三　重新分配土地改革的实践对 GKI 理论的反证

GKI 理论提出的通过重新分配土地来发挥小规模农场的优势，以实现扩大就业、提高农民收入的论点，在理论上已经被马克思主义学者进行了批驳，指出了其理论中的谬误。而在实践中，GKI 理论却受到了新自由主义的吹捧，并被国际货币基金组织和世界银行采用以推行在第三世界尤其是拉美地区的结构调整计划，此外，中东欧地区在经济转轨的过程中也实施了 GKI 理论所鼓吹的土地制度改革模式。

在新自由主义放松国家干预理念和提倡的重新分配土地的动议下，国际货币基金组织和世界银行在第三世界尤其是拉美地区推行了结构调整计划，其内容主要包括：削减政府计划，减少政府在农业上的投资，取消政府对农产品的进口垄断，实施通货贬值；对土地进行私有化；加强市场规制。

然而，这一改革并未实现国际组织和 GKI 理论所鼓吹的结果，反而使这些国家的农业发展陷入了危机，农民收入也大幅下降。对此，马克思主义学者如鲁尼·斯卡斯坦恩（Rune Skarstein）、托尼·维斯（Tony Weis）等人通过对坦桑尼亚、牙买加等国家的具体实例进行分析，详细阐释了土地私有化以及政府政策转变对农民收入的影响。

坦桑尼亚为缓解 20 世纪 80 年代出现的农业危机，于 1986 年 8 月同国际货币基金组织签订了支持经济恢复计划的协定。1987年，坦桑尼亚取消了对地区间农产品贸易的限制。1989年，在国际货币基金组织的推动下，坦桑尼亚实施了经济和社会行动计划、农业调整计划，到1991年又加强了结构调整的特色。1990年和1991年，作为结构调整计划的一部分，政府开始减少对农业的肥料补贴，1994—1995年间则全部取消补贴，至此，农业基本上完全受市场规则控制，如玉米交易市场80%—90%是私人贸易商在进行。1995年，坦桑尼亚进一步改变了土地国有政策，开启了土地商品化之门，实行了GKI理论所提倡的小规模农地占有方式。

与坦桑尼亚相似，牙买加20世纪80年代在国际货币基金组织和世界银行的推动下实行了结构调整计划。通过这一计划，政府的作用被大大削弱，同时，实施了重新分配土地的改革，在这一过程中，71%的农民对12%的土地进行了分配，成为真正意义上的小农经济。[①]

然而，这种结构调整和土地制度的转变并未达到GKI理论所宣扬的提高农民收入和消除农村贫困的目标，也并未实现国际货币基金组织等机构所预期的专业化、提高土地和劳动生产率的目标，反而引起了农业的大幅倒退。在坦桑尼亚，即使与1979—1984年的"危机年"相比，结构调整后的劳动生产率和单位粮食产出都下降了，而牙买加则沦为美国经济的"消费附属物"。而且，在结构调整计划中，重要的一点是对生产者价格放开管制，然而，由于农业的季节性变动明显，而生产者又缺乏资金及储存设备而被迫将商品按当时的市场价格出卖，产生了谷贱伤农的现象，许多小生产者往往在丰年被迫卖掉太多粮食以致没有足够的存粮维持到下一个收获季节。

斯卡斯坦恩通过对亚洲和拉美的情况进行对比，指出，农业的发展和农民增收需要政府的积极作用，尤其是修乡村公路、建设灌溉系统和储存设备，建立提供低廉农业信贷的机构、建立农业保险体系、农场主合作体系，以使小农在投入、产出和信贷市场上有更强的议价能力。政府帮助建立这一体系是必需的。亚洲经验表明，农业发展和农民收入的提高需要的并不是取消政府的作用，而是需要负责任的和果断的法治型政府。[②]

[①] Tony Weis, "Restructuring and Redundancy: The Impacts and Illogic of Neoliberal Agricultural Reforms in Jamaica", *Journal of Agrarian Change*, Vol. 4, No. 4, October 2004.

[②] Rune Skarstein, "Economic Liberalization and Smallholder Productivity in Tanzania. From Promised Success to Real Failure, 1995 – 1998", *Journal of Agrarian Change*, Vol. 5, No. 3, July 2005.

以色列学者莱尔曼通过对中东欧的研究,也指出了中东欧各国和独联体各国在农业个体化过程中出现的不良后果。在1989—1990年间,这些国家开始了土地私有化进程,并由集体农业开始向个体小规模农业转变。通过把土地归还给前所有者或把土地无偿分配给工人的方式,个体耕地比例急剧上升。在阿尔巴尼亚、斯洛文尼亚、波兰、拉脱维亚、亚美尼亚、格鲁吉亚六国中,已不存在集体农场,所有耕地实际上都已实行了个体化。在独联体各国,农业生产中的个体部门达到40%;而阿尔巴尼亚、亚美尼亚、格鲁吉亚、拉脱维亚等国的个体农业实质上囊括了全部农业产品。然而,"尽管农业生产中个体部门的增长十分显著,但大多数国家的农业生产总值低于过渡前的水平"[1]。

上述拉美和中东欧地区的实例表明,GKI理论宣扬的农业经营规模和农业收入间的反向关系并不存在,而仅仅依靠重新分配土地来实现农民收入的提高也是不现实的。

经济的持续发展必须在良好设计的制度中才能实现,同样,农业的发展和农民收入的提高需要土地所有制的发展与完善。在资本主义土地私有制下,不论是大土地所有制还是小农所有,都无法最大限度地调动农民的积极性和提升土地生产力。国外马克思主义学者通过对理论和现实的分析,指出了土地私有制对农业发展的限制作用,并提出,试图通过调整土地规模而不从根本上改变私有土地制度来提高农民收入、消除农村贫困是行不通的。为了消除农村贫困,不仅要研究农地规模的影响,还要研究生产的社会关系(包括国内和国外各种影响农业发展的社会关系)。在对GKI理论进行批判的过程中,国外马克思主义学者明确指出,在资本主义制度中,平等和效率的矛盾从未得到解决,当然也不可能通过重新分配土地来解决这一问题。这就科学地指出了土地规模尽管与农业生产力和农民收入有一定关系,但在资本主义社会,资本主义农业生产力未得到充分发展及农民收入低的根源在于资本主义制度本身,不变革这一根本的制度框架就无法根本解决农业和农民问题。

马克思主义学者的这种观点不仅有利于发展中国家通过制度变革提升农民收入,而且也有利于我们正确认识当前发达国家农民收入提高的现

---

[1] Zvi Lerman, "Land Reform and Farm Restructuring: What Has Been Accomplished to Date?", *The American Economic Review*, May 1999.

象。在发达国家,尽管资本主义大农场在生产力和农场收入方面都有了非常大的提高,但我们应该看到,这种收入的提高是建立在广大发展中国家农民收入贫困和发达国家内部高额的农业补贴基础上的,而并不完全是因为大农场的高效率。而且,发达国家的大土地所有制尽管在一定程度上产生了规模效应,提高了农业生产率,但在土地私有制下,资本主义大农场对农业的垄断也日益加剧,这不仅造成了农民收入的两极分化,也使农业生产无法达到最优水平。

第四节　土地私有制下的农民无产阶级化

在资本主义土地私有制下,资本对农民的剥夺从未停止,这种剥夺不仅表现在国内,还通过农业的全球化向发展中国家扩展,使农民日益贫困化和无产阶级化。

一　垄断资本通过农业技术和资本集中使农户无产阶级化

从资本主义工业发展史可以看出,资本要获取更多的利润,必须通过资本积聚和集中达到一定的程度,形成规模经济,减少单位成本,获取垄断优势,并在此基础上扩大再生产的能力。而在农业领域,资本的集中却遇到了一定的阻碍。

列万廷(R. C. Lewontin)指出,资本在农场的集中无法达到很高的程度,其原因是:农业投资的流动性低,而且收益无法精准地预期,因此对资本的吸引不大;大农场的劳动过程难以控制,经济规模难以实现;外部自然条件风险难以控制;资本再生产循环过程难以缩短。[1]

除了农业本身的特性阻止资本的集中外,农业生产者也拥有两种力量阻止资本在农业的发展:(1)农户能决定农作物生产的物质进程;(2)由于农户可以选择自己生产种子、肥料等,因而他们自身就是生产农业投入厂商的潜在竞争者。

列万廷认为,在这种情况下,资本面临的问题就是控制农户的选择,使其生产改变为利用一系列投入的生产进程。这些投入会使其生产者获取

---

[1] R. C. Lewontin, "The Maturing of Capitalist Agriculture: Farmer as Proletarian", *Monthly Review*, Jul/Aug 1998.

最大价值,使农产品的性质符合少数大农产品购买者的需要。当农户失去对其从事的农业生产的性质与节奏的选择权时,他就仅仅成为异化的产品链的一个参与者,从这种意义上讲,农户已经无产阶级化了。在这种情况下,尽管农户从法律上讲具有对土地的所有权或经营权,而且在某种情况下是某些生产资料的所有者,但这已不再重要了,因为无产阶级化的根本是失去对劳动进程的控制以及劳动产品异化于劳动者。[1]

那么,农业中的这种转变是如何完成的呢?综观农业发展史,这种转变主要通过农业技术和资本集中两种途径来实现。列万廷指出,这两种途径主要表现为:

第一种是通过农业技术的提高控制农业机械和农业投入。它包括两个阶段:第一阶段,在收割机发明到二战结束这一时间段内,通过收割机等技术革新所带来的机械化解决了农业机械的适用性、成本和对农场劳动的控制等问题。对于这种机械化,单个的农场主既无法加以抗拒,也无法自己生产这些机器。第二阶段,二战后通过生物技术革新控制农产品的生产过程。生物技术的商业运用是要扩大资本对农业生产的控制,为实现这一目的,生物技术革新必须满足三个原则:(1)其发展的时间和成本要控制在一定限度之内;(2)不能引起对健康和环境问题的重大挑战;(3)生物技术的所有权和控制权必须掌握在商业提供者手中。

在二战后的主要生物技术革新中,一是综合化学品,二是通过杂交方法控制农作物的种子。二战后,综合化学品日益成为农户主要购买的农业投入,而且与上面所说的机械一样,这些投入没有竞争,也无法由农户自己生产,同时,种子是农业生产中的中心投入,对它的控制是控制整个农业进程的关键元素。

种子投入在生产过程中的中心地位使种子公司可能获得农业剩余价值的较大部分。为维持这种地位,种子公司必须找到方法阻止农民再生产种子,对此问题的历史回答是杂交繁殖方法。然而,由于这种方法尽管能提高产出,但在抗病等方面却没有特别好的效果,而且许多重要农作物如小麦等无法有效适用这种方法,因此使资本对农产品的渗透遇到了明显的限制。科技的进步解决了这一问题,现代大农业在改良动植物

---

[1] R. C. Lewontin, "The Maturing of Capitalist Agriculture: Farmer as Proletarian", *Monthly Review*, Jul/Aug 1998.

品种的同时，利用分子生物学、分子遗传学创造出新的生物物种。这种方式不仅使农业物种得以改变，而且保证了这种改变的生物体系被控制在他们的手中，从而，农业投入的提供者和产品购买者能够提高他们对农业剩余的榨取和市场的控制，正如美国学者威廉·恩道尔（William Engdahl）所指出的，"绿色革命和杂交种子为美国的商业化农业控制主要的新兴市场提供了保证"[1]。

第二种途径是通过农业资本集中，即农业生产中的横向整合和垂直整合使农业的主要结构发生变化，使农产品的购买者在规模扩大的基础上进一步控制整个生产过程。列万廷指出，由于三个方面的原因，这种垂直整合具有可能性，这些原因是：（1）投入和产出的技术联系；（2）单个资本企业作为产品购买者和关键投入提供者的双重垄断地位；（3）使农场主进入这种投入产出循环圈的契约机制。

列万廷指出，对许多农产品而言，中等规模的家庭农场在生产过程中会比大农场、工业化农场更有效率，但对于大农场而言，它们也具有不可忽视的优势，主要表现为：巨大的产品数量可使其在购买投入时获得垄断低价、优惠的贷款利率、巨额的财政补贴以及通过雇佣劳动获利的更大机会，而这种优势远远大于中等规模农场从生产效率提高中所获的收益。因此，在利益的推动下，资本主义农场一直在进行横向整合。美国在20世纪30年代的农场数为700万左右，而到了20世纪90年代中期，只有180万左右，其中在80年代的农业危机中，小农场数量下降了17%。到1994年，美国50%的农产品来自2%的农场，而73%的农场只生产了9%的农产品。在畜产品中，美国80%的牛肉由三大公司提供。在国际市场上，1994年美国小麦出口占据了全球小麦出口的36%，玉米、大麦、燕麦、高粱占64%，大豆占40%，棉花占33%。

横向整合扩大了公司的规模，而垂直整合进一步提高了公司的经济力量。如美国的嘉吉公司是世界三大谷物贸易商之一，世界第二大动物饲料生产商，以及世界最大的猪和牛肉的提供者之一。[2]

在农业整合的作用下，家庭和国家对粮食生产的控制力也在发生变化。在自给自足的粮食生产体系下，家庭控制着从播种到收获的总过程。

---

[1] [美]威廉·恩道尔：《粮食危机》，赵刚等译，知识产权出版社2008年版，第106页。
[2] William D. Heffernan, "Agriculture and Monopoly Capital", *Monthly Review*, Jul/Aug 1998.

而在日益形成的垂直整合的粮食生产体系下，极少数公司通过控制粮食生产到销售的总过程而控制了国家的粮食体系。

而对于中小农场主而言，尽管他们确实拥有某些生产资料、土地和建筑物，但对劳动过程或异化的生产没有任何控制能力，因而具有了典型的"被挤出"的工人性质。小农场主所获得的只是一个更为稳定的收入来源，他们从独立的生产者变为没有选择权的无产者，按装配线的价格出售其产品。

二　农业的全球化和商品化与发展中国家农民的无产阶级化

在战后初期，为迅速提高国内农业的产量和国际竞争力，发达国家大多采取了农业保护主义政策，而且在关贸总协定的多次谈判中，对巨额的农业补贴避而不谈。欧美的农业保护主义政策已经为世人所熟知，而亚洲的资本主义国家也同样如此。日本发展经济学家速水佑次郎（Yujiro Hayami）就明确指出：20世纪50年代以来，日本、南朝鲜（即韩国）和中国台湾地区都经历了农业保护增长的过程。1960年日本有意识地决定提高农业的生产价格，试图保证农民的收入能够跟上城市工人收入快速上升的步伐。60年代早期，南朝鲜和中国台湾地区转变了它们的发展战略，由进口替代转变为出口导向的工业化。整个60年代中期，贸易及支付的自由化保证了农业和制造业都能面对相对不受扭曲的价格。然而到了60年代后期，南朝鲜和中国台湾地区的农民像十年前日本同行那样感觉到他们没能公平地享有经济迅速增长所带来的利益，因而他们成功地争得了通过价格支持和关税保护所提供的帮助。结果在70年代它们的农业的保护率像日本那样得到了迅速提高，而对制造业的支助率却没有提高。[①]

而随着20世纪70年代后期经济全球化的迅速展开以及发达国家农业公司实力的剧增，它们纷纷转变策略，采取推动农产品贸易自由化的进程。在20世纪80年代的关贸总协定的谈判中，美国等发达国家一改以前将农产品问题排除在谈判议程之外的做法，提出将农产品贸易自由化列入谈判议程。1994年，GATT的乌拉圭回合谈判初步达成了农业领域自由化的协定。1995年，世界贸易组织（WTO）的成立进一步推进了全球经济

---

① 参见［澳］吉姆·安德森、［日］速水佑次郎《农业保护的政治经济学》，蔡昉、李周等译，中国社会科学院农村发展研究所内部资料，1990年，第35—36页。

包括农业领域的自由化进程。其中的《与贸易有关的知识产权协议》（TRIPS）将知识产权的保护扩展到极端的程度，极其有利于大农业公司垄断农业技术。对此，阿明深刻地指出："现代资本主义农业——包括富有的大规模家庭农业与农业公司——现在正对第三世界的农民生产大举进攻。2001年11月WTO在卡塔尔的多哈（Doha）召开的会议上给这项行动开了绿灯。因此受害者为数颇多——大多数是仍占人类一半人口的第三世界农民。"[1]

对于发达国家政府贸易政策的调整，菲利普·迈克麦凯尔（Philip McMichael）认为，它反映的是大型农业跨国公司的利益，它们才是世界农业领域自由化的真正推动者。"全球企业和农业出口大国是自由化的关键支持者。事实上，美国在GATT乌拉圭回合谈判中的原始建议书就是由嘉吉公司的前副总裁起草的。嘉吉公司和大陆公司一起约占美国谷物出口的50%……农业跨国公司利用WTO阻止各国政府的农业计划、阻碍农产品供给保障、降低各国农产品价格。通过减少各国政府对农产品价格的支持，大公司将它们在世界市场上的比较优势最大化，并从全球'自由'市场中获取最廉价的投入。"[2]

迈克麦凯尔进一步指出，以美国为首的发达国家在农产品贸易政策方面的调整不仅是因为农业垄断资本的推动，还由于美国等发达国家设计了将制造业和农业在国家内统一起来的发展模式，这是一种"农业商业帝国主义模式"，即"美国假定了一种全球'世界面包篮'策略，并力图使其公司的'粮食权力'通过当前的自由贸易体制机制化。农业商业帝国主义与对世界农业和粮食流通的垄断控制机制的压迫性运用联系在一起"[3]。在这种模式下，以美国为首的发达国家的农产品生产，依靠政府支持和补贴而超额生产，并通过对外粮食援助等方式占领市场，农业越来越成为公司全球战略的一部分。

在农产品自由贸易过程中，发达国家的农业跨国公司主要通过在世界农业中的垄断地位来获取高额利润，攫取发展中国家的剩余价值。这种垄断地位的建立是通过在发达国家内部大量应用新技术和巨额资本形成资

---

[1] Samir Amin, "World Poverty, Pauperization and Capital Accumulation", *Monthly Review*, October 2003.
[2] Philip McMichael, "Global Food Politics", *Monthly Review*, July/August 1998.
[3] Ibid..

本、技术和能源密集型公司农业,以此来取代传统的家庭农场式的、劳动密集型的和依靠耕作经验的农业,并在此基础上形成集农产品的投入、生产、销售为一体的产业链条。这种垄断主要体现在:

(1) 控制农业产业链条的顶端。列万廷指出,在当今农业产业链条中,"耕作只是一个重要步骤而已,而提供农业投入和将农产品转化为消费品等环节在农业经济中开始取得支配地位。在农业食品体系中,耕作价值现在只占食品价值的10%,而投入占25%,其余65%归农产品的运输、加工、营销",而"在20世纪初,耕作价值占农产品价值的40%,因为那时很多投入如种子、肥料和饲料等都可以依靠农场内部而获得"。[①] 为了控制农业投入和销售环节,西方大农业公司往往先长期大量地增加某种农产品的产出和供给,使该农产品的市场价格长期低迷,迫使发展中国家的小农场和农户停产或转产,在当地自主的农业破产之后,这些大公司以低廉的价格兼并当地小农场,并和很多小农场签订供货合同,使小农场在生产什么、如何生产和以什么价格出售等方面都受大公司控制。以智利为例,该国50%的水果生产和出口被五个外国跨国公司控制,跨国公司控制的主要方式之一就是和小农场签订供货合同。

(2) 控制农业生物技术优势。杰拉德·梅顿多夫(Gerad Middendorf)等学者指出,生物技术在农业领域的应用能提高产量,增强农作物的抗病能力等,然而,由于农业生物技术多受控于西方发达国家,因而,这已经成为这些国家在国际市场上提高农产品市场集中度、获取垄断利润的一个重要手段。而且,由于目前生物技术控制在大的垄断集团手中,它们为了快速获取利润,往往滥用生物技术,从而使生物技术与私人利润、对自然的短期控制、忽视短期和长期社会和环境后果联系在一起。同时,工业资本主义的制度基础加强了政治和技术间分离的合法化。而且,生物技术也未考虑分配后果,忽略了粮食安全的许多维度。[②] 如20世纪90年代,西方大农业公司将很多不成熟的可能损害人类和自然环境的生物技术,如转基因技术和荷尔蒙生长刺激技术等引入市场,对食品安全造成了隐患,但WTO等国际组织却并未对此加以重视,反而极力地为这些大公司的技术提

---

① R. C. Lewontin, "The Maturing of Capitalist Agriculture: Farmer as Proletarian", *Monthly Review*, July/August 1998.

② Gerad Middendorf, Mike Skladany, Elizabeth Ransom and Lawrence Busch, "New Agricultural Biotechnologies: The Struggle for Democratic Choice", *Monthly Review*, July/August 1998.

供过度的不合理保护。这些公司甚至为植物种子的基因材料申请专利保护，使发展中国家的农业发展进一步受到了阻碍。

西方农业垄断公司凭借以上方式建立起垄断地位，攫取了巨额的利润。大农业食品公司"有如此巨大的力量，使它们实质上可以控制从农民那里收购原材料的成本，同时抬高卖给大众的食品的价格而获取巨大利润。食品工业在美国成为仅次于制药业的第二大暴利行业"[1]。

除了攫取巨额利润外，发达国家的农业垄断还造成了发展中国家的农业破产和农民贫困，加剧了发展中国家农民的无产阶级化。由于西方农业垄断公司在生产和销售方面都占据优势，因此，发展中国家以劳动密集型为主的小农业在面对资本、技术和能源密集型的国外大农业时，根本不具备市场竞争优势，它们要么被国外农业垄断公司收购，成为发达国家农业垄断资本获取利益的工具，要么转向种植特定的出口作物。但是后一种转型也是不成功的。由于实行新自由主义，国家对农业不再提供实质性支持，小农业所依赖的基础设施如水利、道路系统等日益破败。小农业也不再能从国家那里获得扶助性贷款，而由于小农业风险极大，它们也不太可能从私人银行获得贷款。因此，在发展中国家，小农业面临着日益严重的危机，这不仅影响了发展中国家的农业生产，造成农业危机，而且严重影响了农民收入，使农民的无产阶级化日益严重。威廉·赫弗南（William D. Heffernan）指出："过去，当家庭经济是农村社区的主导体制时，有4—5倍的乘数效应。一个农业部门所创造的钱在社区中循环，从一个家庭经济体转到另一个家庭经济体，要转手4—5次才离开该社区，这增加了该社区的经济活力。但是现在，在农村的农业大公司将利润迅速地从农村拿走，转到大城市的总部或股票持有者手中，只有非常廉价的劳动力报酬留在农村。"[2] 而在农业生产方面，"许多发展中国家都出现了农业危机，包括就业增长的停止、出口价格的下降和农场债务的增长"，罗特萨·帕特内克（Utsa Patnaik）认为，"这一危机是与政府采取新自由主义的财政改革以及在世界经济不景气的背景下实行贸易自由化直接相关的"[3]。在许多

---

[1] Fred Magdoff, John Bellamy Foster and F. H. Buttel, "Introduction", *Monthly Review*, July/August 1998.

[2] William D. Heffernan, "Agriculture and Monopoly Capital", *Monthly Review*, July/August 1998.

[3] Utsa Patnaik, "Global Capitalism, Deflation and Agrarian Crisis in Developing Countries", *Journal of Agrarian Change*, Vol. 3, Nos. 1 and 2, January and April 2003.

发展中国家，如墨西哥的"食品供给赤字、谷物进口和营养不良都在增加。由于进口自由化和政府减少对小农场的支持，该国人均基本谷物产量在 1980 年到 2000 年间下降了 10%，粮食依赖程度从 20 世纪 80 年代的 18% 上升到 20 世纪 90 年代的 43%"，而乌干达主要出口作物咖啡的产量尽管从 1993 年的 280 万包增加到 2000 年的 320 万包，但是由于国际咖啡价格剧烈下降，咖啡出口收入却从 1994 年的 4325 亿美元下降至 2000 年的 1648 亿美元。① 此外，农业危机的后果不仅仅局限于农业部门。金德尔伯格（Kindleberger）在 1987 年就描绘了农业衰退和工业衰退之间的联系，而当今的发展中国家正是如此，农业危机严重影响了整个社会的经济发展速度，使社会贫困化现象日趋严重。

三 新自由主义政府在农民无产阶级化中的作用

20 世纪 80 年代后，全球经济转向新自由主义的一个后果是，落后的第三世界国家取消了对经济的积极干预。然而具有讽刺意味的是，正当学者们将注意力转离政府时，政府却加强了其权力，对经济和社会的干预没有减少反而增加了。拉朱·达斯（Raju J. Das）指出，首先，从经济中撤离这一进程本身就是由政府采取的行为，因而是一种干预形式。其次，政府通过法律等手段加强了对经济和社会的干预。在民族独立后，第三世界国家通过对所有权采取法律手段来规制财产权；而在当前的新自由主义体制下，土地改革法本身就是一种积极的政府干预过程。发展经济学者特别是新古典经济学家呼吁更少的政府干预，显然他们忽视了一个明显的事实，即新自由主义政府是而且一直是一个干预的政府。②

对于新自由主义政府的性质和作用，达斯指出：

第一，新自由主义政府是一种阶级政府。正如新自由主义社会是一个阶级社会一样，在政府必须保护资产阶级财产关系这一点上，新自由主义政府与以前的政府并没有不同。实际上，政府政策更愿意恢复阶级权力，增强资本主义对社会资源的控制。只要阶级关系存在，国家就会继续在促进从直接生产者手中榨取剩余价值上发挥重要作用，即使在农村领域中也

---

① 刘元琪：《新自由主义与发展中国家的农业危机》，《国外理论动态》2004 年第 9 期。
② Raju J. Das, "Introduction, Peasant, State and Class", *Journal of Peasant Studies*, Vol. 34, Nos. 3&4, July/October 2007.

是如此。

第二，新自由主义政府是一种反对农民的资产阶级政府。对马克思主义者来说，国家的历史作用就是保护私有权，这是不言而喻的真理。从历史上看这也为政府被大土地所有者、商业农场主和资本主义农业商业企业所控制而证明。由于被用来剥夺小商品生产者，因此政府尤其是资产阶级政府一般就不可能是农民的朋友，但如考茨基指出的，对农民经济的大规模剥夺并不是农业资本家的利益所在，因为这剥夺了他们的劳动力量，而这种劳动力量在农民家庭农场的条件下是能经济地再生产出来的。正是由于这一原因，国家也偶尔设法维持小农场经营者，这一事实正是国家的矛盾作用的基础——削弱的同时又支持农民经济。

第三，新自由主义政府和农民关系的辩证性：一方面，政府并没有从所有国家经济领域中退出，当它从福利领域（提供给农村地区的贫穷农民和工人）退出时，却对促进在所有层面上的农民和农业商业资本的积累采取了积极行动。①

另一方面，国家也不能完全忽视小农业生产者的利益。由于小农业生产者拥有土地，因此他们也是法律保护的私有产权的来源之一，他们的持续再生产对资本及其国家就有一种意识形态上的意义。考虑到他们的数量，农民能构成对任何忽视他们利益的政体的政治威胁。农民也是商品消费群的一部分，这为资本提供了市场。他们还为工业提供了不断增加的劳动力，在保持劳动力大军稳定方面有重要作用。因此，农民和政府关系的辩证性在于：当政府的某些经济政策削弱小商品生产者并经常使他们非农民化时，其他政策（同样由这一政府颁布的）则被设计成再生产农民经济，而且偶尔还使无地工人再农民化。这是通过国家对农村地区的干预实现的，如通过重新分配土地使无地工人占有小块土地。

在这种新自由主义政府的作用下，农民所受的压迫并未减少，而且随着政府在福利领域的退出，农民的处境日益艰难，因此必然引起农民对剥削的反抗。这种反抗主要采取四种形式：反对原始积累、反对资本主义剥削、反对非资本主义压迫及资本创造的生态条件、反对资本对民主政府的运用。

---

① Raju J. Das, "Introduction: Peasant, State and Class", *Journal of Peasant Studies*, Vol. 34, Nos. 3&4, July/October 2007.

尽管随着科技的进步和城市化水平的提高，全世界农民的数量在迅速减少，但不可否认的是，农民仍是当前所有社会中的一个重要阶级。对发达国家而言，除了大农场主以外，还大量存在一些拥有一小块农场或租赁他人农场的农民，对于这些农民如何进行阶级界定，列万廷所提出的观点具有重要的意义。按他的理论，无产阶级化的根本是失去对劳动进程的控制以及劳动产品异化于劳动者，因此，尽管这些中小农场主确实拥有某些生产资料、土地和建筑物，但对劳动过程或异化的生产没有任何控制能力，因而具有了典型的"被挤出"的工人性质，他们从独立的生产者变为没有选择权的无产者。也正是在这种意义上，农民的分化仍在继续，大农场主凭借其优势和垄断地位日益加剧对国内中小农场主的剥削和国外农民的掠夺。而在经济全球化的条件下，农业垄断资本对国外农民和其他阶级所创造的剩余价值的掠夺，以及对发展中国家农业相关产业的控制，日益成为发达国家剥削发展中国家的重要内容。

除此之外，马克思主义学者对新自由主义政府在农民无产阶级化中发挥的作用也进行了深刻的阐释，他们指出，新自由主义政府是一种反对农民的政府，但是为了农业资本家的利益，国家也会在一定程度上支持农民经济，这就是国家的矛盾作用。正确认识国家的这种双重作用对于我们把握西方发达国家所采取的一些农业扶持政策尤其是对中小农场主的扶持政策有重要意义，这种政策并没有改变其为垄断资本服务的本质，其实质是为了创造更有利于农业垄断资本乃至工业垄断资本发展的条件。

总体而言，国外马克思主义学者从资本主义土地制度的形成、地租的发展变化、土地所有制与农民收入的关系以及土地私有制下农民的无产阶级化等方面，对资本主义土地和农民问题进行了比较系统的阐释，其中包含许多有价值的观点和论述。如他们在经济增长方式转变对地租的影响、政府在促进农业发展和农民收入提高中的作用、发达国家的农业垄断资本对发展中国家农业的控制和掠夺、农业垄断和农民无产阶级化等方面的论述，对我们认识战后资本主义土地和农民问题的发展变化提供了有益的参考；同时对中国发展农业经济、防御国外垄断资本对我国农业的控制也有一定的借鉴作用。当然，国外学者在对资本主义土地和农民问题的阐释中也出现了一些偏离马克思主义的观点，这就需要我们在借鉴的过程中加以甄别。

第七章 阶级与阶级结构问题研究

以生产资料所有制为基础,马克思认为资本主义国家的阶级主要包括雇佣工人、资本家和土地所有者,这三者形成了资本主义生产方式基础上的现代社会的三大阶级,其中最基本的两大对立阶级是雇佣工人阶级和资本家阶级。在一个阶级内部,又可以划分为若干个不同的阶层。如奴隶社会的奴隶主阶级区分为贵族奴隶主和工商业奴隶主;封建社会的地主阶级区分为大、中、小地主;资本主义社会的资产阶级区分为大、中、小资产阶级,无产阶级区分为产业工人、手工业工人、店员工人;中国半封建半殖民地社会的资产阶级区分为官僚资产阶级、民族资产阶级,农民区分为上中农、下中农、贫农和雇农。

随着资本主义社会的不断发展,经济全球化的态势越来越明显,一方面资本主义国家内部社会结构发生了显著的变化;另一方面国家间的经济频繁来往也赋予各国阶级与阶层一些新的含义,因而一些国外马克思主义学者对传统的马克思主义的阶级理论提出了一些新的看法,特别是20世纪70年代以来,对传统的马克思主义阶级理论进行了较多的探讨。国外马克思主义阶级理论主要围绕阶级的划分、结构以及阶级斗争等问题展开相应的研究。同样,国外的其他学者(主要以社会分层理论为研究基础的学者)也对社会阶级与阶层作出了新的研究。所以,本章在阐述国外马克思主义学者关于阶级理论观点的同时,也加入了国外其他学者关于这方面内容的研究观点,并作出相应的比较分析。

第一节 关于阶级的形成及定义

对于阶级的形成,大多数国外马克思主义学者认为,阶级是一种历史的进程,同时包含了经济、政治和文化等因素。而对于阶级的具体的定义，学者之间的观点分歧比较大，有国外学者认为马克思已经明确了阶级的定义，但一部分学者则认为马克思没有明确阶级的定义，并且根据自己的研究给出了明确的定义。

对于什么是阶级？加拿大曼尼托巴大学大卫·加姆菲尔德（David Camfield）认为，虽然马克思在他的政治经济学批判中严格阐述了价值和劳动力等概念，但是他没有定义什么是阶级。包括圣克鲁伊（Ste. Croix）也注意到，"马克思他自己尽管知道在他作品中阶级的重要性，但从来没有给过一个明确的定义，而且的确在不同的时刻表明了不同的意思"[1]。因为马克思只是在《资本论》第三卷的第52章写了"阶级是由什么形成的"[2]，"现代社会的主要阶级是基于资本主义生产方式的"[3]，但是这些关于阶级理论的叙述并不能很好地定义阶级这个概念，所以在马克思和恩格斯的作品中找不到关于阶级定义的很好答案。这个结果导致了许多版本关于阶级的定义，加姆菲尔德认为其中定义最准确的当属圣克鲁伊阐述的，"阶级（实质上是一种关系）是剥削这种事实的集中社会表达，而剥削的方式体现了一种社会结构。他认为剥削是对其他劳动产品的占有，在商品生产社会，这就是马克思所说的对剩余价值的占有"[4]。圣克鲁伊本人也认为他的想法比其他关于阶级的定义更接近于马克思。而加姆菲尔德更进一步地阐述了圣克鲁伊的阶级定义，"阶级是某一地区的一个群体，通过在整个社会生产系统的地位进行区分，而这种地位的区分可以根据他们之间的关系（主要是拥有和控制），如对于生产条件的拥有和控制。但是这个阶级中的个人并没有完全或部分地意识到这种区分和作为同一阶级的共同利益，也没有意识到和其他阶级之间存在着斗争"[5]。

美国耶鲁大学政治科学系教授约翰·罗默（John E. Roemer）提出了关于阶级的内在形成机制一说，即通过初始财产的分配和市场的作用会形成阶级，"一个人的阶级地位如何与他的财富相关？如何与他被剥削或剥削

---

[1] Ste. Croix, G. E. M. de., *Class Struggle in the Ancient Greek World: From the Archaic Age to the Arab Conquests*, London: Duckworth, 1981.

[2] Marx, Karl, *Capital: A Critique of Political Economy*, Vol. III. Trans. David Fernbach. London: Penguin. 1981, p. 1025.

[3] Ibid., p. 1026.

[4] David Camfield, "Re-Orienting Class Analysis: Working Classes as Historical Formations", *Science & Society*, 2004/2005, Vol. 68, Issue 4, pp. 421 – 446.

[5] Ibid..

人相关？在下面的分析过程中要牢记在心的重要思想是，一个人的阶级地位不是外在给定的。确切地讲，它的出现是他最优化行为的结果，这一行为是要在初始资产既定的情况下最大化其效用（在这种情况中，在服从生存约束的条件下最小化所花费的劳动）。在经济均衡中阶级就如同人的特性一样，是内在地形成"[1]。同时他建立了模型来说明当财产被平等分配时，阶级的出现是可有可无的，但当有形资本被不平等地拥有时，阶级的出现就是必然的了。所以他定义的阶级是指一个群体，群体中的所有成员都以同样的方式与劳动市场相联系。他从多方面详细阐述了阶级的出现是生产资料的不平等所有权的结果。通过规范的剥削与阶级的微观经济模型，他阐明了资本主义社会中阶级是如何以系统的方式出现的。他提出的剥削有两种理解，一种是技术意义上的剥削，另一种是非技术意义上的剥削。技术意义上的剥削是指"在既定的经济中，如果某些成员必须从事超过社会必要时间（即多于社会必要劳动时间）的劳动才能挣得他们所需的消费品集，而其他人以少于社会必要劳动时间的劳动就能挣得他们的消费品集，那就可以说剥削将会存在"[2]。非技术上的剥削是指"利用某物，如在'利用一种资源'中的含义；不公平地利用某人，如在'利用某人的妻子'中的含义"。他同时认同马克思关于剥削的一些观点，"资本主义的特征是工人受资本家的剥削，这一特征既可通过资本积累解释资本主义的扩张能力，又能说明资本主义的不公正。资本家使用工人并且利用他们的劳动，就像矿工利用自然资源一样。这一过程允许积累和经济的增长。但在同一过程中工人受到不公平的对待，这种不公平的对待构成了基于生产资料私有制的制度的本质上的不公正"[3]。

对于罗默所提出的阶级地位是市场中内在形成的观点，加姆菲尔德提出了不同看法，或者可以说是做了一种相应的补充。他站在历史的高度认为，其实阶级并不是一种地位而是在生产者和剩余劳动剥削者之间的剥削关系（对于这种剥削关系其实罗默也有大量的论述，但是罗默的剥削是基于非劳动价值论基础之上的，这不同于一般意义上的马克思主义学者对剥削的理解）。在资本主义社会目前的社会生活和家庭里，阶级

---

① ［美］约翰·罗默：《在自由中丧失——马克思主义经济学导论》，段忠桥、刘磊译，经济科学出版社2003年版，第85页。
② 同上书，第23页。
③ 同上书，第4页。

关系被定位在已经完成非常多有偿工作的方面。阶级构成了整体的社会关系，这种社会关系并不会减少，所有的社会关系可以相互调和。阶级同时可以考虑为阶级情形，然而阶级关系长期存在，因此阶级应该被当作历史的进程来考虑。一个阶级的理论需要关注阶级情形是怎么引起阶级构成的以及这种构成的特点。所以加姆菲尔德认为，为了引导更好的阶级分析，我们需要提高阶级理论高度，把阶级理解为发生在历史某时刻和具体文化背景的社会结构的进程和关系。而对于作为历史形态的工人阶级的研究，需要用精确的理论替代模糊的概念。这种阶级理论应该是存在于其他社会关系之外的，如性别和种族，但是又能够被那些关系所解释。

雅典国家技术大学副教授约翰·米罗斯（John Milios）认为，在古典政治经济学家的著作中，社会阶级已经在理论方面被明确定义了。而古典政治经济学家认为，阶级是建立在同一类的群体获得的具体收入形式上的。这种阶级定义第一次在政治经济学和社会学之间建立了一种桥梁。马克思则把阶级和古典的劳动价值理论结合在了一起，这就产生了工人阶级被资产阶级剥削的理论。所以米罗斯认为马克思继承了古典经济学家的阶级理论并添加了相应的内容，"马克思关于阶级的理论则保存了原来古典政治经济学的阶级理论，而且保存了其科学因素，同时对传统的阶级理论进行了改革，创造出了一个新的完全的非经济和非机械的相对阶级理论，对社会阶级形成了一个生动的经济社会学理解"[1]。马克思主义阶级理论则成为政治经济学和社会学的唯一桥梁，它把社会看作一个整体结构，从而把政治经济学和社会学的界限给抹掉了。在针对阶级并去掉阶级关系存在的特定历史因素，每种生产方式只产生两个阶级：剥削阶级和被剥削阶级——剥削的对象。在资产主义生产方式中是资产阶级和无产阶级，而在封建社会则是封建地主和农民阶级。很明显在米罗斯的观点中，我们可以了解到在具体的社会中，什么样的生产方式就对应什么样的阶级。

但在"边际革命"以后，随着经济理论的艰难发展，阶级理论这一词汇逐渐被新古典经济学家抛弃。"很明显古典经济学家鼓吹资本主义社

---

[1] John Milios, "Social Classes in Classical and Marxist Political Economy", *American Journal of Economics and Sociology*, Vol. 59, No. 2, 2000, pp. 283 – 302, p. 20.

的经济特性，因为他们一直认为资本主义经济有其他社会所没有的决定性特征。这是由于古典经济学家把经济的运行看作是一个历史的过程而不包含政治或者影响社会进程的其他因素。直到约翰·斯图亚特·穆勒（John Stuart Mill）考虑到了非经济因素如政府、传统或者习俗都会影响社会的阶级结构。新古典经济学则完全抹杀了社会阶级理论，同时也抹杀了资本主义社会的剥削。"[1] E. P. 汤普森（E. P. Thompson）关于阶级理论的观点与米罗斯的这种观点是一致的，他认为阶级应该被具体为一个历史的进程，而这种进程是由丰富的文化和政治内容所包含的。阶级也可能是一种客观的关系，但它是在一定的社会背景下形成的。总体来说，汤普森摒弃了早期马克思主义的经济决定论，而是把阶级看作一个动态的社会关系、社会统治的一种方式，主要是随着生产关系的改变而改变，但是由文化和政治（包括种族和宗教）这些没有任何明显经济利益的因素塑造。显然米罗斯与汤普森反对把经济因素作为阶级理论研究的唯一因素，他们认为应当把文化和政治等因素也纳入到阶级理论研究的范围。

英国肯特大学社会学教授理查德·斯凯思（Richard Scase）认为，虽然阶级的定义不确切，而且人们一般认为阶级与理解日常生活中的个人身份没有相关性，但确实有理由认为，阶级对于深入理解西方资本主义社会的动力机制依然是非常关键的，"尽管极少数对阶级相关过程的日常描述是清楚的，但资本主义国家潜在的结构性力量重新肯定了社会阶级作为一种主要的阶级解释性社会过程的价值——得出此结论的前提条件是必须从特定的马克思主义分析和经验角度去考察和理解社会阶级。只有在这样的理论框架下社会阶级的观念才和对现代社会的理解有一定的关系。这是因为西方社会从根本上来说是资本主义社会，因此，如果不将阶级作为客观社会关系的要素进行分析，就不可能完全理解西方国家的制度、结构和过程"[2]。米罗斯则批判了新古典经济学家抛弃阶级理论，而赞扬了马克思在阶级理论方面所作出的贡献。他在评价马克思的阶级理论时，认为在马克思主义方法的基础上，当前社会阶级结构的复杂问题，都可以被一一处理。因为马克思证明了在政治经济学和社会学之间桥梁的基础上，从经济

---

[1] John Milios, "Social Classes in Classical and Marxist Political Economy", *American Journal of Economics and Sociology*, Vol. 59, No. 2, 2000, pp. 283 – 302.

[2] ［英］理查德·斯凯思：《阶级》，雷玉琼译，吉林人民出版社2005年版，第5页。

社会学的角度，社会阶级可以被科学地理解和看待。

第二节 关于阶级结构

一 阶级的划分以及基本结构

阶级是怎么划分的？马克思主义学者一般认为阶级的划分是按照生产资料所有权进行的，但是随着科技的发展这一观点受到一部分人的质疑，尤其是一些人把知识例如技术作为资本来看待的时候，阶级划分变得复杂起来。其中一些国外马克思主义学者认为划分标准应该是多元的。那么，目前资本主义国家的阶级结构具体是怎么样的？随着资本主义国家社会阶级结构的巨大变化，工人阶级及其阶级政治在西方衰落，西方左翼政治承受着苏东社会主义阵营瓦解和西方右翼得势的内外巨大压力，原来主要以资产阶级和无产阶级为主的社会已经演变为资产阶级、中间阶层或者称为新阶级和无产阶级三种形态的社会，其中中间阶层力量的壮大是有些马克思主义学者没有预想到的。资本主义发展早期阶级结构趋于简单化的状况已演化为十分复杂的局面，由此导致很多学者对上述问题产生了极大的兴趣。

美国纽约州立大学工人阶级生活研究中心主任米歇尔·茨威格（Michael Zweig）认为，必须从权力这个方面理解阶级，而不是从收入、财富或者生活习惯等角度去理解，尽管这些标准都可以区分不同的阶级。因为如果从一开始把阶级理解为一种权力的话，就可以把它当作一个动态的关系，而不是静态特征集合。而把阶级看作是一个权力问题的同时也可以把阶级、种族和性别有机地联系在一起，但是如果静态地看待阶级的话就可能把它与种族、性别割裂开来。茨威格详细研究了美国社会的阶级，他把美国人群分为资产阶级、中间阶级和无产阶级。他认为，"我们需要改变美国关于阶级这一概念理解的思维方式，要从贫富分离转变到资本家和工人的区分。我们应该明确区分工人阶级（大约占美国劳动力人口的62%）和资产阶级（只占美国劳动力人口的2%），还有大约36%的中间阶级"[①]。茨威格这里所说的美国工人阶级是指那些拥有权力

---

① Michael Zweig, "Six Points on Class", *Monthly Review*, New York: Vol. 58, Iss. 3, Jul/Aug 2006, p. 116.

很小的银行柜员、呼叫中心的员工、收银员等,他们是那些不能自主控制自己的工作节奏和内容而且受到别人监督的人群,美国现在大约有9000万的工人阶级,数目很庞大。茨威格所说的资产阶级则是那些公司精英、高级行政人员以及大公司的董事,他们大多给公司提出战略性的建议,平时跟政府部门和其他公司的行政人员打交道而把具体的事务交由公司下级员工办理。这里的中间阶级是那些专业人员、小雇主和管理监督人员,在这里我们不能把他们理解为中等收入者,而是要把他们看作是工人阶级和资产阶级的中间阶级。茨威格关于美国阶级结构的分析基本上继承了传统阶级结构理论,虽然他划分的标准是权力,但是目前大多数学者都接受这样的阶级划分结果,即资本主义国家的结构可以分为工人阶级、中间阶级和资产阶级,唯一有争议的地方是关于资产阶级的范围,因为茨威格的资产阶级包括一些公司精英和行政人员,有的学者把这部分群体归为中间阶级。

罗默通过研究一个玉米经济体系下的再生产均衡来阐述阶级结构以及剥削,在这里他用 x 表示那些为自己劳动的成员生产的玉米总产品的总量,y 表示那些作为雇佣劳动者的成员生产的玉米总量,z 表示劳动市场上供应的全部劳动。在此经济中存在 N 个成员,每个成员愿意购买玉米的数量为 b,1 单位玉米总产品,可以用投入的 a 单位玉米和 L 天的劳动生产出来。那么此时产品市场上,玉米的总产量为(x + y),净产量为(1 - a)(x + y),市场出清时:(1 - a)(x + y)≥Nb。

对劳动市场而言,此时的劳动总供给为 z,雇主对劳动的总需求为 Ly,那么劳动市场出清时:Ly = z。

最后消耗掉的玉米储备应该小于或等于初始的玉米储备:a(x + y)≤w。

如果同时满足上述三个条件即可称为再生产均衡。我们可以用文字表述来解释再生产均衡,即"概括地说,每一成员一开始都拥有一些由玉米种子构成的初始资产,存在一个玉米市场和一个劳动市场。面对玉米价格和工资,每一成员决定其最优策略,该策略使该成员能挣得购买他所需的玉米消费的必要收入,同时又不用完他的玉米种子储备。这是每一个成员最小化劳动的策略,因为此处已假定这些成员具有生存偏好。均衡是相对于工资的玉米价格,这一价格具有这样的特征,即如果每一成员以那种方式追求他个人的利益,市场将出清,每一个人的计划都可以实现,而且社会能再生产其资本储备"①。由于每个成员的初始资产不同以及不断地最优化自己的行为,导致了社会阶级的形成。"作为成员们的最优行为和他们的初始资产的结果,他们最后处于不同的阶级地位。因此,通过这一机制,阶级形成了。"② 罗默通过以下表格详细划分了工业经济(资本主义)和农业经济(封建主义)两种社会形态下的社会阶级结构(见表7.1)。在这个玉米经济体系中,罗默认为:"一个人的初始玉米资产越多,他在表(指表7.1)中的阶级等级的地位就'越高'。"③ 这就明确了阶级地位与财富的一致性,财富数量越多,阶级地位越高。进而他又证明了阶级与剥削的对应关系,他认为:"那些通过将自己置身于雇人劳动的阶级实现最优化的人是剥削者,而那些通过出卖劳动实现最优化的人是被剥削者。"④ 从表7.1中工业经济下的纯资产阶级和小资产阶级,还有农业经济下的地主富农可以看出,他们雇人劳动从而获得了玉米(表7.1中显示为 y^i),即他们可以被称为剥削者。

表7.1　　　　　　　　　玉米经济下的阶级结构

阶级结构 $\langle x^i, y^i, z^i \rangle$	工业经济下的阶级名称	农业经济下的阶级名称
$\langle 0, +, 0 \rangle$	纯资产阶级	地主
$\langle +, +, 0 \rangle$	小资产阶级	富农
$\langle +, 0, 0 \rangle$	独立手工业者	中农
$\langle +, 0, + \rangle$	半无产阶级	贫农
$\langle 0, 0, + \rangle$	无产阶级	佃农

注:其中处在特定位置的"0"表示他不从事那种活动,"+"表示他从事那种活动。

美国威斯康星大学麦迪逊分校教授埃里克·奥林·赖特(Eric Olin Wright)则基于罗默关于剥削的理论中关于阶级的论述,运用社会学和统计学的实证方法,试图将阶级分析方法和阶层分析方法结合起来,建立一般性的框架来系统解释阶级的概念。但是他同时指出了罗默有关剥

---

① [美]约翰·罗默:《在自由中丧失——马克思主义经济学导论》,段忠桥、刘磊译,经济科学出版社2003年版,第83页。
② 同上书,第84页。
③ 同上书,第86页。
④ 同上书,第91页。

削理论中存在的问题："在罗默本人的公式化阐述中，只是从形式上考虑了两种资产：物质资产（用他的术语是可转让资产）和技术资产（不可转让资产）。根据他的说明，封建主义下的剥削和资本主义下的剥削之间的区别，以物质资产退出规则的性质为主。罗默用个人带着自己的物质资产退出来定义封建剥削，与此相反，资本主义中的剥削则用带着总资产的人均份额退出来进行定义。"① 为此赖特重新定义了封建剥削的概念："定义封建剥削的退出规则就可以确定为带着个人在劳动力方面的社会资产的人均份额——一个单位——离开封建博弈。因而，封建剥削是一种由对劳动力资产的分配不平等所导致的剥削（也是劳动或劳动成果从被压迫者转移到压迫者的经济压迫）。"② 通过这种方式重新阐述封建剥削，使得不同社会形态剥削的阐述变得更为合理，"用这种方式重新阐述封建剥削，使得在罗默的分析中用博弈论对不同剥削的阐述变得对称：封建剥削以由劳动力资产所有权而产生的不平等为基础；资本主义剥削以由可转让资产的所有权而产生的不平等为基础。与每一种剥削所产生的资产不平等相对应，都存在一种特定的阶级关系：封建社会中的领主和农奴，资本主义下的资产阶级和无产阶级，社会主义下的专家和工人"③。

同时赖特把组织资产与物质资产和技术资产结合起来，把整个生产过程中的生产资源综合起来考虑。他认为："亚当·斯密和马克思都提到过，生产者之间的技术分工本身就是生产力的源泉。生产过程得以组织起来的方式是同劳动力的耗费、生产资料的使用或生产者的技术相区别的一种生产性资源。当然，组织同这些其他资产之间存在着内在的关系，这就像生产资料和技术之间存在着相互依赖性一样。但是组织——复杂劳动分工下生产者之间协同合作的条件——本身就是一种生产性资源。"④ 由于不同社会形态下三种资产（组织、技术和物质）的不平等分配，通过不同的剥削机制从而形成了每种社会形态的基本阶级结构（见表7.2）。

---

① ［美］埃里克·奥林·赖特：《阶级》，刘磊、吕梁山译，高等教育出版社2006年版，第78页。
② 同上书，第79页。
③ 同上。
④ 同上书，第80页。

表 7.2　　　　　　　　　　资产、剥削和阶级

阶级结构的类型	不平等分配的主要财产	剥削机制	阶级
封建主义	劳动力	剩余劳动的强制性榨取	领主和农奴
资本主义	生产资料	劳动力同商品的市场交换	资本家和工人
中央集权主义	制度	以等级为基础，根据计划对剩余的无偿占有和分配	管理者/官僚和非管理者专家和工人
社会主义	技术	通过谈判对剩余从工人到专家的再分配	专家和工人

芝加哥大学政治学教授乔恩·埃尔斯特（Jon Elster）则不赞同上述学者的观点，他详细论述并批判了上述几种主要划分阶级的标准。首先，关于财产的标准得到了大多数马克思主义学者的认同。但是他认为可能出现两种极端的情况：要么无法准确划分整个社会阶级结构，要么过于细分了社会阶级结构。"这种提法遇到了某些困难。通过其自身，把有无财产当作阶级成分的标志太草率了。例如，它们并不能使我们区分地主和资本家，也不能区分小资产者和这拥有某些生产资料的雇佣劳动者。而且，马克思警告过任何一种根据拥有财产的种类或数量来定义阶级的尝试。第一种提法可能具有荒谬的结果，即种植园主、农场主、矿场主和渔业主脱离了社会阶级，而第二种提法则可能导致一种阶级的'无限碎片化'。"[①] 显然，简单的以财产为划分标准分辨不出地主阶级和资本家，因为地主拥有土地而资本家拥有资本，土地和资本都可以认为是财产或者生产资料；相反，如果过于细分财产种类或者以财产的数量为标准，那么整个社会的阶级结构则会显得过于复杂化。

其次，对于剥削这种标准，即主要是赖特坚持的一种标准，埃尔斯特同样认为这种标准会造成两种极端的情况：一种情况是只能区分剥削阶级和被剥削阶级，无法区分剥削阶级和被剥削阶级内部的划分，"这种提法太粗糙了，如果它把所有剥削者都化为一个阶级并把所有被剥削者都划为另一个阶级的话。这种提法既不允许我们区分不同的剥削阶级（如地主和资本家），也不允许我们区分不同的被剥削阶级（如奴隶和贫穷的自由民，

[①] [美] 乔恩·埃尔斯特：《理解马克思》，何怀远译，中国人民大学出版社 2008 年版，第 307 页。

他们在各个社会中都有过合作)。进而,剥削地位对集体行动来说并不表现为一种动力,因为社会中没有人确切知道剥削者和被剥削者之间的界限在哪里。"① 另外一种情况是类似于财产标准,按照剥削程度划分阶级会造成阶级结构的复杂化,"另一方面,这种提法太精细了,如果阶级是根据剥削的程度来划分的话。它因此而承认把阶级定义为收入群体的那种类似的提法。因为剥削的程度和收入(或财产)一样是一个连续变化的标准,我们又被引向了假定一种阶级的'无限碎片化'。"②

最后对于市场行为这种标准,即罗默所持有的观点。埃尔斯特认为这样的标准过于重视某人在市场中表面上从事的活动而容易忽视他本来应该从事的活动,"这种提法过分强调实际行动并忽视了其财产结构中的因果基础。阶级应该根据人(在某种意义上)必须做什么而不是他们实际上做什么来定义。色诺芬的绅士农夫并不像某个必须自食其力的人那样属于同一个阶级。洛克菲勒也不会仅仅由于从事一份带薪工作又变成一个工人,除非他也放弃了他的财产。一个一无所有的学生并不会成为工人阶级的一员,如果成为一个自食其力者的选择仍敞开的话。这些观察来自这样一种限制,即阶级的概念在关于社会冲突的理论中最终是有用的。我们不能指望那些必须劳动或出卖其劳动力的当事人使他们自己同那些非强制的工人或劳动力出卖者结盟"③。所以,市场行为标准在埃尔斯特看来只能从表面上划分社会的阶级结构,并不能在真正意义上划分出一个社会的阶级结构。

另外,他认为权力这种标准同样也不能够完全区分阶级。所以埃尔斯特认为按照四种可能的划分阶级的标准都不能完全区分阶级。他把四种标准(财产、剥削的地位、市场行为和权力)综合起来考虑把阶级定义为:"阶级就是这样一些人的集合:根据他们的占有状况,为了能够实现他们的利益最大化,他们被迫参加到共同的活动中来。"④

埃拉·卡茨纳尔森(Ira Katznelson)通过把阶级构成分为四个概念来解释:利益、社会组织、相互作用、活动范围,通过这四个概念区分了构

---

① [美]乔恩·埃尔斯特:《理解马克思》,何怀远译,中国人民大学出版社2008年版,第308页。
② 同上。
③ 同上书,第309页。
④ Jon Elster, *An Introduction to Karl Marx*, Cambridge: Cambridge University Press, 1986.

成资本主义社会阶级的四种水平:"第一种水平是资本主义经济结构和发展的组织,第二种水平部分被资本主义发展组织所决定并涉及现实的社会组织,第三种水平阶级是通过相互间的联系并且共同行动的群体,第四种水平就是个人行动并且相互没有联系。"① 毫无疑问,与其他上层建筑模型版本相比,这种启发式的框架代表了一种方向。这四个等级的阶级虽然折射出了多方面原因的层次结构,但不含有强力的决定关系。换句话说,它不能展现一个严谨的分析模型以说明如何从一个水平到另一个水平。

二 中间阶级的定位

随着当代社会经济的发展,科学技术的日新月异,管理的现代化和国家垄断资本主义的发展,公司企业中的管理权和所有权相分离,西方发达资本主义国家出现了庞大的所谓中间阶级,作为似乎是介于资产阶级和无产阶级之间的特殊群体,受到越来越多人的关注。马克思的古典阶级理论在解释当前资本主义国家的阶级结构时遇到了一些问题,其中争议性最大的莫过于中间阶级与两大基本阶级的关系问题。关于"中间阶级"的定位,西方马克思主义学者主要有三种代表性的观点:

第一种观点认为中间阶级本质上更接近于传统的无产阶级,仍然属于被剥削的范畴。以布雷弗曼为代表的一派理论重新评价了马克思的阶级理论,并把它重新运用于晚期资本主义社会。"布雷弗曼的《劳动与垄断资本》这本著作对 50 年代和 60 年代广泛流行的'新工人阶级'概念提出了严厉的争论式的批判。"② 布雷弗曼揭露了这样一些社会学分析观点,这些观点认为,在传统定义的工人阶级与资本家阶级之间出现了完全自主的中间阶级,认为马克思主义的社会阶级结构分析跟不上迅速变革的进程,无产阶级与资产阶级之间存在一个中间阶级。他指出:"在作为这个阶层组成部分的大量职业中,尤其如此。在这里我们可以列举出制图员、技术员、工程师、会计师、护士和教师,以及各种监督人、工头和小管理人员等大量职业。"③ 但是这一阶级仍然属于工人阶级,因为他们也是受雇佣的

---

① Ira Katznelson, Aristide R. Zolberg, eds., *Working-Class Formation: Nineteenth Century Patterns in Western Europe and the United States*, Princeton: Princeton University Press, 1986.

② [加] 本·阿格尔:《西方马克思主义概论》,慎之译,中国人民大学出版社 1991 年版,第 454—473 页。

③ [美] 哈里·布雷弗曼:《劳动与垄断资本》,方生译,商务印书馆 1979 年版,第 362 页。

领取薪金的劳动者，同时，他还进一步指出，新中间阶级的底层部分正处于无产阶级化过程中。显然该派理论认为，中间阶级更接近于无产阶级，他们出卖自己的劳动力并属于被剥削的对象。

布雷弗曼批判了那些认为资本主义国家的无产阶级正在逐步消失的观点。他提出了两个观点：第一，他认为自马克思以来，工人阶级的队伍已经扩大，并不像许多理论家认为的那样已经收缩。随着计算机及先进技术的发展，出现了许多新的职业——像办公电脑操作人员和编目存档职员从事的工作。布雷弗曼认为，这些新的职业并没有构成"新工人阶级"概念的基础，它们依然像其他雇佣劳动一样基本上是受剥削的职业。第二，布雷弗曼认为，自早期市场资本主义以来，异化已变得更为严重。这些办公室的无产者日益受到管理人员的各种劳动纪律和规定的支配。布雷弗曼认为，只要雇佣劳动者仍艰辛地从事不完善的受到强制规定的各种职业（不论他们是工厂的工人还是办公室的工作人员），他就不能谈论什么超越阶级矛盾的"后工业"社会。正是在这个意义上，布雷弗曼对他称为技术分工的现象进行了系统的抨击，认为这种分工只能加剧人的异化。

第二种观点则更倾向于把中间阶级看作一个新的独立阶级，且这个阶级并没有受到资本家的剥削。以尼科斯·普兰查斯（Nicos Poulantzas）为代表的一派理论认为，新中间阶级的绝大多数成员已经从工人阶级队伍中脱离出来，因为这些人并没有受剥削，他们不能再算是工人阶级。当代美国著名历史学家和社会学家伊曼纽尔·沃勒斯坦（Immanuel Wallerstein）在他的世界体系论中区分了无产阶级和半无产阶级，他所谓的无产阶级是指为雇主工作获得的收入占其总收入的绝大部分，并使用该收入补偿自身的劳动再生产，因为他们没有受到剥削，所以也属于西方社会所定义的中间阶级。而半无产阶级为雇主工作获得的收入占其总收入的一小部分，他们可以通过其他途径补偿自身的劳动再生产。对于半无产阶级而言他们实际上受到了资本家的剥削，因为他们不完全依靠工资收入补偿自身的劳动再生产，所以不属于中间阶级。[①] 同时克里斯托弗·蔡斯－杜恩（Christo-

---

[①] Immanuel Wallerstein, *Historical Capitalism with Capitalist Civilization*, London: Verso, 2003, pg. 27-28. Immanuel Wallerstein, *World-systems analysis: an introduction*. Durham: Duke University Press, 2004.

pher Chase-Dunn）也指出："世界阶级结构由资产阶级和无产阶级构成。这个阶级体系也包括控制自己的熟练或专业工人构成的中间阶级。"①

第三种观点介于前两种观点之间，中间阶级之所以定义为中间的范畴，在于他们既是被剥削者又是剥削者，同时拥有无产阶级与资产阶级的双重性质。分析马克思主义学派认为，资产阶级与无产阶级之间存在一个中间阶级，他们虽然不拥有资本，但是又使资本增殖，控制生产资本。赖特根据自己的阶级分析框架认为："过去一百多年的历史事实已经使许多马克思主义者相信，资本主义社会中的阶级关系走向极端两极分化的普遍趋势的观念是不正确的。毫无疑问，至少直到最近，发达资本主义国家中拥有自己的生产资料的人——自我雇佣的人——所占的人口比例具有稳定下降的趋势。但是在工薪收入者中，专业和技术岗位的增加，以及大型企业和政府管理阶层的扩张，至少已经使简单的两极分化的结构产生巨大的松动。"② 这里赖特把技术资格证书以及制度资产作为划分标准。他建立的一般性框架的阶级分析首先区分了关于阶级结构和阶级构成，阶级结构是指"个人（或在某些情况下，家庭）参与其中的社会关系的结构，这种结构决定着他们的阶级利益"。阶级构成是指"阶级结构中以该阶级结构所形成的利益为基础而组织起来的群体的构成"③。马克思主义阶级分析的理论对象和抽象层次则见表 7.3。

表 7.3

抽象层次	分析的理论对象	
	阶级结构	阶级构成
生产方式	两极分化的阶级关系	阶级间的重大斗争
社会形态	基于不同生产方式和既定生产方式的不同发展阶段中的阶级共存	阶级联盟
具体事态	特定行业的阶级关系中的组织变化	具体的阶级组织：政党、工人组织联盟

---

① Christopher Chase-Dunn, "The Kernel of the Capitalist Word-Economy: Three Approaches", in Andre Gunder Frank etc., Contending approaches to World System Analysis, Sage Publications, Inc, 1st edition, August 1, 1983.

② ［美］埃里克·奥林·赖特：《阶级》，刘磊、吕梁山译，高等教育出版社 2006 年版，第 10 页。

③ 同上书，第 11 页。

在表7.3中，马克思主要集中分析了两极分化的阶级关系和具体的阶级组织这两个单元，其他层次和对象则没有作出过系统的描述，赖特通过他的一般性框架系统地分析了表格中所有的单元，把割裂的部分连接了起来。他认为，目前资本主义国家出现的介于无产阶级和资产阶级之间的阶级的概念解释，必须满足六个约束条件：（1）阶级结构对阶级构成、阶级意识和阶级都在施加限制。（2）阶级结构确立了社会变革的历史道路中划分社会根本性质的分界线。（3）阶级概念是一个关系概念。（4）定义了阶级的社会关系本质上是对抗性的而非对称性的。（5）这些对抗性利益的客观基础是剥削。（6）剥削的根本基础存在于社会生产关系之中。所以现在所谓把中间阶级定义为新小资产阶级、新阶级或者中间阶层都是有疑问的。他用了一个新的概念——矛盾的阶级定位——重新定义和划分了介于无产阶级和资产阶级之间的"中间阶级"，分别运用了生产资料资产、制度资产和资格证书资产三种判别尺度，最终划分了资本主义社会中的阶级定位（见表7.4）。

表7.4

	生产资料资产					
	生产资料所有者		非所有者（雇佣劳动者）			
拥有足够的资本雇佣工人从而不工作	1. 资产阶级	4. 专家管理者	7. 半资格证书管理者	10. 无资格证书管理者	+	制度资产
拥有足够的资本雇佣工人但也必须工作	2. 小雇主	5. 专家监督者	8. 半资格证书监督者	11. 无资格证书监督者	>0	
拥有足够的资本自己工作但不足以雇佣工人	3. 小资产阶级	6. 非管理者专家	9. 半资格证书工人	12. 无产阶级	−	
	+	>0	−			
	技术/资格证书资产					

资料来源：[美] 埃里克·奥林·赖特：《阶级》，刘磊、吕梁山译，高等教育出版社2006年版，第90页。

赖特通过实证分析得出了关于美国和瑞典的12种阶级地位所占的比例，纯粹的无产阶级都占到社会总人口的40%，如果把无产阶级的限制放宽则占60%，"即使采用狭义的定义，工人阶级仍然是发达资本主义社会阶级结构中最庞大的阶级位置，而且如果把它扩展到包括紧挨着它的矛盾性的位置,那么它就构成了劳动力的绝大多数。就像我们在下一章看到的那样,虽然近年来工人阶级有所减少,但是如果用相关方式界定工人阶级,那么几乎不可能出现像有些评论者所暗示的工人阶级已大部分消失了的那种情况。"[1] 我们可以发现从这个意义上来说,资本主义社会的无产阶级力量还是十分强大的,并没有如有学者所担心的那样,随着中间阶级群体的增加而导致资本主义社会阶级斗争的逐步消失,这与布雷弗曼所持有的观点类似。

第三节 关于阶级斗争

传统马克思主义阶级理论认为,由于不同阶级甚至不同阶层的利益和要求不同,从而构成了极为错综复杂的社会矛盾、斗争和冲突。一切观念的、精神的差异,都是不同经济地位的阶级立场的不同反映。在阶级社会里,阶级斗争是不可避免的,它是历史发展的直接动力。无产阶级和资产阶级的阶级斗争是人类社会最后形式的阶级斗争,它必然导致无产阶级专政,进而最终实现消灭一切阶级和向无阶级社会的过渡。

埃尔斯特则认为,阶级斗争有三种可能形式。首先,是公开的、彼此都承认的斗争。其次,是另一个极端,即有阶级利益的客观分歧,但没有一个阶级会主动地寻求压迫另一个阶级。阶级利益的满足是通过他人的、非意向性的机制得到实现的。把这种情况称为阶级斗争可能很不合理,但人们完全可以谈论阶级冲突。最后,介于这两个极端之间,有一种潜在的阶级斗争。它是一种中间状况,其中,假定一个阶级具有这种充分的阶级意识,并作为一个集体行动者采取各种步骤组织其他阶级的成员获得阶级意识。特别是,一个阶级可能试图用一种阻碍集体行动(它和其自身的利益是对立的)的办法来操纵阶级意识的条件。例如,资产阶级可以通过其官衔向那些为工人阶级的斗争提供领导资源的人开放来削弱工人阶级,但这种向上的社会流动性的结果并不能通过其本身使之成为潜在的阶级斗争的一种形式。

特里·鲍斯威尔(Terry Boswell)和威廉·迪克逊(William J. Dixon)

---

[1] [美]埃里克·奥林·赖特:《后工业社会中的阶级》,陈心想译,辽宁教育出版社2004年版,第75页。

认为，经济的发展通过扩大和组织工人阶级导致了阶级的冲突和社会反抗。他们概括了马克思和恩格斯有关五个资本主义发展的结果：一是资本家增加了对农民、工人和其他生产者的剥削，这些作为无产阶级的群体没有生产资料但是必须为了工资而工作；二是集中化生产减少了商业和小资产阶级，同时也减少了可供选择的生产模式，社会两极分化为一小部分资产阶级和大量增加的无产阶级；三是大规模的集中化生产有利于无产阶级中的工人组织和联合行动；四是随着罢工反抗行动日益高涨，规模逐渐扩大到全国层次；五是机械化减少了手工技能生产，技能和工资的一体化增加了工人阶级的团结。这最终的结果是阶级的两极分化导致了工人阶级的队伍和力量越来越强大。另外，阶级斗争通过两个阶段使规模变得越来越大：第一步的阶级冲突是发生在生产场所，关注于工人的劳动强度以及工作的条件等。第二步的阶级冲突发生在工人和雇主关于工资和薪水的问题上，工人组织工会和政党，制定最低工资水平，限制竞争，提高标准。阶级冲突包括罢工和其他行动，且这些都是全国性的。

  罗默认为，如果一种社会制度拥有技术知识优势，即生产力水平较其他社会制度高，那么通过阶级斗争社会形态就会发生相应的变更，"在历史唯物主义中，变种就是不同的经济结构，既定的环境就是生产物品的不同方式，包括对不同技术的使用。获胜的变种是那种能为直接生产者阶级提供最好条件的变种，这些直接的生产者始终在为他们条件的改善而斗争，因而始终在寻求替代物。如果资本家阶级拥有的技术知识足够优于封建技术，从而在长时期内对农奴和农民产生吸引力，那它将在控制上最终成功地击败封建阶级。控制上的这一改变是通过阶级斗争而实现的，但它只有通过生产力发展水平才具有可能性"[①]。在罗默的阶级斗争理论中，由两种对应关系推导出阶级斗争的两个因素：首先，基于阶级和财富对应关系，阶级斗争的产生是由于工人阶级反对资产阶级的斗争，也是一种穷人反对富人的斗争，一种反对由不平等的初始分配所导致的结果的斗争。其次，基于阶级和剥削的对应关系，此时阶级斗争的因素是被统治者与统治者之间的冲突，这里的统治是雇主在生产地点上对工人的统治，即工作场

[①] ［美］约翰·罗默：《在自由中丧失——马克思主义经济学导论》，段忠桥、刘磊译，经济科学出版社2003年版，第128页。

所中的社会关系，这种关系中的工人对老板的从属受到各种超经济手段的强制。把两种对应关系联系起来，罗默得到了资本主义制度下的资产所有权、剥削和阶级对应的关系（见表7.5①）。

表7.5

阶级	雇佣劳动力	出卖劳动力	为自己工作	剥削	资产数量
1. 资本家	是	否	否	剥削者	大量
2. 小雇主	是	否	是	剥削者	较多
3. 小资产阶级	否	否	是	不明确	接近平均份额
4. 半无产阶级	否	是	是	被剥削	少量
5. 无产阶级	否	是	否	被剥削	无

罗默同时认为在无劳动市场时也存在剥削，这里他直接跳出了劳动价值论，剥削存在的决定因素是财产的初始分配，从更一般的意义上讲，是生产资料私有制度，这种制度允许财产分配被累积为代代相传的巨大的不平等。"消除那些由对外部世界不同所有权而产生的不平等的方法，不是平均这些财产的所有权，而是实行公共所有制，这就需要消灭特定类型的私有财产权"②，即消灭生产资料的资本主义私有制。虽然罗默的剥削理论在某种程度上能够批判资本主义制度存在的问题，富有一定的创新性，对于我们从另一个角度审视资本主义制度有一定借鉴意义。但是罗默同时也否认了劳动价值论。中国人民大学的段忠桥在批判罗默的理论时，指出其三个明显的问题："首先，马克思的劳动价值论在当代尽管受到种种挑战，但仍然是当前分析资本主义剥削的不可替代的科学理论，罗默在没有提出任何令人信服的理由的情况下就说劳动价值论是错误的，这让人难以接受；其次，马克思资本主义剥削理论的主要价值是揭示了现代资本主义生产方式和它所产生的资本主义社会的特殊的运动规律，而罗默却认为马克思这一理论的价值只在于表明了资本主义剥削的不公正，这显然是颠倒主次；最后，在研究方法上，马克思对剥削问题的研究采取的是从阶级出发

---

① John E. Roemer, *A General Theory of Exploitation and Class*, Cambridge: Harvard University Press, 1982.
② ［美］约翰·罗默：《在自由中丧失——马克思主义经济学导论》，段忠桥、刘磊译，经济科学出版社2003年版，第193—194页。

的方法论的整体主义，而罗默采取的则是从孤立个人出发的方法论的个人主义，这种研究方法本身就值得怀疑。"①

美国怀俄明大学社会学系助理教授玛格丽特·萨穆迪奥（Margaret Zamudio）则认为，剥削理论并不能很好地解释阶级斗争，用异化理论代替剥削理论才能够解释阶级斗争。马克思的异化理论是指在异化活动中，人的能动性丧失了，遭到异己的物质力量或精神力量的奴役，从而使人的个性不能全面发展，只能片面发展，甚至畸形发展。在资本主义条件下，劳动过程的转变为阶级的形成提供了条件，马克思和许多社会思想家相信，剥削的条件已经使得工人阶级具有了阶级意识并最终导致阶级的产生。根据萨穆迪奥的观点，阶级关系决定了工人阶级反抗的主观和客观条件。但是他在研究美国阶级斗争时，发现迫使男女进城市和工厂的客观条件并没有使工人具有阶级意识和反抗情绪。或者说，在工业资本时代的美国只有微弱的工人阶级反抗的声音。所以，"虽然随着劳动过程中工作的转变已经改变了古典剥削理论的条件，但是一个人的劳动力和本质被固定为创造和销售商品，尽管剥削理论在促进工人阶级反抗方面产生了巨大的作用，但它本身并不足以作为一个反抗的条件。相反，异化则可以作为一个强有力的因素影响反抗"②。但在马克思后期的诸多作品里，异化的概念失去了它原有的位置并且逐渐被剥削概念所替代。

资本主义社会目前为止并没有出现马克思所预言的两大阶级的对抗最终导致无产阶级推翻资产阶级的情况，一些学者甚至认为目前不会出现马克思预言的情况，将来也很有可能不会出现，特别是现在资本主义国家在不断采取措施缓解社会矛盾。一些分析马克思主义学者认为，阶级社会并没有什么不可避免的革命。美国科尔盖特大学的丹尼尔·利特尔（Daniel Little）认为："尖锐的剥削和统治并不一定会导致社会发生不可避免的变革直至革命；阶级社会并不必然要通过下层阶级推翻现存制度的革命来实现自我毁灭。对于下层阶级的群众运动，剥削是一种重要的因果条件，而且是阶级社会经常伴生的现象，但革命的发生还需要许多其他条件——高水平的领导人、有效的组织、一些历史偶然如战争或全球经济危机，这些

---

① 段忠桥：《约翰·罗默的非劳动价值论的剥削理论》，《马克思主义研究》2006 年第 3 期。
② Margaret Zamudio, "Alienation and Resistance: New Possibilities for Wording-Class Formation", *Social Justice*; 31, 3; Criminal Justice Periodicals, 2004, p. 60.

条件并不是阶级社会本身所具备的。"① 发达资本主义国家目前之所以没有像马克思所说的那样通过阶级斗争走向社会主义的道路,是因为缺少许多条件,而阶级矛盾只是其中的一个因素,在缺少其他条件的情况下,剥削社会的统治阶级可以通过各种有效的政策手段避免革命的发生。他们批评马克思只是在宏观上预测了社会变革,在微观基础上并没有证实这种变革的必然性。他们通过微观视角解析了资本主义社会发生政治运动的因素:剥削和阶级冲突、现实的政治文化、组织、领导、随机性的政治环境等。甚至即使拥有了这些因素,发生政治运动的可能性也成问题。

鲍斯威尔和迪克逊通过近年来关于阶级斗争和政治暴力的跨国研究发现了经济发展这一因素,这一因素在阶级斗争、收入的不平等和政治民主等方面有重要的影响。"我们认为,只要对马克思主义理论有一种合适的理解就可以解释这种发现。经济发展培育了革命,因为它在无产阶级和阶级剥削之间产生影响。我们提供了马克思主义关于阶级斗争的解释,发明了一种新的阶级剥削测试方法,这种方法运用了针对 61 个国家的跨国阶级斗争的回归分析。我们的结果证实了马克思关于阶级剥削对于革命的影响是以市场危机为条件的,我们的发现对马克思主义理论提供了新的经验支持。"② "虽然无产阶级的队伍壮大和力量的增强对于反抗行动是必要的条件,但是他们不能解释无产阶级的组织性和反抗性。革命的原因需要用剥削理论来阐述","然而经济发展和阶级剥削是自相矛盾的,一方面经济发展产生了大批量的无产阶级,这增加了资本主义剥削。另一方面经济发展促使无产阶级在阶级冲突中力量增强"③。在鲍斯威尔和迪克逊看来,在马克思的著作中,阶级剥削来源于对劳动者生产的剩余价值的剥削,剥削虽然是马克思关于阶级斗争和反抗的基本因素,但是还缺少经济发展这一因素。因为经济发展从某种程度上来说增加了对工人阶级剥削的范围,也增加了工人阶级的力量,这两者共同导致了革命的发生。

加拿大西蒙菲沙大学名誉教授迈克尔·A. 莱博维奇(Michael A. Leb-

---

① [加] 罗伯特·韦尔、凯·尼尔森:《分析马克思主义新论》,鲁克俭等译,中国人民大学出版社 2002 年版,第 152 页。
② Terry Boswell, William J. Dixon, "Marx's Theory of Rebellion: A Cross-National Analysis of Class Exploitation, Economic Development, and Violent Revolt", *American Sociological Review*, 1993, 58, 5; ABI/INFORM Global p. 681.
③ Ibid..

owitz）从资本主义国家的经济危机而不是经济发展这一角度出发，总结出资本主义国家虽然存在着经济危机，但是经济危机导致的阶级斗争并不能使资本主义走向灭亡的结论。一方面，工人自身被生产出来的条件正是资本主义持续存在的原因，资本不仅生产出了商品和剩余价值，还生产出需要占有物质和需要金钱的工人，这里的工人是一个充满矛盾的产品，"在劳动力市场上和在生产过程中反抗作为媒介的资本的斗争，以及所有那些反抗在社会中存在的资本媒介的政治斗争，都是内生于雇佣工人本身所处的地位的。这就是马克思所说的不平等的地位——资本主义制度在工人一方产生的阶级斗争"[1]。另一方面，"历史的演进并不是自发的，这致使马克思无法从他在第一国际活动或者从其在理论层面上的阶级斗争中获得他想要的结果。由于阶级斗争的缺乏，直接的经济危机（尽管开拓了'一片更有利于传播一定的思想模式的领域'）并不能成为资本的威胁"[2]。关键的问题是，正如奥尔格·卢卡奇（Ceorg Lukacs）所指出的，工人是否经历了"作为决定的客体或是主体"的危机。无产阶级的不成熟和它对资本规律的附属性代表了资本所隐藏的特殊属性："正如经济'规律'能导致危机一样，它也能摆脱危机。这引起了错觉，从而在现实中所发生的是——由于无产阶级的退让——资产阶级打破了枷锁使机器运转起来。"[3] 莱博维奇推断，经济危机中阶级斗争的丧失正是由于无产阶级的退让，使得资本主义社会能够继续生存下去。

对于经济危机中的阶级斗争理论，一般情况下认为资产阶级处于比较有利的地位。但有西方马克思主义学者对这一观点持怀疑态度，约翰·贝拉米·福斯特（John Bellamy Foster）认为："激进的危机理论在滞胀的供给和需求方面已经争论了数十年了，他们把阶级斗争看作是强势的资本家和弱势的劳动者或者是弱势的资本家和强势的劳动者之间的冲突。"[4] 根据托马斯·维斯考普夫（Thomas Weisskopf）、塞缪尔·鲍尔斯（Samuel Bowles）和大卫·戈登（David Gordon）的研究，"资本主义经济危机产生

---

[1] ［加］迈克尔·A. 莱博维奇：《超越〈资本论〉》，崔秀红译，经济科学出版社2007年版，第179页。

[2] 同上书，第251页。

[3] Ceorg Lukacs, *History and Class Consciousness*: *Studies to Marxist Dialectics*, Cambridge: MIT Press, 1972, p. 224.

[4] John Bellamy Foster, "The Long Stagnation and the Class Struggle", *Journal of Economic Issues*; 1997, 31, 2; ABI/INFORM Global, p. 445.

的原因或许是资产阶级力量忽强忽弱"①,"当资产阶级力量太强大的时候,他们可以使得收入分配更有利于自己,这就导致了整个社会总需求的减少。当资产阶级的力量太小的时候,工人阶级或者其他收入者则减少了剥削率,压缩了利润率和减少了投资水平"②。这些理论家认为,20世纪70年代的滞胀是由于资产阶级力量太弱,与20世纪30年代的滞胀截然不同。大多数学者认为30年代的那场全球经济危机中资产阶级明显处于强势地位。然而以哈里·马格多夫(Harry Magdoff)和保罗·斯威齐(Paul Sweezy)为代表的许多左翼人士认为,20世纪70年代的滞胀与大萧条时期是相似的,可以概括为资产阶级的力量太强大。

米罗斯总结出了马克思主义阶级理论的两个重要的贡献:一是说明了在资本主义社会中资产阶级和无产阶级的阶级对立和利益冲突;二是马克思认为具体的社会是由模糊的阶级关系构成,它们不属于同一种阶级力量。

第四节 经济全球化与阶级理论

一 经济全球化的含义

对经济全球化的真正关注和研究发生在最近30年时间内,但到目前为止,关于经济全球化这一概念并没有统一的界定。经济全球化不同于经济国际化和经济一体化,前者只是一国突破国家的界限参与世界经济,后者则指世界经济达到统一的状态,包括各种市场和经济体制。对于大多数学者认同的经济全球化的含义,可以分为两种观点:狭义的经济全球化和广义的经济全球化。

狭义的经济全球化是指产品、服务和要素市场从国内扩展到全球。持这类观点的代表人物,如经济合作与发展组织(OECD)前首席经济学家西尔维娅·奥斯特雷(Sylvia Ostry)认为,经济全球化主要是指生产要素在全球范围内的广泛流动和实现资源配置的过程。国际货币基金组织

---

① Thomas E. Weisskopf, Samuel Bowles, and David M. Gordon, "Two Views of Capitalist Stagnation", *Science & Society*, 1985, 49: 259 – 86.

② David M. Gordon, Thomas E. Wesskopf, and Samuel Bowles, "Power, Accumulation and Crisis." In *The Imperiled Economy*, edited by Robert Cherry et. Al. , 43 – 57. New York: Union for Radical Political Economics, 1987.

（IMF）认为，经济全球化是指跨国商品与服务贸易及国际资本流动规模和形式的增加，以及技术的广泛迅速传播使世界各国经济的相互依赖性增强。[1] 1996年联合国贸易和发展委员会秘书长鲁宾斯·里库佩罗（Rubens Ricupero）认为，经济全球化是指生产者和投资者的行为日益国际化，世界经济是由一个单一市场和生产区组成，而不是由各国经济通过贸易和投资流动连接而成，区域国家只是分支而已。[2] 国内学者也对经济全球化作出相应的解释。龙永图认为："经济全球化是一种新的国际关系体制，包括生产、金融和科技三个方面的全球化。三者之间，生产发展决定金融、科技的发展，同时金融和科技的发展又对生产产生巨大的反作用。因此，经济全球化的主要特点是生产的全球化。"[3] 我们从以上观点可以看出，狭义的经济全球化阐述的仅仅是经济表面的现象，也可以称为生产力的全球化。

广义的经济全球化不仅指产品、服务和要素市场的全球化，而且指经济体制的全球化。法国学者雅克·阿达（Jacques Adda）认为："经济全球化就是资本主义经济体制对世界的支配和控制。"[4] 英国学者莱斯利·斯克莱尔（Leslie Sklair）提出："经济全球化是以资本主义为核心的全球体系下的世界范围内扩展。"[5] 西方马克思主义学者格雷戈里·阿尔博（Gregory Albo）认为："经济全球化植根于社会权力特有的资本主义形式中，而且这种权力控制在私人资本和民族国家手中，大致上讲，全球化意味着市场作为一种经济规范日益普遍化。"[6] 沃勒斯坦在他的世界体系论中将世界看作一个整体，而人类各个不同的种族、民族和民族国家的历史并不是孤立地发展的，而是在世界体系中相互联系着发展和演变，不过他的观点是建立在资产阶级国家为中心的理论基础上的。这些学者定义的广义经济全球化更进一步阐述了由世界表面的经济活动而引起的一系列经济体制的一体化，突破了传统的全球化解释。这种观点实际上是结合了生产力

---

[1] 国际货币基金组织：《世界经济展望》，中国金融出版社1997年版，第45页。
[2] 吴兴南、林善炜：《全球化与未来中国》，中国社会科学出版社2002年版，第9页。
[3] 转引自刘力《经济全球化：中国的出路何在》，中国社会科学出版社1999年版，第1页。
[4] ［法］雅克·阿达：《经济全球化》，何竟、周晓幸译，中央编译出版社2000年版，第3页。
[5] Leslie Sklair, *The Sociology of the Global System*, Johns Hopkins University Press, 1991.
[6] Gregory Albo, "The World Economy Market Imperatives and Alternatives", *Monthly Review*, Vol. 12, 1996, p. 16.

全球化和生产关系全球化,从本质上阐释了经济全球化。

二 跨国阶级与阶级斗争

(一)跨国阶级

经济全球化通过产品和服务市场、要素市场以及经济体制等手段,表现为对外贸易、外国直接投资和外商投资企业对地区、城乡和行业间的不平等分布,在经济、政治和文化等方面深刻地影响了不同的民族国家,同时会造成一国内部社会结构发生巨大的变化。通过这种传递机制,原先的社会阶级形态势必会发生相应的变化。一些国外马克思主义学者认为由于全球化,出现了新的带有跨国性的阶级,一个被称为跨国资本家阶级,另一个被称为跨国工人阶级。

斯克莱尔认为在经济全球化的过程中,新出现的跨国资本家阶级是实施这一系列全球化措施的主要力量,因此也是创建全球资本主义体系的领导力量。"由于全球化进程正在改变资本家阶层的组织结构,因此,除了研究不同国家中的资本家阶级外,还得考虑一个跨国资本家阶级出现的可能","这个新出现的阶层便是跨国资本家阶级,包括公司经理、有全球化意识的政府官员、政客和专家,以及推崇消费主义经济理论的精英们"。[①] 持类似观点的还有威廉·罗宾逊(William Robinson)和杰里·哈里斯(Jerry Harris),他们在《正在形成的全球统治阶级:全球化与跨国资本家阶级》一文中指出,一个跨国资本家阶级业已出现,它是全世界资产阶级的一部分,代表着跨国资本,即跨国公司和跨国私人金融机构这些世界主要生产资料的拥有者。

芬兰赫尔辛基大学赫尔辛基高级研究学院研究员内森·利利(Nathan Lillie)认为,目前全球正形成一个跨国性的工人阶级,虽然工人所处的地位在不断下降,但工人运动却不断减少。这是因为一方面工人阶级的阶级意识淡薄和联盟组织分散,另一方面随着工作条件、工资和劳动权利的改善,导致了全球的工人运动处于下滑的趋势。目前的跨国工人阶级是一个自在阶级,没有一致的阶级意识,并不是一个自为阶级。我们需要认识到阶级意识和力量的分离,因为不同的阶级意识可以产生不同的阶级力量。

[①] [英]莱斯利·斯克莱尔:《跨国资本家阶层》,刘欣、朱晓东译,江苏人民出版社 2001 年版,第 13 页。

所以工人阶级需要有阶级意识。只有阶级成员把自己当作本阶级的一部分，这个阶级才能称为真正的阶级。在跨国生产中，资产阶级中的资本家由于控制了生产方法，工人被资本家剥削，跨国阶级伴随着经济全球化创造了生产物质条件。全球跨国资本家处于强势地位，跨国工人阶级处于弱势地位。如果工人阶级意识局限于本民族内，只能产生相对弱小的跨国阶级力量，如果工人阶级意识具有跨国性，则会产生强有力的跨国阶级力量。

虽然经济全球化有可能形成一些新的阶级或阶层，但从目前来看，这些所谓新的阶级或阶层或许只是原有的社会阶级与阶层被赋予了跨国性这一新的特点。例如斯克莱尔就认为所谓跨国资本家只是原有资本家活动范围从一国扩展到其他国家，并没有脱离马克思所划分的资产阶级范围，而其他的一些涉外工作人员作为某一阶级或阶层的成员地位也没有发生本质的变化。

（二）跨国阶级斗争

当今时代无论是在经济和社会领域还是在政治领域，从发达资本主义国家到国际机构和组织（包括国际货币基金组织、世界银行、世界贸易组织、联合国、世界卫生组织、世界粮食和农业组织、儿童基金等），都被新自由主义思想所主导。新自由主义者宣称是经济全球化带来了社会的巨大进步和经济的快速增长，一个新的时代即将到来。然而全球化进程却把资本主义国家的矛盾和冲突带到了全世界。美国约翰霍普金斯大学教授维森特·瓦罗纳（Vincent Navarro）认为，当前各个国家的阶级冲突已经发生了显著变化，"如今世界范围内的主要冲突并不是来自于南北国家即发达国家与发展中国家的冲突，而是南北国家统治阶级联盟和南北国家被统治阶级联盟的冲突"[①]。

西蒙·克拉克（Simon Clark）认为，全球化使发达国家的资本积累方式延伸到全世界各个角落，全球的资本过度积累造成了一个国家的阶级力量对比的失衡，"20世纪七八十年代，劳动生产力、工资和利润的差距，在参与全球性积累的资本和受到国家保护的资本之间逐渐地显露了出来。但是，差距越大，就越难以缩小。落后资本既没有金融资源，又没有技术

---

① Vincent Navarro, "The Worldwide Class Struggle", *Monthly Review*, New York: Sep. 2006, Vol. 58, Iss. 4, p. 18, p. 16.

资源来重建已经在世界市场上失去地位的国内经济。重组国内生产资本的唯一可能就是依靠先进的外国资本直接投资，但是前途不仅依赖于贸易的自由化，而且依赖于资本流动的自由化和稳定的政治环境。20世纪后25年的'全球化'并不是自发的过程，而是民族国家水平上经济和政治危机的扩展，其结果是逐渐地在全球范围内改变了阶级力量的对比"①。全球性的资本积累以及资本主义竞争的加剧，直接导致全球范围的工人与资本家的冲突，全球性的阶级斗争的基础因此而建立起来了。"资本的过度积累和不平衡发展不仅以金融危机的形式戏剧性地表现出来，而且还体现在日常的资本主义竞争事实中。为此，资本家不断地提高劳动强度，延长劳动时间，竭力压低工资，发展生产力，以便于在竞争中生存下来。资本主义的竞争迫使每个资本家提高剥削其雇佣工人的程度，这样整个工人阶级的被剥削程度也随之提高了。正是这种平常的、个别地点和地区的、对剩余价值生产和占有的斗争，才建立了全球性阶级斗争的基础。"②

利利（Nathan Lillie）也具有类似的观点，他认为全球化不仅改变了生产区域，同时也改变各个洲之间的力量对比，产生了一种新的阶级冲突，"资本主义生产与积累的地理转移也是阶级冲突的部分表现，资本通过全球市场和跨国生产的网络榨取剩余价值。就像工厂劳动分配论，跨国生产允许资本更多地控制生产过程，模糊生产关系，使得工人更难参与剩余价值的分配"③。在他看来，民族国家或者不会消失，但变得不再那么独立，也很少能够维持阶级妥协；在高度发达的工业世界里，资本主义霸权已经建立起来。

虽然目前经济全球化造成了发达国家与发展中国家之间的阶级冲突，但是全球左翼人士中有一部分支持全球化的趋势，包括《帝国——全球化的政治秩序》的作者迈克尔·哈特（Michael Hardt）和安东尼奥·内格里（Antonio Negri）也提出了类似的论点。他们通过对各种全球化理论和实践的综合，指出帝国已成为一种新的主权形式，一种新的社会现象。帝国超越了帝国主义，无中心、无边界，由超国家的机体和一系列国家构成。全

---

① ［加］罗伯特·阿尔布里坦、［日］伊藤诚等主编：《资本主义的发展阶段——繁荣、危机和全球化》，张余文主译，经济科学出版社2003年版，第99页。

② 同上书，第101页。

③ Nathan Lillie, "Globalization and Class Analysis: Prospects for Labour Movement Influence in Global Governance", *Industrielle Beziehungen*; 2006, 13, 3; ABI/INFORM Global p. 223.

球化打破了原有的国家结构，重新建立了一个新的秩序，他们相信目前世界秩序要好于以前的制度。

瓦罗纳则严厉批判了这种帝国主义理论，他通过对美国的调查研究发现，由于美国在全世界范围内实行帝国主义，美国工人阶级成为这一行动的牺牲品。例如美国公共交通设施在许多地方并不存在，没有一个发达资本主义国家像美国这样拥有不发达的福利制度，美国每年有超过 10 万人由于缺少公共医疗设施而死亡，这都是因为美国在全世界范围内实行帝国主义。和瓦罗纳一样，很多左翼人士反对资本主义全球化，认为全球化会导致更大的不平等和贫穷。但是也不乏像苏珊·乔治（Susan George）和埃里克·霍布斯鲍姆（Eric Hobsbawm）这样采取"中立性"的学者，他们认为虽然全球化导致了不平等和贫穷，削弱了发展中国家的力量，但是跨国公司力量的增强会弥补国家力量的削弱。

第五节　国外阶级与阶层理论比较研究

在经济全球化背景下，随着各国社会结构的不断变化，国外学者关于阶级与阶层理论的研究也出现了新的变化，主要形成两大阵营：以上面四节为主要研究内容的国外马克思主义学派和以社会分层理论为基础的其他学派，由于这两种研究阶级与阶层理论的学者所持的立场和出发点不同，导致研究的结论有相当大的差别。本节分析其他学派关于阶级与阶层理论的主要内容，通过与国外马克思主义学派关于阶级与阶层理论的比较，深入分析两者之间的差异。

一　几种有代表性的社会分层理论

（一）韦伯社会分层理论

马克斯·韦伯（Max Weber）提出了划分社会层次结构的三重标准：（1）财富——经济标准。（2）声望——社会标准。（3）权力——政治标准。[①] 韦伯的社会分层理论对西方社会分层最重要的贡献在于它提供了划分阶级的一种新的思维方式。社会分层的标准是多元的，并不是唯一的，这样就可以囊括社会的所有阶层。韦伯总结出来的社会阶级包括"工人、

[①] ［德］马克斯·韦伯：《经济与社会》，杭聪译，北京出版社 2008 年版，第 12 页。

小资产阶级、无产知识分子和专业人员、有产者以及由于受教育而享有特权的阶级"①。

20世纪60—70年代，新韦伯主义分层理论的出现发展了与传统多元分层理论不同的理论，代表人物有安东尼·吉登斯（Anthony Giddens）、弗兰克·帕金（Frank Parkin）和约翰·戈德索普（John Goldthorpe）等人。这一派理论把韦伯的社会封闭②概念与分层理论相联系，认为正是由于在宏观结构层面运作的这种排斥性过程，导致了阶级和身份群体的产生。③ 帕金对社会封闭的概念进一步作出了解释，"社会群体通过把资源和机会获得局限于有特别资格的人的范围之内以达到最大化自身报酬的过程"④。

（二）功能主义的社会分层理论

以埃米尔·涂尔干（Emile Durkheim）为代表的功能主义认为，社会分层是因为社会不平等造成的，而由于社会运行过程的需要则使社会分层普遍存在于各个时代的各个社会。金斯勒·戴维斯（Kingsley Davis）和威尔伯特·莫尔（Wilbert Moore）认为，任何社会中都存在一些工作职位（如医生、律师等），这些工作职位需要有专业才能和技术的人去承担，一般而言，想成为医生或者律师都要经过长期的培训和学习，同时也必须付出相应的时间和金钱。同样社会也存在着另外一些工作职位（如司机、厨师等），这些工作职位虽然也需要相应的专业技能，需要付出一定的时间和金钱去获得这种技能，但是相比医生和律师来说，所需的专业技能更容易而所付出的代价也更小，所以医生和律师这类工作比司机和厨师这类工作更重要。同时，这些工作职位必须具备相应的价值体现，例如更多的报酬或更大的权力。社会在回报上对这些有特殊才能的人予以倾斜，所有的社会成员都会因此而获益。而这些职位报酬的不同在社会分层理论中就是所谓的地位差距。因此，表现在稀少物品享有和地位声望上的社会分层差

---

① ［德］马克斯·韦伯：《经济与社会》，杭聪译，北京出版社2008年版，第68页。
② 社会封闭是指社会群体设置并强化其成员资格的一种过程，其目的是为了以垄断手段来改进或最大化自身群体利益。
③ Frank Parkin, *Marxism and Class Theory: A Bourgeois Critique*, Columbia University Press, 1979. Anthony Giddens, *The Class Structure of the Advanced Societies*, Hutchinson Press, 1973. John H. Goldthorpe, *Social Mobility and Class Structure in Modern Britain*, Clarendon Press, 1987.
④ Frank Parkin, *Marxism and Class Theory: A Bourgeois Critique*, Columbia University Press, 1979, p. 44.

异,对社会具有正功能,是不可避免的社会现象。①

功能主义的社会分层理论所强调的是社会阶层存在的必然性,主要体现在:(1)社会阶层存在是因为社会需要整合、协调和团结;(2)社会阶层反映了社会的共享价值观,因而提高了社会和个人的功能;(3)社会阶层的权力是合法分配的,同样工作与报酬也是合理分配的,社会的经济结构不是主要的社会结构;(4)社会变迁会导致社会结构的变迁。

另外,功能主义也强调了"职业地位"及其对社会分层的意义。他们认为,在现代工业社会中,由声望、经济和政治权力与权威所组成的等级秩序,其根基都在于职业结构。虽然职业并非包含阶层概念的一切方面,但职业却是决定阶层占有经济资源和获得利用的首要因素,它是阶层的最好的单独指标。因此,一个人的职业地位越高,收入越高,声望越大,他的阶层地位就越高;反之,其阶层地位就越低。

(三)冲突论的社会分层理论

冲突理论不认为社会是一个可以实现稳定的系统,而认为人们在社会价值标准和集团利益上的冲突是各种社会所固有的,它要强调的是冲突在不平等形成过程中的作用。冲突理论的代表人物拉尔夫·达伦多夫(Ralf G. Dahrendorf)认为,社会分层存在于任何一个社会中,个人或群体都要强制奖惩,这种实施能力意味着权力关系的存在。所以达伦多夫认为社会分层的不平等体系,只不过是社会权力结构的派生物。冲突论者认为,武力或强制性的安排是社会分层存在的要素,律师、医师、科学家和教育家在社会上享有较高的社会地位,不是因为他们所做的工作多么重要,而是因为他们的技能为某些特殊势力团体所需要。社会分层的结构并不代表社会真正的需求或生存条件,而是反映权势团体的观点。

冲突论的社会分层理论观点主要体现在以下几个方面:(1)社会阶层虽然是普遍存在的,但没有其必然性;(2)竞争、冲突和征服产生社会阶层,但同时也阻碍了社会和个人的功能;(3)社会阶层的权力分配是不合理的,工作与报酬分配也是不合理的,经济结构仍然是社会结构中的主要结构;(4)社会的变迁并不能导致社会阶层的变迁,社会阶层的变化是经

---

① Kingsley Davis, Wilbert Moore, "Some Principles of Stratification", *American Sociological Review*, 1945, 10.

由革命来完成的。① 这种观点与功能主义的理论完全相反。

（四）综合论的社会分层理论

功能主义与冲突论两者之间产生了一种折中的理论，它是由西方著名政治社会学家格尔哈特·伦斯基（Gerhard E. Lenski）提出的，我们称之为综合论。伦斯基在《权力与特权：社会分层的理论》一书中系统地阐述了他的社会分层理论。他认为功能主义和冲突论两种社会分层理论可以进行相应的联系，因为社会发展过程中，社会阶层之间既有合作又有竞争，所以要把两种理论结合起来。

综合论的主要观点在于社会资源的分配方面：一方面，权力、工作与报酬的分配是合理的，吸引了不同才能的人担任不同的职位；另一方面，剩余社会资源分配又是不合理的，因为是通过阶层相互竞争得来的。同时伦斯基也认为，一旦社会出现了分层，特权集团就会利用他们的便利条件占有更多的好处。冲突在分层制度中有重要意义，有些不平等可能是不可避免的，或者说是有益的。总之，应该把功能主义和冲突论这两种社会分层理论结合起来解释社会分层的现象。

二 两种阶级与阶层理论的比较

（一）立足点不同

唯物主义历史观从下述原理出发：生产以及随生产而来的产品交换是一切社会制度的基础；在每个历史地出现的社会中，产品分配以及和它相伴随的社会之划分为阶级或等级，是由生产什么、怎样生产以及怎样交换产品来决定的。② 马克思主义的阶级与阶层分析立足于唯物史观的理论基础之上。而西方社会的分层理论主要是建立在以韦伯为主的思维框架之内，并不是以历史唯物主义为基础的，或者说只是对历史的某个阶段的研究而已。虽然韦伯也把阶级和阶层的分析方法看作是一个历史过程，他指出："货物获得和货物分配的基础某种程度上（相对的）稳定，有利于等级划分，而任何技术的、经济的动荡和变革就威胁着它，并把'阶级状况'推到首位。赤裸裸的阶级状况具有重要意义的时代和国家，一般都是技术的、经济的变革的时代；而每当经济的变革进程缓慢立即就会导致

---

① 侯钧生、韩克庆：《西方社会分层研究中的两种理论范式》，《江海学刊》2005 年第 4 期。
② 《马克思恩格斯全集》第 25 卷，人民出版社 2001 年版，第 395 页。

'等级的'形成的增长，社会的'荣誉'又会恢复其重要性。"① 但是他并没有对社会变革所造成的阶级形成的本质内容作出明确的解释，而主要从表面的社会差异对特定的历史阶段的社会作出了分层，尽管从现在看来，这些社会分层理论会反映社会的贫富差距和不平等现象。

（二）划分标准不同

以马克思为代表的马克思主义的阶级分析法是一元决定论，而以韦伯为代表的西方社会学者是多元决定论。马克思所讲的阶级是以生产资料占有关系为标准的，是从生产过程中分析阶级的，这是马克思主义阶级理论的主要依据。马克思把私有制的生产关系看作是社会阶级存在的基础。韦伯的三位一体的社会分层理论则通过财富、声望和权力三条标准划分了阶级。在随后的发展过程中，其他的学者又提出"分配论"的社会分层理论，该理论通过收入、职业、教育程度和权力等标准划分阶级或阶层。

（三）最终结论不同

由于两种理论所站高度以及视角的区别，造成了两种理论得出的结论截然相反。韦伯及其理论追随者认为，马克思主义者划分出的阶级与阶层很大程度上只是一种统计上的分类，在现实社会中并不存在有统一的阶级意识并采取一致的阶级行动的社会实体。他们认为，任何社会不平等现象都不可能被消除，社会分成若干阶层不仅是不可避免的，而且对于社会的良性运转以及每个社会个体都是有益的。② 而马克思主义阶级理论支持者认为，在整个人类社会的历史进程中，不平等现象都是人为因素造成的，是可以改变而且必须改变的。"自从原始公社解体以来，组成为每个社会的各阶级之间的斗争，总是历史发展的伟大动力。这种斗争只有在阶级本身消失之后，即社会主义取得胜利之后才会消失。"③ 工人阶级与资产阶级之间的矛盾和斗争，决定着资本主义社会的发展方向。

---

① ［德］马克斯·韦伯：《经济与社会》下卷，林荣远译，商务印书馆1997年版，第260页。
② 李炳炎：《中国工人阶级的现状与前途》，《海派经济学》2008年第20辑。
③ 《马克思恩格斯文集》第4卷，人民出版社2009年版，第505页。

第八章　国家理论研究

进入20世纪以后，国外马克思主义国家理论在不断发展变化的时代中有了新的发展。这些理论在经典马克思主义国家理论的基础上，探讨了国家的性质、作用、前途等问题，并进一步结合资本主义国家发展中出现的新变化、新特点，从理论层面深入研究了当代资本主义国家的民主性、自主性、意识形态、经济职能等一系列问题。

从实践角度看，伴随经济全球化进程的深入推进，当代资本主义国家的经济基础发生了显著改变，全球化时代对民族国家的发展提出了一系列严峻挑战，全球化与民族国家之间的关系日趋复杂。这就要求学者根据实践，重新对全球化中民族国家的地位、作用、职能等进行认识和分析。此外，作为西方国家典型形态之一的福利国家从20世纪70年代普遍陷入困境，引发了经济停滞、失业等一系列问题，暴露出表面繁荣背后隐藏的各种矛盾和危机。针对这些问题，越来越多的国外马克思主义学者开始关注并不断发展国家理论。

理论层面和实践层面的研究表明，国外马克思主义学者对当代资本主义国家的分析和批判丰富和发展了经典马克思主义国家理论，使马克思主义国家理论在一定程度上适应了不断发展变化的新形势，保持了持久旺盛的生命力。这些研究有助于我们加深对当代资本主义国家的认识。通过比较分析这些学者的不同观点，可以使我们更加清晰地分辨出马克思主义国家理论需要发展哪些理论，真正做到研究的与时俱进。

第一节　国家理论概述

国家在现代社会经济生活中发挥着不可或缺的作用。经典马克思主义理论家早已从国家尤其是资本主义国家的性质、作用、前途等方面对国家进行了详尽论述。在此基础上，一些国外马克思主义者结合当代资本主义国家的政治、经济现实进一步系统地补充和发展了马克思等人的经典国家理论，并形成了不同的研究流派。本节将主要概述四种国家理论以及三场著名的国外马克思主义者关于国家问题的争论。

一 四种国家理论

国外马克思主义的国家理论研究成果颇为丰富。众多国外马克思主义学者使用不同方法、在不同领域对马克思主义国家理论进行了扩展。在这些流派中最为著名的有四个流派，即"工具主义"国家论、"结构主义"国家论、"福利国家"论和"策略关系"国家论四类。①

"工具主义"国家论是以英国学者拉尔夫·米利班德（Ralph Miliband）等人为代表的一些马克思主义者从统治阶级与国家机器的相互关系角度出发提出的。他们充分肯定马克思、恩格斯关于国家是阶级统治工具的论断，认为国家并不是相互竞争的利益集团间中立的裁判者，而不可避免地是一个深深介入其中的偏袒者，是统治阶级的重要工具，行使维护统治阶级权力的职能，维护资产阶级的统治和资本主义生产与生产关系的再生产。

米利班德认为："所谓'国家'，其本体是由一系列特殊的机构共同构成的，它们的相互作用构成了可被称为'国家制度'的要素。"② 在他看来，政府、军队、警察、司法机构、地方政府、议会等一系列机构共同构成了国家系统，这些特殊机构的相互作用构成了国家制度形式。

米利班德主要从三个方面分析了现代资本主义国家成为资产阶级统治工具、为资产阶级服务的原因：

---

① 国内学者对国外马克思主义国家理论的流派有多种不同的划分，例如周穗明等（2004）将国家理论的流派分为"工具主义"国家论、"结构主义"国家论和"仲裁者"国家论以及"制度平台"国家论四类；经济学、政治学、意识形态以及政治经济学四种国家理论；"资本逻辑"的国家理论、"阶级逻辑"的国家理论、"国家中心"的国家理论以及"战略理论"方法。李青宜（1995）则将其分为"政治分析"国家理论和"经济分析"国家理论。郁建兴、何子英（2006）将其分为结构主义国家理论、工具主义国家理论、新李嘉图主义国家理论、基础主义国家理论、"国家垄断资本主义"国家理论、资本逻辑国家理论、福利国家理论、制度主义国家理论和后马克思主义领导权国家理论。

② ［英］拉尔夫·米利班德：《资本主义社会的国家》，沈汉等译，商务印书馆1997年版，第54页。

第一，由于资产阶级掌握着国家机构的领导权力，作为资产阶级的代表，国家领导成员的行为具有为资产阶级利益服务的性质。米利班德认为："根据马克思主义的见解，资本主义社会的'统治阶级'是一个拥有和控制生产资料的阶级，它凭借给予它的经济权力这一优势，能够把国家作为它统治社会的工具。"① 他认为，国家权力是通过各个具体机构的权力体现出来的，而这些机构总是由一定的人来领导、支配的，掌握了这些机构权力的人，也就是掌握了国家权力的人。在资本主义国家，是由那些在经济、政治、文化和意识形态方面处于支配地位的人，由那些在社会出身、教育领域具有优势地位的人，也就是资产阶级占据了国家系统的各个领导位置，控制了国家权力。② 对此，他指出："国家权力正是存在于这些制度之中，权力的行使正是通过每个在这些机构中占据领导职位的人——总统、首相和他们的大臣阁僚；高级文官及其他国家行政官员；高级法官；法庭的法官；议会两院的一些领导人，尽管这些人常常又是政治执行机构的高级官员；以及在他们后面躲得远远的一些中央单位的政治和行政领导人，特别是在中央集权国家中。就是这些人构成了可称为国家精英的集团。"③

第二，资本家阶级凭借掌握的经济权力，凭借对经济和其他资源的占有和控制，能够达到影响国家政策制定的目的。在他看来，资本主义"这些强大的联合企业显然必定成为政府的重要衡量标准"④，而"国家在经济生活中的干预实际上在很大程度上意味着旨在帮助资本家的企业"⑤。

第三，资本主义生产方式即资本主义经济自身具有一种"结构性的"强制力，对政府行为具有约束力。米利班德指出，"国家是附着在资本主义生产方式上面的"，"国家的性质是由生产方式的性质和要求决定的。任何政府都不能忽视也不能逃避这种'结构的强制力'，不管这些政府是什么情况，有什么愿望和做过什么许诺。资本主义的经济有其自身的'合理性'，对这一点任何政府迟早总要屈从，而且往往较早就屈从了"。⑥

---

① ［英］拉尔夫·米利班德：《资本主义社会的国家》，沈汉等译，商务印书馆1997年版，第19页。
② 陈炳辉：《西方马克思主义的国家理论》，中央编译出版社2004年版，第224页。
③ ［英］拉尔夫·米利班德：《资本主义社会的国家》，沈汉等译，商务印书馆1997年版，第58—59页。
④ 同上书，第77页。
⑤ 同上书，第83页。
⑥ 同上书，第78页。

尽管米利班德坚持国家是统治阶级的重要工具，但他反对把国家仅仅看作是阶级统治的工具，强调国家拥有相对自主性。他认为，国家并非是统治阶级可以随意操纵的简单工具，而是对统治阶级具有相对的自主性、独立性。他曾引用马克思所写的《路易·波拿巴的雾月十八日》和《法兰西内战》来说明国家的自主性和独立性，指出这种独立性保证了资本主义社会中国家可以违背统治阶级的意愿进行改良，甚至也可以相反形成法西斯主义极权国家。① 资本主义国家拥有这种相对自主性和独立性的原因在于，"资本家主要关心他们自己的具体经济领域，并且作为资本家，要听命于他们所控制和管理的资本的迫切要求（或者是他们认为的迫切要求），而大臣们、民政机关和其他机构公务员必须看得远一些，他们所关心的事项各不相同：……可能需要办一些为大部分甚至整个资本家阶级所不乐意的事情"②。这就是说，资本家往往看到的是自己眼前直接的经济利益，而作为资本家代表的国家则要着眼于这个阶级的全局和长远的利益。因此，国家不会简单地听从统治阶级的要求，其推行的某些政策可能同当时资本家的要求相矛盾。③

米利班德进一步从四个方面概括了国家的自主性，也即国家的四种职能：维持法律秩序的镇压职能、促进思想一致的文化职能、经济职能以及在国际上保护国家利益的国际职能。其中，米利班德认为，国家对经济活动干预的经济职能并没有改变资本主义社会的性质，国家的经济干预并不是只为某个资本家帮忙，也不是为了资本主义的某个具体目的，而是为了整个资本主义制度，是着眼于资本家的长远利益的。米利班德还分析了国家的思想文化职能。他指出，资本主义社会的成功，部分地依赖于国家及其社会秩序所获得的赞同和合法性的程序，依赖于统治阶级所能得到的赞成和合法性的程度。"所有管理国家和其他权力机器的人时刻关心着如何能够遏制和减轻民众的压力。要做到这一点，不仅依靠精心的控制，还依靠种种鼓励无所作为和听天由命而绝非鼓励压力和斗争的习惯、传统和规矩"④，而国家的国际

---

① 尹树广：《国家批判理论——意识形态批判理论、工具论、结构主义和生活世界理论》，黑龙江人民出版社2002年版，第260页。
② ［英］拉尔夫·米利班德：《英国资本主义民主制》，博铨等译，商务印书馆1988年版，第9页。
③ 陈炳辉：《西方马克思主义的国家理论》，中央编译出版社2004年版，第230页。
④ ［英］拉尔夫·米利班德：《英国资本主义民主制》，博铨等译，商务印书馆1988年版，第3页。

职能就是尽可能地在对外方面推进所谓的"国家的利益"。①

除了研究资本主义国家的性质、自主性及职能等问题，米利班德还进一步研究了国家的合法性问题。"国家履行其作用的方式以及其倾向的表现程度，因时因地有很大不同。保卫社会秩序使其具有阶级统治的特征，要求国家实行专制统治，镇压所有的反抗，废弃一切宪法的保护和政治自由。但是在发达资本主义国家，一般说来并非如此。"② 当代发达资本主义国家更多的是借助各种方式和手段，使人们处于统治阶级意识形态的支配之下，从而保持资本主义国家的合法化，达到维护自己统治秩序的目的。在米利班德看来，资本主义国家的合法化问题，实际上就是群众对国家的合法性支持问题。他认为，如果群众是受占统治地位的阶级意识支配时，或者说统治阶级在意识形态上取得对于其他阶级的支配地位时，那么统治阶级的国家就会获得群众的合法性支持。米利班德把资本主义国家的合法化过程，理解为一种政治社会化的过程，通过这种过程灌输社会的政治准则，使人们对政治制度能够形成一致的政治意见。他认为，政治社会化的过程"很大部分倾向于助长资本主义的社会秩序和社会价值，适应它的要求，否定对它的否认，简而言之，这里涉及的完全是一个庞大的'灌输'过程"③。在他看来，资本主义国家正是在思想文化自由的旗帜下，灌输统治阶级的意识形态，灌输符合资本主义需要的价值观念，从而实现国家的合法化。④

除此之外，米利班德主张在资本主义民主制的国家，采取改良主义的战略，对资产阶级的国家机器进行改造，从而建立社会主义国家。

"结构主义"国家论以20世纪60年代在法国兴起的结构主义为分析工具，代表人物是法国学者路易·阿尔都塞（Louis Arthusser）和希腊学者尼科斯·普兰查斯（Nicos Poulantzas）。"结构主义"国家论认为，要理解资本主义，应该把研究的重点放在社会结构上而不是人上，结构的存在和变化决定了个人的选择和历史的方向。社会结构可以区分出政治、经济和意识形态三种结构，虽然经济结构具有最终决定性，但是其他两种结构在

---

① 陈炳辉：《西方马克思主义的国家理论》，中央编译出版社2004年版，第232页。
② ［英］拉尔夫·米利班德：《资本主义社会的国家》，沈汉等译，商务印书馆1997年版，第265—266页。
③ 同上书，第185页。
④ 陈炳辉：《西方马克思主义的国家理论》，中央编译出版社2004年版，第234页。

一定时期也可能成为特定生产方式的支配结构。

阿尔都塞于1970年提出了"意识形态国家机器"理论。他认为，现代国家拥有两种机器：镇压性的国家机器（RSAs）和意识形态的国家机器（ISAs），并进一步指出："我这里所说的意识形态国家机器是指一些以专门机构的形式呈现在直接观察者面前的实在。……我们暂时可以认为下述机构是意识形态国家机器（我列举的次序没有任何特别意义）：宗教意识形态国家机器（各种教会体系），教育意识形态国家机器（各种公私立学校的体系），家庭意识形态国家机器，法律意识形态国家机器，政治意识国家机器（包括不同政党在内的政治体系），工会意识形态国家机器，信息意识形态国家机器（出版物、广播电视等），文化意识形态国家机器（文学、艺术、体育等）。"[①] 阿尔都塞认为，宗教、教育、家庭、工会和传播媒介等都属于意识形态的国家机器，这就大大地扩展了国家机器的外延。

他总结了意识形态国家机器的三个特点：第一，"（镇压性）国家机器是一个有组织的整体……意识形态国家机器则是多样的、不同的、'相对独立'的"[②]。第二，各种各样的国家机器尽管充满矛盾和斗争，但它们都统一于统治阶级的意识形态。"如果'统治阶级'在原则上握有政权，因而能支配（镇压性）国家机器，那么我们可以肯定，这同一个统治阶级在意识形态机器中是积极主动的，因为在意识形态国家机器中实现的最终是占统治地位的意识形态，而且是在这种意识形态的各种矛盾中实现的。"[③] 第三，"镇压性国家机器'以暴力方式'执行职能，而意识形态国家机器则'以意识形态方式'执行职能"[④]。

他进一步指出，尽管不同社会形态中，意识形态国家机器作用的表现方式不同，但这些意识形态国家机器和镇压性国家机器的作用都是相同的，都是要保证社会生产关系的再生产。

阿尔都塞用结构主义的多元决定论重新解释了马克思主义的社会历史观，他反对黑格尔的一元决定论的社会历史观，反对经济基础简单地决定

---

① ［法］路易·阿尔都塞：《意识形态和意识形态国家机器》，孟登迎译，陈越校，中央编译局《马列主义研究资料》1988年第4辑，第251—252页。
② 同上书，第254页。
③ 同上书，第256页。
④ 同上书，第257—258页。

上层建筑的机械决定论的观点，认为经济基础虽然具有归根到底的决定作用，但是上层建筑的各种因素具有相对独立性，在社会历史中也具有各自的决定作用，从而强调了国家的相对独立性。①

普兰查斯承袭了阿尔都塞结构主义的理论框架，探讨了资本主义国家的基本特征，形成了自己的结构主义国家理论。他认为，不能简单将国家理解为一个阶级统治的工具，国家其实是一个社会形态各个方面的调和因素，"国家是一种社会形态的'秩序'或'组织原则'：但这并不是指现代意义的政治秩序，而是就它能够起着一个复杂的统一体的各方面调和的意义而言，并且是作为调节这个体系综合平衡的因素而言"②。他还指出，国家机构本身并没有自己的权力。"各种社会机构，尤其是国家机构，严格说来并没有任何权力。从权力的观点考虑，这些机构只能与掌握权力的社会阶级联系在一起。在执行权力时，社会阶级的这种权力被组织在特殊机构中，这些机构就是权力中心。在这个意义上，国家就是执行政治权力的中心。"③

他认为，国家作为社会形态的调和因素保证社会形态的统一是国家的一个基本职能，此外国家还具有经济、政治、意识形态方面的职能。他指出，"国家的秩序或组织职能按照在各种情况下出现的不同方面具有各种各样的形式：那就是说，在经济方面表现为技术经济职能，在政治的阶级斗争方面则表现为政治职能，在意识形态方面则表现为意识形态的职能。"④他进一步指出，国家的调和作用是维持统治阶级所需要的那种社会形态的统一，维护原有的阶级关系、阶级统治，从而具有政治的性质。但经济、政治、意识形态方面的职能，有时不能直接赋予它政治性质，也无法确证它的政治性质，但是这些职能也必须从国家的基本职能角度来理解，它们的目的在于维持社会形态的统一，从而与统治阶级的政治利益相适应。普兰查斯认为这就是恩格斯所说的"政治统治到处都是以执行某种社会职能为基础，而且政治统治只有在它执行了它的这种社会职能时才能

---

① 陈炳辉：《西方马克思主义的国家理论》，中央编译出版社2004年版，第52页。
② ［希腊］尼科斯·普兰查斯：《政治权力与社会阶级》，叶林等译，中国社会科学出版社1982年版，第38页。
③ 同上书，第120页。
④ 同上书，第44页。

持续下去"①。

普兰查斯把现代资本主义国家看成是资产阶级的国家,认为资本主义国家具有三个特征:第一,"在这种国家体制里总是没有建立起政治上的阶级统治,它本身就代表一种大众阶级的国家。因为这种国家体制是以'个人'或'政治的人'的自由、平等原则为中心的,表现于个体公民形式上的自由平等,表现于大众的主权和国家对人民的世俗责任"②。第二,普兰查斯认为资本主义国家"并不直接地代表统治阶级的经济利益,而是代表他们的政治利益"③,"这种国家是统治阶级的政治权力中心,是组织它们进行政治斗争的媒介"④。第三,现代资本主义国家具有相对自主性。他指出,"资本主义国家保持了一种相对自主性"⑤。何谓国家的相对自主性呢?他说:"关于这样一种国家类型的相对自主性,……我的意思是指国家对阶级斗争领域的关系,特别是其针对权力集团的阶级和派别的相对自主性,并扩大到针对权力集团的同盟和支持力量的相对自主性。"⑥ 这一相对自主性就是"允许国家进行干预","这不仅仅是为了对被统治阶级作出妥协",同时也"为了干预统治阶级中这一派或那一派的长期经济利益"。⑦ 普兰查斯认为,一方面国家是以阶级统治为基础的,是统治阶级的国家,是由一定的权力集团的阶级和派别统治着的国家;但是另一方面国家又是相对自主于统治阶级,国家在同权力集团的阶级和派别的关系上,具有相对自主性。国家在一定程度上具有自主性、独立性,而并非是统治阶级可以任意操纵的一种工具。⑧ 正是由于资本主义国家具有相对自主性,因而可以对某些被统治阶级的经济利益给予一定的保证,这种保证甚至可能违背统治阶级的短期经济利益,但不会影响它们的政治利益和霸主地位。⑨ 因此,资本主义国家具有两面性,"一方面,针对经济方面的自主

---

① 《马克思恩格斯选集》第 3 卷,人民出版社 1995 年版,第 523 页。
② [希腊]尼科斯·普兰查斯:《政治权力与社会阶级》,叶林等译,中国社会科学出版社 1982 年版,第 129 页。
③ 同上书,第 326 页。
④ 同上书,第 129 页。
⑤ 同上书,第 322 页。
⑥ 同上书,第 285 页。
⑦ 同上书,第 322 页。
⑧ 陈炳辉:《西方马克思主义的国家理论》,中央编译出版社 2004 年版,第 77 页。
⑨ 刘俊杰:《简论普兰查斯的结构主义国家权力学》,《东北师大学报》(哲学社会科学版) 1988 年第 3 期。

性……对某些被统治阶级的经济利益作出牺牲;另一方面,制度化的政治权力中的这种自主性本身有时有可能触及统治阶级的经济权力,但从来不威胁到它们的政治权力"①。

"福利国家"论以德国的克劳斯·奥菲(Claus Offe)为代表。他对现代福利国家进行了深入的研究和分析,探讨了现代福利国家的矛盾和危机。他将资本主义国家定义为一套政治权力制度,它"力图实现和保证受资本统治的阶级社会的所有成员的集体利益"②。他认为,现代资本主义国家是由四个功能性条件所决定的:其一是私有财产。"财产——无论是劳动力还是资本——都必须为私人占有"③,这是资本主义国家的政治准则,因此是私人决策而不是政治权力决定了生产资料的具体使用。其二是税收限制。"政治权力通过税收体系间接依赖于私人积累的量。那些掌握国家权力的人实际上是无权的,除非私人积累的总量允许他们吸取更多(通过税收)的物质资源以促进其政治目的。"④ 其三是积累。资本主义国家权力依赖于资本主义的积累过程,因此它"必然致力于促进最有利于私人积累的政治条件"⑤。其四是民主合法性。在议会民主制国家中,任何政治团体、党派只要在大选中获胜,就能控制国家权力。奥菲认为这种机制形成了国家权力是由普通选民的投票偏好所决定的假象,进一步掩盖了国家权力依赖于积累过程中吸取财政收入这一本质。他指出:"资本主义国家的政治权力由双重因素所决定:国家的制度形式由民主制和代议制的政府规则所决定;而国家权力的物质内容则由积累过程的持续性要求所决定。"⑥

在奥菲看来,资本主义国家的政治结构和经济结构的稳定依赖于商品交换关系的稳定,"如果每一价值单位的主人都能使其价值作为商品得到成功交换,国家也就无需对私人的经济决策进行干预","稳定积累过程的维持也就不至于出现"⑦。问题在于,在资本主义国家里商品交换关系不能

---

① [希腊]尼科斯·普兰查斯:《政治权力与社会阶级》,叶林等译,中国社会科学出版社1982年版,第210页。
② Claus Offe, *The Contradictions of the Welfare State*, London: Polity Press, 1984, p. 120.
③ [德]克劳斯·奥菲:《福利国家的矛盾》,何怀宏等译,吉林人民出版社2006年版,第18页。
④ 同上。
⑤ 同上。
⑥ 同上书,第18—19页。
⑦ 同上书,第19页。

保持一种持续性趋势，常常处于瘫痪状态，因而资本主义国家要进行干预，通过国家政策维持商品交换的关系，保证积累过程的顺利完成。但奥菲并不认为资本主义国家维护商品交换关系是在"维护特定阶级的利益"，相反"它维护的是所有阶级的普遍利益"①。

他进一步指出，为了实现维护资本主义交换关系的目标，国家必须依赖于某些政治手段，这些政策调节手段包括以下几种类型：第一，财政刺激等调节措施。这些政策措施旨在控制"破坏性"竞争，使竞争者遵从市场规则，保护商品交换关系中的"弱者"，"通过各种刺激手段直接支持他们"②。第二，公共建设投资。这些投资"旨在为某些类型的商品主人提供帮助（包括劳动力和资本），使之能够参与交换关系"③。第三，各种共同决策、共同投资方案的引入。"它们旨在迫使市场参与各方以一种有组织的方式认可彼此都能接受的交换条件"，"以便使结果对双方而言都是可预测的"。④

"策略关系"国家论以英国的鲍伯·杰索普（Bob Jessop）为代表。他认为国家是一个相对统一的整体，这个整体是由受社会规制且经过策略性选择的制度、组织、社会力量与活动组成。这些组织、社会力量等都是围绕"为政治共同体作出具有集体约束力的决策"这一目标组建起来的。

杰索普指出，国家既不直接屈从于资本逻辑，也不是简单地作为阶级力量的工具。国家是"政治策略"、"积累策略"和"领导权"的统一体。策略关系理论突出了国家系统的两个方面。第一，国家形式具有结构选择性或者说是策略选择性，从而反映并调整了阶级力量的平衡。第二，它强调了阶级力量的组成，这包括不同阶级力量的自我鉴定、组织机构以及不同阶级力量之间的相互作用等。⑤

具体而言，政治策略将国家理解成一种社会关系，可以从三个维度对其进行分析。第一，国家系统是政治策略的场所，可以从策略选择系统的

---

① [德] 克劳斯·奥菲：《福利国家的矛盾》，何怀宏等译，吉林人民出版社2006年版，第21页。
② 同上书，第23页。
③ 同上。
④ 同上。
⑤ Bob Jessop, *State Theory: Putting Capitalist State in Their Place*, Polity Press, 1990, p. 256.

角度对其进行分析。具体来说，国家系统的结构和运行方式对于某些政治策略更加开放，因而，它更适合于运用某一类型的经济或政治策略对系统进行干预。第二，国家也是政治策略得以阐述的场所。如果没有政治策略，任何人都不能理解国家系统的整体性，也不能充分理解国家的各种活动。第三，可以从国家系统是政治策略和斗争的产物这个角度来理解国家系统的结构和运行方式。政治策略和斗争可以在国家系统内或是国家系统外进一步发展，他们可以保持国家系统的稳定，也可以改变它。从这个意义上来说，当前的国家策略选择在某种程度上是过去的策略选择形式和改变系统所采用的策略二者相互作用的结果。

积累策略主要是关于资本积累的策略选择。它定义了一个具体的经济增长模型，同时包括各种超经济的先决条件，此外它还概述了一个有利于其实现的一般策略。积累策略要想取得成功，经济增长模型必须将货币资本、产业资本和商品资本循环时所处的不同阶段统一起来。资本循环的核心是其自身的生产过程，即产业资本循环的好坏是整个积累过程的最终决定因素，货币资本和商品资本的实际回报率从长期来看取决于产业资本的持续稳定。积累策略必须要考虑资本循环的主导形式，是自由、垄断还是国家垄断；还要考虑资本国际化的主要形式是货币资本、产业资本还是商品资本；同时也要考虑国内外的社会、经济和政治力量的均衡等多项因素。

领导权是国家发挥作用的一个重要领域，它包括在某个特定阶级的政治、文化和道德领导下，不同相关阶层的质询和组织机构。领导权的成功实施取决于三个因素：领导权的结构测定、策略方向以及与积累策略的关系。国家的相对自主权取决于通过领导权方案运行的国家权力。

杰索普进一步明晰了策略理论方法的含义，他指出，国家是一个具有多重边界的特殊制度整体，它不具有制度固定性，也没有预定的形式上或是实质上的统一；资本主义国家形式上的统一必须基于法律、货币、时间和空间等抽象性规范；国家形式上的统一必须与其实质性统一相联系；作为一个多变的制度整体，国家系统决不能被看作是中性的，它具有结构选择性；国家的阶级特性取决于它的阶级策略；国家是一种社会关系，国家权力是各种力量平衡的一种凝结；阶级力量和阶级利益没有耗尽国家中的力量和利益范围；国家权力只能在关系中得到评价，国家没有权力，它仅仅是一个制度整体。①

除此之外，基于马克思国家形式分析，杰索普还提出了"资本主义国家类型"理论。他认为，资本主义国家类型具有一种独特的、形式决定的策略性选择，这对国家干预的组织机构和有效性有着重大意义。② 他指出了"资本主义类型国家"的性质及特征，"资本主义类型的国家是一个资产阶级自由民主制的国家"③，它包含四个要素：第一，资本主义的经济类功能，它是资本主义国家为保障私人利润和资本积累而设立的不同政策。第二，资本主义的社会类功能，它是为保障劳动力的生产（再生产）所设立的不同政策。第三，资本主义国家政治权力的领土化尺度，它是指国家权力所覆盖的领土边界范围，它决定了决策的首要尺度并且安排了尺度间的交互接合。第四，治理模式和元治理，资本主义经济以及劳动力再生产不能单独通过市场而得以保障，因此需要各种治理机制或模式来弥补市场失灵。④

之后，他还进一步概括了"资本主义国家类型"具有的一些功能：第一，确保资本积累的一般性外部条件，例如形式上理性的法律秩序和对财产权的保护。第二，确保土地、货币、劳动力与知识能够被转变为虚拟商品。第三，确保资本在生产过程中有权力、有能力控制劳动力；在劳动市场与劳动过程中，调节劳资关系的方式与条件。第四，界定经济层面与非经济层面之间的界限，并且根据竞争形式的变化和资本逻辑面对非经济层面予以殖民化时的抵抗，修正资本积累在经济与超越经济以外的先决条件之间的联系。第五，促使生产的一般性条件供应（特别是需要较长周转时间的资本密集基础设施）符合资本主义特定阶段。第六，管理日益发展的社会化大生产同生产资料和剩余劳动的私人占有之间的矛盾。第七，处理由于资本主义矛盾不断变化而产生的广泛的政治和社会影响。⑤

此外，杰索普将资本主义国家类型归纳为三种模式：一是与战后形成的大西洋福特主义积累体制相对应的凯恩斯主义福利民族国家；二是在20

---

① Bob Jessop, *State Theory: Putting Capitalist State in Their Place*, Polity Press, 1990, pp. 267–270.
② Bob Jessop, *The Future of the Capitalist State*, Polity Press, 2002, p. 37.
③ ［英］鲍伯·杰索普：《重构国家、重新引导国家权力》，何子英译，《求是学刊》2007年第4期。
④ 同上。
⑤ Bob Jessop, *The Future of the Capitalist State*, Polity Press, 2002, p. 45.

世纪 80 年代兴起的东亚新兴工业国的出口主义积累体制上形成的李斯特主义工作福利民族国家;三是在全球化的以知识为基础的经济上形成的熊彼特主义工作福利后民族政治体。①

二 关于国家问题的争论

国外马克思主义者围绕国家的性质、职能、分析方法等方面多次展开争论,这些争论有助于更好地研究、探索与发展国家理论。在诸多争论中,比较著名的有三场:

第一,国家民主性之争。国家民主性之争主要围绕如何理解资本主义国家的民主性质而展开,争论发生在以卢西奥·科莱蒂(Lucio Colleti)、诺贝托·博比奥(Norberto Bobbio)和皮特洛·英格劳(Pietro Ingrao)为代表的三方之间。20 世纪 60 年代,科莱蒂认为,资产阶级国家限制了民主的发展,民主与国家是矛盾的,因而要想实现民主,就必须破坏旧的国家机器,从而消除资产阶级国家对民主的限制。这是由一条"狭窄的、被限制的"民主走向完全民主的道路。而且,国家消亡的进程越快,人民群众自我管理的范围越大,从社会主义向共产主义转化发展也就越快。科莱蒂在《从卢梭到列宁》一书中指出,按照列宁的观点,由于资产阶级国家依赖着与人民群众相脱离和异化的权力,因而必须破坏旧的国家机器。在资本主义社会,民主"始终受到资本主义剥削制度狭窄框子的限制"。

另一方是提出"自由社会主义"的意大利学者博比奥。他不同意科莱蒂的观点,认为民主与国家并不矛盾,国家本身的民主化是整个社会民主化的基础,无论是政治领域还是经济领域,国家民主即便采取了资产阶级形式,也是为全社会实现民主做铺垫。博比奥还坚决拒绝把民主理解为直接民主,他认为,存在于一个完全透明的社会中的直接民主是一个幻想,因为在当代社会的巨大规模、无限复杂性和知识不完全等条件下,由所有民众参与决策的直接民主对于管理一个国家是不可能的,反而会导致集体暴政和权力滥用。② 第三方的代表是英格劳。他认为资产阶级国家是阶级国家,民主的内容由资本主义发展的结构条件决定。尽管工人阶级赋予了

---

① [英]鲍伯·杰索普:《重构国家、重新引导国家权力》,何子英译,《求是学刊》2007 年第 4 期。
② 张盾、赵彦娟:《激进民主:马克思政治理论域中的民主问题》,《学术月刊》2006 年第 10 期。

代议制某些民主内容,但是真正的变革必然是大众斗争和群众运动的到来。①

第二,国家自主性之争。这场争论主要发生在奥菲与赫施(J. Hirsch)两位德国学者之间,他们围绕国家的自主性展开了激烈的争论。奥菲认为,国家在功能上具有很大的相对独立性。他强调,处理可能出现的包括统治、能源、合法性等在内的各种危机是国家的基本功能。当代资本主义国家这种处理危机功能的基础,在于它本身是介于生产领域和非生产领域之间的结构。换言之,一方面,国家根据其自己的政治标准而被排除在直接的生产领域之外。例如,在任何国家中,投资政策通常是由资本家作出的,而与国家关系不大。另一方面,国家政策的实施又受到政府收入的制约,而政府收入取决于成功的资本积累。因此,为了增强自己的权力,国家必定致力于保证健全资本积累。② 由于国家具有上述这样一种功能基础,因而它具有自主性。赫施则认为奥菲扩大了国家的相对独立性,并且把它与资本主义社会的发展规律隔离开来,赋予其独立的行动法则。在他看来,国家的相对自主性主要来自国家资本积累的需要,国家在本质上不可能成为社会发展过程的管制者,也无法改变资本运动的规则。③

第三,研究方法论之争。这场争论主要发生在米利班德与普兰查斯之间,以普兰查斯对米利班德的《资本主义社会中的国家》的评论为导火索,以《新左派评论》为阵地而展开。米利班德与普兰查斯之争表面上是关于国家理论中工具主义与结构主义之争,实际上却是与国家理论有关的方法论之争。普兰查斯认为,米利班德对于马克思主义国家理论的观点完全建立在阿尔都塞结构主义认识论的基础上,离开了这个基础他的观点就根本站不住脚。普兰查斯进一步指出,米利班德在关于研究主体、国家凝聚力和思想武器问题上存在明显失误。

在研究主体方面,他认为米利班德的经验主义认识论和对资本社会中国家机构的分析"给人们的思想中留下了固定模式",即"社会或'集团'在某些方面减弱了人与人之间的关系,国家减弱了组成国家机关中各部门的成员间的关系,最终社会阶级与国家间的关系又减弱了组成各个社

---

① 周穗明等:《20世纪西方新马克思主义发展史》,学习出版社2004年版,第565页。
② 吴惕安、俞可平主编:《当代西方国家理论评析》,陕西人民出版社1994年版,第60页。
③ 周穗明等:《20世纪西方新马克思主义发展史》,学习出版社2004年版,第566页。

会集团和国家机关的个体间的关系。"① 米利班德则认为普兰查斯过分执着于客观关系对国家的影响,并把普兰查斯的方法描述成"结构化的超决定论"。

在国家凝聚力方面,普兰查斯认为米利班德过分强调国家官僚机构、军队以及其他工作人员等与资产阶级和国家高层之间的思想性联系,有意削弱国家的引导作用和国家机关中成员们的作用。米利班德则认为普兰查斯把思想、个人的动机、国家机构的不团结等因素摒弃掉了。

在思想武器的问题上,普兰查斯与米利班德的分析结果完全相反,他不倾向于摒弃思想武器,反而希望在马克思主义国家理论中对其重新概念化并予以适用。在普兰查斯定义的思想性机构中,包括教堂、政党、工会、学校和大学、新闻界、电视、广播甚至家庭。米利班德则认为,思想性机构不是国家的一部分,而是一个更为广阔的政治或思想系统。虽然他也承认思想性机构从主观上可以起到增加"稳定性"的作用,"但稳定性也只能是有所增加,并不能从根本上解决发达资本主义所面临的危机,所以说它最大的作用还是从思想上迷惑、禁锢人民。"②

上述研究表明,马克思主义国家理论并未随着马克思、恩格斯等人的逝世而消亡,而是不断有新的探索。后来的国外马克思主义学者在经典马克思主义者对国家的性质、作用、前途等论述的基础上,不局限于单纯的国家阶级分析,他们结合当代资本主义社会政治经济的变迁,根据当代资本主义国家的政治经济现实从不同的角度试图重新阐释和发展马克思主义国家理论。比如,米利班德从统治阶级与国家机器的相互关系角度,深入考察了资本主义国家的性质,提出了工具主义的国家理论;普兰查斯则运用结构主义的方法,对资本主义国家的基本特征、职能、相对自主性等问题进行了颇有见地的分析;奥菲通过对福利国家的深入研究和分析,探讨了福利国家的矛盾和危机;杰索普则不局限于资本理论和阶级理论,提出了策略关系论。同时,围绕如何理解资本主义国家的民主性质展开的争论、围绕国家的自主性展开的争论以及围绕国家理论研究的方法论之争,他们为马克思主义国家理论的深入发展提供了重要的思想资源。

---

① [美]史丹利·阿若诺威兹、彼得·布拉提斯编著:《逝去的范式:反思国家理论》,李中译,吉林人民出版社2008年版,第35页。

② 同上书,第40页。

总之，随着时代的变迁，当代资本主义国家在阶级基础、统治方式和权力结构等方面都发生了重大变化，而国外马克思主义者则对这些变化作出了较为全面的反应，他们运用不同的方法，从不同的角度分析、探讨、总结了这些变化，从而对马克思主义国家理论进行了扩展。尽管在这一过程中，有不少争论，但大多数国外马克思主义者都基本遵循了马克思主义的分析框架，并结合当代资本主义国家的社会现实来分析资本主义国家的新变化，提出了许多很有启发的观点，这对于马克思主义国家理论的创新发展是很有意义的。

然而，由于阶级意识的局限，这些学者在修正、补充和发展马克思主义国家理论的过程中，还存在一些缺陷和失误。

从理论层面来看，一些学者并没有真正完全以历史唯物主义、劳动价值论等理论为指导，这就使得他们在补充和发展经典马克思主义者国家理论时不能完全摆脱政治意识的影响，而是带有主观色彩，导致他们的分析缺少一定客观性。比如，以普兰查斯为代表的结构主义者将国家理论的重点放在国家的整体性结构上，从这一角度考察国家含义和职能，尤其是国家的社会职能，但却忽略了国家的起源、发展、消亡等一些经典马克思主义者所关注的问题。此外，他们过分夸大了国家的相对自主性，反对国家是统治阶级的工具的观点，显然，这不是发展了马克思主义，而是偏离了马克思主义。

从实践层面来看，一些学者借资本主义国家的某些新变化、新特点来否定经典马克思主义者的某些正确理论。比如，随着资本主义的发展，福利国家成为现代西方国家的主要形式之一。奥菲因此认为，福利国家的职能主要是维持商品交换关系的稳定，从而实现国家的政治和经济稳定，所以资本主义国家不是在维护特定阶级的利益，而是为所有阶级的利益服务。这就否定了马克思主义关于资本主义国家实质上是维护统治阶级利益、为统治阶级服务的论断。

第二节 经济全球化与民族国家

20世纪80年代以来，经济全球化的迅速发展使世界各国迎来了一股不可逆转的"新潮流"。全球化浪潮将不同国家和地区纳入到全球经济体系中，打破了民族国家自身积累、发展的路径而将其纳入到了全球性的积累、发展路径之中。在全球化背景下,民族国家是否将逐步衰弱直至最终消亡,民族国家的性质和职能将发生怎样的变化,民族国家将如何发展,这一系列问题引发了众多学者的讨论。

一 全球化中民族国家的未来

全球化与民族国家之间的关系是目前相关研究讨论的主题之一,两者之间的关系不仅是全球化进程中诸多问题产生的重要原因,而且也关乎民族国家的存在与前途。

一些学者认为,全球化进程的迅猛推进,削弱了民族国家的主权,为超级霸权和跨国公司的发展创造了便利条件,使跨国公司等机构在社会生活中的作用前所未有地增加,这对民族国家提出了严峻挑战。美国学者迈克尔·哈特(Michael Hardt)和意大利学者安东尼奥·内格里(Antonio Negri)指出,全球化使得资本主义生产和交换在世界范围内进行,这意味着经济关系独立于政治控制。因此,民族国家的政治主权已经衰落,传统的民族国家主权已经让位于一种新的世界主权,一个超越民族国家主权和超越国家领土而囊括全世界的帝国已经开始出现。这个帝国的主要特征是,它的统治没有任何界限,其效力遍及整个世界。威廉·I. 罗宾逊(William I. Robinson)也认为,全球化的快速推进导致了民族国家正被一种新的国家形式——跨国国家所取代。随着跨国的市场、金融和生产一体化进程的逐步推进,跨国或全球空间正在逐步替代国家空间。这意味着没有任何国家或地区可独立于全球资本主义范围之外或仍通过原始积累被纳入进来,以及在全球资本的领域之外,再也没有任何大规模的资本的自动积累。随着国内的社会关系成为全球性的社会关系,民族国家的整套机构也就逐渐被跨国机构所取代。① 乌尔里希·贝克(Ulrich Beck)从民族国家内部法律实施的角度,指出全球化使得跨国国家应运而生。在此背景下,民族国家在越来越广泛的行动领域中所丧失的不是规范的法律裁决,而是执行法律法规的监督力量。由于单独的国家在执行如互联网、征税和解决失业问题以及打击经济犯罪方面的战略时往往孤掌难鸣,因此它们只得为了国家法律的贯彻实施进行跨国合作,这使得跨国间法律办事处与法

---

① [美]威廉·I. 罗宾逊:《全球资本主义论——跨国世界中的生产、阶级与国家》,高明秀译,社会科学文献出版社2009年版,第119页。

律机构等跨国机构成为各个国家在全球化时代的必需。同时，为了开辟更大的监督空间，民族国家不得不把自己的权力工具让渡给合作的跨国权力机构。①

在全球化背景下，虽然民族国家的主权受到极大挑战，但众多马克思主义学者认为民族国家并不会因此消亡，相反民族国家仍旧扮演着重要的角色，发挥着巨大的作用。

普兰查斯就明确指出，民族国家不会在全球化中消亡。他坚信，在国际化的过程中民族国家的作用会处于增强的状态。他认为，民族国家既不会在"超级大国"的压迫下消失于无形，也不会从无疆域限制的跨国公司的发展中受益。他认为国际化的每一个步骤都受到国家资本统治的影响，因为民族国家仍然保持了它们在资本扩张中的中心地位。他从六个方面拒绝了超国家理论：②

（1）国际化不再成为以自我为中心的民族经济和国家的纯粹的外部关系——这个关系甚至可能比起那种守夜人式国家的国家权力还要高出一筹。相反，它还与大都市资本间矛盾的内部消化有关，特别是它诱导了美国统治性资本的产生。"超级大国"意味着现在资本主义国家中占优势地位的经济职能已经被剥离出去，不再承担维护阶级在政治上的统治地位和民族国家的社会稳定等职能。最多也不过是为了改善经济政策便于同其他国家进行合作而部分性地参与到国家职能的行使中去。同时把民族国家因管理国际化进程而产生的新职能聚集在一起。

（2）在对抗外来资本（包括吸引来的直接投资 FDI）时，民族国家仍能发挥重要的作用。在竞争过程中也促进了本土资本的集中化和国际化进程。

（3）"现代国家仍把发展本土资产阶级当作重要任务"，而且超国家的政体或组织机构只有得到民族国家的支持才有可能发展壮大。

（4）民族国家不再单纯地成为统治阶级的工具，它还是多个阶级发生对抗和斗争时的疏通者。因此民族国家仍保持着维护社会稳定的职能，在加入帝国主义链条和发展不平衡的情况下，这种职能变得尤其重要。

---

① ［德］乌尔里希·贝克：《应对全球化》，常和芳译，《马克思主义与现实》2008 年第 2 期。
② ［英］鲍伯·杰索普：《全球化与民族国家》，李中译，载《逝去的范式：反思国家理论》，吉林人民出版社 2008 年版，第 181—183 页。

（5）每个民族国家都有自己的特点，有路径依赖性，有平衡阶级力量的责任，有自身的组织机构，有对阶级斗争带来的"国家形式"的选择权等。反过来说，超国家政策中也具有这些能反映民族国家特征的内容。

（6）每个民族国家的国家机关公务员，例如文职公务员、警察、武装人员、教授或知识分子，都有其特定的"社会分类"，例如人员可以按其在阶级关系中的位置进行分类，也可以按其职能进行统一划分，并依此享受国家提供的法定利益。也就是说如果要取消这些既得利益将会遭受到他们的强烈反对。

杰索普也指出，全球化使得民族国家发生了变化，但这并不意味着民族国家正失去作用、逐渐消亡。他分析道，民族国家的政治组织在全球化进程中确实发生了一些新的变化：第一，国家的去国家化。这表现在民族国家机器产生"挖空外移"现象。具体来说，随着新旧国家能力在跨国、国家、次国家、跨地方层面上被重组，不同领土层级上的国家管理者都力图扩大他们各自的操作自主性和策略能力。第二，政治体系的去政府化。这体现在由国家各层机关执行的一些技术经济或是政治、意识形态的功能已经全部转移给其他非政府组织、半官方组织、私人等或是与他们共同分享。第三，政策制度的国际化。这主要表现为国内国家行动的国际脉络已经延伸到包含广泛的境外或跨国因素和过程，而且国际环境对国内政策制定的影响越来越重要。①

但是杰索普又指出，这里还存在着使民族国家不会消失的三个反趋势：第一，反国家的去国家化趋势是民族国家力图保留衔接各空间层级的控制权。民族国家努力通过管理不同层级的经济和政治组织之间的关系而重新取回权力。总而言之，尽管民族国家可能会丧失部分的形式主权，但仍将在衔接层级方面发挥重要的作用。第二，与转向治理趋势相反的是政府在元治理（metagovernance）中的作用进一步增强。这一点很明显地体现在欧盟的运作过程中以及它试图克服成员国意见不同而引发的决策陷阱和制度僵局等问题上。第三，反政策制度国际化趋势是民族国家代表本国资本和选民的利益，在塑造国际政策制度的发展及运作过程中发挥着日益重要的作用。②

---

① Bob Jessop, *The Future of the Capitalist State*, Polity Press, 2002, pp. 195-200.
② Ibid., pp. 281-283.

杰索普进一步总结到，全球化并不意味着已经出现了一个完全发展成熟的超国家，可以在一个延伸的、阶级分化的超国家社会中进行制度整合并维持社会凝聚。事实上，民族国家仍然维持着很多重要的功能，包括中央行政权与国家主权以及维持社会凝聚的责任等。

罗宾逊则认为，民族国家既不会保留其卓越地位，也不会消失，而是被变革并纳入到更大的跨国国家的结构之中，成为跨国国家的一个有机组成部分。他指出，在全球化进程中，从20世纪80年代开始，跨国集团逐渐在民族国家内部占据主导地位，但跨国集团的目的并不是为了在与其他民族国家的竞争中促进自己代表的"国家利益"，而是要形成跨国结构，①因此并不会造成民族国家的消亡，民族国家的重要性也不会衰退，它有可能继续保持强大的实体地位。但是这些国家很容易被将全球资本主义的权威结构国内化的跨国社会力量所影响和控制。②

二　全球化中国家经济职能的变迁

全球化已经成为世界发展不可逆转的趋势。随着日益推进的全球化，世界各国经济发展面临的外部环境发生了巨大改变，这必然会影响国家经济职能的发挥，并对国家经济职能提出新的要求。各国只有根据形势的变化适时调整自己的经济职能，才能更好地发挥政府的作用，应对全球化带来的巨大挑战。

16—17世纪的重商主义提倡国家积极干预经济，但到了17世纪中叶，亚当·斯密（Adam Smith）提出国家不应该干预经济的发展，只要扮演"守夜人"的角色即可。1929—1933年爆发了世界经济危机，凯恩斯的国家干预理论应运而生，国家由"守夜人"变为"调节者"。到了20世纪70年代，资本主义国家陷入"滞胀"，以英国和美国为代表的资本主义国家开始实行新自由主义政策，国家放松对经济的管制。进入20世纪80年代，全球化浪潮迅猛推进，资本主义国家的经济职能、调节方式也随着发生改变。法国学者热拉尔·杜美尼克（Gérard Duménil）指出，全球化的到来使资本主义国家进入了一个自我更新、自我调节、自我发展的大变革

---

① ［美］威廉·I. 罗宾逊：《全球资本主义论——跨国世界中的生产、阶级与国家》，高明秀译，社会科学文献出版社2009年版，第143页。

② 同上书，第162页。

时期。资本主义的经济结构、社会结构和政治结构，国家调节方式以及国际关系都经历着深刻的变化。①

对于伴随20世纪80年代全球化开始的资本主义国家调节方式的转变，法国调节学派代表人物米歇尔·阿格利埃塔（Michel Aglietta）认为，这一时期国家调节方式转变的目标和任务是改变战后经济增长方式，使之适应新技术发展和国际竞争日益加剧的需要。阿格利埃塔指出，20世纪80年代起，在发达国家首先是美国，在国家干预下形成了一种新的增长方式，即金融资产增长方式，它以增加供给、扩大投资的理论为基础。其特点是：在生产和技术方面，强调对劳动的集约投资和信息投资，重视资本生产率的提高；在企业治理方面推行雇员股东制和机构投资；在企业效益评估标准方面，强调股市盈利水平；在劳资关系方面，强调在价格的制约下，尽量降低工资成本，采用个别谈判方式决定工资标准；在市场竞争方面，强调产品价格由国际价格加汇率决定。金融资产增长方式是内生增长方式。从战后的福特主义增长方式向金融资产增长方式的转变是国家宏观调控的结果，这一转变在微观层面的反映是：企业股权分散化，企业管理者把部分权力转让给股东，投资者把投资风险转让给企业，企业到资本市场寻求风险资本以分散风险，从而获得新的投资和发展动力。有学者把这种国家调节方式的转变称为"从财政赤字政府向企业投资政府的转变"②。

罗宾逊也指出国家角色在20世纪80年代发生了一些显著改变。国家开始从提供社会补贴，即资助公共卫生、教育、福利、交通等有助于劳动及其社会再生产，转为资助私人企业。此外，这一阶段还出现了由企业资助研究和发展转为国家资助，国家通过去管制化、再管制化（从"僵硬性"到"灵活性"）远离社会再生产，以及废除妨碍市场力量的规则和管制等变化。这些改变都提升了国家对资本的服务和资助，强化了国家在促进私有资本积累方面越来越重要的角色。③

到了20世纪90年代，随着经济全球化、信息革命等因素的迅猛发展，资本主义国家的经济职能在持续不断地进行着调整。罗宾逊指出，在这一时期，国家的功能正在发生变革。民族国家正经历着向新自由主义国家的

---

① 李其庆：《西方左翼学者对当代资本主义的研究》，《马克思主义研究》2002年第1期。
② 同上。
③ ［美］威廉·I.罗宾逊：《全球资本主义论——跨国世界中的生产、阶级与国家》，高明秀译，社会科学文献出版社2009年版，第141页。

转变,正在变成更大的跨国国家的一个有机组成部分。作为跨国国家的组成部分,这些新自由主义国家不仅为资本提供基础性服务,还成为跨国议程的传送带和过滤器,为特定国家领土内的资本提供了基础性服务。这些新自由主义国家主要具备以下三个方面的功能:(1)采用有助于保持宏观经济稳定的财政和货币政策;(2)为全球经济活动提供必要的基础设施;(3)提供社会秩序,也就是保证社会稳定,这需要维持直接压迫的工具和意识形态机器。① 总之,国家的功能正逐步从国家政策的规划转向管理由超国家机构所规划的政策。

托尼·麦克格鲁(Tony Mc Grew)认为,当全球市场力量剧烈冲击国家的时候,民主的公共干预范围将变得越来越窄。同样,全球和区域组织权威的扩展与大多数公共国际决策的政治技术复合体的联合模糊了权力定位、分散了政治责任。在全球化不断加强的情况下,治理已经变成了更加复杂和不稳定的过程。托尼·麦克格鲁进一步指出,作为一种分析性概念,治理指的是一种以公共利益为目标的社会合作过程——国家在这一过程中起到关键的但不一定是支配性的作用。作为一项政治工程,治理意味着对已经改变的国家行为状态的战略反应。麦克格鲁相信全球化改变了国家行为和民主治理的状态。全球化在许多方面培育了更积极的国家,部分是因为在更加相互依存的世界中,仅只实现国内目标,政府也必须进行广泛的多边合作。②

莱斯里·斯克莱尔(Leslie Sklair)认为,随着全球化的深入发展,一个新型的阶级——全球资产阶级或跨国资本家阶级已经形成。这个跨国资本家阶级由四部分人组成:(1)拥有和控制重要跨国公司的人,即跨国公司的执行官及其老板;(2)全球化的官僚和政客;(3)全球化的专业技术人员;(4)商人和媒体。③ 这个跨国资本家阶级超越国界追求全球资本的利益,使得贫富两极分化越来越严重。维克多·基根(Victor Keegan)把这种新的两极分化称作一种新的拦路抢劫。④ 齐格蒙特·鲍曼(Zygmunt

---

① [美]威廉·I. 罗宾逊:《全球资本主义论——跨国世界中的生产、阶级与国家》,高明秀译,社会科学文献出版社2009年版,第162页。
② [英]托尼·麦克格鲁:《走向真正的全球治理》,陈家刚译,《马克思主义与现实》2002年第1期。
③ 俞可平:《全球化时代的资本主义》,《马克思主义与现实》2003年第1期。
④ 同上。

Bauman）则用一系列数据证明了两极分化的严重情况。他指出，358 名全球亿万富翁的总财富相当于 23 亿最穷人口（占世界人口的 45%）的总收入。实际上，只有 22% 的全球财富属于占世界人口大约 80% 的发展中国家。然而，这绝不是两极分化可能达到的极限，因为当前指定给穷人的全球收入份额还要更小：1991 年，85% 的世界人口只获得了 15% 的收入。[①] 在这种情况下，国家要通过限定最低工资、调节高收入者的收入等分配政策来抑制贫富差距不断扩大的趋势。

马丁·阿尔布劳（Martin Albrow）认为，全球化时代意味着以全球性来取代现代性；对于个人和团体来说，这也就意味着一种在行为基础和社会组织方面的全面变革。全球性至少在五个方面使人们超越了现代性的种种假设。这五个方面是：由全部人类活动形成的全球性的环境后果；由具有全球破坏性的武器导致的安全感的丧失；通信系统的全球性；全球性经济现象的涌现，以及全球主义的反省性。[②] 这意味着国家要承担起保护环境和维护国家安全的重任，加大对改善生态环境的财政投入。

阿根廷的弗雷德里克·C. 特纳（Frederick C. Turner）对全球化背景下，国家角色的新变化作出了概括："在政府能够更好地完成传统职能的同时，国家的新职能也在出现。当代的全球化给国家提出了新的要求：国家也好，公司也好，只要继续留在一种缺乏竞争能力的状态中，就大有可能发现其国民的生活水平落后于更有效率的国家和公司。竞争已经全球化而且愈演愈烈，因此，各个国家都面临前所未有的要求：尽可能扩大个人的自由；减少内债和外债；惩治腐败，将其限制在最低限度。国家惟有如此，才能增加自己的政治合法性。体制创新在若干国家层出不穷，其他民族当然可以借鉴这些创新，从而使自己有能力适应国内国外提出的种种新要求。"[③]

阿里夫·德里克（Arif Dirlik）概括了全球化进程中，资本主义具有的五个重要特征：第一，全球资本主义结构的根本特征是形成一种新的国际分工。换言之，生产的跨国化通过转包方式使生产过程（甚至是同一产品

[①] ［英］齐格蒙特·鲍曼：《全球化：人类的后果》，郭国良等译，商务印书馆 2001 年版，第 67 页。

[②] ［英］马丁·阿尔布劳：《全球时代——超越现代性之外的国家和社会》，冯玲、高湘泽译，商务印书馆 2001 年版，第 9 页。

[③] ［阿根廷］弗雷德里克·C. 特纳、亚历杭德罗·L. 科尔巴乔：《国家的新角色》，陈思译，《国际社会科学杂志》2001 年第 1 期。

的生产过程）全球化了。新的技术在前所未有地提高生产速度的同时也扩展了生产的范围。这些技术也使资本主义和生产前所未有地流动不定，所以生产的场所始终处于变动之中，资本对劳动寻求最大的利润，并且力图避免社会和政府对资本活动的干预。第二，无中心化。换言之，指出哪个国家或地区是全球资本主义的中心变得日益困难。不止一个分析家发现，北欧正在出现的生产组织类似于现代早期的汉萨同盟（其中有一个学者把它称为高技术的汉萨同盟）。用世界体系分析的术语来讲，高技术的汉萨同盟现在已经成为资本主义世界经济的核心地带，而国内的边远地区则成了外围地带。换句话说，没有固定中心的都市网络之间的相互联系比它们与国内边远地区的联系还要密切。第三，联系这个网络的媒介是跨国公司，跨国公司已经取代国家市场而成为经济活动的中心。从转移资本、商品和生产的角度看，跨国公司不是一种纯粹消极的工具，它决定着这种转移的性质和方向。虽然与汉萨同盟的相似和表面的生产现象表明了非中心化，但在这种表象背后，生产权仍高度集中在公司。第四，生产的跨国化不仅是全球前所未有的统一的根源，也是全球前所未有的分散化的根源。全球在经济上、社会上和文化上的同质化，使马克思在《共产党宣言》中对资本主义的评论得以证实。但与此同时也存在着一个平行的分散化过程。从全球看，没有资本主义的中心，从地方看，生产过程的分散化进入到国内的地方区域。诸如欧洲经济共同体、太平洋经济区、北美自由贸易区这些超国家的区域组织，表明了全球层面的分散化；同一国家内部的不同地方为把自己纳入跨国资本的轨道而相互竞争，则标志着地方层面的分散化。可以说，国家本身曾在历史上代表着限制分散化的权力，但在内外夹攻下，它现在也不知道怎样限制这种新的分散化。第五，资本主义的生产方式在资本主义历史上破天荒地真正成为全球的抽象，而脱离了其特定的欧洲历史渊源。换言之，资本主义的故事不再是欧洲历史的故事，所以非欧洲的资本主义社会第一次声称自己也拥有资本主义的历史和文化。也就是说，与经济和政策的分散化一致，文化也在分散化。若给它一个积极的伪装，就是多元文化主义。①

在这种情形下，生产决策权集中于那些在组织方面和效忠方面超越国

---

① ［美］阿里夫·德里克：《世界体系分析和全球资本主义——对现代化理论的一种检讨》，俞可平译，《战略与管理》1993年第1期。

家的跨国公司，民族国家调节国内经济的权力受到了限制，而从全球角度来调节和保护经济秩序就成为超越国家的组织或集团的一项重要任务。从全球角度来调节和保护经济秩序不仅表现于多种多样的全球组织中，而且也体现在建立跨国家的区域组织从而统一经济职能的活动中。而且随着跨国界的经济活动和经济组织的日益发展，一国的经济活动对国外的依赖性逐渐增强。在这种日益加深的经济联系中，各个国家围绕经济问题而产生的矛盾、争执和摩擦也日益扩大，经济渗透、封锁、制裁、贸易战、关税壁垒等一系列问题相继出现，这就使得各国不仅需要对本国经济进行调控，解决好本国内部经济发展中存在的问题，还需要调节与他国之间的经济矛盾、缓和经济摩擦，加强与其他国家的合作，通过参与全球经济活动，解决世界各国共同面临的经济发展中的问题。正如贝克所说，在全球化进程中，国家之间必须扩大合作，目的是限制或避免跨国企业为避税和提高国家补贴而一手编导的"黑幕交易"。国家之间要建立起联络网，使跨国企业受到约束，不能再为所欲为。他认为，全球化不能意味着一切都听从市场的安排。恰恰相反，全球化的发展对与其息息相关的国际规则的要求、对跨边界互动行为的国际条例与制度的要求都提高了。因此全球化必然伴随着主权国家之间更好的政治协调，对银行和金融机构更有效的国际监控，国家关税壁垒（例如在欧盟内部）的消除，国际组织之间更加紧密、灵活、有效的合作。[①]

此外，全球化意味着生产要素和产品在世界范围内流通，因而，低运输成本和低能耗成本成为全球化发展的基本前提。国家为此要为保障低运输成本而进行补贴，同时为了更好地降低运输成本，国家要承担起发展区域产品、服务及劳动市场的职能。

总的来说，安东尼·吉登斯（Anthony Giddens）认为，在全球化时代国家应该在以下方面发挥作用，促进经济发展，避免危机的发生：（1）为各种不同利益的体现提供途径；（2）提供一个对这些利益的竞争性要求进行协调的场所；（3）创设和保护一个开放的公共领域，在这个领域中关于政策问题的争论能够不受限制地持续开展下去；（4）提供包括公共安全和福利的各种形式在内的多种多样的公共产品；（5）为公共利益而对市场进

[①] ［德］乌尔里希·贝克：《应对全球化》，常和芳译，《马克思主义与现实》2008年第2期。

行规制，并在存在垄断威胁的情况下培育市场竞争；（6）通过暴力手段和警察机构的控制和使用，来培育社会安全；（7）通过在教育制度中所发挥的核心作用，来促进人力资源的积极开展；（8）维护有效的法律制度；（9）作为主要的用人方，在干预宏观和微观经济，以及提供基础设施中发挥直接的经济作用；（10）政府具有教化的目的：政府虽然体现着那些得到普遍支持的规范与价值，但是它也可以在教育制度和其他方面对这些规范与价值的塑造起到帮助作用；（11）培育区域性和国际间的联合，并寻求实现全球性目标。[1]

全球化进程中，信息网络技术的飞速发展也对国家职能的调整提出了新的要求。信息网络技术的发展推动全球资本主义进入了信息时代，并对资本主义生产和生活方式带来了巨大影响。丹·希勒（Dan Schiller）指出，在扩张性市场逻辑的影响下，因特网正在带动政治经济向所谓的数字资本主义转变。数字资本主义孕育了一种新的经济——信息经济或称为知识经济。信息经济的出现对国家的职能提出了新的要求。吉登斯说，信息技术和通信技术是信息经济的动力媒介，但它的承担者是知识工人，即拥有知识和技术却并不直接创造物质产品的新式工人。因为知识经济已经成为现代经济的基础，所以，国家必须培植社会的知识基础来释放信息经济的全部潜力。[2] 保尔·博卡拉（Paul Pokhara）也指出，信息时代不仅需要掌握大量先进知识和技能、具有较高文化素质的劳动者，同时它也改变着人们的消费方式。信息产品具有可复制性、无限消费、共享性、积极外部性等特殊性质，在信息社会，人们更注重集体消费医疗保健、教育、行政管理、网络、公共文化设施，等等。[3] 这就使得国家一方面需要大量增加教育和培训的投资，为信息经济的发展提供人才；另一方面，要更加注重医疗保健、公共文化设施等公共物品的供给，以满足国内居民的需要。

随着全球化在经济、文化和军事等领域的深入发展，资本主义从国家垄断资本主义进入到了金融垄断资本主义的新阶段。法国学者让－克罗特·德罗奈（Let-Krout De Luonai）认为，金融垄断资本主义阶段揭示了资本主义发展新阶段的本质，虽然这不意味着要完全抛弃国家垄断资本主义

---

[1] 陈炳辉：《西方马克思主义的国家理论》，中央编译出版社2004年版，第302页。
[2] ［英］安东尼·吉登斯：《第三条道路及其批评》，孙相东译，中共中央党校出版社2002年版，第79页。
[3] 李其庆：《西方左翼学者对当代资本主义的研究》，《马克思主义研究》2002年第1期。

这一概念。他认为，金融垄断资本主义是国家垄断资本主义克服自身危机发展的结果。信息革命为金融垄断资本主义提供了技术和生产力基础，而经济全球化和金融化则是金融垄断资本主义形成的必要条件。① 这一阶段的显著标志是金融自由化和放宽管制。约翰·贝拉米·福斯特（John Bellamy Foster）说，新自由主义全球化、监管的放松、对资本流动管制的取消、新型复杂的金融结构创新等，被视为是世界经济发展规律的本质。②

在全球化的推动下，金融资本迅速向全球扩张，垄断了世界市场。埃及著名学者萨米尔·阿明（Samir Amin）明确说：西雅图出现的新自由主义、新经济并不是什么新东西，它们只是在形式上有新花样，实质上不过是否定意义上的资本主义的乌托邦。它们建立在两个相互联系的原则之上：一是金融的逻辑控制社会的一切；二是给市场以最大的自由。推行这两个原则是为了追求利润的最大化。历史已经证明，这些原则是不对的、不合理的。它们激励的不是民主，而是无政府主义。这种什么都由市场来控制的经济逻辑，不会产生人们所希望的和平，而是冲突。这种资本主义的乌托邦，不管是什么原因，都表现出资本要控制一切的倾向。这就是今天的全球化。③

倡导经济自由化、国家放松对金融的管制等新自由主义的资本主义使得国家的调节方式进一步被削弱，引发了 2008 年的全球经济危机。正如英国的马克思主义学者希勒尔·蒂克廷（Hillel Ticktin）所言，国家一系列的调节方式曾稳定了资本主义，但在金融垄断资本主义阶段，这些调节方式都已经被削弱，以至于爆发了当前的危机。他认为，2008 年爆发的世界经济危机代表了资本主义系统本身的危机。系统化危机是资本主义制度本身所固有的。这次世界经济危机表明资本主义进入了一个内在不稳定时期。④

大卫·科茨（David Kotz）指出，2008 年美国率先爆发金融危机的根本原因是新自由主义的资本主义。他指出了新自由主义形式的资本主义的六个重要特征：（1）放松对经济和金融的管制，允许自由市场的存在；

---

① 李其庆：《西方左翼学者对当代资本主义的研究》，《马克思主义研究》2002 年第 1 期。
② [美] 约翰·贝拉米·福斯特：《失败的制度：资本主义全球化的世界危机及其对中国的影响》，吴娓、刘帅译，《马克思主义与现实》2009 年第 3 期。
③ 李崇富、罗文东：《西方左翼学者论全球化与当代资本主义》，《马克思主义研究》2001 年第 2 期。
④ [英] 希勒尔·蒂克廷：《关于资本主义不稳定性和当前危机的马克思主义政治经济分析》，姜新旺译，《马克思主义与现实》2009 年第 3 期。

（2）政府不再对宏观经济进行积极调控，追求低通胀率而非低失业率；（3）社会福利急剧减少；（4）大型企业和政府打击削弱工会力量，劳动市场格局改变，资方完全控制劳方；（5）自由、残酷的竞争取代了有节制的竞争；（6）商品、服务和资本在不同国家之间相对自由地流动。正是由于国家放松了对金融的管制，使得金融市场非常不稳定，最终引发了金融危机。[①]

危机爆发后，资本主义国家对经济广泛进行干预。以美国为首的各主要资本主义国家实行了一系列经济刺激计划，加大了政府干预经济的力度，实施了向私人大银行、大公司注资，包括对某些企业甚至某些行业实行国有化等措施。英国学者西恩·塞耶斯（Sean Sayers）指出，美国政府为了将世界金融体系从其固有的崩溃危险中拯救出来，已经被迫接管了银行和证券公司。各国政府也不得不采取类似的措施。他们被迫在银行和证券公司里占有更大的股份，在某些特定的情况下，甚至不得不将银行和证券公司完全国有化，并对它们的运行采取更严格的管制。但他同时指出，资本主义国家采取的这些措施在一定程度上延缓了资本主义崩溃，这些国家干预经济的措施主要目的是为了拯救银行和资本主义制度以避免崩溃，并不是为了工人阶级或是整个社会的利益。

塞耶斯进一步分析说，2008年的世界经济危机已经使资本主义经济体系濒于崩溃。这就证明了自由市场是经济生活瘫痪的基础，光靠市场调节是不够的。[②] 蒂克廷指出，资本主义国家采取的这些调节措施只是暂时使资本主义表现出稳定的假象，资本主义之所以没有被推翻是因为工人阶级和社会主义者还没有开始真正的反抗。资本主义国家的各种调节措施稳定经济的作用将会逐渐被削弱，想通过调节的形式来维持经济增长已经达到极限，资本主义国家始终面临着低增长率、停滞甚至是崩溃的风险。[③]

三 全球化中资本主义国家的危机

资本主义主导的全球化不仅引发了经济危机，还带来人口、资源、环

[①] ［美］大卫·科茨：《美国此次金融危机的根本原因是新自由主义的资本主义》，《红旗文稿》2008年第13期。

[②] ［英］西恩·塞耶斯：《马克思主义和资本主义危机》，孟高峰译，《哲学动态》2009年第5期。

[③] ［英］希勒尔·蒂克廷：《关于资本主义不稳定性和当前危机的马克思主义政治经济分析》，姜新旺译，《马克思主义与现实》2009年第3期。

境等一系列世界发展问题。可以说，随着全球化的深入发展，资本主义国家面临着严重的危机。

罗宾逊指出，当前全球资本主义体系的正统地位开始动摇，这与以下四个方面相关：（1）过度生产或需求不足，或者换个说法叫作积累过剩；（2）全球社会的两极分化；（3）国家合法性和政治权威面临的危机；（4）可持续发展危机。[①] 随着全球化格局的逐步形成，全球范围内的收入两极分化、流动性不断下降、购买力不断减弱，致使世界上的大多数人没有能力消费全球经济所生产出来的商品。这是消费不足（或者说生产过剩）的典型危机，现在这种危机在特定条件下转嫁给了作为一个整体的全球经济。全球化使各种力量之间的关系有所变化，带来了全球性的劳动力资源，资本家们逐步将新的结构和权力制度化，以形成新的劳资关系、降低相对工资并创造新的赢利机会。在这种情况下，一方面资本家的利润大大增加了，但另一方面很多劳动力却没有能力消费，这就使得生产过剩或者消费不足的矛盾进一步恶化。

国际著名左翼学者罗伯特·布伦纳（Robert Brenner）也认为，资本主义危机的根本原因是全球生产能力过剩和利润率的长期下降。他说，随着全球化的逐步推进，经济容易陷入低迷。这是因为全球化使得利润率不断下滑。主要原因在于全球制造业持续性产能过剩。德国、日本、新兴工业化国家等先后进入世界市场，其生产的产品与其他发达的经济体生产的产品基本一样，只是更加廉价。这就造成了众多产业供过于求的不良后果，既压低了产品价格，又减少了利润。然而，那些利润受挤压的企业并不会主动放弃自己的产业。它们会依靠自身的创新能力，加大对新技术的投资从而躲避倒闭或破产的风险。在这种情况下，生产过剩的形势就更加严峻。由于资本投资回报率下降，资本家获得的利润会变得更少。因而，他们只能减少厂房、设备和雇佣，并为了保持利润率而减少对工人的补偿。这会造成总需求减少，使经济陷入低迷状态。[②]

全球化进程的推进除了引发积累过剩的危机外，还加速了世界范围内社会两极分化的进程，使社会再生产陷入了更深的危机。富人和穷人之间的差

[①] ［美］威廉·I. 罗宾逊：《全球资本主义论——跨国世界中的生产、阶级与国家》，高明秀译，社会科学文献出版社 2009 年版，第 191 页。

[②] 蒋宏达、张露丹译：《布伦纳认为生产能力过剩才是世界金融危机的根本原因》，《国外理论动态》2009 年第 5 期。

距正以前所未有的速度变成巨大的鸿沟，这就形成了新的全球性社会分裂。

不仅如此，在全球化背景下，很多政府都面临越来越多的合法性危机，政治权威受到挑战。全球系统的经济困境导致很多国家内部产生社会不稳、政治紧张和军事冲突。罗宾逊强调，全球资本主义危机引发的政治军事危机将越来越多地表现为跨国资本形成的寡头垄断联盟之间的激烈竞争。跨国资本家联盟可能转而求助于各个民族国家，从而比其他类似联盟占有更大优势。而且，全球化时代最突出的矛盾并不是国家之间的。全球体系的危机将会逐渐扩大升级为普通阶层与精英阶层之间的跨国社会冲突，前者自发地或者有组织地采取各种反抗形式，后者则包括全球资本主义精英和跨国政府的各种代表人物和机构。全球资本主义危机因而最终演变成一个"社会控制"问题。

与罗宾逊的观点类似，中谷岩也认为，尽管全球化资本主义带来了世界经济的蓬勃发展，但它内部包含着很多本质性的缺陷，这主要包括以下几点：（1）造成世界金融和经济的巨大不稳定；（2）内含"差距扩大机制"，导致贫富两极分化严重，结果造成健全的"中产阶级消失"；（3）加速地球环境污染，成为全球食品污染的远期原因。考虑到当今日趋严重的环境污染、食品污染、贫富差距扩大等问题，全球化资本主义国家将不可避免地需要进行巨大的修正。[①]

伊藤诚也指出，在全球化背景下，资本主义货币金融体系的不稳定性急速加剧，对资本主义经济造成了极大的打击。20世纪90年代，日本等国家出现的巨大泡沫的破灭和资产价格的大幅度下降，导致了不良债务的堆积和增大，从而造成严重的金融危机。而且，全球化格局的逐步推进促进了国际投机资金的流动，最终造成了亚洲国家的货币、金融危机，美国也出现了巨大IT泡沫。伊藤诚认为，投机的不稳定性因国际投机资金的大规模移动而加剧，导致当代汇率和利率波动幅度增大，对全球资本主义经济产生了不利的影响。[②] 而且在浮动汇率制条件下，信息技术的高度发展和应用成为资本主义世界金融体系的投机性动荡加大、由泡沫膨胀和破灭所引起的对经济的打击反复出现的助推器。

[①] ［日］中谷岩：《资本主义为什么会自我崩溃》，郑萍译，社会科学文献出版社2010年版，第4页。

[②] ［日］伊藤诚：《幻想破灭的资本主义》，孙仲涛等译，社会科学文献出版社2008年版，第89页。

科茨从积累的社会结构（SSA）角度阐述了资本主义全球化面临的危机。他认为，当代的资本主义全球化，无论是从资本主义世界不断增加的经济一体化意义上，还是从世界资本主义的地理大扩张来看，都给发展新的调节主义的国家设置了障碍。如果没有调节主义的国家，就很难有新的SSA的产生，也没有资本主义快速发展的新阶段。没有新的SSA的产生，就有可能从国际方面和国家内部出现冲突和不稳定升级、不平衡发展加剧的趋势。随着经济增长的放慢或者完全停滞，劳动和资本之间的冲突就具备了零和博弈的特征，并且有加剧的势头。缺乏有效的国家调节将使得经济更容易走进波动甚至危机的状态。从资本主义黄金时代末期以来不同地区、不同产业和不同职业之间不断扩大的利益差别，就有可能进一步地扩大。社会秩序的压力越来越大。①

此外，他还指出，当今资本主义采取的全球化新自由主义模式导致一般民众的实际生活条件在各个方面都进一步恶化。其中包括：（1）一国内部的不平等进一步加剧，极少数富人在迅速地变得更加富有，中产阶级勉强维持他们的生活水准，大多数人的生活水平下降；（2）国家间的不平等进一步加剧，许多国家经历了持续的或者迅速的经济衰退；（3）工人、小农场主和小商业主的生活保障更差；（4）经济和金融系统的不稳定性加剧；（5）商业价值化观念进一步渗透到社会的各个层面；（6）跨国公司和富豪更加直接或间接地凌驾于国家之上；（7）对经济和人类社会可持续性发展的环境威胁进一步加剧；（8）以美国和英国为首的资本主义领导力量采取了更具有扩张性的帝国主义开放政策，加剧了世界军事冲突。② 这就在全世界范围内引发了抵抗全球化的运动，使得全球资本主义的发展面临更严峻的危机。

福斯特则认为，资本主义发展过程中出现的三个关键矛盾构成了当代资本主义危机：（1）当前的金融危机和经济处于停滞或萧条状态；（2）地球面临着日益严峻的生态崩溃威胁；（3）对资源的争夺引起全球不稳定。新自由主义全球化、监管的放松等引发了金融危机，使经济停滞不前。同时，他认为，当前最危险的问题是地球正面临日益严重的生态崩溃威胁。

---

① ［加］罗伯特·阿尔布里坦、［日］伊藤诚等主编：《资本主义的发展阶段——繁荣、危机和全球化》，张余文主译，经济科学出版社2003年版，第119—120页。
② 程恩富、［美］大卫·科茨：《新自由资本主义、全球化和社会主义——中美马克思主义经济学对话》，《经济学动态》2005年第4期。

生态崩溃的危害远比全球经济危机更加严重。在全球经济范围内，这些危险来自于物种灭绝、对热带雨林的破坏（以及对森林生态系统的破坏）、对海洋生态的污染和破坏、淡水资源供给的减少、拥挤的城市、大型水坝带来的有害影响、世界饥饿、人口过剩等问题。除此之外，与世界经济危机与生态危机相伴发生的是美国霸权地位的衰落，美国试图通过所谓的恐怖主义战争从军事上恢复其全球霸权的行为可能引起全球不稳定。而导致上述三大危机的共同因素是失败的资本主义制度，即全球经济和社会秩序在现实与理论之间呈现出越来越多的致命性矛盾。①

贝克和吉登斯认为，全球化使得当代资本主义具有极度的不确定性和高度的风险性，当代西方发达资本主义社会已经成为一个风险社会或进入了风险时代。他们认为，现代的政治和经济制度实际上促成了各种风险的大量产生，这些风险包括自然生态方面的风险和其他已被察觉和认知的风险。与此同时，现代的政治经济制度和其他方面的一些制度和规范仍然在发挥着作用，并继续导致各种风险的形成。他们还认为，由于社会进步所带来的副作用和负面效应，现代社会还将不断产生新的更大的风险。②

吉登斯特别强调全球化对于风险社会的影响。他认为，风险与冒险或者危险是不同的，传统文化中没有风险的概念，因为不需要这个概念。风险有外在风险和内在风险两种类型。外在风险是来自外部的，因为传统或者自然的不变性和固定性所带来的风险。内在风险是被制造出来的，指的是由不断发展的知识对这个世界所产生的风险，或在没有多少历史经验的情况下所产生的风险。他认为，大多数的风险属于内在风险，包括环境和生态的恶化。不过在吉登斯看来，风险也并非全是消极的，它也有积极的一面，它是社会变化的动力之一。它是现代性的产物，是现代资本主义的固有特性之一。实际上，如果没有它，资本主义是无法想象的，也是难以运转的。然而，全球化及随之而来的风险社会，带来了其他形式的风险和不确定性，使得所处的这个世界没有越来越受到人类的控制，而似乎是不受人类的控制，成了一个失控的世界。③

---

① ［美］约翰·贝拉米·福斯特：《失败的制度：资本主义全球化的世界危机及其对中国的影响》，吴娓、刘帅译，《马克思主义与现实》2009 年第 3 期。
② 俞可平：《全球时代的资本主义》，《马克思主义与现实》2003 年第 1 期。
③ ［英］安东尼·吉登斯：《失控的世界：全球化如何重塑我们的生活》，周云红译，江西人民出版社 2002 年版，第 16、32 页。

综上所述，全球化使得资本主义国家面临着以下三类危机：一是经济金融危机；二是以合法性危机为表征的政治危机；三是以自然资源短缺、生态环境恶化为主要特征的生态危机。可见，当代资本主义国家已经逐步进入了危机时代。

上述研究表明，随着全球化的推进，世界各国面临的外部环境发生了巨大改变，当代资本主义国家的新特征、新职能、新危机也不断涌现，这些都是与全球化进程密不可分的。在全球化背景下，国外马克思主义者对当代资本主义国家的深入分析和批判有着积极的意义。

其一，这些学者在对全球化背景下民族国家未来的探究中发展了马克思主义的国家理论，深化了人们对全球化背景下民族国家的理解和认识。哈特和内格里分析了全球化背景下民族国家政治主权的衰落，罗宾逊则指出了取代民族国家的一种新的国家形式——跨国国家，杰索普不仅分析了民族国家在全球化进程中出现的新变化，而且进一步指出了使民族国家不会消失的三个反趋势。这些新的观点和理论有助于我们更为全面、深入地认识全球化背景下的民族国家。

其二，这些学者在对全球化背景下当代资本主义国家经济职能的分析和批判中，提出了很多较为新颖、有一定价值的观点，在一定程度上丰富了马克思主义的国家理论。麦克格鲁指出全球化国家民主的公共干预范围变得越来越窄，丹·希勒则提出数字资本主义孕育的一种新经济——信息经济或称为知识经济对国家职能提出了新要求。特纳对全球化背景下国家角色的新变化作出了形象的概括，吉登斯则较为详尽地归纳了在全球化时代国家在11个不同方面应该发挥的作用。这些学者的分析，拓展了传统马克思主义者有关国家经济职能的论述，深化了对当代资本主义国家经济职能的认识。

其三，这些学者抨击了当代资本主义国家的种种弊端，揭示了当代资本主义国家的各种矛盾和危机。科兹从积累的社会结构（SSA）角度详尽阐述了资本主义全球化面临的危机，贝克和吉登斯则指出了当代资本主义所具有的极度的不确定性和高度的风险性，福斯特分析了当代资本主义面临的金融危机、生态危机和资源危机。这些学者对当代资本主义国家多种危机的分析加深了我们对全球化背景下资本主义国家的全面认识，使我们更加深刻地认识到了资本主义表面繁荣背后隐藏着的无法克服和调和的各种矛盾。

但是，这些学者对全球化背景下资本主义国家的新特征、新职能以及各种危机的分析和批判也存在不足。首先，从全球化与民族国家的关系来看，很多学者都积极批判了全球化进程的迅猛推进给民族国家带来的不利影响，如政治主权衰落、逐步被跨国国家所取代等，却忽略了全球化浪潮也给民族国家带来了发展机遇。其次，很多学者揭露了全球化背景下资本主义国家遭遇到的各种危机，如贫富差距、金融经济的不稳定、资源短缺、环境破坏等，却未能深入研究全球化中的资本——劳动矛盾、阶级矛盾和剩余价值变化，等等。从某种意义上看，他们缺乏阶级分析，缺乏对资本积累、剩余价值等呈现出的新变化的深入分析，这就使得他们对全球化中资本主义国家面临的各种问题分析得不透彻、概括得不全面。再次，这些学者多是从现象入手对全球化中国家及其职能面临的一系列问题进行了分析，却没有深入挖掘全球化背景下导致这些问题出现的原因，从而无法对处于全球化中的国家应如何从根本上有效解决这些问题给出积极的、正面的解答，因而也不可能很好地从理论上指导无产阶级的实践活动。

第三节 福利国家

福利国家是现代西方国家的典型形态之一。第二次世界大战后的西方主要发达资本主义国家普遍实行了福利制度，通过对资本主义的社会经济采取积极的干预和调节措施，通过推行各种福利政策对社会财富实行再分配，有效缓解了资本主义国家的各种矛盾，使资本主义社会呈现出一片繁荣景象。但是，到20世纪70年代中后期，福利国家却普遍陷入困境之中，经济停滞、通货膨胀、老龄化、高失业……一系列问题接踵而至，由此引发了人们对福利国家反思的热潮。

一 福利国家出现的背景及性质

福利国家是资本主义发展的必然产物。它萌芽于19世纪80年代。当时，一方面在马克思主义的影响下，工人运动有了相当的发展，社会主义思想得到传播；另一方面，资本主义社会内部矛盾激化。在这种情况下，资产阶级的思想理论和实际政策也发生了变化。在思想理论方面，各种改良主义理论的影响日益增长；在实际政策方面，随着国家垄断的萌芽，欧洲各国先后实施了一系列社会保障法。①

进入20世纪后，随着资本主义的进一步发展，阶级矛盾日益尖锐，尤其是1929—1933年经济危机的爆发造成了空前的失业和贫困，阶级矛盾进一步加剧。为了缓和阶级矛盾、扩大国内需求、重振经济，1942年，英国的威廉·贝弗里奇（William Beveridge）提出建立一种完善的福利保障制度，通过国家干预纠正市场经济产生的社会不公，增进公民的普遍福利，应对社会风险。至此，资本主义国家开始广泛实施福利制度，把福利制度当成稳定经济和社会的一种战略性的长远措施。英国在1946年至1948年提出并实行了一系列重要的社会立法，并于1948年7月首先宣布建成"从摇篮到坟墓"均有保障的"福利国家"。随后，西欧、北欧、北美洲、大洋洲、亚洲等的经济发达国家都陆续宣布实施普遍福利政策。

尽管福利国家几乎扩散于整个西方资本主义世界，但马克思主义学者认为，福利国家的阶级性质决定了它并不能成为工人阶级的福利国家。虽然福利国家并不必然否定工人阶级的利益，但它不过是保证资本利益的偶然的副产物。

英国著名马克思主义学者伊恩·高夫（Ian Gough）就指出，资本主义福利国家"体现了增加社会福利，发展个人权利，增加社会对市场盲目性作用的控制趋势；同时，它又体现了镇压和控制人们，使他们适应资本主义经济要求的趋势"②。也就是说一方面，福利国家同资产阶级利益是一致的，是代表在资本主义发展中所经历的一种对变化的反应——例如，对周期性的失业、技术变化、对有技能和有文化的劳动力的需求的反应——和这些变化在社会政策领域所产生的新要求；另一方面，福利国家缘于有组织的工人阶级的斗争，是统治阶级组织对这个威胁的故作姿态的反应。

诺尔曼·金斯伯格（Norman Ginsburg）也颇为深刻地指出："从资本家的观点上看，国家福利为积累资本的持续斗争做出了贡献，因为从物质上帮助把劳动和资本有利地结合在一起，并控制工人阶级的必然反抗和革命的潜力……社会保障制度是同再生产一个劳动后备军、家长制家庭和劳

---

① 王福林、李海祥：《福利国家剖析》，《湘潭大学学报》1991年第3期。
② 转引自［英］尼古拉斯·巴尔《福利国家经济学》，郑秉文、穆怀中等译，中国劳动社会保障出版社2003年版，第36页。

动力纪律相联系的。它作为缓和贫困和提供收入保障的手段而仅仅起一种次要的和偶然的作用。"①

此外，金斯伯格还详细论述了资本主义福利国家的阶级性质。他指出，福利国家中的福利供给是同资本的需要相联系，而不是同工人的实际需要相联系；许多福利政策并不是根源于社会主义或社会民主党，而是根源于保守主义或自由主义的精英。他们意欲管理或调节资本主义，以纪律约束劳动力，而不是为了减轻工人阶级的社会苦难；社会福利制度的变化反映资本积累需要的变化，例如：（1）对劳动剥削从松到紧的变动（和相应地扩大卫生、温顺和受教育的劳动力的需要）；（2）使男人适合于帝国主义/资本主义国家军队的需要（和使女人代替男人在工业生产领域工作的需要）；（3）大量的生产和科学管理的增加（也许减少）。福利供给措施的建立常常是累退的或同税收基础的扩大相联系的，至多，福利供给的支出是在工人阶级内或跨周期按工人的平均生活水平而进行的收入再分配。国家对福利的强制管理剥夺了工人阶级对其福利的自我管理（通过友好的社团或工会）。福利服务的形式具有官僚主义和反民主的特征。②

二　福利国家的分类、模式及特征

自福利国家出现后，其分类、模式及具有的主要特征成为学者们研究的主要内容。很多学者依据不同标准，对福利国家进行了分类。

吉登斯在强调欧洲的社会福利国家具有共同的历史起源、目标与结构的同时，从具体制度的角度把它们划分为四种类型：（1）英国的制度，强调社会福利与医疗保健服务；（2）斯堪的纳维亚或北欧国家的社会福利制度，借助高额征税与十分广泛的政府开支，提供了数额较高的福利金与十分出色的国家服务，包括医疗保健方面的服务；（3）中欧各国的制度，没有十分庞大的社会福利服务，但是在其他方面具有数量可观的福利金，它在收取社会保险费的基础上筹集资金；（4）南欧各国的制度，在基本特点方面与中欧制度类似，但是不那么广泛，国家提供的救济水平很低。③

---

① 杨寄荣、杨玉生：《西方福利国家理论与实践评析》，《当代经济研究》2010年第6期。
② 杨玉生：《福利国家的马克思主义批判》，《海派经济学》2003年第2辑。
③ [英]安东尼·吉登斯：《第三条道路：社会民主主义的复兴》，郑戈译，北京大学出版社2000年版，第7页。

杰索普指出，尽管福利国家的分类方式很广泛，但其中最具影响力的分类方式是艾斯平－安德森（Esping-Andersen）的分类方式。杰索普具体解释了安德森界定的四种福利体制类型：第一，自由主义类型。此类型中，劳动力的去商品化程度是最低的。它依赖于三个重要支柱，分别是国家扮演的角色降到最低（包括在提供社会福利方面也是仅扮演剩余的角色）；关于劳动市场参与的方面，此类型强调风险的个人化而非社会化；偏好以市场解决经济与社会问题。这三大支柱反映出了更为具体的特征，即给予低收入者（通常是工人阶级或国家依赖者）的补助；严格的福利资格规定；国家鼓励市场发展，从而为经济和社会再生产做准备。第二，保守主义类型。此类型包含一个中等程度的去商品化。它具有三个主要特征：在补救市场失灵方面起到关键作用，这可归因于家庭主义和合作主义；承诺维持地位的差异化；将风险集中于特定的职业团体中或社会阶层中，并共同分担。福利权给予传统的家庭形式以优先权，并且从属于阶级和地位而不是公民身份，同时，这种福利权对再分配的影响有限，这是因为福利权只是反映但并没有减少存在阶级和地位的不平等。第三，社会民主福利型。这种福利体制在北欧经济体中发展得最为成熟，这与强大的工人运动有关，并且信奉社会再分配。这种福利体制接受国家为解决市场失灵而采取的行动的延伸角色，并将风险社会化，同时提供高水平的福利补助和再分配。因为该体制展现的是以"就业社会"为基础的福利补助，所以该体制还提供以充分就业作为前提的高额的、不断增加的补助，并将去商品化的措施延伸到中产阶级，从而使他们支持国家，同时它也使所有公民将自身融入劳动力市场中。第四，家庭式或南欧式福利体制。这种体制是一种剩余福利国家。它在面临市场偶发状况时，依赖延展的大家庭进行经济和社会再生产，在这种大家庭中，男性承担生计重任。[①]

在艾斯平－安德森的分类方式的基础上，杰索普进一步从福利体制如何与经济增长模式（包括其嵌入国际劳动分工的方式）以及更为广泛的调节模式相契合的角度，区分了欧洲国家和北美国家的四种福利模式：（1）自由主义福利体制，它与以金融为基础的、市场调节的资本主义体制密切相连，在这种资本主义体制中资本的货币概念占据主导地位；（2）社会民主福利体制，它与小型开放经济体相连，这些经济体具有强大的福特

---

① Bob Jessop, *The Future of the Capitalist State*, Polity Press, 2002, pp. 62 – 63.

主义出口导向部门和拥有高技能的、高生产力的、高工资的出口部门；（3）保守主义和合作主义型福利体制，它与较大的经济体（无论是开放的还是封闭的）相关。这种体制在工业与金融之间、大型工业企业与中小企业之间进行协调，强调工艺生产、协会组织、传统阶级和新的小资产阶级。在这种体制中，资本的生产性概念占据主导地位；（4）南欧福利模式，它与发展中的外围福特主义经济体有关，具有庞大的农业部门、传统的社会结构和家族资本主义。[1]

此外，杰索普还总结了凯恩斯福利民族国家具有的四个特征。第一，凯恩斯福利民族国家是凯恩斯式的，其目标是确保在相对封闭的国民经济体内实现充分就业，这一目标主要通过需求管理来实现。凯恩斯福利民族国家试图调整有效需求，这些需求是相对于福特主义大生产的以供给驱动的需求而言的，它依赖于规模经济和对相对刚性的生产方式的充分利用来调节有效需求。第二，凯恩斯福利民族国家以福利为导向，试图在与充分就业增长水平一致的限制范围内调节集体议价，扩大大众消费的范围，使消费范围不只是限于在福特主义板块中赚取全家工资的男性劳动者，这样所有的国民及其家属都能分享经济增长的成果，从而促进国内有效需求。同时，它还推动有利于福特主义增长模式的集体消费形式。第三，凯恩斯福利民族国家是民族的或者说是国家的。国家承担了依据不同级别发展和引导凯恩斯福利政策的责任。和大西洋式福特主义相关的各种战后国际机构意在挽救欧洲民族国家、恢复各经济体的稳定、为国内经济增长创造条件、促进国际合作以确保各经济体能够顺利运行，如果可能还要确保并增进这些经济体的互补性。同样地，地方政府和地区政府主要是执行国家制定的政策，并且根据当地条件和力量的平衡来调整政策，而不是重新提出不同的政策。第四，凯恩斯福利民族国家主张国家主义。这是因为不同级别的国家制度在福特主义积累体制中是市场力量的主要补充力量，而且在公民社会的制度中起主导作用。市场与国家形成一个混合经济体制。当市场不能实现预期的经济增长、平衡区域发展、充分就业、低通货膨胀率、稳定的贸易平衡和收入公平分配等目标时，国家就要去弥补这些市场失灵，并将成果与全体公民分享。[2]

---

[1] Bob Jessop, *The Future of the Capitalist State*, Polity Press, 2002, p. 68.
[2] Ibid., pp. 59–61.

三　福利国家的困境与改革

福利制度的建立在一定程度上缩小了贫富差距，维护了资本主义社会的稳定。然而，随着全球化趋势日益加快以及新自由主义在推动全球化进程中造成的新矛盾、新问题，福利国家也开始不断地暴露出一系列日益严重的问题。国家的社会福利开支太大、国家的财政负担加重、政府的财政赤字增加、食利阶层出现，不仅破坏了福利制度的初衷，而且引发了诸多社会问题。总之，到20世纪70年代中后期，福利国家普遍陷入了财政困难、经济停滞、通货膨胀、老龄化、高失业、福利依赖等福利危机之中。

众多马克思主义学者很早就论述了资本主义福利国家面临的危机。尤尔根·哈贝马斯（Jürgen Habermas）在《合法化危机》一书中就曾明确指出，由于国家过多地介入经济生活，承担起取代市场和补充市场的职能，这会最终导致当代资本主义社会这种官僚福利体制陷入一种新的合法性危机。[1] 他将晚期资本主义国家划分为经济、政治和文化三个系统，并分析了当代资本主义民族福利国家的经济危机、合理性危机、合法化危机和动力危机四大危机趋势。哈贝马斯认为，晚期资本主义社会由于福利国家干预职能的增强，在一定程度上缓解了经济危机，主要危机是政治系统的合理性危机和合法化危机。

哈贝马斯认为，如果国家计划没有能够合理地分配资源，这就是管理合理性的欠缺。[2] 合理性的欠缺是国家行政管理的危机，当政府不能管理根源于经济体系的矛盾时就会发生这种危机。它是一种输出危机，或是被转移的经济危机，然而它的逻辑和对人民的影响与经济萧条很不相同。一共存在四种可能的行政管理危机：第一，国家有组织的经济计划与"资本组织的无政府状态"水火不容。第二，公共支出的增加可能产生许多无意识的后果，比如通货膨胀。第三，国家对发展的计划和对被压迫阶级的包容可能难以共存，这将会限制国家计划的制定。第四，国家的干预可能会产生新的不利于资本主义的结构和运动。[3] 然而，哈贝马斯并不相信这些

---

[1] 何子英：《从凯恩斯主义福利民族国家理论到熊彼特主义竞争国家理论——杰索普论福利国家的危机及其出路》，《马克思主义与现实》2006年第6期。

[2] Habermas, J., *Legitimation Crisis*, London: Heinemann, 1976, p.62.

[3] ［英］帕特里克·邓利维、布伦登·奥利里：《国家理论：自由民主的政治学》，欧阳景根等译，浙江人民出版社2007年版，第183页。

潜在的危机将会或必然会导致合理性危机的最终发生。"当然我们也不能从逻辑上排除这样一种可能性：管理体系会在各种争议中选择一条折中的道路，从而在组织上具有充分的合理性。"①

在合法性危机方面，哈贝马斯认为如果国家决策看起来有失公平和缺乏依据，就是合法性的欠缺。② 国家利用财政政策和收入政策进行的干预实现了收入分配的"政治化"，这就意味着工资和收入的不平等不再是市场经济的"天然"特征，也不再与所取得的"成就"——工人或管理者对公司或组织所作出的贡献——有任何系统的联系。维持资本主义经济的国家干预——比如，对工资增长幅度制定上限——意味着，政府影响到了经济中的报酬结构。国家机构试图使这些干预看起来尽量公平以赢得选民的支持，但是他们又必须保持不平等和激励机制以促进资本积累的持续增长——这是一种造成潜在合法性危机的力量。③ 日渐增长的国家管理、经济规制和对所有生活领域的干预，都威胁着现存合法性的稳定。当人们明白了国家在价值管理和价值形成中的作用时，"传统"就丧失了力量。"当合法性取得的方式被看穿时，合法性也就不攻自破了。"④

在哈贝马斯的观点中，只有动力危机才能导致系统的合法性危机。他指出："合法性危机必然建立于动力危机的基础之上，例如国家对教育和职业体系（可看成是动力）的需要，与社会——文化体系所能提供的教育和职业体系之间存在着不一致。"⑤ 他认为，资本主义过多地依赖于之前资本主义的、传统的价值体系，但在资本主义成功获得经济增长的同时，该体系也受到了侵蚀。传统的价值观，比如新教徒的职业道德、宗教宿命主义、节俭主义和职业雄心，都受到了危害，而且这些维持社会稳定的资源都是不可再生的。另外，资产阶级价值，比如占有性的个人主义和成就原则，在现代也都遭到了侵害。所以，市场进程的结果不再被认为是公平的，教育体系在培养足够数量的合格的社会化个人方面的失败，以及国家福利体系和工资平等的趋势，都侵蚀了先前的职业道德。这些变化在长期

---

① Habermas, J., *Legitimation Crisis*, London: Heinemann, 1976, p. 62.
② Ibid..
③ ［英］帕特里克·邓利维、布伦登·奥利里：《国家理论：自由民主的政治学》，欧阳景根等译，浙江人民出版社2007年版，第184页。
④ Habermas, J., *Legitimation Crisis*, London: Heinemann, 1976, p. 70.
⑤ Ibid., pp. 74–75.

都将有产生动力危机的危险,并将最终导致合法性危机。①

詹姆斯·奥康纳(James O'Connor)关注福利国家的财政危机。他认为,资本主义国家的财政危机不仅对资本主义自身的生产能力造成破坏,同时还对资本主义国家的合法性产生了严重威胁。随着生产力社会化程度的不断提高,资本主义扩大再生产所需要的很多条件要求国家必须增加财政投入才能实现。这就使得国家对社会资本的投入越来越多,但是,由此产生的社会剩余(包括利润)却不断地被私人所占有,并没有实现社会化。这就造成了财政投入的社会化和社会剩余的私人占有之间的矛盾,从而形成了国家财政支出和财政收入之间的"结构性缺口",引发了国家的财政危机。从根本上来看,资本主义国家的财政危机在于资本主义生产的基本矛盾。一方面生产是社会化的,另一方面生产资料却被私人占有,这就造成了社会资本是国家投入的,社会剩余却由私人获得。此外,国家的合法性又要求增加社会资本投入,提供令人满意的社会福利供应,因而,国家的财政负担进一步加剧。一旦它努力摆脱或减轻这种财政负担,就会引发社会风险和政治风险。

奥菲在吸收借鉴哈贝马斯和奥康纳思想的基础上,进一步对福利国家进行了分析。他认为,福利国家不能与资本主义共存,但资本主义又不能没有福利国家。尽管福利国家对资本主义积累的影响可能具有破坏性,但福利国家大规模提供了住房补贴、公共教育、医疗服务以及广泛强制性社会保障计划等,如果突然废除福利国家,其影响将是毁灭性的。商品化是使资本主义国家积累得以维持下去的基本保障,因而资本主义国家所制定的政策都倾向于维持价值的商品形式问题,尤其是维持劳动力的商品形式。资本主义国家不断进行着"行政性再商品化",通过教育、培训等手段提高劳动力的可销售能力;通过对资本和产品市场等的跨国联合促进资本和商品的可销售能力;通过提高那些不能依靠自己的力量在商品关系中求得生存的经济领域的现代化程度,使其再成为适于销售的商品。但是同时,资本主义国家发展的"福利国家"战略又是以劳动力的"降商品化"为基础的,这就使得资本主义福利国家陷入"行政性再商品化"和"降商品化"的矛盾之中。

---

① [英]帕特里克·邓利维、布伦登·奥利里:《国家理论:自由民主的政治学》,欧阳景根等译,浙江人民出版社 2007 年版,第 185 页。

奥菲在分析福利国家的矛盾的基础上，进一步探讨了福利国家的政治危机——危机管理的危机。他认为，资本主义福利国家面临一个"危机管理的危机"，因为他们可采用的政策技术会产生其他危机。无论国家在决策和执行过程中采用官僚的、技术专家的还是参与式的模式，每一种策略都会对资本积累或是对合法性产生消极影响。官僚主义的决策比较死板，不能起到推动计划或包容外部社会利益来帮助执行计划的作用。技术专家的决策模式与合法性的民主标准相抵触，而且在社会偏好的测量过程中产生了不可解决的问题。决策的参与模式，可能会导致选举获胜的无产阶级政党夺取和控制重要国家机关的控制权，等等。[1]

他进一步指出，要判定福利国家的调节或者说管理能力，既不在于考察"危机"，也不在于考察"危机管理"，而是应把"危机管理的危机"作为常量。换句话说，就是要"系统地预测和分析国家在维持稳定的活动中所存在的不足和局限"[2]。他将资本主义社会划分为三个系统，分别是经济系统、政治—行政系统和规范（合法性）系统。政治—行政系统一方面要通过调节措施来解决经济系统内部的功能失调问题，另一方面又要与规范系统相关联，以福利国家的形式组织服务以满足社会上的各种需要。政治—行政系统主要通过财政资源、行政理性和大众忠诚这三种资源来调节经济、保持社会的稳定发展。但政治—行政系统运用这些资源调节时并不能有效防止经济危机或是弥补经济危机所带来的严重后果。这源自于"国家政策上的自我矛盾需要：尽管国家政策必须承担因私人生产所导致的功能失调这一社会后果，但它又不能侵害私人生产的首要地位"[3]。奥菲进一步指出，如果国家政策想要充分有效，就不得不依赖于这样一些手段："要么违反处于支配地位的资本关系，要么破坏政府管理自身的功能性要求——合法性和行政能力。"[4]

杰索普则主要从六个方面论述了凯恩斯主义福利民族国家面临的危机：（1）主权国家自身的集中性对其宣称的"大政府"提出质疑，"大政

---

[1] ［英］帕特里克·邓利维、布伦登·奥利里：《国家理论：自由民主的政治学》，欧阳景根等译，浙江人民出版社2007年版，第183页。
[2] ［德］克劳斯·奥菲：《福利国家的矛盾》，郭忠华等译，吉林人民出版社2006年版，第45页。
[3] 同上书，第68页。
[4] 陈炳辉：《奥菲对现代福利国家矛盾和危机的分析》，《马克思主义与现实》2006年第6期。

府"的存在有可能导致合法性危机。因为国家似乎不能够确保充分就业和经济增长,而且会引发削弱福利的财政金融危机。地方政府和中央政府之间逐渐增加的冲突以及美国霸权主导下的国家政权危机加剧了这些危机爆发的可能性。(2)民族国家的合法性在一定程度上下降,使其已经不能满足大西洋福特主义和凯恩斯主义福利民族国家所提出的经济和社会预期。而且,它也不能有效支持积累策略、国家项目或是领导权愿景。民族国家很难实现诸如充分就业、物价稳定、经济增长、收支平衡等国家经济目标。(3)民族国家的区域或者说地方经济自身面临很多具体的问题,这些问题已经不能通过国家的宏观经济政策或是统一强加的微观经济政策得以解决。这就促进了实施区域政策的需求。(4)在社会再生产领域鼓励那些为了经济目的想要移居入境的人,但同时对国家公民权的边界问题以及与公民权相联系的福利权利问题也逐渐成为关注的焦点,二者之间的矛盾逐渐增加。(5)福利民族国家存在着基于执政党、工联主义、资本主义联合的政治代表形式的危机。这表现在日益增加的选举波动性以及对主要政党不满等方面。新的社会运动已经开始挑战大西洋福特主义倡导的工业化逻辑和凯恩斯福利主义倡导的中央经济统治逻辑。(6)霸权斗争的"国家流行"维度开始转换。从扩大的繁荣和福利权利朝着一个更加充满国家主义、民粹主义和独裁主义的话语权转换或者说是向着一个更多市场、较少国家干预的新自由主义所要求的更加开放的经济转换。[①]

其实,福利国家早已意识到了福利制度自身存在的弊端,早在20世纪70年代中期,受到石油危机冲击,福利国家陷入经济衰退的困境时,他们就进行了改革。80年代初,首先是英国,然后是整个欧洲大陆都开始了大规模削减社会福利的新自由主义政治攻势。削减社会福利是新自由主义政策的重要内容。英国社会福利改革的方针,就是削减政府在这方面的开支,缩减或取消某些社会福利计划,把社会福利的某些项目,交给社会和私人去办。政府还大幅度削减公共住房计划和学校午餐,鼓励私人医疗和私立教育的发展。尽管这次改革在一定程度上活跃了市场、激发了经济动能,但贫富差距扩大、失业人数增加、福利依赖严重等问题也接踵而至。

---

① Bob Jessop, *State Theory: Putting the Capitalist State in Its Place*, Cambridge: Polity Press, 1990, pp. 175 – 177.

就在此时，英国的吉登斯针对福利国家出现的这些危机，主张对福利国家进行改革和重建，提出了一种新的福利国家理论，既反对完全取消福利国家的观点，也反对坚持传统的福利国家模式的观点。他主张：

第一，以积极福利取代消极福利，确立"无责任即无权利"原则。他认为："作为一项伦理原则，'无责任即无权利'必须不仅仅适用于福利的受益者，而且也适用于每一个人。"① "那些从社会产品（social goods）中受益的人应当负责任地利用两者（指责任和权利），而且应当反过来回报更广泛的社会群体。作为公民权利（citizenship）的一个方面，'无责任即无权利'的原则必须对政治家和公民、富人和穷人、企业机构和个人同等适用。"② 这就意味着，个人不仅享有其应有的福利，而且必须承担相应的义务，比如领取失业救济金的人，应当主动履行寻找工作的义务，只有个人义务的行使，才能有助于社会财富的创造，才能使福利政策的推行得到有效的保障。

第二，以社会投资型国家取代福利国家。吉登斯说："改革了的国家将是一个社会投资型国家，在风险与安全、个人责任和集体责任之间建立了新的关系。保险原则、对风险的预防仍然是社会投资型国家的核心。但是我们也需要利用风险的积极而富有活力的一面，因为这是通向富有动力、创新社会之路。社会投资型国家的主要原则可以简要表述如下：在任何可能的情况下，要投资于人力资本，而不是直接给予利益。"③ 社会投资型国家强调人力投资，而非直接提供经济资助；注重利用风险资源，建立积极福利；注重投资主体多元化。

第三，以福利社会取代福利国家，让社会在福利政策上发挥更大的作用。这也就是说福利开支不单单是由政府来独自承担，而是由政府与其他机构包括企业一起来承担。

除了吉登斯指出的"第三条道路"来解决福利国家的困境外，杰索普也提出，应从凯恩斯民族福利国家向熊彼特工作福利体制转变，使福利国家走出重重危机。他认为与凯恩斯主义福利国家相比，熊彼特主义竞争

---

① ［英］安东尼·吉登斯：《第三条道路：社会民主主义的复兴》，郑戈译，北京大学出版社2000年版，第68页。
② ［英］安东尼·吉登斯：《第三条道路及其批评》，孙相东译，中共中央党校出版社2002年版，第52页。
③ ［英］安东尼·吉登斯：《左派瘫痪之后》，杨雪冬译，《新政治家》1998年5月1日。

国家更有利于资本积累,这表现在以下十个方面:(1) 改变监管调节框架从而在国家经济空间内增加劳动力市场的灵活性和流动性;(2) 解除对外汇活动的管制,实现外汇活动自由化,重新设计国际金融架构,加速资本流动;(3) 修改国际贸易和外国直接投资的制度框架;(4) 设计和支持资本的"空间修复",从而支持金融、产业和商业资本的跨界活动;(5) 促进国家或地区资本主义的发展,为全球扩张提供合适的条件;(6) 在国家经济空间内固定好流动资本,增加资本在城市之间、区域之间和国际间的竞争力;(7) 管理好潜在流动资本的利益与国家自身利益之间的张力;(8) 扩大经济活动的时区范围,促进时间灵活性的新形式;(9) 调节整体社会再生产的长期条件与短期的市场利益计算之间的矛盾和困境;(10) 将去领土化与再领土化、去时间化与再时间化的过程与时空分离和时空压缩的新形式连接起来,为管理资本关系内在的结构性矛盾创造一个新的时空修复。[①]

戈斯塔·艾斯平-安德森(Gosta Esping-Andersen)也认为,21 世纪的福利国家必须进行政策改革。他提出福利国家要重新安排现有福利计划的分配,分清其中的轻重缓急。在制定福利政策时要遵循两条基本原则:一是不再实施只以人力资源为基础的策略和过分强调单一的"学习型社会"——接受教育并不是对所有人都是灵丹妙药。这样的策略不可避免地会让那些先天条件较差的人落后,同样重要的是,它需要社会资源和福利对家庭尤其是儿童进行再分配。现代家庭是新经济当中不可分割的部分,同时其福利风险也正在不断增加。儿童获取知识的能力不仅依赖于学校质量的高低,也依赖于他们的家庭在社会中的状况。今天,女性接受教育的程度普遍比男性要高,但是如果没有照料性服务的帮助和慷慨的带薪产假计划的支持,她们将很难最大化地利用她们的学识。二是不是简单地通过增加额外的税收或是增加 GDP 中的支出水平就能应付社会政策所面临的新挑战。相应地,我们要把注意力集中在怎样改善当前的社会状况上。

在遵循两条基本原则的基础上,他进一步指出了福利国家改革的方向。福利国家应该在以下几方面设计新的福利政策:(1) 调节母亲们就业需求和小孩需求的矛盾,最大化她们的能力;(2) 鼓励老年工作者延缓退休;(3) 通过增加对儿童和年轻人的投资,加大国家对抚养小孩的费用的

[①] Bob Jessop, *The Future of the Capitalist State*, Polity Press, 2002, pp. 138–139.

负担；(4) 对生命周期中的工作和闲暇进行重新诠释；(5) 主要保证生活机会，重新赋予"平等"和基本社会权利以新的含义。福利制度的重中之重在于保护有儿童和年轻人的家庭，并向这些家庭提供相应的服务。[①]

上述研究表明，二战后西方主要资本主义国家都建立了福利国家体制。但是随着全球化进程的加速推进，福利国家面临着经济停滞、老龄化等日益严峻的挑战，由此引发了众多学者对福利国家进行分析和批判的热潮。这些分析和批判对于考察当代资本主义国家的变化，探索当代资本主义国家的发展规律，进一步发展马克思主义国家理论是具有积极的意义的。

首先，这些学者普遍认为福利国家是资产阶级维护其统治的一种工具。众多马克思主义学者从不同角度论述了福利国家的性质。例如，高夫概括了福利国家的增加社会福利和镇压民众的两种不同性质；金斯伯格则更为深刻地指出了福利国家是为资产阶级而不是为工人阶级服务的阶级本质。这在一定程度上揭示了福利国家的资产阶级性质。

其次，众多学者对福利国家的分类、模式及特征的概括丰富了福利国家的理论。威伦斯基和莱博等学者按照不同的标准划分了福利国家的类型，吉登斯则根据不同的制度将福利国家概括为四种类型，杰索普也在艾斯平－安德森分类的基础上，分析了自由主义福利体制、社会民主福利体制、保守主义和合作主义型福利体制、南欧福利模式等四种福利模式。此外，杰索普还详细概述了凯恩斯福利民族国家具有的四个特征。这些学者的探索，进一步扩大了马克思主义者对福利国家的研究视野，同时也为马克思主义国家理论的当代发展提供了重要的理论资源。

再次，这些学者对福利国家的深入分析和批判揭示了福利国家表面繁荣背后隐藏的各种缺陷和弊端。哈贝马斯抨击了当代资本主义福利国家所具有的经济危机、合理性危机、合法化危机和动因危机等四大危机；奥康纳从资本主义生产的基本矛盾角度揭示了福利国家的财政危机；奥菲则在哈贝马斯和奥康纳的基础上，进一步深入探讨了福利国家的危机管理的危机；杰索普从六个方面论述了凯恩斯主义福利民族国家面临的各种危机。这些学者的分析和批判，拓展了经典马克思主义的危机理论，加深了人们

---

① ［西班牙］戈斯塔·艾斯平－安德森：《二十一世纪的福利国家》，载《后福利国家》，丁开杰、林义选编，上海三联书店2004年版，第454—457页。

对当代资本主义国家遭遇到的各种危机的理解和认识。

最后，这些学者针对福利国家的困境提出了不同的改革方案。吉登斯提出了"第三条道路"，杰索普提出用熊彼特工作福利体制来取代凯恩斯福利国家体制等。这些探索和有价值的论断在一定程度上为福利国家的发展改革，为其解决各种矛盾和危机提供了一些可以尝试的途径和方法。

但是，我们也要看到，众多学者对福利国家理论的探讨还存在着一些不足。其一，一些学者的看法或论断过于片面与草率。比如，随着资本主义的不断发展，福利国家干预经济社会的职能也相应增强，这在一定程度上缓解了经济危机，使经济危机的威胁相对于资本主义自由竞争时期似乎要小一些，由此哈贝马斯就认为晚期资本主义福利国家面临的主要不是经济危机，而是政治系统的合理性与合法化危机。其二，国外学者在研究福利国家相关问题时，将目光主要集中在欧美一些国家，对东亚国家的福利模式和福利制度的研究相对不足。比如，日本、韩国与欧美国家的文化、历史背景相异，但有些国外学者片面地将东亚国家的福利模式归结为欧美福利模式的一种。其三，众多学者积极探讨了福利国家所面临的通货膨胀、老龄化、高失业等一系列具体问题，但是在如何避免或解决这些严峻问题方面却没有给出建设性的、可操作的方案。可见，许多类似的理论和现实难题，还有待国外马克思主义学者继续深入探讨。

第九章 生态马克思主义经济理论研究

生态马克思主义作为一个学派，并不具有一个单一的体系，它的诸多代表人物的观点并不完全一致，而且在生态马克思主义的发展过程中，其代表性观点也经历了一个从哲学、政治批判走向经济、社会批判，从修正、补充马克思主义走向坚持、发展马克思主义的过程。我们对生态马克思主义的界定是基于以下基本认识：首先，生态马克思主义是从人出发、以人类为中心的，而不是从他者——自然出发，以生态为中心的生态政治思潮。在这点上，它首先区别于生态中心主义，而与经典马克思主义、西方马克思主义以人为本的思想相一致。其次，生态马克思主义重视社会、文化与政治经济批判，而非哲学批判。在这点上，生态马克思主义与经典马克思主义有着理论倾向上的一致性，而不同于西方马克思主义的批判重点，亦区别于生态主义的环境伦理。生态马克思主义是西方生态政治思潮中与马克思主义有着直接或间接联系的一支，它与生态中心主义一起对西方传统政治发挥了深刻的影响力，促使生态环境的考虑成为西方政治中不可或缺的因素之一。虽然生态批判已经由体制外的批判力量逐渐进入体制之内，从而使其批判的角色变得模糊，但是生态马克思主义由于汲取了马克思主义理论的养分，对资本主义的批判仍然具有某种科学性；藉此，生态马克思主义也同时成为经典马克思主义当代发展的一个重要理论支持。

在这一章，我们基于生态马克思主义的理论发展，分四个部分来论述其经济理论。我们首先看到早期的生态马克思主义者的代表安德列·高兹（Andre Gorz）对资本主义制度进行了生态批判，但是其理论前提仍然是在哲学和政治的层面，从而在理论深度上存在瓶颈。接着，我们关注了特德·本顿（Ted Benton）与詹姆斯·奥康纳（James O'Connor）的思想，他们都是从补充和修正经典马克思主义的角度出发，试图从生态的角度对经典马克思主义有所增补，以使它能够解释资本主义在当代引发的新问题——全球性的生态危机。我们看到，这种努力是难能可贵的，因为它终于深入马克思主义的基石——政治经济学中，但同时，这种重建的努力也是不成功的，因为经典马克思主义已经具有足够的解释效力，无需被引向一种典型意义的生态经济理论。之后，我们论及了约翰·贝拉米·福斯特（John Bellamy Foster）与保尔·伯克特（Paul Burkett），他们的观点代表着当代生态马克思主义最新的理论成果。因为他们从马克思主义的文本出发，力图以马克思主义的立场、观点、方法分析当代的生态问题，产生了许多有启发性的思想。而伯克特在论证了生态经济学反对新自由主义经济学的价值之后，更从马克思主义的角度揭示了生态经济学批判新自由主义的最终失败，以及马克思主义政治经济学如何能对生态经济学作出实质性的贡献。最后，我们从马克思主义的角度，对资本主义生产方式的反生态性质进行论证，批判了作为当代资本主义最新发展形态的消费主义，认为只有社会主义（共产主义）才能完全实现人类的可持续发展。

第一节　从经济理性到生态理性

一　资本主义是经济理性主导的社会

生态马克思主义学者将生态批判的矛头直指资本主义制度，即资本主义制度是生态危机的根源，将资本主义生产方式视为一种过度损耗生态环境资源以及人类自身资源的一种"嗜血"的经济制度，并为社会主义的理想增加了生态因子。这其中可以看出在实现社会主义对资本主义的制度超越的同时，也必将以人与自然、社会与自然以及人类自身的全面发展代替资本主义制度下的"单面性"与异化发展。在这方面，高兹的生态理性对经济理性的扬弃可以说具有较高的理论水平。

安德列·高兹被公认为第二代生态马克思主义的代表人物。高兹是萨特（Jean-Paul Sartre）的学生，以1980年《作为政治学的生态学》为开端，他从一个存在主义的马克思主义者转变为生态马克思主义者。在1989年的《经济理性批判》与1991年的《资本主义、社会主义和生态学》中，他以经济理性为核心，阐释了资本主义经济理性对人的异化、劳动的异化、生态危机产生的影响。高兹认为，资本主义社会是一个经济理性统摄一切领域的社会。关于什么是经济理性，高兹借用了尤尔根·哈贝马斯（Jürgen Habermas）的"认识—工具合理性"概念，他说："经济理性，作为'认识—工具合理性'的一种特殊形式，它不仅仅扩充到其并不适合的制度的行为，而且使社会的统一、教育和个人的社会化赖以存在的关系结构'殖民化'、异化和支离破碎。"① 关于生活世界的殖民化，高兹论述道："思维的一种（数学的）形式化，把思维编入技术的程序，使思维孤立于任何一种反思性的自我考察的可能性，孤立于活生生的体验的确定性。种种关系的技术化、异化和货币化在这样一种思维的技术中有其文化的锚地，这种思维的运作是在没有主体的参与下进行的，但这种思维由于没有主体的参与就无法说明自己。欲知这种严酷的殖民化是如何组织自己的，请看：它的严酷的、功能性的、核算化的和形式化的关系使活生生的个人面对这个物化的世界成了陌路人，而这个异化的世界只不过是他们的产品，与其威力无比的技术发明相伴的则是生活艺术、交往和自发性的衰落。"② 在资本主义社会，经济理性主导下的社会生活必然是追逐无限生产、无度消费、无限浪费自然资源的恶性循环，从而消费不是服从于人的直接的、真实的需要，而成为"消费不得不服从于生产"③。

高兹认为，在大众消费与精英消费之间存在事实上的鸿沟，通过广告等手段，精英消费"将其他社会阶层的欲望提高到一个较高的水平，并且根据不断变化的时尚趋势来塑造他们的品位"④。从而新的需求与新的消费不断地为了生产而被创造出来，这样的结果就是"通过加速的创新与淘汰，通过制造更高水平上的不平等，新形式的匮乏不断地在丰饶的中心被制造出来，这就是伊凡·伊里奇（Ivan Illich）所谓的'贫穷的现代化'"⑤。这个过程导致了人的异化与生态危机，比如休闲也变成了"产业"，并创造利润。在经济理性的统摄下，自然与人力都被毫无意义地浪费和消耗，要克服这种状况，就要提倡一种"更少的生产，更好的生活"的生态社会主义，这也是高兹所谓的"生态理性"的目标，在这样一个社会里，人们虽然工作与消费得更少，但生活质量却更高。关于生态理性，高兹认为，生态理性要求满足需要的商品是数量尽可能地少，而其使用价值与耐用性则

---

① Andre Gorz, Translated by Gillian Handyside and Chris Turner, *Critique of Economic Reason*, Verso, 1989, p. 107.
② Ibid., p. 124.
③ Ibid., p. 114.
④ Ibid., p. 115.
⑤ Ibid., pp. 114–115.

尽可能高的东西,因此生产这种商品仅需要最小的工作、资本与自然资源,这与经济理性主导下的社会生产活动中提倡的更多的生产、更多的消耗、更大的浪费是截然不同的。高兹说:"从生态的观点看是自然资源浪费与破坏的行为,从经济的观点看则是增长的源泉:企业间的竞争加速了创新,销售规模与资本周转速度增加了作为结果的淘汰与产品更为迅速的更新。从生态的观点看是节约的行为(产品的耐用性、疾病与事故的预防、较低的能源与资源消费)都降低了以国民生产总值为形式的经济上可计算财富的生产,从而在宏观经济水平上显现为一种损失的源泉。"[1]

二 如何以生态理性代替经济理性

高兹主张的社会主义社会是否就是生态理性代替经济理性的社会?经济理性是否在社会主义社会完全消失?对此问题的解答,我们必须回到高兹的文本。在《资本主义、社会主义和生态学》中,高兹说:"在资本主义与社会主义冲突中,危险并非经济理性本身,而是经济理性在多大程度上施加影响的领域。"即"在企业与国民经济中,经济理性在多大程度上保持对其他类型的理性的优越性,资本主义者与社会主义者将给出不同的答案"。高兹接着解释说,只要经济理性塑造与统摄个人生活和社会生活,统摄全社会的价值观和文化观,那么这个社会就是资本主义社会;而"当资本经济理性仅是一个塑造社会关系的从属(次要)因素时,从而作为结果,在社会生活与个人生活中,经济上合理性的工作仅是其他许多重要性活动之一时,那这个社会就变成社会主义的了"[2]。可见,在高兹设想的社会主义社会中,并没有将经济理性完全驱逐,而是给它留了一席之地,只是这个位置是次要的、从属性的。社会主义是生态理性占据主导地位的社会,我们不能简单地用"生态理性代替经济理性"的说法来概括高兹的思想。

在高兹设想的生态社会主义社会中,同样存在着文化的变革与生活方式的革命,人真正享有闲暇与自主的、多元的发展权利,过上真正人的生活,这与他早在1980年写作的《作为政治学的生态学》中设想的是一致的,在那里,高兹说道:"作为当今社会特征的消费模式与生活方式的匀

---

[1] Andre Gorz, Translated by Chris Turner, *Capital*, *Socialism*, *Ecology*, Verso, 1994, pp. 32 – 33.
[2] Ibid., pp. 30 – 31.

质化将伴随着社会不平等的消失而消失，个体与社群将超出今日所能想象的令自己个性化以及使生活方式多样化。但这种差异将只是人们不同地利用时间与资源的结果，而非不平等地获取权力与社会荣誉的结果。适用于每个人的闲暇时间里自主活动的发展，将是特性与财富的唯一源泉。"[1]

高兹从资本主义社会工人——劳动异化与生态危机的现象出发，从马克思主义的资本主义批判中汲取灵感，试图以一种生态理性主导的生态社会主义实现对资本主义的超越，是在新的历史条件下对马克思主义经典理论的进一步发挥，但在理论视野与思考深度上仍需不断提升。

第二节　对马克思主义的生态学修正

马克思主义与生态学以及生态经济学之间的关系一直比较复杂。较为流行的看法是将马克思主义视为生产的普罗米修斯主义，与生态学不相容，从而备受绿色运动的指责。而传统社会主义现实的生态环境破坏更加重了这种观念。众所周知，许多著名的生态马克思主义、生态社会主义学者对传统社会主义的生态批判并不亚于对资本主义制度的生态批判，比如奥康纳、佩珀（DavidPepper）。同时传统社会主义对生态政治学也多有不满。恩增斯伯格（Enzensberger）在《政治生态学批判》一文中归纳了传统社会主义对生态政治学的五大批判：其一，将生态观点等同于新马尔萨斯主义，并作为一种"自然限制"的保守主义而拒绝它；其二，生态政治学一般反对工业主义与技术，从而使注意力偏移了环境破坏的资本主义特性；其三，谴责生态学家没有注意到资源使用与环境破坏中的阶级与地区不平等，而是一概地冠之以在环境可持续性中的"人类利益"；其四，捍卫特殊利益，即技术专家与富有的中产阶级的联合，他们在生态稀缺的贩卖之中共享利益，并共同捍卫一种特权的少数人的生活方式；其五，生态优先性被看作是精英偏好，与美学和品位相联系，是少数精英强加于大多数人民之上的，而后者甚至连最基本的需要都无法满足。[2]除此之外，生态自由主义者也敌视生态学与社会主义观点的联合。面临着当代日益严重

---

[1] Andre Gorz, Translated by Patsy Vigderman and Jonathan Cloud, *Ecology as Politics*, Boston, South End Press, 1980, p. 42.

[2] Ted Benton, "Marxism and Natural Limits: An Ecological Critique and Reconstruction", *NewLeft Review*, No. 178, 1989, p. 52.

的生态危机现实，又处于如此尴尬的理论关系之中，一些马克思主义学者——以本顿与奥康纳为代表——为了给"红绿"对话提供可能，遂致力于对马克思主义理论进行修正、增补，为其增加生态学的维度，以达到增强马克思主义在当代的解释效力的目的。但是通过以下的描述和分析，我们认为这种对马克思主义的修正是不是科学很值得商榷。

一 本顿对历史唯物主义的重建

马克思、恩格斯在《1844 年经济学哲学手稿》《德意志意识形态》《资本论》《〈政治经济学批判〉序言》《哥达纲领批判》等重要著作中，有大量的论述可以使马克思、恩格斯的历史唯物主义等同于明确的自然主义，但如果自然主义是历史唯物主义的核心的话，那为什么历史唯物主义与生态经济学的关系又如此尴尬和紧张呢？本顿的回答是，马克思的理论中存在悖论是核心因素。此悖论通过"裂缝"的形式表现出来，即在马克思的理论中，哲学与历史理论的唯物主义前提与其经济理论的基本概念之间有一个"裂缝"（hiatus）。在马克思的哲学中所贯穿的唯物主义、自然主义基质，由于主客观因素的综合作用，在马克思的经济理论中被消解了，这是造成马克思主义与生态经济学关系紧张的基本原因所在。

本顿强调，像农业劳动等生态约束的劳动过程，不同于马克思意义上的生产性的改造劳动，但在马克思那里，前者却被后者所强行吸收了。本顿说："农业劳动过程，首先不是马克思所谓的转型劳动……而是这样一种转型劳动，它并不依赖于人类劳动的运用，而主要来自于自然的被给予的有机机制。"[①] 具体而言，生态约束的劳动与生产性的改造劳动的劳动材料不同，同时，前者的特点首先是支持、管理，而非转型和改造，而且前者劳动行为的分布受制于劳动过程的背景条件和有机体生长过程的节奏，等等。本顿指出，由于马克思的劳动过程概念体现了后者对前者的强行吸收，从而造成这样的理论后果，即意味着可以对人类与自然之间的"新陈代谢"不予考虑。[②] 本顿也注意到，虽然两种劳动过程的意向性结构十分不同，但在当代资本主义农业中，由于经济计算的驱使，使前者与后者越

[①] Ted Benton, "Marxism and Natural Limits: An Ecological Critique and Reconstruction", *New Left Review*, No. 178, 1989, p. 67.

[②] Ibid., p. 69.

来越相似,这种类似于生产性的改造劳动的"外表"和生态约束型劳动在本质上应该受"自然"因素制约二者之间存在的张力,就成为当代资本主义农业的生态问题的主要根源。在此,虽然本顿过度强调了农业等生态约束型劳动过程的自然条件方面,从而相对忽略劳动过程本质上的共同特点,但是他对当代资本主义农业产生的生态危机问题的洞见确是有启示意义的。

本顿指出,在马克思的生产型改造劳动过程概念中存在五个方面的缺陷:其一,马克思没有强调劳动工具和原材料的物质性,而这将限制其符合人类意向的利用或者改造力;其二,劳动工具和原材料虽然直接源自较早的劳动过程,但同时也源自对自然的占有;其三,对劳动力本身的再生产,以及家庭内劳动——生育劳动重视不够,本顿就此指责马克思将此种极其特殊的劳动吸收进其普遍化的劳动过程概念之中,而这更补充了马克思反马尔萨斯的论调;其四,马克思将生产条件(工厂、道路、气候条件等)都吸收进"生产工具"的范畴中去,这就使以下理解成为不可能,即所有的劳动过程都依赖于非人可控的背景生产条件,在马克思那里,这些背景条件都是被无条件给予的;其五,本顿指出,人类进行改造性劳动的意向性并不能真正和彻底地实现。紧接着,本顿从生态学批判的角度对以上五个方面的缺陷进行修正,其建议包括:第一,背景条件应从劳动工具中分离出来,独立地作为一种初始条件;第二,应该体现这些背景条件和可持续生产的持续相关性,比如在高兹的《作为政治学的生态学》中就提出,对于利润率下降的趋势而言,有一种被假定的环境基础;第三,劳动过程可能会由于引发一些自然介入的、非意向性的后果,而削弱可持续生产的背景条件。总之,本顿通过探索马克思的劳动过程概念,最终认为,马克思对资本主义生产的论述运用了一个有限制的、有缺陷的生产劳动过程概念,它潜在地夸大了劳动过程的改造力量。[1]

本顿的结论是:其一,当代的环境危机不能被理解为人口或工业化产生的直接后果,因为环境影响是一种社会实践与其背景条件之间复杂结合的结果;其二,我们至少要看到两种工业社会的表现类型,即西方资本主义式的与国家社会主义式的,每一种都有自己的环境矛盾,其类型、动力

---

[1] Ted Benton, "Marxism and Natural Limits: An Ecological Critique and Reconstruction", *New Left Review*, No. 178, 1989, pp. 71 - 74.

机制以及社会政治裂隙的发生界限都十分不同。联系本顿对自由主义和国家社会主义的态度，可以看出，他对两种类型所造成的生产方式和自然限制的关系结果都是不满意的，结合对生态现代化理论的批评，他提出了自己的"生态社会主义"主张。

如何看待这种"生态历史唯物主义"呢？伯克特与瑞尼尔·格伦德曼（Reiner Grundmann）对本顿的批评对我们有启发意义。其一，伯克特指出，本顿对马克思劳动过程概念的批评是基于一种片面的"去物质化"，本顿模糊了"劳动工具"范畴的内部分殊，同时合并了那些并非人类劳动直接导体的自然条件。[1] 其二，伯克特认为，本顿将马克思术语使用上的偏好误认作"概念上的吸收"，而且，本顿从"非可控的背景条件"出发并不能证实马克思劳动过程概念的缺陷，事实上，在《资本论》第二卷中，马克思将"生产时间"和"劳动时间"进行了明确的区分，并指出前者大于后者。伯克特认为，这个区分使马克思的理论可以处理生态约束的劳动过程这个范畴。其三，伯克特认为马克思在对资本主义地租的分析中，对生态约束的劳动生产进行了丰富的论述，但本顿并未提及。[2]

格伦德曼对本顿的批评是富于智慧的。首先，格伦德曼认为，造成生态问题的因果关系不能被简化，许多因素综合在一起才会导致生态问题，而本顿则将生态危机定义得过于狭窄。格伦德曼认为，生态问题是一个当代社会中的问题，并且要在当代社会中应对和解决，问题不会被取消，而是被转化、削弱或重置，而且随着社会文化和认识的发展变化，生态问题的定义和内容也会改变。[3] 其次，格伦德曼反对在"改造型劳动"和"生态约束型劳动过程"之间进行区分，并指出，本顿对技术可能性的理解过于狭窄，因为本顿只把技术看作非"可欲的"，但格伦德曼认为资本主义的技术，比如可替代能源、基因技术等，将自然限制的边界一再后推，所以格伦德曼坚持认为，马克思的自然统治并非生态危机的原因，相反，生态危机的产生恰恰是由于自然统治的缺席。[4] 总之，格伦德曼对本顿的批评可以概括为，正如本顿认为马克思是19世纪工业主义与进步的意识形

---

[1] Paul Burkett, *Marx and Nature*, Macmillan Press, 1999, p. 39.

[2] Ibid., pp. 41 – 47.

[3] Reiner Grundamann, "The Ecological Challenge to Marxism", *New Left Review*, No. 187, May/June 1991, p. 106.

[4] Ibid., pp. 108 – 109.

态的受害者一样，本顿也是20世纪后期生态浪漫主义这种自发的意识形态的受害者。① 而本顿对格伦德曼的反击也很有力度，首先，本顿指出，增长的限制不应该被简单地概念化为自然的或社会的限制，而应该作为这样一种结果，即人类社会行为与自然力、自然机制联合的有限形式的结果。② 其次，本顿认为，技术革新并没有达到对劳动过程的意向性结构的最终超越，而是仍在此框架内的推延危机。③ 最后，本顿坚持认为，无论人类在改造型劳动过程中如何深入到物质和存在的结构中去，依然会保持如下事实，即一方面，这种改造型劳动在一个更深的结构层次上预设了结构和因果力的不变性；另一方面，这种改造本身被更深层结构的本质所限制。④ 可以看出，二者分歧的本质不在于生态中心主义与人类中心主义之分，而在于对技术的看法，是技术乐观主义的决定论还是对现代技术抱持怀疑主义的态度。

如果我们可以将本顿思想的哲学基础表述为非还原论的自然主义和历史唯物主义，那我们同样可以指证其非还原论的自然主义的模棱两可和理论的不彻底性，而且在本顿对马克思主义的批评中，不难发现他将唯物主义和自然主义相混淆，从而使他所理解的唯物主义偏离了马克思主义的真正意蕴。我们认为，本顿的哲学基础尚需历史性和辩证法进行补充。归根结底，"生态历史唯物主义"的重建企图难以成立。

二 奥康纳对马克思主义的修补

奥康纳发表于1997年的《自然的理由——生态学马克思主义研究》或可称之为"全球生态学"，他以20世纪以来全球政治、经济、社会领域的新变化为基础，以日益凸显的生态环境问题为核心，运用马克思主义历史唯物主义的方法与观点，对全球生态危机作了一个接近于马克思主义的思考与分析。在一定程度上，《自然的理由——生态学马克思主义研究》为马克思主义经典理论在新时代的发展开拓了疆域，即便他对马克思主义

---

① Reiner Grundamann, "The Ecological Challenge to Marxism", *New Left Review*, No. 187, May/June 1991, p. 120.
② Ted Benton, "Ecology, Socialism and the Mastery of Nature: A Reply to Reiner Grundmann", *New Left Review*, No. 194, July-August 1992, p. 58.
③ Ibid., p. 62.
④ Ibid., p. 66.

基本理论的解读存在偏差。20 世纪以来，全球社会发生了许多深刻的变化。在西方发达国家内部，由于社会福利、自由民主的实行，在一定程度上产生了阶级和解；社会主义阵营由强入衰，在 90 年代由于苏东剧变而瓦解；而在第三世界，经济的持续不振导致的衰退与无法改变的贫穷、环境退化和各种各样的灾难一起折磨着人们。美国失去了强有力的竞争对手苏联，在它主导下的全球化愈益呈现出肆无忌惮的意识形态霸权主义的面目——新自由主义在世界范围内泛滥成灾，这些过程"加快了一种国际性的统治阶级的发展以及催生出了一种国际性的政治精英及资本主义化的国家。它们成倍地增加了全球性的社会和环境/生态问题，同时也促进了一种新的劳动力的国际化，以及环境主义和生态学、女权主义、城市运动和人权运动的发展"[①]。生态马克思主义就在此过程中应运而生。综观奥康纳的主要观点，可以归纳如下：

第一，关于双重危机理论，即以生态危机补充或发展马克思的经济危机理论。在本·阿格尔的生态学马克思主义主题中，"消费"而不是"生产"成为其关注的焦点，那些由资本主义生产方式带来的以及新形成的消费行为，成为破坏环境的首要因素，所以生态危机取代了经济危机而成为资本主义社会的首要问题。奥康纳立足于马克思，试图在批判阿格尔中实现一种超越，其具体的路径就是将生态学马克思主义与传统马克思主义的危机理论相结合，将生态危机理论与经济危机理论综合起来，并通过阐明二者之间相互影响、互为因果的关系，建构起他的资本主义"双重危机"理论。

奥康纳认为，传统马克思主义的经济危机理论建立在生产力与生产关系的矛盾运动之上，而生态学马克思主义的生态危机理论则立足于资本主义生产力、生产关系与生产条件之间的矛盾分析。对所谓的资本主义生产的生产条件，奥康纳给出了三种界定：第一种是外在的物质条件，即进入到不变资本与可变资本之中的自然要素；第二种是生产的个人条件，即劳动者个人的劳动力；第三种是社会生产的公共的、一般性的条件，比如运输工具。[②] 它的意义在于，为全面分析马克思关于资本主义生产方式对自

[①] [美] 詹姆斯·奥康纳：《自然的理由——生态学马克思主义研究》，唐正东、臧佩洪译，南京大学出版社 2003 年版，第 5 页。

[②] 同上书，第 257 页。

然——包括人自身的自然与人周围的自然①——的破坏，提供了一个科学的基础。

传统马克思主义的经济危机通过生产相对过剩与有效需求不足的形式表现出来，即奥康纳所谓的"第一重危机"，从而是从"需求"的角度造成对资本的冲击。而生态学马克思主义的生态危机则是通过个体资本为追逐利润、降低成本而将成本外在化，表现在加剧对自然界的掠夺与污染，加强对工人的剥削程度，以及对城市空间的侵占等方面，这导致了资本总体的成本被抬高，奥康纳称之为"第二重危机"，这是从"成本"的角度对资本造成的冲击。第一重危机是一种实质性危机，第二重危机是一种流动性危机，二者在资本积累的过程中不断地互为因果表现出来。举例而言，在个体资本追求成本外在化的过程中，破坏了社会的生态环境，但是"对社会环境的修复与重建需要一大笔信用货币，这无疑会把矛盾移置到金融与财政领域，其移置的方式在或多或少的程度上与资本的生产与流通之间的传统性矛盾被移置到今天的金融与财政领域中去的方式是相同的"②。

许多人认为，奥康纳的双重危机理论补充和发展了马克思的危机理论，虽然他也遭到了福斯特等人的批评。③ 奥康纳认为，虽然马克思在许多方面论及了资本主义生产方式对自然的破坏，但没能把多方面因素综合起来，从而导向一种典型意义上的生态学理论——即资本主义的矛盾有可能导致的、在危机与社会转型问题上的"生态学"理论，因此马克思的理论没有触底。资本主义生产方式的自我扩张由于在经济维度上没有严格的自我限制，④ 它只有通过经济危机的形式来触及生态维度上的局限性。⑤ 但笔者认为，由于奥康纳对资本主义经济危机的实质在根本上把握不够，所以他的双重危机理论虽然形式上发展了马克思的危机理论，但在精神实质上偏离了马克思。在对资本主义生产力与生产关系的矛盾，即第一重矛盾

---

① ［德］马克思：《资本论》第 1 卷，人民出版社 1975 年版，第 560 页。
② ［美］詹姆斯·奥康纳：《自然的理由——生态学马克思主义研究》，唐正东、臧佩洪译，南京大学出版社 2003 年版，第 274 页。
③ 郭剑仁：《探寻生态危机的社会根源——美国生态学马克思主义及其内部争论析评》，《马克思主义研究》2007 年第 10 期。
④ 事实上，资本本身具有不可克服的自我限制与自我矛盾。
⑤ ［美］詹姆斯·奥康纳：《自然的理由——生态学马克思主义研究》，唐正东、臧佩洪译，南京大学出版社 2003 年版，第 289 页。

的理解上过于抽象化与一般化,是造成这个偏离的重要因素。资本主义生产方式导致的生产力与生产关系的矛盾一定要置于不断发展的社会生产力与生产资料的资本主义私有制这个具体的、历史的维度上来理解,才能从根本上说明资本主义生产方式的内在矛盾。随着工厂协作的发展,生产、交换、需求也不断地被社会化。产品愈益成为社会化的产品,而劳动也愈益成为社会化的劳动,生产的社会化呼吁所有权的社会化演变,但是,生产资料的私人所有制却日益集中与加强,活劳动、自然力以及机器、原材料等生产要素日益向私人资本集中,并成为私人资本占有劳动与自然创造物的前提。在这个矛盾中,不仅包含着生产相对过剩与有效需求相对不足的矛盾,同样存在着私人资本降低成本导致利润降低的运动趋势,因为私人资本通过新技术、新机器的使用,加强对工人的剥削程度,无偿利用肥沃的土地等劳动资料的自然富源等措施,在起初确实起到了降低成本提高利润的作用,但随着新技术等的普及发展,利润率下降是一个普遍的趋势。资本主义就在这样一个无休止的恶性循环中走向危机。所以,并不需要将马克思主义导向一种典型意义上的生态学理论。实质上,马克思的分析——危机理论及其作出的结论:历史唯物主义——已经足够解释资本主义生产方式导致的种种矛盾、问题与危机了,包括它对自然的毁灭性利用与破坏。

第二,关于资本主义是不平衡发展与联合发展的思想。所谓不平衡发展,指资本主义在其自身发展中,由于其本性使然,造成了城市与乡村、帝国主义与殖民地、中心与外围之间的剥削与被剥削关系,在这种关系中永远表现为低级的、次等的、不发展的地区以社会与环境为代价来滋养高级的、优等的、发达的地区,从而表现为一种不平衡发展。所谓联合发展,指资本主义发展日益越出国界的地区化与全球化趋势,它将发达的技术、管理、雄厚的资金与低工资的廉价劳动力、低成本的自然资源环境条件相结合,实现了资本主义在全球范围内的联合发展。不平衡发展与联合发展都是在资本主义全球化过程中形成的,二者互为表里、相互依赖,造成权力、资本、利益向发达国家集中,同时贫困、环境灾难向欠发达地区集中。奥康纳着重讲了不平衡与联合发展带来的环境污染问题以及自然资源的耗尽与衰竭。"当资本的不平衡发展和联合发展实现了自身联合的时候,工业化地区的超污染现象与原料供应地区的土地和资源的超破坏现象之间就会构成一种互为因果的关系。资源的耗尽和枯竭与污染之间也构成了一种相辅相成的关系。这是资本'用外在的方式拯救自身'这一普遍化过程的一个必然结果。"① 这可以作为生态帝国主义批判的理论基础。在生态帝国主义框架中,"北部国家的高生活水准在很大程度上源自于全球不可再生性自然资源的衰竭、可再生性资源的减少以及对全球民众生存权利的掠夺"②。

第三,从需求危机、成本危机以及南部国家不断恶化的经济、环境、社会条件等方面,批判了"可持续发展的资本主义"这一观点。由于资本的本性决定了它既害怕危机又依赖于危机,在本质上是一种嗜血的经济制度,是一种不断扩张与自我复制的经济政治结构,所以会使全球环境调节优化的前景与全球经济调整的前景一样黯淡。奥康纳甚至颇具幽默感地说:"虽说某些生态社会主义的前景仍不明朗(因为争论仍在继续),但是某种可持续发展的资本主义的前景可能更遥远。"③ 在此基础上,奥康纳提出了代际可持续的问题,认为资本主义制度无法实现代际可持续发展。生态社会主义就是要确保现在以及将来的人不致沦为物质上和环境上的贫穷者。④ 奥康纳认为生态社会主义在理论与实践上都是对资本主义生产关系的批判,它"严格说来并不是一种规范性的主张,而是对社会经济条件和日益逼近的危机的一种实证分析"⑤。但奥康纳仍然给生态社会主义下了一个不十分严谨的定义,即认为生态社会主义应该包含这样一些理论和实践:使交换价值从属于使用价值,使抽象劳动从属于具体劳动。这也就是说,按照需要(包括工人的自我发展的需要)而不是利润来组织生产。⑥ 但无论如何,生态社会主义不仅是对资本主义的批判,同时也是对传统社会主义的批判,这一点倒是与佩珀不谋而合。

第三节 打通马克思主义与生态经济学之间的壁垒

在生态马克思主义学者中间,福斯特与伯克特理论立场相近,他们都

---

① [美]詹姆斯·奥康纳:《自然的理由——生态学马克思主义研究》,唐正东、臧佩洪译,南京大学出版社2003年版,第318页。
② 同上书,第13页。
③ 同上书,第378页。
④ 同上书,第17页。
⑤ 同上书,第527页。
⑥ 同上书,第525—526页。

是基于马克思主义的文本，或者直接认为马克思就是生态学者，如福斯特在《马克思的生态学——唯物主义与自然》中的观点；或者将自然要素纳入马克思主义理论体系，如伯克特在《马克思与自然》中的观点。而伯克特在 2006 年出版的《马克思主义与生态经济学》一书更是在生态经济学对自由主义经济学的批判之上，加入了马克思主义对生态经济学的批判。这一本质因素的引入清理了生态经济学中自由主义的残渣，也使生态经济学更具有了马克思主义的理论向度，从而为生态经济学的深入发展指出了正确的方向。

一　福斯特对马克思主义生态经济学的发现

在《马克思的生态学——唯物主义与自然》中，福斯特认为，马克思具有唯物主义自然观，即反对一切关于人的目的论存在以及宗教神学的思想，认为人是现实的、感性的存在物，而且人只有"凭借现实的、感性的对象才能表现自己的生命"存在，"一个存在物如果在自身之外没有自己的自然界，就不是自然存在物，就不能参加自然界的生活"。福斯特对马克思生态学的解读中最核心的概念是"新陈代谢"断裂，这要从马克思关于土地异化的思想谈起。福斯特认为，根据马克思早期思想中"自然异化"的概念，统治土地"既意味着那些垄断地产因而也垄断了自然基础力量的人对土地的统治，也意味着土地和死的事物（代表着地主和资本家的权力）对大多数人的统治"。① 所以土地的异化成为私有财产的重要组成部分，虽然它在资本主义之前就已经发生，但是对于资本主义制度而言，土地的异化就成为一个必要条件。"资本主义的前提是把大量的人口从土地上转移出来，这使资本自身的历史发展成为可能。这就形成了富人和穷人之间日益加深的阶级分化，以及城乡之间日益加深的敌对分离。"② 所以在福斯特对马克思的解读中，两极分化造成的新陈代谢断裂就成为资本主义的一个根本特征。福斯特认为，在马克思那里，新陈代谢具有两个层面的含义，第一个层面是指自然和社会之间通过劳动而进行的实际的新陈代谢的相互作用；第二个层面是指"一系列已经形成的但是在资本主义条件下

---

① ［美］约翰·贝拉米·福斯特：《马克思的生态学——唯物主义与自然》，刘仁胜、肖峰译，刘庸安校，高等教育出版社 2006 年版，第 83 页。
② 同上书，第 193 页。

总是被异化地再生产出来的复杂的、动态的、相互依赖的需求和关系，以及由此而引起的人类自由问题"①。这种新陈代谢通过人类具体的劳动组织表现出来，同时也与人类和自然之间的新陈代谢相联系。所以福斯特认为，马克思的新陈代谢概念同时具有生态意义与社会意义。资本主义新陈代谢的断裂具体表现为，以食物和纤维的形式从土壤中移走的养料无法返还土壤，从而一方面造成土地的贫瘠，另一方面造成城市的污染。他说对于马克思而言，"在社会层面上与城乡分工相联系的新陈代谢断裂，也是全球层面上新陈代谢断裂的一个证据：所有的殖民地国家眼看着它们的领土、资源和土壤被掠夺，用于支持殖民国家的工业化"②。但同时，马克思也发现，资本主义为一种更高级的综合，即"农业和工业在它们对立发展的形式的基础上的联合，创造了物质前提"。所以，共产主义不仅要消除资本主义对劳动进行剥削的特定关系，同时还要超越资本主义对土地的异化，消除资本主义统治的基础和前提，达到合理地调节人类社会与自然之间的物质变换。福斯特坚定地认为，只有在此意义上，马克思号召的"废除雇佣劳动"才有意义。③

二 伯克特以马克思主义经济学超越生态经济学

伯克特与福斯特经常合作发表文章，两人具有相似的理论立场。伯克特2006年出版的《马克思主义与生态经济学》一书是马克思主义与生态经济学之间对话的佳作，也是生态马克思主义经济理论方面的代表作之一。此书有两个目的：一是以马克思主义的观点对生态经济学进行综合评价；二是展现马克思主义政治经济学如何能够对生态经济学作出实质性的贡献。生态经济学虽然有助于当前的环境退化和生态危机问题的缓解，但由于其方法甚至于理论框架并未完全脱离新自由主义经济学的理论限制，从而使其对新古典主义经济学的批判不够彻底。而应用马克思主义政治经济学的方法和观点却能够推进并深化生态经济学对新古典主义经济学的批评，从而为人类的可持续发展提供更好的解决方案。这里，我们主要介绍伯克特围绕"自然资本"与可持续发展问题的研究，这同时也是从马克思

---

① ［美］约翰·贝拉米·福斯特：《马克思的生态学——唯物主义与自然》，刘仁胜、肖峰译，刘庸安校，高等教育出版社2006年版，第175页。
② 同上书，第182页。
③ 同上书，第196页。

主义的角度对生态经济学进行的补充和批判。

"自然资本"概念将环境作为资本的一个典型隐喻，遭到了许多生态经济学家的抵制。他们认为，这个术语将自然——环境仅仅作为资本、资产，显然是采用了新自由主义的抽象化和理想化的方法，是将环境成本外部化的一个企图，将自然环境视作加在资本主义生产体系之上的一个限制因素，从而机械地和抽象地看待自然与经济社会之间的关系。虽然生态经济学对"自然资本"的概念进行了抵制，并力图通过对自然的货币化、市场化与资本化的批判而提出可持续发展的资本主义的一种替代方案，但是，伯克特认为，生态经济学的解构努力是不充分的，因为它并未对基于资本主义的核心关系即"工资—劳动"关系进行批判。就"工资—劳动"关系是将劳动者与必要生产条件相分离而言，这种关系既是物质关系，也是社会关系，二者都为生态经济学所忽视，以至于最终使得生态经济学与那些使用"自然资本"术语的人一样，"与自然的非社会的概念化和市场关系的非历史的观点仍然藕断丝连"[1]。如果说那些"自然资本"概念的赞成者是基于一种抽象的、物质的唯心主义的话，那么可以说，那些抵制"自然资本"概念的生态经济学家基于的则是抽象的、社会的唯心主义。伯克特认为，马克思主义基于历史唯物主义，使用"工资—劳动"关系作为解构资本主义的一把钥匙，能为生态经济学抵制"自然资本"概念提供有效的理论框架，而且马克思主义通过阶级斗争、人民战争来反对对自然的资本化路径，从而使人类的可持续发展——一种强的可持续发展，从资本主义的可持续发展——一种弱的可持续发展中超拔出来，获得实质的可持续性。伯克特认为，马克思主义无疑为实现强的可持续发展提供了强有力的理论武器。

生态经济学家反对对自然的货币化与市场化，反对将环境成本外部化，而主张一种可持续发展。虽然这看起来有道理，但由于他们没有卓有成效地对社会生产关系进行批判分析，从而削弱了上述主张。伯克特指出，如果从社会生产关系的视角去看待可持续发展的观点，就应该将可持续发展看作是在资本主义之中、反对资本主义并超越资本主义的一种发展。[2] 而生态经济学的视角由于缺乏唯物史观，正如有的学者指出的，在

---

[1] Paul Burkett, *Marxism and Ecological Economics*, Liden; London: Brill, c2006, p. 141.
[2] Ibid., p. 130.

他们那里，可持续发展的问题被框在了经济、市场优先还是自然生态优先的一个二者择一的框架内。在这里，是与非的对立其实是在一个平台上，适用的是同一套标准，只是各执一端而已，所以有人认为生态主义并不能否定工业主义，正如后现代主义并未超越现代主义一样。伯克特认为应该将可持续发展置于这样一种张力中来理解：即在资本主义具体的物质需求与人和自然共同进化的健康的物质需求之间的张力。

伯克特指出，与生态经济学的视角相比，对"自然资本"概念的更有效的抵制策略应该集中于生产中，中介与塑造人类—自然之间关系的一种历史的、具体的社会关系方面，而马克思主义政治经济学由于强调了作为生产的物质—社会关系的阶级而提供了这种视角。[1] 马克思主义对"自然资本"概念的批判集中在以下几个方面：

第一，自然资本与工资劳动。伯克特指出，在马克思主义看来，市场与货币虽然是资本主义的必要因素，却并非资本主义的本质因素，资本主义的本质在于：在资本主义制度下，劳动、自然、生产工具等都表现为"分离的"生产条件，这些生产条件只有在由工资劳动所进行的、利润驱动型的商品生产中才能结合在一起。正如工人的三重异化（即从必要的生产条件如土地中异化出来、从生产过程中异化出来、从工人自身生产的产品中异化出来）一样，作为生产要素之一的自然也经历了这些异化过程。资本主义制度下的自然被商品化，因此从人类中异化出来，最终被具体化为一种"物"（thing），所以，与"资本—劳动"的关系相对应，"资本—自然"的关系在本质上也是异化的。伯克特指出，在生产关系层面上，劳动力与自然条件转变成为资本，这是资本主义的基本前提，也是其基本矛盾。

第二，价值、市场价格与自然。在马克思那里，资本的市场化形成于这样的前提：即把劳动量化为货币，把劳动产品也使用货币进行估价，使社会必要劳动时间形成为价值，从而成为可估价的，这样就使劳动力与必要生产条件分离开来，形成了资本主义制度的核心生产关系——工资—劳动关系。伴随这种核心关系而来的必然包括货币与市场价值的反生态特点。伯克特在《马克思与自然》中论证了马克思在分析资本主义剥削、异化与积累中，有一个关键的维度就是资本主义对那些作为"公共蓄水池资

---

[1] Paul Burkett, *Marxism and Ecological Economics*, Liden; London; Brill, c2006, p.132.

源"的自然环境的任意资本化。①

第三,可持续发展的资本主义与可持续发展的人类社会。伯克特认为,这需要区分两种类型的物质需要,一种是资本主义发展的物质需要,另一种是人类社会健康发展的物质需要。资本主义生产只服从于利润驱动的逻辑,这与人类发展的现实需要并不一致。因为资本积累是无止境的,所以资本主义发展的物质需要至少造成以下两个层面的生态危机:第一个层面的危机可以表现为一种特殊的、阶段性的危机,比如石油等不可再生资源的储量面临枯竭,等等,但由于资本主义自身发展的可调适性,它可以通过新技术或者替代产品来解决这类危机。而第二个层面的危机则危及了人类的健康发展,即它引发了人类发展的自然条件方面的一个"全面的、整体的、持久的"退化趋势②,这种趋势即是所谓的"自然的限制",而它又是"自反性的",也就是说,任何意在改善或阻止这种退化趋势的技术或者措施反而又加剧了事态的恶化。比如全球变暖、物种多样性减少、环境中有害气体的增加,以及人类生活中对药物的过度依赖,落后国家不断加剧的饥饿与疾病,等等,伯克特认为这些都意味着生态原则与资本、价值、市场、货币原则的抵触。正如休斯(Hughes)所言,对于经典马克思主义而言,这些都表征了资本主义生产关系与人类—自然生产力的可持续发展之间的张力。③

第四,阶级斗争与人类可持续发展。从资本的立场来看,使用价值或财富既包括自然财富,也包括劳动力财富,但二者都被视为资本积累的工具;而从工人的立场来看,用劳动力换取货币工资并不是目的,而用这些交换价值再去换取满足自身生产、再生产和发展的各种使用价值才是目的。显而易见,工人的使用价值取向与资本家的剩余价值积累取向是截然不同的。伯克特指出,这种对立实际上恰恰就是基于人与自然和谐的健康的人类发展与资本主义物质条件的异化之间的不可调节的对立。正是在这个意义上,米歇尔·莱博维奇(Michael A. Lebowitz)认为资本主义的基本矛盾就是利润生产与人类需要生产之间的对立。④ 在这种对立下,工人阶级的斗争就会在两个层面上展开,一个是在纯经济领域内部,比如增加

---

① Paul Burkett, *Marx and Nature*, NewYork: St. Martin Press, 1999, chapter 6.
② Paul Burkett, *Marxism and Ecological Economics*, Liden; London: Brill, 2006, p.137.
③ Ibid..
④ Ibid., p.139.

工资、减少工作时间、改善工作环境，等等；另一个就是在更广泛的政治、文化、社会领域的斗争，比如为了改善或者保持生产生活的环境，而要求对环境进行公共民主管理、参与决策，等等。一旦这种工作场所内外的斗争进行了结合并彼此加强，那么，工人阶级的斗争就由于反对所有由金钱驱动的、对劳动与自然的剥削，从而蕴含着一种强有力的"亲生态"（pro-ecological）的潜力。[1] 伯克特指出，通过马克思主义的观点，就将自然指涉与可持续发展的问题内在化于社会发展与阶级斗争范畴之内。虽然马克思主义认识到工人阶级的斗争并不总是以反对工资劳动与自然资本化的方式来进行，但它的确敏锐地洞察到这样一种激进的潜力，即工人阶级的斗争总是为一种将劳动者与自然本身视为目的、而非赚钱工具的全新的生产关系而战。[2]

生态经济学关于可持续发展的出发点是自然资源如何使经济发展成为不可持续的，即自然资源对经济发展的外在限制作用。其关于可持续发展有三层定义：第一，自然资源作为人类发展的"公共蓄水池"特点；第二，个人、社会、自然共同进化的方法；第三，作为共同财产的自然资源。[3]

关于第一个方面，即"公共蓄水池"的观点，意谓对自然资源的过度开采和滥用，会在现在或者将来削弱自然资源的可利用性。过度开采与可持续性的开采是相对立的。一般认为，可持续发展就是使经济行为与生态保持相一致，比如保护生物多样性、控制污染物的排放水平、避免对自然环境的不可逆转的毁灭。对于不可再生资源而言，要尽量少用，并通过开发可替代的能源新产品以及全面的技术进步来逐步做到完全不用这些不可再生资源。伯克特指出，这种可持续的资源开发概念，无疑是建立在如下假设的基础上：认为发现与制造替代资源、能源是可行的，而生态经济学则认为这是不可行的。

关于第二个方面，即共同进化论的观点指的是环境过程、环境系统与经济过程、经济系统之间不可逆转的相互改变、相互影响以及长期的相互选择。生态经济学之所以选择共同进化论作为研究经济过程与生态过程之

---

[1] Paul Burkett, *Marxism and Ecological Economics*, Liden; London: Brill, 2006, p. 140.
[2] Ibid..
[3] Ibid., p. 301.

间相互作用的理论框架，是因为共同进化论强调两个系统、两种过程之间相互依赖的动态特征，以此来批判主流经济学将经济系统描述为一个封闭的系统。共同进化论包括以下三个层面的内涵。首先，共同进化论将经济体系看做一个开放的系统，认为它依赖于经济与自然世界其余部分之间的物质能量交换[1]；其次，共同进化论强调自然资源的代际可传递性，而新自由主义标准的市场模型则无视代际之间的资源传递；最后，生态过程具有不可见性、不可逆转性、门槛效应等特点，排除了新自由主义经济学的边际交换假设。[2] 虽然共同进化论与马克思主义都诉诸集体行为而具有某种相似性，但共同进化论由于没有掌握生产关系特别是资本主义体系内的阶级关系——生产者与生产条件相分离，而成为共同进化论（也可以说是生态经济学）与马克思主义之间的一个巨大的鸿沟。所以，虽然在可持续发展问题上共同进化论反对新自由主义经济学，但是由于其悬置了生产关系领域的决定性因素，所以它们之间的斗争就被削弱为替代性的理论或替代性的价值之间的论争，而不是像马克思主义与新自由主义经济学之间那种不可调和的原则之争、立场之争和方法之争。

关于第三个方面，即公共财产论的观点指的是将自然资源作为某一社群的公共财产。公共财产在以下方面具有严格的限定，"即谁使用资源、何时使用、如何使用，并通过某种社会控制机制，使相应的权利得以分配和强化"[3]。所以公共财产具有两个特征：一是在资源拥有者之间的财产权利和财产分配是平等的，这意味着不会因为不使用资源而失去使用资源的权利；二是排除了那些不属于群体的潜在的资源使用者。[4] 所以生态经济学认为公共财产论可以保证资源开发的可持续性以及资源使用权利的平等和公正。的确，公共财产论使人们认识到除了私人财产和国家财产的形式之外还有公共财产形式，而且这种形式看起来也比较适合管理那些具有公共蓄水池特点的资源。但是公共财产论有其难以克服的问题，它在管理和控制资源挪用方面的能力是不完善的。事实上，公共财产论倾向于静态的资源管理概念，在应对资源占有的动态方面很容易被新自由主义的市场神话所收编，尽管它从一开始就是反对后者的。只要想想各种类型的"社会

---

[1] Paul Burkett, *Marxism and Ecological Economics*, Liden；London：Brill，2006，p. 306.
[2] Ibid., p. 309.
[3] Ibid., p. 311.
[4] Ibid..

资本"的命运就会很清楚了。伯克特总结说:"在资本主义的功能化与公共财产的反资本主义特征之间的张力,包含着一个围绕着世界进行生态斗争的首要场域。"①

伯克特明确指认了马克思、恩格斯思想中作为可持续的人类发展的共产主义。共产主义实现了劳动者与生产条件的重新结合,所以它必然隐含着对个人、社会、自然的消除异化,以及自然作为公共财产与对自然的非市场化的分配。随着人类管理能力的进化和加强,社会就能对自然生产条件进行更合理的管理和利用。在共产主义条件下,生产率的提高并不意味着物质——能量输出的增长,这与劳动时间的缩减并不意味着物质消费的增长一样。因此,共产主义将会实现"自然主义=人道主义"的生态友好、社会公正的社会,正如马克思那句著名的论断所言:"社会化的个人、联合起来的生产者将合理地调节他们和自然之间的物质变换,把它置于他们的共同控制之下,而不让它作为盲目的力量来统治自己;靠消耗最小的力量,在最无愧于和最适合于他们的人类本性的条件下来进行这种物质变换。"②

第四节 分析与评论

在以上介绍生态马克思主义经济理论的基础上,本节从马克思主义的视角对当代的生态问题进行分析,作为结论。

一 资本主义是一个经济危机与生态危机并存的制度

资本的本性与资本的发展趋势决定了资本主义是一个充满危机的制度。每次危机都使资本主义社会发生经济衰退,也使大量的工人群众失去工作和生活的基本条件,所以在资本主义生产方式下"世界最贫穷者将受到最严酷的打击"③ 这个论断适用于由资本主义制度导致的经济危机与生态危机领域。许多人都看到,从 2007 年年底开始源于美国而又波及全球的金融危机和经济危机,其实质是美国人花钱和赖账、全世界买单和受

---

① Paul Burkett, *Marxism and Ecological Economics*, Liden; London: Brill, 2006, p. 319.
② [德] 马克思:《资本论》第 3 卷,人民出版社 1975 年版,第 926—927 页。
③ [德] 贝克:《世界风险社会》,吴英姿等译,南京大学出版社 2004 年版,第 63 页。

害。在生态问题上存在着同样的逻辑,以美国为首的西方发达资本主义国家在生产生活中大量消耗全世界的能源、资源,造成全世界范围内能源、资源的加速枯竭与环境污染加剧,承受这个恶果最严酷的仍然是世界体系的外围国家与地区——广大第三世界国家。资产阶级在对待经济危机与生态危机的态度上有着惊人的相似,比如在 2008 年西方金融危机中,竟有美国高官及其御用文人将危机归因于中国的低消费、高储蓄,而美国则是低储蓄、高消费,他们声称中国拥有 3 万亿左右美元的外汇储备,正是这种不平衡发展造成了美国的金融危机。靠举债而过度消费的人反过来责难借给他钱的人,这是典型的是非颠倒。在生态问题上也是如此。以"地球卫士"和"环境警察"自居的美国人,动辄指责中国等发展中国家造成环境污染和大量耗费地球资源,而矢口否认自己资本主义的生产生活方式才是造成全球生态危机最大责任者的事实。这在本质上是帝国主义的意识形态和思维惯性在全球经济领域和生态环境领域的拙劣表现。①

　　全球性的生态危机与全球性的经济危机具有许多相似的表现形式。比如生态危机有时表现在水资源状况、空气质量、气候状况方面,有时在森林、物种、资源方面表现出来,有时通过极地地区臭氧层的薄弱甚至空洞化表现出来,有时也通过不同国家、不同地域空间表现出来。但在资本主义全球化的世界现状内,生态危机在很大程度上以一种全球化的面目出现,虽然有时候它蔓延的速度不像经济危机的全球蔓延那么迅猛,但是在资本主义生产方式主导下,生态危机的全球蔓延趋势是既定的、不可遏止的。菲德尔·卡斯特罗指出,正是资本主义通过不平等交换、保护主义和外债造成了第三世界的不发达与贫困,而这些又构成了对生态环境的破坏与侵害,要阻止生态的进一步恶化,少数发达国家就必须少些奢侈、少些浪费,使地球上大多数国家与地区少些贫困、少些饥饿;要建立公正的国

---

① 在帝国主义主导下,新自由主义的经济发展模式迅速地渗透到全世界的绝大部分地区,它究竟是一剂医治经济不发展的良药,还是一剂使第三世界慢性自杀的毒药呢?这个问题的答案要在它做的事情与引发的后果而不是在它的表白与承诺之中来寻求。20 世纪 90 年代以来,东南亚、俄罗斯、墨西哥等地相继产生了各种形式的经济危机,现在轮到美国自己了。新自由主义到了哪里,就把危机带到哪里。而新自由主义的背后却是资本主义生产方式在起根本的作用。马克思说资本主义是一个充满危机的制度一点没错,只是这个危机,有时在资本主义经济链条的这一环,有时在那一环显现出来,在地域分布上,有时在这个国家,有时在那个国家更显著一些,但随着新自由主义的全球化发展,任何一环的经济危机都可能诱发全面的经济危机,任何一个地域性危机也都可能诱发世界性的经济危机。

际经济秩序；要偿付生态债，而不是外债；要杜绝向第三世界传播与渗透破坏生态环境的生活方式与消费习惯。① 但是资本的本性决定了少数发达国家不可能采取上述措施，结果只能是，在经济灾难与生态灾难降临之时，生活在不发达世界里的多数人为生活在发达世界中的少数人买单，在发达世界与不发达世界中都是穷人为富人买单。

二 对人的剥削与对自然界掠夺是同一历史过程

在《雇佣劳动与资本》中，有这样一段话："人们在生产中不仅仅影响自然界，而且也互相影响。他们只有以一定的方式共同活动和互相交换其活动，才能进行生产。为了进行生产，人们相互之间便发生一定的联系和关系；只有在这些社会联系和社会关系的范围内，才会有他们对自然界的影响，才会有生产。"② 这个思想有助于我们正确地理解马克思的自然观。人与自然之间的关系是通过生产活动或劳动来体现的，马克思在《巴黎手稿》中已经详细阐明了劳动作为人与自然之间中介的作用。劳动作为人类生存的基本前提，存在于人类社会的任何发展阶段之中。③ 即使将来到了共产主义社会，人和自然之间的物质变换、人们通过自然获取使用价值的生产生活活动仍然会存在。所以，人类劳动是一个一般性、普遍性的哲学范畴。更为重要的是，人们在长期的历史演进中形成的各种生产关系、社会关系，成为制约人与自然之间关系的一个决定性因素。正如马克思所说，自然界并不形成这些关系，各个经济社会形态——原始社会的、奴隶社会的、封建社会的、资本主义社会的——都是人类历史发展的结果，虽然它起源于人与自然之间的一般性劳动，但这种关系一旦形成，就将成为支配人与人、人与自然界关系的决定性力量。问题不在于人们生产什么，而在于怎样生产。人们在现实的生产关系、社会关系下，形成相应的社会—自然关系的处理规范。同时，人本身就是一种活的、有意识的自然物④，是广义的自然界的构成要素之一，理解人与自然关系的一个理论归结点，必须是作为具体的、历史的、社会的人的生存状况以及发展前

---

① [古]菲德尔·卡斯特罗：《全球化与资本主义》，王玫等译，社会科学文献出版社2000年版，第150页。
② 《马克思恩格斯选集》第1卷，人民出版社1995年版，第344页。
③ [德]马克思：《资本论》第1卷，人民出版社1975年版，第208、56页。
④ 同上书，第228页。

景。马克思不止一次地论述过在资本主义的生产关系中，自然界的事物，比如空气、水、土、风、原始森林以及各种矿藏等，由于没有凝结着活劳动，故只有使用价值，而无价值或交换价值。[①] 许多人由此认为马克思贬低自然界的价值与地位。实际上，马克思在《资本论》中是将自然物作为一个生产要素来对待的，因为马克思在这里分析的是被资本所规制、所结构的生产关系与社会关系，对劳动力也罢，对自然物也罢，只有资本的力量是本质性的。资本对待他们的出发点就是看它能在生产剩余价值的过程中扮演什么角色。由于生产过程都必须具备原料、劳动力等基本要素，所以任何商品都是自然物质与劳动二者的结合。"人在生产中只能像自然本身那样发挥作用，就是说，只能改变物质的形态。不仅如此，他在这种改变形态的劳动中还要经常依靠自然力的帮助"，所以"劳动是财富之父，土地是财富之母"。马克思从未轻视自然界的价值，而是将自然界与劳动置于一个层次上，说明劳动由于劳动者与生产资料的分离而成为资本生产剩余价值的劳动，而自然力一旦被纳入资本的生产过程，就变成了资本的力量，二者都由于被资本所控制，在结合的过程中，不断制造出反对自身的力量，生产与再生产整个资本主义生产关系、社会关系本身。自然界与劳动同时进入资本的生产领域，同时接受资本对他们最大限度的盘剥。资本对土地等自然力就像对劳动力一样，进行最残酷的剥削、掠夺与浪费。

资本主义制度对工人人身的破坏是从头到脚、从里到外的、全面的、彻底的破坏，正如恩格斯一针见血地指出的那样，这是社会对工人阶级集体进行的谋杀。"英国社会每日每时都在犯这种英国工人报刊有充分理由称之为社会谋杀的罪行；英国社会把工人置于这样一种境地：他们既不能保持健康，也不能获得长久；它就这样不停地一点一点地毁坏着工人的身体，过早地把他们送进坟墓……社会知道这种状况对工人的健康和生命是怎样有害，可是一点也不设法来改善这种状况。社会知道它所建立的制度会引起怎样的后果，因而它的行为不单纯是杀人，而且是谋杀，当我引用官方文献、政府报告书和国会报告书来确定杀人的事实的时候，这一点就得到了证明。"[②] 但是哪里有压迫哪里就有反抗，"贫困教人去祈祷，而更

[①] [德] 马克思：《资本论》第 1 卷，人民出版社 1975 年版，第 54、230 页。
[②] [德] 恩格斯：《英国工人阶级状况》，人民出版社 1956 年版，第 138 页。

重要的是教人去思考和行动"①。资本主义对工人人身的破坏已经到了无以复加的地步,它促使工人作为一个阶级联合起来,在总体的意义上反抗这个人吃人的社会,那就是无产阶级反对资产阶级的共产主义运动。在1892年德文版第二版序言中,恩格斯指出虽然现在《英国工人阶级状况》中所描写的那些触目惊心的和见不得人的事实,已经或正在被消除,或者变得不那么明显了,但是,工人的穷困状况并没有改变,也不可能被消除,只是"资产阶级掩饰工人阶级灾难的手法又进了一步"②。时至21世纪,西方发达国家工人阶级生产生活状况与《英国工人阶级状况》一书描述的相比,可以说是有了天壤之别。这部分是因为生产力发展造成整个社会财富的增加,部分是由于一百多年来工人运动的斗争结果,但这并不能改变资本的本性,以及由它产生的资本主义的两极分化,不能改变资本与工人的阶级分殊。拨开重重迷雾,我们自然会发现这样一个铁的规律冰冷地呈现在世人的眼前:在资本主义体系中,穷人永远是人身自然与外界自然灾难的最沉重的承受者。

资本主义生产方式对自然界的破坏同对工人的剥削一样具有毁灭性。资本主义生产方式要求的大工业生产使生产日益集中,造成城乡对立,从而使工业从农业、城市从乡村那里以衣食形式拿走的东西不能再以排泄物的方式返还,比如对城市人口的粪便只能花费很多的财力进行处理,污染河流,却不能再回归土壤,从而造成资本主义生产物质变换的断裂,福斯特将其作为马克思生态学的基本概念进行了论述。除此之外,我们可以从资本主义的土地所有权批判与农业的资本主义生产方式批判的角度来阐释马克思的观点。马克思认为,资本主义制度同合理的农业相矛盾,即便资本主义制度促进了农业技术的发展,但也只是促使农业向不合理的方向发展,"大工业和按工业方式经营的大农业一起发生作用。如果说它们原来的区别在于,前者更多地滥用和破坏劳动力,即人类的自然力,而后者更直接地滥用和破坏土地的自然力,那末,在以后的发展进程中,二者会携手并进,因为农村的产业制度也使劳动者精力衰竭,而工业和商业则为农业提供各种手段,使土地日益贫瘠"③。所以"合理的农业所需要的,要么

---

① [德]恩格斯:《英国工人阶级状况》,人民出版社1956年版,第157页。
② 同上书,第21页。
③ [德]马克思:《资本论》第3卷,人民出版社1975年版,第917页。

是自食其力的小农的手，要么是联合起来的生产者的控制"①。但绝不会是以资本主义大工业为基础的农业经营制度，正如大工业资本依靠缩短工人的寿命而无限度地追逐剩余价值一样，贪得无厌的农场主靠无限地掠夺土地肥力来提高收获量与利润，只能导致土地的贫瘠化。同时，土地的资本主义私人所有权也是造成这种掠夺行为的关键因素。马克思指出：土地所有权"在和产业资本结合在一个人手里时，实际上可以使产业资本从地球上取消为工资而进行斗争的工人的容身之所。在这里，社会上一部分人向另一部分人要求一种贡赋，作为后者在地球上居住的权利的代价，因为土地所有权本来就包含土地所有者剥削土地，剥削地下资源，剥削空气，从而剥削生命的维持和发展的权利"②。并且"从一个较高级的社会经济形态的角度来看，个别人对土地的私有权，和一个人对另一个人的私有权一样，是十分荒谬的。甚至整个社会，一个民族，以至一切同时存在的社会加在一起，都不是土地的所有者。他们只是土地的占有者，土地的利用者，并且他们必须象好家长那样，把土地改良后传给后代"③。在此，马克思认为，正是对劳动力与对土地的资本主义私人所有权，造成了对人力与自然力的巨大破坏与巨大浪费，资本主义生产方式反生态的本质从总体上暴露出来。

要使人身自然与整个自然界合乎自身规律地存在与发展，就只能通过推翻资本主义私有制度来实现。因为资本主义是一个再生产自身的永动机，从而促使资本主义生产关系、社会关系永固化，并将其推向一个极端的发展。资本不会自动地扬弃自身，即使一个新的物质基础已经存在。在一般情况下，资本只能借助工人阶级的斗争被动地扬弃。《资本论》为我们展示出工人阶级为什么会形成，怎样形成，以及资本将如何被超越。《资本论》不只告诉我们资本是造成人、自然与社会全面异化的源头，它的持久不衰的魅力更在于它的阶级分析方法——无论它已经、正在或将要遭遇多少恶劣的诟病，将阶级分析的方法适用于全球生态问题中，仍将会获得许多有意义的启示。

---

① ［德］马克思：《资本论》第 3 卷，人民出版社 1975 年版，第 139 页。
② 同上书，第 872 页。
③ 同上书，第 875 页。

三 对当代资本主义新的表现形式——消费主义要高度警惕

第一，我们先来分析消费异化这一概念。

马克思在《1857—1858年经济学手稿》中论述了生产与分配、交换、消费的一般关系，提出了生产与消费的同一性，而且生产决定消费的观点。在马克思看来，首先，生产与消费具有直接同一性。这表现在两方面：一方面，生产行为同时也是主体和客体两方面的消费行为，即生产的消费，"规定即否定"；另一方面，消费也是生产，即消费的生产，消费在两方面生产着生产，消费使生产的产品不仅作为物化的劳动而存在，同时使其成为活动者的主体的对象，正是由于后者，才使产品真正实现了产品的本质。同时，消费在观念上提出生产的对象，即需要，没有需要就没有生产，所以，消费再生产出来的需要成为生产的动力。其次，生产与消费互为中介。二者同处于一个运动之中，相互依存，但同时又作为独立的环节外在于对方而存在。最后，在生产与消费的关系中，每一方都由于自身的实现才能创造出对方，消费行为实现了使产品成为产品、使生产者成为生产者的终结，而同时，生产行为也生产出消费的对象、消费的方式、消费的动力。

但是，马克思认为除了以上生产与消费的一般关系，还要看到，生产与消费虽同是一个过程中的两个要素，但在这个过程中，生产是起支配作用的要素。因为生产活动是整个过程得以实现的起点，也是整个过程得以重新进行的行为。作为必需的消费本身就是生产活动的内在要素。所以，生产的性质决定着消费的性质，生产本身在根本上对消费发挥全面的规定作用。在资本主义社会中，资本主义生产方式占主导地位，在其中，资本是支配一切的经济权力，"它必须成为起点又成为终点"[1]。所以，无论是叫做"消费社会"，还是"后工业社会"、"后资本主义社会"、"晚期资本主义社会"、"后现代"，等等，只要资本仍是社会的核心要素与决定性的力量，只要资本主义生产方式仍占主导地位，其中的各种人类行为包括生产行为、消费行为和各种社会关系包括人与人之间的关系、人与自然之间的关系，都无不打上资本的烙印，都无不被资本的铁律所统治。这是我们从各个层面——抽象的个人层面、城市化层面、全球化层面——来分析消

---

[1]《马克思恩格斯选集》第2卷，人民出版社1995年版，第25页。

费社会生态后果的一个基本原则。

西方马克思主义认为，消费主义价值观的盛行，使人们在对商品的追逐与消费中得到心理满足，并伴随着快感与自我价值感的实现，从而掩盖甚至消解了资本主义制度造成的异化劳动给人们带来的普遍痛苦与折磨。在此意义上，异化消费与异化劳动一起成为资本主义经济机器持续运转的支柱。这也成为"劳动—闲暇"二元论产生的基础。劳动的痛苦以消费的幸福体验作为补偿，而无度的消费不仅使污染物增长，而且促进了生产的进一步扩张，进而带来了能源与资源更大的耗费。异化劳动与异化消费，在持续的恶性循环中不断复制自身。本·阿格尔（Ben Agger）指出："劳动中缺乏自我表达的自由与意图，就会使人逐渐变得越来越柔弱并依附于消费行为。"[①] 阿格尔认为这种过度消费驱动了过度生产，从而不仅在生态的角度上是破坏性的、浪费的，而且对于人本身的心理与精神而言，也是有害的，因为它并不能真正补偿人们因异化劳动而遭到的不幸。但是，阿格尔认为，人们对于异化消费的期望最终会被生态危机打碎，使人们重新审视生产、消费以及人生存的意义，即他所谓的"期望破灭的辩证法"，促进人们在价值观念和生活方式上产生许多变革，比如吃、穿、住、行等日常生活中奉行更加节俭、有益于生态环境的原则，在自我实现的生产劳动过程中寻求幸福感。期望破灭的辩证法，使人们重新形成自己的价值观与愿望，从而带动整个社会生产领域的变革，这正好与消费主义产生于资本主义生产方式，同时它的发展又必然趋向对资本主义生产方式的背反相呼应。

但是，西方马克思主义者将异化消费从异化劳动中分离出来的资本主义批判，仍然停留在经验层面上。从马克思对生产与消费关系的说明中，我们知道异化消费只是异化劳动的衍生品。异化劳动是本质性的，没有异化劳动就没有异化消费。异化劳动正是资本主义生产关系再生产自身的前提和基础。当真正的人，即人本身在与异化劳动的融合中不断消失时，人本身就再也不是完整的人，而成为被迫撕裂的部分和碎片，人以碎片式的存在方式，以机械化的行为方式，在消费行为中发挥着主体性与创造性。人是在世界中的存在者，而存在本身却被遮蔽了。对海德格尔而言，要揭

---

① ［加］本·阿格尔：《西方马克思主义概论》，慎之等译，中国人民大学出版社1991年版，第493页。

示本真的、被遗忘的存在,就要"去蔽"。对马克思而言,这个"去蔽"就是消除异化的过程,马克思将其称为"共产主义运动"。共产主义不是一个所谓的结果,而是人的一系列的解放运动。

消费主义是这样一个发展的环节:在这个环节上,工人阶级的生活水平有一种相对的提高,表现为一种虚假的丰裕社会;工人阶级在异化劳动中导致的精神空虚在消费活动中得到虚假的补偿和满足,从而部分缓解了自主性缺失的问题。但消费主义有其自身不可克服的局限性。其一,消费主义对自然界和工人身体的过度消耗必将导致人和社会可持续发展的客观条件的丧失,使人自身的再生产与社会再生产难以为继,威胁人的整体存在。其二,虚假的丰裕导致工人的阶级意识的消解,工人反抗作为整体的资本主义生产方式的意志被去势,物化的人发展到极致,人成为物的心甘情愿的奴隶,但却自以为是物的主人。在消费活动中,人的主体性的张扬必须通过人的完全客体化才能实现,这种主体性在绝对客体化面前就像一个大大的、五彩缤纷的肥皂泡一样,一触即破。这就决定了消费主义必将被更高阶段的"劳动"主义所代替,即人将在生产劳动中体现自我意志,获得自我价值的实现,这种生产劳动只能是生产资料公有。不以利润为目的的生产劳动,是对资本主义生产方式的必然否定。

第二,"消费者合作社"的幻想和生态城市的不可能性。

在西方国家,城市的产生由来已久,但只有在资本主义生产方式主导下产生的城市才具备现代城市的内涵。工业化和城市化是资本主义发展的两大驱动。从早期的圈地运动开始,人从农村迁到城市,产业重心从农业转到工业,城市化与工业化同时为资本主义生产方式的发展展开了波澜壮阔的画卷。如果说早期的资本主义城市还作为工业化的场所而与生产主义相连,那么在当代,当资本主义进入后工业化时期,城市也愈益与消费主义合谋,城市成为资本主义固有矛盾得以展示的一个新的场所。

在后工业化的晚期资本主义语境之中,消费浮在生产之上,似乎成为座架人类存在的支点。"社会成员已经或即将从作为生产者地位中被驱逐出来,并首先被定义为消费者"[①]。齐格蒙·鲍曼(Zygmunt Bauman)认为,"消费者合作社"是最适合的当代文化隐喻。在消费者合作社中,"每

---

① [英]齐格蒙·鲍曼:《后现代性及其缺憾》,李静韬译,学林出版社2002年版,第43页。

个社会成员的份额都是由其消费，而非生产贡献所决定。成员消费的越多，其在合作社的共同财产中的份额就越大……消费者合作社的真正生产线在原则上是消费者的生产"①。接着，鲍曼指出，消费者合作社可以被想象的前提是市场条件，"消费者合作社的隐喻完全由市场隐喻中立地补充"。既然如此，就出现了一个悖论，问题在于不是谁消费得更多，而在于"谁能够消费得更多"，事实是谁占有的更多，谁的私有财产更多，谁就能消费得更多，这是任何现代人都无法挣脱的资本的"铁笼"。作为一种后现代主义文化符号的消费者合作社的反决定论在无所不能的资本决定论面前必然会失效。最后，鲍曼说到，选择是消费者的特征，从而形成了难以控制的、自我推进的文化活力。消费社会的生产与再生产就建基于这种永无竭尽的消费行为与消费欲望。但任何涉及"无限性"的问题，最终都将与自然界被设定的"有限性"相遇，虽然这在前资本主义社会根本就不是一个问题，因为地球作为一个存在体虽是有限的，但自然界作为一个动态平衡的有机体，在一个相当长的时期内会体现出不竭的生命力。自然界的这一特征被资本主义生产方式彻底地粉碎，尤其是到了晚期资本主义，即消费社会阶段，就体现得尤其显著。消费时间的更新与自然界有机体的时间更新之间发生了时空上的抵触，自然界不及时恢复其生命力就面临着被激烈掏空的命运。所以，以消费主义为特征的资本主义的生产和生活，是对自然界本身的生命力的否定，是一种只有在死亡时才能自我实现的生活。

那生态城市的建设是否可以作为医治消费主义城市泛滥的一剂良药呢？"为繁荣而收缩"② 成为生态城市倡议者的宣传标语。他们对采用以下措施来实现城市的生态化抱有积极的信念：城市规模收缩和城市功能的分散化，使用生态技术，建设生态建筑，实现城市交通的生态化，每个人都采用符合生态原则的绿色消费方式与生活方式，等等。在资本主义条件下，是否可能实现作为消费主义象征的城市的生态化？换言之，建设生态城市是否可能？我们的回答是否定的。首先，与生态现代化一样，生态城市的建设策略建基于对技术文明的信仰或技术乐观主义，是技术万能论在

---

① ［英］齐格蒙·鲍曼：《后现代性及其缺憾》，李静韬译，学林出版社 2002 年版，第 166 页。
② ［美］理查德·瑞吉斯特：《生态城市》，王如松、胡聃译，社会科学文献出版社 2002 年版，第 203 页。

生态实践中的反映。但技术是否可以解决一切，至今仍是一个存疑的问题。让·鲍德里亚（Jean Baudrillard）在《致命的策略》中预言了高科技产物对它的制造者——人的报复，人类已经普遍处于世界风险社会之中。虽然每一个人造物的行为都是可预见的，但技术文明作为一个整体却成为不可预见的。从生态学马克思主义的角度来看，技术并非中性的，在资本主义制度下，技术的发展和应用只能被资本本身的逻辑所决定，生态技术的命运也难逃资本的掌控。其次，生态城市的倡议者认为，只要每个人的生活方式都实现生态化，那生态城市的运转就能得到良好的保持。在资本主义的消费社会状况下，这一切听起来就像天方夜谭。丹尼尔·A.科尔曼（Daniel A. Coleman）打碎了这个消费时代人人有责的神话。他说，消费时代的选择权不在消费者，而在生产者。"在污染或者有毒化学品的产生问题上，问题的源头是那种只顾降低成本、不计环境后果的生产决策。"① 工厂排出废气、废水、废物，汽车耗费能源、污染环境，森林被砍伐、水体被污染，地下水被抽干，科尔曼尖锐地指出，在这些现象描述中存在着主体的缺位，而实际上，任一情形都是由"产业界"造成的。在这里，科尔曼对生态责任的追讨与马克思对资本原则的拷问之间只隔着一层纸了。

因此，一切都是表象，"生态城市"是表象，消费主义也是表象。追根溯源，我们最终发现了那个统摄现代生活全部领域的无所不在的、既是物质力量也是精神力量的东西，它就是资本主义社会的"普照的光"——资本。而资本在其本性的驱使下，在全球化中最终实现了它对生命本身的统治。

第三，要警惕消费主义的全球化及所谓"生命有限公司"。

在消费社会中，一切都被商品化，连生命的生产、生命本身也成为商品，这是资本主义生产方式特有的本质。在资本逻辑的主导下，消费社会必将会有一个全球化的发展。这个发展的尽头也就成为对生命本身的否定，从而完成对资本主义的否定。换言之，如果不及时遏制资本主义及其最后表现形式——消费主义的全球蔓延，结果只能是第三世界和工人阶级以否定自身的形式来否定资本主义制度。

---

① [美] 丹尼尔·A. 科尔曼：《生态政治：建设一个绿色社会》，梅俊杰译，上海译文出版社 2002 年版，第 40 页。

物理学家、诺贝尔奖得主范德纳·希瓦（Vandana Shiva）在《处于边缘的世界》一文中将资本对于生命本身的摧毁力量令人震撼地展现了出来。希瓦从全球环境的种族隔离谈起，认为全球的自由贸易必然带来全球环境的"非对称性破坏"，即发达国家从穷国掠取资源、往穷国倾倒垃圾，以及穷国和穷人的日益贫困和生活条件的丧失（自然环境的破坏），成为滋养富国经济力量和富人们奢靡浪费的生活方式的源头。新自由主义的全球扩张表现为西方畸形的、不可持续的发展模式和消费模式的全球蔓延，它所造成的灾难使穷国和穷人成为受害者。

更有甚者，资本在它不断的扩张中，最终将触角伸向了维持人的生命的水和食物，将生命本身作为无差别的、以利润为宗旨的普通商品来对待，从而导向以经营商品的方式来经营"生命商品"，以消费商品的形式来消费"生命商品"。生命的商品化成为人类走向蛮荒主义的开端。水资源的危机为大公司提供了新的商机。对于大公司而言，可持续发展就体现为将每一种生态危机都转化为稀缺资源的市场，对于维持生命必不可缺的水也是如此。他们计算着不同的国家和地区的水资源市场的潜力，并庆祝他们从水资源交易中获取的巨额利润。水资源的私有化意味着生命权力与自身的分离。而粮食的生产最终被操控于"生命有限公司"则成为生命私有化的一个极端的形式。

"生命本身随着全球化而以终极商品的形式出现，地球这个星球在当今解除管制、推崇自由贸易的世界中成了生命有限公司。通过专利和基因工程，新的殖民地正在形成。土地、森林、河流、海洋，以及大气都已被拓殖、腐蚀和污染。资本为了进一步增长，正在探索和侵占新的殖民地。"[①] 希瓦认为，这个新的殖民地就是植物、动物和妇女的躯体这一内在空间。要将生命作为商品，就必须阻止生命本身的可更新和可繁殖。大公司为了在生命贸易中获取利润，通过专利这一合法的途径，使农民必须每年向他们购买种子，支付专利使用费。为了杜绝生命的自身复制，从而获取最大限度的利润，生命科学公司开始研制反生命的改良制品，比如"终结者技术"。这种技术通过重新排列植物的基因来杀死植物的胚胎，从而使那些拥有此技术专利的公司可以培育不能繁殖的种子，从而迫使农民必

---

① ［英］赫顿、吉登斯：《在边缘：全球资本主义生活》，达巍等译，生活·读书·新知三联书店 2003 年版，第 162 页。

须每年购买新的种子。而终结者技术还可能影响自然环境中的其他动植物，不育种的动植物蔓延开来，势必危及人类自身，最后导致人类的灭顶之灾。希瓦认为，全球化消除了对商业的伦理和生态限制，一切待售——种子、植物、水、基因、细胞，甚至污染也成为商品。"当生命体系变成新的原料、新的投资场所和新的生产场所时，生命也就失去了圣洁。"① 不仅如此，当美元代替了生命过程，生命也就消亡了。"将各种价值削减至只有商业价值，祛除对剥削的一切精神、生态、文化和社会限制，这一进程从工业化开始，通过全球化得以完成。"② 在此进程中，生命本身被推到了边缘。

资本主义的全球化以消费主义来鸣锣开道。一切待售，一切可以买到。购买成为生命生产和再生产的基本依赖。因为只要有买有卖，资本就会获取利润，就意味着获取发展的动力。对资本主义的否定可以从对消费主义的否定开始，但绝不终止于对消费主义的否定。

总而言之，从经典马克思主义的视角来看，在生态马克思主义的经济理论方面，福斯特和伯克特的理论探索更有价值，也给予我们更多的启示。我们认为，要想实行生态经济与人类的可持续发展，只有从根本上变革资本主义制度，代之以社会主义制度，只有这种社会的总体革命才能为解决人与自然、人与人之间的异化关系提供必要的前提条件，舍此，局部的生态改良努力并不能达致预期的效果。比如在应对全球气候变化这一问题上，在资本主义全球化的框架内很难取得实质性的改变。2017年6月，美国宣布退出《巴黎气候协定》便是例证。可见，如何应对生态危机，日益变成一个全世界共同面临的生存问题，这也为对资本主义的全面批判和社会主义的全球发展创造了新的契机。

---

① ［英］赫顿、吉登斯：《在边缘：全球资本主义生活》，达巍等译，生活·读书·新知三联书店2003年版，第175页。
② 同上书，第176页。

第十章　全球化理论、结构与替代问题研究

本章概述国外左翼学者和一些马克思主义学者关于全球化的含义、特点、历史分期，及其关于新自由主义全球化的兴起、危害与替代问题上的一些主要观点，同时对国外左翼学者和马克思主义学者提出并不断发展完善的两种全球化理论即"依附论"和"世界体系论"进行简要评述。

第一节　全球化的含义、起始时间与主要特点

20 世纪 80 年代末以来，"全球化"逐渐成为不计其数的各种论坛、研讨会、文章和系列丛书的热点主题，成为世界各国政治家、企业家、专家学者和大众媒体热议的焦点问题。"全球化"这个术语因而也在经济学、政治学、社会学、文学、史学和哲学等众多学科领域中普遍使用，并逐步约定俗成为一个描述人类社会发展现状和未来发展趋势的流行词汇。关于全球化成为当今流行词汇的原因，正如俄共主席根纳季·久加诺夫（Gennady Zyuganov）分析说："这个词之所以被广泛传播，是因为它具有政治和经济上的中性，对它可以作截然不同的、甚至常常是相互对立的解读。"①

一　关于全球化的含义

关于全球化的含义，众说纷纭，歧见众多。这正好印证了那句老话：有一千个读者，就有一千个哈姆雷特。国外马克思主义学者、左翼人士关于全球化含义的描述也各式各样、五花八门。不过，从整体上看，可以把他们关于全球化含义的多种多样的描述归为现象意义和意识形态意义两类。

---

① ［俄］根纳季·久加诺夫：《全球化与人类命运》，何宏江等译，新华出版社 2004 年版，第 5 页。

在全球化含义现象意义的描述上，国外左翼学者和马克思主义学者主要有以下三种比较有代表性的观点。

第一种观点认为全球化首先是经济全球化，或者说把经济全球化当作全球化最一般、最通常的含义。例如，美国著名左翼学者、纽约州立大学社会学教授詹姆斯·佩特拉斯（James Petras）就指出："按照其最一般的含义，全球化指的是货物、投资、生产和技术的跨国家流动。"他还认为，国家的全球性相互信赖、世界体系的成长、世界范围内的积累、地球村以及许多其他的概念，都根源于全球化的这个最一般的含义，换句话说，资本、贸易和投资，再也不局限于民族国家。①

英国著名学者约翰·格雷（John Gray）在其被称为"共产主义左翼入门"的著作《伪黎明：全球资本主义的幻象》中也认为，尽管全球化所指的事物有许多，但它首先"指的是当代工业生产技术在全世界的传播以及贸易、资本、生产和信息的各种形式的交流。这种跨越边界的运动越来越多，它本身就是新技术传播的结果。说我们生活在全球化的时代，就是说几乎每一个社会目前都已经工业化或即将工业化。全球化还意味着几乎每一个经济体制都和世界上其他的经济体制联系着"②。

法国的雅克·阿达（Jacques Adda）不仅认为全球化首先是指经济全球化，而且还把全球化视作资本主义经济制度在全球范围内的扩张。他在《经济全球化》一书中这样写道："论述全球化，就是回顾资本主义这种经济体制对世界空间的主宰。这一主宰首先表现在地缘政治方面。随着苏联集团的解体，资本主义扩张的一个最大障碍消失了。"③

世界政治经济学学会首届论坛④发布的宣言也认为："经济全球化是指生产要素在各国之间的加速流动，以及各国之间经济活动联系的日益紧

---

① 参见［美］詹姆斯·佩特拉斯《全球化：一个批判性的分析》，载［美］罗纳德·H．奇尔科特主编《批判的范式：帝国主义政治经济学》，施扬译，社会科学文献出版社2001年版，第243页。

② ［英］约翰·格雷：《伪黎明：全球资本主义的幻象》，张敦敏译，中国社会科学出版社2002年版，第67页。

③ ［法］雅克·阿达：《经济全球化》，何竟、周晓幸译，中央编译出版社2000年版，第3页。

④ 2006年4月2日至3日，世界政治经济学学会在上海召开了首届论坛，来自中国、美国、日本、俄罗斯、德国、英国、法国、加拿大、奥地利、比利时、韩国、越南、印度、爱尔兰和卢森堡15个国家的70多位马克思主义经济学者参加了此届论坛，并发表了宣言。参见《海派经济学》（季刊）2006年第4辑。

密。"的确，在今天，世界范围内人们社会生活的大部分内容不与遥远异地的经济活动相互交织的现象是很少见的。

从经济的角度揭示全球化的含义，人们异议不多。但把全球化等同于经济全球化，就有人不这么看了。比如，法国的弗朗索瓦·沙奈（Francois Chesnais）就指出："除非把自己关闭在死胡同中，否则，对全球化的分析必然要求人们尽可能同时从政治和经济两个方面去推理。人们必须尽力同时涉足政治学范畴（国家职能及其多种决定）；国际关系范畴（从国家之间的竞争、对立和合作关系意义上理解的，特别是以某些国家对其他国家施加影响，尤其是在规则、制度和政治经济领域内施加影响的能力上存在深刻的不均衡状态为标志的国际关系）；最后还有不同形式的资本增值运动范畴。只有这样，才不至于陷入经济主义的陷阱。"[1] 印度学者卡瓦基特·辛格（Kanaljit Singh）也批评只把全球化概念运用于经济领域，而不考虑它与政治、历史、文化、环境和社会之间的关联的做法。他指出："由于全球化过程本身包含着很多非经济因素，因此，这种理解很可能是不恰当的。"[2]

于是就有了关于全球化的第二种观点，即把全球化视作一个综合性的概念，当作一个用来很好地描述经济、政治、社会、文化等诸多领域跨越国界而紧密地联系在一起的现象的术语。如加拿大学者列奥·潘尼切（Leo Panitch）从地缘政治、文化、跨国资本家阶层的形成、资本在全世界范围内的重新积累和国家的国际化等方面揭示全球化含义的综合性质。第一，在地缘政治意义上，苏联、东欧的共产主义体制解体以及中国、越南等国采纳市场经济，这意味着市场经济在空间上的扩展已至全球的绝大部分地区。第二，在文化意义上，界定新自由主义时代本质特征的资本主义观念和价值席卷全球。用一百五十多年前马克思描述资产阶级取得统治权力的话来说，就是资产阶级正在心安理得地"按照自己的想法为自己创造出一个世界"。第三，跨国资本家阶层的形成被认为是处于以往的民族国家本身与民族资本家阶层联盟之上的事物。第四，全球化暗含的意义，或许被视为资本在全世界范围内、在全世界生产和金融体系下的重新积累。

---

[1] ［法］弗朗索瓦·沙奈：《资本全球化》，齐建华译，中央编译出版社2001年版，第13页。

[2] ［印度］卡瓦基特·辛格：《不纯洁的全球化》，吴敏、刘寅龙译，中央编译出版社2005年版，第4页。

第五，是国家的国际化。这或许应该更恰当地理解为，国家越来越多地要去促进、容纳全球范围内的资本积累，而不应理解为跨国资本对民族国家的规避。他认为，今天所讲的全球化，即使它不算是什么新东西，至少也代表了现代世界历史上的重要新阶段。①

印度的辛格也认为："全球化是指：经济、政治、社会和文化等诸多领域跨越国界而紧密地联系在一起。换句话说，在全球化的世界中，复杂的经济、政治、社会和文化活动不会因为国界和距离的存在而受到影响。此外，它还意味着世界上任何一个区域的发展，都将会给其他地区带来深刻的影响。"②

第三种观点则从地理维度或时空维度把全球化描述为这样一个经验事实或者说趋势，即随着生产力尤其是科学技术及世界交往的普遍发展，人类活动日益突破时间和空间的局限，并越来越具有极强的相关性。如安东尼·吉登斯（Anthony Giddens）③就认为，全球化的含义最好被理解为表达时空距离的基本样态。他说："全球化是指一个把世界性的社会关系强化的过程，并透过此过程而把原本彼此远离的地方连接起来，令地与地之间所发生的事也互为影响。全球化指涉的是在场（presence）与缺席（absence）的交叉，即把相距遥远的社会事件和社会关系与本土的具体环境交织起来，其目的就是考察它如何减少本地环境对人民生活的约束。"④因此，在吉登斯眼里，全球化是与"时空延伸"、"地域变革"、"现代性制度转变"、"在场与缺席"等概念联系在一起的。

与吉登斯一样，英国著名左翼学者大卫·哈维（David Harvey）在阐释全球化概念时，也特别强调时空收缩的"加速"和"加强"，认为在技术和经济变革的压力下，空间和时间边疆不断地陷缩（像气球被刺破那样），以至于我们今天必须学会如何适应这一压倒一切的空间时间压缩

---

① ［加拿大］列奥·潘尼切：《在国内开始（与结束）的全球化——恢复国家的参与》，载［加拿大］马乔里·格里芬·科恩、［加拿大］斯蒂芬·麦克布莱德编著《全球化动荡》，段保良译，华夏出版社2004年版，第34页。

② ［印度］卡瓦基特·辛格：《不纯洁的全球化》，吴敏、刘寅龙译，中央编译出版社2005年版，第3页。

③ 安东尼·吉登斯，1938年生于英国。他曾提出"第三条道路"、"全球化"、"乌托邦现实主义"等理论，被媒体称为英国前首相布莱尔的精神导师，著有《资本主义与现代社会理论——对马克思、涂尔干和韦伯著作的分析》和《第三条道路——社会民主主义的复兴》等。

④ Anthony Giddens, *The Consequences of Modernity*, Cambridge: Polity Press, 1990.

(compression) 的感觉。① 格雷认为，这种"全球化全部'意义'的背后，只有一个单一的理念，即非地方化（de—localization），就是从地方根源及其文化中把活动和关系连根拔除。亦即把直到近期还是局部性的活动转移到关系网中，这种关系网延伸到远方或全世界。……因此，地方和国家越来越不能支配消费品、股票和债券，这些金融资产的价格甚至劳动力在国内的价格，它们都将随全球市场价格浮动。跨国集团打破了产品生产的链条，在世界范围内把不同的国家联系起来，这样做似乎任何时候对它们都最有利"②。肖尔特甚至认为这种全球化造成了"领土主义"（Territorialism）的终结。他说："对于电话和计算机通讯来说，空间距离不仅仅是减少的意义，空间实际上已没有任何意义，因而它们是'超越领土性的'。'全球同时性'以前所未有的方式允许（某些）社会关系在领土空间规律之外进行运作。"③

英国开放大学政治学与社会学教授戴维·赫尔德（David Held）④ 也认为，"更精确的"全球化定义应基于时空的维度。他这样定义全球化：一个（或者一组）体现了社会关系和交易的空间组织变革的过程——可以根据它们的广度、强度、速度以及影响来加以衡量——产生了跨大陆或者区域间的流动以及活动、交往和权力实施的网络。在他看来，全球化自然"首先意味着社会、政治以及经济活动跨越了边界，因此世界上一个地区的事件、决定和活动能够对距离遥远的地方的个人和共同体产生影响"⑤。

关于全球化意识形态意义上的描述，国外左翼学者和马克思主义学者的观点除了有些细微的差别外，从大的方面看倒是惊人的一致。需要指出的是，他们所谓的全球化是与资本主义相联系的全球化，更多的是20世纪90年代以来的新自由主义全球化，因为后文还要专门介绍他们对新自

---

① 岳长龄：《西方全球化理论面面观》，《战略与管理》1995年第6期。
② ［英］约翰·格雷：《伪黎明：全球资本主义的幻象》，张敦敏译，中国社会科学出版社2002年版，第69页。
③ ［英］贾斯廷·罗森伯格：《质疑全球化理论》，洪霞、赵勇译，江苏人民出版社2002年版，第24页。
④ 戴维·赫尔德，伦敦经济学院政治学教授。他著述甚丰，主要有《民主与全球秩序：从现代国家到世界主义治理》《民主的模式》《全球大变革——全球化时代的政治、经济与文化》（合著）和《驯服全球化》等。
⑤ ［英］戴维·赫尔德等：《全球大变革——全球化时代的政治、经济与文化》，杨雪冬等译，社会科学文献出版社2001年版，第22页。

由主义全球化的批判,这里仅简要介绍几种观点。

世界著名马克思主义理论家、埃及学者萨米尔·阿明（Samir Amin）认为,目前关于全球化的讨论,是"一种意识形态的讨论,它被用于使目前阶段处于主导地位的帝国主义资本的战略合法化"。因此,这种讨论,如果不和资本主义的扩张主义逻辑或全球化展开的帝国主义规模相联系,那就意味着"缺乏准确性"①。在他看来,"全球化就是帝国主义的最近的变种"②。

法国法兰西公学教授皮埃尔·布尔迪厄（P. Bourdieu）和美国加州贝克兰大学教授罗依克·瓦岗（L. Wacquant）在其合写的《全球新俗套》一文中指出,全球化"这个多义概念的作用,说到底就是用经济宿命论来为美国的帝国主义行径装点门面,使人们以为跨国家力量是件天经地义的事情。通过对发达国家经济演变的长时段分析,人们发现'全球化'并不是资本主义的新阶段,而是各国政府为心甘情愿地屈从金融市场的意志而援引的一个'修辞用语'。在这些国家中,政府推行的非工业化措施,扩大不平等的措施,以及收缩社会福利的措施,不但不是对外贸易增长的必然后果,而是反映着阶级力量对比朝着有利于资本家的方向转移"③。

二 关于全球化的起始时间

西方主流舆论把全球化视作 20 世纪 90 年代以来时代的"新标识"、世界历史进程的"新起点"或世界发展的不可逆转的"新潮流"。对这些论调,国外左翼学者和马克思主义学者普遍表示不能同意,例如世界著名左翼学者、全球化理论家安德烈·冈德·弗兰克（Andre Gunder Frank）④ 就说:"当前流行的'全球化'论点认为,1990 年标志着这个世界进程的一

---

① ［埃及］萨米尔·阿明:《资本主义、帝国主义、全球主义》,载［美］罗纳德·H. 奇尔科特主编《批判的范式:帝国主义政治经济学》,施扬译,社会科学文献出版社 2001 年版,第 211 页。
② ［阿根廷］罗纳尔多·蒙克:《在拉丁美洲的依附性和帝国主义:新前景》,载［美］罗纳德·H. 奇尔科特主编《批判的范式:帝国主义政治经济学》,施扬译,社会科学文献出版社 2001 年版,第 194 页。
③ ［法］皮埃尔·布尔迪厄、［美］罗依克·瓦岗:《全球新俗套》,法国《外交世界》2000 年 5 月号。
④ 安德烈·冈德·弗兰克（1929—2005）,出生于德国,1941 年移居美国,先后在欧洲和北美的高校和研究机构工作。他既是依附理论的创始人之一,也是世界体系理论的代表人物之一。他对拉丁美洲经济与政治、世界体系史、当代国际政治、经济和社会运动等问题进行了广泛的研究,取得了丰硕的成果,主要著作有《不发达的发展》《拉丁美洲的资本主义和不发达》《拉丁美洲:不发达或革命》《白银资本——重视经济全球化的东方》等。

个新起点。有些观察家把 1945 年或整个 20 世纪看作新起点，更有甚者，认为新起点始于 19 世纪，看来都有点牵强。"①

关于全球化的起始时间，在国外左翼学者和马克思主义学者中，也是一个见仁见智的问题，概括地说，主要有以下两种不同观点。

一种观点认为，作为一种世界历史进程的全球化并非最近才出现的现象，而是随着资本主义工业革命和世界市场的开辟而出现的，大约起始于 16 世纪，最早可以追溯到 15 世纪末的所谓"地理大发现"②，因为在此之后，全人类才真正知道了彼此的存在，世界上不同地方的人才真正开始了全球范围的相互交往，地球上彼此隔绝的各个民族国家，才终于走上了"相互依存与相互作用"的时代。因此，这种观点认为全球化迄今已有 500 余年的历史。这种观点的代表人物有伊曼纽尔·沃勒斯坦（Immanuel Wallerstein）③、保罗·斯威齐（Paul Marlor Sweezy）④、L. S. 斯塔夫里阿诺斯（Leften Stavros Stavrianos）⑤、格雷等。

例如，沃勒斯坦就曾宣称："'全球化'这个词在 20 世纪 80 年代开始出现。而全球化这个事实大约在 500 年前就开始出现了。"⑥ 保罗·斯威齐在《再谈（或少谈）全球化》一文中也认为："所谓全球化，它既非一种

---

① ［德］安德烈·冈德·弗兰克：《全球化，非西方化》，载弗朗西斯科·洛佩斯·塞格雷拉主编《全球化与世界体系——庆贺特奥托尼奥·多斯桑托斯 60 华诞论文集》（上），白凤森、徐文渊、苏振兴等译，社会科学文献出版社 2003 年版，第 168 页。

② 哥伦布航海到达美洲 500 周年的时候，关于如何评价"地理大发现"，曾经爆发一场大争论。首先是墨西哥政府方面提出，因为美洲大陆早已有人类生活，所以不是什么哥伦布"发现"了这块大陆，而应表述为"两种文化的汇合"。更多的意见认为，这是一种"侵略"，"地理大发现"只是"欧洲中心论"的说法。这些意见已经为联合国的文件所接纳。

③ 伊曼纽尔·沃勒斯坦，1930 年生。美国耶鲁大学高级研究员和纽约州宾厄姆顿大学教授。著名历史学家，社会学家，国际政治经济学家，新马克思主义的重要代表人物，世界体系理论的主要创始人。他著述丰富，影响最大的著作是其耗费 30 多年心血的《现代世界体系》（The Modern World-System）。他也被视为反全球化运动的领导人之一。

④ 保罗·斯威齐（1910—2004），20 世纪美国最著名的马克思主义经济学家，在继承和发展马克思主义经济理论方面颇有成就。他发表和出版了大量揭露和批判现代资本主义的文章和专著，其中最为著名的有《作为历史的现在》（1953）、《垄断资本》（与保罗·巴兰合著，1966）、《繁荣的终结》（与哈里·麦格道夫合著，1981）、《革命后社会》（1982）、《马克思主义四讲》（1982）、《再谈（或少谈）全球化》（1993）、《〈共产党宣言〉在当代》（1998）等。

⑤ 斯塔夫里阿诺斯（1913—2004），希腊裔加拿大籍历史学家，1946 年起在美国西北大学任教，直至 1973 年退休。随后他在加利福尼亚大学圣迭戈分校担任兼职教授，直到 1992 年停止教学。他早年专攻巴尔干史，后致力于全球史观的通史编纂，1971 年出版《全球通史》一书。

⑥ ［美］伊曼纽尔·沃勒斯坦：《世界体系的结构性危机与世界的未来》，路爱国译，《世界经济与政治》2005 年第 4 期。

状况，也非一种现象，而是一个已进展很久的过程，它在资本主义作为一种稳定的社会形态问世以来的四五百年里，这个过程一直在进行中。"斯塔夫里阿诺斯也认为全球意义上的世界历史直到15世纪末才真正开始，他指出："1500年以前的欧洲几乎一直是今日所谓的不发达地区。西欧诸民族地处边缘地带，从那里窥视内地。"然而，"到1914年时，欧洲已称霸全球。这是一个漫长过程的非凡顶峰，这一漫长过程从500年前葡萄牙船长沿非洲海岸摸索前进时就开始了"①。格雷则认为："全球化是一个进行了若干世纪的历史过程，目前有许多辩论都把全球化和在全世界实行自由市场的短命政治纲领混淆在一起。全球化应该被正确地理解为，在世界相距遥远的各地区之间，有越来越多的经济和文化生活的接触。它是一股潮流，可以追溯到16世纪以来欧洲强国以帝国主义政策把自己的影响施加于世界各地的时代。"②

另外的观点不同意这种把全球化的起始时间界定为16世纪的观点，认为这是典型的欧洲中心论。这些反对欧洲中心论、主张人类中心论的学者们认为，全球化的起始时间早于16世纪，而这具体又有几种不同意见。

一种意见认为，全球化伴随人类历史的开始就出现了。俄共主席久加诺夫③持这种意见。他这样论证说："如果根据人类活动规模不断扩大这一明显的事实，那么把全球化进程说成是社会生活中一个全新性质的现象未必是有根据的。其实这一进程随着人类历史的开始就产生了。原始部落分别在全球定居，难道这不是全球化最初步骤之一吗？学会用火、野生动物驯化、农业耕作、灌溉、冶金、车轮和风帆的发明，更不用说18—19世纪工业革命的成就，——无论拿哪一项文明成果来说，其中每一项都标志着人控制自然力的规模越来越大，人的活动范围不断扩大。地理大发现的时代对全球化的贡献一点也不比建立外层空间通讯系统的要小。"④

---

① ［美］斯塔夫里阿诺斯：《全球通史：1500年以后的世界》，吴象婴、梁赤民译，上海社会科学院出版社1999年版，第562页。
② ［英］约翰·格雷：《伪黎明：全球资本主义的幻象》，张敦敏译，中国社会科学出版社2002年版，第257页。
③ 根纳季·久加诺夫，俄罗斯联邦共产党中央委员会主席。俄罗斯联邦会议第一、二、三届国家杜马议员。主要著作有：《强国》《我相信俄罗斯》《俄罗斯与当代世界》《在地平线那边》《我的俄罗斯》《全球化与人类命运》等。
④ ［俄］根纳季·久加诺夫：《全球化与人类命运》，何宏江等译，新华出版社2004年版，第9页。

另一种意见认为全球化的起始时间在9000—11000年前。赫尔德等人持此种意见。赫尔德将全球化分为前现代的全球化（开始于9000—11000年前）、现代早期的全球化（1500—1850年）、现代的全球化（1850—1945年）和当代的全球化（1945—   ）。

在赫尔德看来，前现代的全球化是一个漫长的时期，其标志是在欧亚大陆、非洲以及美洲大陆出现了分散的定居农业文明中心。在随后的数千年时光中，这些文明以及后来的文明形成了长距离发挥影响力并进行更长距离贸易的能力。在这个历史时代，全球化的关键动原有三个：政治和军事帝国、世界性宗教以及游牧民族的迁徙运动和农业社会向有人烟但尚未开发的地区扩展。地区之间、文明之间的长距离贸易是第四种动原，但在当时作用相对较小。在现代早期的全球化时期，历史进程造成了欧洲现代性的关键性制度的出现和发展，欧洲各族凭借船坚炮利最终征服了其他所有文明，建立了欧洲人的全球帝国。不过，这个时代欧洲的扩张并不是真正全球性的，它主要集中在美洲和大洋洲。在这个时期，推动全球化的是欧洲、美洲以及大洋洲之间的人口流动、环境转变以及流行病的传播。这个历史时代的明显特征是欧洲和美洲帝国在政治和军事上的扩张。在这个时代，国际经济交往和流动的巨大网络出现了，贸易和投资达到了历史最高水平，尽管重要的经济交往是在发达国家之间进行的。支持这种全球化的是交通和新的基础设施的发展。此外，当时的国际环境也提供了支持。现代全球化的标志是更高水平的制度化。在几乎所有领域，全球化的当代模式都不仅在量上超过了前面的各时代，而且也表现出无可匹敌的质的差别。在这个时代，交通和通信设施出现了重大的创新，全球治理和管制的制度达到了前所未有的数量。不过，令人困惑的是，全球流动和全球网络爆炸性发展之时，也就是拥有主权的固定而明确边界的领土国家成为人类政治组织和政治统治的近乎普遍形式之时。①

弗兰克则把他所谓"世界体系"的全球化的起始时间界定为5000年前。他这样论证说，"公元前第四至第三个千年的某个时候即已存在苏美尔、埃及和印度河这几个不同的发源地。世界体系始于苏美尔、埃及和印度河后来的链接汇合。""汇合的时间应在公元前第三个千年初叶或中叶的

---

① ［英］戴维·赫尔德等：《全球大变革——全球化时代的政治、经济与文化》，杨雪冬等译，社会科学文献出版社2001年版，第575—589页。

某个时期，大约在公元前 2700—2400 年。"① 因此，他坚持认为："当代世界体系有着至少一段 5000 年的历史。欧洲和西方在这一体系中升至主导地位只不过是不久前的——也许是短暂的——事件。"②

阿明则把全球化的起始时间界定为至少 2000 年前。在他看来，"全球化并不是一个新现象，社会之间的相互作用，毫无疑问和人类历史一样悠久。从至少两千年前，丝绸之路就不仅促进了货物交流，也促进了技术和科学知识以及宗教信仰的交流，这至少部分地塑造了亚洲、非洲和欧洲即古代世界一切地区的进化"。不过，阿明也认为："在机制及影响方面，古代的全球化和资本主义下的全球化之间存在着重大的差别。"一个很重要的差别就是，古代全球化向欠发达地区提供了赶上更发达地区的某些现实的机会。而与资本主义相联系的现代的全球化，其"本质就是促进两极分化的"。因此，"全球性的资本主义扩张本身，使其体系的成员之间，产生日益扩大的不平等。换句话说，这种全球化不能提供赶上来的机会"。③

三 关于资本主义全球化的主要阶段与特点

阿明把与资本主义相联系的现代的全球化分为三个阶段。

第一阶段是工业革命前的重商主义时期（1500—1800 年），这也是"从封建主义到发达资本主义的一个过渡时期"。在该时期里，各种政治形式（建立在封建势力和商业资产阶级的妥协基础上的旧政权的绝对王朝）与造就了最初的两极分化形式的政治进程的结合。这些政治进程是：用军队和海军对大商业垄断公司进行保护、对美洲征服（美洲被塑造成为当时的体系的边缘地带，其专门的任务是以对各界商业资本有利的方式进行生产）以及与其相关的大西洋奴隶贸易。④

第二阶段是从工业革命起直到第二次世界大战结束后的时期（1800—1950 年），其基础是"工业化中心与被阻止进行工业化的边缘地带之间的差距"。这种"确定了新型的全球化价值规律的"差距，"不是资产阶级

---

① ［德］安德烈·冈德·弗兰克、［美］巴里·K. 吉尔斯主编：《世界体系：500 年还是 5000 年？》，郝名玮译，社会科学文献出版社 2004 年版，第 3 页。
② 同上。
③ ［埃及］萨米尔·阿明：《资本主义、帝国主义、全球主义》，载［美］罗纳德·H. 奇尔科特主编《批判的范式：帝国主义政治经济学》，施杨译，社会科学文献出版社 2001 年版，第 213 页。
④ 同上书，第 214—215 页。

经济产生的比较优势的自然产物。相反，它是有计划地造成的，手段是既维持经济方面的措施（向新发展中国家的伙伴强加的'自由贸易'），又维持政治上的措施（与新的边缘国家里的传统主导阶级结盟，把他们纳入买办体系里，进行军事干涉，以及最后，进行殖民主义征服）"。①

第三阶段是第二次世界大战以来至今。这一阶段的全球化是由美国进行协商的结果，是一些妥协的协议所控制的，这不像以前那样由占主导地位的中心单方面直接控制的。这个阶段是由关于发展的讨论（也就是说要赶上来）主导的，也或多或少是由激进的脱钩实践主导的，而这些实践与资本主义的运作的单方面的逻辑相矛盾。20世纪90年代以来，随着西方福利国家的削弱、苏联模式的消失，南方边缘地带国家重新被置于买办阶级统治下，以及占主导地位的资本有利的力量关系的恢复，这个阶段结束了。目前正在形成全球化替代方案的新形式。②

在主张把人类全球化历史进程分为四个阶段的俄共主席久加诺夫那里，资本主义的全球化也经历了三个阶段。第一个阶段是世界市场在资本主义生产方式的基础上、在自由竞争的条件下的发展。地理大发现在这方面起了巨大的作用。伴随这一阶段的也是一场场侵略战争，各种文化的相互渗透和英国、法国、西班牙、葡萄牙、荷兰等殖民帝国的形成。第二个阶段则是在列宁称之为帝国主义的垄断资本主义的基础上进行的。其基本特征是：竞争发展为垄断；工业垄断组织和银行垄断组织相结合以及金融资本的形成；资本输出和国际垄断组织的形成；世界领土瓜分的完成和为重新瓜分世界的斗争的开始。第三个阶段则是目前的阶段，它是帝国主义发展的一个时期。伴随这一时期的是帝国主义固有的矛盾进一步激化。③

关于资本主义全球化在当代表现出来的主要特点，赫尔德等人从以下几个方面进行了描绘。

时空方面：全球流动、交往和网络的广度、强度、速度以及影响是史

---

① ［埃及］萨米尔·阿明：《资本主义、帝国主义、全球主义》，载［美］罗纳德·H. 奇尔科特主编《批判的范式：帝国主义政治经济学》，施杨译，社会科学文献出版社2001年版，第215页。

② 同上书，第216页。

③ ［俄］根纳季·久加诺夫：《全球化与人类命运》，何宏江等译，新华出版社2004年版，第9—10页。

无前例的，而且涉及所有社会领域。

组织方面：通过新的控制和沟通设施，世界范围的社会、政治以及经济权力关系实现了前所未有的制度化和组织化。全球化远不是简单的"使用控制"，相反它是新形式的多边管制的、多层次治理的对象。

汇合角度：在从政治到生态的社会生活所有方面，全球化的影响实现了独有的交汇。

多样的形式：虽然在20世纪晚期处于主导地位的军事、经济和政治全球化形式依然继续存在，但是移民、文化以及生态全球化的不同模式的重要性不断增加。

反思性：世界范围的精英和大众对全球相互联系的意识不断发展，交往设施以及大众媒体业的全球化强化了这种发展。19世纪晚期，全球化被定义为全球帝国建设或者地缘政治的强制工程，而今天全球化反映的是国家精英和跨国社会力量自觉追求的各种政治和经济工程，尽管与他们心目中的世界秩序版本有所冲突。

对抗：随着国家、公民以及社会运动努力抵制或者控制全球化的影响，不断增强的全球化意识已经在从文化到军事的所有领域中引起了与全球化的对抗。而且，世界政治的制度化已经把对抗和控制全球化的政治——在20世纪初这完全是帝国内部的事情——转变为一个指定日程、建立联盟以及实行多边管制的全球政治。

区域化：虽然20世纪早期见证了全球帝国的扩张，但是20世纪晚期已经经历了帝国的瓦解以及世界经济、政治以及军事关系的极为重要的区域化。但是与以往帝国和集团寻求自主发展不同，当代全球政治经济中的区域化和全球化进程已经在很大程度上变成了相互强化的趋势。

西方化：西方化以及全球各地对它的抵抗占据了全球化历史的许多时间。尽管无论在军事、金融、文化、生态、政治领域还是在生产领域，当代全球化的模式依然存在着高度的不对称，但是与20世纪初相比，它们已经变得更少欧洲中心化或者大西洋中心化。

领土性：全球化一直不断地推动着国界和政治管辖范围的划分和重新划分。但是经济、社会、文化以及生态空间的重组意味着，在领土固定的政治共同体封闭的背景下，全球化的当代模式对领土原则作为组织政治统治、实行政治权威的唯一或者首要基础提出了挑战。尽管今天对民族国家的领土完整的威胁不再完全是外部或军事上的，军事力量不再是解决或者控制诸多新的跨边界挑战的唯一合理或者有效的工具，但是领土和领土性依然与在全球帝国时代一样保持着高度政治化。因此，当代全球化与一种非常不同的领土性政治联系在一起。

国家形态：全球化不同的历史形态与不同的国家形态联系在一起。与20世纪早期相比，当代的政府是"大政府"，因为国家花费了很大的国民收入，雇佣了大量的人员，并且不仅对管理经济负责，而且负责着自己公民的安全和福利。结果是，与1914年前较少干预性和福利倾向的国家相比，今天的发达资本主义国家面临着全球化带来的更明显的政治影响。进一步说，与19世纪晚期的帝国时代相比，现在各国在全球化（以及自由贸易）冲击面前进行内部调整并且控制或者调节这些冲击的方式有着重大的区别。

民主治理：与以前的时代相比，当代全球化是在全球国家体系背景下展开的，在这个体系中，虽然大多数国家声称是民主的，但是民主原则并没有被扩展到多边管制和全球治理的各个方面。因此，今天的全球化产生了一组全新的政治和规范困境。以前的年代根本没有出现过这类困境，即如何把一个以领土为基础的民主治理体系与社会和经济生活的跨国组织和全球组织结合在一起。[①]

四　国外左翼学者全球化理论评析

国外左翼学者和马克思主义学者关于全球化的含义、阶段、特点等的描述，对我们丰富关于全球化的认识具有启发价值。但是，真正要走入全球化的最深处，从而揭示符合人类历史发展的经济全球化规律，完善代表历史前进方向和攸关世界人民根本利益的全球化理论，依然任重而道远。

第一，我们应从整体的、联系的、发展的视角而非片面的、孤立的、静止的观点来科学认识全球化，否则容易陷入全球化的一些枝节而丢掉对全球化总的概貌。因此，关于现阶段的经济全球化，我们作双重界定：一是从生产力和生产关系一般的视角分析，当今经济全球化是指生产要素、商品和服务日益在全球流动加快的趋势，各国经济联系日益紧密的趋势；二是从生产关系的特殊视角分析，当今经济全球化是指发达资本主义国家

---

① [英] 戴维·赫尔德等：《全球大变革——全球化时代的政治、经济与文化》，杨雪冬等译，社会科学文献出版社2001年版，第596—598页。

支配的带有很大不平等性不公正性的经济交往。全球化并非从来就有的，它根源于一国和全球生产力和生产关系的矛盾运动。因此，把全球化视作人类之初就早已有之的现象，尽管在某些方面或者从某个角度上讲有可取之处，但不是马克思主义的观点。只有把全球化视作一种自然历史过程，一种不断发展变化的过程，我们才有可能对资本主义主导的全球化作出全面科学的评价，才有可能掌握全球化的实质，明确全球化有资本主义阶段与社会主义、共产主义阶段之分，以及全球化与西方全球化之间的联系与区别，也就是说，明确目前由发达资本主义主导的现实全球化与人类大多数努力追求的社会主义全球化的区别，才会不致把现实全球化即资本主义主导的全球化的作用拔得过高，从而意识不到它对人类大多数其实是一把需要小心应对的"双刃剑"。否则，我们就会在要不要全球化这样的问题上犯切断历史与未来的通道这样的错误，就会难以理解当前反全球化运动的兴起及其缘由。

第二，我们分析今天的全球化，首先要把它看作是经济全球化，同时要高度关注经济全球化对各国政治、文化、社会、生态等方方面面的深刻影响。其次要分析我们生活的这个时代的新帝国主义的状况。和列宁所处的帝国主义时代相比，今天的新帝国主义无疑更加现实，这从垄断企业统治今日的世界，世界资本、金融市场获得巨大的发展，以及以垄断企业兼并形式表现的新帝国主义之间的世界控制等众多事实中可以得到佐证。再次要分析社会主义的存在对世界的影响。我们不应该忘却，社会主义的出现曾一度大大鼓励了第三世界的解放运动和经济发展，并且在马克思主义政党的领导下人民能够掌握自己的经济政治命运。我们也不应该忘却，社会主义的诞生和发展迫使资本主义国家一定程度地满足工人阶级争取的社会保障、工资上升和工作时间缩短等权利。因此，分析今天的全球化问题时，正如比利时鲁汶天主教大学马克思主义研究所讲师亨利·霍本（Henri Houben）所说，要"避免两种错误是十分重要的。第一，毫无疑问也是最重要的，这样的分析不是从列宁至关重要的帝国主义研究才开始的。第二，就是不考虑列宁写的那本书后所发生的变化和适应性改良"①。

第三，基于时空的维度描述全球化是无可厚非的，但是，这种形式上

---

① [比利时]亨利·霍本：《当代全球化的马克思主义分析》（http://www.wyzxsx.com/article/class17/200701/14634.html）。

的描述并未能触及全球化的本质。正如俄共主席久加诺夫所指出的,"全球化"这一术语尽管"反映了当代进程的某些重要特点,但同样毫无疑问的是,这一术语同时又掩盖了现实的其他一些同样重要和本质的方面。例如,它把社会矛盾归结为地理矛盾:世界矛盾按地理坐标来展开('西方—东方'或'北方—南方'),于是这些矛盾的实质自然被有意地简单化了,但却被赋予仿佛'永恒的'、别无选择的性质。在方法论上看,这样的向孟德斯鸠地理决定论时代回归未必是有成效的。"① 因此,有理由认为,从意识形态意义上描述当今西方主导的全球化,还是应该坚持马克思主义的阶级分析方法,应从一国和全球垄断资本与劳动雇佣的根本对立出发来进行描述。

第二节　依附论、世界体系论述评

迄今为止的全球化及其发展进程,仍然是由资本主义尤其是西方垄断资产阶级主导的。因此,研究全球化,离不开对资本主义在世界范围的扩张及其后果与影响的分析。国外一些马克思主义学者继承了马克思主义的某些思想,瞩目于分析不发达国家不发达的现象及其原因,提出了分析"中心—外围"结构产生和发展的经济全球化理论,"依附论"和"世界体系论"堪称此种全球化理论的典型代表。

一　依附论概述

(一)依附论的产生及其理论渊源

第二次世界大战后,广大亚非拉国家虽然先后摆脱了西方发达国家的殖民统治,建立了拥有独立主权的民族国家,但是,获得政治独立的它们并未从此走上富强之路,它们在经济上依然依附西方发达国家。依附论就是基于解释世界经济格局的这种现状,即发达资本主义国家处于世界经济的中心,发展中国家处于世界经济的外围并受发达国家的剥削与控制的现状应运而生的。因为战后拉美经济对西方发达国家的依附特点更为鲜明和典型,因此,依附论首先于20世纪60年代初期至70年代中期在拉丁美洲

---

① [俄]根纳季·久加诺夫:《全球化与人类命运》,何宏江等译,新华出版社2004年版,第8页。

产生并发展起来了。

虽然依附论与帝国主义理论一样都研究世界经济格局中发达国家与落后国家剥削与被剥削、控制与被控制等问题,但是,与帝国主义理论主要研究帝国主义中心的扩张过程和对世界的统治不同,依附论的研究角度更侧重于资本主义经济体系中居于外围的国家,主要研究垄断资本主义的世界性扩张对外围国家经济和社会结构变化的影响,以及外围国家的变化对世界资本主义积累总进程的影响。从这一点来看,可以把依附论看作帝国主义理论的补充和有机组成部分。因此,依附论有时也被称为"新帝国主义理论"。

关于依附论的理论渊源,不可否认,它首先来源于马克思主义的帝国主义理论,同时它也借鉴了拉美经委会学者在 20 世纪 50 年代提出的不发达理论、德裔学者弗兰克在 20 世纪 60 年代后期提出的殖民地资本主义理论以及西方结构主义分析理论,西方流行的现代化理论则构成了依附论的"反题"。

(二) 依附论的中心议题和主要观点

作为批判性地解释外围国家和地区"依附"发展特点的理论,依附论把外围国家和地区的发展问题作为自己所要解决的中心议题。绝大多数依附论者都认为,外围地区的不发达和依附的形成与发展,是在于"世界性的资本主义生产体系及其形成的国际分工格局、国际交换体系和不平等的国际经济秩序"①。

对于如何改变这种不平等的发达或依附状况,依附论坚持不再"从所谓中心国家进口方法或科学建议,而是以自己的分析方法,研究具有自身特性的课题,开辟了自己的理论研究领域,以寻找更现实的实践道路"②。依附论者大多倾向于走社会主义道路,或者至少反对外围地区实行全盘西化的政策。依附论的著名人物、埃及经济学家阿明③就认为,外围国家要真正彻底地摆脱自己的依附局面,只能走社会主义道路,"外围国家使自

---

① 樊勇明:《西方国际政治经济学》,上海人民出版社 2001 年版,第 155 页。
② [德] 安德烈·冈德·弗兰克:《全球化,非西方化》,载弗朗西斯科·洛佩斯·塞格雷拉主编《全球化与世界体系——庆贺特奥托尼奥·多斯桑托斯 60 华诞论文集》(上),白凤森、徐文渊、苏振兴等译,社会科学文献出版社 2003 年版,第 53 页。
③ 阿明从 20 世纪 60 年代就开始研究不发达国家的发展问题,《世界规模的积累》和《不平等的发展》是他的成名之作。阿明认为,资本主义积累是通过世界范围内的劳动分工来实现的,不平等交换和剥削是贯穿"中心—外围"式资本主义体系和各种关系的本质特征。

己摆脱中心国家政治统治的每一个严肃的行动都导向种种冲突而令人考虑社会主义前景的必要性"①。

至于依附论的一些主要观点,按照瑞典经济学家马格努斯·布鲁姆斯特鲁埃和比约恩·赫特内(Björn Hettne)的意见,可以简要归结为以下四点:一是欠发达是同工业化国家的扩张紧密地联系在一起的;二是发达与欠发达是同一世界进程的不同侧面;三是欠发达不能被视为一个进化进程的原始条件;四是依附不仅仅是一种外部现象,在内部结构(社会、意识形态和政治领域)中它也以不同的形式表现出来。②

(三)依附论的主要流派和代表人物

依附论流派众多。著名"依附论"历史学家、瑞典经济学家马格努斯·布鲁姆斯特鲁埃和赫特内把依附论分为三个流派:

一是联合国拉美经委会社会科学家的结构主义批评与自我批评派。这一派揭示了民族经济发展计划的限度。"支配—从属关系理论之父"奥斯瓦尔多·松克尔、"二元结构主义理论"的提出者塞尔索·富尔塔多是这一流派的主要代表人物。"中心—外围理论"的最早提出者之一劳尔·普雷维什有时也被视作这一流派的成员。

二是新马克思主义流派。巴西著名学者特奥托尼奥·多斯桑托斯、鲁伊·马里尼和巴尼亚·班比拉,以及智利大学社会经济研究中心的一些研究人员都属于这一流派。该流派维护资本主义体系内依附性扩大再生产的理论、对劳动超额剥削的理论、当地资产阶级的法西斯主义或反革命政权倾向的理论,同时也不排除在依附导致贫困浪潮时产生民主倾向的可能性。

三是"正统"的马克思主义流派。这一流派以巴西学者费尔南多·恩里克·卡多佐和智利学者恩佐·法莱托为主要代表。这一流派尽管承认经济依附和社会排斥,却批评对劳动超额剥削的概念、把依附性资产阶级排斥在政权之外的发展趋势的概念,以及社会主义是解决这些地区贫困问题的基础的概念。

---

① [埃及]萨米尔·阿明:《不平等的发展——论外围资本主义的社会形态》,高铦译,商务印书馆1990年版,第329页。

② [德]安德烈·冈德·弗兰克:《全球化,非西方化》,载弗朗西斯科·洛佩斯·塞格雷拉主编《全球化与世界体系——庆贺特奥托尼奥·多斯桑托斯60华诞论文集》(上),白凤森、徐文渊、苏振兴等译,第53页。

这里有必要提一提巴西学者特奥托尼奥·多斯桑托斯关于"依附"的概念。他把"依附"界定为一些国家的经济受制于其他国家经济的发展和扩张的状况。在他看来,两个或更多国家的经济之间以及这些国家的经济与世界贸易之间存在互相依赖的关系,但是结果某些国家(统治国)能够扩展和加强自己,而另一些国家(依附国)的扩展和加强自己仅仅是前者扩展的反映,这种相互依赖关系就呈现依附的形式。① 需要指出,多斯桑托斯把中心与外围之间的关系定义为"相互依赖",这一说法是值得存疑的。说外围对中心存在依附或者说依赖关系,这无可厚非,但是,中心对外围的关系更根本的应该是统治、主导,而非依赖。

二 世界体系论概述

(一)世界体系论的源流与主要代表人物

世界体系理论(World system theory)是 20 世纪 70 年代在美国兴起的一种有广泛影响的全球化理论。美国纽约州立大学沃勒斯坦 1974 年出版《现代世界体系》第一卷《16 世纪的资本主义农业与欧洲世界经济体的起源》,标志着世界体系理论的基本形成。

一般认为,世界体系理论的形成与发展受多种思想理论的影响。马克思主义的资本积累理论和阶级分析方法,俄国经济学家康德拉季耶夫的长波理论,法国年鉴学派史学家费尔南·布罗代尔的历史时段理论及其"经济世界"的概念,依附论的中心—边缘模型和关于不发达的外因论分析,西方现代化理论的内因论发展观,以及结构功能主义等,都或多或少对世界体系理论的形成产生了影响。

世界体系理论试图用中心—边缘之间的依附与被依附关系、世界劳动分工和阶级冲突等变量来分析世界体系的历史演变,从而解释 16 世纪以来的世界发展史。世界经济包括一个占支配地位的中心和一个处于依附地位的外围,它们相互影响,并且作为一个整体在发挥作用,这是世界体系论的中心论点。世界体系论认为,这个体系作为整体发挥功能的时候,中心地区不断汲取经济盈余,并且把财富和资源从外围地区转移到中心地区,导致中心地区的资本积累和经济发展,以及外围地区经济和政治的不

---

① [巴西]特奥托尼奥·多斯桑托斯:《帝国主义与依附》,杨衍永、齐海燕、毛金里、白凤森译,社会科学文献出版社 1999 年版,第 302 页。

发达。

世界体系理论比较深刻地揭示了经济全球化时代资本主义的危机，因此它常常被视作分析当代资本主义的理论新范式。沃勒斯坦、特伦斯·K. 霍普金斯（Terence K. Hopkins）[①]、弗兰克、阿明、巴里·K. 吉尔斯（Barry K. Gills）[②]、珍妮特·阿布－卢格霍德（Janet Abu Lughod）[③] 等是世界体系理论的代表人物。

（二）世界体系论的主要观点

这里主要介绍世界体系论最著名的代表人物沃勒斯坦的主要观点。

1. 关于"世界体系"的概念

沃勒斯坦认为，人类历史地形成的部族、种族、民族以及民族国家，总是在相互联系而不是在孤立中演化和发展，因而总会形成一定的"世界体系"。这里的"世界体系"并不是指囊括整个世界的实体，而是一个具有自身的结构、成员集团、合理规则和凝聚力和以广泛的劳动分工为基础，内部包含多种文化的社会体系，它大于任何从法律上界定的政治单位。[④] 沃勒斯坦认为，世界体系具有生物有机体一样的特征，它也具有生命周期，只不过它的生命力由冲突的各种力量（聚合的力量和分裂世界体系的潜能）构成。

沃勒斯坦以世界体系内是否存在单一的政治体系为标准，将迄今为止出现的世界体系（或诸世界体系）分为"世界帝国"和"世界经济（体）"两种。"世界帝国"由单一的政治体系控制。"世界经济"则表明，世界体系内不存在单一的政治体系控制，世界经济体各个部分之间的基本联系是经济的，尽管这种联系在某种程度上是由文化联系或政治安排，甚至联盟结构而加强的。可见，沃勒斯坦的"世界经济（体）"概念并不是一个纯粹的经济术语，而是一个由经济、政治、文化三个基本维度构成的复合体，只不过经济体是整个世界体系的基本层面，是政治体和文化体存在、发展的决定性因素。

---

① 特伦斯·K. 霍普金斯是宾汉姆顿大学社会学（世界历史变迁）研究生计划的创立者和常务主任。他也是费尔南德·布罗代尔经济、历史体系和文明研究中心执行委员会的成员。

② 巴里·K. 吉尔斯是纽卡斯尔大学国际政治学讲师。

③ 珍妮特·阿布－卢格霍德就职于纽约社会变革研究中心社会研究新派研究室。她的主要著作有《在欧洲霸权之前：1250—1350 年的世界体系》《阿拉伯世界的城市化》等。

④ ［美］伊曼纽尔·沃勒斯坦：《现代世界体系（第一卷）：16 世纪的资本主义农业与欧洲世界经济体的起源》，罗荣渠等译，高等教育出版社 1998 年版，第 12 页。

沃勒斯坦认为，在大部分历史时期，世界体系主要以"世界帝国"的形式存在，只是到了"延长的16世纪"（1450—1640年），才在欧洲产生了稳定的世界经济体的雏形，即建立在互补性地区劳动分工基础上的一体化的欧洲经济体。此前的世界经济体都极不稳定，要么转变成帝国，要么解体了。此后，在西欧发达国家的推动下，欧洲经济体这一体系不断向外扩张，将美洲、非洲、亚洲等世界各个国家、地区纳入体系中，最终形成了覆盖全球的一体化的资本主义世界经济体。这个世界经济体又被他称为现代世界经济体、资本主义世界经济体或现代世界体系。因为在沃勒斯坦那里，"世界经济体"和资本主义是一枚硬币的正面和反面，是一种不可分割的现象，而且，由于"现代世界体系"中的劳动分工、多种文化制度和经济剩余的转移等都是由资本主义造成的，因此，资本主义是现代世界体系的内核。

2. 关于"现代世界体系"的结构

与依附理论把资本主义世界体系或所谓"现代世界体系"的结构描述为中心和外围两部分不同，沃勒斯坦以劳动分工为基础，根据经济活动的复杂性、国家机器的实力以及文化的完整性等衡量标准，把这一体系分为核心区（core）、边缘区（periphery）和半边缘区（semiperiphery）三个部分。他认为，半边缘区是介于中心和外围之间的缓冲地带，起平衡资本主义世界体系的作用，没有这个半边缘区，资本主义将会遭受毁灭性的经济危机。

这种"核心、边缘和半边缘式"的结构，从"现代世界体系"经济、政治和文化三个基本维度来看，都表现明显。

第一，从经济维度来看，驱动资本主义世界经济体系的动力是"不等价交换"和"资本积累"。这种资本积累过程中的不等价交换存在于该体系内的两组关系——无产阶级和资产阶级、核心区和边缘区——之中。核心区生产技术含量高、资本密集、高工资产品；而边缘区则相反，生产技术含量低、劳动密集、低工资产品。介于它们之间的地区就是半边缘地区。沃勒斯坦认为，半边缘地区或者说国家并不是一种"残余类型"，而是世界经济体不可缺少的结构性要素，因为它"将世界体系的边缘国家的产品进口到核心国家，同时将核心国家的产品进口到边缘地区，并且是以大致同样的程度来进行这两种活动的"[1]。

---

[1] 王燕平：《世界体系》，《国外理论动态》2006年第8期。

这种"核心、边缘和半边缘式"的层级结构决定了不平等是资本主义世界经济体系的重要特征。也就是说，决定了拥有生产和交换双重优势的居于体系"核心"的英、美等发达国家，对属于体系"半边缘"的一些中等发达程度的国家以及处于体系"边缘"的某些东欧国家、大批落后的亚非拉发展中国家，进行经济剥削，维持自己的优越地位。"半边缘"既受"核心"的剥削，反过来也剥削"边缘"，因而"边缘"受到前两者的双重剥削。沃勒斯坦强调，资本主义世界经济体对"核心、边缘和半边缘"之间的不平等有很强的"自我维持之势"，同时市场的力量也会强化而不是削弱这种不平等。但是对特定的地区来说，它在体系内的角色并非一成不变。尤其是当技术进步带来世界经济体的范围扩大时，它们之间有可能出现角色的转换。

第二，从政治维度来看，独立国家的形成以及国家体系的出现，是资本主义世界体系与以前具有单一政治结构的世界帝国之间相区别的重要标志。在劳动分工和资本积累的作用下，出现了"核心、边缘和半边缘式"资本主义国家体系结构。在国家体系结构中居于核心的国家，其国家机器较强，主权独立性和对外控制能力较大；边缘地带的国家机器孱弱或根本未形成统一的国家政权体系，国家主权不独立，成为受控于中心的边缘；半边缘则介于两者中间。这种以国家主权的有限性和国家机器的强弱为划分依据的国家体系结构，与各国各自在资本主义世界经济体系中的地位在空间分布上是高度一致的，也就是说，在国家体系结构中处于核心地位的国家往往也是世界经济体系中居于核心的国家，边缘和半边缘国家的情况也基本一样。

沃勒斯坦认为，这种"核心、边缘和半边缘式"的国家体系结构是资本主义世界体系或者说"现代世界体系"长期稳定的重要保证。因为在这种国家体系中，众多的国家不可能都同样强大，因为"如果是势均力敌的，它们就会阻碍位于别国的跨国经济实体的有效运行。那样的话就会妨碍国际劳动分工，世界经济就会衰落，直至世界体系土崩瓦解"[①]。这样在世界体系中就会形成金字塔形的权力结构，从而出现霸权。他认为，霸权就是指在大国竞争中，一个大国能够在很大程度上将自己在政治、经济、军事、外交、文化上的原则和意愿强加于其他国家或地区。因周期性变化

[①] 王燕平：《世界体系》，《国外理论动态》2006年第8期。

而产生的霸权国家有这样一些共同特征：它们只有将自己的经济优势从农业—工业生产领域开始，逐步扩大到商业、金融业，并维持在此三个领域的全面优势时才能建立霸权；它们都力主门户开放的自由贸易；它们的军事力量主要体现在海上。迄今为止，资本主义国家体系经历了三个霸权周期，相应地先后产生了三个霸权国家，即17世纪的"海上马车夫"荷兰、19世纪成为"世界工厂"的英国以及20世纪中叶以来的美国。但是，在这种霸权稳定机制下，除了半边缘的强国对霸权国家的竞争和挑战，还有居于边缘的弱国对半边缘的强国和核心的霸权国家的不满，因此，在资本主义世界体系内始终存在"反体系运动"。对居于核心的霸权国家来说，"问题在于，称霸是短暂的，一个国家一旦成为霸权国，它也就开始衰落"[①]。

第三，从文化或文明的维度来看，资本主义世界体系"核心、边缘和半边缘式"的结构特点也很明显。最主要的表现就是核心国家基于增进自己国家的政治凝聚力和提高经济生产的有效性，以及长期维持对边缘和半边缘国家进行经济剥削、政治控制的需要，通过"社会科学的制度化"、"意识形态的规范化"，竭力把欧美文化或西方文化这种本来只是欧美一隅的"特殊文化"普遍化为一种所谓的"世界文化"。正如沃勒斯坦指出的："一般的核心国家，以及作为一种特殊形态存在的霸权国家都在努力加强其生产者的优势，并且通过它们对世界的文化统治而使得它们在国家体系中的作用合法化。在某种程度上，这些是通过容易观察到的形式，诸如语言、宗教以及习俗来实现的。但更为重要的是，这种霸权是通过其他形式来实现的，这些形式包括思维方式和分析方式，尤其是通过哲学和科学/社会科学的范式来实现的。"[②] 资本主义"现代世界体系"内文化或文明演变中的这种霸权趋势，最终必然会导致世界性的文化或所谓的文明冲突。在这种冲突中，边缘和半边缘国家处于两难境地，对西方文化的霸权趋势很难作出有效的反应。

3. 关于"世界体系"理论的争论

任何一种重要的理论，都难免引起各种争论。"世界体系"理论创立

---

① ［美］伊曼纽尔·沃勒斯坦：《现代世界体系（第二卷）：重商主义与欧洲世界经济体的巩固（1600—1750）》，罗荣渠等译，高等教育出版社1998年版，第45页。
② 王燕平：《世界体系》，《国外理论动态》2006年第8期。

和传播的整个过程也充满各种争论,其焦点在于如何认识"世界体系"以及如何确定世界体系形成的时间。这里简要叙述世界体系理论家们在这一问题方面的有关观点。

沃勒斯坦认为,现代世界体系发端于 500 年前,时至今日它一直伴随着资本主义这一特殊的生产方式的扩张而产生、发展,也必将在未来的发展过程中被"社会主义"的世界体系所取代。

持反对立场的一些世界体系论者,如弗兰克、巴里·K. 吉尔斯等认为,沃勒斯坦视历史发展原动力的资本积累为所谓"现代世界体系"的特别之点是不能成立的,因为它"低估了古代世界体系中通过贸易和市场所进行的资本积累的重要性"[①],因此,所谓的"现代世界体系"并非如他所言发端于 500 年前资本主义生产方式开始扩展的时期,它的年代应该再向上推,一直推到 5000 年前。

关于现代世界体系发端于 500 年前还是 5000 年前,并非简单的年代数字之争。这里牵涉到他们看待人类历史的不同方法论。沃勒斯坦断定世界体系发端于 500 年前,与他更多地运用历史唯物主义的观点来分析问题有关,与他对于世界体系的认识是建立在物质决定论的哲学观点上有关。而弗兰克和吉尔斯等人断言世界体系发端于 5000 年前,则表明他们的历史观受汤因比的"文明决定论"的影响更大,因而他们的观点正如威廉·H. 麦克内尔所说,意味着"马克思的现代资本主义独特观点就站不住脚了"[②]。

三 依附论、世界体系论简评

20 世纪 60 年代兴起于拉丁美洲的依附论,是从资本主义世界体系中外围国家或地区的角度来研究西方全球化历史进程中的资本主义积累运动和帝国主义扩张的严重后果——外围或边缘地区的不发达问题,因此可以把它视作马克思列宁主义关于帝国主义理论新的重要补充和有机组成部分,甚至可以把它视作批判西方全球化的"新帝国主义理论"。从其阐释外围或边缘地区不发达问题的原因及对策主张来说,它把建立在西方中心论基础上的现代化理论作为直接的批判对象,因而可以把它视作西方全球

---

① [德]安德烈·冈德·弗兰克、[美]巴里·K. 吉尔斯主编:《世界体系:500 年还是 5000 年?》,郝名玮译,社会科学文献出版社 2004 年版,第 356 页。

② 同上书,第 3 页。

化背景下植根于第三世界的新发展经济学理论。在西方发达国家的经济学理论流派中,它是非主流的。

依附论的中心议题是探讨不发达国家不发达的根源和如何解决这些不平等的发展与依附问题。它在20世纪60年代取代原先的结构主义理论,无疑表明了它对解释当时不发达国家不发达问题的适应性。从方法论意义上来说,依附论为我们进一步认识当今全球化背景下广大第三世界的不发达问题,比如不发达国家在西方国家跨国公司投资中的地位,不发达国家内部政治与经济关系,不发达国家如何利用发达国家的对外投资,"外围"国家如何实现工业化、现代化等问题,提供了一种全新的视角。在价值取向上,大多数依附论者倾向于社会主义道路,坚决反对"全盘西化"的政策。总之,依附论在全球化问题上作出了自己的理论贡献,对于我们进一步研究全球化问题,具有重要的启发意义。

但是,依附论的理论缺陷也比较明显。比如美国学者拉西特(Russett)批评依附论的研究方法过于简单。他指出,依附论只使用一个独立的变量——国际经济的运作——来解释第三世界出现的"不发达、边缘化和依附性发展"这三种不同现象是不科学的。而且,依附论以民族国家为单位划分所谓"中心—外围"的世界,无疑犯了片面强调发达国家与不发达国家的矛盾而一定程度上忽视了全球范围内"资本与劳动"的对立这一根本矛盾的错误,因而其求解外围或边缘地区不发达的出路的各种主张都没有真正理解马克思列宁主义创始人在各种场合提出的"全世界无产者,联合起来!"口号的真实含意。因此,尽管在其产生和发展的整个过程不断地"修正"自身,但由于理论上的固有局限以及冷战结束后国际政治经济现实的发展变化,依附论的理论生命力不断遭到质疑和挑战。关于依附论的发展方向,其著名代表人物特奥托尼奥·多斯桑托斯认为,有把它扩展为一种世界体系理论的必要性。

世界体系论在一定意义上讲是在借鉴和融合依附论和西方现代化理论的基础上企图实现对二者的超越的产物。这决定了它一方面批判西方中心论,反对西方现代化理论家们主张的外围或边缘国家走资本主义道路,照搬西方现代化模式的全盘西化论;另一面分析世界体系的流动性,论证资本主义的长期性、稳定性和不可避免性。

在学术思想的影响上,世界体系论整体性、宏观性、综合性的理论视野、"多学科一体化"的研究方法、注重相互借鉴与融合的理论特点,以及关于资本主义经济发展动力、经济周期等问题的一系列观点，都使得它在西方社会科学各个领域引起了巨大的反响。的确，"凡是研究 16 世纪以来的世界史的学者，研究'第三世界'发展问题的发展学理论家，包括研究发展经济学、发展社会学、发展政治学和发展战略学的学者，对世界体系论的一些观点，不管是赞成还是不赞成，都得在他们的著作中加以引述和讨论"①。

需要指出的是，世界体系论与依附论存在一定的理论渊源关系，同时，它在以下三个方面又明显比依附论更进一步。第一，它在采用依附论核心—边缘理论模型的同时，建构了半边缘地区这一攸关世界体系长期稳定的重要概念，而且，它不像依附论那样把国家作为研究单位，而是将世界看作一个整体，通过对政治、经济和文明三个层次的分析，深刻揭示"中心—半边缘—边缘"结构的发展变迁和运作机制；第二，它从一个更加明确的分析框架来观察世界经济和国际体系的静态结构和动态进程，因而比依附论在时空上更具整体性；第三，它从全球角度出发，强调依附的普遍性和边缘国家的共同性，因而克服了依附论拉美经验的局限性。

近年来经济全球化进程的加速从某些方面论证了世界体系理论，尽管为了更全面地解读当代资本主义世界体系的矛盾、困境和发展趋势，更清晰地看到作为"反体系"力量的社会主义的世界发展前景，我们需要借鉴这一理论，但是，它也有自身的缺陷与不足。比如，它的"结构决定论"（外部因素决定论）显得过于僵化，明显与一些国家和地区社会发展的实际有差距，而且世界体系论的整体研究法忽略了不同国家不同历史时期的特殊发展过程，忽视了对不同国家发展道路的探讨，也忽视中国有可能和平发展为"中心国家"的问题。此外，区域经济一体化和政治多极化的国际政治经济发展趋势，也对世界体系论的若干重要观点提出了质疑与挑战。

第三节 新自由主义全球化的兴起、危害与替代

毋庸置疑，20 世纪 70 年代末 80 年代初以来，西方资本主义主导的全球化，是奉新自由义理论和意识形态为圭臬的，因而这一历史时期的全球

---

① 沈学君：《世界体系理论及其当代意义》，《武汉纺织大学学报》2011 年第 1 期。

化经常被称为新自由主义全球化。新自由主义全球化意识形态的兴起及付诸实践对人类造成的诸多灾难性影响,以及新自由主义全球化的替代方案等,是国外马克思主义学者和西方左翼学者热议的焦点问题,他们在这些问题上的见仁见智,无疑从另一个方面丰富了我们对垄断资产阶级主导的新自由主义全球化的认识。

一 关于新自由主义的内涵及其兴起的原因

美国诺姆·乔姆斯基(Noam Chomsky)在《新自由主义和全球秩序》一书中对新自由主义的内涵作了这样的概括:"'新自由主义',顾名思义,就是在古典自由主义思想的基础上建立起来的一个新的理论体系,亚当·斯密被认为是其创始人,该理论体系也被称为'华盛顿共识',包含了一些有关全球秩序方面的内容。"[1] 不过,在他看来,新自由主义理论并无新意,其基本的假设与启蒙运动以后一直在推动自由主义传统发展的假设基本一致。

所谓的"华盛顿共识"(Washington Consensus),用诺姆·乔姆斯基的话说,"指的是以市场为导向的一系列理论,它们由美国政府及其控制的国际组织所制定,并由他们通过各种方式实施——在经济脆弱的国家,这些理论经常用做严厉的结构调整方案。其基本原则简单地说就是:贸易自由化、价格市场化和私有化。"[2] 更具体地说,其实就是世界银行、国际货币基金组织以及美国财政部为代表的经济学家,在指导拉美、东欧、东南亚等国处理金融危机及经济改革时,向各国政府推荐甚至强迫推行的一整套新自由主义的政治经济理论与政策。

这里有必要简述"华盛顿共识"的出笼经过。1990 年,美国国际经济研究所邀请国际货币基金组织、世界银行、美洲开发银行和美国财政部的研究人员以及拉美国家的代表,在华盛顿召开了一个旨在讨论 20 世纪 80 年代中后期以来拉美经济调整和改革的研讨会。会上,美国国际经济研究所原所长约翰·威廉姆森(John Williamson)说,与会者在拉美国家已经采用和将要采用的政策工具方面,在一定程度上达成了共识。该共识包

---

[1] [美]诺姆·乔姆斯基:《新自由主义和全球秩序》,徐海铭、季海宏译,江苏人民出版社 2001 年版,第 3 页。

[2] 同上书,第 4 页。

括十个方面：（1）加强财政纪律，压缩财政赤字，降低通货膨胀率，稳定宏观经济形势；（2）把政府开支的重点转向经济效益高的领域和有利于改善收入分配的领域（如文教卫生和基础设施）；（3）开展税制改革，降低边际税率，扩大税基；（4）实施利率市场化；（5）采用一种具有竞争力的汇率制度；（6）实施贸易自由化，开放市场；（7）放松对外资的限制；（8）对国有企业实施私有化；（9）放松政府的管制；（10）保护私人财产权。约翰·威廉姆森还认为，上述"共识"或者说政策工具不仅适用于拉美，而且适用于其他有意开展经济改革的广大发展中国家。由于上述国际机构的总部和美国财政部都在华盛顿，加之会议在华盛顿召开，因此这一共识被称作"华盛顿共识"。

如果说在"华盛顿共识"出笼前，新自由主义还只是关于西方全球化的一种学术或理论探讨层面的东西，那么，此后由于西方垄断资产阶级对"华盛顿共识"在全球范围内的强力推行，新自由主义逐渐成为当今所谓全球化时代的"政治、经济范式"。

在沃勒斯坦看来，新自由主义尽管自我宣称为新理论，但事实上它是一种非常陈旧的理论，因为它的核心观点是"世界各国政府不要干预有效的大型企业在世界市场争夺优势的努力"，它的所有政策主张无非三点。第一，各国政府允许大公司大企业带着它们的货物和它们的资本自由穿越各国边界；第二，各国政府要把自己拥有的生产性企业都私有化；第三，各国政府要把向本国人民的各类社会福利转移支付最小化（如果不能完全取消的话）。他指出，新自由主义这种陈旧的理论以前也"总是周期性地成为时髦理论"[①]。美国学者佩特拉斯也认为，这种全球化"根本不是什么新鲜事"，"在本质上是过去的情况的继续，其基础是剥削性的阶级关系的深化和向原先处于资本主义生产之外的地区的扩展"[②]。日本著名马克思主义学者伊藤诚也认为，新自由主义的许多经济理念尤其是它关于"公有制与市场经济体制不相容"的观点，"是一种陈腐的传统经济理念"。在他看来，中国"构建公有主体型的多种类产权制度"这一经济体制改革目标的

---

① ［美］伊曼纽尔·沃勒斯坦：《2008年：新自由主义全球化的死亡》，路爱国译，《国外理论动态》2008年第5期。

② 参见［美］詹姆斯·佩特拉斯《全球化：一个批判性的分析》，载［美］罗纳德·H.奇尔科特主编《批判的范式：帝国主义政治经济学》，施杨译，社会科学文献出版社2001年版，第248页。

成功,完全证明了这一点。①

关于新自由主义兴起的原因,美国经济学家大卫·科茨(David M. Kotz)着重从资本主义竞争结构变迁的角度作了分析。他认为,全球化进程所致的世界资本主义竞争结构的改变是新自由主义在20世纪70年代末80年代初兴起的最重要原因,因为,在全球化进程加剧了大公司大银行竞争压力的情况下,尽管管制主义从长远看更能有效促进资本积累,更符合大企业的长远利益,但它们却急功近利,更倾向于支持任何减轻税负、放松管制、使其能够自由地与全球对手进行有效竞争的措施。在他看来,正是因为大企业大公司不再支持国家干预并转向新自由主义,才使新自由主义理论及其政治经济政策大行其道。此外,他还把工业化资本主义国家中社会主义运动的削弱、国家社会主义的消亡和资本主义长期以来未爆发大的经济危机视作是新自由主义兴起的三个重要促进因素。②

主张遏止新自由主义这股"野火"的法国社会学家皮埃尔·布迪厄则从"理论宣传"的角度,阐明了他关于新自由主义兴起原因的观点。他认为,关于新自由主义的观点如今之所以"变得如此耳熟能详,是因为这里面有一场广泛的思想灌输工作。一些记者或普通国民是消极地参与其中,而一定数量的知识分子是积极参与了这项工作。这种旷日持久、潜移默化的强加,通过浸渗,制造了一种真正的信仰"。他指出,有越来越多的相关研究著作表明,"在英国和法国,知识分子、记者和商人是怎样联手进行了一项持久的工作,将新自由主义的观点强行确立为天经地义"。因此,在他看来,这种人为炮制出来的新自由主义的实质,无非是"把所有时代、所有国家最经典的保守主义思想假设,罩上经济理性的外衣"。③ 佩特拉斯也认为,在全球范围内兴起的新自由主义全球化,作为资本主义制度内部的经济战略的根源,"是国家权力支持的意识形态项目的结果,不是市场的自然发展"。④

---

① [日]伊藤诚:《新自由主义是陈腐的传统经济理念》,载"马克思主义评论网"2007年6月13日。
② [美]大卫·M. 科茨:《全球化与新自由主义》,李松玉译,《国外理论动态》2003年第9期。
③ 河清:《全球化与国家意识的衰微》,中国人民大学出版社2003年版,第109—110页。
④ [美]詹姆斯·佩特拉斯:《全球化:一个批判性的分析》,载[美]罗纳德·H. 奇尔科特主编《批判的范式:帝国主义政治经济学》,施杨译,社会科学文献出版社2001年版,第268页。

二 关于新自由主义全球化的灾难性后果

新自由主义在全球范围内的实践,给人类的大多数带来的是灾难还是福音呢?

被称为新自由主义改革"试验田"的拉丁美洲的人们原来指望可以好好地品尝"开放"所带来的果实,结果发现,在十多年"模范"遵循"华盛顿共识"制定的自由市场经济政策后,国家经济严重衰退、政治剧烈动荡和社会加速瓦解的情况"证明这是一颗苦果"[①]。比如阿根廷,早在1976年就开始实施新自由主义,曾因为出卖国有资产吸引外资和借外债实现了短暂的几年繁荣而一度被作为新自由主义结构调整的样板大肆宣传。但是,这个所谓的"样板"好景不长,1994年经济增长率就开始起伏不定,1995年后经济更是面临大萧条,生活在贫困线以下的人数也一路飙升。进入21世纪以来,阿根廷面临国内企业破产、资本外逃、收入分配严重不均和失业率一再创纪录地上升等一系列恶果。[②]"崩溃"就是阿根廷实施新自由主义经济理论的最终代价。1998年亚洲金融危机后的墨西哥一度被认为是新自由主义所树立的新样板,但是美国学者马丁·哈特－兰兹伯格(Martin Hart-Landsberg)认为,新自由主义在墨西哥取得的"成功"只不过是一个炮制出来的神话而已,因为墨西哥的经济在亚洲金融危机后虽然有所增长,但主要是出口部门的增长。而且其经济发展与整个国家和人民日益脱节:墨西哥工人平均收入下降,国家在核心技术上没有得到自主发展和进步,环境受到极大破坏,整个经济高度依赖外资——这是一种极其脆弱的经济,极易被世界经济危机破坏和摧毁。[③] 墨西哥学者阿尔瓦雷斯·贝让这样总结墨西哥25年来实施新自由主义的彻底失败:"根据过去新自由主义模式实行25年来的记录,墨西哥年均增长率为1.93%……在这25年里,人均GDP平均每年增长0.17%。这意味着墨西哥需要400多年的时间才能使人均GDP翻一番。由于失业和低工资,数以

---

① [美] 詹姆·E. 马洪:《拉丁美洲告别"华盛顿共识"》,李俭国译,《国外理论动态》2004年第3期。

② [美] 艾伦·西比尔斯:《阿根廷:新自由主义经济模式的崩溃》,王叶民、张元军译,《国外理论动态》2002年第4期。

③ [美] 马丁·哈特－兰兹伯格:《对墨西哥新自由主义经济模式"成功"的质疑》,刘志明译,《国外理论动态》2003年第10期。

百万计的墨西哥人被迫移民,这是新自由主义在墨西哥失败最显而易见的、活生生的证明。"① 同样,20 世纪 90 年代,新自由主义的"圣经"在委内瑞拉传播的也不是"福音",而是贫困的加深、人民收入的下降、社会分化的加大与腐败的盛行……"一切好像没有出路"②。

非洲的情况又如何呢?阿明对此有详尽细致的阐述。他指出,二战后重新获得政治独立的非洲在 20 世纪下半叶一度迎来了自己"发展的几十年",一些非洲国家也确实开始了一个工业化过程,尽管非洲的这种发展仍然被限定在资本主义旧的劳动分工框架内,尽管这种发展从它们开始繁荣的第一刻起,就属于过去而没有未来,但它的目标毕竟是巩固政治独立和实现国家的现代化与经济的工业化。可是,自从 20 世纪 80 年代中期由各类跨国公司操控非洲实施所谓的"结构调整项目"以来,非洲人民遍尝经济衰退、政局动荡以及各种社会灾难甚至整个社会的分崩离析等诸多"苦果"。在 20 世纪最后的 20 年,非洲的国内生产总值的平均增长率较此前的 20 年几乎下降了一半,20 世纪 90 年代,非洲各国人均国内生产总值更是以全世界绝无仅有的负数(-0.2%)增长的,非洲在全球贸易额中的比重更是进一步下降。对新自由主义经济学家轻描淡写地把这些称作通向一个美好未来过程中的"痛苦的转型",阿明这样讽刺道:"美好的未来在哪里?社会已遭破坏,贫穷日益增长,教育和卫生状况在恶化,这些都不是通往美好未来的条件,也不能帮助非洲的生产者一如既往地那样变得'更富竞争力'。"③

苏联解体后虔诚地推行新自由主义"休克疗法"式改革的俄罗斯的情况怎样呢?用奥列格·鲍尔莫洛夫(Oleg Bogomolov)的话说,其结果就是国家"丧失了以往的经济实力,国民生产总值甚至落到墨西哥、巴西和印度尼西亚之后,为中国的一半,美国的 1/10。与政府宣称的相反,衰退年复一年地持续着。与改革前相比,新世纪前夜的俄罗斯经济生产能力削减了一半以上,工业产品降到以前的 40%,轻工业和食品工业降低了 2/3。

---

① [墨西哥]阿尔瓦雷斯·贝让:《新自由主义在墨西哥导致全面社会危机》,李春兰、李楠译,《国外理论动态》2008 年第 5 期。
② [委内瑞拉]玛尔塔·哈内克尔:《委内瑞拉社会变革的过程及前景》,李建瑞译,《国外理论动态》2005 年第 2 期。
③ [埃及]萨米尔·阿明:《非洲沦为第四世界的根源》,何吉贤译,《国外理论动态》2003 年第 2 期。

依照社会经济参数和指标,俄罗斯进入了欠发达国家行列……还有寿命降低,大面积贫困,传染病蔓延,以及频繁发生的精神病和自杀现象。公众还面临以往闻所未闻的另一种灾难:大量失业。强迫雇员休假即隐形失业,也相当普遍。此外,不断加剧的分配不均和持续降低的国内生产总值使公众沮丧,社会不满与日俱增"①。

日本等发达国家的情况如何呢?日本著名马克思主义学者、东京大学教授伊藤诚指出,日本20多年实践新自由主义的结果,就是20世纪的90年代成为日本"失去的十年",就是一直持续到21世纪日本经济的急遽恶化(多年的年均经济增长率跌至1%,甚至有几年为负增长),就是"国家财政危机的负担不断转移到普通工人的肩膀上",就是"工人以及其他弱势群体的经济生活的日益恶化和不稳定",就是"对劳工保护的法律普遍放松"②,等等。德国的情况也好不到哪里去。在"提高效益是应该的"口号下,德国拥抱新自由主义的结果,是"不人道的社会螺旋型下降",即人数众多的低收入阶层的社会福利费用的大幅削减,是经济增长和富裕的德国在20世纪末"真实的"失业率相当于20%。③

新自由主义全球化在经济、政治、社会和文化等层面许多问题上招致的各种灾难性后果,在国外左翼学者和马克思主义经济学者的文章、著作、讲话中都有揭露和批判。他们的揭露和批判主要集中在新自由主义全球化导致的经济停滞、失业增加、两极分化、福利削减、过度剥削、环境破坏、民主法制遭到破坏、国家公共权力衰退、新殖民主义与新法西斯主义抬头等问题。关于新自由主义全球化为什么不能促进世界经济长期而稳定的增长,大卫·科茨列举了三个主要原因:第一,从长期看,由于新自由主义制度具有降低实际工资和公共开支的明显倾向,它导致了总需求不足这一问题。第二,新自由主义模式放弃了国家反经济周期的财政和税收政策,由于缩减社会福利计划和放宽了对金融部门的公共管制,因此它在宏观层面上造成了不稳定,并使该体系容易受到大的金融危机和萧条的冲

---

① [俄] 奥列格·鲍尔莫洛夫:《俄罗斯改革和新自由主义》(http://www.globalview.cn/ReadNews.asp?NewsID=339)。
② 程恩富:《新自由主义经济思潮与社会主义——日本东京大学伊藤诚教授访谈》,《国外理论动态》2005年第11期。
③ [德] 格拉德·博克斯贝格、[德] 哈拉德·克里门塔:《全球化的十大谎言》,胡善君、许建东译,新华出版社2000年版,第71—73页。

击。第三，新自由主义模式加剧了阶级冲突，可能会打击资本家的投资积极性。①

新自由主义全球化带给大多数人的灾难性后果，使世界人民日益看清了新自由主义理论的炮制者、宣传者和极力推行者们关于它会带给世界人民经济增长、政治民主、社会进步和福利惠民之类的华美诺言的伪善性质。沃勒斯坦就这样揭露新自由主义的所谓"华盛顿共识"关于"重启各国经济增长和摆脱全球利润停滞"的许诺的伪善性质："工业企业的利润停滞在世界范围内继续存在。各地股票市场的急剧走高不是建立在生产性利润上，而主要建立在投机性金融操纵上。世界范围和各国国内的收入分配都变得非常偏斜——世界人口中10%高收入人群，特别是1%的顶层，其收入大幅度增加，而世界人口中其他人群的实际收入大多下降了。"②

在新自由主义全球化造成的众多灾难面前，人类的大多数越来越认识到自己的真理观、价值观与那些以人类"精英"自诩的西方垄断资产阶级根本不同。正如诺姆·乔姆斯基所指出的："对于拥有超强优势的美国人民是'正确'的东西，对于那些没有什么选择余地的国家来说，也许恰恰就是错误的。然而，我们有理由相信，对于世界人民是正确的东西，几乎没有可能与政策的'主要建筑师'们的计划一致。"③

新自由主义政策的"主要建筑师"们的计划是什么呢？他们的目的就是借西方各国在20世纪70年代普遍面临"滞胀"危机，以及其他各国掀起改革调整潮流的机会，挥舞"自由是效率的前提"、"私有化是推动经济的基础"和"唯有市场化才能有效配置资源"等具有蛊惑力的教条，对世界人民经过斗争取得的福利与进步进行反攻倒算，夺回他们曾经"失去的天堂"。欧洲一家集团公司总裁的下述说法可以说是再明白不过的佐证了："我的集团可以因此享有完全的自由，想在哪建厂就在哪建厂，愿意多长时间就多长时间，愿意生产什么就生产什么，愿意购进就买、愿意出售就

---

① ［美］大卫·M. 科茨：《全球化与新自由主义》，李松玉译，《国外理论动态》2003年第9期。

② ［美］伊曼纽尔·沃勒斯坦：《2008年：新自由主义全球化的死亡》，路爱国译，《国外理论动态》2008年第5期。

③ ［美］诺姆·乔姆斯基：《新自由主义和全球秩序》，徐海铭、季海宏译，江苏人民出版社2001年版，第26页。

卖，同时还可以尽可能少地承担劳动法和社会规章方面的制约。"① 极为冷酷无情地增进以西方垄断资产阶级为代表的一小撮人的私利和大发横财的机会，这应该是描述新自由主义政策的"主要建筑师"们的真正计划的一个极少争议的全球性共识。正如美国伊利诺斯大学罗伯特·迈克杰斯尼（Robert W. McChesney）所说的，新自由主义成为全球化时代"政治、经济范式"的过程，就是这样一个过程，即"相当一批私有业者能够得以控制尽可能广的社会层面，从而获取最大的个人利益。新自由主义……这些党派及其实施的政策代表了极端富裕的投资者和不到1000家庞大公司的直接利益"②。他甚至把新自由主义与资产阶级法西斯主义相提并论，认为新自由主义和法西斯主义一样也是真正的"毫不留情的资本主义"③。但是这种"毫不留情的资本主义"，在西方垄断资产阶级及其理论术士们的嘴里和眼中，却"是不可逆转的"、符合"民主"、"个人的选择自由和自由发展"，促进"南北和解"，促进"贫穷国家经济快速增长"，等等。

三 关于新自由主义全球化的逆转、终结与替代

进入21世纪，国外马克思主义学者和左翼学者除了继续深入揭露和批判新自由主义全球化对人类大多数的巨大危害外，越来越多地开始探讨新自由主义全球化"趋势"的逆转、终结、替代与超越等现实课题了。

对于西方宣传的所谓新自由主义全球化趋势不可阻挡的论调，印度新德里公益研究中心的创始人辛格认为，这明显与历史经验的事实不相符合。他这样论证说："在全球化发展的初级阶段，它的脚步曾经为一系列历史事件所阻碍，20世纪发生的第一次世界大战、20年代的经济大萧条以及第二次世界大战，都深刻改变了全球化的进程。在存在如此之多未知数的当今世界环境下，目前的全球化进程是否会遭受相同的命运，同样也是一个未知数。"④ 他还批判所谓"任何政治手段都不可能逆转经济全球化

---

① ［法］弗朗索瓦·沙奈：《资本全球化》，齐建华译，中央编译出版社2001年版，第1—2页。
② ［美］诺姆·乔姆斯基：《新自由主义和全球秩序》，徐海铭、季海宏译，江苏人民出版社2001年版，导言第1页。
③ ［美］罗伯特·W. 迈克杰斯尼：《诺姆·乔姆斯基和反对新自由主义的斗争》，汤韫琛译，《国外理论动态》1999年第12期。
④ ［印度］卡瓦基特·辛格：《不纯洁的全球化》，吴敏、刘寅龙译，中央编译出版社2005年版，第184—185页。

的趋势"的观点,认为这种观点"不过是一个误区,和我们的现实世界相去甚远。国内经济政策完全可以逆转经济全球化的趋势,过去有这样的先例,未来同样存在这种可能"①。他相信,"既然一种有利于发展生产力的政策可以被颠倒来服务于私人资本的利益,那么,一种有利于投资者的政策同样也有可能面对着同样的命运"②。

基于新自由主义全球化糟糕的经济表现、各国对无限制"市场"崇拜的幻灭、很多国家那些更注重社会福利导向的政治力量重新执掌政权,以及世界范围内替代新自由主义的运动等事实,沃勒斯坦更是作出了大胆的结论:2008年是新自由主义全球化的死亡之年。他还认为,新自由主义死亡之后,世界将会出现这样四个变化:美元作为世界储备货币作用的终结,世界重返高度保护主义,各国重新开始推行凯恩斯主义及重新采取更倾向社会福利再分配的政策。③

英国《新左翼评论》主编佩里·安德森认为,实现对新自由主义全球化的替代,首先必须从价值、所有权和民主三方面着手批判新自由主义,他指出:"在价值的问题上,我们必须强调平等原则是自由社会的中心准则。平等意味着每个公民的机会均等和全面发展,而不是绝对平均主义。在教育、劳动、居住、健康等方面,市场不可能保证所有人获得最起码的保障,只有通过国家的社会再分配政策,才能维护弱者的正当权益。因此,我们不仅要维护劳动者的既得利益,而且要不断扩大和完善社会保障机制。"他认为,在所有权问题上,也并不意味着"财产的私人所有必须采用传统的资产者所有制形态,人们完全可以创造出人民所有制形态"。在民主的问题上,他也与新自由主义者的观点截然相反,"坚持要多一点民主。当然,这不等于说,我们把现有的代议制民主当作尽善尽美的人类自由的崇拜偶像,作为一种有缺陷的暂时形态,民主应随着时代的发展而完善和发展"。④

关于如何和用什么替代新自由主义的全球化,应该说美国人约翰·卡

---

① [印度]卡瓦基特·辛格:《不纯洁的全球化》,吴敏、刘寅龙译,中央编译出版社2005年版,第184页。
② 同上。
③ [美]伊曼纽尔·沃勒斯坦:《2008年:新自由主义全球化的死亡》,路爱国译,《国外理论动态》2008年第5期。
④ [英]佩里·安德森:《新自由主义的历史和教训》,张慧君译,《国外理论动态》2000年第8期。

瓦纳（John Cavanagh）、杰瑞·曼德尔（Jerry Mander）等人共同编写的《经济全球化的替代方案》一书比较"全面记录了地方的、民族国家的乃至全球范围内迅速涌现的有关经济全球化的替代思想和行动"。在这本被誉为"国际知名的一群积极参与社会运动的知识分子所提出的一个能够代表世界范围的替代全球化运动主张的纲领"的书中，他们着重阐述了替代新自由主义全球化，建设可持续发展社会必须坚持的十项基本的或者说核心的原则：以责任制为中心课题的"新民主原则"；承认"本地民族、群体和国家自决的民主权利"的"辅从性原则"；"生态的可持续性原则"；作为所有人与生俱来权利的"共同的遗产"的原则；文化、经济、社会和生态的"多样性"原则；"人权"（包括政治权利、公民权利、经济权利、文化权利和社会权利等）的原则；"工作、谋生与就业"原则；"粮食安全与食品安全"原则；"平等"原则和"预警"原则等。①

美国的大卫·哈维和日本马克思主义学者伊藤诚等则认为，尽管"还要做许多工作和宣传鼓动"，尽管需要"人民群众的努力"和真正的马克思主义者"在国际上通力合作"，但现在应该是明确提出针对新自由主义全球化的"社会主义替代方案"的时候了。② 阿明还这样专门告诫外围地区的人民，"既要消除认为发展在资本主义全球化的环境下是可能的这样的幻想"，也要消除向后而不是向前寻找替代的幻想，只有这样，"另一个世界，一个更好的世界"，才是可能的。他还指出，在当前的世界政治经济形势下，尽管会遭到严重的困难，外围地区的人民的当务之急还是要努力重建他称之为"人民万隆会议"的"南方反对帝国主义和美国武装进攻的联合阵线"。在他看来，这在当前才是"真正的替代"。③

因此，迄今为止，在世界替代运动内，关于所谓"后新自由主义时代"的解决方案，按照世界著名左翼学者、阿根廷布宜诺斯艾利斯大学经济学教授凯茨的话说，"人们明确提出了两种相互对立的不同前景"。他认为，凯恩斯主义的替代方案是要推行资本主义的调节机制，而激进主义的

---

① ［美］约翰·卡瓦纳、杰瑞·曼德尔：《经济全球化的替代方案》，童小溪等译，中央编译出版社2007年版，第81—100页。
② ［美］乔万尼·阿瑞吉等：《新自由主义的性质和前途》，丁骥千译，《国外理论动态》2007年第6期。
③ 云南师范大学马克思主义理论研究中心：《萨米尔·阿明论超越当前世界格局》，《国外理论动态》2007年第11期。

观点则是要推行平等主义的目标。不过,他也认为,要使这些平等主义的目标充分实现,必须超越资本主义制度。只有这样,才能推动消灭贫困和不平等现象所必需的变革。一种没有带来社会变革而只要求国家进一步干预的做法,并不能减少人民的痛苦。①

四 关于国外左翼学者新自由主义全球化观的简评

国外马克思主义学者对新自由主义"自由化、市场化和私有化"核心内涵的概括,对新自由主义兴起原因及其造成的各种灾难性问题的深刻分析和批判,以及基于平等价值目标、所有权和民主三个层面对新自由主义进行的各种替代方案的设计,特别是建立可持续发展的社会的十个"基本原则",对于培植世界人民的觉悟和科学认识新自由主义的实质,对于新自由主义意识形态在全球范围内的终结和超越,对于我们毫不动摇地坚持改革开放的社会主义正确方向,挫败和消除新自由主义私有化改革的企图及其在我国的影响等,无疑具有十分重要的意义。

当然,国外马克思主义学者和左翼学者关于新自由主义全球化观也存在不足之处,尤其是非马克思主义的左翼理论。

国外马克思主义学者,比如他们提出的新自由主义的各种替代方案与主张,缺乏阶级斗争的理论基础和政策,往往印着改良资本主义制度的所谓"人道主义的"历史痕迹,从另一方面表明了他们对社会主义前景的怀疑。至于其原因,正如伦敦皇家学院欧洲研究所教授亚历克斯·卡利尼科斯所说,"社会主义这个词在替代运动中用得很少,追寻其原因,一是对社会主义有所保留,二是期望运动保持扩大势头,三是谨慎或对它失望,而很多暂时局限于狭隘的目标。"② 又如,马克思主义学者中的一些人特别反感"执行苏联模式的国家奉行的官僚式的国家社会主义"③ 和崇拜"和平"实现社会主义对新自由主义的替代④等事实,无不清楚地表明,他们虽然挣脱了资产阶级的新自由主义"意识形态网",但是却又深陷进资产

---

① [美] 乔万尼·阿瑞吉等:《新自由主义的性质和前途》,丁骥千译,《国外理论动态》2007年第6期。

② 毛禹权:《西方马克思主义学者关于全球替代运动的评论》,《国外理论动态》2009年第9期。

③ 同上。

④ 意大利那不勒斯大学哲学教授多梅尼科·赫伏利诺就特别强调,"反思争取社会主义的斗争和非暴力行动的关系具有十分重要的意义"。

阶级的其他"意识形态网",尤其是民主社会主义的"意识形态网"之中。

需要指出的是,替代运动在世界范围进展缓慢甚至陷入停滞,以及他们提出的各种替代方案在劳工世界的影响相对有限的事实,也使国外一些马克思主义学者和左翼学者开始反思自己的理论缺陷,注重沿着马克思主义提供的"整体主义、国际主义,以及强调斗争"这样三个特别丰富的思想源泉,努力"分析全球化的突起的替代方案"和"超越资本主义的最合适的道路"。

尽管国外左翼学者和马克思主义学者在新自由主义全球化问题上的理论存在这样那样的缺陷和不足,但是必须肯定,他们对"新自由主义"全球化意识形态的批判是"现代需要的觉悟",他们设计的各种新自由主义的替代方案及其一定程度上引领的各种替代运动"表达了在各大洲广泛流传的文化、社会和政治诉求,并动员了力量","帮助破坏新自由主义政策的合法性","帮助阻止了新自由主义经济政策的推进,特别是削弱了作为新自由主义霸权工具的世界贸易组织的功能基础",从而"大大促进了新左翼的诞生","最广泛地聚集了左翼的幽灵",向世界显示了"推崇团结、搁置分歧和反对将利润引诱和市场法则作为人类活动指导方针"的"左翼新文化开始登台"[①],这些都是反对新自由主义全球化斗争的重要组成部分。

---

① 毛禹权:《西方马克思主义学者关于全球替代运动的评论》,《国外理论动态》2009 年第 9 期。

第十一章 资本主义发展阶段与趋势研究

资本主义历史发展阶段的研究涉及的方面较多，近些年国外左翼学者研究的领域主要集中在资本主义的最新发展情况、资本主义的矛盾和危机，以及资本主义未来的发展趋势。本章首先阐述国外左翼学者关于资本主义发展阶段的各种划分；接着阐述国外学者如何看待资本主义发展呈现的一些新特征和对资本主义矛盾、危机的论述；最后阐述国外左翼学者对资本主义未来发展的观点。

第一节 资本主义发展阶段划分

马克思的《资本论》主要研究古典或者自由竞争资本主义的生产关系，部分涉及了垄断问题。列宁的《帝国主义论》、布哈林的《帝国主义与世界经济》和希法亭的《金融资本》开辟了一个新的研究领域。规范学派和社会积累结构学者主要以宇野、米切尔等为代表，提出了资本主义的三个发展阶段：重商主义、自由主义和帝国主义。重商主义阶段主要以纺织工业为主，以英国初期的商业资本为主。自由主义阶段主要是19世纪中期之前的世界经济体系，当时仍然以英国为主的资本主义国家占统治地位。帝国主义阶段主要是指美、英、德等国家的金融资本占据统治地位的时期。

一 主流划分方式的延伸

当前对资本主义发展阶段划分方面的主流意见是：资本主义发展的第一阶段，从15世纪到18世纪中叶的英国产业革命，为期约300年；第二阶段是资本主义的自由竞争阶段，从18世纪中叶到19世纪末；第三阶段是垄断资本主义阶段，从19世纪与20世纪之交到第二次世界大战结束；

第四阶段是第二次世界大战后出现的国家垄断资本主义阶段。大多数学者在时间划分上持有这种观点。20世纪90年代后，有些学者提出了不同的划分标准。

罗伯特·W. 考克斯（Robert W. Cox）对资本主义阶段的划分是：（1）自由主义国际经济时代（大致从1789年到1873年）；（2）帝国主义竞争时代（从1873年到1945年）；（3）新自由主义世界秩序（第二次世界大战结束之后）。在第三个发展阶段，有两个发展进程，是生产的国际化和国家的国际化。在每个世界秩序中都有新的国家形式、新的历史集团和生产关系新的组织方式出现。帝国主义竞争时期分为三个阶段。从19世纪70年代到90年代，自由主义时期的权力结构、行为惯例、意识形态和制度逐渐削弱。从1900年到第一次世界大战期间，社会基层力量呼声增强。在社会政策方面，不再是国家主动采取行动，而是民众向国家提出要求。从1919年到1945年这个阶段，新的历史集团建立起来，成为各种发展方式的基础。①

勃朗特·霍尔瓦特（Branko Horvat）对资本主义发展阶段的划分依据也是通常的三个阶段：商业、工业和后工业资本主义。同时，他将资本主义的三个阶段细分为五个发展阶段：第一个阶段是从封建主义向资本主义的过渡时期，特点是小商品生产，时间为14世纪中期至16世纪中期；第二个阶段是第一个受管制的阶段，主要是商业资本主义，时间到18世纪中期；第三个阶段是自由放任阶段，到20世纪30年代，在19世纪70年代之前主要资本主义市场是竞争性的，之后垄断占据了主要地位；第四个阶段为第二个受管制阶段，时间到20世纪70年代，主要特征是凯恩斯主义国家管理经济思想成为资本主义宏观调控的理论和实践指导；目前是后工业化时代，新自由主义开始回归。霍尔瓦特认为，最后两个阶段之间的界限不是非常清晰。②

罗伯特·阿尔布里坦（Robert Albritton, 2001）认为应当分四个阶段来划分资本主义，即重商主义、自由主义、帝国主义和消费主义。每一个阶段都有一个资本积累最成功的"黄金时期"。重商主义的黄金时期主要

---

① Robert W. Cox, *Production Power and World Order: Social Force in the Making of History*, Columbia University Press, 1987.
② ［匈］勃朗特·霍尔瓦特：《社会主义政治经济学：一种马克思主义的社会理论》，吴宇晖、马春文、陈长源译，吉林人民出版社2001年版。

表现在 1700—1750 年之间的英国，自由主义的黄金时期以 1840—1870 年的英国为典型，帝国主义阶段的特征以 1890—1914 年间的德国和美国表现明显，消费主义阶段以 1950—1970 年的美国为代表。在每个阶段，资本积累总是主要涉及资本的特殊组织、特殊劳资关系以及推动资本扩张的特殊部门。帝国主义阶段以垄断的重工业为中心，由金融资本主导，以钢铁工业最为典型。消费主义阶段以耐用消费品工业为中心，由跨国资本组织主导，以自动化工业最为典型。①

阿明（2003）将资本主义发展阶段分为四个阶段：第一个阶段为 16 世纪至 19 世纪，欧洲殖民强国征服全球，导致资本主义和现代两极分化的同时诞生；第二个阶段为 19 世纪初到 19 世纪 80 年代，重商主义过渡时期结束，工业革命爆发，资本主义生产模式完全形成，法国大革命爆发；第三个阶段为 19 世纪 80 年代到 20 世纪 90 年代，资本主义向垄断资本主义转变；第四个阶段为 20 世纪 90 年代之后，战后时代结束，波斯坦时代来临，苏联时代终结，世界一体化的新阶段开始。②

乔万尼·阿里吉和杰森·W. 穆尔（Giovanni Arrighi and Jason W. Moore）认为，世界范围的资本主义从初始形成到不断扩张，可以分为四个相互重叠的积累周期，每个积累周期都由物质资本扩张阶段和金融资本扩张阶段构成。四个阶段分别是：热那亚—伊比利亚周期，从 15 世纪到 17 世纪早期；荷兰周期，从 16 世纪晚期到 18 世纪晚期；英国周期，从 18 世纪中期到 20 世纪早期；美国周期，从 19 世纪初期到目前的金融扩张阶段。每个周期都是以特定国家的政府和商业部门领导世界资本主义体系，都具有先采取物质资本扩张，后向金融资本扩张转化的特征。③

斯科特·拉什和约翰·厄里（Scott Lash and John Urry, 1987）从组织化和非组织化角度对资本主义发展阶段进行了划分。第一个阶段大致是 1875 年之前的自由资本主义阶段：所有的企业都是小型企业，企业的诞生

---

① Robert Albritton, "Capitalism in the Future Perfect Tense", in Robert Albritton, Makoto Itoh, Richard Westra and Alan Zuege, ed: *Phases of Capitalist Development*, Palgrave Publishers Ltd, 2001, pp. 125 – 130.

② ［埃及］萨米尔·阿明：《资本主义的危机》，彭姝祎、贾瑞坤译，社会科学文献出版社 2003 年版。

③ Giovanni Arrighi and Jason W. Moore, "Capitalist Development in World Historical Perspective", in Robert Albritton, Makoto Itoh, Richard Westra and Alan Zuege, ed., *Phases of Capitalist Development*, Palgrave Publishers Ltd, 2001, pp. 56 – 75.

和死亡的数量都很高。在某地,或者区域水平上,只存在一种公司发展的类型。第二个阶段大致在 1875—1970 年,组织化资本主义阶段:三种企业得以发展,即不可能转变为更大企业的小企业,进行跨国扩张的区域性的国内公司,以单一中心进行扩张的母公司对国外分公司和分支机构保持严格控制的跨国公司。第三个阶段,非组织化资本主义发展阶段:一些企业发展了"多中心"的结构,分公司更能够独立地经营,并且出现了一种多部门的组织类型。多中心跨国公司通常生产不同的产品,采取不同的工艺流程。众多多中心跨国企业已经发展为至关重要的全球公司。①

约翰·勃兰特和托马斯·T. 斯凯恩(John Belland and Thomas T. Sekine)采用坐标轴的方式对资本主义发展阶段进行了划分。坐标原点代表"纯粹的资本主义",即理想的使用价值空间,可以完全商品化,适合于资本主义的控制,经济生活在资本的逻辑下得到了完全整合。原点以外的所有点代表那些不能够完全被资本控制,因此具有外部使用价值空间。越靠近原点的点,越容易被商品化,越容易被资本控制。通过资本主义社会距离原点的位置,他们确定了三种形式的社会,即重商主义的资本主义、自由的资本主义和帝国主义。勃兰特和斯凯恩在划分资本主义发展阶段的基础上,又研究了"后资本主义转型"的问题。在 20 世纪 30 年代大危机中,资本主义的第二个阶段结束了,被社会民主主义所取代,但是这仅仅是政治上的权宜之计,不是真正的历史社会形态。与资本主义第二个阶段不同,现在的社会不再以生产为中心,具有后福特主义的经济衰退和社会民主制度倒退的特征。目前的经济萧条不能够再按照提高资本的市场效率的老办法来重组经济。②

二 其他划分方法

国外也有一些马克思主义经济学者,并没完全延续主导的四阶段划分方法,采取了一些新的划分标准。

艾伦·李比斯(Alain Lipietz,2001)按照福特主义和后福特主义的方法

---

① Scott Lash and John Urry, "The End of Organized Capitalism", Blackwell Publishers Limited. 1987.
② John Belland and Thomas T. Sekine, "The Disintegration of Capitalism: A Phase of Ex-Capitalist Transition", in Robert Albritton, Makoto Itoh, Richard Westra and Alan Zuege, ed: *Phases of Capitalist Development*, Palgrave Publishers Ltd, 2001, pp. 37 – 55.

来划分资本主义发展阶段。他认为福特主义社会主要有三个特点：一是泰勒主义的生产组织形式导致了从 20 世纪初开始劳动生产率持续和快速提高，同时这也是建立在管理者和被管理者对立的基础之上；二是宏观经济结构发生变化，劳动生产率提高带来的收益向所有社会阶级重新分配，特别是向全体工人的再分配，提高了购买力；三是福特主义的调节模式形成了对劳动生产率提高的收益进行重新分配的僵化的管理体制，并通过集体谈判、社会立法和社会保障制度等方法来维持这一制度的稳定。20 世纪 70 年代，福特主义陷入了危机，主要是因为全球化、市场和生产网络国际化，并且缺少相对应的资本劳动妥协的国际协调机制，福特主义陷入了危机的另一方面原因是泰勒主义的劳动组织方法耗尽了劳动生产率提高的空间。[1]

热拉尔·杜梅尼尔和多米尼克·莱维（Gérard Duménil and Dominique Lévy）对第二次世界大战后的资本主义世界的发展阶段进行了划分。他们认为二战后资本主义分为三个时期：20 世纪 60 年代，尽管有马克思所指新轨迹的影响，资本主义一直保持着较高的利润水平；20 世纪 60 年代末到 70 年代，经济仍然在凯恩斯主义的影响之下，但利润率已经开始下降；之后是新自由主义发展和新技术尤其是信息技术发明和广泛应用阶段。[2]

萨巴·阿尔纳塞里、乌尔里希·布兰德、托马斯·萨布朗维斯齐和延斯·温特（Sabah Alnasseri, Ulrich Brand, Thomas Sablowski and Jens Winter）认为，工业资本主义的历史应当分为三个阶段。第一个阶段的发展模式主要以粗放型积累为基础，从 19 世纪到第一次世界大战结束。第二个阶段的发展模式主要以集约积累为基础，最早可以追溯到 19 世纪初期，在第二次世界大战后才充分发展。第二个阶段的发展模式开始于美国。第三个阶段开始于 20 世纪 70 年代，主要以福特制的危机和寻求新的发展模式为特征。[3]

---

[1] Alain Lipietz, "The Fortunes and Misfortunes of Post-Fordism", in Robert Albritton, Makoto Itoh, Richard Westra and Alan Zuege, ed: *Phases of Capitalist Development*, Palgrave Publishers Ltd, 2001, pp. 17 – 36.

[2] Gérard Duménil and Dominique Lévy, "Periodizing Capitalism: Technology, Institutions and Relations of Production", in Robert Albritton, Makoto Itoh, Richard Westra and Alan Zuege, ed: *Phases of Capitalist Development*, Palgrave Publishers Ltd, 2001, pp. 141 – 162.

[3] Sabah Alnasseri, Ulrich Brand, Thomas Sablowski and Jens Winter, "Space, Regulation and the Periodization of Capitalism", in Robert Albritton, Makoto Itoh, Richard Westra and Alan Zuege, ed: *Phases of Capitalist Development*, Palgrave Publishers Ltd, 2001, pp. 163 – 178.

日本东京大学伊藤诚院士认为，资本主义的历史进化与其说是由于构成资本主义市场经济基础的商品、货币、资本等形式本身所产生的进化，不如说主要是如下因素促使其变化：（1）经济组织内在的生产力与生产关系的具体发展；（2）政治军事秩序和经济政策的变化；（3）相互依存的人与人及组织之间的变化。资本主义的历史进化就是在上述因素的相互作用下实现的。[1]

通过对上述学者关于资本主义发展阶段划分的介绍，可以看出，学者们对资本主义发展阶段的划分主要还是延续了经典作家的基本模式，所不同的是，其划分主要体现在细化的方式上，细化的出发点也是为了各自对资本主义分析的需要。

无论是三阶段法、四阶段法，还是五阶段法，划分的标准主要是生产力发展水平，如拉什和厄里是以生产力发展的组织化和非组织化为标准重新划分了资本主义的发展三阶段，霍尔瓦特则将资本主义划分为五个阶段，实际上就是在经典作家的三阶段基础上前后各增加了一个阶段，划分的标准仍然是生产力发展水平。

另一些学者对资本主义划分的标准与主流划分标准不同，如采用福特主义和后福特主义作为划分方法，还有以利润率变化和发展模式来作为划分标准，但是其划分标准都是以资本主义经济发展为一定依据的，都是以研究资本主义经济和未来发展趋势为目的的。

第二节 资本主义新特征：垄断、帝国主义和全球化

资本主义生产方式要求资本不仅要在国内增值，在国内剥削劳动占有剩余价值，还要求资本跨越国境在全球范围内寻找能够带来预期剩余价值的机会。总体而言，资本主义的新特征仍然是原有矛盾发展延续的表现：垄断已经发展成高度集中的国际垄断，垄断组织的载体主要是大型跨国公司；金融寡头和金融垄断资本在发挥更加重要的作用；通过生产、流通、资本和金融的国际化，推动了经济的全球化。

---

[1] ［日］伊藤诚：《幻想破灭的资本主义》，孙仲涛等译，社会科学文献出版社2008年版，第5—6页。

一 资本主义发展的新特征

国外马克思主义学者关于当前资本主义新特征的研究,主要依据马克思关于资本主义研究的理论,并继承了列宁的帝国主义理论,普遍认为发达国家资本对劳动的剥削、发达国家对发展中国家的剥削和掠夺的实质特征并没有随着全球化的发展而改变,只不过表现形式发生了变化。

拉什和厄里(Scott Lash, John Urry)从组织化和非组织化角度分析了资本主义的发展特征。他们认为三个因素决定了资本主义组织化的时间选择和程度:国家开始工业化的历史时间、资本主义前组织在资本主义时期保存下来的范围、国家的大小。二战之后资本主义进入了非组织化阶段,这个阶段的特点是:工业、银行和商业企业规模的不断扩大,以及世界市场的扩大,意味着一国市场中被本国公司控制的部分减少;白领工人数量和服务阶级的持续增加是组织化资本主义的结果,也是现代资本主义非组织化的一个越来越重要的因素;工业生产能力被削弱时,制造业中体力劳动者的绝对人数和相对人数都会减少;劳资关系中集体议价过程重要性和效果下降,企业层面议价增长与从泰勒制到工作组织灵活性方面重要转变共同出现;摆脱了单一民族国家直接控制后,大型垄断组织的独立性不断增长;工资议价、计划等形式出现使国家的规定大部分被破坏,国家与资本家之间的矛盾不断增长;资本主义在大多数第三世界国家的扩张导致了冶炼、制造等基础行业的竞争日益激烈,部分第一世界无产阶级的工作被转移到国外,反过来使第一世界经济结构和就业结构向服务型转移;对现代资本主义组织而言,随着冶炼和制造业雇佣人数绝对和相对下降,这些部门的重要性也同时下降。[①]

威廉·格雷德(William Greider)从资本主义近几十年的经济变化角度来分析资本主义发展的新特点。在过去的 25—30 年中,世界 500 家最大跨国公司的销售额增加了 6 倍。然而,这些跨国公司的就业状况自 20 世纪 70 年代以来却几乎一直保持不变,大约为 2600 万人。全球化扩张的基本方式是,跨国公司在外国投资、购买现存的资产或者新建工厂。这种扩张在过去的 15 年中呈现爆炸式的增长,金融资产、股票、债券和货币的

[①] Scott Lash and John Urry, "*The End of Organized Capitalism*", Blackwell Publishers Limited. 1987.

交易以及衍生产品在全球范围内以惊人的速度发展。民族国家政府整体上失去了基础,部分原因是许多国家的政府已经不再行使对商业和金融的控制权。在发达国家,政府已经完全变成了销售者,积极促进本国跨国公司的发展。由此导致的结果是大多数政府正受到不断上升的经常性预算赤字和不断积累的债务威胁。缺乏自有跨国公司的发展中国家将会成为新的殖民地,在全球生产体系中只能扮演附属性的角色。这些国家虽然在不断上升的工业化进程中,也会分享少部分利益,但是他们的经济主权却被发达资本主义国家所控制。[1]

阿明指出当前世界体系有两大新的特征:中心民族国家衰退,在生产和积累之间的关系消失,原有完全以自我为中心的民族国家边界和政治对社会的控制也在弱化;在实现了工业化的中心国家和没有实现工业化的外围国家之间出现了新的两极分化。[2]

阿明进一步指出资本主义世界体系的新特征表现在:资产阶级民族国家构成了世界体系的核心,彼此处于侵略性的竞争之中;中心地区的工业化和外围地区的工业匮乏同时并存,并且两者之间的差距仍然在扩大。第三世界的工业化不会结束现存世界资本主义内在的两极分化,而是把这种机制和形式推向被金融、技术、文化、军事垄断所控制的其他领域,中心国家能够从这些垄断中获益。并且在西方发达国家,资本的相互渗透侵蚀民族国家以及建立在国家实体之上的政治和意识形态体系,使其持久性受到挑战。苏联体制崩溃已经扩大了外围资本主义扩张领域。

阿明分析了全球化过程中两极分化的新形态。两极分化是由20世纪50—60年代资本主义世界高速增长引发的,这一时期塑造了不同于以往的世界体系。这就需要根据各国社会劳动力和产业后备军之间的比重来对众多国家进行分类。心脏地带(即中心国家)的大量劳动力参与到现役劳动力大军中。在拉丁美洲、东亚和苏联这些已经工业化的外围国家中,存在着在岗的劳动力大军。但是,它不可能进一步吸纳来自农村和非正规经济中的后备劳动力。一方面因为现在的全球竞争所需要的是生产技术,生产技术的使用不可能吸纳大量的后备劳动力;另一方面因为针对大量的移民

---

[1] William Greider, *One World, Ready or Not—The Manic Logic of Global Capitalism*, Simon & Schuster, 1997.
[2] Samir Amin, *Capitalism in the Age of Globalization*, Zed Books Press, 1997, pp. 3–5.

涌现缺乏有效的安全阀。第三世界的工业化进程并不能结束现存世界资本主义体系所固有的两极分化趋势，相反两极分化的趋势和机制将会被推广到其他地区。中心区国家的金融、技术和文化以及军事垄断权将控制两极分化的形式和机制，并通过全球化价值规律的新形式产生新的两极分化。①

阿明在后期的著作中进一步指出，在第二次世界大战之后，资本主义呈现出新的特征。在建立国家资本主义经济、政治及社会框架后，国家资本主义也应运而生，并在各国之间展开积累竞争。资本主义世界中心地区和边缘地区的两极分化状况更加严重，并反映为中心地区的工业化和边缘地区的非工业化之间的绝对对立。赢得政治独立后，资本主义世界的边缘地区开始进入工业化时代，但发展极不均衡。随着资本在所有资本主义中心国家间的渗透，国家生产体系宣告解体，各国之间重新组合资本，每个国家的生产都成为世界生产体系中的一个环节。第三世界的工业化发展并没有结束这种两极分化的现象，两极分化是资本主义经济本质所固有的。在发达国家中，资本在国际间的相互渗透削弱了国家内部的生产效率，政治制度和思想制度的持久性正是建立在民族的基础之上，资本渗透的必然结果就与制度的持久性产生了矛盾，这一矛盾在很长时间内都不能被解决。②

基斯·冯（Keesvan der Pijl）认为资本的国际化主要表现在：以商品形式出现的资本流通的国际化，这种国际化通过贸易的方式把资本主义的生产过程联系起来；货币流动的国际化，联系形式是外国投资；通过厂商的跨国性劳动社会化，实现生产本身的国际化。并且，资本秩序具有世界同步的特征，与其他因素一起影响地球的生态环境。③

大卫·科兹（David M. Kotz）在讨论全球化问题时指出，20世纪末的全球化重要特征表现在国际贸易扩大、短期投资性资本流动的增加以及跨国公司经济活动的扩大。短期投资资本流动的急剧增加给国际资本主义体系增加了新的不稳定因素。全球化的另一个结果是资本主义的竞争更加激

---

① Samir Amin, *Capitalism in the Age of Globalization*, Zed Books Press, 1997, pp. 48 – 55.
② ［埃及］萨米尔·阿明：《资本主义的危机》，彭姝祎、贾瑞坤译，社会科学文献出版社2003年版。
③ Keesvan der Pijl, "International Relations and Capitalist Discipline", in Robert Albritton, Makoto Itoh, Richard Westra and Alan Zuege, ed: *Phases of Capitalist Development*, Palgrave Publishers Ltd, 2001, pp. 1 – 16.

烈,特别是大公司之间的竞争。全球化妨碍了在资本快速积累时期重构国家的可能性。结构方面体现在全球的相互依赖增加,限制了单个国家调节资本的能力。全球化把大公司由国家干预的支持者改变为反对者。这主要是因为跨国公司与所在国的商品和劳动市场只具有有限联系。①

阿尔布里坦(Robert Albritton)认为,走出消费主义的转换阶段,劳动的商品化并不预示着一个新的黄金时期即将到来,而是通过全球化推行金融高压政策的结果。这种趋势意味着在全球范围内财富将从劳动人民手中再分配给资本家,从穷国再分配给富国,从借债人再分配给债权人,从消费者再分配给资本家,从小资本家再分配给大资本家,从纳税人再分配给资本家,最后从非金融资本再分配给金融资本。②

鲍勃·杰索普(Bob Jessop)通过实证数据分析得出全球化的结果。他认为全球化的谜团、福利增加的童话是建立在薄弱的理论基础之上的,缺乏实证论据的支持。全球化并不能提高劳动和贫穷国家人民的福利水平,全球化只不过是加剧了全球之间资本主义国家与贫穷国家之间的矛盾和两极分化,最终获益的只是资本主义中心国家和中心国家的少数资产阶级。③

艾伦·李比斯(Alain Lipietz)指出全球化和金融化是后福特主义时代的主要特征。金融化同时是后福特经济社会的结果和加速器。国民收入中没有被消费的部分越来越多被用作金融资产积累起来。金融资产带来的红利和利息,增加了最富裕阶层仅用于储蓄的收入。这些金融资产不断追逐股票债券,导致虚拟资产价格快速上升。金融市场的国际化加剧了金融化的进程,资本在寻找生产对象的时候可以在全球范围内引起企业之间甚至不同国家政府之间的争斗。④

---

① David M. Kotz, "The State, Globalization and Phases of Capitalist Development", in Robert Albritton, Makoto Itoh, Richard Westra and Alan Zuege, ed: *Phases of Capitalist Development*, Palgrave Publishers Ltd, 2001, pp. 93 – 109.

② Robert Albritton, "Capitalism in the Future Perfect Tense", in Robert Albritton, Makoto Itoh, Richard Westra and Alan Zuege, ed: *Phases of Capitalist Development*, Palgrave Publishers Ltd, 2001, pp. 135 – 150.

③ Bob Jessop, "What Follows Fordism? On the Periodization of Capitalism and Its Regulation", in Robert Albritton, Makoto Itoh, Richard Westra and Alan Zuege, ed: *Phases of Capitalist Development*, Palgrave Publishers Ltd, 2001, pp. 283 – 300.

④ Alain Lipietz, "The Fortunes and Misfortunes of Post-Fordism", in Robert Albritton, Makoto Itoh, Richard Westra and Alan Zuege, ed: *Phases of Capitalist Development*, Palgrave Publishers Ltd., 2001.

格罗·詹纳（Gero Jenner）指出，资本主义在 20 世纪末出现了一个不可忽视的现象，国家与国家之间矛盾尖锐化的信号越来越多，而且在一国内部出现了许多不安宁的征兆。国家与国家之间的激烈竞争破坏了劳动力的国际分工，由此产生了一个规律，竞争使财富减少，对立加剧。新资本主义向特权的回归并引发了保持特权存在的冷酷斗争。效率原则被废止，财富在 20 世纪末比在以前人类历史上任何时期都更趋于集中。资本主义是市场经济的丑陋外观，其中个人利益凌驾于社会利益之上。它是一场强者对弱者，总体经济对人类生存条件的战争。①

阿·伯罗诺耶夫通过对全球化的分析指出资本主义世界的新变化。当实行非常迅速的制度性变革和社会关系强化时，就会产生激烈的拥护者和激烈的反对者。跨国活动的发展，导致跨民族国家界限的商品流和金融流的强化，劳动分工的深化及跨国公司的数量、规模迅猛增加和发展。通讯革命、自 1989 年产生的网络和其他手段，使大众传播具有的全球特征，形成了出现跨国大众文化的趋势。出现了全球人民的新的分层，层次化不是在民族国家基础上，而是在世界范围内把人类划分为确定的集团：非常发达的国家、一体化不强的国家、第三世界国家。②

伊藤诚认为世界资本主义发生的新变化有：（1）电子自动控制系统被广泛应用于工厂和办公室，靠比较少的投资就可以灵活地实现劳动生产率的提高；（2）资本主义企业在工厂、办公室、商店广泛地推进信息化，大量使用妇女、小时工、临时派遣工及其他各种临时雇用工等非正式职工，其结果是主要由成年男性正式从业人员组成的传统工会出现组织效率下降和社会地位弱化的现象；（3）20 世纪 70 年代末，凯恩斯主义在解决萧条和财政危机问题上遭受失败，出现了国家经济职能被极大削弱的趋势，新自由主义成为资本主义世界占统治地位的政策潮流；（4）在信息技术高度发达的条件下，企业作为金融资本运动的载体超越了国界，贸易、投资、金融和跨国公司的全球性大发展趋势增强。③

---

① ［德］格罗·詹纳：《资本主义的未来——一种经济制度的胜利还是失败》，宋玮、黄晴、张丽娟译，社会科学文献出版社 2004 年版。
② ［俄］阿·伯罗诺耶夫：《全球化与俄罗斯的认识》，周雪梅译、李兴校，载俞可平、谭君久、谢曙光主编《全球化与当代资本主义国际论坛文集》，社会科学文献出版社 2005 年版，第 26—35 页。
③ ［日］伊藤诚：《幻想破灭的资本主义》，孙仲涛等译，社会科学文献出版社 2008 年版，第 9—13 页。

二 垄断的新变化

资本主义新特征中一个重要的表现是垄断的程度进一步加强，垄断的范围也从国内向国外延伸。尤其是在二战之后，随着全球化的趋势加速，垄断的状态也发生新变化。国外马克思主义经济学者对垄断的新形势和特征进行了分析。

考克斯分析了资本主义垄断阶段的三种方式，即企业组合主义、三方制和国家组合主义。在企业组合主义方式中，公司管理方和国家经济机构在经济组织方面有着密切的联系。在三方制和国家组合主义中，国家直接参与，地位较为优越的一部分工人可以参加最高层的决策。在三方制中是通过多方化的谈判，在国家组合主义中则是通过国家的强行规定。[①]

阿明运用中心区理论，认为存在"五大垄断力量"：（1）技术垄断。技术垄断需要大量支出，而这只有大而富有的国家才能承担。如果没有国家的支持，尤其是不借助于军事支持，此类垄断将无法维持。（2）对世界金融市场的控制。由于控制金融垄断集团的规则走向自由化，这些垄断取得了前所未有的成效。在这种情况下，金融全球化完全不是一个自然过程，而是一个极其脆弱的过程，会引起永久的不稳定。（3）对全球自然资源开发的垄断。随意开发自然资源带来的危险是全球性的，因为短期理性，资本主义不能克服这种随意行为带来的危险，反而强化了发达国家的垄断。（4）媒体和通讯的垄断。此方面的垄断不仅导致文化的整齐划一，而且为新的政治控制手段打开了方便之门，现代媒体的扩张本身已经成为民主实践倒退的主要内容之一。（5）大规模杀伤性武器的垄断。现在核武器的扩散是不争的事实，在缺乏民主的国际控制体系下，这也是对美国核武器垄断地位相抗衡的唯一方式。[②]

杰索普（Bob Jessop）认为，垄断资本主义作为一个发展阶段是资本主义生产关系变动的结果。从地方市场到国内以及到国际市场的过渡是资本主义制度竞争必然性中的一种内在运动。资本家追求资本积累的动机不仅导致了技术进步，并且产生了扩展剥削的需要，从而避免了在狭小的国

---

① Robert W. Cox, *Production Power and World Order: Social Force in the Making of History*, Columbia University Press, 1987.

② Samir Amin, *Capitalism in The Age of Globalization*, Zed Books Press, 1997, pp. 4 – 5.

内市场中发生危机。由于竞争在更大的范围和规模上导致了兼并,它就确保了极少的资本家能够生存下来。①

伊藤诚认为信息技术给资本主义经济带来危害。信息技术是引起经济不稳定、股价和地价等虚拟资本价格出现大起大落的原因之一。在1973年之后的经济危机和重组的过程中,信息技术在资本主义世界的产业、商业、金融等所有部门广泛应用,带来金融体系运作的重大变化,造成了资本主义世界不稳定性加剧。②

三 帝国主义特征

马克思对帝国主义行为的研究主要集中在研究英国殖民化的特点。之后,希法亭、布哈林和列宁提出了关于帝国主义的经典理论。他们认为,发达资本主义国家内部垄断不断加强,帝国主义侵略的动力主要来源于这种垄断化的驱动。这些理论解释的重点是通过讨论资本的集中和垄断,在马克思关于资本主义理论内部填补理论解释的空白。二战之后资本主义世界之间没有发生大规模持续的战争,而是转化为长期以美国为首的资本主义和帝国主义阵营的存在。面对新的发展状况,帝国主义理论研究学者给出了新的解释。

凯恩(Cain)认为,以美国为代表通过正式的军事联盟和国际经济协议对其他国家行使霸权主义,而帝国主义之间的矛盾和冲突主要通过国家之间的一些软权利来解决。边缘国家继续被排斥在解决问题的协议之外。这样,物质文明和文化的发展继续被保留在发达国家内部,边缘国家和第三世界国家被排斥在外,边缘国家获得独立和新建国家,进而掩盖了在世界文明方面的显著差异。③

M. C. 霍华德和 J. E. 金(M. C. Howard, J. E. King)用实证数据分析了帝国主义国家和边缘国家之间的差距。18世纪20年代以来,发达资本

---

① Bob Jessop, "What Follows Fordism? On the Periodization of Capitalism and Its Regulation", in Robert Albritton, Makoto Itoh, Richard Westra and Alan Zuege, ed: *Phases of Capitalist Development*, Palgrave Publishers Ltd, 2001, pp. 288 – 296.

② [日]伊藤诚:《幻想破灭的资本主义》,孙仲涛等译,社会科学文献出版社2008年版,第89—91页。

③ Cain, P. J., "Variations on a Famous Theme: Hobson, International Trade, and Imperialism", Michael Freeden ed: *Reappraising J. A. Hobson: Humanism and Welfare*. Unwin Hyman, 1990, pp. 31 – 53.

主义国家作为一个集团经历了明显的趋同过程，各个国家的人均 GDP 趋向一致。增长的两极化趋势表现得更为明显，发达资本主义国家与边缘国家之间的差距进一步拉大。1820 年，欧洲和非洲之间的平均收入之比为 2.5∶1，现在接近 10∶1。美国和印度之间的收入比例已经由 3∶1 扩大到接近 18∶1。世界上经济最富裕的国家仍然集中在北美、欧洲和澳大利亚。许多想战胜西方社会的尝试还没有发展起来就被镇压，战胜西方的反抗常常付出更为惨痛的代价。这些国家被隔离在世界经济之外，只能在最大程度上依赖于国内资源来发展本国经济，没有条件发展本国的比较优势和规模经济。一些国家想建立一套完整的资本主义生产关系，但是会经常受到帝国所控制的或者是殖民地时期遗留下来的制度阻碍。[1]

M. B. 布朗（M. B. Brown）在 1999 年对自己关于帝国主义研究的成果作了一个总结。他认为帝国主义实际上是资本主义在全球的扩张。扩张采取的形式并不止一种，其中一种形式是工业化的资本积累制度在全球范围内复制。另一种形式是建立殖民地，但并不是原来意义上的定居点，而是有依附性的地区，通过经济之外的手段包括奴隶制度，使这些地区为资本主义积累提供所需要的商品和服务。帝国主义是工业资本主义而不是商业资本主义的产物，最多是两者结合的产物，是在工业而不是在商业为争取提高生产率的压力下形成。在核心国家的人民多数没有从帝国主义中得到什么好处。核心地区的发展是以殖民地的欠发达为代价的。许多资本主义集团对一些国家的全体人民进行经济剥削，资本主义采取的主要形式是延续殖民主义的贸易关系，让殖民地向殖民主义列强的工业供应所需要的原料。[2]

安东尼·布雷维尔（Anthony Brewer）认为，世界发展不可避免的趋势是：世界经济的统一将导致互相不包容的经济、法律和社会制度之间发生冲突；冲突将以对最强大的制度有利的方式解决。必须从许多不同的和经常是互相冲突的力量之间的相互作用的角度，对帝国主义的不同阶段进行个别分析。[3]

---

[1] M. C. Howard, J. E. King, "Whatever Happened to Imperialism?", Ronald H. Chilcote, ed: *The Political Economy of Imperialism, Critical Appraisals*. Kluwer Academic Publishers, 1999, pp. 19 – 40.

[2] M. B. Brown, "Imperialism Revisited", Ronald H. Chilcote, ed: *The Political Economy of Imperialism, Critical Appraisals*. Kluwer Academic Publishers, 1999, pp. 41 – 64.

[3] Anthony Brewer, "Imperialism in Retrospect", Ronald H. Chilcote, ed: *The Political Economy of Imperialism, Critical Appraisals*. Kluwer Academic Publishers, 1999, pp. 65 – 84.

约翰·威洛比（John Willoughby）认为，在当前世界只有很少的地区出现了真正的工业化。这些地区都是在早先时候已经拥有了规模可观的重工业基础。巴西、印度和墨西哥是特例，从数量上看这些国家拥有很多工业，有大量劳动力从事制造业，但是工业化与人口的比例却很低，他们的工业化程度落后于一些发展中国家。在帝国主义国家，也存在着中心和边缘。①

阿明认为，在当前帝国主义阶段，全球性的资本主义扩张本身在体系内产生了日益严重的不平等。这种全球化并不能提供发展的机会，一些国家想从落后的状态赶上来，社会与资本主义扩张的单边逻辑发生冲突。资本主义世界的特点是两极分化，这种特点表现为与全球化的价值规律相一致的形式。这种形式是由两个方面的结合产生的：一个方面是压缩市场的规律，劳动力市场被分割的状态继续存在；另一个方面是以把这些压缩的市场组织构筑成适当形式为目的的占主导地位的国家政治制度。②

普拉巴特·帕特奈克（Prabhat Patnaik）指出，帝国主义对外围的前资本主义和半资本主义地区的需求之所以能够产生，其原因应当不仅仅是为了获得市场、原材料、劳动力以及有利可图的投资领域，更是因为需要居住在距离较合适的地区的产业后备军，以便实现经济和社会的稳定。外部地区继续是外部地区。现在世界上的绝大多数灾难和冲突都是殖民主义造成的结果，虽然殖民化的方式发生了变化，但是实质依然相同，只要殖民化的趋势仍然在继续，伴随着征服的这些灾难和冲突都会继续出现。③

迈克尔·哈特和安东尼·内格里（Michael Hardt and Antonio Negri）指出，帝国主义建立起新的以剥削为基础的权力关系，在许多方面新权力关系比已经摧毁的旧的权力关系更加野蛮。当前人类的全部要么被吸纳到资本主义的剥削之中，要么就屈服于资本主义生产关系。越来越多的财富控制在越来越少的人手中，人民仍然生活在极度贫困之中，贫富分化越来越走向极端。资本主义再生产和积累的核心必然包含帝国主义的扩张，除非

---

① John Willoughby, "Early Marxist Critiques of Capitalist Development", Ronald H. Chilcote, ed: The Political Economy of Imperialism, Critical Appraisals. Kluwer Academic Publishers, 1999, pp. 113 – 126.

② Samir Amin, "Capitalism, Imperialism, Globalization", Ronald H. Chilcote, ed: The Political Economy of Imperialism, Critical Appraisals. Kluwer Academic Publishers. 1999.

③ Prabhat Patnaik, "On the Pitfalls of Bourgeois Internationalism", Ronald H. Chilcote, ed: The Political Economy of Imperialism, Critical Appraisals. Kluwer Academic Publishers, 1999, pp. 169 – 180.

摧毁资本主义，否则无法对抗帝国主义的邪恶。[1]

古格列尔莫·卡尔谢蒂（Guglielmo Carchedi）从依附性发展和资本积累角度，指出当前帝国主义呈现出的一些新特征：（1）依附国家根据中心国家的市场相应地调整其生产以及经济活动。为了使这个过程能够得以延续，中心国家向依附国家输出后者所需要的资本和低端技术；（2）与帝国主义中心国家相比，依附国家运用劳动密集型方式生产前者所需要的东西，存在从依附国家到帝国主义中心国家的价值转移；（3）在先进技术方面，依附国家无法与中心国家竞争，意味着使用价值意义上的工资在中心国家相对较高，而依附国家则相对较低。帝国主义关系不仅存在于帝国主义强国和被统治国家之间，也存在于帝国主义国家内部、帝国主义集团与被统治阶级之间。世界银行、国际货币基金组织、世贸组织和北约等国际制度进一步加强此种系统的价值剥削。[2]

第三节 资本主义矛盾与危机理论

资本主义基本矛盾是随着资本主义生产方式的出现而产生的。资本主义经济危机是资本主义基本矛盾的集中爆发和最显著的表现形式。资本主义经济危机周期性地发生，使资本主义再生产具有周期性。典型的资本主义再生产周期，包括危机、萧条、复苏、高涨四个阶段。危机是上一个周期的终点，又是下一个周期的起点。国外马克思主义学者基本上认同马克思提出的理论。第二次世界大战后，资本主义矛盾的表现形式和内容出现了新的特征，危机的表现形式也出现了新的变化，国外马克思主义学者针对这些新的变化提出了一些新观点。

一　资本主义矛盾

第二次世界大战后，尤其20世纪90年代后，一方面，资本主义国家的生产力水平有较大提高，资本和生产的高度集中，生产社会化有了更为显著的发展；另一方面，生产资料不但仍然归资本家私人占有，而且越来

---

[1] Michael Hardt & Antonio Negri, "*Empire*", Harvard University Press, 2000.
[2] Guglielmo Carchedi, "Imperialist Contradictions at the Threshold of the Third Millennium: A New Phase?", in Robert Albritton, Makoto Itoh, Richard Westra and Alan Zuege, ed: *Phases of Capitalist Development*, Palgrave Publishers Ltd, 2001, pp. 215–229.

越集中在少数大资本家的手中。这样,资本主义基本矛盾就空前尖锐起来。对资本主义的矛盾和表现形式,国外马克思主义学者提出了自己的观点和解释。

伊斯特凡·梅萨罗斯(Istvan, Meszaros)认为,资本制度存在的理由是,以一切可能的形式从生产者那里榨取最大限度的剩余价值,不可能采取其他方式实现其社会新陈代谢的功能。资本主义制度由于在自身历史过程中作为迄今历史上最强大的"总体化的"控制框架而出现,因此一切其他事物必须适应这种控制框架,证明自身生产有效率,否则就会灭亡。人们不可能想象还有比在全球占统治地位的资本制度更为冷酷的吞并一切的控制体系。①

梅萨罗斯进一步指出,不受约束的全球资本和必然对之约束的民族国家之间不可调和的矛盾,至少与以下三个基本矛盾密不可分:垄断和竞争;劳动进程的日益社会化和产品的差别性与优先占有之间的矛盾;日益加速的国际分工和全球资本体系寻求霸权统治的不可抑制。②

这种矛盾在现实中还表现为"过多的人口"。梅萨罗斯认为,并不是社会不能为人口提供必要的农产品,"剧增的人口"并不是普通意义上的"过多的人口"。这种"过多的人口"并不能从人口总数中扣除,日益增加的"剩余"或者"多余"人口仅仅是相对于需求而言。在资本统治的任何地方,广大民众不断无情地被排除在劳动进程之外,并被追求利润的资本扩张规律作为"多余的"东西而消除掉。然而,最为保障资本的自我维持和扩大再生产的持续性消费者并不是多余的。③

阿明认为,由于全球化的发展,资本主义呈现出新的矛盾。控制资本积累的经济力量重心已经转移到了单个国家的边界之外。在世界范围内,还没有一个为世界资本主义体系的总体管理提供某种一致性的政治、社会、意识形态和文化的框架。旧的增长方式衰退使得南方和东方的外围国家陷入了民族国家的危机之中。不断深化的全球化结束了战后的国际秩序,但这并不意味着资本主义基本矛盾被克服,因为本质上仍然是两极分化的世界体系。人类面临的实际挑战是如何按照逐步消除全球化灾难性后

---

① Istvan, Meszaros, *Beyond Capital Towards a Theory of Transition*, Monthly Review Press, 1995, pp. 66-76.
② Ibid., pp. 199-210.
③ Ibid., pp. 285-296.

果的原则来建立一个新的全球社会，意味着国家不得不转移到人道和民主方向上来，以便回应特殊性和普遍性之间的矛盾。①

阿明认为，资本通过开发世界市场作为其原料来源和产品的销售市场，从克服对资本的地区性限制的努力，同时也在积累内在的矛盾。只要资本能够通过全球性扩张来克服资本积累的障碍，资本主义内在的矛盾就可以被暂时地掩盖起来。一旦资本的扩张接近于它的限度，这种内在矛盾就会以国内持续积累生产性资本的障碍形式出现，而世界范围内资本的过度积累才是其真正根源。②

鲍勃·米尔沃德（Bob Milward）认为，资本主义生产模式固有的矛盾与生产的日益社会化和对剩余价值占有的日益集中有关。由于不断地用新技术来代替劳动力，失业迅速增加，这就使价值的实现过程变得更加困难。资本家竭尽全力地榨取剩余价值，但资本家阶级由于制度固有的竞争却经历着相反的过程。这是资本主义生产方式逻辑的结果，资本家通过引进节省劳动力的技术来成功地增加生产力，却产生了矛盾，最终导致资本主义经济危机。③

艾伦·弗里曼（Alan Freeman）认为，资本主义在新形势下已经有了新的变化。资本主义的衰退是内生性的，会在20—30年的时间内重复导致全面危机。资本主义制度本身也延长了经济缓慢增长、大规模失业和政治经济不稳定的周期。但经济的恢复不再是内生的。资本主义为了走出全面危机，会引发独裁和战争，甚至会制造更为野蛮和残忍的境况。资本主义的两极分化是内生的。少数富裕国家和大多数贫穷国家之间的发展不平衡是一种长期趋势。少数国家的富裕和大多数国家的贫穷存在内在的联系。世界四分之三的地区处于贫穷境地，因此，将贫穷国家的劳动力用来为富裕国家服务使得恢复市场稳定成为可能。

弗里曼进一步指出，价值规律始终是正确的，但表现形式肯定取决于其他因素。国家的不平衡发展源于积累和技术变化的相互作用，特别是取决于技术变革在资本自由流动条件下所采取的方式。非均衡积累定律在以

---

① Samir, Amin, *Capitalism in the Age of Globalization*, Zed Books Press, 1997, pp. 75 – 79.
② Samir Amin, "Capitalism, Imperialism, Globalization", Ronald H. Chilcote, ed: *The Political Economy of Imperialism*, *Critical Appraisals*. Kluwer Academic Publishers, 1999, pp. 157 – 168.
③ Bob Milward, *Marxian Political Economy Theory*, *History and Contemporary Relevance*, Palgrave Macmillan a Division of Macmillan Publisher Ltd. , 2000.

下意义上是资本主义市场内生决定的：当投资由资本市场加以组织时，技术变革就无法逃避他创造价值的要求所带来的限制。①

罗伯特·库尔茨认为，自由主义源于专制主义并和后者一样包含了集权主义的特征，因此它最终只能是现代极权主义的一个变种。不同之处仅仅在于它代表了一种更多是以经济为基础的市场极权主义，要求人们必须无条件地服从市场的支配。自由主义因此积聚下自己的核心矛盾：一方面以自由和独立的个性为前提条件，另一方面又是镇压性质的国家机器；一方面提出责任自负和所谓自主的主体之间缔结契约的原则，另一方面又将无主题的自动运行和装配了能自行调节价格机制的社会资本确定为前提条件；承诺看不见的手具有造福人类、促进繁荣的作用，同时又造成世界范围内人为的和广泛的贫穷。②

伊藤诚认为，在新自由主义条件下，当代资本主义已经开始深刻地暴露出资本主义市场经济运行内在的基本矛盾。当代资本主义中的新自由主义条件下过度以企业为中心，这样就不可能存在资本主义经济学者认为的市场中企业对私利的追求自动转化为公共利益。尤其是新自由主义主张削弱工会力量，强调生活上基于竞争性市场原理的个人责任，从而导致广大工薪阶层就业不稳定和医疗费、教育费、年老后的生活负担等困难和担心加重。③

二 资本主义危机

资本主义由于社会化生产和资本主义私人占有之间的矛盾，必然周期性地发生危机。马克思认为长期来看资本主义的利润率呈现下降的趋势。而一些自由主义和凯恩斯主义学者认为，通过国家调节等宏观调控措施可以保持资本主义的平均利润不下降，维持资本主义制度。近些年，国外马克思主义学者普遍认同马克思的利润率下降理论，也承认利润率下降主要是资本主义扩张和积累的特性所决定。国外马克思主义学者也对二战后资

---

① Alan Freeman, "Has the Empire Struck Back?", in Robert Albritton, Makoto Itoh, Richard Westra and Alan Zuege, ed: *Phases of Capitalist Development*, Palgrave Publishers Ltd, 2001, pp. 195–214.
② [德] 罗伯特·库尔茨：《资本主义黑皮书——自由市场经济的终曲》，钱敏汝、张崇智等译，社会科学文献出版社2003年版。
③ [日] 伊藤诚：《幻想破灭的资本主义》，孙仲涛等译，社会科学文献出版社2008年版，前言第4—5页。

本主义经济危机的表现形式的变化作了分析。

约翰·罗默（John Roemer）用图形和函数的方式表述了马克思主义学者描述的资本主义经济危机。他将危机划分为五个区间：区间1，利润挤压危机；区间2，低工资刺激；区间3，价值实现危机；区间4，财政刺激；区间5，财政危机。五个区间中有三个危机区间，即就业下降区间和两个扩张区间。当就业水平非常高时，工人的谈判能力使得实际工资保持在很高的水平，税后利润率则很低，结果没有足够的增长水平来鼓励资本家进行积累。工人的谈判力量使资本家认为积累没有必要，于是资本家开始解雇工人，这就是利润挤压危机，就是区间1发生的情况。在区间2存在着大量的劳动后备军使工资处于很低的水平，引发了资本家扩张的意愿，产生刺激的机制在于相对较低的工资。在区间3可以达到的增长率大于计划的增长率，资本家非自愿地进行闲置存货的积累，资本家会解雇工人。区间1是因为利润很低，区间3的利润却很高。区间3为价值实现危机区间，如果有更大的需求就不会爆发危机。采取财政刺激的方式能够提供更多需求。区间4为财政刺激区间，在这一区间，税后利润率较低，计划增长率大于实际增长率，资本家为了实现扩张而雇佣工人，这也是与凯恩斯财政刺激最为相似的一个区间。之后就是财政危机区间，低就业水平和大量产业后备军使得就业的劳动力无法满足整个劳动者阶级的消费需求。用税后利润率来衡量，资本家的剩余非常低，这会使资本家没有投资的动力，进而解雇工人。罗默进一步认为，利润挤压危机和低利润率相联系，价值实现危机和高利润率相联系，财政危机和低税后利润率相联系。[①]

考克斯指出，资本主义国家既需要支持资本积累，又需要减轻积累对福利和就业产生的消极影响，争取公众对积累的支持。增长一旦陷入停滞，积累和争夺支持这两个职能之间的矛盾就开始尖锐化。在发达资本主义国家，矛盾表现为财政危机，在第三世界国家中则表现为外汇危机。增长的停滞造成社会政策性开支增加，资本家就要游说政府强烈要求政府减少开支，降低实际工资，这就等于削减政府争取民众支持的职能。而福利储备金的枯竭又会引发政治动乱。因此，政府必须在两者之间进行权衡。

---

① John Roemer, *Analytical Foundations of Marxian Economic Theory*, Cambridge University Press, 1981.

然而，在资本主义国家，无论其政治色彩如何，都倾向于维护资本家的利益。①

梅萨罗斯（Istvan Meszaros）认为，资本制度具有扩张倾向和积累驱动，构成一种不可想象的动力机制，也构成了一种致命的缺陷。作为一种社会新陈代谢控制体系，只要在社会扩大再生产中能够成功榨取和积累剩余劳动，资本都很难抗拒。一旦这种扩张和积累的动力过程受阻，结果必然具有极大的破坏性。即使在相对有限的障碍和束缚下，社会经济和政治危机带来的破坏可能也是巨大的。②

梅萨罗斯进一步指出，当前危机具有的历史新特征主要表现在以下四个方面：（1）具有普遍性，不局限于某一特殊领域（例如金融或者商业，或者影响生产的这个或者那个特殊部门，等等）；（2）在范围上真正是全球性的，而不局限于几个特定的国家；（3）在时间上是持续的、扩展的，而不是有限的和周期性的；（4）在展现方式上可能是爬行的，但不能排除哪怕是最剧烈和最具破坏性的形式。③

阿明认为，危机本身表明，从生产中获得的利润并没有从可进一步扩展生产能力的盈利性投资形式中找到充分的用武之地。管理危机意味着要为过剩的流动资本寻找其他出路，避免流动资本突然贬值。这种管理迫使资本主义国家采取新自由主义政策。然而，新自由主义使经济陷入了螺旋式通货紧缩的停滞之中。这就迫使新自由主义仅仅成为管理危机或者遏制危机的政策，而不是根本性解决危机的政策。全球化也要求各国在世界范围内开展危机管理，世界银行、国际货币基金组织等国际组织也作出了一些努力，但不是要采用能带来新的全面繁荣和市场扩张的方式来改变结构，而是仅仅遵循能够确保过剩资本盈利的短期逻辑进行应急性调整，这只不过是增加了无法管理的矛盾。④

鲍勃·米尔沃德（Bob Milward）认为，当利润率下降时资本积累将加速，而随着资本积累的加速利润率将进一步下降。利润率的下降将使财富

---

① Robert W. Cox, *Production Power and World Order: Social Force in the Making of History*, Columbia University Press, 1987.
② Istvan Meszaros, *Beyond Capital Towards a Theory of Transition*, Monthly Review Press, 1995, pp. 72 – 85.
③ Ibid., pp. 810 – 822.
④ Samir Amin, *Capitalism in The Age of Globalization*, Zed Books Press, 1997.

进一步集中在少数资本家手中。积累受到利润率下降的限制,将带来投机、危机、资本过剩和人口过剩,危及资本主义的发展机制。资本积累的不断增长,生产者被剥夺和贫困化,产生了一个无休止的矛盾:资本主义的历史任务是创造和再创造生产能力与相适应的生产条件,但利润率具有下降的趋势。资本越来越集中在少数人手中将会产生新的危机,大资本能够以较低的利润率来实现积累,可是小资本即使利润率很高但积累的速度很慢。利润较高的投资渠道被大企业占据,迫使小资本进行投机,结果就产生资本过剩。小资本经受不了利润率下降,就出现了资本过剩和劳动过剩的情况。资本有机构成会随着资本主义生产规模的扩大而持续上升,但资本有机构成不会和资本技术构成同等程度增加,资本的进一步集中将加速生产的社会化和资本有机构成的上升。资本有机构成的上升表明资本主义提高了社会生产力,导致资本集聚和资本集中,使市场延伸到世界范围。资本积累的过程并不是顺利进行,它不断被周期性的危机和过度积累所打断,从而导致资本破产和劳动生产力大军扩大。①

基斯·冯(Keesvan der Pijl)认为,维持资本主义秩序的社会资源和自然资源的枯竭,就是普遍意义上的危机。危机妨碍了在生产性资本秩序下的工业化进程的线性发展。这正是世界真正面临的"Y2K"问题。首先,生态资源枯竭的危机将直接影响世界最贫穷地区正在进行的原始积累和城市化进程。危机还会妨碍资本的国际化,导致劳动社会化的国际化进程的倒退,国际货币基金的流动具有更强的投机性。然后,洛克式的中心国家在地理政治领域扩张出现危机,致使国际性的市民社会萎缩,倒退到弱肉强食的帝国主义时代。②

阿里吉和穆尔(Giovanni Arrighi and Jason W. Moore)指出,金融资本的扩张为过度积累和危机之间提供了桥梁。在每一次金融资本扩张的开始,资本的过度积累都会导致资本主义不同组织之间争夺市场,使本来正和博弈变成了零和甚至负和博弈。在国家之间展开的对流动资本金的竞争期间,金融资本得到极大的扩张并不是历史偶然。一方面,资本主义的组织和个人,通过把越来越多的收入以流动的形式持有;另一方面,通过对

---

① Bob Milward, *Marxian Political Economy Theory*, *History and Contemporary Relevance*, Palgrave Macmillan a Division of Macmillan Publisher Ltd, 2000.
② Keesvan der Pijl, "International Relations and Capitalist Discipline", in Robert Albritton, Makoto Itoh, Richard Westra and Alan Zuege, ed: *Phases of Capitalist Development*, Palgrave Publishers Ltd, 2001.

金融市场积累的资本激烈争夺,各个资产阶级民族国家在面对贸易和生产扩张停滞的压力下,纷纷执行更为严格的财政政策。因为利润率下降,资本的矛盾就会爆发。①

西蒙·克拉克(Simon Clarke)认为,过度资本积累和资本的不平衡发展,以及对此进行调解的信贷和政府支出的不断膨胀,导致通货膨胀和国际收支不平衡加剧。20世纪70年代资本过度积累的扩大和资本发展的不平衡也加剧了政治危机。过度的积累和不平衡发展,使无限发展的生产力和在资本主义生产关系限度内的生产力之间产生了矛盾。在资本过度积累的情况下,竞争压力增加,侵蚀了利润和公共收入,激化了阶级矛盾。资本主义积累总是过度积累和不平衡发展,意味着资本主义积累必然被资本的贬值和生产资本的破坏为特征的危机所打断。如果得不到控制,全球性积累的趋势注定将导致更严重的全球性不平衡、国际竞争、帝国主义内部的斗争和金融与政治的不稳定。②

理查德·韦斯特拉(Richard Westra)对福特主义和后福特主义阶段的资本主义经济危机进行了分析。福特主义内部的危机表现为滞胀,反映了规制模式的工资和货币形式基础,危机倾向于通过由危机引发的经济重建和日益增多的制度变迁来克服。危机颠倒了资本主义两种主要矛盾的主要方面。工资越来越被看作是生产的国际成本而不是国内需求源泉,货币日益作为国际货币流通,导致国家层面上的凯恩斯管理受到削弱。货币矛盾主要方面的变化与工业资本对金融资本超级运动逻辑的从属,以及货币资本的收益超过生产资本收益的倾向相关。后福特主义的矛盾体现在:空间抽象流动和地点上具体稳定之间的分离;日益增长的短期主义和越来越依赖超经济因素稳定的对立;信息经济和体现生产关系的私人控制与生产力的社会化之间的基本矛盾。③

---

① Giovanni Arrighi and Jason W. Moore, "Capitalist Development in World Historical Perspective", in Robert Albritton, Makoto Itoh, Richard Westra and Alan Zuege, ed: *Phases of Capitalist Development*, Palgrave Publishers Ltd, 2001, pp. 58 – 70.

② Simon Clarke, "Class Struggle and the Global Overaccumulation of Capital", in Robert Albritton, Makoto Itoh, Richard Westra and Alan Zuege, ed: *Phases of Capitalist Development*, Palgrave Publishers Ltd, 2001, pp. 76 – 92.

③ Richard Westra, "Phases of Capitalism and Post-Capitalist Social Change", in Robert Albritton, Makoto Itoh, Richard Westra and Alan Zuege, ed: *Phases of Capitalist Development*, Palgrave Publishers Ltd, 2001, pp. 301 – 317.

亚历·卡利尼克斯（Alex Callinicos）认为，近几十年马克思主义政治经济学主要进步之一就是恢复利润率下降趋势在马克思主义危机理论中的恰当地位。资本主义危机根植于其生产关系本身，而不再是相对偶然的、不同部门之间非均衡发展的结果。[①]

约翰·威克斯（John Weeks）指出，资本主义经济危机是利润率下降的结果。利润率下降是受资本价值构成提高驱使。即使剥削率和资本周转速度倾向于提高利润率，然而由于工人人均厂房、设备和原材料的增加没有能够被效率的改进所抵消，因而导致利润率下降。利润率下降有两个效应：发达工业经济的生产率开始减缓；自从投资率下降大大超过利润率的下降，20 世纪 70 年代出现了寻求有利投资收益的大量剩余资本。[②]

梅格纳德·迪赛（Meghnad Desai）指出，资本主义政府不能控制经济，就像在资本主义黄金时代四分之一世纪所习惯的那样。资本主义政府控制国家财政，只限于驱动庞大的财政赤字。更为重要的是，人们不再相信财政赤字能够实现充分就业。政府控制着对货币的垄断权，但是经常出现的是货币处置失当产生的严重后果。周期连带周期带来的狂躁、崩溃和恐慌是资本主义固有的病症，现在的情况尤其如此。在凯恩斯主义全盛时期，尽管也存在着对资本流动的限制，周期一直很浅，也比较稀少。但到了 20 世纪 70 年代早期，严重的衰退开始出现。其后，全面的周期随着金融危机也开始降临，即 1997 年的亚洲金融危机。资本主义经济还会出现更多的此类周期、更多的金融危机、更多的股票市场价格震荡。[③]

阿明指出，资本主义经济危机一直表现为生产过剩。在生产系统的扩张中，资本找不到可带来合意收益率的机会。以管理金融为主的危机解决方案弥补了盈利市场机会不足的缺陷。这种方法虽不利于经济扩张，还是需要让它和金融安全占据重要位置。资本主义历史是由一系列不间断的、或长或短、或大或小的危机构成的。资本主义内在的不稳定性同时又是其发展的动力。指数增长的非均衡性和巨大的破坏性后果都是这种扩张的特

---

① Alex Callinicos, "Periodizing Capitalism and Analyzing Imperialism: Classical Marxism and Capitalist Evolution", in Robert Albritton, Makoto Itoh, Richard Westra and Alan Zuege, ed: *Phases of Capitalist Development*, Palgrave Publishers Ltd, 2001, pp. 230 – 262.

② John Weeks, "Globalize, Globa-lize, Global Lies: Myths of the World Economy in the 1990s", in Robert Albritton, Makoto Itoh, Richard Westra and Alan Zuege, ed: *Phases of Capitalist Development*, Palgrave Publishers Ltd, 2001, pp. 263 – 282.

③ Meghnad, Desai, *Marx's Revenge*, The Verso Press, 2002, pp. 315 – 333.

点。因为这种增长只是指数增长,所以不能够无限期地延长。资本主义应该被超越,它的出现和存在应该只是一个短暂的历史过渡,是一个为了创造物质和人文条件以便人们最大限度地控制自然、了解社会而进行积累的过程。资本主义经济危机是一种制度性危机,是制度内各种形式的危机。①

第四节　资本主义发展趋势

第二次世界大战后,西方发达国家经历了一个相对繁荣的时期,西方资产阶级学者将主要成绩归功于西方国家普遍实行了凯恩斯主义的国家干预政策。然而,20世纪70年代初,西方发达资本主义国家经历经济增长下滑和通货膨胀加剧并存的"滞胀"时期。对资本主义发展趋势的认识,马克思主义学者之间存在分歧。

一　对资本主义调节方式的批判

国外马克思主义经济学者普遍认为,资本主义的调控方式只能延缓资本主义危机和灭亡的速度,并不能解决资本主义的根本矛盾。对资本主义调控方式的批判包含两个方面:一个是关于资本主义国家内部的调控,主要是凯恩斯主义和新自由主义政策;另一个是关于跨国调控,主要是世贸组织、世界银行和国际货币基金组织采取的措施。国外马克思主义学者对资本主义调控方式普遍持否定观点,涉及的学者也较多,这里只介绍几位学者的观点。

(一)对资本主义国家内部调控政策的批判

戴维·施威卡特(David Schweickart)认为,没有健全的理论论证,也没有经验证据支持自由放任趋于充分就业这个结论。失业是保守主义观念中的一个基本的效率缺陷。如果失业工人面临机器空转的工厂,那么该种体制就没有靠近帕雷托最佳状态。自由放任不能保证充分就业,只能期盼一种临近充分就业的均衡状态发生,而这种状态本身就不可能达到。即使放弃技术固定不变这个假设,并允许存在技术革新和增长的可能性,对于增强自由放任的说服力也没有什么作用。由自由市场刺激而引起的增长很

---

① [埃及]萨米尔·阿明:《资本主义的危机》,彭姝祎、贾瑞坤译,社会科学文献出版社2003年版。

可能是不平衡的，不仅会受到外部性困扰，而且会受到不平等收入分配的扭曲，经济增长率也很可能偏离理想水平。[①]

梅萨罗斯认为，资本处理矛盾的正常方式就是强化它们，将它们转移到一个更高层次，在一个不同的层次上取代它们，以及尽可能地压制它们。当矛盾不能被压制时，就把它输出到一个不同领域或者其他国家。[②]

伊藤诚认为，就高速增长时期稳定的高利润率及与此相伴随的使现实资本积累成为可能的基本条件而言，与其将国家的货币政策视为低利息率独立存在的条件下实现高速增长的基本因素，更应当被看作是辅助性因素。适用于经济衰退形势且通过财政赤字实施的扩张性财政政策，既不能过度扩大，也难以长期维持。扩张性财政货币政策既不能阻止通胀危机，也不能扭转长期停滞和失业增加的进程，这种政策的运用反而会起到激化通胀的作用。总之，凯恩斯主义和新自由主义的经济政策并不能解决资本主义的经济难题，反而会起到相反的作用。[③]

(二) 对国际组织调控的批判

迪赛（Meghnad, Desai）认为，全球组织无法发挥作用。在联合国内部，联合国大会被看作是认同第三世界国家的，而安理会由于常任理事国中东西方阵营划分而陷于瘫痪状态。国际货币基金组织和世界银行被看作是第一世界的组织机构，受七国集团的利益驱使。[④]

阿明对国际组织提出了尖锐批评。他认为，国际货币基金组织是为美国干涉行动提供全面控制的工具。它从来没能迫使资本主义强国（尤其是美国）去进行结构调整，不管是财政盈余还是赤字，但是对第三世界国家的结构调整却异常严厉。在与第三世界的关系中，国际货币基金组织既没能防止成员国在20世纪70年代的债务达到天文数字，也没有在后来减轻债务。它的任务是通过进行强制性结构调整来管理债务，这种调整是专为偿还债务的目的而设计的，即使会影响到经济增长。在和东欧国家的新关系方面，国际货币基金组织在最大程度的开放环境下加速东欧国家的货币

---

① David Schweickart, "*Against Capitalism*", Cambridge University Press, 1993.
② Istvan Meszaros, *Beyond Capital Towards a Theory of Transition*, Monthly Review Press, 1995, pp. 823 – 831.
③ ［日］伊藤诚：《幻想破灭的资本主义》，孙仲涛等译，社会科学文献出版社2008年版，第81—86页。
④ Meghnad, Desai, *Marx's Revenge*, The Verso Press, 2002, pp. 334 – 341.

实现可自由兑换的进度。它要求东欧国家在 1 年内重新实现货币的可兑换，而西欧国家在 1945 年后却花了 15 年的时间才实现这一目标。总之，国际货币基金组织自身没有独立制定目标的实际权力，执行的仅仅是西方七国集团制定的目标。

他认为，世界银行从来没有把自己看作是一个与私人资本竞争或与之存在潜在冲突的公共机构，而是把自己视为支持私人资本跨国集团向第三世界渗透的机构。世界银行对政府矿产部门的干预与矿产跨国集团紧密相关。世界银行为国有化风险提供某种形式的保险，并通过承担基础设施项目来间接补贴矿产公司。在农业上，世界银行一直试图破坏农民生活的自治权，通过支持各种形式的贷款来最终打破农民维持生计的经济，通过绿色革命来加剧农村的社会分化。世界银行的战略从来没有关心过穷人，也没有关心过环境。世界银行常常支持对公共土地系统性的毁坏和森林破坏，这是以牺牲生态平衡和绝大多数公众的福利为代价的。

国际贸易组织也是维护发达国家利益的手段。跨国公司在第三世界的生产要求最低限度的国产率以及最低限度的出口额。借助贸易相关的知识产权保护条款，发达国家在第三世界的所作所为不是为了强化竞争，恰恰相反是为了增强技术垄断力量。另外，主张向西方保险公司和银行开放市场的观点，实际上是企图加快资本从南方向北方的转移。[①]

二 关于资本主义的未来

当代资本主义发展出现了一些新的变化，然而这些变化并没有改变资本主义的基本矛盾和周期性危机，反而使矛盾的积累加深，危机的幅度更大，破坏更严重。2008 年以来资本主义正经历着更为严重的经济危机、政治危机和社会危机。国外左翼学者普遍认为资本主义制度必然会走向灭亡，但灭亡的时间也许还很长。对于未来社会的发展模式，有些学者认为社会主义社会是必然的选择，而另一些学者提出了不同的设想。

（一）资本主义必然走向灭亡

杰弗·霍奇森（Geoff Hodgson）认为，当每次商业衰退或者危机使得较小的资本主义公司失败，而较大的公司继续存在时，资本的集中就加速前进。资本主义经济从大公司转移到近乎垄断，从近乎垄断转移到国家垄

---

① Samir Amin, *Capitalism in the Age of Globalization*, Zed Books Press, 1997, pp. 23 – 33.

断，从国家垄断转移到跨国公司垄断。在这个范围内，资源不是按照资本主义市场的定价机制来分配，而是由跨国垄断公司来分配，这表明资本主义生产方式正在走向极限。①

奥尔曼认为，资本主义社会必然走向灭亡。资本主义尽管能够创造大量的物质财富，但它并不知道自己将去向何方。资本主义不仅迷失了发展方向，而且在走向崩溃。奥尔曼将当今的资本主义比喻成一只被割掉头的鸡，尽管它到处乱窜乱跳，还有可能会伤害人，但它很快就会倒下，因为它已经没有了头，这个头就是资本主义赖以存在的条件已经不复存在。②

梅萨罗斯认为，当前，全球资本制度已经达到成熟和饱和的矛盾顶峰，与其密不可分的风险已经发展到巨大的程度，危险已经扩展到整个地球。在此之前就应当采取某些紧迫性措施，由于反应过于迟钝，事态已经变得非常严重。目前，采取局部性的解决方案已经不能改变资本主义走向毁灭的命运。即使有成功的希望和采取局部问题抗争的方式，也已经无济于事。③

弗里曼（Alan Freeman）指出，如果要从危机中复苏，资本主义必然要进一步对世界市场进行重组，如世界市场区域的重新划分、战争干涉、违背某国意志强迫其接受市场关系，等等。这就意味着世界从一场灾难中脱离，又陷入另一场更严重的灾难。没有证据表明，资本的野蛮和破坏性有其内在限制。资本主义从每一次危机中脱离出来后，都会再陷入更为严重的危机。④

梅格纳德（Meghnad）指出，西方频频出现经济危机，不断上升的失业率和高通货膨胀，使资本主义经济的优越性受到质疑。社会主义世界必然会与这些问题作斗争。资本主义受到的压力越大，社会主义世界就越可能避免经济方面的问题。⑤

---

① Geoff Hodgson, *Capitalism, Value and Exploitation A Radical Theory*, Martin Robertson & Company Ltd, 1982, pp. 230-255.
② [美] 奥尔曼：《美国奥尔曼教授认为当今西方资本主义正在走向崩溃》，孙媛朝整理，《国外理论动态》1995年第1期。
③ Istvan, Meszaros, *Beyond Capital Towards a Theory of Transition*, Monthly Review Press, 1995, pp. 55-69.
④ Alan Freeman, "Has the Empire Struck Back?", In Robert Albritton, Makoto Itoh, Richard Westra and Alan Zuege, ed: *Phases of Capitalist Development*, Palgrave Publishers Ltd, 2001, pp. 198-210.
⑤ Meghnad, Desai, *Marx's Revenge*, The Verso Press, 2002, pp. 310-322.

库尔茨认为，已经演变为一种工业滚雪球式体系的资本主义并非人类社会必经的历史阶段，但它现在只能以这种形式继续存在，但同时也几乎可以断言，在它的逻辑原理中潜伏着的崩溃危险无法消除。任何一种滚雪球体系最终都注定崩溃。所谓永恒的资本主义及其不可替代的市场经济已经到达了它穿越历史的盲目飞行的终点，最后的结局只能是分崩离析。①

詹纳认为，资本主义制度不可能有未来。资本主义是一种强迫型经济制度，所建立的法律体系是资本之间竞争和跨国掠夺的结果，这会导致生产成本的增加和产量的无限扩张。在资本主义货币经济中，法律为主的制度体系是对效率的损害。资本主义的发展损害了公共和私人利益，资本主义只为少数人服务，而不是鼓励才智和效率。当公共与私人利益对立时，资本主义只对少数人的利益负责。资本主义滥用市场经济，这种滥用行为导致人类不计代价地开发自然资源，未来一代只剩下空空如也和受污染的地球。资本主义破坏真正的国际分工，进行压迫式竞争，使世界上贫富差距加大，加剧了国际紧张局势。所以，罗格认为资本主义必然会灭亡，但是他并没有提出具体的解决方案或者对未来社会的构想，只是认为应当建立一种社会，使这个社会能够代表公众利益，为公平分配或世界的和平提供最好的基础。②

（二）未来社会设想

马克思和恩格斯指出，人类社会存在原始共产主义社会、奴隶社会、封建社会、资本主义社会和共产主义社会五种社会形态。社会主义或共产主义社会是对资本主义社会的扬弃，是资本主义发展到顶点的自我否定。对资本主义社会和人类社会发展的方向，国外多数马克思主义学者认为社会主义制度仍然会取代资本主义，并提出了自己对未来社会的构想。当然有些构想并不一定是马克思和恩格斯认为的科学社会主义制度。

施威卡特（David Schweickart）认为，虽然从发达资本主义转变到一种经济民主的制度是一件遥远的事情，但还是会发生的。如果一个社会主义的政府想强大起来，就必须有足够的民意支持通过和推行它想要的法律。为此，应当做以下几个方面的工作：（1）所有以资产为基础所得的收入都

---

① ［德］罗伯特·库尔茨：《资本主义黑皮书——自由市场经济的终曲》，钱敏汝、张崇智等译，社会科学文献出版社2003年版。
② ［德］格罗·詹纳：《资本主义的未来——一种经济制度的胜利还是失败》，宋玮、黄晴、张丽娟译，社会科学文献出版社2004年版。

将被禁止，即公司要停止给持股者分红，无论公司还是个人都不为贷款支付任何利息，停止所有的租金支付；（2）所有私人企业雇用员工在 X 人以上（X 是一个很小的数字），就应当由在企业工作的人员来管理，实行一人一票的制度，唯一的限制是资本股份的价值必须保证完整；（3）所有的银行都属于它所在地的社区，银行雇员的工资从每年总的税收中支出；（4）所有的企业必须按照所使用的资产的价值支付使用税。①

阿明认为，国际政治经济体系的安排应该是这样的：（1）在全球范围进行裁军，消除军备，将人类从核威胁和其他大屠杀中解放出来；（2）以平等的方式利用全球资源，需要一个全球性的决策程序，这个程序要求有效利用资源，减少浪费，对资源价值和收入进行更平等的分配；（3）通过协商在世界主要区域之间建立开放而灵活的联系，需要逐步减少中心区国家对技术和金融的垄断；（4）为了正确控制全球或国家通讯、文化和政治政策领域的规则，应该进行协商活动，在全球范围内建立代表社会利益的政治组织，即"世界议会"，超越联合国体系现存的国家间机制。②

格雷德（William Greider）对资本主义社会的未来发展提出了一些建议，这些建议更多的是改良成分。（1）以资本税收代替劳动税收，在税收结构上作调整能够刺激增加工作职位和工资，能够创造一种机制使投资者和公司对自己的行为更加负责。（2）改革贸易条款保证商品流通更加均衡，迫使出口国成为全球更大的消费国。但是必须建立这样的基本原则：工业国不能指望进行大批量过度性生产来出口产品，同时拒绝接受其他国家同样数量的进口产品。（3）改善社会底层待遇，尽快增加最低阶层的工资。要求贸易国尊重劳工权利，通过保护人权自由，贸易体系能够确定支持和保护工人集体增加工资的权利。（4）一笔勾销贫穷国家积累的沉重债务。废除国际机构收不回的贷款债务有助于贫穷国家经济发展，特别是非洲国家，使这些国家能够采取更可行的政策来发展本国经济。（5）对中央银行进行改革。货币政策的目标应该回到更均衡、更民主的方面，把经济增长、就业、工资理解为健全经济的关键，其重要性远高于财富积累。（6）重新将国家的经济议事日程重点放在优先增加就业和提高工资方面，而不是放在贸易和跨国竞争上。增加就业和提高工资是国内

---

① David Schweickart, *Against Capitalism*, Cambridge University Press, 1993.
② Samir Amin, *Capitalism in the Age of Globalization*, Zed Books Press, 1997, pp. 5 – 6.

经济繁荣的关键。①

阿里吉和穆尔（Giovanni Arrighi and Jason W. Moore）在《资本主义的解体前资本主义的过渡时期》（The Disintegration of Capitalism: A Phase of Ex-Capitalist Transition）一文中预测，在未来的10年或者20年里，美国将遭遇毁灭性的危机，在下一个20年左右形成的世界资本主义物质扩张的新模式将在危机之后取代美国的地位。这种新模式主导政府组织形式要比当前美国所具备的国际性更强。与美国模式不同，新模式更具有积累的外延性质。新模式将把生产成本内部化，即将美国模式中极力要外部化的成本内部化。②

阿尔布里坦（Robert Albritton）认为，只有经历一段时期的全球剧变才能够进入到民主社会主义制度。不论向非资本主义制度转变需要经历多长时间，转变的趋势并没有改变。他进一步指出，未来的民主社会主义社会只有在市场能够促进民主、平等和自由的时候才能够使用市场经济。③

海因兹·迪德里齐认为一个政治社会的合理性来自两个基本要素：（1）把取得国家权力和财产的过程改造成为对国家内所有公民都是普遍的、透明的和公正的正式程序；（2）要求公民共处的物质原则。尽管议会选举在资产阶级民主中作为正式程序非常重要，并授予选举产生的当局某些道德权威，但是由于其缺乏物质和理性基础，影响非常有限。④

本章主要介绍了国外马克思主义学者近十几年关于资本主义阶段划分、资本主义发展阶段呈现的新特征，重点关注垄断、帝国主义和全球化方面，资本主义矛盾和危机理论，以及资本主义发展趋势等领域的最新研究成果。通过对此领域国外马克思主义学者研究的介绍，可以得出以下结论和启示：第一，国外马克思主义学者关于资本主义发展阶段的划分基本

---

① William Greider, *One World, Ready or Not—The Manic Logic of Global Capitalism*, Simon & Schuster, 1997.

② Giovanni Arrighi and Jason W. Moore, "Capitalist Development in World Historical Perspective", in Robert Albritton, Makoto Itoh, Richard Westra and Alan Zuege, ed: *Phases of Capitalist Development*, Palgrave Publishers Ltd, 2001.

③ Robert Albritton, "Capitalism in the Future Perfect Tense", in Robert Albritton, Makoto Itoh, Richard Westra and Alan Zuege, ed: *Phases of Capitalist Development*, Palgrave Publishers Ltd, 2001, pp. 128–135.

④ ［德］海因兹·迪德里齐：《新的历史蓝图的理论和实践：绪论》，载海因兹·迪德里齐等《全球资本主义的终结：新的历史蓝图》，徐文渊译，人民文学出版社2001年版，第71—100页。

上延续了经典作家的范式，新发展主要体现在对经典范式的进一步细化，并将二战后资本主义呈现的新变化和新特征作为新的划分标准引入到研究之中。第二，国外马克思主义学者在遵循马克思主义经济学的基本前提和主要理论的基础上，就国外资本主义发展呈现的新特征进行了研究，进一步丰富了马克思主义经济学对资本主义发展变化的研究。第三，国外马克思主义经济学者普遍认为资本主义呈现出的新变化和新特征，并没有改变资本主义经济的基本矛盾，而是使资本主义矛盾的表现形式出现了更为复杂的变化，大致有两种观点：一种观点认为资本主义的内部调节起到了缓解资本主义矛盾的作用，但是矛盾并没有得到解决，在资本主义制度内部也不可能解决资本主义固有的矛盾和危机；另一种观点则认为资本主义的新变化和采取的内部调节措施并不能起到缓解资本主义矛盾和危机的作用，只能使矛盾更为尖锐，危机更为严重。第四，国外马克思主义学者普遍认为由于资本主义采取的内部调节或者改良措施并不会起到解决资本主义固有矛盾的作用，所以资本主义必然走向灭亡。虽然在全球范围内资本主义建立起世界银行、世贸组织、联合国等调节机构，但这些机构是以主要的发达资本主义国家和大资产阶级的利益为出发点，并为其服务，所以并不存在调节资本主义矛盾和缓解危机的能力，也就不能改变其必将走向灭亡的宿命。

第十二章　社会主义经济模式问题研究

社会主义经济模式问题，历来是国外马克思主义经济学者关注的重要课题。早在社会主义尚处于理论探索阶段之时，国外一些马克思主义经济学者就开始思考未来社会的生产组织形式以及生产资料的所有制形式。随着一系列社会主义国家的建立，国外马克思主义经济学者对社会主义经济模式问题的研究掀起了一个高潮，尤其是 20 世纪 60 年代波匈事件发生以后，社会主义经济模式问题再度引起了国外马克思主义经济学者的强烈关注。苏东社会主义国家发生剧变、"现实社会主义"遭遇挫折和危机之后，国外马克思主义经济学者关于"超越和代替资本主义"的社会主义经济体制与模式的探讨和论战，更是格外引人注目。国外马克思主义经济学者关于社会主义经济模式的研究和探讨，从理论上打破了把计划与市场、社会主义与市场截然对立起来的观点，改变了传统的社会主义理论把中央计划（central planning）视为社会主义经济唯一运行机制的看法，探索了计划与市场、集权与分权、效率与公平相结合的多种模式。可以说，各种社会主义经济模式的提出，使人们日益明确地认识到："推翻资本主义并不意味着消除对生产力发展的一切社会—经济障碍的一切矛盾……具有巨大重要性的是组织问题和手段的选择，令人高兴的是，只有一种经济机制形式适合于社会主义经济的看法现在已经早已成为陈迹。"①

第一节　研究的总体情况

第二次世界大战后国外马克思主义经济学者对社会主义经济模式的研

---

①　转引自［英］亚历克·诺夫《可行的社会主义经济》，唐雪葆等译，中国社会科学出版社 1988 年版，第 289 页。

究，以冷战结束为界，可分为两大阶段。在这两大阶段中，分别掀起过两次比较大的研究热潮。第一次热潮始于 20 世纪五六十年代，当时，随着社会主义国家普遍采取的高度集权的计划经济体制弊端的不断显露，国外一些马克思主义经济学者开始探讨社会主义条件下资源配置和经济发展的问题，并在探索中构筑了种类繁多的将"市场"和"社会主义"联结在一起的经济模式。第二次热潮出现在冷战结束后的 20 世纪 90 年代中后期，针对苏东社会主义国家全面市场化和私有化改革带来的不良后果，国外马克思主义经济学者对新自由主义进行了有力反驳，对苏东社会主义经济模式进行了深入反思。他们提出并详细描述了种种与苏联模式完全不同的社会主义未来模式，其目的在于建构一种相对于现代资本主义国家更为高效且公平的经济制度。

一 冷战时国外马克思主义经济学者对社会主义经济模式的研究

20 世纪 50 年代以来，随着苏东经济衰退和危机的深化，高度集权的计划经济体制的局限性成了人们批判的目标。东西方一些马克思主义经济学者在深入研究社会主义经济建设的理论与实践，深刻揭露传统社会主义经济体制弊端的同时，纷纷提出了他们所倡导的社会主义经济模式。这些模式为苏东社会主义国家的经济体制改革实践提供了理论依据，而苏东社会主义国家的经济体制改革实践，又为社会主义经济模式的进一步发展创造了条件。在理论探讨和实践演进的交互作用中，20 世纪 50—80 年代，国外马克思主义经济学者关于社会主义经济模式的研究，在东西方马克思主义经济学界同时获得了重大发展。

在西方，美国加利福尼亚大学伯克利分校教授本杰明·沃德（Benjamin Ward）在研究南斯拉夫经济体制的基础上，于 1958 年提出了"伊利里亚经济模式"（伊利里亚是古代巴尔干半岛上希腊一个民族和地区的名称，也即南斯拉夫的古代名称）。该模式最基本的特征是：生产资料所有权属国家、使用权归企业；市场是经济决策和资源配置的基础，国家通过适当的方式和手段调节经济活动，影响和规范企业行为；工人自治等。[1] 沃德的研究激发了西方其他学者对社会主义经济模式的研究兴趣，美国康奈尔大学经济学教授杰罗斯拉夫·范耐克（Jaroslav Vanek）论证了以工人参加管理和工

---

[1] Ward, B., "The Firm in Illyria: Market Syndicalism", *American Economic Review*, June 1958.

人自治为主要特征的"工人自治经济模式"①，瑞典社会民主主义者阿萨尔·林德贝克（Assar Lindbeck）提出了带有鲜明社会民主主义色彩的"自由—社会民主主义的混合经济模式"。美国著名经济学家艾布拉姆·伯格森（Abram Bergson）的"竞争解决法计划经济模式"，英国著名经济学家亚历克·诺夫（Alec Nove）的"可行的社会主义经济模式"，西方激进经济学派著名代表夏尔·贝特兰（Charles Bettelheim）的"生产者对生产资料和产品进行有效支配的经济模式"，美国著名经济学家约翰·加尔布雷思（John Kenneth Galbraith）的"新社会主义经济模式"以及其他一些西方马克思主义经济学者的社会主义经济模式，也相继在20世纪60—80年代问世。

虽然关于社会主义经济模式的研究在西方得到了重大发展，但这一时期，国外马克思主义经济学者关于社会主义经济模式研究的主阵地则是在苏东社会主义国家。

随着20世纪50年代以来高度集权的计划经济体制弊端的不断暴露，苏东社会主义国家一些经济学家在批判高度集权计划经济体制的同时，纷纷提出了他们所倡导的社会主义经济模式。

在苏联，著名经济学家和统计学家叶夫赛·格里戈里耶维奇·利别尔曼（Grigorievich Leighberelman）于1962年在《真理报》上发表了一篇名为《计划、利润、奖金》的文章，提出了"利润刺激或物质刺激经济模式"。该模式抓住苏联经济管理中长期存在的中央集中过多、管得过死、轻视物质鼓励等弊病，主张简化指令性计划指标、让企业拥有更多的经营自由，并提出了以利润为核心的计划以及评价和奖励企业的一套新办法，也即"利别尔曼建议"。该建议在国内外引起强烈反响，并成为苏东一些国家经济改革的主要目标，利别尔曼本人也因此获得了"苏联经济改革的首倡者"的称号。② 在波兰，著名经济学家弗·布鲁斯（Wtodzimier Brus）③ 提出了"导入市场机制的计划经济模式"；在捷克斯洛伐克，被誉为"经济改革之父"的著名经济学家和政治活动家奥塔·锡克（Ota Sik）④ 提出了"社会主

---

① Vanek, J., *The General Theory of Labor-Managed Market Economies*, N.Y.: Cornell University Press, 1970.
② 参见余大章《苏联东欧经济学名著提要》，江西人民出版社1993年版，第331—333页。
③ 弗·布鲁斯20世纪70年代移居英国，现为牛津大学沃尔森学院客座教授。
④ 奥塔·锡克直接参与了20世纪60年代捷克斯洛伐克经济改革计划的设计，苏军进入捷克后流亡瑞士，在圣·加伦经济社会大学任比较经济学教授。

义的计划性市场经济模式"，著名经济学教授、"布拉格之春"改革运动的组织者之一吉里·考斯塔（Jiri Kosta）提出了"计划—市场经济模式"；在匈牙利，以短缺经济学研究享誉于世的亚诺什·科尔内（Janos Kornai）提出了"在计划经济内导入市场机制的模式"，著名经济学家、政治活动家涅尔什·雷热（Nyers Rerso）提出了"中央计划经济和市场机制有机结合的经济模式"，著名经济学家里斯卡·蒂博尔（Liska Tibor）提出了"计划竞争市场经济模式"；在南斯拉夫，以著名经济学家霍尔瓦特·勃朗科（Horvat Branko）为代表的市场学派以及著名政治家爱德华·卡德尔（Edvard Kardelj）提出了"自治社会主义经济模式"，等等。这些理论模式，从当时苏东社会主义国家的现实出发，分析了高度集权计划经济模式的种种弊端，从不同角度，强调了市场和企业的作用，论证了社会主义国家通过可控市场引导企业决策、实现计划和市场、劳动者自主管理与宏观经济计划相结合的社会主义运行模式，为社会主义国家的经济体制改革尤其是为南斯拉夫和匈牙利等国的市场社会主义实践提供了必要的理论依据。

上述东西方马克思主义经济学者从不同角度，提出并论证了计划与市场可以结合、社会主义与市场能够联姻的思想，回答了社会主义能否引入市场机制、计划和市场如何协调等一系列问题。

总的看来，冷战时期国外马克思主义经济学者对社会主义经济模式的探讨，立足于苏东社会主义国家的实践，大都是在传统社会主义基本经济制度框架内，探讨如何使市场经济与社会主义相结合，其目的都在于为社会主义经济体制改革提供某种理论指导。事实上，冷战时期各种社会主义经济模式，尤其是苏东社会主义国家的经济学家基于本国实际提出的各种社会主义经济模式，对苏东各国的经济体制改革实践确实产生了十分重大的影响。对于这一点，"导入市场机制的计划经济模式"的倡导者布鲁斯就曾有过论述，他说：20世纪"六十年代中期，几乎所有东欧社会主义国家都开始对其经济制度实行重要的改革。虽然各国进行改革的时间，特别是改革的形式和规模各不相同，但是如果我们除去需要单独加以考虑的南斯拉夫之外，这些改革在时间的选择和总的趋势方面还是很相似的。总的趋势是以分权模式取代集权模式，即建立一个利用有调节的市场机制的计划经济"[①]。

[①] ［波］弗·布鲁斯：《社会主义的政治与经济》，何作译，中国社会科学出版社1981年版，第32页。

二 冷战后国外马克思主义经济学者对社会主义经济模式的研究

冷战结束后，西方一些资产阶级政客和右翼学者纷纷宣称"社会主义已彻底失败"，提出"社会主义无论是在现实中还是在理想中都不复存在了"。面对这些攻击，国外马克思主义经济学者针对苏东社会主义国家全面市场化改革带来的不良后果，得出了"自由主义不能救欧洲"、"私有制挽救不了社会主义"的结论。同时，他们开始重新思考马克思主义和社会主义的理论与实践，并在认真总结苏东社会主义国家剧变教训的基础上，对发达资本主义国家如何实现社会主义的问题进行了积极探讨，掀起了"复兴社会主义"、"重构社会主义理论模式"的浪潮。短短几年，国外马克思主义经济学界就出版了数十部预测社会主义未来的专著，提出了各种各样的关于未来社会主义发展的理论模式，从而使这一阶段国外马克思主义经济学关于社会主义经济模式的研究得到了迅速发展。诚如日本著名经济学家伊藤诚所言：左翼中广泛存在着"认为应该以市场经济乃至资本主义市场经济的框架为前提，加进政治的社会的管理，从中来寻找社会主义理念……表现为各种各样的方案，使市场社会主义理论探讨又重新活跃起来"①。

这一阶段国外马克思主义经济学者将研究的重点放在了分析苏东社会主义国家发生剧变的原因、设计未来社会主义的发展方案上。

各种社会主义经济新模式的倡导者普遍认为，原苏东社会主义国家的剧变和解体并不是公有制和计划经济自身所造成的，而是在于缺乏市场机制的作用，忽视劳动者的自主性。因此，他们都主张全面、辩证地总结当代世界经济发展的经验教训，按照效率与平等相结合的原则，重新构建社会主义的蓝图。他们提出并详细描述了种种与原苏联模式不同的社会主义经济模式，这些社会主义经济模式理论主要流行于欧美各国，大都是围绕如何实现公正和平等的经济社会、怎样促进企业提高效率、如何保持革新变化的活力等一系列问题提出的。这些模式的一个共同特点是，都强调市场的主导作用，主张把市场作为社会主义经济运行的主要机制，而将中央计划或政府干预仅仅当作在主导机制不能有效发挥作用时才启用的机制。

---

① ［日］伊藤诚：《市场经济与社会主义》，尚晶晶主译，中共中央党校出版社1996年版，第208—209页。

在《社会主义的未来》一书中，约翰·罗默（John E. Roemer）介绍了"以工人管理企业为基础"、"以利润最大化的经理经营为基础"以及"很少明确强调财产关系而是更多强调其他机制"等三大类型的社会主义经济理论模式，其中第一种类型包括德雷泽（J. Dreze）、弗勒贝（M. Fleubacy）以及韦斯科夫（Thomas Weisskopf）的市场社会主义模式；第二种类型除罗默本人所提出的"银行中心的市场社会主义"外，还有巴德汉（Pranab Bardhan）的"公司相互控股促使贯彻利润最大化原则"的方案；第三种类型主要是指美国加利福尼亚大学社会学教授弗累德·布洛克（Fred Block）提出的"没有阶级权力的资本主义"以及科亨（Joshua Cohen）和罗杰斯（Joel Rogers）提出的"联合民主的体制"等社会主义模式。①

法国颇具影响的《当代马克思》杂志于1993年发起讨论"社会主义新模式"问题的活动，并在第14期刊载了5篇论证"社会主义新模式"的文章，它们代表了五种社会主义经济模式。一是约翰·罗默在《共产主义之后是否存在社会主义》一文中提出的"生产资料公有制与市场机制相结合的社会主义模式"；二是弗累德·布洛克在《没有阶级权力的资本主义》一文中提出的"剥夺金融资本权力的社会主义模式"；三是美国芝加哥洛约拉大学哲学教授戴维·施韦卡特（David Schweikart）在《经济民主——真正的和可以实现的社会主义》一文中所倡导的"经济民主的社会主义模式"；四是英国曼彻斯特大学政治经济学教授迪安·艾尔逊（Diane Elson）在《市场的社会化》一文中所设计的"市场社会化的社会主义模式"；五是法国学者托尼·安德烈阿尼（Tony Andreani）和马克·费雷（Mark Ferre）在其合写的《从自治到联合的社会主义》一文中提出的"企业自治的社会主义模式"。

除了上述提到的各种社会主义经济模式，冷战结束后国外马克思主义经济学者提出的社会主义模式还包括：英国牛津大学纽菲尔德学院社会学和政治学教授戴维·米勒（David Miller）倡导的"合作式的社会主义模式"，美国经济学家詹姆斯·容克（James A. Yunker）提出的"实用的市场社会主义模式"，法共经济学家保尔·博卡拉（Paul Boccara）提出的"混合型公有经济的社会主义"，澳大利亚悉尼大学经济学教授罗宾·阿彻

---

① ［美］约翰·罗默：《社会主义的未来》，余文烈等译，重庆出版社1997年版，第6页。

(Robin Archer)提出的"以经济民主为基础的社会主义经济模式",德国斯图加特大学教授特奥多尔·贝格曼(Theodor Bergmaun)提出的"重建基础价值的社会主义"等。这些理论模式从不同的角度入手,探讨了种种与传统社会主义经济模式截然不同的、用以替代资本主义经济制度的具体方案,充分体现了社会主义新模式的多样性特点。

总的看来,冷战后国外马克思主义经济学者关于社会主义新模式的探讨深入而热烈,争论中涌现出了种类繁多的理论模式和方案,"尽管这些模式在设计过程中的侧重点不尽相同,有的强调经济效率,有的偏重社会公平,有的提倡更多地关注劳动者的经济自主。但是这些模式的设计者都对原苏东社会主义国家经济改革失败的原因,以及当代资本主义存在的不公正现象进行了深入的分析和思考。他们都试图寻找一种与传统社会主义经济模式完全不同的方案,并用之替代当代资本主义经济制度"[1]。可以说,冷战后种类繁多的社会主义经济模式的涌现,是国外马克思主义经济学者试图改造资本主义的经济基础以培育和发展社会主义因素(诸如真正的民主、自由、平等)的产物,是他们在发达资本主义国家现有成果之上改良资本主义或替代资本主义的设想,是他们设计的通向未来社会主义的中短期目标(长远目标是"完全的社会主义"),以及"实现彻底的社会主义"前"纠正资本主义的一些弊端"的过渡性阶段。冷战后国外马克思主义经济学者提出的各种社会主义经济模式,以其对社会主义目标的追求和向往,揭露了资本主义的社会弊病,坚定了人们对社会主义的信念。在构建社会主义经济模式的过程中,国外马克思主义经济学者大都将其锋芒直指资本主义,揭露其造成的社会不公和各种罪恶,认为资本主义是一个充满矛盾和罪恶的历史阶段,正在不可避免地走向衰亡和崩溃。他们还深刻地剖析了资本主义社会在经济上的不平等、政治上的不民主、文化和道德上的危机,根据新的历史条件,对人类未来进行了积极有益的探索,有力地回击了各种"社会主义失败论"、"历史终结论"等错误观点。有的国外马克思主义经济学者明确提出,"把苏联的进退维谷看作社会主义整体的失败,或否定社会主义的现实可能性,这无论在理论上和现实上都是不准确的"[2]。

---

[1] 吕薇洲:《市场社会主义论》,河南人民出版社2001年版,第108页。
[2] [日]伊藤诚:《现代社会主义问题》,鲁永学译,社会科学文献出版社1996年版,第5页。

有的明确指出"社会主义在21世纪会有前途"[1]，有的强调存在取代资本主义的新的历史蓝图，"它不仅富有生机活力，而且有着明显的优越性，因此，资本主义不再拥有一种有效的合理化证明，无论是经济上的，还是伦理道德上的"[2]。在世界社会主义运动总体上依然处于低谷的当今时代，这些观点和主张一定程度上重新焕发起了人们对"社会主义"的憧憬。对于这些理论探索，我们应当在分析、批判的基础上，积极地吸收和借鉴其有益的内容，为发展和完善我国社会主义市场经济体制服务。

在接下来的几节中，我们将分别探讨当代国外马克思主义经济学者提出的六大类型、若干具体的社会主义经济模式。

第二节 分权的社会主义经济模式

"分权模式"盛行于20世纪50—80年代，它强调的是一种二元机制理论，其根本目的是要在计划的有效调控下发挥市场的作用，通过计划与市场的适度比例配置，使二者的缺陷和矛盾在结合中达到最小化，使二者的优势在结合中达到最大限度的发挥。该类型的经济模式主要包括布鲁斯的"导入市场机制的计划经济模式"、锡克的"计划性市场经济模式"、科尔内的"在计划经济内导入市场机制的模式"以及诺夫的"可行的社会主义经济模式"等。

一 布鲁斯"导入市场机制的计划经济模式"

布鲁斯长期致力于社会主义经济运行问题的研究，他从当时东欧社会主义国家的现实出发，分析了集权模式的弊端，在此基础上提出了国家通过控制市场来引导企业决策、实现计划和市场结合的模式，主张实行劳动者自主管理与宏观经济中央计划结合的社会主义经济运行模式，即"导入市场机制的计划经济模式"，亦有人称之为"分权模式"。

该模式的主要内容包括：（1）经济决策分为宏观和微观两个层次。国民经济总计划、国民收入分配比例和重要投资方向的决策等宏观决策权由

---

[1] Yunker, J., *Socialism Revised and Modernized: The Case for Pragmatic Market Socialism*, NY: Praeger Pub., 1992, p.14.

[2] [美]戴维·施韦卡特：《反对资本主义》，李智等译，中国人民大学出版社2002年版，前言第1页。

国家掌握，经常性的或一般的微观经济决策则由企业独立进行，受市场机制的调节，企业以盈利为经营原则；（2）货币在消费品、劳动力、资源分配等方面具有积极作用；（3）市场是有计划调节的可控市场。国家可以通过对重大产品进行定价、以不同税收及税率影响企业利润等手段对市场进行调节。①

较之在20世纪30年代产生的"计划模拟市场"的"兰格模式"②，布鲁斯更为强调分权、企业和市场的作用，并且在他所设计的社会主义经济模式中，产品市场不再是中央机构模拟的。然而，布鲁斯的这种分权模式并没有取消集权决策。在他看来，社会主义经济中如果没有直接的中央计划决策用以调节宏观的经济过程，就不能称之为社会主义经济。他反复强调："在社会主义经济中应用市场机制，同通过市场的自发性来代替计划毫无共同之处，而是相反地，市场机制应当成为计划的工具。"③"把这种模式的市场机制叫做'有调节的市场机制'是有益的。因为这是为了强调它的作用是计划的工具，而不是与计划无关的，甚至是与计划相对立的一个自发因素。"④布鲁斯一再批评把计划和市场对立起来的观点，认为在发挥市场机制作用的同时，也必须加强对市场机制的控制，以确保市场运行符合宏观计划目标，保持国民经济发展的计划性。他强调指出，新的解决办法不是在计划或市场、集权或分权中作出择一的决策，而是"在于计划和市场结合起来的方式，在于集中决策和分散决策的最优范围"⑤。

可见，布鲁斯"导入市场机制的计划经济模式"的核心是在计划经济内引入市场机制。在该模式中，市场不是自发地、盲目地运行的自由市场，而是受计划调节的可控市场，它可以用作计划管理的工具。正如布鲁斯所说："有调节的市场机制，不再是宏观经济过程从微观经济活动派生的那种经济的同义语，而应该看作是达到社会经济合理的一种理论上可行的形式，即能把局部的目的同指导社会的经济活动的共同目标相结合的一种形式。"⑥

---

① 蔡思复等：《发展经济学概论》，北京经济学院出版社1992年版，第71—72页。
② ［波］奥斯卡·兰格：《社会主义经济理论》，王宏昌译，中国社会科学出版社1981年版。
③ ［波］弗·布鲁斯：《社会主义经济的运行问题》，周亮勋等译，中国社会科学出版社1984年版，第150页。
④ 同上书，第10—11页。
⑤ 同上书，第64页。
⑥ 同上书，第139页。

二 锡克"计划性市场经济模式"

自20世纪50年代以来,锡克一直从事社会主义经济理论的研究,先后出版了《社会主义的商品经济》(1958)、《经济—利益—政治》(1962)、《社会主义的计划和市场》(1965)、《民主和社会主义的计划经济和市场经济》(1971)、《第三条道路》(1972)、《共产主义的权力体制》(1975)、《争取人道的经济民主》(1979)、《一种未来的经济体制》(1985)以及《经济体制——比较、理论、批评》(1987)等一系列著作。在这些著述中,锡克分析了传统社会主义经济体制的弊端,描述了一种新的经济体制模式,即"计划性市场经济模式"。

在该模式中,锡克从根本上打破了"计划必须直接控制生产"的信条,指出并论证了社会主义经济中计划与市场相结合的必要性。他强调指出:"单靠市场或单靠没有市场的国民经济计划都不能保证经济的有效和符合社会长远利益的发展。"① 在此基础上,锡克进一步对计划与市场结合的方式进行了探讨。他认为,计划和市场有机结合意味着两者的相互渗透:一方面,在长期形成的劳动性质和劳动分工的条件下,没有市场就不能保证高度有效的经济发展,因此,社会主义必须利用市场机制,市场信息应成为制定计划的依据和执行计划的标准;另一方面,由于市场具有很大的局限性,且市场本身不能说明市场的未来发展,因此,计划不仅要为市场规定方向,而且还要对市场施加影响,以克服市场的盲目性。"凡是市场真正作用于企业的地方,企业的利益也就朝着社会利益的方向运动。只有尽可能完善的市场机制才能使社会主义的生产效率提高和符合需求。但是同时必须有一个连同所属经济政策在内的宏观经济纲领性计划以及分配计划,以有助于避免周期性危机的干扰、大量失业和通货膨胀的发展,这些问题折磨着资本主义市场经济。只有以这种方式才能使社会主义计划获得经济和社会的合理性。"②

除了对计划和市场的结合问题作出详细深入的分析论证之外,锡克还针对经济中存在的两类不平衡即微观不平衡和宏观不平衡作了研究。在明

---

① [捷克] 奥塔·锡克:《第三条道路》,张斌译,人民出版社1982年版,第159页。
② [捷克] 奥塔·锡克:《经济体制——比较、理论、批评》,陈秀山译,商务印书馆1993年版,第98—99页。

确区分国民经济中的微观平衡与宏观平衡的基础上,锡克提出了宏观平衡和微观平衡相结合的思想。他指出:微观平衡是指产品的供给结构和需求结构的平衡,这些平衡应由市场价格机制来解决;宏观平衡是指国民经济各部门,首先是第一部类和第二部类的平衡,须通过有约束力的国民收入分配计划来实现。这样既能保持经济运行的计划性,限制市场的自发性,克服宏观上的紊乱现象,又能使价格机制的作用得到充分自由的发挥,从而形成有效的社会主义计划性市场经济。

同布鲁斯相比,锡克更加强调市场的作用。他指出,如果没有市场机制,就不可能有高效率和以需要为目的的生产,社会主义制度下不仅应当有市场机制,而且市场和市场机制应该有更加充分的发展。他说:"事实越来越清楚地说明,对利润的利益,不只是资本家的特殊利益,社会主义生产者也只有靠利润刺激的利益,才能达到以需要为目的的和高效率的生产发展。……事实同样说明,只有市场机制像在现代资本主义制度下一样同完全的竞争相联系,利润才会造成社会所要求的生产的发展。"[1]

三 科尔内"在计划经济内导入市场机制的模式"

科尔内从当时苏东社会主义国家普遍存在的短缺现象入手,批判了原苏东社会主义国家高度集权的计划经济经常出现的消费资料和生产资料缺乏的现象,提出了"在计划经济内导入市场机制的模式"。

科尔内明确指出,造成短缺的原因在于经济体制上企业对于国家的高度依赖和国家对于企业的较高的父爱程度(即家长式的干预和管束)。他说:"在严格意义上的一组经济现象(软预算约束、几乎不可满足的需要、横向和纵向的'抽吸')和一组制度的现象(较高程度的父爱主义)之间存在着紧密的联系;后者基本上能够说明前者。"[2] 要消除短缺,就必须对旧的经济体制进行全面彻底的改革。

在上述分析的基础上,科尔内指出,必须以市场中的企业硬约束预算取代软约束预算、从模拟货币经济转为货币经济的方法,实现企业自身完善的社会主义经济改革。在科尔内看来,对国家调节和市场体系的谨慎选

---

[1] [捷克]奥塔·锡克:《一种未来的经济体制》,王锡君等译,中国社会科学出版社1989年版,第81页。
[2] [匈牙利]亚诺什·科尔内:《短缺经济学》下卷,张晓光等译,经济科学出版社1986年版,第230页。

择是必要的,在大多数领域是二者的结合而不是分离。① 他还指出:虽然市场调节不能成为调节经济的唯一手段,但是官僚主义的行政调节弊端更多,所以他主张在很多领域用市场机制代替行政调节。但他同时指出:"行政机构对市场过程干预的频度和程度具有一定的临界值,如果超过这些临界值,那么市场就会被行政规定所削弱和支配。"② 因此,他主张尽可能地缩减行政协调的范围而尽力扩大市场调节的范围。

由此可见,尽管科尔内"在计划经济内导入市场机制的模式"仍未能跳出计划经济的框框,但较之布鲁斯、锡克的模式而言,该模式更加侧重于市场调节。他明确提出要消除短缺,就必须改变产生短缺的制度条件,对旧的经济体制进行全面彻底的改革,包括如前所述的必须以市场中的企业硬约束预算取代软约束预算、从模拟货币经济转为货币经济的方法。同时他认为,在社会主义条件下,可以利用国家调节保证分配的公平,扶持对社会有利的"外部经济"(external economies),抑制不利于社会的"外部不经济"(external diseconomies),对垄断进行监督。

四 诺夫"可行的社会主义经济模式"

从布鲁斯引入市场机制而不放弃集权决策,到锡克用宏观计划指导和约束市场机制,再到科尔内侧重于市场调节,这一系列思路影响了以研究社会主义经济与苏联问题著称的英国经济学家诺夫(1915—1994)。在《苏联经济体制》《可行的社会主义经济》以及《走向有效率的社会主义》等著作中,诺夫针对当时苏东社会主义实践中出现的种种问题,从价格、投资、收入分配等方面对传统社会主义经济模式进行了批判性考察和分析,并在此基础上描述了一种"可行的社会主义经济模式"(the economics of feasible socialism)。

"可行的社会主义经济模式"的基本内容包括:(1)政治上是周期的议会选举与多党制的民主主义;(2)生产主体多形态化,包括自主管理的国家企业、合作集体企业、一定限制下的个人企业等;(3)没有大规模的生产资料私有制;企业形式包括中央控制和管理的国营企业,充分自治的

---

① [日]伊藤诚:《现代社会主义问题》,鲁永学译,社会科学文献出版社1996年版,第84页。
② [匈牙利]亚诺什·科尔内:《理想与现实——匈牙利的改革过程》,荣敬本译,中国经济出版社1987年版,第21页。

社会化企业，合作社企业，小规模私人企业以及个体等五种类型，其中国家、社会和合作社所有制占主导地位；（4）中央计划主要负责决定重要投资项目，调整重复的分散投资，扶持有重大社会影响的部门以及决定国民生产总值中用于投资的份额；（5）通过民主投票表决方式，决定哪些部门实行市场化、哪些物资和服务可以免费；（6）经济部门分为价格受管制的部门和自由议价部门；（7）国家通过对利润课税和制定所得税政策，减小市场所导致的不平等，并提供充分的职业选择自由及提高劳动能力的机遇。①

从其基本内容可以看出，诺夫关于"可行的社会主义经济模式"的设想，也建立在计划与市场有机结合的基础之上。诺夫肯定市场的必要性和积极作用，认为只有实行竞争和自由交换，才能保持经济运行的高效率，并进而指出，为了使市场充分发挥作用，必须使市场遍及经济领域的各个方面。他说："一个开始向社会主义发展的典型的第三世界国家，应该通过建立一种混合经济，包括在城乡建立一些大型的国营企业和大量的私人与合作企业来做到这一点。"② 当然，诺夫同时也指出，市场机制并不是十全十美的，由于无节制的市场机制会带来难以容忍的社会不平等，因此，国家作为所有者，完全放弃计划控制是不可能的，为了保证国民经济健康而稳定地发展，为了克服市场机制自发作用的消极影响，就必须加强计划的作用。在诺夫看来，"有效率的社会主义经济必须是计划与市场的结合，集中和分散的结合，控制和地方积极性的结合"③。按照诺夫的观点，"可行的社会主义"既是一种能够避免集权和低效率的制度，又是一个可以在合理的时间限度内实现的社会主义。他说："所谓'可能'或'可行'，我指的是在发达国家世界的某些主要部分，在相当于一个已孕育的孩子的生命期内可能存在的情况，而无需接受关于社会、人类和经济的一些难以置信或牵强附会的设想。"④ 正是基于此，有人将诺夫的模式称为"二元经济"（dual economy）⑤ 模式。

---

① ［英］亚历克·诺夫：《可行的社会主义经济》，唐雪葆等译，中国社会科学出版社1988年版，第269—310页。
② 同上书，第263—264页。
③ 同上书，第29页。
④ 同上书，第269页。
⑤ Elson, D., "Market Socialism or Socialization of the Market", *New Left Review*, (172) Nov.-Dce. 1988, p. 5.

上述表明，尽管"分权"的社会主义各模式在内容设计的切入点、侧重点方面存在一定差异（有的强调计划，有的偏重市场，有的提倡计划与市场并重），但所有这些模式都有一个共同特点，即：以不同的方式承认高度集中计划经济体制的弊端，强调社会主义应当同时运用计划和市场两种经济运行机制。

第三节 自治的社会主义经济模式

随着高度集权计划经济体制弊端的日益暴露，尤其是随着1948年苏南关系的破裂，以铁托为首的南斯拉夫共产党人从本国的实际出发，率先突破传统的计划经济体制，走上了自治社会主义道路。自治体制改革的实质，就是不断批判和变革僵化的中央集权体制，实行国家职能非国家集权化和分散管理，改变国家经济权力过分集中的状况，扩大民主管理的范围以及企业的自主权，加强劳动者在经济生活中的地位和权利。

各种"自治"的社会主义经济理论模式与南斯拉夫上述经济体制改革实践有着密切联系，这些理论模式主要产生于20世纪40—70年代，包括冷战期间南斯拉夫著名理论家卡德尔倡导的"自治社会主义经济模式"，美国学者沃德提出的"伊利里亚经济模式"以及范耐克提出的"工人自治经济模式"。在冷战后国外马克思主义经济学者建构的各种社会主义新模式中，法国学者托尼·安德烈阿尼和马克·费雷提出的"企业自治社会主义模式"也属于这一类型。

一 卡德尔"自治社会主义经济模式"

从苏南冲突前后直到临终，卡德尔一直致力于南斯拉夫社会主义建设的理论与实践，尤其是热衷于工人自治、社会自治问题的研究。他于1945年5月撰写的《人民群众的力量》一文是最早论述自治的文章。1977年出版的《社会主义自治政治制度的发展方向》一书，被定为南共联盟十一大的纲领性文件，该书全面分析和论述了南斯拉夫社会主义和世界其他各国社会主义发展的趋势、方向、矛盾以及发展远景。

与同期出现的"分权"类型各模式倡导者的视角不同，卡德尔没有从经济运行机制入手，而是以生产资料所有制为主线，设计和建构其社会主义经济模式。卡德尔认为，应当由工人管理社会财产，用社会所有制代替国家所有制，实行自治经济。在卡德尔看来，"社会主义自治就是，每个工人自由地与其他工人在平等的基础上享有同等的权利，以社会所有的生产资料从事生产和换取收入，并管理扩大再生产的资金、资源和自己的劳动成果"①。

卡德尔的"自治社会主义经济模式"主要包括以下几个方面内容：（1）实行生产资料社会所有制。在这种所有制下，劳动者直接与生产资料相结合，可以直接使用社会所有的生产资料从事生产，并根据全社会的利益共同决定劳动成果的分配。在卡德尔看来，该所有制能够保证劳动者和其劳动的客观条件、劳动资料和劳动成果紧密联系起来。（2）实行自治社会计划。这种社会计划要满足三个基本要求，一是建立在由企业劳动者独立决定的企业计划基础上；二是建立在最广泛的民主基础上；三是建立在符合市场经济的客观规律要求的基础上。（3）实行企业自治和劳动者自主。企业拥有作为一个独立的商品生产者应有的包括生产经营权、劳动管理权、收入分配权在内的一切权力，劳动者拥有一切经济权利和政治权利，自行决定劳动成果的分配，但这种分配须对社会负责。

由上述"自治社会主义经济模式"的基本内容可以看出，这一模式最显著的特点有两个：一是主张实行社会所有制。"社会所有制是社会主义自治的条件、基础、或者说是实质"②；二是强调企业自治和工人自主。

尽管卡德尔认为市场经济具有许多缺陷，在强调劳动者自治时并不排斥国家的职能，但是，他并没有完全否定市场经济的作用，相反，在"自治社会主义经济模式"中，市场经济仍然是一个重要因素。卡德尔认为，在那些否定市场作用的理论占统治地位的社会主义国家，市场也是存在的。"市场的这种消逝过程、亦即'消亡'过程，不仅仅是人的主观愿望的问题，而且首先是生产力发展和社会劳动生产率发展的问题。因此取消市场绝对不可能是国家行政命令的问题。"③ 市场经济的存在是由生产力发展水平决定的，由于市场经济在总体上有利于生产力发展和自治生产关系完善，因此，应当使计划调节和市场调节紧密结合起来。他曾明确指出：

---

① 范恒山：《国外25种经济模式》，改革出版社1993年版，第247页。
② ［南斯拉夫］卡德尔：《社会所有制与社会主义自治》，《社会主义思想与实践》1987年2月号，转引自范恒山《国外25种经济模式》，改革出版社1993年版，第252页。
③ ［南斯拉夫］卡德尔：《公有制在当代社会主义实践中的矛盾》，王森译，中国社会科学出版社1980年版，第66页。

"市场经济、制订社会计划以及劳动者在经济和社会方面的相互支援,是我们社会主义自治制度三个不可分割的组成部分。"①

二 范耐克"工人自治经济模式"

20世纪70年代,范耐克出版了一系列关于工人自我管理方面的著述,主要包括《工人管理的市场经济概论》(1970)、《参与制经济:变革的设想和发展的策略》(1971)、《自我管理:人类的经济解放》(1975)以及《工人管理制经济:杰罗斯拉夫·范耐克文集》(1977),等等。在这些著述中,范耐克从工人管理企业的角度,详细论证并勾画了一个以工人自治或工人参加管理为特征的经济模式,即"工人自治经济模式",也有人称之为"参与制经济模式"。

范耐克倡导的"工人自治经济模式"的基本内容包括:(1)企业由处于平等基础之上的全体工人进行管理。这可以说是"工人自治"经济模式最基本的内容和最首要的特征。范耐克明确指出:"工人管理的经济或者参与制经济是这样一种经济,它建立在企业工人对企业的控制和管理的基础之上。这种参与管理是全体劳动者通过'一人一票'制的原则在平等基础上进行的。在多种情况下是通过由职工选举产生的代表机构(工人委员会、理事会和公司经理)来加以实现的。"② 他认为:"探索人们直接参与其自身活动的决定和决策问题,是我们时代最重要的社会政治现象之一。这很有可能成为20世纪最后三分之一世纪内社会演变的主导力量。"③(2)工人分享企业的净收入。企业收入除用作集体储备基金或各种集体消费和投资的部分外,其余部分通过分成的方式使工人得以分享。这种分享是按照按劳分配的原则进行的,"同等强度和质量的劳动获取同等的收入,具体做法将按照民主通过的分配细则执行,该细则明确规定了每项工作在纯收入总额中的相对所得额"④。(3)控制和管理企业活动的劳动集团或曰参与制企业对于企业资产只有使用权,没有所有权。也即是

---

① [南斯拉夫]卡德尔:《公有制在当代社会主义实践中的矛盾》,王森译,中国社会科学出版社1980年版,第23页。
② Vanek, J. *"The Participatory Economy: An Evolutionary Hypothesis and a Strategy for Development"*, N. Y. Cornell University Press, 1971, pp. 8-9.
③ Ibid., p. 1.
④ Ibid., p. 10.

说，劳动集团在支付相应的租金后，可以享有使用企业资产的权利，但却不能毁坏或出售并将所得用于收入分配，这一点同卡德尔"自治社会主义经济模式"有着明显不同。（4）实行分散经营和市场经济。与分权模式的其他各种经济模式相同，该模式也强调经济的分散经营，要求所有决策单位，包括企业、家庭、社团以及公共部门都从对自己最有利的方式出发，自由决定自己所采取的行动，不受外界的直接干预。经济计划和政策通过间接方式而不是直接命令来执行。各决策单位之间的横向联系通过竞争性市场来完成，只有在出现某种垄断的情况下，政府才能出面干预。（5）工人自由选择职业。即每个人都可以自由选择职业，自主决定是否从事某一特定的工作。企业拥有雇佣或不雇佣工人的自由，但没有随意解雇工人的权利。

在"工人自治经济模式"中，企业的动力既不像资本主义经济中那样来自对最大利润的追求，也不像计划社会主义经济条件下那样来自对计划指标的遵守，而是企业成员作为个人和集体这两者利益的结合。在范耐克看来，在这种经济模式下，经济、政治和社会都能达到最理想的状态。这也正是他对自己模式无比自信的原因。他说："作为最人道的经济组织形式，我不仅希望工人自治能够成为世界各地的普遍规则，而且我还确信，总有一天这一模式会成为现实，即使我们中大多数人在有生之年可能看不到它的实现。"[1]

三 安德烈阿尼"企业自治社会主义模式"

苏东剧变后，在"重构社会主义模式"的浪潮中，法国巴黎第十大学哲学家托尼·安德烈阿尼在其撰写的一系列关于未来社会主义的文章中，论证了一种在他看来兼顾民主、平等和效率的经济模式，即"企业自治社会主义模式"。

该模式的特征主要包括：（1）"联合的工人"管理企业。"对生产和资本的管理将是拥有民主决策机构的企业中'联合的工人'的行为。"[2]（2）企业的投融资由银行完成。"企业间金融资本的调拨将由一些本身实

---

[1] Vanek, J., "*The Labor-Managed Economy: Essays by Jaroslav Vanek*", N.Y. Cornell University Press, 1977, p.49.

[2] ［法］托尼·安德烈阿尼：《明天的社会主义》，陈双苑译，载中央编译局社会主义研究所编《当代国外社会主义：理论与模式》，中央编译出版社1998年版，第372页。

行了自治的银行来完成。"① 即是说：自治的企业通过自治的银行向公共投资基金借贷资本，而这种基金则来源于企业支付的利息。这种间接的投资方式和企业与银行之间的相互制约的机制，既可以防止无效益投资，也能避免投资不足。(3) 实行生产资料社会所有制。该模式把所有制的权力分解成一组相互分开但互为补充的权力，"正是劳动者管理着企业（可能会结成合作的'组织'），这如同他们在合作社中所发挥的作用一样，所不同的是，他们掌握的不是资本而是借贷资本。这将会表明，它不仅使唯一的劳动者跨过了占有资本这一屏障，使资本充分流通并根据人们的希望重新积累，而且还消除了工人管理企业经常受到的有关投资不足的谴责所依据的许多理由（禁止自筹资金是这一模式的关键组成部分）。贷出资本者（如国家、家庭）对企业没有任何管理权。银行拥有分配贷款的权力，但它们所发挥的仅是中介作用。因而，人们不能再把企业说成是公营的或私营的，而应确切地称之为社会化的"②。(4) 劳动者自行分配所有剩余。为了确保劳动者直接受到有力的激励，企业得以充分发展，在这一模式中，劳动者将自己确定他们的固定报酬（我们不再说工资，因为劳动者本身是他们自己的雇主）。(5) 计划与市场并存。该模式中存在产品市场，但产品市场仅限于合作关系的范围，存在计划，但计划是间接的。

"企业自治社会主义模式"不仅强调提高企业效率，而且更为重视发展经济民主、减少不平等现象，实现充分就业。用其倡导者安德烈阿尼的话说：这种运行机制有利于充分就业和商品生产与非商品生产的协调发展，"使社会主义成为名副其实"③。

第四节 强调效率、利益最大化的社会主义经济模式

强调效率、利益最大化的社会主义经济模式产生于苏东剧变后"重构社会主义理论模式"的浪潮中，该类型主要包括罗默"银行中心的社会主义模式"和容克"实用的市场社会主义模式"等。该类型各模式的倡导者普遍认为：较之计划指令，市场机制在激励、创新、获取信息、促进自由

---

① [法] 托尼·安德烈阿尼：《明天的社会主义》，陈双苑译，载中央编译局社会主义研究所编《当代国外社会主义：理论与模式》，中央编译出版社1998年版，第372页。
② 同上书，第373页。
③ 同上书，第374页。

民主等方面具有明显的优势，原苏东国家剧变的主要原因就在于缺乏市场机制的作用，忽视劳动者自主性。他们认为不仅应当运用市场实现社会主义，而且还应当把市场作为主导机制，甚至主张"复制"一个资本主义自由竞争市场。他们所设计的各种未来社会主义发展方案，主要是围绕怎样促进企业提高效率、保持革新变化的活力等一系列问题提出的。

一 约翰·罗默"银行中心的市场社会主义模式"

约翰·罗默对社会主义经济模式的探讨始于苏东剧变前后。1991年《争鸣》（Dissent）杂志秋季刊发表的《市场社会主义：一个蓝图，这样的经济如何运作》一文，是他首次对社会主义经济模式进行探讨的文章。接下来的几年，罗默主要致力于市场社会主义的研究，发表了《市场社会主义的道德和效率》《市场社会主义：一个恢复活力的实例》《共产主义之后会有社会主义吗？》等文章，并于1994年出版了《社会主义的未来》一书。在这些著述中，罗默剖析了苏东社会主义经济制度失败的原因。在他看来，即使是在社会主义国家，"人们对其直接环境的反应非常像在资本主义社会中的人们，即把大部分时间用在努力寻求自身的物质利益上"[①]。绝大多数人也不能做到单单通过一辈子只为公众利益服务来激励自己。在此基础上，他详细论述了其"银行中心的市场社会主义模式"（Bank-Centric Market Socialism）。正如罗默在其《社会主义的未来》一书中开宗明义地指出："我这本小册子的任务，是提出和捍卫一种把市场体制的力量和社会主义的力量结合起来的新模式。这种新模式既要考虑效率又要考虑平等。"[②]

"银行中心的市场社会主义模式"的主要内容包括：（1）以银行为中心。几个企业围绕一个"主办银行"（main bank），以"联合股份公司"（join-stock company）的形式在竞争的市场上运作。银行作为联系国家和企业的纽带，既负责对集团内的企业提供资金，又负责对各企业的经营进行监督，以保证各企业能够获得利润，并有条件偿还其贷款。（2）实行证券经济。每个年满21岁的成年公民，除了按劳动技能和时间领取工资（现

[①] Roemer J. E., "Can There Be Socialism after Communism?" in *Market Socialism*: *The Current Debate*, ed. by John Roemer and Pranab Bardhan. NY: Oxford University Press, 1993, p.91.

[②] [美]约翰·罗默：《社会主义的未来》，余文烈等译，重庆出版社1997年版，第2页。

金货币，用于日常商品流通买卖）外，还将获得由政府发放的固定数量的息票和凭单（证券货币，用于购买企业股票）。公民既可以用这些息票和凭单去购买企业股票，并依据其所持有的股票以社会红利的方式平等分配该企业的利润，也能够以票证价格为中介，用一个企业的股票换取其他企业的股票。但是，为了防止企业所有权向少数人集中，他主张既不能把股票兑换成现金，也不能用货币购买股票，公民死后，必须将其拥有的证券货币交还公有。或许基于此，有人称之为"证券社会主义"（Coupon Socialism）。（3）国家对经济具有较大的控制权。国家在决定投资方向和投资构成方面具有很大的控制权，负责"对投资形式和投资程度进行计划"①。当然，这种控制与苏联高度集权的控制截然不同。对于国家控制的方式、性质和范围等，罗默在其模式中都作了严格规定："经济中应当对投资形式和投资程度进行计划"②，但这种干预不是通过指令系统，而是通过贷款利率来实施，即国家对不同的产业部门规定不同的利率，由国家银行以低于市场水平的利率，贷款给那些需要发展的产业部门，而以高于市场水平的利率，贷款给那些需要限制的部门。国家只要在5—20种利率间进行调节和控制，就可以实现理想的投资结构变动。值得注意的是，即便是这种干预也是有范围的，政府不能对所有商品的价格进行规定。

在这一模式中，企业的高效运转主要通过两种方式来保障：一是通过银行的监督。在罗默看来，银行监督应当是保证企业高效率经营最为有力的措施。因为能否按时收回本息取决于企业的获利能力，同时也决定了银行是否能继续筹措资金以进一步对企业发放贷款，因此，银行必然会非常积极主动地对企业的经营状况进行监督。二是通过国内外企业间的竞争。罗默认为，来自国内外企业间的竞争也是促使企业不断革新、保持高效运作的一大动力。他说："来自国际性生产竞争的大门必须保持开放。来自国外的竞争可以检查机构监督中的疏漏。"③

由此可见，"银行中心的市场社会主义模式"既利用了股票市场承担风险和监督企业方面的优点，又促成了企业利润分配的均等化。当然，这种均等化只是收入的"大致上的平均分配"（distributed roughly equally）。

---

① Roemer, J. E., "Can There Be Socialism after Communism?", in *Market Socialism*: *The Current Debate*, ed. by J. Roemer & P. Bardhan. NY: Oxford University Press, 1993, p. 94.
② Ibid..
③ [美]约翰·罗默：《社会主义的未来》，余文烈等译，重庆出版社1997年版，第70页。

因为如上所述，每个公民的收入来源除了社会分红以外，还有工资，而工资是按照劳动技能和劳动时间来获得的，由于个人教育程度的不同和才能的差异，工资也不会相同，因而不可能实现收入的完全平等。基于此，罗默在其模式中很少触及劳务市场及工资不平等。他指出，竞争性劳务市场的存在是有效分配劳动力的必要条件，"自我实现和福利机会平等（而不是自我实现和福利平等）是目标"①。

二 容克"实用的市场社会主义模式"

早在 20 世纪 60 年代，容克就开始对各种"民主的市场社会主义"进行研究，并专心致力于自己倡导的"实用的市场社会主义模式"（Pragmatic Market Socialism）。之后，容克一直从事对市场社会主义的研究，发表了数十篇论文和著作，如《市场社会主义中的资本管理》（1974）、《市场社会主义中会存在民主吗？》（1986）、《市场社会主义的新观点》（1988）、《修正的现代社会主义：实用的市场社会主义方案》（1992）、《后兰格市场社会主义：利益导向提议的评价》（1996）等。在这些著述中，容克详尽论述了其"实用的市场社会主义模式"的主要内容和基本特征。

该模式的提出是基于这样一个基本判断，即"资本主义与社会主义"的问题完全独立于"计划与市场"的问题之外，市场资本主义的高效率并不是取决于资本主义制度本身，而是取决于市场。因此，"复制市场资本主义的市场特征"的同时又"确保其比资本主义具有更大的财产收入分配方面的公平"②，就成了该模式的根本宗旨。正如容克所指出的："实用的市场社会主义经济体系不仅在短期而且在长期内都要获得至少与现代资本主义经济体系相同的经济效率，同时，它还将使资本财产收入分配远比现行资本主义表现出来的更加平等和公正。"③

这一模式的基本内容和主要特征包括：（1）实行生产资本的公有制。容克认为，必须改变资本主义制度下按照私人拥有资本的比例，以分红、利息等形式分配社会财富的做法，实行生产资本的公有制。这种公有制要

---

① [美] 约翰·罗默：《社会主义的未来》，余文烈等译，重庆出版社 1997 年版，第 10 页。
② Yunker, J. A., "A New Perspective on Market Socialism", *Comparative Economic Studies* 30 (2): Summer: 1988, pp. 72–73.
③ Yunker, J. A., *Socialism Revised and Modernized: the Case for Pragmatic Market Socialism*, NY: Praeger Publishers, 1992, p. 6.

求将大型的、业已建立的公司的所有权转为公共所有,只保留创业企业(包括小型私人企业和企业家自己经营的企业)的私人所有权。容克多次强调,生产资本的公有制既是"实用的"市场社会主义的核心,也是其运作的根本前提,只有将在资本主义中产权收益(capital property return)的私人所有转为国家所有,才能消除资本主义社会经济体系中收入分配不平等的现象。(2)设立一个国家所有权的代理机构——"公共所有局"(the Bureau of Public Ownership)。该机构负责接收和分配产权收益(其中既包括来自公共企业创造的产权收益,也包括非公有小企业和企业家经营企业所缴纳的资本利用税等),并通过对企业经理的任免,确保企业实现利润最大化。(3)保留包括企业的自主权、企业对利润的追求以及企业间的竞争等在内的市场资本主义企业运作的一些基本特征。具体设想如下:一是公有企业要实行高度自治。容克指出:"公共所有的大型商业企业的经理们享有与资本主义制度下同样的决策权。"[1] 在征得"公共所有局"的允诺后,公司经理甚至可以设计自己的"补偿计划"(compensation plans)。"公共所有局"无权发布任何涉及商业企业运行的微观经济变量(包括生产水平、价格、市场和广告费用、雇工和裁员、原料的采购、税后利润的分配、投资计划等)。二是公有企业把利润最大化作为其运行的根本准则。虽然该模式主张资本所有权公共所有,但同时又明确强调,实行公共所有的目的并不是要规定一些更宽泛的社会目标,并用其取代作为商业企业主要动力的利润最大化目标。公共企业仍应当把利润最大化作为自己的根本准则。三是公有商业企业应当至少保持与市场资本主义同样高的破产率,反对压制企业间的竞争。容克指出:"'实用的'市场社会主义的提出基于这样一个判断,即从总体上说,竞争是经济中的一种有益力量。"[2] 他极力主张在其模式中保留资本主义经济条件下的自由竞争市场,使企业在竞争性市场中公平地进行竞争。

为保证经济运行的高效率,除上述方式外(即企业实行高度自治、"公共所有局"可以对企业经理进行任免,企业贯彻利润最大化原则,企业与企业之间公平竞争等),容克还提出:必须保留金融资本市场。他说:

---

[1] Yunker, J. A., *Socialism Revised and Modernized: the Case for Pragmatic Market Socialism*, NY: Praeger Publishers, 1992, p. 76.

[2] Ibid..

"尽管在'实用的'市场社会主义中,私人投资者被排除在金融资本市场之外,但金融资本市场将继续为公共所有的金融中介机构(如投资银行、保险公司和养老金基金等)提供交易的场所。"[①]

"实用的市场社会主义模式"向我们展示了一种新型的"混合"经济体制。在这一体制中,效用最大化的家庭和利益最大化的企业在自由、竞争的经济市场上互相影响,就像它们在资本主义制度中一样。虽然该模式运行起来几乎完全类似于当代资本主义市场经济体系,但它们之间也存在一些根本性的区别:如,在公司的所有权方面,当代资本主义市场经济条件下公司的所有权受代表董事会(私人证券持有者)的操纵,而在该模式中则是由"公共所有局"的代理人掌握。又如,资本主义自由市场经济条件下财产收入是由金融资本的所有权决定的,而在该模式中金融资本的所有权不具有确立财产收入的权利,家庭所得到的、由公共所有局分配的社会股息收入与其劳动收入成正比,这样有利于建立比当代资本主义更公平的财产分配制度。

第五节 注重公平的社会主义经济模式

注重公平是冷战结束后涌现出的诸多社会主义经济模式的一个共同特点,这些模式针对资本主义社会存在的剥削、压迫等不公正现象,将"社会公正"作为其预期目标,力图通过建立一些隶属于代表公共所有利益的"公有公司(publicly owned corporation),实现更大程度的平等。这种类型的社会主义经济模式主要包括戴维·米勒的"合作制的市场社会主义模式"、迪安·埃尔逊的"市场社会化的社会主义模式"等。

一 米勒"合作制的市场社会主义模式"

"合作制"市场社会主义(Cooperative Market Socialism)建构在对市场作用深刻认识的基础之上,其倡导者是英国牛津大学纽菲尔德学院社会学和政治学教授戴维·米勒。

米勒认为,苏东国家计划经济模式的实践证明,在复杂的工业社会

---

① Yunker, J. A., "A New Perspective on Market Socialism", *Comparative Economic Studies* 30 (2), Summer: 1988, p. 79.

中,通过中央计划来协调经济社会生活会遇到许多困难,而市场作为一种组织经济活动的有效手段,不仅能够给人们提供更好的社会福利、更多的选择自由(包括私人消费、择业和言论自由等),而且还可以促进更大的民主,因此,社会主义的发展应当而且必须依赖市场。① 在这一认识基础上,米勒以欧洲普遍存在的工人生产合作社为蓝本,设计了一种力求维护他心目中社会主义核心价值目标的"市场社会主义的纯模式"(the pure model of market socialism)。设计该模式的主要目的,"就是为了证明市场社会主义仍然忠实于社会主义的基本目标"②。

在米勒看来,社会主义价值的核心目标包括自觉性指导、民主、平等、自由和共同体(community)五个方面的内容。为了实现工人的自我管理,米勒在其模式中将工人合作社(workers'cooperative)作为最基本的经济组织形式,并描绘了在合作社中工人自我管理的具体经济事宜,以及管理程序和管理形式等。

"合作制的市场社会主义模式"的主要内容和基本特征包括:(1)企业的形式以"工人合作社"为主,企业的投资资金来源于国家设立的公共投资机构,企业生产由企业自行决定,企业实行民主管理,重大决策必须征得全体工人的一致同意。(2)资本所有权社会化。为避免导致收入分配差距扩大的资本市场的存在,该模式要求所有企业都从外部的投资机构(包括公有投资机构和私人银行)有条件地借贷资金,对于这些借贷来的资金,企业只有使用权,没有完全的所有权。(3)企业面向市场生产经营,并在市场上通过相互竞争获取利润,纯利润可用作企业进行分配和投资的基金库,企业在竞争中要遵循资本运行原则、破产原则以及民主原则等,凡是不能为其内部成员提供最低生活保障的企业就要宣告破产。(4)把市场作为提供商品和服务的主要手段,同时注重发挥国家的经济作用,以弥补市场机制的缺陷,为经济运行提供必要的制度保证。国家的功能在该模式中被限定在调节投资、提供福利等公益事业方面。在米勒看来,该模式至少可以实现四个目标:一是能够获得市场在大多数商品生产和服务方面的效率优势;二是能够限制国家的经济职能,使民主管理切实可行;三是

---

① [英]戴维·米勒:《社会主义为什么需要市场?》,载[英]埃斯特林、格兰德《市场社会主义》,邓正来等译,经济日报出版社1993年版,第32—41页。
② Miller, D., "A Vision of Market Socialism: How it Might Work-And Its Problem", Dissent, summer, 1991, p.406.

能够保障工人在同时作为个人和自治企业成员两方面的自治；四是能够带来原始收入分配方面更大的平等，而不是完全依靠二次分配。①

由此可见，"合作制的市场社会主义模式"更加强调民主、自由和平等。米勒强调，合作制经济模式必须实现三种形式的平等，即"最低收入的平等，平等地利用由投资机构分配的资本，通过合作制度和生产性资源社会所有制的优点限制市场产生的不平等"②。当然，平等在这一模式中并不是指个人收入分配的平等，而是指社会地位的平等。米勒指出："社会平等最好被理解为平等的社会地位，或理解为不同阶级社会的理想。这两种关于社会平等的不同理解都表明，这一社会不同于等级制社会，人们之间不再以阶级阶层来区分彼此，而是平等地彼此对待。"③ 在米勒看来，所有人的收入都是"劳动收入"，收入上的不平等并不会影响社会平等目标的实现。至于该模式是否能够获得比资本主义更高的经济效率，米勒没有作出明确肯定的回答。在他看来，市场社会主义优越于资本主义之处，首先就在于其所具有的平等、自由、民主等社会主义价值观。

二 埃尔逊"市场社会化的社会主义模式"

"市场社会化的社会主义"（Socialization of the Market）是英国曼彻斯特大学政治经济学教授迪安·埃尔逊倡导的一种社会主义模式。

早在20世纪80年代末期，埃尔逊就针对当时理论界以诺夫和曼德尔（Emest Mandel）为首的有关社会主义经济模式的争论，撰写了一篇题为《市场社会主义还是市场的社会化》的文章④，对诺夫等人的分权的社会主义经济模式以及曼德尔的无价格经济模式分别予以了评论，并在此基础上提出了自己"市场社会化的社会主义模式"。在苏欧剧变后构建社会主义新模式的世界性热潮中，埃尔逊又发表了《市场的社会化》等文章，更加全面、系统地介绍了其关于"市场社会化的社会主义模式"的理论构想。

---

① Miller, D., "*Market, State, and Community: Theoretical Foundation of Market Socialism*", Clarendon Press, Oxford, 1989, pp. 9 – 10.

② Miller, D., "A Vision of Market Socialism: How it Might Work-And Its Problem", *Dissent*, summer, 1991, p. 408.

③ Miller, D., "Equality and Market Socialism", in Bardhanand Roemer, eds, *Market Socialism: The Current Debate*, NY: Oxford University Press, 1993, p. 299.

④ Elson, D., "Market Socialism or Socialization of the Market", *New Left Review*, (172) Nov. – Dec. 1988, pp. 4 – 44.

在埃尔逊看来，现实资本主义市场经济"看不见的手"和社会主义计划经济之所以都存在着种种弊端，其根源就是经济信息的不完全、不真实。他坚信，只要使生产、生活的所有信息，包括使一切买、卖以及价格形成的过程公开化、普及化、真实化、完全化——即其所谓的"社会化"，就能克服经济中的盲目和低效率，避免资源的浪费。基于此，他把市场"社会化"作为解决一切问题的钥匙。

按照埃尔逊的解释，"社会化的市场"就是"公众参与的市场"。在这一市场中，所有企业和个人都能够平等地、免费地获取他们所需要的各种经济信息。在埃尔逊看来，"一个社会化的市场不仅允许各方面积极性的发挥……而且还创造了一些新的途径和激励机制，使个人积极性服务于公共利益"，因此，"社会化市场比由企业组织的市场更加符合工业民主"。①

为了能够在劳动力市场、生产资料市场、消费资料市场等各个方面充分实现其"市场社会化"的构想，有效克服和消除私人市场中存在的信息交换障碍，埃尔逊在其模式构建中提出了以下几个方面的措施，这些主张构成了其"市场社会化的社会主义模式"的基本内容：（1）建立"价格和工资委员会"（Price and Wage Commissions）。该机构的主要职责包括：为企业之间或企业与家庭之间获取交易信息提供物质便利；收集、整理和散发有关产品的成本价格方面的信息，以便为公众排除产品利润方面的干扰，使其能够在成本和价格之间作出自己的判断；指导价格和工资的形成，即提出一个买卖双方在交易中必须遵照执行的价格和工资标准，并通过税法和合同履行法等法律手段来保障工资和价格标准的顺利实施。（2）建立各种"公共信息网络"（Public Information Network），包括能源网、交通网、消费品网，等等，通过这些网络，实现公众对市场的全面介入。埃尔逊指出，由于这种公共信息网络中负责促进信息交流的是一些以税收作为资金来源的秘书处，这就使得该信息网络既不同于按照等级权力和制度关系行事的官僚组织，又有别于那种由"金钱交易关系"（cash nexus）作为中介的市场组织。任何一个公民，只要符合一定的公共标准，就能够免费加入这一网络。虽然公共信息网络不像价格和工资委员会那

---

① Elson, D., "Market Socialism or Socialization of the Market", *New Left Review*, (172) Nov. – Dec. 1988, p. 32.

样，把重点放在披露产品的价格和成本方面，而是更加关注产品的数量、特征和生产过程。但是，信息网络调节者（Network Co-ordinators）的主要功能则同"价格和工资委员会"一样，也包括促进信息交流、保证信息披露以及在产品规格和生产过程中扮演一种相互影响的角色等。（3）组建一个"消费者联盟"（Consumer Union），用于充当家庭和企业生产之间、消费品和服务的批发与零售之间的网络调节者。该联盟在负责为消费者提供有关产品和服务质量的信息方面，同某些资本主义国家消费者协会（Consumer Associations）的功能一样。但该联盟的职责远远超出了资本主义国家的"消费者协会"，除了承担消费者协会的职能外，它还负责教育消费者的工作，以便使消费者能够从国家经济发展的角度，而不是单纯图便宜地进行消费。此外，"消费者联盟"还应该在各地区都设立分支机构，一方面，及时收集产品和服务的生产条件及其对周围环境的影响等方面的信息，并通过电视系统传播到每个家庭；另一方面，及时追踪产品使用方面的信息，并反馈给企业，以使家庭得到更适用和优质的产品。

从上述"市场社会化的社会主义模式"的基本内容可以看出，该模式的特征主要有以下几点：（1）注重信息的公开化、社会化。强调市场信息的公开化、社会化是"市场社会化的社会主义模式"的最基本特征。该模式中各种机构的设立和种种措施的提出都是围绕这一中心展开的。可以说，"市场社会化的社会主义模式"的最重要主张和最基本特点就是用税收所提供的资金建立各种信息渠道，保证所有企业和个人都能够免费获得包括技术、价格、就业、工资、产品等一切经济信息，从而彻底打破资本主义自由市场经济下资本和信息的垄断，并最终取消资本市场，为发展社会主义创造条件。（2）注重维护劳动者的各项权利。"市场社会化的社会主义模式"主张以"劳动力的生产和再生产"为出发点，强调保障劳动者自愿而不是被迫出卖其劳动力。埃尔逊认为，在资本主义经济中，资本的生产和再生产是整个经济的基础，而劳动力的生产和再生产则由资本积累过程决定。在社会主义社会，必须把维护劳动力的生产和再生产作为整个经济的指导准则，让积累过程适应劳动力的生产和再生产。为了达到这一目的，该模式提出了多种措施，如在保健和教育等方面提供免费服务、保证每个公民拥有维持基本生活的货币收入等。除了保障劳动者不会被迫出卖自己的劳动力之外，该模式还提出了一些具体措施以保证劳动者不会失去劳动权利。这些都充分表明，该模式把劳动者的利益放在了至关重要的地位。(3) 实行某种形式的公有制。为了确保其社会主义方面的性质，"市场社会化的社会主义模式"采取了某种形式的公有制，这一特征突出表现在该模式的主要经济形式是"工人管理的公共企业"（Worker-managed Public Enterprises）。公共企业的财产权由代表共同体利益的"公共企业监督局"（Regulator of Public Enterprises）行使，该局的主要职责不是为企业制定生产目标，而是确保人们在"公共资产"（public assets）的使用上遵守一些民主准则，防止某些个人把企业资产据为己有。埃尔逊指出，虽然该模式也允许存在一些私人企业（主要以家庭为单位）和合作企业，但是它们的数量、规模和范围都非常有限。并且在大多数情况下，劳动者往往都会自愿选择在公共企业中工作。

第六节 崇尚民主的社会主义经济新模式

民主是国外马克思主义经济学者在社会主义新模式建构过程中特别注重的一个重要内容，几乎所有的社会主义经济模式都把民主作为其重要特征或目标价值。尤其是冷战结束后的诸多社会主义经济模式，更是直接将民主冠于其名称之中，以体现其突出民主的特征。以民主为核心要素设计的模式主要包括美国经济学家韦斯科夫"民主的基于企业的市场社会主义模式"（The Democratic Enterprise-Based Market Socialism），施韦卡特"经济民主的社会主义模式"，以及澳大利亚悉尼大学经济学教授罗宾·阿彻的"以经济民主为基础的社会主义经济模式"等。

一 韦斯科夫"民主的基于企业的市场社会主义模式"

托马斯·韦斯科夫关于市场社会主义的著述主要包括：《市场社会主义的挑战：对批评者的回答》（1992）、《一种民主的基于企业的市场社会主义》（1993）、《走向未来的社会主义》（1996）、《东方的市场社会主义》（1995）等。在这些著作中，他不仅认真探讨了理论界提出的社会主义新模式，而且还详尽描述了自己倡导的"民主的基于企业的市场社会主义模式"。

韦斯科夫对社会主义经济模式的建构，也是基于对原苏东国家剧变原因和现状深刻认识的基础之上。在韦斯科夫看来，苏东剧变的关键原因有两个：一是这些国家尽管实行了市场取向的改革，但这些改革都是在官僚主义和权威主义下进行的，明显地缺乏政治民主的基本要素；二是在这些国家，即使集中的经济控制被放松，软预算约束问题仍然存在，政府总为一些濒临破产的企业提供财政援助，并且政府在分配投资资本的过程中，很少考虑企业的经济成就。对于原苏东社会主义国家迅速向传统资本主义自由市场经济的转变，韦斯科夫则持坚决的否定态度。他认为，那种立即就过渡到资本主义的尝试并不是一种一试就灵的方法，因而不会提供一种通向成功的道路，正确的做法应当是建立民主的市场社会主义经济。由此，他提出了"民主的基于企业的市场社会主义模式"，并认为该模式是原苏东国家转向"民主的"市场社会主义的最好模式。他非常自信地指出："有充分理由认为，'民主的基于企业的'市场社会主义可能是东方过渡到市场经济的最好的方法。"[1]

"民主的基于企业的市场社会主义模式"的主要内容和基本特征包括：（1）所有企业（凡 10 人以上的）都必须实行企业的民主控制，即企业"民主的自我管理"（Democratic Self-Management），由直接受企业管理影响的人们平等地掌握企业的控制权。企业委员会由企业全体成员按照"一人一票"的原则选举产生；企业经理由企业委员会雇佣，并民主地对企业工人而不是对资本所有者负责；企业经理拥有一系列决策权力，如雇用和安置企业工人、使用企业生产性资产、分配企业净收益等；企业工人则有权根据企业管理制定的规则自由地加入或退出某一个"民主的自我管理"的企业，但他们的选举权必须经过一段时间的试用期之后才能获得；企业可以采取任何一种在民主基础上制定的收入分配政策等。"企业民主的自我管理可被视为一种好的企业运行方式，它纠正了资本所有者对劳动者具有的决定性影响力，建立了一种机制，该机制使得那些对企业利害攸关的决策人能更加平衡地分配影响力。"[2]（2）建立一个受约束的"双层股票市场体系"（two-tier stock market system），即"无选举权的企业股票市场"和有选举权的"共同资金股票市场"，以实现企业资本收入广泛的社会性分配。为确保资本收入的合理公平分配，韦斯科夫提出，所有的成年公民对任何企业的生产性资产享有平等的权利要求。这种平等主要体现在，一

---

[1] Weisskopf, T., "A Democratic Enterprise-Based Market Socialism", in *Market Socialism: the Current Debate*, Oxford University Press, 1993, p. 135.

[2] Weisskopf, T., "A Democratic Enterprise-Based Market Socialism", in *Market Socialism: the Current Debate*, ed. by Roemer & Bardhan. NY: Oxford University Press, 1993, p. 127.

开始就分配给每一个公民数量相等的共同基金股票,公民可以用它们来交换其他的共同基金股票,并通过这种方式寻求价值的增加。但同时,为了防止资本的过度集中,并确保每一个公民都将继续保持其资本收入的权利,该模式规定不能用现金买卖股票。由此可见,这种体系同罗默的"证券社会主义"很相似,其差异在于,在这种体系中,股票持有者没有对企业的正规控制权。(3)国家及地方各级政府都要制定积极的经济政策(Active Government Economic Policy)。为了达到合理的社会目标,该模式要求全国及地方各级政府都要制定积极的经济政策以对企业决策产生影响。这种影响主要有两个方面,一是政府可以影响企业的资本构成;二是政府可以决定经济增长的总体比率和方式。政府的这些影响,主要通过对一些充满外部效用问题和协作问题的领域进行限制来实施。同时,由于公民拥有决定他们所处社会总体发展方向的权力,政府对这些领域的介入必须通过民主的方式获得。此外,政府还要保证公民免于承担由公民自己无法控制的因素造成的风险,如总体需求和就业领域内的宏观经济波动等。

由此可见,物质福利分配方面更加平等,政治和经济生活方面更加民主,社会更加和谐、理性是该模式追求的三个目标。这就改变了资本主义制度下将企业控制权赋予私人资本所有者或股票持有者的做法,既减少了强大的私人利益与政府相互结合的可能性,又限制了生产市场上垄断力量的发展,从而保证了各个企业能够在公平合理的竞争市场上良好运作。总之,该模式向我们展示了一种企业成员间平等协作的民主氛围。

由于这一模式对资本市场和劳动市场都有一定的限制,批评家列举了许多这一模式可能会出现的问题,包括缺乏管理规则、资本供应不足、资本分配低效、缺乏对工人的约束、缺乏改革和企业家精神,等等。对于这些责难,韦斯科夫也作了专门探讨,并明确指出其模式具有许多潜在的效率优势:(1)这种模式有效地防止了资本所有权的高度集中,减少了因追求私人利益而以牺牲公共利益为代价所造成的整体经济效率的损失。(2)由于这一模式具有较大的总体收入分配平等,有效地减少了政府政策在分配结果上的冲突,使政府能够专心致力于促进整体增长和效率。(3)这一模式还具有工人自我管理制度化方面的效率。韦斯科夫认为,工人对企业的民主控制权的制度化,以及工人要求对企业平等分配权利的制度化,能够激励工人不断努力和创新,创造比资本主义企业更高的效率。

二　施韦卡特"经济民主的社会主义模式"

早在 1980 年，施韦卡特在《资本主义还是工人管理？——一种伦理学和经济学的批判》一书中就明确提出："一种充满活力的、理想的社会主义形式必须是工人自我管理的、市场的社会主义。"① 苏东剧变后，施韦卡特积极参与了关于社会主义新模式的讨论，发表了《经济民主——一种真正的和可以实现的社会主义》等文章，并出版了《反对资本主义》② 和《超越资本主义》③ 等著作。在这些著述中，施韦卡特从效率、经济增长、自由、平等和自治等方面，详细论证了其所倡导的"经济民主的社会主义模式"，并通过将其与资本主义模式进行比较，有力批驳了西方盛行的"除资本主义外别无选择"（There Is No Alternative）的观点。在施韦卡特看来，他所倡导的这一模式不仅在经济上是可行的，而且还能克服资本主义的基本矛盾。正如他在《反对资本主义》一书的中文版序中指出的："存在这样的非资本主义的替代性社会，无论在经济方面，还是在伦理道德方面，它比最好的资本主义形式的性能还要优越。"④

与其他社会主义新模式的倡导者不同，施韦卡特认为，原苏东国家经济体制的最大缺陷并不是缺乏市场机制，而是忽视了劳动者自主。基于这种认识，施韦卡特在其模式的设计中，不仅涉及市场的功能和运用，详尽描述了市场的运作，而且更加关注企业的民主和投资的社会控制，对企业民主和社会控制投资作了具体设想。

"经济民主的社会主义模式"主要包括以下基本内容和特征：（1）企业自治，这是"经济民主的社会主义模式"最根本的特点。这一模式主张每一个生产性企业由其工人民主管理，企业中的工人委员会和总经理由工人选举产生，企业的组织形式、分配方式、产品生产的种类和数量均通过"一人一票制"的民主决策方式作出。但值得注意的是，尽管这一模式中的工人具有自主管理企业的权利，完全负责生产资料的结合和运作，但他

---

① Schweikart, D., *Capitalism or Worker Control?: An Ethical and Economic Appraisal*, New York: Praeger, 1980.
② Schweikart, D., *Against Capitalism: Reviews of Capitalism or Worker Control.* Cambridge, 1993. Cambridge University Press.
③ Schweikart, D., *After Capitalism.* Rowman & Littlefield Publishers, Inc. 2002.
④ ［美］戴维·施韦卡特：《反对资本主义》，李智等译，中国人民大学出版社 2002 年版，中文版序第 1 页。

们对生产资料不具有所有权，生产资料是社会的集体财产。（2）市场经济。施韦卡特认为，如果缺乏一个对供求作出灵敏反应的市场机制，很难达到效率和公平的有机统一。因此，他所倡导的"经济民主的社会主义模式"也把市场当作达到某种社会目的的工具，主张合理地运用市场，要求自治企业参加市场交易并在交易中追求"利润"的最大化。当然，这里的利润与资本主义制度下的利润具有本质的区别，它是指产品的价值和非劳动成本（扣除工资成本后的生产费用）之间的差额。然而，施韦卡特并不主张复制一个与资本主义国家完全相同的市场，在他看来，虽然市场体现了自由和民主，是实现某些社会目标的有效形式，但市场也存在一些固有的缺陷，当市场运作不佳时，应允许政府进行某种程度的干预。他反复强调："我们的社会主义经济是一种市场经济"，"我们的社会主义经济不信奉'听之任之'的理论。如同现代自由主义，当市场运转不灵时，我们的社会主义经济允许国家干预。它没有将市场绝对化……而倾向于把市场看作是达到某些社会目的的有用工具"。"问题不在于选择计划或选择市场，而在于将计划和市场两套机制在'民主'领域结合起来。"① （3）对新投资进行民主的、社会的监督。施韦卡特认为："企业自治的目的是为了扬弃劳动力的商品化和异化。市场是治疗过度集中与官僚主义的良药。社会对新投资的监督是平衡市场的力量，可以缓和资本主义生产的无政府状态。"② 社会主义对投资基金的配置应比高度集中决策模式更加民主，比"自由放任"（laissez faire）模式更加注重对投资的控制。在其模式中，施韦卡特主张新的投资决策由一定的代表机构通过民主控制过程作出。具体说来，这种投资首先通过中央政府向企业征收资本税作为新投资的基金，然后再由地方银行将这些投资基金投放到其所属的企业以及新成立的企业。"投资基金的产生和发放均按照民主监督的程序进行。筹集资金不是靠用利息吸引储户，而是通过征收资本税的方式。"③ 在施韦卡特看来，这样做既可以促进资金的有效利用，同时还可以为新投资提供资金。

由此可见，"经济民主的社会主义模式"是在吸收原南斯拉夫自治的社会主义模式、日本的资本主义经济模式以及西班牙的蒙德拉贡合作社运

---

① ［美］戴维·施韦卡特：《经济民主——一种真正的和可以实现的社会主义》，廖淑涵译，载《当代国外社会主义：理论与模式》，中央编译出版社1998年版，第383、391页。
② 同上书，第384页。
③ 同上书，第385页。

动的有益成分的基础上建立起来的。

三 阿彻"以经济民主为基础的社会主义经济模式"

澳大利亚经济学家罗宾·阿彻曾长期在英国学习,受英国市场主导的市场社会主义理论的影响,他对社会主义经济模式问题也进行了深入研究,相继出版了《经济民主:可行的社会主义政治》(1995)、《走向经济民主的英国》(1996)等著作,详尽描述了其"以经济民主为基础的社会主义经济模式"(socialist economy based on economic democracy)。

与施韦卡特一样,阿彻也把"经济民主"作为其所倡导的经济模式的一个基本范畴,正如该模式的名称本身所直接反映出的那样。但与施韦卡特不同的是,他强调的重点是企业内部的民主和自由问题。他把"平等的自由原则"作为其模式的立足点,从实现个人平等自由最大化的角度论证经济民主社会主义经济模式的优越性。

该模式主要包括以下几个方面的内容和特征:(1)企业按照民主的原则进行管理。阿彻强调指出:"我所谓的经济民主是指,在这种经济制度下,企业在市场中运行,并由那些在其中工作的人进行管理,经济活动的基本单位即工厂和企业,应该按照民主的原则进行管理。"[1] 他认为,资本主义之所以要被一种新的社会制度所替代,最主要的原因之一就在于它不能按照民主的原则进行管理,不能实现真正的经济民主。(2)劳动者掌握企业决策控制权。阿彻从雇佣劳动关系入手,批判了资本主义制度下资本家掌管企业直接控制权的不合理性,在他看来,劳动力是一种特殊商品,只有劳动者才受到企业权力的直接支配,在这一平等和自由价值观的基础上,阿彻在其模式中,要求消灭资本主义社会中资本家对企业权力的垄断,充分保障和实现工人管理企业的真正民主权利,并设想把企业决策的权力赋予工人,他明确指出:在理想的经济民主社会中,"拥有企业决策控制权的应当是工人而不应当是资本家"[2]。(3)在资本主义的劳动与资本合作的基础上实现向经济民主社会的过渡。阿彻反对资本家和工人之间的权力关系,认为这种权力关系会导致工人和资本家之间的利益冲突,

---

[1] Archer, R., *Economic Democracy: The Politics of Feasible Socialism*, Oxford: Clarendon Press. 1995, p. 5.

[2] Ibid., p. 88.

"无论工人做多少工作，拥有企业的资本家都会要求他们做更多的工作。由于劳动的成本已经预先确定，资本家从工人身上得到的劳动越多，他们得到的利润也就越多。因此，如果企业的目标是利润最大化，它就必然要对其所购买的劳动力行使支配权。"[①] 但他并不反对资本家与工人之间、雇主与雇员之间对立的存在。阿彻认为，在资本主义社会中，工人有可能同资本所有者进行"交易"，用增加薪资等"可兑换的好处"（exchangeable good）换取企业决策权，从而不断积累起更多的直接控制权，直至实现完全的工业民主。当然，阿彻也指出，合作主义并不是构成经济民主的一种形式，而仅仅是达到经济民主的工具。[②]

第七节 反对市场的社会主义经济模式

前述几种类型的社会主义经济模式都强调市场的作用，主张社会主义应当而且必须利用市场。可以说，国外马克思主义经济学者在社会主义经济模式的建构过程中，大都非常注重市场的作用。但是，亦有一些国外学者对市场持坚决否定和批判的态度。并在对市场的批判中，论证了他们所倡导的反市场的社会主义经济模式。该类型的模式主要包括英国经济学家莫里斯·多布（Maurice Herbert Dobb）的"中央集中解决法计划经济模式"，托派第四国际的负责人、比利时激进经济学家埃内斯特·曼德尔（Ernest Mandel）的"无价格经济模式"以及美国著名的西方马克思主义者贝特尔·奥尔曼（Bertell Ollman）的"民主计划的社会主义经济模式"。

一 多布"中央集中解决法计划经济模式"

早在第二次世界大战之前，多布就曾对当时波兰经济学家兰格（Oskar Lange）等人提出的"竞争解决法市场社会主义模式"提出了质疑和批评。多布认为，兰格等人主张的市场社会主义模式忽视了社会主义制度与资本主义制度之间的本质差别，特别是没有理解计划经济在协调投资等重要方

---

① Archer, R., *Economic Democracy: The Politics of Feasible Socialism*, Oxford: Clarendon Press. 1995, p. 43.
② Archer, R., *Toward Economic Democracy in Britain*, London: Blackwell Publishers. 1996, pp. 102–144.

面的决定性意义。① 战后，多布又相继出版了《资本主义发展问题研究》（1946）、《论经济理论和社会主义》（1955）、《论经济增长和计划》（1960）以及《福利经济学和社会主义经济》（1969）等一系列著述，系统深入地阐释了其反市场的原因。

多布分析了资本主义市场的盲目性和短视性等缺陷，并在此基础上论证了经济计划和重工业的发展在改变不发达国家经济现状中的重要作用。多布认为，市场和竞争是资本主义的经济范畴，如果把它们运用到社会主义制度中，就是"把社会主义建立在资本主义的腐烂的基础之上"。因此，他强调生产资源为集体或社会所有的社会主义，必须采取国家对经济进行直接管理的计划经济。在多布看来，社会主义计划经济比资本主义市场经济应当具有更高的经济效率。在上述思想认识的基础上，多布提出了其"中央集中解决法计划经济模式"。

该模式主要包括以下三个方面的内容和特点：（1）国家通过中央计划机构对经济进行直接管理。这种直接管理主要体现在由中央计划机构负责制订宏观经济方针和经济指标，决定长期投资和生产结构的调整等诸多方面。其实，多布并没有完全排斥市场的存在，在强调集中计划经济的前提下，为了确保消费者能够自由购买商品、自主选择工作，多布也承认在社会主义经济中，需要保留一部分消费品零售市场和劳动者商品市场。（2）社会主义计划必须遵守社会效用最大化的原则。多布认为，福利经济学的"最宜条件"，即消费者在现有价格下从其货币收入中得到最大满足，生产者在现有价格下从其生产投入中获得最大利益，这一点不完全适应于社会主义计划经济。在社会主义计划经济条件下，社会享用的效用之和应当比消费者个人的最大满足更为重要，因此，国家必须通过货币收入而不是价格来决定社会集团和个人之间的收入分配，企业可以选择能够获得最大产量的生产方法，而个人则可以通过自由使用自己收入的方式来满足个人的需要。（3）生产价格是中央计划局进行决策的依据。多布认为，作为商品成本价格和平均利润之和的生产价格，是中央计划局进行制定宏观经济政策的重要依据，中央计划局通过对一组组生产价格的比较分析，确定进行长期投资决策的核算价格，当一种产品的核算价格低于实际价格时，中央计划局就调整该产品的产量，增加该产品的供应，以保证供给与需求的平衡。

---

① Dobb，M.，*Political Economy and Capitalism*，London：Routledge & Kegan Paul Ltd.，1937.

由此可见，多布虽然反对"竞争解决法"，崇尚"中央集中解决法"，认为社会主义计划经济比资本主义市场经济具有更高的经济效率。但是，在强调中央集中计划经济的同时，多布并没有完全排斥市场，没有彻底否定价值货币等一系列经济范畴在宏观经济中的调节作用，而是致力于寻求一条比较符合社会主义实际的途径，力图通过保留部分消费品和劳动力市场以及一定程度分权的形式，来解决计划与市场之间不确定的关系。

二 曼德尔"无价格经济模式"

曼德尔是激进经济学派的重要代表，著有《论马克思主义经济学》（1962）、《过渡时期的政治经济学》（1967）、《从斯大林主义到欧洲共产主义》（1978）等。在这些著述中，曼德尔批判了高度集权的斯大林模式，认为应当废除那种在斯大林时期盛行的、给企业制定详细指标的计划。但同时，曼德尔也极力反对诺夫等人提倡的分权的社会主义经济模式，认为人们不能依靠"物质刺激"和"货币机制"去完成计划规定的大部分目标。他明确提出："市场和货币关系是产生国家和社会官僚化危险的主要根源"，"认为单凭'物质刺激'和'市场机制'本身就能使生产和经济获得最大程度的发展，这是一种根本未经证明的看法，它至今没有得到最终的证实"。[1]

20 世纪 80 年代，针对原苏东社会主义国家普遍采取的市场取向的改革，曼德尔打出了"为社会主义计划辩护"[2]的旗帜。他以西方市场制度带来的种种缺陷为靶子，论证了市场的不合理性，以及"计划失败论"者的错误。他明确指出："实际经验（首先是南斯拉夫和波兰，当然也包括其他例子）证明，通过不断依靠市场机制的方法来纠正官僚集中计划的畸变和失调，一开始可能有某些成功，但最终会使官僚主义与市场经济的弊端越来越纠缠在一起，彼此促进，而不是相互制约。"[3]曼德尔还进一步断言："'市场社会主义'既不能克服资本主义自由市场的弊端，也不能解决

---

[1] [比] 埃内斯特·曼德尔：《关于过渡社会的理论》，王绍兰等译，人民出版社 1982 年版，第 9—10 页。

[2] Mandel, E. (1986). "In Defence of Socialist Planning", in New Left Review, (169) May-June.

[3] [比] 埃内斯特·曼德尔：《为社会主义计划辩护》，薛彦平译，载《现代国外经济学论文选》第 15 辑，商务印书馆 1992 年版，第 405 页。

自由社会主义的弊端问题，他所主张的混合社会主义只能是混合的神话。"① 在1992年出版的《权力与货币》一书中②，曼德尔结合苏东社会主义国家剧变的情况，进一步阐述了自己的上述观点，并在此基础上提出了最终取消货币交易关系的"无价格经济模式"（priceless economy），主张把货币和商品买卖的关系减到最少。亦有人称之为"生产者和全体公民自我管理经济模式"③。

"无价格经济模式"的主要内容和特点包括：（1）实行民主集中的计划。曼德尔指出：在资本主义社会中，工人是资本家和市场法则的奴隶；在苏联模式的社会主义社会中，工人被官僚剥夺了制定计划、管理生产的权利，成了官僚的奴隶。工人阶级要摆脱资本家的奴役和官僚的枷锁，必须通过民主的自治确定自己需求的先后次序，并按此顺序分配社会资源。他说："从工人阶级的立场来看，不论是官僚体制为所欲为所造成的损失，还是盲目的市场机制所造成的损失都同样是不能接受的。这只不过是异化的两种不同形式而已。……解决这个看上去似乎是进退两难的问题的正确答案，既不能从按斯大林模式建立起来的高度集中和繁琐的计划中找到，也不能从南斯拉夫模式的灵活分散的计划中找到，它只能在由多数工人组成的工人全国代表大会的民主集中的计划中去寻找。"④（2）以满足需要而不是追求利润为基础，实行以劳动时间为计算基础的经济制度，使商品经济和货币趋于衰亡。曼德尔认为，在过渡社会和社会主义社会，"货币逐渐地从企业和企业之间的关系中、从企业和消费者之间的关系中、从企业和劳动力所有者之间的关系中、从企业和原料供应者之间的关系中，先后撤退出来。货币的衰亡普遍了。只剩下'计算单位'，以便在企业管理中、在经济（就其整体来说）管理中，实行以劳动时数为计算基础的经济制度。"⑤（3）经济增长不是永久的目标，公民可以自己选择劳动时间和劳动条件。在"无价格经济模式"中，人们不再为了在激烈的相互斗争中求得

---

① ［比］埃内斯特·曼德尔：《为社会主义计划辩护》，薛彦平译，载《现代国外经济学论文选》第15辑，商务印书馆1992年版，第407页。
② Mandel, E., *Power and Money*, Verso Press, 1992.
③ 范恒山：《国外25种经济模式》，改革出版社1993年版，第166页。
④ ［比］埃内斯特·曼德尔：《关于过渡社会的理论》，王绍兰等译，人民出版社1982年版，第16页。
⑤ ［比］埃内斯特·曼德尔：《论马克思主义经济学》（下卷），廉佩直译，商务印书馆1979年版，第305页。

生存而被迫劳动，正如曼德尔指出的："在社会主义社会里，公民有了丰富的物资和服务，才破天荒第一次真正有可能在多一点财富还是多一点闲暇之间进行选择。……无论如何，经济增长本身不是目的。目的是满足社会的需要，满足消费者的需要，以便最合理地发展人类的一切才能。"①

三 奥尔曼"民主计划的社会主义经济模式"

美国纽约大学政治学教授贝特尔·奥尔曼（又译为伯特尔·奥尔曼）也对市场持坚决的批判态度，认为资本主义市场使人们形成一整套信念和思维方式，这套信念和思维方式一方面促使交换顺利进行，另一方面模糊了人们对资本主义社会本质的认识，起到了资本主义社会主要的意识形态的辩护机制的作用。

曼德尔不仅反对资本主义市场，也对市场社会主义进行了深入的批判。他指出，市场社会主义非但不是真正的社会主义，而且还阻碍了目前的社会向真正的社会主义和共产主义发展。他认为不管哪种形式的市场社会主义，都是无法通向社会主义的乌托邦。他说，市场社会主义者"没有注意到，法国、奥地利、荷兰的社会民主党人所做的大量的有关试验与努力都已被实践证明是失败的、不成功的。这似乎已经证明，市场与社会主义是水火不容的。"② 在他看来，因为市场社会主义者保留了市场，从而也保留了资本主义的大多数弊端。他说，市场社会主义"保留了市场，因而也就继续保留了资本主义的社会化市场和私人占有之间的矛盾。这保证了绝大多数资本主义弊病的继续存在，包括周期性的经济危机，与这些弊病一起存在的，是一个受到太多蒙蔽以致无法对付它们的工人阶级"③。在《资本主义社会的市场神话：一种马克思主义解释》一文中，奥尔曼明确指出："只有对'市场神话'（market mystification）做出批判，才能正确认识资本主义市场以及支配这种市场的阶级。"④

---

① ［比］埃内斯特·曼德尔：《论马克思主义经济学》（下卷），廉佩直译，商务印书馆1979年版，第317—318页。
② 徐小苗、杨双：《伯特·奥尔曼谈西方十大马克思主义流派》，《马克思主义研究》1995年第1期。
③ ［美］伯特尔·奥尔曼编：《市场社会主义——社会主义者之间的争论》，段忠桥译，新华出版社2000年版，第138页。
④ ［美］贝特尔·奥尔曼：《资本主义社会的市场神话：一种马克思主义解释》，朱士群译，《马克思主义与现实》1997年第2期。

从奥尔曼的一系列关于评判市场社会主义的著述中可以看出，尽管他并不认同苏联那种中央高度集权的计划经济体制，他却充分肯定了中央计划的作用："中央计划的社会，甚至那些不民主的社会，那些运行得不太好的社会，它们的一个主要优点是很容易看出谁对失误负有责任。是那些制定计划的人。"① 在奥尔曼眼中，计划所暴露出来的种种弊端并不是计划经济本身的错误，而是由于计划经济体制在实践中缺乏民主。

从奥尔曼对资本主义和市场社会主义的批判中，我们可以看到，"民主计划的社会主义经济模式"的一个最重要最基本的内容和特征是：按照民主的中央计划调节全国生产。在《资本主义社会和市场社会主义社会中的市场神秘化》一文中，他从市场的"蒙蔽作用"和资本的"漩涡逻辑"出发，列举了市场的种种弊端。② 在他看来，资本主义的本质就在于市场关系，只有形成了对所有市场关系的拒绝，人们才能转向社会主义。他在批判市场社会主义者的观点时明确指出：不能将马克思同意社会主义革命后短期内保留市场作为他相信整个社会主义阶段自始至终存在市场的证据。只有在民主的中央计划指导下进行生产才能使社会关系完全透明化，才能不仅促进企业内部而且促进企业之间工人的合作。"当阶级、国家、私有制和异化全都消亡时，到了那时，完全的共产主义就是真正可能的。这种极其巨大的发展不会容易地或很快地到来。它的尚未存在的前提条件必须创造和精心培育。……无产阶级的民主专政相伴随的民主的中央计划要去建构规则的支架，有了这一支架，共产主义的大厦才能建立起来。"③

综上所述，国外马克思主义学者在批判资本主义制度和苏联社会主义模式弊端的基础上，提出了种类繁多的社会主义经济模式，为实行经济转轨的社会主义国家提供了宝贵的思想素材和理论参考。特别是冷战结束以来，在关于社会主义新模式的探讨中，国外马克思主义学者结合当代世界经济、政治和社会发展的现实，论证了资本主义必然被一种新的、更加合理的社会经济发展模式代替的结论，描绘了他们理想的社会主义社会的美好蓝图。他们提出的许多观点对世界社会主义运动的发展乃至对我国社会

---

① ［美］伯特尔·奥尔曼编：《市场社会主义——社会主义者之间的争论》，段忠桥译，新华出版社 2000 年版，第 92 页。
② 同上书，第 92—144 页。
③ 同上书，第 174 页。

主义建设的实践，都产生过并将继续产生影响。不过，国外某些马克思主义学者所提出的各种社会主义经济模式理论，由于没有相应的经济实践，难免带有一定的空想色彩，因而仍需继续探讨，尤其应当结合中国、越南、老挝、白俄罗斯等社会主义类型和目标的市场经济实践来审视和发展相关理论。

第十三章 国外马克思主义学者对西方主流经济学的批判

本章所要批判的西方主流经济学包括微观经济学和宏观经济学。微观经济学是从新古典经济学发展起来的理论体系，宏观经济学是由凯恩斯主义经济学发展起来的理论体系。20世纪40年代末，美国经济学家萨缪尔森将这两个理论体系加以综合，形成"新古典综合"理论体系，又称"后凯恩斯主流经济学"。此后，西方经济学的理论体系在不断争论中得到补充、修正和变化。

西方经济学发展演变的主线，一般认为经历了重商主义（15世纪至17世纪中叶西欧封建制度瓦解和资本原始积累时期的经济学说）、古典经济学（17世纪中叶至19世纪中后期的经济学说）、新古典经济学（19世纪后期到20世纪初期的经济学说）、现代经济学（20世纪30年代至今）四个大的发展阶段。20世纪30年代，随着企业理论和现代垄断价格均衡分析的形成和问世，当代微观经济学应运而生；同时，凯恩斯的《就业、利息和货币通论》（1936）的出版是当代宏观经济学产生的标志。这些理论构成了当代西方主流经济学的主要内容。而从经济学流派和经济政策取向这一视角来看，当代西方经济学存在着两个大的思潮：以新自由主义为代表的经济自由主义思潮与以凯恩斯主义为代表的国家干预主义思潮。

在当代西方主流经济学形成、发展的同时，国外马克思主义学者撰写了大量论著，对西方主流经济学进行了深入系统的批判。限于篇幅，本章主要介绍对新自由主义、凯恩斯主义及西方主流经济学中一些核心理论的批判。

第一节 对主流经济学批判的历史轨迹

国外马克思主义经济思想一直受到西方主流经济学的诘难和批判，同时国外马克思主义者也对主流经济学进行反批判，而恰恰在与西方主流经济思想的对峙中，国外马克思主义经济学不断完善、成长，获得巨大发展。国外（特别是欧美）马克思主义学者始终关注经济理论与现实研究。由于国外马克思主义者大多身处发达资本主义经济社会中，他们在某种程度上对资本主义和传统社会主义经济体制的弊病看得更深刻和更清楚，同时他们也处于西方主流经济学的包围之中，对于马克思经济思想的研究视野比较宽阔，对西方主流经济学的批判更能切中要害。第二次世界大战后，国外马克思主义经济学与西方主流经济学之间的关系大概经过这样三个阶段：第一阶段，从第二次世界大战结束到 20 世纪 50 年代末的 15 年间，马克思主义经济学受到主流经济学频繁的非难和攻击，同时一些西方马克思主义者也试图"沟通"马克思理论与凯恩斯理论。第二阶段，从 20 世纪 60 年代初到 80 年代末，这期间，资本主义经济由繁荣转为危机，凯恩斯理论陷入危机，它不仅受到资产阶级政治经济学的攻击，也受到了马克思主义政治经济学的批判。马克思主义经济学得到迅速发展，涌现出激进政治经济学派等一批马克思主义经济学派，他们对主流经济学进行了系统的批判。第三阶段，从 20 世纪 90 年代初至今，这期间在批判凯恩斯主义的过程中，新自由主义逐渐占据了主导地位，成为西方资本主义制定经济政策的理论基础，而国外马克思主义者对主流经济学的批判主要转向了对新自由主义的批判。

一　20 世纪 50 年代的西方马克思主义经济学

从第二次世界大战结束到 20 世纪 50 年代末，是资本主义经济发展的黄金年代。在这一时期，资本主义经济的复苏和繁荣虽然没有从根本上消除资本主义经济关系的基本矛盾，改变资本主义经济发展的历史命运，但资本主义经济关系的发展还是出现了许多新变化、新情况。怎样认识这些新变化、新情况，并对此作出马克思主义的阐释，成为这一时期西方马克思主义经济学发展的主题之一。这一时期，西方学者对马克思主义经济学的探索出现了以下两方面的显著变化：一方面，他们力图"沟通"马克思理论与凯恩斯理论，在马克思经济学研究中出现了力图开辟马克思主义经济学与非马克思主义经济学"两派共存的时代"的主张。另一方面，马克思主义经济学也受到了来自西方主流经济学更为频繁的非难和攻击，更多的资产阶级经济学家是以马克思主义经济学的"批判"者而不是"沟通"

者出现的。马克思主义经济学的传播还受到了来自西方政治势力的种种阻挠。但是，西方的许多学者和经济学家并没有停止对马克思主义经济学理论的"重新探讨"和"重新研究"。

在这一时期，西方马克思主义者试图"沟通"马克思主义经济思想与凯恩斯经济学之间的"联系"。在这种学术氛围中，一些马克思主义经济学者也在很大程度上表现出对凯恩斯经济学的"宽容"，在理论上也或多或少地顺应了与西方经济学"沟通"的取向。这一取向，与当时以苏联为代表的"正统"马克思主义经济学派是有显著区别的。罗·林·米克（Ronald Lindley Meek）作为战后成长起来的马克思主义经济学者，在1956年出版的《劳动价值学说的研究》一书中，以马克思的劳动价值论为中心，详尽地考察了劳动价值学说的发展史，说明马克思的劳动价值论无论在马克思那个年代还是在现时代，都是真正的科学。该书对澄清西方经济学界长期以来对马克思劳动价值论的误解和非难起到了重要的作用。然而，米克撰写此书的初衷之一，却是希望通过对劳动价值学说史的研究，在马克思主义经济学和非马克思主义经济学之间建立"某种桥梁"，他提出："在这个时代里，马克思主义者和非马克思主义者将由互相攻击对方的虚伪性和不学无术，而转变为互相了解和评价对方的观点，双方进行和平的竞赛，看看谁能对经济现实给予更正确和更有用的分析。"[①] 米克的这一学术主张，多少可以看作是对当时西方经济学界流行的"沟通"马克思主义经济学理论思潮的一种回应。保罗·斯威齐也试图与主流经济学进行一些沟通。他于1942年出版的《资本主义发展论》一书，是反映当时马克思主义经济学在西方研究特点的代表作。该书对马克思逝世之后马克思主义政治经济学研究的一些重要理论争论作了概述，并对当时一些"正统"理论观点提出了"挑战"。其中，最为突出的是他对"消费不足论"在解释资本主义经济危机方面意义的肯定。他通过详细考证认为，"消费不足"和"生产过剩"实际上是一枚硬币的两面，在理解资本主义经济危机的实质时，"用'比例失调'来否定'消费不足'的做法是不正确的"。显然，他对"消费不足论"的肯定与凯恩斯所倡导的"有效需求原理"有着某种内在的对应关系。此后，斯威齐与巴兰合作的《垄断资本》一书用"经济剩余"范畴替代了马克思的"剩余价值"范畴，强调了剩余价值的

[①] [英] 米克：《劳动价值学说的研究》，陈彪如译，商务印书馆1979年版，第4—5页。

实现而非剩余价值的生产,实现了由"术语的更换"到"理论见解的必要的转换",继续着"融合"马克思主义经济学与凯恩斯主义经济学的努力。

虽然在这一时期一些马克思主义者试图在凯恩斯主义和马克思主义之间进行"沟通",但另一些马克思主义者对凯恩斯主义进行了有力的批判,如刘易斯·科里(Corey Lewis)对凯恩斯的理论作了激烈的抨击。他对凯恩斯主义的批评主要集中于对大萧条的解释上,他把马克思危机理论中的利润率下降和消费不足理论综合在一起,认为投资取决于利润率的变动,而不是凯恩斯说的取决于利息率,这样凯恩斯对萧条时期货币的解释混淆了原因和结果。[①] 凯恩斯认为利润率下降是平衡过渡到一个既是资本主义而又不是资本主义的"新社会秩序"的手段,科里提出,实际上利润率下降不仅表明经济衰退,而且是激烈的阶级斗争、社会暴乱和战争的前兆。斯威齐认为,凯恩斯从来没有把资本主义制度看作是一个整合了资本主义经济、政治、技术和文化的总体,因此,凯恩斯认为阶级斗争不过是"令人讨厌的混乱"而忽略了资本主义国家的阶级作用,把国家只看作是一个在紧要关头突然出现的扭转局面的角色。凯恩斯忽视了技术进步对利润率进而投资的影响,他把这看成是经济机制中可以矫正的缺陷,而不是保证资本家控制劳动力市场的手段。多布对凯恩斯进行了更加系统、更为深刻的批判。他强调了《就业、利息和货币通论》与新古典理论的决裂及其对传统的经济均衡假设的否定。多布认为,凯恩斯的经济方法过于宏观,因而导致他忽视了不同部门之间的必要的均衡,并进而忽视了计划的必要性。

二 20世纪60年代美国激进政治经济学的兴起

在巴兰、斯威齐等老一代马克思主义经济学者的影响下,产生了新一代美国激进政治经济学学派,他们对资本主义的经济、社会现实进行了激烈的批评,同时对西方主流经济学进行了更为直接、深刻和系统的批判。

(一)激进政治经济学派的形成及其理论渊源

20世纪60年代中期以来,激进政治经济学(The Radical Political Economics)在美国兴起,在当代美国各种经济社会思潮中独树一帜,产生了一定影响。20世纪60年代中期,美国国内的经济、政治、社会危机不断

---

① Corey L., *The Decline of American Capialism*, New York: Covici Friede Publishers, 1934.

爆发。在经济上，美国垄断资本走完了战后经济繁荣的黄金岁月，失业、贫困、生活质量降低和经济衰退重新回到经济生活中，经济发展进入了低谷。对此，"正宗"的凯恩斯主义理论一筹莫展。在这一社会背景下，以里弗德赛为首的一批加利福尼亚大学和哈佛大学经济学系的青年知识分子联合起来，成立了美国"激进政治经济学联盟"，旨在以"激进政治经济学"为理论基础，批判美国资本主义制度，探寻在美国建立新社会制度的问题。联盟很快就创办了《激进政治经济学评论》（*The Review of Radical Political Economics*），专门发表该联盟成员的理论成果。联盟最初成立时有1000余名成员。到20世纪70年代初，迅速发展到2000余人。

对早期激进学派理论产生直接影响的，是当时在美国已颇有声望的保罗·斯威齐、保罗·巴兰等一些马克思主义经济学者所撰写的理论著作。这些著作主要有：保罗·斯威齐的《资本主义发展的理论》（1942）、保罗·巴兰的《增长的政治经济学》（1957）、巴兰和斯威齐合著的《垄断资本》（1966）、安德烈·岗德·弗兰克的《资本主义和拉丁美洲的不发达》（1967）、戴维·霍罗威茨主编的论文集《马克思和现代经济学》（1968）、利奥·霍伯曼和斯威齐合著的《社会主义导论》（1968）、哈里·马格多夫的《帝国主义时代》（1969）。这些理论著作，对早期激进学派的影响主要表现在以下三个方面：

第一，在理论研究对象上，这些著作探讨了美国经济、社会发展中的尖锐矛盾及经济停滞和危机的根源，揭示了美国垄断资本主义经济发展中出现失业、贫穷和不平等等不合理现象的本质，并认为这些由资本主义制度所造成的"弊端"，不可能在这一制度内部得到解决，这些观点在一定程度上阐明了资本主义私有制经济向社会主义公有制经济过渡的历史必然性。

第二，在理论研究方法上，这些著作大多存在着两个明显的倾向：一方面，宣称要运用马克思主义经济学基本原理分析和理解当代资本主义经济的性质；另一方面，又舍弃马克思主义经济学的一些基本范畴和重要理论原理，试图"重构"马克思主义经济学理论范畴和理论体系。这两种倾向对激进政治经济学派产生了重要影响。

第三，在理论研究上，这些著作还存在着"两翼出击"的倾向：一方面，这些著作不同程度地批判了新古典经济学中存在的"辩护性"和"庸俗性"；另一方面，这些著作也极不满意当时存在于苏联等社会主义国家所谓的"官方"马克思主义经济学理论,认为这一"官方"理论窒息了马克思主义经济学的生命力。这种试图创立"独立的"马克思主义经济学的理论倾向,给年轻的激进学者以深刻的影响。

(二) 激进政治经济学派的理论主题

激进政治经济学派在形成伊始,就有着鲜明的理论主题。1970 年,激进政治经济学联盟成立后不久,美国著名经济学家马丁·布朗芬布伦那(Martin Bronfenbrenner) 就清楚地指出了该学派的七个明确的论题:一是对收入、财富和权力的不平等分配的谴责;二是对资源的不合理分配的不满,认为用于生产中上层阶级所需的消费品和军用产品的资源太多,而用于穷人公共产品和劳务的资源太少;三是指责对"生活"质量的忽视,谴责普遍存在的污染、异化、人口过剩和资源浪费等现象;四是谴责军国主义和种族歧视;五是反对美国帝国主义和新殖民主义对广大第三世界的剥削和掠夺;六是认为"权势经济学"和其他社会科学掩盖了社会弊端;七是批判传统经济学只从生产和消费角度研究"单向度"的人,忽视了人的社会本质规定。[1]

在理论论题上,早期的激进学派同"权势经济学"的对立十分明显。首先,激进学者极力揭示资本主义经济的矛盾,提倡对资本主义实行制度性的改革,并注意经济上阶级关系和阶级矛盾的分析,强调生产过程和分配过程中资本家和雇佣工人阶级的对立;其次,激进学者摒弃"权势经济学"的分析方法和理论范畴,主张运用马克思的唯物史观和阶级分析方法,以及马克思经济学的理论范畴剖析当代资本主义经济现实,构建激进政治经济学的理论框架;最后,激进学派不仅注重对资本主义制度历史形成的考察,注意对当代资本主义现实的动态分析,而且还十分注重从经济、政治和文化学等视角,对当代资本主义发展的深刻矛盾及其历史走向作出综合考察。

(三) 激进政治经济学派与西方"正统"经济学理论的分歧和对立

20 世纪 70 年代中期,激进学派有了更加令人注目的发展。在美国的一些著名大学,如哈佛大学、康奈尔大学、斯坦福大学、加利福尼亚各公立大学涌现出塞缪尔·鲍尔斯、阿瑟·麦克爱温、赫伯特·金提斯、托马

---

[1] Martin Bronfenbrenner, "Radical Economics in America: A 1970 Survey", *The Journal of Economic Literature*, 1970, V. 8 (3), pp. 749 – 750.

斯·韦斯科夫、斯蒂芬·马格林、詹姆斯·奥康纳等一批著名的激进政治经济学家。在《激进政治经济学评论》、《每月评论》（Monthly Review）、《政治学和社会》（Politics and Society）、《资本和阶级》（Capital and Class）等杂志上，发表了大量宣传激进学派理论观点的论文。

20世纪70年代，激进学派的迅速发展，同西方"正统"经济学理论面临"第二次危机"有着直接联系。1971年底，西方著名经济学家琼·罗宾逊在美国经济学协会的年会上发出了"经济理论的第二次危机"的警告。她把凯恩斯经济学理论形成前西方经济学的无能状况称作经济理论的"第一次危机"。60年代末，历经"凯恩斯时代"的"繁荣"之后，西方经济理论又面临"第二次危机"。她说现在的局面是，"不仅主观上的贫穷绝没有因经济增长而克服，而且绝对贫困还因经济增长而增大"，"当经济增长在上层继续进行时，愈来愈多的家庭在下层则被驱逐出来。虽然财富增加了，但绝对贫困却增长了。'富裕中的贫穷'这句旧口号具有新的意思"。①

作为"正统"经济学理论的批判者，激进政治经济学派认为，面对席卷全国的失业和贫困、经济萧条和通货膨胀，美国"正统"的经济学理论已处于一筹莫展、进退维谷的境地。激进学派直言不讳地指出，在当代西方社会中，资产阶级经济学家的任何理论，已经不再有什么能够使人激动的、使人受到鼓舞的以及能够闪烁出任何一点光芒的思想源泉，即使是在这一经济河流中游泳的人也已清楚地看到，这一理论源头的河水已经变得混浊不堪了。

谢尔曼在《激进政治经济学基础》一书中，对激进政治经济学与正统派经济学的对立以及前者的新颖观点作了系统的阐述。在这里仅就几个主要理论作简要的概括和说明。（1）方法论。激进政治经济学一般推崇马克思的研究方法，强调历史的动态分析、辩证分析、制度分析或阶级分析，强调过程、矛盾和质变，强调人与人的生产关系。正统经济学方法论的特点则是强调均衡、平衡和量变，强调人与物的技术关系，否认阶级斗争和制度变革。（2）价值论。激进政治经济学派一部分人始终坚持劳动价值论，反对边际效用价值论，并且对挑战者提出的难题（如复杂劳动与简单

---

① ［英］罗宾逊：《经济理论的第二次危机》，胡代光译，载《现代国外经济学论文选》第1辑，商务印书馆1979年版，第73页。

劳动的转化问题,以及多种技术选用、联合生产或固定资本存在的条件下,如何坚持劳动价值论的问题等),作了探索性的解答。(3)分配论。他们中的一部分人强调分配不均根源于资本主义制度,反对掩饰剥削和不平等的边际生产力分配理论、人力资本理论,强调立足于劳动价值论之上的剥削理论、贫困理论和分配理论,其中包括著名的双元劳动市场学说和产业分割学说。

激进政治经济学派与主流派经济学的分歧和对立以及前者对后者的批判,主要表现为:

(1)主流派经济学侧重于均衡、平稳及局限于某一结构之内渐进变化的数量分析和静态分析,这是主流派经济学的理论支柱之一。当代新古典经济学家乔治·施蒂格勒拒绝承认改革社会组织能够消除基本的经济问题,而乞求于价格体系。他们的保守主义特征实质上是强调所有的人通过市场竞争实现统一的理想(这种分析的核心是达到最佳均衡市场作用的自我调节机制),因而得出否认任何形式的阶级对抗存在的结论。而激进政治经济学则从动态角度强调对抗、演变和质变。

(2)主流派经济学仅考虑一种制度关系内的增长变动,而激进政治经济学派既考虑一个制度内的增长变动,又考虑一个新制度的完全变化,从而通过完全的变革最终实现"可行的"社会主义。

(3)主流派经济学把经济学作为一个技术问题,把它与社会政治问题以及对抗分离开来。如在相当长的一段时间内,他们拒绝把性别歧视和种族主义问题看作是整个政治经济学的组成部分。激进政治经济学派对政治经济学的对象理解得则较为宽泛,认为如果脱离开人的关系就无法了解经济,而人的关系是与政府、家庭等相联系的。

(4)主流派经济学没有关于剥削的理论,而是把包括分配在内的整个生产制度看作是完全和谐的,把均衡作为其主要的分析工具,把边际生产力理论(即在资本主义完全竞争制度下工人和资本家所获得的收入刚好等于他们各自提供的边际产品)和福利经济学作为其分配理论的基础。激进政治经济学派把经济看作是对抗的舞台,一些人被另一些拥有强权的人所剥削。

(5)主流派经济学在对性别、种族和异化等问题进行分析时,认为资本主义竞争可以自动消除所有的歧视和异化现象,从而把这些问题与整个政治经济的阶级关系分隔开来。而激进政治经济学派把资本主义竞争以及资本家使利润最大化的做法看作是导致性别歧视和种族主义的根源。

（6）主流派经济学没有关于周期性危机的科学理论，而把每一次危机看作是对自动充分就业的偏离，这种偏离趋势是由错误的政府政策所导致的，或者仅仅是某种不合理的变形。激进政治经济学派认为危机起源于资本主义体系内部带制度性的基本矛盾，而并非仅仅是由政策性或结构性问题所造成的。

（7）主流派经济学宣扬"纯粹"和"完全"的竞争性经济活动将导致各种资源的最优化分配和使用的论点，因而把环境破坏问题看作是亚当·斯密所预言的那种各方面的最佳结果（通过竞争实现）的小小偏离。激进政治经济学派把企业外部的负效应（私人只追求自己的利益所得，并不考虑对环境的破坏）视为资本主义市场中普遍存在的现象。

（8）主流派经济学鼓吹斯密的市场万能神话，把竞争的市场看作是解决所有问题的途径，而把任何集体计划（如免费医疗制度、教育）看作是降低效率和个人福利的祸根。激进政治经济学派承认市场的优点及缺陷，并认为在许多方面（诸如教育和医疗保健项目）都需要由合作和计划来代替市场与贪欲。[①]

（四）激进政治经济学派对资本主义的批判

揭露资本主义运行的弊端是激进政治经济学分析批判的重点。他们把产生歧视（包括劳动力市场的种族歧视和性别歧视）、异化、资源的浪费和环境污染、城市贫困化与就业不足、周期性失业危机和滞胀等弊端的根源，归咎于资本主义私人利润制度。赫伯特·金提斯在20世纪60年代写的《异化和权力》一文是异化论的代表作。他认为异化根源于资本主义社会制度，而不仅仅是心理状态。他讲的社会制度，包括六个方面的内容，即"生产要素"的私有制，劳动市场，土地市场，由市场力量决定对"生产要素"的收入分配，生活必需品、食物、住房、社会保险、医疗设施的市场交易，资本家以及作为资本家代表的经理对生产过程的控制。谢尔曼在《激进政治经济学基础》一书中指出，消除污染和保护资源的前提是消灭资本主义的私人利润制度，代之以一种社会拥有和指导的制度。

阐释资本主义制度的本质是激进政治经济学分析批判的又一重点。他们认为，资本主义制度的价格、工资和利润范畴与体系，反映了资本主义

---

① 颜鹏飞：《激进政治经济学派》，武汉出版社1996年版，第14页。

的人、社会与阶级关系，其实质是一种剥削和不平等的关系。他们一致批判主流派经济学的边际生产力理论，因为后者强调工资等于劳动的边际产量，利润等于资本的边际产量，从而把生产关系和分配关系视为一种无质的差别的纯技术关系。但是，激进政治经济学者虽然在对导致剥削的资本主义生产关系的质的说明上，有广泛一致的意见，但对如何构成一个连贯一致的量的方面的理论（即对剥削关系进行数量分析）方面却存在分歧。有的捍卫马克思的劳动价值论和剩余价值论，而有的认为用劳动价值量度来说明剥削要比斯拉法的商品量度更易于理解，但应对马克思劳动价值论和剩余价值论作某些修改。斯拉法主义者却对边际生产力论和劳动价值论都持批判态度。

（五）激进政治经济学派对主流经济学理论体系的批判

一些激进政治经济学家对西方主流经济学理论体系进行了系统性批判，其中最著名的代表人物是马克·林德。他是美国年轻一代的激进政治经济学家。他的《反萨缪尔森论》（1974年出德文版，1977年出英文版）是20世纪70年代美国激进政治经济学派对资产阶级主流经济学体系的第一次切中要害的认真而有力的挑战。该书力图用马克思主义的观点，对美国著名主流派经济学家萨缪尔森的《经济学》进行全面而系统的批判。如书中所说："我们的目的在于：不是通过抽象地断言马克思主义的革命性，而是通过指明只有马克思主义才能解释当今的资本主义，才能说明资产阶级经济学为什么无法作出解释，来证明马克思主义的'适用性'。"[①] 萨缪尔森的《经济学》是畅销于西方世界的影响很大的经济学教科书，它迄今为止再版19次（1948—2009），被译为十几种文字。萨缪尔森还被吹捧为"经济学的爱因斯坦"，并于1970年获得诺贝尔经济学奖。

《反萨缪尔森论》一书分6编共27章，大致与《经济学》的分编相一致。第1编"基本理论概念"，相应批判《经济学》第1—9章及第39、40章。林德对萨缪尔森有关方法论、市场机制、分配和三大社会基本组织（企业、工会和国家）的论述，进行了分析批判。他着重批判了这些经济学基本理论概念的超历史性和超社会性，而萨缪尔森正是以此作为资本主义辩护的工具。萨缪尔森所使用的实证方法——把这个社会性的存在理解

[①] [美]马克·林德：《反萨缪尔森论》上册，梁小民译，上海三联书店1992年版，第7页。

为既定的，既不研究它的起源，又不研究它在未来是否被另一种社会所代替，其注意力集中在当前的"问题"及其在资本主义范围内的可能的解决方法上——的实质，恰恰正是把"支持资本主义而反对社会主义"的价值判断强加于人。因而这种方法论具有虚伪和不诚实的品性。林德对"稀缺性概念"（萨缪尔森认为经济学产生于稀缺性）所显示的反历史主义、反阶级分析的错误的分析批判，是一个批判的典范。萨缪尔森认为稀缺性具有超历史的绝对性，即以不存在社会阶级这一假设为基础的，但又企图解释其相对性，因而产生了两个重大错误："第一，把稀缺性作为私有财产的基础意味着，私有财产产生于土地缺乏所引起的贫穷（关于人口过剩的同样想象构成了边际生产力理论的基础）。但是，实际上私有财产不是产生于'稀缺性'，而是产生于超过按某种传统消费水平维持再生产所必需的生活资料的剩余。因为这种剩余使一个不干活的所有者阶级的存在成为可能，而财产关系与阶级关系是联系在一起的。第二，如果我们考察一个较后的发展阶段，即西欧所谓的原始资本积累时期，我们就会看到，对农民直接的（而且往往是暴力的）剥夺并不是稀缺性的结果，而正是这种剥夺引起了（绝对的）土地稀缺，从而导致了这些失去自己土地的人的生活资料的稀缺。因此，不研究历史——社会状况，就无法理解人的'需要'与自然禀赋的丰富或稀缺之间的关系。"①

第2编"危机与凯恩斯主义"，相应批判《经济学》第10—14章关于凯恩斯主义宏观经济学的论述。林德以大量篇幅补叙萨缪尔森所忽视的凯恩斯主义产生的历史背景与思想渊源，并批驳了作为宏观经济学核心的国民收入决定理论的方法论实质：高度折中主义、强调主观心理因素以及否定阶级分析。除了指明国民收入理论的两大基本假设的错误，以及用非资本主义关系来解释资本主义经济问题之外，林德尖锐地指出：在国民收入理论中起重要作用的乘数理论重复了二百年前"斯密教条"的错误，即忽视了不变资本补偿问题，其根源之一在于偏重消费、需求和流通领域而忽视生产领域。

第3编"货币与信用"，相应批判《经济学》的第15—19章。林德在这一部分着重分析批判萨缪尔森的货币、信用及通货膨胀理论，指出其错

---

① ［美］马克·林德：《反萨缪尔森论》上册，梁小民译，上海三联书店1992年版，第18页。

误的一个重要根源在于无法正确理解马克思的价值和货币理论。林德既批判财政货币政策调节万能论，同时又注意吸收其合理内核。他说：《经济学》第 16 章"银行制度与存款"的"客观作用是在资本信用活动周围罩上一层神秘色彩，以使读者相信：联邦储备银行是万能的，我们老百姓无需再惧怕我们的经济会被控制。我们的目的是摒弃这方面的神秘色彩，揭示这些调节的合理内核及其局限性"[①]。

第 4 编"价值和价格理论"，相应批判《经济学》第 20—26 章中所阐述的微观经济学核心理论，其中包括供求论，边际效用论，成本、收益与价格分析，竞争和垄断理论。林德一开始阐述了微观经济学的理论基础即边际效用论发展的三个阶段，分析批判边际效用论的"心理基础"，以及边际效用递减律和边际效用等同律等。他批评萨缪尔森把价值视为"心理效用行为"，从而引入价值的主观标准，其目的在于使价值与生产的特定社会过程脱离，最终也使经济学本身被纳入不考虑社会——历史差别的一般行为理论。在林德看来，萨缪尔森关于其他经济理论（如垄断理论）分析的特点，也是拒不考虑"对于构成现代垄断基础的生产社会化过程"，"垄断理论仍然是与整个经济过程相脱离的，仍然局限于对单个厂商或商品的研究"[②]。

第 5 编"生产要素"，相应批判《经济学》第 27—31 章所论述的边际生产力分配理论。林德指出，这种建立在边际生产力理论基础上的收入分配理论是为资本主义剥削服务的。他引用资产阶级左翼学者埃里克·普赖斯尔的评价：边际生产力的主要缺点是它认为主要由自然与技术因素决定收入分配的观点，以及它忽略了解释流入各个社会阶级的收入的相对量的社会条件，并补充指出："整个边际生产力理论的特征就是把完成生产后就占有其成果的简单商品生产者和资本主义的雇佣工人混淆了。"[③]

最后一编"世界市场"着重批判《经济学》第 33—38 章中的国际经济学理论，其中包括世界货币、汇率、国际贸易、国际金融体系、不发达国家经济发展等问题。

《反萨缪尔森论》引起了西方经济学家的普遍关注。有的学者认为它

---

① ［美］马克·林德：《反萨缪尔森论》下册，梁小民译，上海三联书店 1992 年版，第 31 页。
② 同上书，第 159—160 页。
③ 同上书，第 180—183 页。

"对现代主流派经济学的那种与历史和政治毫不相干的狭隘性是一副有用的解毒剂"①。

三 20世纪90年代以来国外马克思主义者对新自由主义的批判

在西方世界经历了20世纪70年代和80年代的两次石油危机之后,凯恩斯主义经济学也陷入了危机,新自由主义在批判凯恩斯的过程中重新兴起并占据了统治地位。当代经济新自由主义作为一种思潮,是指从20世纪30年代以来形成的与凯恩斯主义相对立的各种新自由主义流派和学说的总称。主要包括:以美国弗里德曼(M. Fredman)为首的现代货币主义学派,以奥地利哈耶克为首的新自由主义学派,以德国艾哈德(L. Erhard)为首的弗莱德堡学派,以美国卢卡斯(R. Lucas)为首的理性预期学派以及以弗尔德斯坦(M. S. Felstein)为首的供给学派。这些学派都认为,市场机制是最有效率的,主张政府少干预或不干预市场经济。20世纪80年代之后,新自由主义经济理论和思潮几乎遍及所有的经济学领域并影响着经济生活的各个方面,似乎形成了新自由主义经济思潮一统天下的局面。1979年撒切尔夫人出任英国首相和1980年里根当选美国总统,标志着新自由主义意识形态在发达资本主义国家上升为主流经济理论和政策取向。

就在新自由主义大行其道的同时,西方马克思主义经济学者也从理论和实践的角度对新自由主义经济模式进行了批判。他们主要分析了新自由主义产生的根源及其本质,对新自由主义所产生的经济后果进行了批判,并在如何超越新自由主义理论方面进行了深入研究。他们还就新自由主义和经济危机的关系进行了探讨。他们指出,资本主义经济具有内在的不稳定性,自由市场缺乏效率;那些自由市场斗士们的理论是不周密的,多是夸夸其谈;在世界各地,特别在发展中国家采用新自由主义政策将给穷人与弱者带来灾难性后果。②

法国布迪厄(P. Bourdieu)分析了新自由主义的本质,指出新自由主义是通过服从那些支配经济关系的力量所作出的经济选择,来为强者服

---

① [美]罗伯特·戈登:《反萨缪尔森论——来自左派的抨击》,《纽约日报》1977年9月11日。
② [英]考斯塔·拉帕维萨斯:《新自由主义时代的主流经济学》,载[英]阿尔弗雷多·萨德-费洛等编《新自由主义批判读本》,陈刚等译,江苏人民出版社2006年版,第48页。

务的。

安德森、阿明、拉莫内、罗伯特·库尔茨等学者指出，新自由主义的一系列政策对世界经济产生了重大影响。可以讲，实施新自由主义经济政策的国家，几乎都发生了经济萧条，甚至严重的经济衰退。新自由主义政策给包括美国在内的发达国家带来了表面的繁荣，而实际上埋下了股市泡沫、私人部门债务膨胀、财政赤字不断扩大等隐患。同时由于对相当的国有工业和基础设施进行了私有化，导致大多数政府控制其国内经济、金融活动的能力被大大削弱了，全球经济的金融泡沫更迅速、更大规模地扩展开来。而新自由主义政策在发展中国家的实施，使发展中国家的经济，特别是工业发展的力量遭到了致命的打击，大大削弱了这些国家政府控制国内经济和金融活动的能力，其经济安全、民族独立、国家主权不断弱化，南北差距不断拉大。苏东国家推行破坏性的"休克疗法"，结果更是灾难性的。

日本共产党前主席、经济学家不破哲三指出，新自由主义造成了资本主义社会的贫富差距进一步扩大，造成了贫困极端化，并将之推广到全世界，深化了矛盾和危机。在新自由主义政策下，通过金融杠杆扩大消费，创造了一种"贷款购物"的社会风潮。新自由主义带来的这种欺诈性消费需求扩大策略，把低收入人群的住宅需求转变为金融经济巨额利润的源泉，这也是构成这次经济危机的直接导火索之一。新自由主义通过把美国式金融体制、经济体制强加给世界，制造了一种危险的舞台装置，使得发源于美国的金融危机、经济危机，瞬间波及全世界。①

第二节 对西方正统经济学②的批判

一 对凯恩斯《就业、利息和货币通论》的批判

20世纪30年代的世界经济大危机之后，凯恩斯主义成为西方各国经济问题分析和政策制定的理论基础，其影响力长达三四十年。但与此同时，西方左翼学者对凯恩斯理论和凯恩斯主义经济学进行了深刻的批判。

---

① ［日］不破哲三：《新自由主义的后果及走向》，郑萍译，《红旗文稿》2010年第23期。
② 这里所说的西方正统经济学主要指西方主流经济学中主张政府干预经济的经济学理论，与主张自由放任的新自由主义经济学相对。

法兰克福学派曼德尔鲍姆（K. Mandelbaum）和波洛克认为，凯恩斯对流动偏好的强调是错误的，因为货币的错位是症状而不是原因。凯恩斯夸大了利息率变动对投资的影响，同时忽视了技术进步对利润率进而投资的影响。《就业、利息和货币通论》这本书没有谈及不同部门投资比例失调所造成的影响。另外，凯恩斯对萨伊定律的驳斥，之前马克思早已讨论过了，其有效需求不足理论也可以在马尔萨斯那里找到，他对主观倾向的依赖则表明其分析上的肤浅。曼德尔鲍姆和波洛克断言："凯恩斯的修正程度超过了古典教条，但他没有指出更光明的前途，而是指向更暗淡的未来。"[1]

多布（Dobb, Maurice H.）强调了《就业、利息和货币通论》与新古典理论的决裂及其对传统的经济均衡假设的否定，认为这一点是有价值的。但多布坚持认为，在医治资本主义的疾病上，凯恩斯的经济方法过于宏观，导致他忽视了不同部门之间必要的均衡，并进而忽视了计划的必要性。凯恩斯同情生产资本家，反对借贷资本家，但他不同情工人，把资本主义国家描述成了一个中立的仲裁者，从而使他看不到政府经济政策的政治局限。多布断言，军费开支大概是资本家乐意接受的政府介入反萧条的唯一形式，而且在资本主义制度下实现充分就业是乌托邦的梦想。多布在晚期著作中，对凯恩斯的态度有所缓和，但他对凯恩斯本质上还属于新古典的价值理论和分配理论仍进行严厉的批判。他认为，凯恩斯建立在投资边际效率思想上的利润分析是整个《就业、利息和货币通论》的"最庸俗的观点"。[2]

刘易斯·科里对凯恩斯的《就业、利息和货币通论》作了激烈的抨击。科里对大萧条的解释，综合了马克思危机理论中的利润率下降和消费不足两因素。他对凯恩斯的批判也主要集中在这两个论题上。科里坚持认为，投资取决于利润率的变动，而不是像凯恩斯所讲的那样取决于利息率；因此，凯恩斯对萧条期货币的解释混淆了原因和结果。"利润率下降并非像凯恩斯想象的那样是平稳过渡到一个既'是'资本主义而又'不

---

[1] ［德］鲍姆（曼德尔鲍姆和波洛克共用的笔名——译者注）：《凯恩斯对自由主义国民阶级性的修正》，第403页，转引自［英］M. C. 霍华德、J. E. 金《马克思主义经济学史（1929—1990）》，郑吉伟等译，中央编译出版社2003年版，第94页。

[2] ［英］M. H. 多布：《充分就业与资本主义》（"Full Employment and Capitalism", 1950），多布：《经济理论与社会主义》（*On Economic Theory and Socialism*, London: Routledge & Kegan Paul, 1955），第215—225页。

是'资本主义的'新社会秩序'的手段。利润率下降不仅表明经济衰退，而且是激烈的阶级斗争、社会暴乱和战争的前兆。"① 至于第二个因素，科里认为凯恩斯"轻视了消费"而夸大了投资的重要性。"过度储蓄是循环过程中的一个因素。因为它并不造成资本投资（和生产）的不足，而是把本该进入消费的货币转化成了投资，从而造成消费不足。"最后科里作了方法论上的批判：凯恩斯的理论"强调了交换这一次要因素，而没有强调生产这一首要要素"②。这成为马克思主义者对凯恩斯批判中一个反复不断的话题。

概括地讲，左翼学者早期对凯恩斯的批判缺乏明确性，这主要是因为他们未能看到凯恩斯主义经济学属于短期分析，在短期条件下股本（资本）和技术被认为是固定不变的。1945年以后，马克思主义者对凯恩斯的反对得到了加强，而且更系统化了，凯恩斯的短期分析特点得到了明确的承认。

冷战初期，意识形态的对立处在最紧张状态，很多马克思主义者对凯恩斯的反对意见也相当富有进攻性。保罗·斯威齐在1946年评价《就业、利息和货币通论》时，把凯恩斯说成终究是新古典理论培育的一个"囚犯"。斯威齐认为，凯恩斯从来没有把资本主义制度看作是一个整合了资本主义经济、政治、技术和文化的总体。因此，凯恩斯认为阶段斗争不过是"令人讨厌的混乱"③，而忽略了资本主义国家的阶级的作用，只把国家看作是一个在紧要关头突然出现以扭转局面的角色。他忽视了技术进步对增加失业的影响，他把这看成是经济机制中可以矫正的缺陷，而不是保证资本家控制劳动力市场的手段。最后，凯恩斯甚至比他的一些新古典理论派的同行们更少关注垄断的力量，丝毫没有论及垄断在宏观经济中的意义。尽管斯威齐作了这些批判，但他还是没有否定《就业、利息和货币通论》在关键分析上的信条，即有效需求不足是经济危机的原因，而且，财政政策能够（至少在原则上）使情况恢复正常。他对凯恩斯的反对主要集

---

① [英] M. C. 霍华德、J. E. 金：《马克思主义经济学史（1929—1990）》，郑吉伟等译，中央编译出版社2003年版，第93页。
② [美] L. 科里：《美国资本主义的衰落》（*The Decline of American Capitalism*，London：John Lane The Bodley Head，1935），第188—190、214—216页。
③ [英] 凯恩斯：《劝说集》（*Essays in Persuasion*，见CW，IX，1972），vii页，转引自 [英] M. C. 霍华德、J. E. 金《马克思主义经济学史（1929—1990）》，郑吉伟等译，中央编译出版社2003年版，第100页。

中在政治上而不是狭义的经济上。斯威齐公开承认自己是消费不足论者。但是，把需求不足看作根本因素，就误把症状当成了起因。资本主义经济的核心是生产而不是交换。既然政府支出只是构成利润的剩余价值的"排水渠"，因此，它不能提供长期的解决危机的办法。资本主义具有内在的和不可避免的危机趋势。

那些直截了当地反对凯恩斯主义的左翼学者认为，危机产生的原因是未能生产出足够的剩余价值，以至于剩余价值的增长慢于工资的增长，从而引起利润率下降。危机的更深层原因在于剩余价值的生产，而不在于实现剩余价值的困难。

二　对经济周期理论和经济危机理论的批判

马克思主义经济学认为，在资本主义社会，生产过剩的危机是周期性爆发的，因而使得资本主义再生产和资本主义经济运行具有周期性。当资本主义进入到垄断阶段之后，尤其是第二次世界大战以来，经济周期仍然困扰着整个西方国家，但是，经济周期相对战前却发生了很大的变化，特别是进入20世纪七八十年代，随着科技进步和经济全球化的趋势，更是出现了许多新的变异。因此，如何解释这些经济周期的新现象和新问题成为马克思主义经济学者面对的重大课题。

在研究经济周期过程中，经济学家们提出了经济长波理论。西方非马克思主义经济学者在探讨长波的起因时，往往都强调货币、技术创新、战争及资源等外生因素的作用，而西方马克思主义经济学者在探讨长波问题时更多着重于马克思主义经济学视角。

激进政治经济学派对经济危机学说进行了深入的研究，特别是在20世纪70年代和80年代，他们对马克思的经济危机理论，尤其是危机爆发的根源和危机的分类等问题的研究有了新的进展。日本的马克思主义者们在对主流经济危机理论进行批判的同时，也对传统的马克思的危机理论进行了创新和发展。这一时期的代表人物主要有伊藤诚、霍华德·谢尔曼、奥康纳、曼德尔、阿特韦尔等人。[①]

伊藤诚试图从方法论角度寻找马克思的危机理论不完善的根源。在他看来，《资本论》阐述的危机理论，是从基本原理的角度来证明危机的不

---

① 颜鹏飞：《激进政治经济学派》，武汉出版社1996年版，第139页。

可避免性和必然性，其经济根据是 19 世纪中期典型的有规律的工业周期性危机，并且这一理论是马克思对古典政治经济学系统批判的焦点。但是，他认为马克思的经济危机理论在某种意义上讲，已不适应新的历史时期。他借历史时期的变化，试图完善和推进马克思的经济危机理论，尤其是马克思的资本过剩危机论及信用理论。因此，一方面，必须"应以 19 世纪中叶典型的有规律的工业周期的经验为基础来完成马克思的危机理论"；另一方面，"把抽象观念的经验根据扩大到前一段或晚一些历史时期，我们就或者必须考虑到极其不同的条件和因素，或者要借助于十分抽象的逻辑表述，以便显示繁荣、危机与萧条的明显必然性，以及它们重复出现的机制。不用准备明确的周期性危机的原理作为研究的基本准则，我们就可以在更具体的研究水平上更准确地进行关于整个资本主义世界历史上的危机变态的经济研究"。①

美国加利福尼亚大学教授霍华德·谢尔曼出版的《马克思主义的经济周期理论》（1979）、《停滞膨胀——激进派的失业和通货膨胀理论》（1976）等论著，从根源入手，概括了西方马克思主义者的三种经济危机学说，即资本有机构成提高、劳动后备军耗竭和消费不足理论。与伊藤诚不同，他并不把产生危机的根源归结为某一类型的经济危机理论，而是多种原因或矛盾引发经济危机。因此他们力图把这三种危机论综合起来。他指出："这些理论的综合可以发现，最近这次扩张中不仅有成本提高的问题，而且又面临着需求问题。由于资本主义既面临着成本问题，又面临着需求问题，因而难以摆脱困境。只要这个制度存在，就会内生地引起周期性收缩。当然，政府的税收、支出和货币政策可以影响并缓和资本主义商业周期。但是，只有一场革命才能结束它。"②谢尔曼通过定量分析方法，综合制定了一个可容纳三大危机论的周期模型。

莱易斯、本·阿格尔等人在 20 世纪 70 年代提出了"生态危机"理论。他们认为，传统的马克思主义的资本主义危机理论建立在对资本主义内在矛盾的分析基础之上。由于生产的社会性和生产资料的私人占有之间的矛盾，决定了资本主义个别企业生产的有组织性与整个社会生产的无政

---

① ［日］伊藤诚：《论马克思的积累理论》，王俊宜译，转引自外国经济学说研究会编《现代国外经济学论文选》第 6 辑，商务印书馆 1984 年版，第 111—112 页。
② ［美］谢尔曼：《马克思主义的经济周期理论》，王俊宜译，转引自外国经济学说研究会编《现代国外经济学论文选》第 6 辑，商务印书馆 1984 年版，第 122 页。

府状态之间的矛盾，以及生产的不断扩大与劳动者支付能力的相对缩小之间的矛盾，这些矛盾到一定程度就会引起经济危机，并最终引发无产阶级革命。但随着资本主义对自身生产关系的不断调整，特别是在20世纪30年代普遍实行凯恩斯主义，加大国家对经济的干预和实行福利政策以来，资本主义内在矛盾得到了一定程度的缓解。一些理论因此认为马克思的经济危机理论已经过时，并提出"合法性危机"、"国家财政危机"和"生态危机"等理论取而代之。莱易斯、本·阿格尔认定，生态危机已经取代经济危机而成为资本主义的主要问题。本·阿格尔说："今天的危机理论既强调资本主义内在结构矛盾，又强调发达资本主义加深异化、分裂人的存在、污染环境以及掠夺自然资源的趋势。"① 资本家在利益的驱动下，不断扩大生产的规模，并通过科学技术手段对自然界进行疯狂的盘剥，从而对生存环境造成了无可挽回的破坏。特别是发达资本主义国家通过"生态殖民主义"政策，使得不发达国家变为他们原料的仓库、垃圾站及转移严重污染工业的场所。②

安德列·高兹同样把矛头对准资本主义消费。他说："生产力的经济规则与资源保护的生态规则截然有别。生态理性旨在用一种最好的方式来满足（人们的）物质需求：尽可能提供最低限度的、具有最大使用价值和最耐用的东西，而消费少量的劳动、资本和资源就能生产出这些东西。与此相反，对最大量的经济生产力的追求，则旨在能卖出用最好的效率生产出来的最大量的东西，以获得最丰厚的利润，而所有这一切均建立在最大量的消费和需求的基础之上。只有通过这种最大量的消费和需求才有可能在资本的增殖方面获取回报。其结果是，企业层面上最大量的生产力的发展导致了经济领域浪费的日益加剧。从生态的观点看是对资源浪费和破坏的东西，用经济的眼光来看则是增长之源。"③ 因此，以私有制为基础，以追求利润的最大化为目的的资本主义生产的无政府状态所带来的"过度生产"和"过度消费"，必将导致对自然资源的掠夺性开发，资本主义条件下的单个公司不可能按反对其自身利益的、着眼于集体和长远利益的生态

---

① ［加］本·阿格尔：《西方马克思主义概论》，慎之等译，中国人民大学出版社1991年版，第269页。
② 曾枝盛：《国外学者对马克思主义若干问题的最新研究》，中国人民大学出版社2006年版，第168—172页。
③ ［法］高兹：《资本主义，社会主义，生态学》，伦敦出版社1984年版，第32—33页。

化方式进行生产经营,于是全球性生态危机的出现在所难免。这一矛盾是内在的,决定了不会有持续的、绿色的资本主义。"资本主义的生态矛盾使可持续发展、'绿色'资本主义成了一种不可能实现的梦想,从而成为一种自欺欺人的骗局。"① 他指出,经济理性最重要的特征之一就是整个社会紧紧围绕着消费这个中心,千方百计地把人们引导到消费这一道路上去,即生产出尽可能多的东西供人们无止境地消费。高兹强调,经济理性的危害在于,它一方面使人与人之间的关系变成了金钱关系,另一方面使人与自然之间的关系变成工具关系,而最核心的问题是使劳动者失去了人性。高兹认为,资本主义是追求经济合理性的社会,其市场经济和资本主义生产的最大化以及市场、消费的不断扩张,必将破坏生活的基本要求和生活质量,生态危机的原因在资本主义积累和逻辑之中。为满足这一逻辑,需要引导人的消费最大化,创造商品消费量的最大化。

正因为资本主义生态危机是由"异化消费"引起的,因此生态学马克思主义者试图通过揭露"异化消费"来消除生态危机。生态学马克思主义者极力倡导一种与当代资本主义社会"为消费而消费"不同的幸福观,提出"人的满足最终在于生产活动而不在于消费活动"。莱易斯主张,必须改变把消费与满足等同起来的异化观念。他说贯穿在傅立叶、马克思和马尔库塞等学者著作中的是这样一种认识:人的满足应到自己能从事的活动中去寻找,也就是说人的满足最终取决于生产活动。高兹在批判经济理性的同时,主张一种符合人性的"生态理性"。在他看来,实现从经济理性向生态理性转变的过程,也就是人们不断地从消费领域转向生产领域来获得满足的过程。他认为,只有挣脱掉经济理性的禁锢,使整个社会转移到从生产领域获得满足的轨道上来,才能为现代人开辟出一个足够大的自由空间。生态学马克思主义者指出,把人们的注意力从消费领域转向生产领域,并不意味着让人们放弃消费,而是要人们按照新的理念对目前的消费方式作出重大改变,改变消费越多越好的观念,把"更好"与"更少"结合起来,而不是与"更多"结合起来。而此时,人类就将进入"更少地生产,更好的生活"的境界。而所谓"更少地生产",也就是按照"生态理性"进行的生产。在这种境界中,市场消失了,每个人都感到了满足,每个人都在实现自身的价值。

---

① [法]高兹:《资本主义,社会主义,生态学》,伦敦出版社1984年版,第32—33页。

三 对经济发展理论的批判

第二次世界大战结束后，亚洲、非洲和拉丁美洲的一些经济落后国家，取得了政治上的独立，其中一些国家按西方资本主义模式建立各自的资本主义社会制度。但是，这些选择资本主义发展道路的国家，并没有摆脱原有的殖民地或半殖民地的经济结构，更没有取得预想的社会经济的进步和发展。西方主流经济学中的发展理论不能解决这些国家的进步和发展问题。一些西方马克思主义经济学者就开始探寻落后国家社会经济发展道路的问题，试图建立专门研究落后的或不发达的资本主义经济关系的马克思主义政治经济学理论。其中，美国亚历山大·保罗·巴兰在这一理论研究中有巨大建树。[①]

巴兰在《论落后问题的政治经济学》（1952）一文和《增长的政治经济学》（1957）一书中，对发达和不发达政治经济学问题作了较系统的研究。他通过对战后选择资本主义发展道路的那些落后国家社会经济发展状况的分析，运用马克思主义的理论观点，提出关于不发达政治经济学的四个基本理论问题。

第一，对落后资本主义国家社会经济发展现状的分析。当时，在落后国家的社会经济发展中，都出现了引进发达国家资本的现象。巴兰认为，对这种现象应该做深入的分析。应该看到，发达国家的资本之所以流向落后国家，"主要是为了从落后国家攫取利润"，而且"这些利润往往要占原投资产生的增值中的一大部分"；而由此造成的不发达国家国民生产总值的某些增长，也因有分配方式的阻碍，使这些增值部分不可能用于提高广大群众的生活水平。因此，依靠这种方式发展资本主义，不可能改善大部分落后地区全体居民的物质条件。可见，巴兰已经意识到，从世界资本主义整体关系上看，落后资本主义国家社会经济的发展，依附和受制于发达资本主义国家。在引进发达资本主义国家资本和经济关系的过程中，落后国家人民群众付出了巨大的代价。这主要表现在两个方面：一方面，落后国家的人民群众受到了原有封建主"古老压迫"和资本家"商业压迫"的"双重的剥削"；另一方面，发达国家的资本输出，使代表先进工业的现代

---

① 顾海良、张雷声：《20世纪国外马克思主义经济思想史》，经济科学出版社2006年版，第329页。

机器和产品进入了贫困不堪的世界后院，结果却是："资本主义的财富、现代工业文明的丰富物资挤满了橱窗——它们被铁丝网拦着，以防大街上忍饥挨饿和处于绝境的人们去急迫夺取。"① 社会的两极分化依然如故，甚至还变得更加严重。

第二，对落后国家经济增长趋势的分析。巴兰认为，落后资本主义国家在既有的政治经济体制下，"不可能走向进步的经济发展"，可能出现的只是以下一些结果：其一，社会两极分化现象严重扩展。其二，"上等阶层"中富裕的企业家，则极力追求高消费。这种极度的消费膨胀，使得"他们进行积累和扩大企业的努力不断被上述急迫的愿望所妨碍"。其三，可供投资的资金的短缺，再加上有限的投资只愿进入周转快、风险小、利润高的部门，必然导致基础产业、基本设施建设的萎缩和畸形发展。其四，由于农业投资的长期性，私营企业不愿意投资农业，这又进一步导致农业长期处于落后状态，必然对不发达国家的经济发展产生极为不利的影响。

第三，对经济落后国家利用政府的力量达到经济增长目标问题的分析。巴兰认为，人们如果只相信国家有权控制一切，而不去分析国家的性质、社会结构及其政治、经济功能，或许会认为政府有力量来改变不发达国家的落后现状。但是，如果深入地探讨一下这些国家的基本性质、社会结构，以及与此相适应的政治、经济功能，就会发现这是难以做到的。他认为，不发达国家落后的真正原因在于"当权政府的政治和社会结构"，也就是说"不能指望控制大多数不发达国家命运的有产者阶级的聪明来制订和执行一套违反他们全体切身的既得利益的措施"。②

第四，对不发达国家社会经济发展出路的分析。在巴兰看来，现存的经济落后的资本主义国家，要走上经济发展和社会进步道路，就必须对现有的政治结构进行"激烈的整顿"。其间，必须依靠人民的力量、开明政府和外国无私援助的"共力"，务必"扫除已经死亡的时代所留下来的体制，必须变革不发达国家的政治和社会气氛"。他更强调的是，落后国家的现实发展将证明，它们"必然会走向经济计划和社会集体主义"。③ 实际上，巴兰把当时的社会主义经济和政治体制，当作是落后资本主义国家发

---

① ［美］巴兰：《论落后问题的政治经济学》，载［美］查·维尔伯主编《发达与不发达问题的政治经济学》，中国社会科学出版社1984年版，第129—130页。
② 同上书，第141页。
③ 同上书，第143页。

展的前途。

巴兰所提出的这些理论观点，对后来的西方国家马克思主义研究中兴起的不发达政治经济学理论的发展，产生了极为重要的影响。他的《论落后问题的政治经济学》一文，一直被看作是这一理论发展的"开拓性"文献。

四 对经济滞胀理论的批判

发达资本主义国家经济发展自20世纪60年代末期开始，一直到80年代中期出现"滞胀"现象，西方主流经济学家提出了种种解释，而激进政治经济学家在批判他们的同时，探讨了滞胀产生的根源，提出了独到而深刻的见解。

谢尔曼认为，停滞膨胀早就被解释为在停滞或生产下降和严重失业之中的价格膨胀情况。滞胀形成的根本原因是垄断企业利润下降。解决办法或者是提高价格从而造成通货膨胀，或者是降低工资则因减少需求从而妨碍利润的实现。这是资本主义的不治之症。[①] 谢尔曼明确宣称：必须消灭资本主义经济制度。他在《停滞膨胀：激进派的失业和通货膨胀理论》（1976）的最后一章中，以"怎么办？需要社会主义和民主"为标题，提出当前怎么办、长期怎么办、更长时期怎么办三套方案，设想建立一个"民主的社会主义"制度，才能永远消除停滞膨胀的弊病。这无疑只是一个现代空想社会主义的蓝图而已。

大卫·科兹也将滞胀形成的根本原因归结为资本主义垄断经济力量的加强，其后果招致经济收缩，乃至经济停滞。但垄断企业仍然维持原来的价格甚至提高价格，从而产生滞胀现象。

鲍尔斯、戈登和韦斯科普夫批判了下述关于20世纪70年代美国经济衰退原因的分析：（1）资本短缺论；（2）石油输出国组织提高石油价格；（3）政府对工商业和个人增加纳税负担过重，政府对私人企业管得太多，政府社会福利开支过大等；（4）工人的工资增长超过了劳动生产率的增长幅度，从而压低了公司利润并削弱了美国产品的国际竞争能力；（5）公司所得的利润过多；（6）垄断力量的增长，影响生产效率并使通货膨胀加剧。作者认为，这些分析难免失之片面和简单化，应该采用制度分析方

---

① 颜鹏飞：《激进政治经济学派》，武汉出版社1996年版，第104页。

法，即运用战后"社会体系"的变化，考察美国经济滞胀的根源。

而另一些西方马克思主义者对通货膨胀产生的原因给出了新的解释。斯威齐把货币主义与舒尔茨（C. L. Schultz）1959 年提出的结构主义结合在一起。根据舒尔茨的理论，垄断部门向下的价格刚性特征意味着需求结构的变化在本质上只会带来通货膨胀：价格在需求增加的产业中上升，在需求下降的产业中却不能下降。斯威齐注意到，这种类型的结构性通货膨胀，与实质性的生产能力过剩及失业往往同时存在。因此，价格上升的罪魁祸首是垄断者而不是行业工会。通货膨胀效用被夸大了，在很大程度上，这与比较微弱的工会势力没有什么关系。斯威齐认为，垄断组织的强大是 1973 年之后凯恩斯主义需求管理政策失败的原因。凯恩斯主义以自由竞争为先决条件。而在垄断条件下，需求的增加却会引发价格上升、利润增加、成本增加，最终使得工资上升（生活费用增加的结果）而不是产出的扩大。结果是普遍的通货膨胀：停滞越严重，反作用的财政金融手段越严厉，通货膨胀就越恶化。斯威齐认为，战后的长期繁荣是建立在私人债务和公共债务持续增长的基础上的。1945 年之后的"金融爆炸"，打开了有利可图的不动产业和建筑业的投资机会，刺激了以螺旋上升的利息支付的奢侈品的消费。但金融部门的这种"过度膨胀"显然是"病态的和寄生的"，它是战后的长期繁荣和 20 世纪 70 年代作为回报的经济停滞的奥秘。随着繁荣逐渐消失，人们在很多年中，用越来越多的债务创造、越来越疯狂的投机和越来越严重的通货膨胀与停滞作斗争。

第三节　对新自由主义经济学的批判

一　新自由主义的代表人物及其主要观点

新自由主义是在继承古典自由主义的理论基础上，以批判凯恩斯主义为主要特征的思想理论。20 世纪 70 年代后，新自由主义影响大增，一度成为西方各国制定政策的理论依据。新自由主义是对古典自由主义经济学说的更新，是它的更为极端的翻版。古典自由主义是 18、19 世纪由亚当·斯密创立和马歇尔发展的，他们相信市场上的自由竞争可以自动调节私有制经济而使其有利于整个国家和人类。新自由主义继承了古典自由主义主张市场自由竞争，反对国家干预的思想。在 20 世纪 70 年代西方国家普遍出现滞胀、凯恩斯主义政策失效的历史条件下，新自由主义迅速兴起，成为 20 世纪 80 年代西方主要发达国家和拉美、非洲一些发展中国家私有化改革，以及 20 世纪 90 年代苏联东欧前社会主义国家经济转轨的理论依据。但各国实践证明，新自由主义的政策主张并没有拯救资本主义世界，而是存在严重的理论弊端和实践误区。

新自由主义是以古典自由主义思想为基础，在批判凯恩斯主义的过程中发展起来的，其学派林立、理论体系庞杂、代表人物众多。新自由主义学派主要有：伦敦学派、现代货币学派、理性预期学派、供给学派、弗莱堡学派、公共选择学派、产权经济学派。其中，伦敦学派是最彻底的自由主义，现代货币学派是新自由主义中影响最大的学派。新自由主义思潮的代表人物有：哈耶克、弗里德曼、卢卡斯、布坎南等。新自由主义理论体系强调发达国家控制的国际经济自由化、唯市场化、唯私有化（民营化），其政策表现形态则是所谓的"华盛顿共识"。

新自由主义者把"三化"当作他们的信条，并把这一信条贯穿于他们的整个理论体系。他们认为，唯自由化是经济效率的前提；唯私有化是推动经济发展的基础；唯市场化是资源配置的最佳方式。他们把保证个人经济活动的自由当作经济政策的最高目标，反对国家进行经济干预，认为政府的财政政策和货币政策只会限制市场的自我调节功能，影响经济个体的积极性，降低整个社会的经济效率。他们认为私有制是最有效率的，是推动经济发展的制度保证，因而主张对国有企业和公共服务部门进行私有化或民营化。他们认为，经济政策的中心任务是最有效地配置稀缺资源，离开市场就谈不上经济，资源配置就会无效，因而他们主张尽可能发挥市场经济的作用，开展真正的自由竞争，防止危害自由的经济控制。

新自由主义仍然信奉亚当·斯密那只"看不见的手"，认为市场机制具有自我调节功能，每个人在追求自身利益最大化的过程中，会自动实现整个社会的利益最大化。就经济理念而言，新自由主义的核心宗旨是：让社会人人都有平等权利进入和参与市场，自由行动，结果通过市场价格体系的调整作用，就能使各个市场的供给与需求正好相等，资源得到充分利用和合理配置，人们各自满意，整个社会将会沿着均衡的轨道稳健地、持续地向前发展。因此，新自由主义反对进行国家干预，其经济政策主张表现为：更少的政府支出，更少的税收，更少的财政赤字，更少的货币扩张，更少的产业和分配政策，更少的政府干预。

二　西方马克思主义者揭示新自由主义实质

新自由主义在世界各国泛滥的同时，一批西方马克思主义学者对新自由主义展开了激烈的批评，对新自由主义的实质、其政策造成的危害等方面进行了抨击。诺姆·乔姆斯基就是代表人物之一，他著有《新自由主义和全球秩序》一书。诺姆·乔姆斯基认为："'新自由主义'，顾名思义，是在古典自由主义思想的基础上建立起来的一个新理论体系，亚当·斯密被认为是其创始人，该理论体系也称为'华盛顿'共识，包含了一些有关全球秩序方面的内容。这些理论经常被用于严厉的结构调整方案。其基本原则简单地说就是：贸易自由化、价格市场化和私有化。"① 该书导言的作者罗伯特·迈克切斯尼又对这一定义补充说："新自由主义是我们这个时代明确的政治、经济范式——它指的是这样一些政策与过程：相当一批私有业者能够得以控制尽可能广的社会层面，从而获取最大的个人利益。最近20年，新自由主义一直是主流政治党派、大多数传统左派和右派所采取的全球政治和经济趋向。这些党派及其实施的政策，代表了极端富裕的投资者和不到1000家庞大公司的直接利益。"② 智利的拉美经济与国际政策研究中心主任S.比塔尔明确指出："在拉美，'新自由主义'这一术语被用来指实现私有化、放弃管制、减少国家的作用以及在贸易和金融领域中扩大开放度等经济政策。"③ 上述界定大体上揭示了新自由主义经济思潮的本质特征，即它是在凯恩斯主义基础上"倒退"、"回归"（回归到斯密）的现代自由主义。

三　西方马克思主义者评析新自由主义兴起根源

英国《新左派评论》主编佩里·安德森认为，1974年的"石油冲击"体现了二战后世界经济的严重危机后，西方发达国家全部卷入经济衰退，出现长期"滞胀"，新自由主义经济学观点开始受到重视。1979年撒切尔夫人出任英国首相和1980年里根当选为美国总统，标志着新自由主义意

---

① ［美］诺姆·乔姆斯基：《新自由主义和全球秩序》，徐海铭、季海宏译，江苏人民出版社2000年版，第3页。
② 同上书，第1页。
③ ［智］S.比塔尔：《新自由主义与拉美的新结构主义之争》，《拉美经委会评论》1988年4月，第45页。

识形态在发达资本主义国家上升为主流经济理论和政策取向。随后,西欧国家的一些左翼政府也逐渐右倾化,相继对新自由主义表现出极大的热情,使新自由主义的思想在所有经合组织国家取得了全面胜利,并最终确立了理论霸主地位。依安德森所见,尽管1991年曾发生新一轮经济衰退,对新自由主义是一个沉重的打击,但是苏东剧变以及西方国家在冷战中的"胜利",给新自由主义的意识形态及时注入了新的活力。

美国大卫·科兹认为,资本主义竞争结构的改变部分地说明了为什么古典自由主义能死灰复燃,另外三个因素也提升了新自由主义的统治地位,包括资本主义国家社会主义运动浪潮的衰退、国家社会主义的终结以及资本主义社会长期未爆发严重的经济危机。①

四 西方马克思主义者批判新自由主义实践及其后果

新自由主义的一系列政策对世界经济产生了重大影响。凡是实施新自由主义经济政策的国家,几乎都发生了严重的经济衰退,甚至出现经济萧条。新自由主义为世界经济制定的方案有三个基本方面:第一,对国民经济实行私有化和非调控化,使市场作用最大化,国家职能最小化;第二,国家完全取消贸易壁垒,向跨国资本开放经济,实行贸易和金融自由化;第三,压低通货膨胀,从根本上控制财政预算赤字。

安德森、阿明、拉莫内、罗伯特·库尔茨等学者具体分析了新自由主义对世界经济的影响。其一,是对美国经济的影响。看起来似乎只有美国在实行了新自由主义的供应学派政策后,经济有了相当发展,但如果对美国的统计数字稍加分析,就不难看出这只不过是表面的繁荣。美国推行新自由主义经济政策后,实际也埋下了股市泡沫、私人部门债务膨胀、财政赤字不断扩大等隐患。即使在高科技和经济霸权时代,美国经济发展也不快,且发生经济衰退。其二,是对其他西方发达国家经济的影响。自英美向世界各国推销"华盛顿共识"后,日本、德国等发达国家开始对货币、资本和商品市场进行了进一步自由化,对相当的国有工业和基础设施进行了私有化。全球化、自由化、私有化的结果,使大多数政府控制其国内经济、金融活动的能力被大大削弱了,全球经济的金融泡沫更迅速、更大规

---

① [美]大卫·科兹:《全球化与新自由主义》,(原文出自《反思马克思主义》2002年夏季号第14卷第2期),刘扬、白丹译,《当代思潮》2001年第3期。

模扩展开来。其三，是对发展中国家经济的影响。在美国的影响下，很多发展中国家认为现代化就是西方化或美国化，就是私有化、非调控化和自由化。而推行新自由主义"结构调整"改革的结果，就是发展中国家的经济，特别是工业发展的力量遭到了致命的打击，大大削弱了这些国家政府控制国内经济和金融活动的能力，经济安全、民族独立、国家主权不断弱化，南北差距不断拉大。苏东国家推行破坏性的"休克疗法"，结果更是灾难性的。

实际上，美国、日本等发达国家在别的国家推行新自由主义的思想及政策是以开拓海外市场和维护本国的利益为根本目的的。乔姆斯基等人尖锐地指出了新自由主义的虚伪性和欺骗性。新自由主义在发达国家和发展中国家实行双重标准。发达国家在国内从来没有也不可能实行彻底的新自由主义，美国等强国通过政府补贴、非关税壁垒等措施，实行某种程度上的新贸易保护主义，却要求广大发展中国家，特别是社会主义国家推行新自由主义经济政策和经营模式。目前，发达国家的非关税措施已达2700多种。自由贸易理论的一个基本概念就是禁止政府补贴，不过，正如曾任关贸总协定秘书长的经济学家帕特里克·洛评论的那样："正是罗纳德·里根，这位酷爱放任自由、二战后国家的最高管理者，他比起半个多世纪以来所有的前任，给予了美国产业界更多的补贴。他领导了有钱有权者自70年代初发起的对自由贸易原则的持续攻击，里根主义者各项措施的限制性影响是其他主要工业国家的三倍。"[①] 特朗普政府对中国等众多国家发动的经贸战等，也是如此。这些事实显示了新自由主义经济政策带有明显的垄断资产阶级功利主义色彩，具有极大的欺骗性和虚伪性，并非所谓民粹主义和民族主义的政治代表。

五　西方马克思主义者探讨如何超越新自由主义

国外许多马克思主义者还提出了超越新自由主义的历史课题，就战胜新自由主义的前景、道路与方法进行了探讨，指出当今世界一切马克思主义经济学者、西方激进经济学家必须联合起来，整合成强有力的学术力量，学术批判与学术创新并重，才能全面超越新自由主义经济思想，为人

[①] ［美］诺姆·乔姆斯基：《新自由主义和全球秩序》，徐海铭、季海宏译，江苏人民出版社2000年版，第49页。

类的健康发展与福利而贡献超前的智慧和终极关怀。

乔姆斯基指出，过去有几个时期也被称作"历史的终结"，比如20世纪20年代和50年代，但事实已证明此种观点愚蠢之极。现代新自由主义秩序已造成巨大的政治和经济危机，没有理由相信动乱会自动向民主、人道的解决途径发展，一切取决于我们，取决于人民怎样组织、回应和行动。对未来的选择权掌握在我们大家的手中。① 安德森、乔姆斯基等著名左翼学者都特别强调民主对于战胜新自由主义的作用。安德森指出，如何超越新自由主义的课题，如今已摆在人们的面前。对新自由主义的批判可以从价值、所有权和民主三方面着手。在价值问题上，我们必须强调平等原则是自由社会的中心准则。在所有权问题上，新自由主义者正是通过私有化，对社会主义发动了一场"十字军东征"。然而，人们完全可以创造出人民所有制的新形式。今天这个课题不仅在发达国家的左翼人士中展开讨论，而且在中国及其他第三世界也已开始了典型试验。② 乔姆斯基指出，民主是人们值得生存其中并为之奋斗的后资本主义社会的基础。那种将资本主义制度等同于民主，或认为资本主义制度会允许人们拥有信息和决策权的想法是何等荒谬。他还指出，有组织的政治行动主义造成了我们今天拥有的民主的程度，带来了政治普选权、妇女权利、工会、公民权以及我们享有的自由。我们应把建立基于合作、平等、自治和个人自由原则的政治经济制度作为出发点来思考问题。③

西方马克思主义者还认识到，要战胜和超越包括经济理论在内的新自由主义，马克思主义者必须重新打造自身的理论基础。安德森提出，要做好与新自由主义进行长期斗争的准备，强调马克思主义应注重研究当代现实的变化，使理论具有解释时代变化的能力。

简言之，从人类社会经济思想史的演进和世界经济发展的本质趋势来看，尽管新自由主义有某些合理思想颗粒，但其在总体上是保守和落后的。特别是2007年美国次贷危机所引发的全球金融危机，使人们清楚地

---

① ［美］罗伯特·麦克切斯尼：《诺姆·乔姆斯基和反对新自由主义的斗争》，美国《每月评论》1999年4月第50卷第11期，汤韫琛译，转摘于《国外理论动态》1999年第12期。

② ［美］佩里·安德森：《新自由主义的历史和教训》，［法］《思想》1999年10—12月第320期。转引自《国外理论动态》，张慧君译，2000年第8期。

③ ［美］罗伯特·麦克切斯尼：《诺姆·乔姆斯基和反对新自由主义的斗争》，刊于美国《每月评论》1999年4月第50卷第11期，汤韫琛译，转摘于《国外理论动态》1999年第12期。

认识到，新自由主义不可能救世界，甚至不能救世界上最大的、最发达的资本主义国家——美国。这一次席卷全球的金融危机给新自由主义以最致命的打击，新自由主义在全球的影响力大大下降，这再一次证明了"实践的批判"远胜于理论的批判。与此同时，中国特色社会主义市场经济却引起了世界目光的关注。正如日本著名马克思主义经济学者伊藤诚所强调的，中国完善社会主义市场经济体制的关键在于克服了新自由主义的思想障碍，这是颇有见地的。[①] 我们希望，中国特色社会主义市场经济理论能够成为战胜和超越新自由主义的有力武器。

---

① ［日］伊藤诚：《社会主义市场经济的理论可行性与中国道路》，丁晓钦译，《海派经济学（季刊）》2004 年第 1 期，上海财经大学出版社 2004 年版。

参考文献

中文部分

《马克思恩格斯全集》第 3、23、42 卷，人民出版社 1960、1972、1979 年版。

《〈资本论〉书信集》，人民出版社 1976 年版。

《马克思恩格斯选集》第 1—4 卷，人民出版社 1995 年版。

《马克思恩格斯全集》第 25 卷，人民出版社 2001 年版。

《马克思恩格斯文集》第 4 卷，人民出版社 2009 年版。

程恩富：《马克思主义经济思想史》（五卷本），中国出版集团东方出版中心 2006 年版。

陈炳辉：《西方马克思主义的国家理论》，中央编译出版社 2004 年版。

蔡思复等：《发展经济学概论》，北京经济学院出版社 1992 年版。

顾海良、张雷声：《20 世纪国外马克思主义经济思想史》，经济科学出版社 2006 年版。

顾海良、张雷声：《马克思劳动价值论的历史与现实——马克思主义的当代价值》，人民出版社 2002 年版。

何玉长等：《批判与超越——西方激进经济学述评》，当代中国出版社 2002 年版。

侯钧生、韩克庆：《西方社会分层研究中的两种理论范式》，《江海学刊》2005 年第 4 期。

尹树广：《国家批判理论——意识形态批判理论、工具论、结构主义和生活世界理论》，黑龙江人民出版社 2002 年版。

周穗明等：《20 世纪西方新马克思主义发展史》，学习出版社 2004 年版。

李炳炎：《中国工人阶级的现状与前途》，《海派经济学》2008 年第 20 辑。

刘力：《经济全球化：中国的出路何在》，中国社会科学出版社1999年版。
刘仁胜：《生态马克思主义概论》，中央编译出版社2007年版。
刘思华：《生态马克思主义经济学原理》，人民出版社2006年版。
刘元琪：《新自由主义与发展中国家的农业危机》，《国外理论动态》2004年第9期。
刘增惠：《马克思主义生态思想及实践研究》，北京师范大学出版社2010年版。
鲁克俭、郑吉伟：《布伦纳的政治马克思主义评析》，《当代世界与社会主义》2006年第2期。
吕薇洲：《市场社会主义论》，河南人民出版社2001年版。
吴宇晖：《市场社会主义——世纪之交的回眸》，经济科学出版社2000年版。
马千里：《评艾伦·伍德〈资本主义的起源〉》，《国外理论动态》2004年第5期。
乔木森、陈晓旭：《俄罗斯关于土地所有制问题的争论》，《东欧中亚研究》2000年第5期。
王列编：《全球化与世界》，中央编译出版社1998年版。
王宁等编：《全球化与后殖民批评》，中央编译出版社1998年版。
王峰明：《马克思劳动价值论与当代社会发展》，社会科学文献出版社2008年版。
吴惕安、俞可平主编：《当代西方国家理论评析》，陕西人民出版社1994年版。
吴兴南、林善炜：《全球化与未来中国》，中国社会科学出版社2002年版。
解保军：《马克思自然观的生态哲学意蕴》，黑龙江人民出版社2002年版。
许涤新主编：《生态经济学》，浙江人民出版社1987年版。
徐艳梅：《生态学马克思主义研究》，社会科学文献出版社2007年版。
颜鹏飞：《激进政治经济学派》，武汉出版社1996年版。
余大章：《苏联东欧经济学名著提要》，江西人民出版社1993年版。
俞可平编：《全球化时代的社会主义——九十年代国外社会主义述评》，中央编译出版社1998年版。
俞吾金、陈学明：《国外马克思主义哲学流派新编·西方马克思主义卷》，复旦大学出版社2002年版。

虞秀凌：《福利国家及其理论批评》，中共中央党校硕士学位论文，2004年。

曾文婷：《"生态学马克思主义"研究》，重庆出版社2008年版。

曾枝盛：《国外学者对马克思主义若干问题的最新研究》，中国人民大学出版社2006年版。

张世鹏等编：《全球化时代的资本主义》，中央编译出版社1998年版。

朱炳元、朱晓：《马克思劳动价值论及其现代形态》，中央编译出版社2007年版。

朱钟棣：《当代国外马克思主义经济理论研究》，人民出版社2004年版。

[埃及] 萨米·阿明：《世界一体化的挑战》，任友谅等译，社会科学文献出版社2003年版。

[埃及] 萨米尔·阿明：《资本主义的危机》，彭姝祎、贾瑞坤译，社会科学文献出版社2003年版。

[澳] 吉姆·安德森、[日] 速水佑次郎：《农业保护的政治经济学》，蔡昉、李周等译，中国社会科学院农村发展研究所1990年内部出版物。

[巴西] 特奥托尼奥·多斯桑托斯：《帝国主义与依附》，杨衍永、齐海燕、毛金里、白凤森等译，社会科学文献出版社1999年版。

[比] 埃内斯特·曼德尔：《论马克思主义经济学》，廉佩直译，商务印书馆1979年版。

[比] 埃内斯特·曼德尔：《关于过渡社会的理论》，王绍兰等译，人民出版社1982年版。

[波] 科沃德科：《全球化与后社会主义国家大预测》，郭增麟译，世界知识出版社2003年版。

[波] 弗·布鲁斯：《社会主义的政治与经济》，何作译，中国社会科学出版社1981年版。

[波] 弗·布鲁斯：《社会主义经济的运行问题》，周亮勋等译，中国社会科学出版社1984年版。

[波] W. 布鲁斯：《社会主义的所有制与政治体制》，郑秉文等译，华夏出版社1989年版。

[波] 奥斯卡·兰格：《社会主义经济理论》，王宏昌译，中国社会科学出版社1981年版。

[丹麦] 奥斯特罗姆·莫勒：《全球化危机》，贾宗谊译，新华出版社2003

年版。

［丹麦］考斯塔·艾斯平-安德森：《福利资本主义的三个世界》，郑秉文译，法律出版社2003年版。

［俄］久加诺夫：《全球化与人类命运》，何宏江等译，新华出版社2004年版。

［德］安德烈·冈德·弗兰克：《依附性积累与不发达》，高戈译，译林出版社1999年版。

［德］格罗·詹纳：《资本主义的未来：一种经济制度的胜利还是失败？》，宋玮、黄婧、张丽娟译，社会科学文献出版社2002年版。

［德］汉斯·彼得·马丁、哈拉尔特·舒曼：《全球化陷阱——对民主和福利的进攻》，张世鹏等译，中央编译出版社1998年版。

［德］罗伯特·库尔茨：《资本主义黑皮书：自由市场经济的终结》（上、下），钱敏汝等译，社会科学文献出版社2003年版。

［德］马克斯·韦伯：《经济与社会》下卷，林荣远译，商务印书馆1997年版。

［德］马克斯·韦伯：《经济与社会》，杭聪译，北京出版社2008年版。

［德］马克斯·霍克海默、本奥多·阿多诺、渠敬东：《启蒙的辩证法》，曹卫东译，上海人民出版社2003年版。

［德］登霍夫：《资本主义文明化》，赵强、孙宁译，新华出版社2000年版。

［德］格拉德·博克斯贝格、［德］哈拉德·克里门塔：《全球化的十大谎言》，胡善君、许建东译，新华出版社2000年版。

［德］乌尔里希·杜赫罗：《全球资本主义的替代方式》，宋林峰译，中国社会科学出版社2002年版。

［德］乌尔里希·杜赫罗、［德］弗朗兹·J.欣克拉麦特：《资本全球化：产权为民，不为利》，倪延硕、肖炼译，社会科学文献出版社2005年版。

［德］乌韦·让·豪斯：《信息时代的资本主义》，许红燕、张渝、豪斯、王磊译，社会科学文献出版社2004年版。

［德］乌·贝克、哈贝马斯等：《全球化与政治》，王学东、柴方国等译，中央编译出版社2000年版。

［法］阿尔都塞、巴里巴尔：《读〈资本论〉》，李其庆等译，中央编译出

版社 2001 年版。

[法] 米歇尔·阿尔贝尔：《资本主义反对资本主义》，杨祖功、杨齐、海鹰译，社会科学文献出版社 1999 年版。

[法] 沙奈等：《金融全球化》，齐建华、胡振良译，中央编译出版社 2006 年版。

[法] 雅克·阿达：《经济全球化》，何竟、周晓幸译，中央编译出版社 2000 年版。

[加] 本·阿格尔：《西方马克思主义概论》，慎之译，中国人民大学出版社 1991 年版。

[加] 罗伯特·阿尔布里坦、[日] 伊藤诚等主编：《资本主义的发展阶段——繁荣、危机和全球化》，张余文主译，经济科学出版社 2003 年版。

[加] 罗伯特·韦尔和凯·尼尔森编：《分析马克思主义新论》，鲁克俭等译，中国人民大学出版社 2002 年版。

[加] 迈克尔·A.莱博维奇：《超越〈资本论〉》，崔秀红译，经济科学出版社 2007 年版。

[捷克] 奥塔·锡克：《第三条道路》，张斌译，人民出版社 1982 年版。

[捷克] 奥塔·锡克：《经济—利益—政治》，王福民等译，中国社会科学出版社 1984 年版。

[捷克] 奥塔·锡克：《一种未来的经济体制》，王锡君等译，中国社会科学出版社 1989 年版。

[捷克] 奥塔·锡克：《经济体制——比较、理论、批评》，陈秀山译，商务印书馆 1993 年版。

[美] 查·维尔伯主编：《发达与不发达问题的政治经济学》，中国社会科学出版社 1984 年版。

[美] 戴维·施韦尔特：《反对资本主义》，李智、陈志刚等译，中国人民大学出版社 2008 年版。

[美] 卡瓦纳、[美] 曼德尔：《经济全球化的替代方案》，童小溪等译，中央编译出版社 2007 年版。

[美] 米特尔曼：《全球化综合症》，刘得手译，新华出版社 2002 年版。

[美] 杰姆逊、[日] 三好将夫编：《全球化的文化》，马丁译，南京大学出版社 2002 年版。

［美］伊曼努尔·华勒斯坦等：《自由主义的终结》，郝名玮、张凡译，社会科学文献出版社 2002 年版。

［美］J. K. 吉尔布－格雷汉姆：《资本主义的终结》，陈冬生译，社会科学文献出版社 2002 年版。

［美］诺姆·乔姆斯基：《新自由主义和全球秩序》，徐海铭、季海宏译，江苏人民出版社 2001 年版。

［美］瑞·坎特伯雷：《华尔街资本主义》，吴芹译，江西人民出版社 2001 年版。

［美］伊曼努尔·华勒斯坦：《历史资本主义》，路爱国、丁浩金译，社会科学文献出版社 1999 年版。

［美］莱斯特·瑟罗：《资本主义的未来——当今各种经济力量如何塑造未来世界》，周晓钟译，中国社会科学出版社 1998 年版。

［美］科兹：《全球化与新自由主义》，（原文出自《反思马克思主义》2002 年夏季号第 14 卷第 2 期），刘扬、白丹译，《当代思潮》2001 年第 3 期。

［美］G. A. 科恩：《卡尔·马克思的历史理论———一种辩护》，段忠桥译，高等教育出版社 2008 年版。

［美］埃里克·奥林·赖特：《后工业社会中的阶级》，陈心想译，辽宁教育出版社 2004 年版。

［美］埃里克·奥林·赖特：《阶级》，刘磊、吕梁山译，高等教育出版社 2006 年版。

伯特尔·奥尔曼编：《市场社会主义——社会主义者之间的争论》，新华出版社 2000 年版。

［美］哈里·布雷弗曼：《劳动与垄断资本》，方生译，商务印书馆 1979 年版。

［美］哈特、［意］奈格里：《帝国——全球化的政治秩序》，杨建国、范一亭译，江苏人民出版社 2003 年版。

［美］罗伯特·韦尔、凯·尼尔森：《分析马克思主义新论》，鲁克俭、王来金、杨洁译，中国人民大学出版社 2002 年版。

［美］乔恩·埃尔斯特：《理解马克思》，何怀远译，中国人民大学出版社 2008 年版。

［美］赫伯特·马尔库塞：《工业社会和新左派》，任立编译，商务印书馆

1982年版。

［美］赫伯特·马尔库塞:《单向度的人》,刘继译,上海译文出版社2006年版。

［美］威廉·恩道尔:《粮食危机》,赵刚等译,知识产权出版社2008年版。

［美］蕾切尔·卡逊:《寂静的春天》,吕瑞兰、李长生译,吉林人民出版社1997年版。

［美］莱斯特·R.布朗:《B模式》,林自新、暴永宁等译,东方出版社2003年版。

［美］奈、［美］唐纳胡主编:《全球化世界的治理》,王勇等译,世界知识出版社2003年版。

［美］史丹利·阿若诺威兹、彼得·布拉提斯编著:《逝去的范式:反思国家理论》,李中译,吉林人民出版社2008年版。

［美］威廉·I.罗宾逊:《全球资本主义论——跨国世界中的生产、阶级与国家》,高明秀译,社会科学文献出版社2009年版。

［美］约翰·贝拉米·福斯特:《生态危机与资本主义》,耿建新、宋兴无译,上海译文出版社2006年版。

［美］约翰·贝拉米·福斯特:《马克思的生态学——唯物主义与自然》,刘仁胜、肖锋译,高等教育出版社2006年版。

［美］约翰·罗默:《在自由中丧失——马克思主义经济学导论》,段忠桥、刘磊译,经济科学出版社2003年版。

［美］约翰·罗默:《社会主义的未来》,余文烈等译,重庆出版社1997年版。

［美］詹姆斯·奥康纳:《自然的理由——生态学马克思主义研究》,唐正东、臧佩洪译,南京大学出版社2003年版。

［美］米什金:《下一轮伟大的全球化》,姜世明译,中信出版社2007年版。

［美］马克·林德:《反萨缪尔森论》(上、下册),上海三联书店1992年版。

［美］诺姆·乔姆斯基:《新自由主义和全球秩序》,徐海铭、季海宏译,江苏人民出版社2000年版。

［美］佩里·安德森:《新自由主义的历史和教训》,［法］《思想》杂志,

1999 年 10—12 月第 320 期；张慧君编译，《国外理论动态》2000 年第 8 期。

[美] 威廉·格雷德：《资本主义全球化的疯狂逻辑》，张定淮等译，社会科学文献出版社 2003 年版。

[美] 谢尔曼：《马克思主义的经济周期理论》，载《现代国外经济学论文选》第 6 辑，商务印书馆 1984 年版。

[南斯拉夫] 爱德华·卡德尔：《公有制在当代社会主义实践中的矛盾》，王森译，中国社会科学出版社 1980 年版。

[日] 星野昭吉：《全球化时代的世界政治》，刘小林、梁云祥译，社会科学文献出版社 2004 年版。

[日] 伊藤诚：《市场经济与社会主义》，尚晶晶主译，中共中央党校出版社 1996 年版。

[日] 伊藤诚：《现代社会主义问题》，鲁永学译，社会科学文献出版社 1996 年版。

[日] 伊藤诚：《论马克思的积累理论》，载《现代国外经济学论文选》第 6 辑，商务印书馆 1984 年版。

[日] 伊藤诚：《社会主义市场经济的理论可行性与中国道路》，《海派经济学（季刊）》2004 年第 1 期，上海财经大学出版社。

[日] 伊藤诚：《幻想破灭的资本主义》，孙仲涛、宋颖、韩玲译，社会科学文献出版社 2006 年版。

[日] 中谷岩：《资本主义为什么会自我崩溃》，郑萍译，社会科学文献出版社 2010 年版。

[西班牙] 戈斯塔·艾斯平－安德森：《二十一世纪的福利国家》，载《后福利国家》，丁开杰、林义选编，上海三联书店 2004 年版。

[匈] 亚诺什·科尔奈：《社会主义体制——共产主义政治经济学》，张安译，中央编译出版社 2007 年版。

[匈] 亚诺什·科尔内：《短缺经济学》下卷，张晓光等译，经济科学出版社 1986 年版。

[匈] 亚诺什·科尔内：《理想与现实——匈牙利的改革过程》，荣敬本译，中国经济出版社 1987 年版。

[英] M. C. 霍华德、J. E. 金：《马克思主义经济学史（1929—1990）》，郑吉伟等译，中央编译出版社 2003 年版。

［英］安东尼·吉登斯：《第三条道路：社会民主主义的复兴》，郑戈译，北京大学出版社 2000 年版。

［英］安东尼·吉登斯：《第三条道路及其批评》，孙相东译，中共中央党校出版社 2002 年版。

［英］安东尼·吉登斯：《失控的世界：全球化如何重塑我们的生活》，周红云译，江西人民出版社 2002 年版。

［英］鲍曼：《全球化——人类的后果》，郭国良、徐建华译，商务印书馆 2001 年版。

［英］戴维·赫尔德等：《全球大变革——全球化时代的政治、经济与文化》，杨雪冬等译，社会科学文献出版社 2001 年版。

［英］戴维·赫尔德：《全球盟约：华盛顿共识与社会民主》，周军华译，社会科学文献出版社 2005 年版。

［英］高恩：《华盛顿的全球赌博》，顾薇、金芳译，江苏人民出版社 2003 年版。

［英］莱斯利·斯克莱尔：《跨国资本家阶层》，刘欣、朱晓东译，江苏人民出版社 2001 年版。

［英］贾斯廷·罗森伯格：《质疑全球化理论》，洪霞、赵勇译，江苏人民出版社 2002 年版。

［英］理查德·斯凯思：《阶级》，雷玉琼译，吉林人民出版社 2005 年版。

［英］迈克尔斯维特、伍德里奇：《现在与未来——全球化的机遇与挑战》，盛健、孙海玉译，经济日报出版社 2001 年版。

［英］帕特里克·邓利维、布伦登·奥利里：《国家理论：自由民主的政治学》，欧阳景根、尹冬华、孙云竹译，浙江人民出版社 2007 年版。

［英］斯图尔特：《解析全球化》，王艳莉译，吉林人民出版社 2003 年版。

［英］维伯：《资本主义文明的衰亡》，秋水译，上海人民出版社 2005 年版。

［英］沃尔夫：《全球化为什么可行》，余江译，中信出版社 2008 年版。

［智］S. 比塔尔：《新自由主义与拉美的新结构主义之争》，拉美经委会《拉美经委会评论》1988 年 4 月。

［俄］阿·伯罗诺耶夫：《全球化与俄罗斯的认识》，载俞可平、谭君久、谢曙光主编《全球化与当代资本主义国际论坛文集》，社会科学文献出版社 2005 年版。

［德］奥菲：《福利国家的矛盾》，何怀宏等译，吉林人民出版社 2006年版。

［英］鲍伯·杰索普：《全球化与民族国家》，载《逝去的范式：反思国家理论》，吉林人民出版社 2008 年版。

［克罗地亚］勃朗特·霍尔瓦特：《社会主义政治经济学：一种马克思主义的社会理论》，吴宇晖、马春文、陈长源译，吉林人民出版社 2001年版。

［德］海因兹·迪德里齐：《新的历史蓝图的理论和实践：绪论》，载海因兹·迪德里齐等《全球资本主义的终结：新的历史蓝图》，徐文渊译，人民文学出版社 2001 年版。

［德］罗伯特·库尔茨：《资本主义黑皮书——自由市场经济的终曲》，钱敏汝、张崇智等译，社会科学文献出版社 2003 年版。

［德］格罗·詹纳：《资本主义的未来——一种经济制度的胜利还是失败》，宋玮、黄婧、张丽娟译，社会科学文献出版社 2004 年版。

［德］A. 施密特：《马克思的自然概念》，欧力同、吴仲昉译，商务印书馆1988 年版。

［美］丹尼斯·米都斯等：《增长的极限》，李宝恒译，吉林人民出版社1997 年版。

［英］拉尔夫·米利班德：《马克思主义与政治学》，黄子都译，商务印书馆 1984 年版。

［英］拉尔夫·米利班德：《英国资本主义民主制》，博铨等译，商务印书馆 1988 年版。

［英］拉尔夫·米利班德：《资本主义社会的国家》，沈汉等译，商务印书馆 1997 年版。

［希腊］普兰查斯：《政治权力与社会阶级》，叶林等译，中国社会科学出版社 1982 年版。

［英］尼古拉斯·巴尔、大卫·怀恩斯主编：《福利经济学前沿问题》，贺晓波、王艺译，中国税务出版社 2000 年版。

［英］齐格蒙特·鲍曼：《全球化：人类的后果》，郭国良、徐建华译，商务印书馆 2001 年版。

［英］马丁·阿尔布劳：《全球时代——超越现代性之外的国家和社会》，高湘泽、冯玲译，商务印书馆 2001 年版。

［英］尼古拉斯·巴尔：《福利国家经济学》，郑秉文、穆怀中等译，中国劳动社会保障出版社 2003 年版。

［英］亚历克·诺夫：《可行的社会主义经济》，唐雪葆等译，中国社会科学出版社 1988 年版。

［英］埃斯特林、格兰德：《市场社会主义》，邓正来等译，经济日报出版社 1993 年版。

［墨西哥］海因兹·迪德里齐等：《全球资本主义的终结：新的历史蓝图》，徐文渊译，人民文学出版社 2001 年版。

国际货币基金组织：《世界经济展望》，中国金融出版社 1997 年版。

《全球化：时代的标识：国外著名学者、政要论全球化》，中国现代国际关系研究所全球化研究中心编译，时事出版社 2003 年版。

中央编译局社会主义研究所编：《当代国外社会主义：理论与模式》，中央编译出版社 1998 年版。

《现代国外经济学论文选》第 15 辑，商务印书馆 1992 年版。

外文部分

Alain Lipietz, "The Fortunes and Misfortunes of Post-Fordism", in Robert Albritton, Makoto Itoh, Richard Westra and Alan Zuege, ed: *Phases of Capitalist Development*, Palgrave Publishers Ltd, 2001.

Alan Freeman, "Has the Empire Struck Back?", in Robert Albritton, Makoto Itoh, Richard Westra and Alan Zuege, ed: *Phases of Capitalist Development*, Palgrave Publishers Ltd, 2001.

Alan W. Evans, "On Minimum Rents: Part 1, Marx and Absolute Rent", *Urban Studies*, Vol. 36, No. 12, 1999.

Alex Callinicos, "Periodizing Capitalism and Analyzing Imperialism: Classical Marxism and Capitalist Evolution", in Robert Albritton, Makoto Itoh, Richard Westra and Alan Zuege, ed: *Phases of Capitalist Development*, Palgrave Publishers Ltd, 2001.

Alexander Chayanov, *The Theory of Peasant Co-operatives*, Ohio State University Press, 1991.

Allen W. Wood, "Marx on Right and Justice: A Reply to Husami", *Philosophy and Public Affairs*, Vol. 8, No. 3, Spring, 1979.

Allen W. Wood, "The Marxian Critique of Justice", *Philosophy and Public Affairs*, Vol. 1, No. 3, Spring, 1972.

Andre Gorz, *Capitalism Socialism and Ecology*, Translated by Chris Turner, Verso, London, 1994.

Andre Gorz, *Critique of Economic Reason*, London, Verso, 1989.

Andre Gorz, *Ecology as Politics*, Translated by Jonathan Cloud, South End Press, Boston, 1980.

Andre Gunder Frank, "World System History", http://www.hartford-hwp.com/archives/10/034.html.

Anthony Brewer, "Imperialism in Retrospect", Ronald H. Chilcote, ed: *The Political Economy of Imperialism, Critical Appraisals*, Kluwer Academic Publishers, 1999.

Archer, R., *Economic Democracy: The Politics of Feasible Socialism*, Oxford: Clarendon Press, 1995.

Archer, R., *Toward Economic Democracy in Britain*, London: Blackwell Publishers, 1996.

Ben Fine, "On Marx's Theory of Agricultural Rent", *Economic and Society*, Vol. 8, No. 3, August 1979.

Bob Jessop, *State Theory: Putting Capitalist State in Their Place*, Polity Press, 1990.

Bob Jessop, *The Future of the Capitalist State*, Polity Press, 2002.

Bob Jessop, "What Follows Fordism? On the Periodization of Capitalism and Its Regulation", in Robert Albritton, Makoto Itoh, Richard Westra and Alan Zuege, ed: *Phases of Capitalist Development*, Palgrave Publishers Ltd, 2001.

Bob Milward, *Marxian Political Economy Theory, History and Contemporary Relevance*, Palgrave Macmillan a Division of Macmillan Publisher Ltd, 2000.

Cain, P. J., "Variations on a Famous Theme: Hobson, International Trade, and Imperialism," Michael Freeden ed: *Reappraising J. A. Hobson: Humanism and Welfare*, Unwin Hyman, 1990.

Christopher Chase-Dunn, "The Kernel of the Capitalist Word-Economy: Three Approaches", in *Contending Approaches to World System Analysis*.

Claus Offe, *The Contradictions of the Welfare State*, London: Polity Press, 1984.

C. D. Scott, "Review of Griffin", *Journal of Peasant Studies*, Vol. 4, No. 2, 2004.

Daniel Chirot ed., *The Origins of Backwardness in Eastern Europe: Economics and Politics from the Middle Ages until the Early Twentieth Century*, University of California Press, 1989.

Daniel Cohen, *Globalization and Its Enemies*, MIT Press, 2006.

David Camfield, "Re-Orienting Class Analysis: Working Classes as Historical Formations", *Science & Society*, 2004/2005, Vol. 68, Issue 4.

David Harvey, *Social Justice and the City*, London: Edward Arnold, 1973.

David M. Kotz, "The State, Globalization and Phases of Capitalist Development", in Robert Albritton, Makoto Itoh, Richard Westra and Alan Zuege, ed: *Phases of Capitalist Development*, Palgrave Publishers Ltd, 2001.

David Pepper, *The Roots of Modern Environmentalism*, Groom Helm, London, 1984.

David Schweickart, *Against Capitalism*, Cambridge University Press, 1993.

Dobb, M., *Political Economy and Capitalism*, London: Routledge & Kegan Paul Ltd, 1937.

Donald J. Boudreaux, *Globalization*, ABC-CLIO, 2008.

Donald van de Veer, "Marx's View of Justice", *Philosophy and Phenomenological Research*, Vol. 33, No. 3, Mar. 1973.

Eleonore Kofman, Gillian Youngs, *Globalization: Theory and Practice*, Continuum International Publishing Group, 1996.

Ellen Meiksins Wood, "Symposium: The Question of Market Dependence", *Journal of Agrarian Change*, Vol. 2, No. 1, January 2002.

Ellen Meiksins Wood, "The Agrarian Origins of Capitalism", *Monthly Review*, Jul/Aug 1998.

Fabra, Paul, *Capitalism Versus Anti-Capitalism: The Triumph of Ricardian over Marxist Political Economy*, New Jersey Press, 1993.

Frank J. Lechner, *Globalization: The Making of World Society*, Wiley-Blackwell, 2009.

Fred Magdoff, John Bellamy Foster and F. H. Buttel, "Introduction", *Monthly Review*, July/August 1998.

Friedman, Thomas L., *The World Is Flat: A Brief History of the Twenty-First Century*, New York: Farrar, Straus, and Giroux, 2005.

Gary J. Wells, Robert Shuey, Ray Kiely, *Globalization*, Nova Publishers, 2001.

Geoff Hodgson, *Capitalism, Value and Exploitation A Radical Theory*, Martin Robertson & Company Ltd, 1982.

George E. Economakis, "On Absolute Rent: Theoretical Remarks on Marx's Analysis", *Science & Society*, Fall 2003.

George G. Brenkert, "Freedom and Private Property in Marx", *Philosophy and Public Affairs*, Vol. 8, No. 2, Winter, 1979.

George Ritzer, *Globalization: The Essentials*, John Wiley and Sons, 2011.

Gerad Middendorf, Mike Skladany, Elizabeth Ransom and Lawrence Busch, "New Agricultural Biotechnologies: The Struggle for Democratic Choice", *Monthly Review*, July/August 1998.

Gernot Köhler, Emilio José Chaves, *Globalization: Critical Perspectives*, Nova Publishers, 2003.

Giddens. Anthony, *The Class Structure of the Advanced Societies*, Hutchinson Press, 1973.

Giovanni Arrighi and Jason W. Moore, "Capitalist Development in World Historical Perspective", in Robert Albritton, Makoto Itoh, Richard Westra and Alan Zuege, ed: *Phases of Capitalist Development*, Palgrave Publishers Ltd, 2001.

Goldthorpe. John H, *Social Mobility and Class Structure in Modern Britain*, Clarendon Press, 1987.

Gordon, David M., Thomas E. Wesskopf, and Samuel Bowles, "Power, Accumulation and Crisis", in *The Imperiled Economy*, edited by Robert Cherry et. Al., New York: Union for Radical Political Economics, 1987.

Graham Dyer, "Output Per Acre and Size of Holding: The Logic of Peasant Agriculture under Semi-Feudalism", *Journal of Peasant Studies*, Vol. 24, No. 1, January 1997.

Gregory Albo, "The World Economy Market Imperatives and Alternatives",

Monthly Review, Vol. 12, 1996.

Gugler, Josef, ed. *World Cities Beyond the West: Globalization, Development, and Inequality*, Cambridge; New York: Cambridge University Press, 2004.

Guglielmo Carchedi, "Imperialist Contradictions at the Threshold of the Third Millennium: A New Phase?", in Robert Albritton, Makoto Itoh, Richard Westra and Alan Zuege, ed: *Phases of Capitalist Development*, Palgrave Publishers Ltd, 2001.

Gérard Duménil and Dominique Lévy, "Periodizing Capitalism: Technology, Institutions and Relations of Production", in Robert Albritton, Makoto Itoh, Richard Westra and Alan Zuege, ed: *Phases of Capitalist Development*, Palgrave Publishers Ltd, 2001.

G. A. Cohen, Review: "Base and Superstructure: A Reply to Hugh Collins", *Oxford Journal of Legal Studies*, Vol. 9, No. 1, Spring, 1989.

G. A. Cohen, "The Labor Theory of Value and the Concept of Exploitation", *Philosophy and Public Affairs*, Vol. 8, No. 4, Summer, 1979.

G. A. Cohen, "Where the Action is: On the Site of Distributive Justice", *Philosophy and Public Affairs*, Vol. 26, No. 1, Winter, 1997.

G. Cohen, *Karl Marx' Theory of History: A Defence*, New Jersey: Princeton University Press, 1978.

Habermas, J., *Legitimation Crisis*, London: Heinemann, 1976.

Henry Bernstein, "'Changing before Our Very Eyes': Agrarian Questions and the Politics of Land in Capitalism Today", *Journal of Agrarian Change*, Vol. 4, Nos. 1 and 2, January and April 2004.

Ira Katznelson, Aristide R. Zolberg, eds., *Working-Class Formation: Nineteenth Century Patterns in Western Europe and the United States*, Princeton: Princeton University Press, 1986.

Istvan, Meszaros, *Beyond Capital Towards a Theory of Transition*, Monthly Review Press, 1995.

Jagdish N. Bhagwati, *In Defense of Globalization*, Oxford University Press, 2004.

Jan Aart Scholte, *Globalization: A Critical Introduction*, Palgrave Macmillan, 2000.

Jan-Erik Lane, *Globalization: The Juggernaut of the 21st Century*, Ashgate Publishing, Ltd., 2008.

Jeffrey Reiman, "Exploitation, Force, and the Moral Assessment of Capitalism: Thoughts on Roemer and Cohen", *Philosophy and Public Affairs*, Vol. 16, No. 1, Winter, 1987.

Joel Kovel, *The Enemy of Nature*, Zed Books Ltd., 2002.

Johannes Jäger, "Urban Land Rent Theory: A Regulationist Perspective", *International Journal of Urban and Regional Research*, June 2003.

John Bellamy Foster, "The Long Stagnation and the Class Struggle", *Journal of Economic Issues*, 1997, 31, 2; ABI/INFORM Global.

John Belland and Thomas T. Sekine, "The Disintegration of Capitalism: A Phase of Ex-Capitalist Transition", in Robert Albritton, Makoto Itoh, Richard Westra and Alan Zuege, ed: *Phases of Capitalist Development*, Palgrave Publishers Ltd, 2001.

John E. Roemer, *A General Theory of Exploitation and Class*, Harvard University Press, 1982.

John E. Roemer, *Analytical Foundations of Marxian Economic Theory*, Cambridge University Press, 1981.

John E. Roemer, *Free to Lose: An Introduction to Marxist Economic Philosophy*, Harvard University Press, 1988.

John E. Roemer, "Exploitation, Alternatives and Socialism", *The Economic Journal*, Vol. 92, No. 365, Mar. 1982.

John E. Roemer, "Property Relations vs. Surplus Value in Marxian Exploitation", *Philosophy and Public Affairs*, Vol. 11, No. 4, Autumn, 1982.

John E. Roemer, "What is Exploitation? Reply to Jeffrey Reiman", *Philosophy and Public Affairs*, Vol. 18, No. 1, Winter, 1989.

John Milios, "Social Classes in Classical and Marxist Political Economy", *American Journal of Economics and Sociology*, Vol. 59, No. 2, 2000.

John Roemer & Pranab Bardhan, *Market Socialism: The Current Debate*, NY: Oxford University Press, 1993.

John Roemer, *Analytical Foundations of Marxian Economic Theory*, Cambridge University Press, 1981.

John Weeks, "Globalize, Globa-lize, Global Lies: Myths of the World Economy in the 1990s", in Robert Albritton, Makoto Itoh, Richard Westra and Alan Zuege, ed: *Phases of Capitalist Development*, Palgrave Publishers Ltd, 2001.

John Willoughby, "Early Marxist Critiques of Capitalist Development", Ronald H. Chilcote, ed: *The Political Economy of Imperialism, Critical Appraisals*, Kluwer Academic Publishers, 1999.

Jon Elster, *An Introduction to Karl Marx*, Cambridge: Cambridge University Press, 1986.

Joseph Stiglitz, *Globalization and Its Discontents*, London: Allen Lane/Penguin Press, 2002.

Justin Ervin, Zachary Alden Smith, *Globalization: A Reference Handbook*, ABC-CLIO, 2008.

J. MohanRao, "The Forms of Monopoly Land Rent and Agrarian Organization", *Journal of Agrarian Change*, Vol. 5, No. 2, April 2005.

J. R. Hicks, *Values and Capital*, Oxford: Oxford University Press, 1939.

Keesvan der Pijl, "International Relations and Capitalist Discipline", in Robert Albritton, Makoto Itoh, Richard Westra and Alan Zuege, ed: *Phases of Capitalist Development*, Palgrave Publishers Ltd, 2001.

Keith Griffin, Azizur Rahman and Amy Ickowitz, "Poverty and the Distribution of Land", *Journal of Agrarian Change*, Vol. 2, No. 3, July 2002.

Kingsley Davis, Wilbert Moore, "Some Principles of Stratification", *American Sociological Review*, 1945, (10).

Kliman, A., *Reclaiming Marx's "Capital": A Refutation of the Myth of Inconsistency*, Lexington Books, Lanham, MD, 2007.

Laura La Bella, *How Globalization Works*, The Rosen Publishing Group, 2009.

Lukacs, *History and Class Consciousness: Studies to Marxist Dialectics*, Cambridge: MIT Press, 1972.

L. Sklair, *The Sociology of the Global System*, Johns Hopkins University Press, 1991.

Makoto Itoh, "Spiral Reversal of Capitalist Development: What Does It Imply for the Twenty-First Century?", in Robert Albritton, Makoto Itoh, Richard Westra and Alan Zuege, ed: *Phases of Capitalist Development*, Palgrave Publishers

Ltd, 2001.

Mandel, E., *Power and Money*, Verso Press, 1992.

Manfred B. Steger, *Globalisms: The Great Ideological Struggle of the Twenty-First Century*, Rowman & Littlefield Publishers, 2009.

Manfred B. Steger, *Globalization: A Very Short Introduction*, Oxford University Press, 2003.

Manfred B. Steger, *Rethinking Globalism*, Rowman & Littlefield, 2004.

Margaret Zamudio, "Alienation and Resistance: New Possibilities for Wording-Class Formation", Social Justice; 31, 3; Criminal Justice Periodicals, 2004.

Martin Wolf, *Why Globalization Works*, Yale University Press, 2004.

Marx, Karl, *Capital: A Critique of Political Economy. Vol. III*, Trans. David Fernbach. London: Penguin, 1981.

Meghnad, Desai, *Marx's Revenge*, The Verso Press, 2002.

Michael Ball, "On Marx's Theory of Agricultural Rent: a Reply to Ben Fine", *Economic and Society*, Vol. 9, No. 3, August 1980.

Michael Hardt & Antonio Negri, *Empire*, Harvard University Press, 2000.

Michael M. Weinstein, *Globalization: What's New*, Columbia University Press, 2005.

Michael Zweig, "Six Points on Class", *Monthly Review*, Vol. 58, Iss. 3, Jul/Aug 2006.

Miliband, R., *Divided Societies: Class Struggle in Contemporary Capitalism*, Oxford: Clarendon Press, 1989.

Miller, D., *Market, State, and Community: Theoretical Foundation of Market Socialism*, Clarendon Press, Oxford, 1989.

M. B. Brown, "Imperialism Revisited", Ronald H. Chilcote, ed: *The Political Economy of Imperialism, Critical Appraisals*, Kluwer Academic Publishers, 1999.

M. C. Howard, J. E. King, "Whatever Happened to Imperialism?", Ronald H. Chilcote, ed: *The Political Economy of Imperialism, Critical Appraisals*, Kluwer Academic Publishers, 1999.

Nathan Lillie, "Globalization and Class Analysis: Prospects for Labour Movement Influence in Global Governance", Industrielle Beziehungen; 2006, 13, 3;

ABI/INFORM Global.

Neal Stephenson, *The System of the World: Volume Three of the Baroque Cycle*, William Morrow & Company, 2004.

Parkin. Frank, *Marxism and Class Theory: A Bourgeois Critique*, Columbia University Press, 1979.

Paul Burkett, *Marx and Nature*, St. Martin's Press, 1999.

Paul Burkett, *Marxism and Ecological Economics*, Liden; London: Brill, c2006,

Perrons, Diane, *Globalization and Social Change: People and Places in a Divided World*, London; New York: Routledge, 2004.

Peter Waterman, *Globalization, Social Movements and the New Internationalisms*, Continuum International Publishing Group, 2001.

Philip McMichael, "Global Food Politics", *Monthly Review*, July/August 1998.

Prabhat Patnaik, "On the Pitfalls of Bourgeois Internationalism", Ronald H. Chilcote, ed: *The Political Economy of Imperialism*, Critical Appraisals. Kluwer Academic Publishers, 1999.

Pranab Bardhan and John E. Roemer, "Market Socialism: A Case for Rejuvenation", *The Journal of Economic Perspectives*, Vol. 6, No. 3, Summer, 1992.

Raju J. Das, "Introduction: Peasant, State and Class", *Journal of Peasant Studies*, Vol. 34, Nos. 3&4, July/October 2007.

Reiner Grundmann, *Marxism and Ecology*, Oxford, 1991.

Richard Westra, "Phases of Capitalism and Post-Capitalist Social Change", in Robert Albritton, Makoto Itoh, Richard Westra and Alan Zuege, ed: *Phases of Capitalist Development*, Palgrave Publishers Ltd, 2001.

Robert Albritton, "Capitalism in the Future Perfect Tense", in Robert Albritton, Makoto Itoh, Richard Westra and Alan Zuege, ed: *Phases of Capitalist Development*, Palgrave Publishers Ltd, 2001.

Robert E. Baldwin, L. Alan Winters, *Challenges to Globalization: Analyzing the Economics*, University Of Chicago Press, 2007.

Robert P. Brenner, "The Low Countries in the Transition to Capitalism", *Journal of Agrarian Change*, Vol. 1, No. 2, April 2001.

Robert W. Cox, *Production Power and World Order: Social Force in the Making of*

History, Columbia University Press, 1987.

Rolf Hackmann, *Globalization: Myth, Miracle, Mirage*, University Press of America, 2005.

Ronaldo Munck, Peter Waterman, *Labour Worldwide in the Era of Globalization: Alternative Union Models in the New World Order*, Palgrave Macmillan, 1999.

Rune Skarstein, "Economic Liberalization and Smallholder Productivity in Tanzania. From Promised Success to Real Failure, 1995 – 1998", *Journal of Agrarian Change*, Vol. 5, No. 3, July 2005.

R. C. Lewontin, "The Maturing of Capitalist Agriculture: Farmer as Proletarian", *Monthly Review*, Jul/Aug 1998.

Sabah Alnasseri, Ulrich Brand, Thomas Sablowski and Jens Winter, "Space, Regulation and the Periodization of Capitalism", in Robert Albritton, Makoto Itoh, Richard Westra and Alan Zuege, ed: *Phases of Capitalist Development*, Palgrave Publishers Ltd, 2001.

Samir Amin, "Capitalism, Imperialism, Globalization", Ronald H. Chilcote, ed: *The Political Economy of Imperialism, Critical Appraisals*, Kluwer Academic Publishers, 1999.

Samir Amin, *Capitalism in the Age of Globalization*, Zed Books Press, 1997.

Samir Amin, "World Poverty, Pauperization and Capital Accumulation", *Monthly Review*, October 2003.

Schweikart, D., *After Capitalism*, Rowman & Littlefield Publishers, Inc, 2002.

Schweikart, D., *Against Capitalism: Reviews of Capitalism or Worker Control*, Cambridge: Cambridge Univ. Press, 1993.

Schweikart, D., *Capitalism or Worker Control?: An Ethical and Economic Appraisal*, New York: Praeger, 1980.

Scott Lash and John Urry, *The End of Organized Capitalism*, Blackwell Publishers Limited, 1987.

Simon Clarke, "Class Struggle and the Global Overaccumulation of Capital", in Robert Albritton, Makoto Itoh, Richard Westra and Alan Zuege, ed: *Phases of Capitalist Development*, Palgrave Publishers Ltd, 2001.

Steven M. Buechler, *Social Movements in Advanced Capitalism: The Political Economy and Cultural Construction of Social Activism*, Oxford University Press,

2000.

Ste. Croix, G. E. M. de., *Class Struggle in the Ancient Greek World: From the Archaic Age to the Arab Conquests*, London: Duckworth, 1981.

Ted Benton, "Marxism and Natural Limits: An Ecological Critique and Reconstruction", *New Left Review*, No. 178, 1989.

Terence J. Byres, "Introduction: Contextualizing and Interrogating the GKI Case for Redistributive Land Reform", *Journal of Agrarian Change*, Vol. 4, Nos. 1 and 2, January and April 2004.

Terence J. Byres, "Neo-Classical Neo-Populism 25 Years On: Déjà Vu and Déjà Passé. Towards a Critique", *Journal of Agrarian Change*, Vol. 4, Nos. 1 and 2, January and April 2004.

Terry Boswell, William J. Dixon, "Marx's Theory of Rebellion: A Cross-National Analysis of Class Exploitation, Economic Development, and Violent Revolt", *American Sociological Review*, 1993, 58, 5; ABI/INFORM Global.

Thomas R Shannon, *An Introduction to the World-System Perspective: Second Edition*, Thomas R Westview Press, 1996.

Tony Weis, "Restructuring and Redundancy: The Impacts and Illogic of Neoliberal Agricultural Reforms in Jamaica", *Journal of Agrarian Change*, Vol. 4, No. 4, October 2004.

Utsa Patnaik, "Global Capitalism, Deflation and Agrarian Crisis in Developing Countries", *Journal of Agrarian Change*, Vol. 3, Nos. 1 and 2, January and April 2003.

Valentine M. Moghadam, *Globalization and Social Movements: Islamism, Feminism, and the Global Justice Movement*, Rowman & Littlefield Publishers, 2009.

Vanek, J., *The Labor-Managed Economy: Essays by Jaroslav Vanek*, N. Y. Cornell University Press, 1977.

Vanek, J., *The Participatory Economy: An Evolutionary Hypothesis and a Strategy for Development*, N. Y. Cornell University Press, 1971.

Vanek, J., *The General Theory of Labor-Managed Market Economies*, N. Y. Cornell University Press, 1970.

Veltmeyer, Henry, ed. *Globalization and Antiglobalization: Dynamics of Change in the New World Order*, Aldershot, Hants, UK; Burlington, VT: Ashgate, 2005.

Veneziani, R., "The Temporal Single-system Interpretation of Marx's Economics: a Critical Evaluation", *Metroeconomica*, 2004.

Vincent Navarro, "The Worldwide Class Struggle", *Monthly Review*, Vol. 58, Iss. 4, Sep. 2006.

Weisskopf, Thomas E., Samuel Bowles, and David M. Gordon, "Two Views of Capitalist Stagnation", *Science & Society*, 1985.

William D. Heffernan, "Agriculture and Monopoly Capital", *Monthly Review*, Jul/Aug 1998.

William Greider, *One World, Ready or Not—The Manic Logic of Global Capitalism*, Simon & Schuster, 1997.

William H. Mott, *Globalization: People, Perspectives, and Progress*, Greenwood Publishing Group, 2004.

Yunker J. A., "Capital Management under Profit-Oriented Market Socialism: An Explicit Function Approach", *Southern Economic Journal*, Vol. 63, July 1996.

Yunker, J. A., *Socialism Revised and Modernized: the Case for Pragmatic Market Socialism*, NY: Praeger Publishers, 1992.

Ziyad I. Husami, "Marx on Distributive Justice", *Philosophy and Public Affairs*, Vol. 8, No. 1, Autumn, 1978.

Zvi Lerman, "Land Reform and Farm Restructuring: What Has Been Accomplished to Date?", *The American Economic Review*, May 1999.

后　　记

本书是中国社会科学院重大研究课题"当代国外马克思主义经济学基本理论研究"的最终成果。课题主持人为中国社会科学院大学学术委员会副主任、首席教授，中国社会科学院学部委员、学部主席团成员兼马克思主义研究学部主任、马克思主义研究院原院长程恩富。课题组成员由来自中国社会科学院马克思主义研究院和上海财经大学的15位长期从事马克思主义理论教学和研究的学者组成。程恩富教授和胡乐明教授对课题内容和框架结构进行了整体设计，并审阅和主持修订了书稿，但出于学术自由和对各章作者的尊重，有的观点保持了原样，各章作者文责自负。本书具体分工如下：导论：胡乐明教授；第一章：彭五堂副研究员；第二章：朱奎教授；第三章：韩冬筠助理研究员；第四章：王中保研究员、程恩富教授；第五章：尹兴讲师；第六章：邢文增助理研究员；第七章：丁晓钦教授；第八章：杨静研究员、陈亮副教授、陈霞博士；第九章：张剑副研究员；第十章：刘志明研究员；第十一章：孙秋鹏副研究员；第十二章：吕薇洲研究员；第十三章：张建刚研究员。彭五堂副研究员任副主编，樊建新研究员、谭晓军研究员协助修改；卢荻教授对本书内容选择和框架设计提出了建设性意见，在此对他们一并表示感谢。

本书重点选择20世纪下半叶以来，特别是20世纪80年代以来国外马克思主义经济学研究中具有重大学术贡献或社会影响的理论成果进行了较为系统的评介。西欧和北美作为西方马克思主义研究的重镇，自然是我们研究和介绍的重点，同时我们也吸纳了东欧、拉美、非洲以及日本等地区和国家的马克思主义学者的研究成果。我们的目标是较全面、系统地介绍和评价半个世纪以来国外马克思主义经济学研究的成果，但由于非英语文献资料的收集整理难度很大，难免有缺失和遗漏，恳请专家和读者提出指正。尽管课题已告一段落,但我们的研究不会停止。在充实现有研究内容的同时,我们将持续跟踪国外马克思主义经济学的前沿动态,把它作为一项长期工作坚持下去。